河洛理數

中

덕산德山
김수길金秀吉

- 41년 충남 공주에서 출생.
- 7세부터 14세까지 伯父인 索源 金學均선생으로부터 千字文을 비롯하여 童蒙先習·通鑑·四書와 詩經·書經 등을 배움.
- 26세부터 41세까지 국세청 근무. 42세~현재 세무사 개업.
- 89년부터 대산선생으로부터 易經을 배움.
- 『周易傳義大全譯解』책임편집위원.
- 편저에 『周易入門』 編譯에 『梅花易數』, 『陰符經과 素書 心書』, 『하락리수』, 『오행대의』, 『천문류초』, 『소리나는 통감절요』, 『집주완역 대학』, 『집주완역 중용』 등

건원乾元
윤상철尹相喆

- 60년 경기 양주에서 출생
- 87년부터 대산선생 문하에서 四書 및 易經 등을 수학하면서 『대산주역강해』·『대산주역점해』·『미래를 여는 주역』· 『주역전의대전역해』 등의 편집위원.
- 저서에 『후천을 연 대한민국』, 『太乙天文圖 해설』, 『주역입문2』, 『세종대왕이 만난 우리별자리』, 『시의적절 주역이야기』 편역에 『매화역수』, 『동이 음부경 강해』, 『하락리수』, 『오행대의』, 『천문류초』 등
- 2011년 『황극경세皇極經世』를 완역 출간.
- 2013년 『시의적절 주역이야기』 출간.
- 2014년 성균관대학교 철학박사.

대유역학총서【2】 하락리수 中

- 초판인쇄 2009년 3월 10일 · 초판2쇄발행 2014년 12월 15일
- 공역 덕산 김수길, 건원 윤상철 · 편집 대유연구소
- 발행인 윤상철 · 발행처 대유학당
- 출판등록 1993년 8월 2일 제 1-1561호
- 주소 서울 동대문구 휘경동 258 서신빌딩 402호
- 전화 (02)2249-5630~1
- 홈페이지 http//www.daeyou.net 대유학당
- 여러분이 지불하신 책값은 좋은 책을 만드는데 쓰입니다.
- ISBN 978-89-88687-15-4 04140(세트)
       978-89-88687-17-8 04140
- 값 30,000원 · 전문가용 하락리수CD는 550,000원입니다.

| 11 | 지천태(地天泰) · 186
| 12 | 천지비(天地否) · 204
| 13 | 천화동인(天火同人) · 222
| 14 | 화천대유(火天大有) · 240
| 15 | 지산겸(地山謙) · 258
| 16 | 뇌지예(雷地豫) · 275
| 17 | 택뢰수(澤雷隨) · 292
| 18 | 산풍고(山風蠱) · 309
| 19 | 지택림(地澤臨) · 327
| 20 | 풍지관(風地觀) · 344

| 21 | 화뢰서합(火雷噬嗑) · 361
| 22 | 산화비(山火賁) · 378
| 23 | 산지박(山地剝) · 396
| 24 | 지뢰복(地雷復) · 413
| 25 | 천뢰무망(天雷无妄) · 429
| 26 | 산천대축(山天大畜) · 446
| 27 | 산뢰이(山雷頤) · 462
| 28 | 택풍대과(澤風大過) · 478
| 29 | 중수감(重水坎) · 494
| 30 | 중화리(重火離) · 510
| 31 | 택산함(澤山咸) · 526
| 32 | 뇌풍항(雷風恒) · 542

하락리수 하 권

| 33 | 천산돈(天山遯) · 5
| 34 | 뇌천대장(雷天大壯) · 22
| 35 | 화지진(火地晉) · 39

| 36 | 지화명이(地火明夷) · 56
| 37 | 풍화가인(風火家人) · 73
| 38 | 화택규(火澤睽) · 89
| 39 | 수산건(水山蹇) · 107
| 40 | 뇌수해(雷水解) · 126

| 41 | 산택손(山澤損) · 143
| 42 | 풍뢰익(風雷益) · 161
| 43 | 택천쾌(澤天夬) · 179
| 44 | 천풍구(天風姤) · 197
| 45 | 택지취(澤地萃) · 214
| 46 | 지풍승(地風升) · 231
| 47 | 택수곤(澤水困) · 247
| 48 | 수풍정(水風井) · 264
| 49 | 택화혁(澤火革) · 281
| 50 | 화풍정(火風鼎) · 299

| 51 | 중뢰진(重雷震) · 317
| 52 | 중산간(重山艮) · 334
| 53 | 풍산점(風山漸) · 350
| 54 | 뇌택귀매(雷澤歸妹) · 367
| 55 | 뇌화풍(雷火豐) · 384
| 56 | 화산려(火山旅) · 402
| 57 | 중풍손(重風巽) · 419
| 58 | 중택태(重澤兌) · 437
| 59 | 풍수환(風水渙) · 454
| 60 | 수택절(水澤節) · 472

| 61 | 풍택중부(風澤中孚) · 489
| 62 | 뇌산소과(雷山小過) · 507
| 63 | 수화기제(水火旣濟) · 524
| 64 | 화수미제(火水未濟) · 541

中

주역

1건~32항

重天乾(1)
중 천 건

건괘 개요

【괘사와 대상전】 건은 원하고 형하고 이하고 정하니라(건은 크게 형통하니, 바르게 함이 이로우니라). 상에 말하기를 "하늘의 운행이 굳건하니, 군자가 이를 본받아 스스로 굳건히 행동하여 쉬지 않느니라"【乾은 元코 亨코 利코 貞하니라. 象曰 天行이 健하니 君子 以하야 自强不息하나니라.】

【총괄해서 판단하면】

※ 乾卦 납갑표

1건괘는 여섯 마리의 용으로써 상을 취하였다. 2월부터 8월까지 태어난 사람은 득시(得時:때를 얻음)가 되니, 큰 복을 얻게 된다. 건괘는 4월에 속하고, 내괘의 납갑은 갑자·갑인·갑진이고 외괘는 임오·임신·임술이며, 갑오·갑신·갑술 및 임자·임인·임진을 빌려서도 쓴다(借用納甲). 4월에 태어난 사람과, 납갑의 간지 또는 차용납갑의 간지에 합치되는 년도에 태어난 사람은 부귀하게 되니, 비록 실위失位하였더라도, 복을 받는 착한 사람이 된다. 건금乾金은 가을에 왕성한데, 때를 얻지 못하고 납갑에 맞지 않는다면 빈천하

---

1 乾以六龍取象 生於二月至八月以前 得時也 爲福之深 蓋此卦屬四月 納甲是甲子甲寅甲辰壬午壬申壬戌 借用甲申甲午甲戌壬子壬寅壬辰 若生於四月 及納甲本命者 富貴 雖失爻位 亦爲福善之人 乾金秋旺 如不及時不納甲者 貧賤 雖當爻位 亦有奔走勞役矯詐之徒也

게 되니, 비록 당위當位라 하더라도 분주하고 애만 쓰는 사람이 된다.2

운세로 보면 중천건괘(䷀)는 여섯획이 모두 양으로만 되어 있으므로, 하늘의 도이고, 임금의 도이며, 아버지의 도이다. 강건한 덕이 있고 만물을 발육시키는 공이 있다. 또한 현인이나 군자면 괘를 감당할 수 있지만, 일반 사람이 이러한 괘를 얻었다면 재앙이 생겨나는 흉한 도이다.

【팔궁세혼법으로 판단하면】
중천건괘는 팔궁세혼법八宮世魂法3으로 볼 때, 건궁乾宮의 본궁수괘本宮

---

2 각 괘의 월月은 먼저 세효가 양효인지 음효인지를 가려서, 양효일 경우는 초효를 자子로부터 시작하여 세효까지 센 지지地支가 그 괘의 월이 되고, 음효일 경우는 초효를 오午로부터 시작하여 세효까지 센 지지가 그 괘의 월이 된다. 건괘의 세효인 상구효는 양효이므로, 초효부터 상효까지 세면 사巳에서 끝난다(초효는 자, 이효는 축, 삼효는 인, 사효는 묘, 오효는 진, 상효는 사). 지지의 사는 4월에 해당하므로, 건괘가 4월괘가 되는 것이다.
따라서 건괘는 4월을 주관하게 되므로, 4월에 태어난 사람이 때를 얻음이 되고, 사주의 년간지 중에 위의 납갑간지 또는 차용납갑간지(빌려서 쓰는 납갑 간지)에 맞게 태어난 사람 역시 때를 얻음이 된다. 이하 나머지 63괘도 같은 원리가 적용된다.
납갑은 앞서 기록한 납갑표納甲表에 의해서 기계적으로 적용된다. 차용납갑은 건괘(䷀)와 곤괘(䷁)에 있어서는 상괘는 하괘의 천간을, 하괘는 상괘의 천간을 용원하고 (예를 들어 풍지관괘에서 내괘는 곤괘인데, 그 납갑은 을미·을사·을묘이다. 이 때 곤괘의 상괘 천간을 원용한 계미·계사·계묘를 빌려쓸 수 있다는 것이다), 그 나머지 괘의 차용납갑은 어떤 원리에 의해서 적용되는지 알 수 없다. 다만 예로부터 전해온 것이므로, 현재로서는 그대로 기록해서 후일 밝혀질 때를 기다리고자 한다.

3 팔궁세혼법은 경방京房이 창안한 괘풀이 방법으로, 8개의 수괘首卦를 두어 팔궁八宮의 본궁수괘라 하고, 각 본궁수괘에 각기 7개의 변화를 두어 64괘를 배치함으로써, 그 소속된 역할과 오행납갑의 작용 등을 설명하는 방법이다.
이 방법에 의하면 각 괘는 각기 맡은 세世가 있어서, 그 당시의 지위와 역할을 표시하게 된다. 즉 본궁의 수괘는 상효에 세가 있으면서 종묘宗廟의 역할을 하고, 본궁수괘의 초효가 변한 1세一世는 원사(元士:하급관리)가 되고, 이효가 변한 2세二世는 대부(大夫:중급관리)가 되며, 삼효가 변한 3세三世는 삼공(三公:중앙의 고급관리)이

首卦가 된다. 따라서 종묘宗廟에 해당하는 상구효가 세효世爻가 되고, 삼공三公에 해당하는 구삼효가 응효應爻가 된다. 세효와 응효가 음양으로 응하지는 않으나, 세효의 지지인 술(戌土)과 응효의 지지인 진(辰土)이 서로 같은 토기운으로 돕는 관계(相比)인 동시에, 괘체인 건금乾金을 생해주니 괘가 풍성하게 된다. 다만 진과 술은 상충하고, 응효인 구삼효가 제자리를 얻었다 하더라도(양효가 양자리에 있음), 이웃의 효인 구이효와 구사효가 모두 바른 자리가 아니므로 위태한 상이 있다. 결국 건괘는 위태한 가운데서도 강한 힘과 근면성으로 일을 잘 풀어나가는 형상이다. 즉 용龍이 조화를 부림에 만물이 힘입어 생겨나는 상이나, 이는 대인의 능력과 품격을 갖춘 사람에게 해당한다. 대개의 경우는 향상되는 기상이 있는 것 같으나, 실질적인 이익이 없는 헛수고가 많고, 뜻한 바도 생각처럼 쉽게 되지 않는다. 건乾은 하늘이니, 이보다 귀하고 중요한 것이 없지만 보통 사람에게는 지나치면 도리어 해가 되는 까닭이다. 따라서 일이 뜻대로 되지 않아 괴로우며 질병에 빠질 염려가 많다. 이러한 때 보통사람은 너무 설치다가 실패를 자초하기 쉬우니, 항상 겸손한 마음으로 노력하며, 윗사람의 지시에 따르면 운이 열린다.

【글귀로 판단하면】
1 運覆無窮立建功하니 乾分四德萬方同이라

되고, 사효가 변한 4세四世는 제후(諸侯:큰 지방의 책임자)가 되며, 오효가 변한 5세五世는 임금至尊이 된다. 상효는 종묘에 해당하기 때문에 변할 수 없으므로, 여섯번째는 유혼遊魂이라 하여 사효에 세를 두고, 일곱번째는 귀혼歸魂이라 하여 삼효에 세를 두게 된다. 또 1세괘의 세효世爻인 초효(원사)는 사효(제후)와 응이 되고, 2세괘의 세효인 이효(대부)는 오효(임금)와 응이 되며, 3세괘(또는 귀혼괘)의 세효인 삼효(삼공)는 상효(종묘)와 각기 응이 된다. 유혼괘는 사효에 세世가 있는 것으로 계산한다. 세효와 응효는 서로 음양으로 만나는 것이 좋고, 또 양효는 양자리에 음효는 음자리에 있는 것을 좋게 여긴다. 세효와 응효가 모두 제자리를 얻었을 때는 모든 일이 순탄하게 풀리고, 세효와 응효 중에 하나가 제자리를 어겼을 때는 일이 막히고 애로사항이 많은 것으로 치고, 둘다 어긴 것을 제일 안좋게 본다.

龍飛變化九天去요 男子升騰定位隆이라

끝없는 운이 돌아 큰 공을 세우니/ 건의 크나큰 4덕[4]이 사방에 베풀어지네/ 용은 변화를 일으키며 구천을 날아가고/ 남자는 날아올라 높은 자리에 앉네

② (陽) 佳謀密用且潛藏이니 逆理枉圖必見傷이라

直待龍蛇興變日이면 從前名利始亨昌이라

(양) 아름다운 꾀는 비밀스레 쓰고 또한 깊이 감추어야 하니/ 이치를 거스른 그릇된 도모는 반드시 상처를 입네/ 용(辰)과 뱀(巳)이 변화를 일으키는 날을 기다리면/ 옛날의 명예와 이익을 비로소 누리고 번창하리라

③ (陰) 望桂蟾宮遠이요 求珠海水深이라

終須名利足이나 只恐不堅心이라

(음) 계수나무 바라보니 달의 궁전 멀고/ 구슬을 찾는데 바닷물 깊네/ 명예와 이익은 풍족할 것이나/ 단지 마음 굳게 갖지 않을까 걱정되네

1. 初九(䷀ → ䷫)

【효사와 소상전】 초구는 못 속에 잠긴 용이니 쓰지 말지니라. '잠긴 용이니 쓰지 말라' 함은 양이 아래에 있기 때문이다. 【初九는 潛龍이니 勿用이니라. 潛龍勿用은 陽在下也오】

---

[4] 건의 4덕 : 하늘에는 봄·여름·가을·겨울이 운행하고 있음을 말하는 것으로, 봄에는 만물을 생하는 덕인 원元이 있고, 여름에는 성장시키는 덕인 형亨이 있으며, 가을에는 결실을 맺게 하는 덕인 이利가 있고, 겨울에는 수장收藏하는 덕인 정貞이 있음. 이 4덕이 사방에 때에 맞춰 베풀어짐에 따라 만물이 각자의 성정을 다해서 생로병사를 갖게 된다.

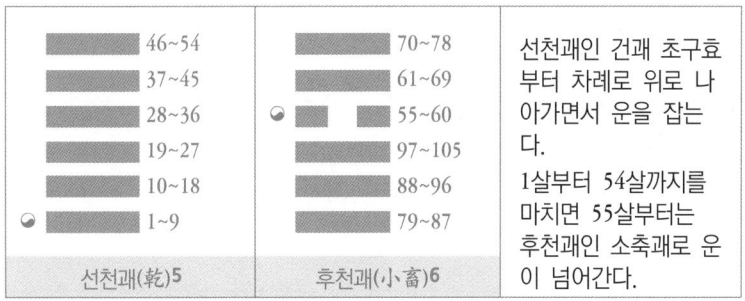

	46~54
	37~45
	28~36
	19~27
	10~18
◐	1~9
선천괘(乾)5

	70~78
	61~69
◑	55~60
	97~105
	88~96
	79~87
후천괘(小畜)6

선천괘인 건괘 초구효부터 차례로 위로 나아가면서 운을 잡는다.
1살부터 54살까지를 마치면 55살부터는 후천괘인 소축괘로 운이 넘어간다.

◈ 양년(갑·병·무·경·임년)일 경우 7

건(1)	소축(9)8	손(57)	점(53)	관(20)	비(12)	진(35)	예(16)	진(51)
1	2	3	4	5	6	7	8	9

---

5 사주의 숫자로 괘를 만들어서 건괘 초효에 원당이 있다면, 1~9살까지는 건괘 초효 항을, 10~18살까지는 건괘 이효 항을, …, 46~54살까지는 건괘 상효 항을 가서 살펴보면 된다.

6 55~60살까지는 후천괘인 소축괘 사효 항을, 61~69살까지는 소축괘 오효 항을, …, 97~105살까지는 소축괘 삼효 항을 살펴보면 그 사람의 운이 된다(◐나 ●표시 한 곳이 해당하는 효를 가리키고, 밑에서부터 초효·이효·삼효·사효·오효·상효로 나눈다).

7 해마다의 운인 유년운의 진행은 양효(━)일 때와 음효(╍)일 때가 다르다. 예를 들어 이 사람의 56살 때의 운을 알고 싶다면, 55~60살까지는 후천괘인 소축괘 사효에 해당하므로, 소축괘 사효 항을 찾아가면 된다. 소축괘 사효 항에 가면, 원당효부터 변해서 1·2·3·4·5·6의 순서대로 6개의 괘 운행이 있는데, 그 순서에 맞춰 55·56·57·58·59·60살로 보면 된다. 즉 55세는 1번 항인 건괘 사효에 해당하고, 56살은 2번 항인 대유괘 오효에 해당한다. 따라서 이 사람의 56살 때의 운은 대유괘 오효에 해당하므로, 대유괘 오효 항을 찾아가서 읽으면 그 운을 알 수 있다.

그 외에 원당 또는 대상운의 시작이 양효(9년운)일 경우는 자신의 나이가 양년에 해당할 경우는 「양년일 경우」의 도표를 보면 되고, 음년일 경우는 「음년일 경우」의 도표를 찾아서 1·2·3·4·5·6·7·8·9의 순서대로 각기 해당하는 나이를 맞추어 보면 된다. 예를 들어 12살의 운을 보려면, 10~18살이 건괘 이효에 해당하므로, 건괘 이효 항에 가서 3번 항을 보면 된다. 즉 9년운(10~18살)의 시작인 12살에 해당하는 년도의 간지가 양년에 해당하면 「양년일 경우」의 도표의 3번에 해당하는 리괘 이효가 이

◆ 음년(을·정·기·신·계년)일 경우

구(44)	손(57)	소축(9)	가인(37)	익(42)	무망(25)	서합(21)	진(51)	예(16)
1	2	3	4	5	6	7	8	9

◆ 월괘 9

동인·13	리·30	무망·25	수·17	익·42	관·20	이·27	손·41	복·24	명이·36	곤·2	예·16
1월	2월	3월	4월	5월	6월	7월	8월	9월	10월	11월	12월

◆ 일괘 10

건(초구)	동인(13)	리(10)	소축(9)	대유(14)	쾌(43)

사람의 12살 운이 되므로, 리괘 이효 항을 찾아 읽으면 된다. 또 음년에 해당할 경우는 「음년일 경우」의 도표의 3번에 해당하는 대유괘의 이효가 12살의 운이 되므로, 대유괘 이효 항을 찾아 읽으면 된다. 이와 같은 방법으로 해당 항을 찾아보면, 평생에 걸쳐 해마다 해당하는 운을 알 수 있다.

8 이 도표에서 '소축(9)'라고 한 것은 괘명은 소축괘小畜卦고 64괘 중에 9번째 괘라는 뜻이다. '구(44)'라고 한 것은 괘명은 구괘姤卦고 64괘 중에 44번째에 해당한다는 뜻이다. 나머지 괘도 이와같은 방식으로 본다. 따라서 앞의 목차에서 번호의 순서대로 찾으면, 해당하는 괘를 쉽게 찾을 수 있다. 또 월괘月卦에서 '동인·13' 등으로 표시한 것도, 괘명은 동인괘同人卦고 64괘 중에 13번째라는 뜻이다.

9 유년운에 속한 월운月運을 알고 싶으면, 「월괘」의 도표를 보고 해당하는 월을 찾으면 된다. 위의 예에서 56살의 5월달 운을 알고 싶다고 하면, 대유괘 오효가 이 사람의 56살 운에 해당하므로, 대유괘 오효 항을 찾아가서 「월괘」의 도표에서 5월 항인 소과괘 이효를 얻는다. 따라서 이 사람의 평생운은 건괘 초효이고, 56살 때의 운은 대유괘 오효이며, 그 해 5월달의 운은 소과괘 이효가 됨을 알 수 있다.

【총괄해서 판단하면】

11 이 효는 덕을 감추는 상이다. 이러한 상으로써 자신을 굳게 지키라는 점괘占卦를 보인 것이다. 그러므로 운이 맞는 사람은12, 심지가 굳고도 깊으며 학문이 넓으나, 마음이 게으르고 의심이 많아서, 고요히 그쳐 있기를 좋아하고 구하는 것이 없는 까닭에, 명예나 이익이 빛나지는 않는다. 운이 맞지 않는 사람은, 낮은 자리에 은거하고, 극(剋制)과 형(刑沖)이 너무 심하며, 자신을 도와줄 아랫사람의 능력이 모자란다.

세운歲運을 만나면, 공직자는 막히고 물러나며, 구직자는 막히고 제자리에 머물게 된다. 상인商人은 장사가 안되고 어렵다. 오직 수도하는 사람이나 숨어사는 사람들(승려, 도인, 선인 등)만이 제자리에서 맴돌며 인생을 즐긴다. 여자일 경우는 가업을 흥성하게 일으키고 자식을 잉태한다. 일반적으로 숨어서 고요히 있으면 이롭지만, 만약 움직이면 재앙과 질병이 따르며, 일을 꾸미면 허물이 생긴다. 또 초구효가 변하면 천풍구괘를

---

10 더 세분해서 그 날의 운(日運)을 알고 싶으면, 앞의 월괘月卦의 괘효에 해당하는 괘효항을 찾아가서 「일괘」에 대한 도표를 참조해서 계산하면 된다. 예를 들어 건괘 초효가 11월의 월괘였고, 11월의 절기인 대설이 11월 2일 12시에 들고, 그 다음달 (12월)의 절기인 소한이 31일 후인 12월 3일 12시에 들었다면, 건괘 초효월에 대한 도표인 위의 도표를 찾아서, 동인괘의 초효인 '1'항이 11월 2일 12시부터 다음날 12.8시(12시 48분)까지를 맡는다고 보면 된다. 물론 동인괘 2효인 '2'는 11월 3일 12.8시부터 다음날 13.6시(13시 36분)까지를 맡고, 번호순대로 순차적으로 해당하는 날의 운으로 삼으면 된다(31일은 시간으로 고치면 31×24=744시간이 된다. 이를 30효로 나누면 한 효당 24.8시간을 주관하게 된다).
이상에 대한 예는 건괘(1)~송괘(6)의 초효 항에 있으므로 참고 바람.

11 此爻是隱德之象 而示以固守之占者也 故叶者固深學廣 心懶志疑 好靜無求名利不耀 不叶者 隱居下處 刑剋太重 奴僕少力 歲運逢之 在仕退阻 在士淹留 在商室滯 惟僧道隱逸羽衣之流 則盤桓安樂 女命則興家業 孕生子 凡人利用幽靜 若一動作 卽生災疾 謀事則有咎 且變得姤卦 謹防小人染汚之患

12 음양이 성해야 할 때 성하고, 양이 성할 때에 원당이 양효에 있으며, 음이 성할 때에 원당이 음효에 있고, 음양의 수가 적당함을 얻는 것을 말하며, 괘의 해당월이나 납갑에 합치되게 태어난 사람을 말한다.

얻게 되니, 소인에게 물들고 더럽혀지는 환난을 신중히 방비해야 한다.

【글귀로 판단하면】

1 陽氣方生昧未明하니 潛藏勿用破幽榮하라
  離明一照四方火하면 進位高攀便出羣이라
  양기가 금방 생겨나서 밝지 못하고 어두우니/ 깊이 감추고 쓰지 않으면 점차 영화가 오리라/ 해가 한번 비추어 사방이 환하고 따스해지면/ 높은 자리에 승진되어 뭇사람의 위에 있을 것이다

2 玉韞石ㅣ 珠藏淵이나
  羽翼一旦上靑天이니 名利須知有異緣이라
  옥이 돌 속에 있고/ 구슬이 못 속에 감춰졌으나/ 하루아침 날개 달면 푸른 하늘로 올라갈 것이니/ 명예와 이익에 특별한 인연이 있다는 것을 알게 되리라

2. 九二 (☰ → ☲)

【효사와 소상전】 구이는 나타난 용이 밭에 있으니, 대인을 봄이 이로우니라. '나타난 용이 밭에 있음'은 덕의 베풂이 넓음이다. 【九二는 見龍在田이니 利見大人이니라. 見龍在田은 德施普也오】

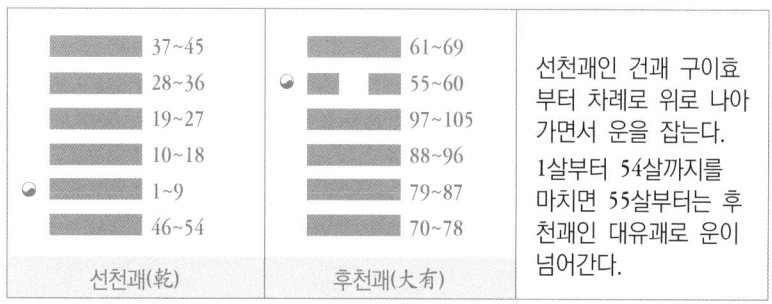

선천괘(乾)	후천괘(大有)	
37~45	61~69	선천괘인 건괘 구이효부터 차례로 위로 나아가면서 운을 잡는다. 1살부터 54살까지를 마치면 55살부터는 후천괘인 대유괘로 운이 넘어간다.
28~36	● 55~60	
19~27	97~105	
10~18	88~96	
● 1~9	79~87	
46~54	70~78	

◈ 양년(갑·병·무·경·임년)일 경우

건(1)	대유(14)	리(30)	서합(21)	이(27)	익(42)	둔(3)	비(8)	감(29)
1	2	3	4	5	6	7	8	9

◈ 음년(을·정·기·신·계년)일 경우

동인(13)	리(30)	대유(14)	규(38)	손(41)	중부(61)	절(60)	감(29)	비(8)
1	2	3	4	5	6	7	8	9

◈ 월괘

리·10	태·58	중부·61	환·59	손·41	이·27	림·19	태·11	사·7	해·40	곤·2	비·8
1월	2월	3월	4월	5월	6월	7월	8월	9월	10월	11월	12월

◈ 일괘

건(구이)	리·10	소축·9	대유·14	쾌·43	구·44
	6 5 4 3 2 1	12 11 10 9 8 7	18 17 16 15 14 13	24 23 22 21 20 19	30 29 28 27 26 25

【총괄해서 판단하면】

13 이 효는 대인의 덕이 때에 맞아서 드러난 것이고, 천하도 그 바램을

---

13 此爻是大人德與時顯 而天下不失望者也 故叶者貴而有利名 龍象也 富有産業 不叶者 亦主中直 多見潤澤 歲運逢之 在仕者逢明主 居要津 在士者擢高科 馳名 譽 在農者進田園 增金帛 商賈獲利 僧道加持 常人得貴人提携 然龍田德普四字 或是官職姓名字也 若女命 則居富配貴

잃지 않은 것이다. 그러므로 운이 맞는 사람은, 귀하고 명예와 이익이 있으며, 조화를 마음대로 부리는 용龍의 상과 같아서, 부유하면서도 큰 산업을 일으킨다.

운이 맞지 않는 사람도 또한 중中을 지키는 덕과 바름을 지키는 덕이 있어서, 윤택하게 산다.

세운歲運을 만나면, 공직자는 현명한 주인을 만나서 요직에 등용될 것이고, 구직자는 고급관리 시험에 발탁되어 급격히 명예가 높아질 것이다. 농사를 짓는 사람은 전원田園의 일이 잘되어서 돈과 비단을 늘릴 것이고, 장사하는 사람은 큰 이익을 볼 것이다. 도를 닦는 사람은 진전이 있을 것이며, 일반인들은 귀인의 도움을 받을 것이다. 龍(용)·田(밭)·德(덕)·普(널리 미치다)의 네 글자는 혹 관직이나 성명을 뜻하는 글자일 수도 있다. 만약에 여자가 얻었다면 부유하게 살고, 배우자도 귀한 사람이다.

【글귀로 판단하면】

① 得意宜逢貴나 如龍已出淵이라
   利名終有望이니 十五月團圓이라
   뜻대로 되려면 귀한 사람 만나야 되나/ 용이 이미 못에서 나온 것과 같다/ 끝에 가서는 명예와 이익을 이룰 수 있으니/ 보름밤 밝은 달이 둥글게 떴다

② 已出塵泥迹하니 聲名動四方이라
   風雲將際會에 千載遇明良이라
   이미 진구렁에서 탈출했으니/ 명성을 사방에 떨친다/ 바람따라 구름이 모이니/ 천년만에 태어나는 밝고 어진이를 만나리라

③ 龍見田中효하니 身心同貴人이라
   利名應可見이요 進退有科名이라
   용이 밭 가운데로 나왔으니/ 몸과 마음이 귀인과 같다/ 명예와 이익은 응당 얻을 것이고/ 나가나 들어오나 벼슬자리 있게 된다

3. 九三 (☰ → ☱)

【효사와 소상전】 구삼은 군자가 종일토록 굳건히 하다가 저녁이 되어서는 두려운 마음으로 반성하면, 위태로우나 허물은 없으리라. '종일토록 굳건히 함'은 반복함을 도로써 함이다. 【九三은 君子 終日乾乾하야 夕惕若하면 厲하나 无咎리라. 終日乾乾은 反復道也오】

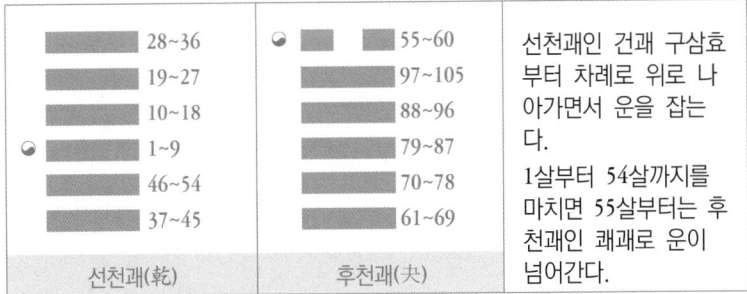

| 선천괘(乾) | 후천괘(夬) | 선천괘인 건괘 구삼효부터 차례로 위로 나아가면서 운을 잡는다. 1살부터 54살까지를 마치면 55살부터는 후천괘인 쾌괘로 운이 넘어간다. |

◆ 양년(갑·병·무·경·임년)일 경우

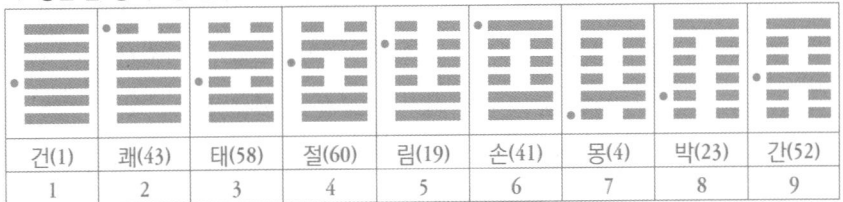

건(1)	쾌(43)	태(58)	절(60)	림(19)	손(41)	몽(4)	박(23)	간(52)
1	2	3	4	5	6	7	8	9

◆ 음년(을·정·기·신·계년)일 경우

리(10)	태(58)	쾌(43)	수(5)	태(11)	대축(26)	고(18)	간(52)	박(23)
1	2	3	4	5	6	7	8	9

◆ 월괘

소축·9	손·57	대축·26	비·22	태·11	림·19	승·46	항·32	겸·15	건·39	곤·2	박·23
1월	2월	3월	4월	5월	6월	7월	8월	9월	10월	11월	12월

◆ 일괘

| 건(구삼) | 소축·9 | 대유·14 | 쾌·43 | 구·44 | 동인·13 |

【총괄해서 판단하면】

14 이 효는 점占을 이용해 경계를 하여서, 근심하여 반성하고 근면함으로써 허물을 잘 고쳐 나가는 점괘의 내용을 보인 것이다. 그러므로 운이 맞는 사람은, 최고로 공정한 사람으로 명예와 이익이 따른다. 부지런히 배우고, 힘써 행동하며, 식견이 넓고 사려가 깊어서, 어려운 일을 만날 때마다 이를 잘 처리해 쉽게 만든다.

운이 맞지 않는 사람은, 잠시는 근면하고 잠시는 게으르게 행동한다. 존경하고 두려워하는 마음이 없어서 조급하게 움직이다가 실수하게 된다.

세운을 만나면, 공직자는 무거운 책임이 있는 직책을 겸직해서 일이 많고 번거로우나, 두려워하고 근심하면서 사려깊이 행동하니 허물을 면할 수 있다. 구직자는 직업을 구해 나아가도 어렵고 힘들며, 좋은 자리를 얻기 힘들다. 일반인들은 오고 가며 하는 일이 정착됨이 없고, 재산과 이익을 얻기 힘들며, 모든 일에 깊이 살펴야지 쉽게 움직이면 일을 그르치게 된다. 여자일 경우는 주로 성격이 조급하고, 형극刑剋함이 너무 심해서 남편을 내조하기가 어렵다.

【글귀로 판단하면】

14 此爻是因占設戒 而示以憂勤補過之占也 故叶者最是公正之人 有名利 勤學 力行 見識之廣 憂慮之深 每逢難事 變而爲易 不叶者 乍勤乍怠 無敬畏之心 有躁動之失 歲運逢之 在仕必主兼職重之任 而事多繁冗 能惕若憂勤 則可免咎 在士進取艱辛 而佳會難逢 在常俗必往來不停 而財利艱獲 凡事詳審 躁動者失 女主性躁 刑剋太重 難於內助

① 步履無行阻하니 先憂後必昌이라
飛龍形不見이나 西北是其鄕이라
걸어 나가는데 막히는 것 없으니/ 처음은 근심스러우나 뒤에는 반드시 번창한다/ 날아가는 용의 형체가 보이지 않으나/ 서북쪽이 그 고향이라

② 憂且不成憂하니 憂裏笑盈眸라 聲名相久遇나 目下暫淹留라
근심스러운 것이 근심되지 않으니/ 근심 속에 웃음이 눈동자에 가득하다/ 명성은 오래 있으면 나게 되나/ 현재는 잠시 막혀있다

4. 九四(☰ → ☰)

【효사와 소상전】 구사는 혹 뛰어 올랐다가 다시 못에 내려오면 허물이 없으리라. '혹 뛰어 올랐다가 다시 못에 내려옴'은 나아감이 허물이 없는 것이다.
【九四는 或躍在淵하면 无咎리라. 或躍在淵은 進이 无咎也오】

선천괘(乾)	후천괘(姤)	선천괘인 건괘 구사효부터 차례로 위로 나아가면서 운을 잡는다. 1살부터 54살까지를 마치면 55살부터는 후천괘인 구괘로 운이 넘어간다.
19~27	97~105	
10~18	88~96	
1~9	79~87	
46~54	70~78	
37~45	61~69	
28~36	55~60	

◆ 양년(갑·병·무·경·임년)일 경우

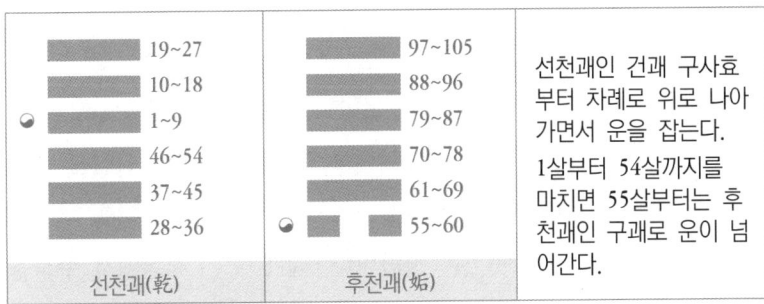

건(1)	구(44)	손(57)	고(18)	승(46)	태(11)	명이(36)	복(24)	진(51)
1	2	3	4	5	6	7	8	9

◈ 음년(을·정·기·신·계년)일 경우

소축(9)	손(57)	구(44)	정(50)	항(32)	대장(34)	풍(55)	진(51)	복(24)
1	2	3	4	5	6	7	8	9

◈ 월괘

대유·14	리·30	대장·34	귀매·54	항·32	승·46	소과·62	함·31	예·16	진·35	곤·2	복·24
1월	2월	3월	4월	5월	6월	7월	8월	9월	10월	11월	12월

◈ 일괘

건(구사)	대유·14	쾌·43	구·44	동인·13	리·10

【총괄해서 판단하면】

15 이 효는 진퇴를 잘 살필 수 있어서 경망되게 행동하지 않는 사람을 말한다. 그러므로 운이 맞는 사람은, 움직여야 할 일 같으면 움직이고 움직이지 말고 그쳐 있어야 할 일 같으면 그쳐 있으면서, 덕과 업을 닦아서 때에 맞춰 도를 펼치려는 뜻있는 사람이다. 대개 모든 시험에서 수석을 하며 합격하는 경우가 많다.

운이 맞지 않는 사람은, 비록 부귀를 꿈꾸더라도, 진퇴를 제때에 결정하지

---

15 此爻是能審於進退 而不輕於動者也 故叶者可行則行 可止則止 進德修業 及時行道 有志之士 多見科甲之遂 不叶者 雖有富貴之慕 進退多疑 終不成事 歲運逢之 在仕則停缺待職 在士則藏器待時 在庶俗則百爲艱難 疑而未定 若女命與僧道 則安樂富貴矣

못해서 끝내 일을 이루지 못한다.
세운을 만나면, 공직자는 정직停職이나 휴직된 상태에서 대기를 하며, 구직자는 자신의 능력을 감추고 때를 기다린다. 일반인들은 모든 일이 어렵고 힘들며 의심스러워 결정되는 일이 없다. 만약에 여자 또는 수도하는 사람이라면, 편안하고 즐겁게 부귀를 누린다.

【글귀로 판단하면】
① 欲行懷珠하야 片帆千里나 玉藏遠山하니 徘徊未已라
  구슬을 구하려고/ 쪽배타고 천리를 가나/ 구슬은 먼 산에 숨겨져 있으니/ 끝없이 돌아다니기만 하누나
② 天布彤雲色이요 花繁落影多라
  霏霏斜日照요 帆便泛漢波라
  하늘에 붉은 구름 펼쳐있고/ 꽃은 석양빛에 무성하다/ 눈비 펄펄 내리는데 석양빛 비치고/ 돛단배는 외로이 한강(漢水) 물결 위에 떠있네

5. 九五(☰ → ☰)

【효사와 소상전】 구오는 나는 용이 하늘에 있으니, 대인을 봄이 이로우니라. '나는 용이 하늘에 있음'은 대인이 일을 하는 것이다. 【九五는 飛龍在天이니 利見大人이니라. 飛龍在天은 大人造也오】

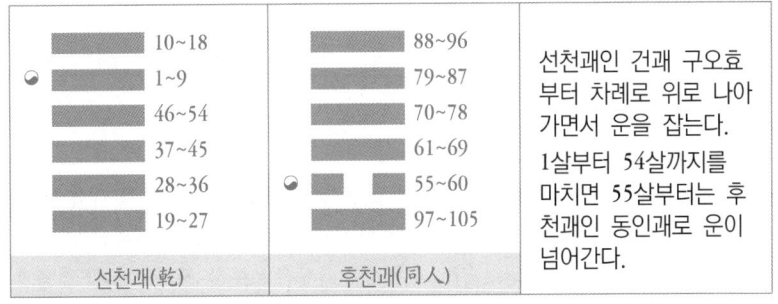

선천괘인 건괘 구오효부터 차례로 위로 나아가면서 운을 잡는다.
1살부터 54살까지를 마치면 55살부터는 후천괘인 동인괘로 운이 넘어간다.

◆ 양년(갑·병·무·경·임년)일 경우

건(1)	동인(13)	리(30)	풍(55)	소과(62)	항(32)	해(40)	사(7)	감(29)
1	2	3	4	5	6	7	8	9

◆ 음년(을·정·기·신·계년)일 경우

대유(14)	리(30)	동인(13)	혁(49)	함(31)	대과(28)	곤(47)	감(29)	사(7)
1	2	3	4	5	6	7	8	9

◆ 월괘

쾌·43	태·58	대과·28	정·48	함·31	소과·62	취·45	비·12	비·8	둔·3	곤·2	사·7
1월	2월	3월	4월	5월	6월	7월	8월	9월	10월	11월	12월

◆ 일괘

6	12	18	24	30	
5	11	17	23	29	
4	10	16	22	28	
3	9	15	21	27	
2	8	14	20	26	
1	7	13	19	25	
건(구오)	쾌·43	구·44	동인·13	리·10	소축·9

【총괄해서 판단하면】

16 이 효는 덕과 지위가 높아져서, 아래로 백성들을 돌보며 잠시도 쉬지

---

16 此爻是德位之隆 而下觀不容已者也 故叶者 立大功名 享大富貴 不叶者 難當 此任 雖有高飛遠擧之志 亦難克遂成立之願 如升天之不易也 歲運逢之 在任定 遂淸高之職 在士必飛黃騰踏之有階 在庶俗必遇尊貴之擢擧 而謀遂志得 養晦者 或近勢大宮家 或造甲王家 或建龍宮殿宇 女命則兼男權 難免孤剋 更爻析數凶

20

않는 사람이다. 그러므로 운이 맞는 사람은, 크게 공과 이름을 날리고, 큰 부귀를 누린다.

운이 맞지 않는 사람은, 직책의 중대함을 이기지 못하고, 비록 높고 원대한 뜻이 있더라도 또한 능력이 따르지 못해서 이루지 못하는 것이니, 하늘(최고 통치자)에 오르기가 쉽지 않은 것과 같다.

세운을 만나면, 공직자는 청렴하면서도 높은 직책에 오르고, 구직자는 갑자기 높이 출세하게 된다. 일반인은 존귀한 사람의 추천과 도움을 받아 꾀했던 일을 이루고 희망을 이루게 되며, 은근히 능력을 기르는 사람으로 큰 벼슬과 권력을 쥔 집안에 가까워지며, 혹 왕가王家의 갑옷을 만들며, 혹 궁전의 집을 건립한다. 여자는 남자의 권력을 겸하게 되니, 외롭게 되고 극을 받기를 면치 못한다. 더욱이 효가 월령과 어긋나고 수가 흉한 사람은 관직의 비리에 대한 조짐이 나타난다.

【글귀로 판단하면】

1 隱姓埋名實待時니 飛龍天上大人輝라
　正當守位動無咎하니 終保聲名四海知라
　성과 이름을 숨기는 것은 때를 기다리는 것이니/ 용이 하늘 위에서 날음에 대인이 빛을 발하네/ 정당하게 자리를 지키므로 움직여도 허물이 없으니/ 마침내 명성이 사해에 떨치네

2 上下皆同德하니 風雲際遇時라
　如天施雨露하야 萬物盡光輝라
　윗사람과 아랫사람의 덕이 같으니/ 바람과 구름이 만나는 때라/ 하늘이 비와 이슬을 내리는 것 같아서/ 만물이 다 빛나게 될 것이다

3 日邊音信至요 佳會在風雲라
　青紫人相引하니 時和到處春이라
　해질녘에 소식이 오고/ 풍운의 아름다운 모임이 있게 된다/ 푸른 옷 입

者 有見官非之兆

은 사람과 자색옷 입은 사람이 서로 이끌어 주니/ 시절은 조화롭고 가는 곳 마다 봄이로다

6. 上九(☰ → ☱)

【효사와 소상전】상구는 지나치게 높은 용이니, 뉘우침이 있으리라. '지나치게 높은 용이니 뉘우침이 있으리라'는 가득찬 것은 오래가지 못하는 것이다.
【上九는 亢龍이니 有悔리라. 亢龍有悔는 盈不可久也오】

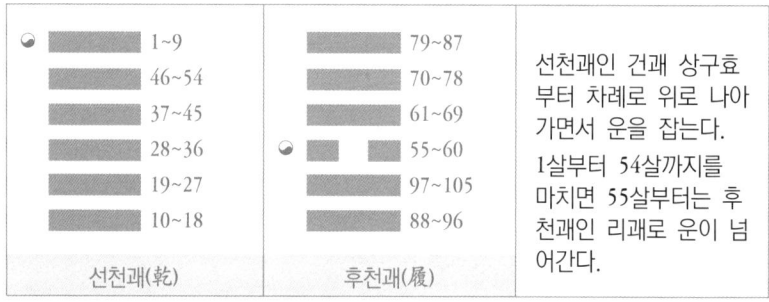

1~9		79~87	선천괘인 건괘 상구효부터 차례로 위로 나아가면서 운을 잡는다. 1살부터 54살까지를 마치면 55살부터는 후천괘인 리괘로 운이 넘어간다.
46~54		70~78	
37~45		61~69	
28~36		55~60	
19~27		97~105	
10~18		88~96	
선천괘(乾)		후천괘(履)	

◆ 양년(갑·병·무·경·임년)일 경우

건(1)	리(10)	태(58)	곤(47)	취(45)	함(31)	건(39)	겸(15)	간(52)
1	2	3	4	5	6	7	8	9

◆ 음년(을·정·기·신·계년)일 경우

쾌(43)	태(58)	리(10)	송(6)	비(12)	돈(33)	점(53)	간(52)	겸(15)
1	2	3	4	5	6	7	8	9

◈ 월괘

구·44	손·57	돈·33	려·56	비·12	취·45	관·20	익·42	박·23	몽·4	곤·2	겸·15
1월	2월	3월	4월	5월	6월	7월	8월	9월	10월	11월	12월

◈ 일괘

건(상구)	구·44	동인·13	리·10	소축·9	대유·14

【총괄해서 판단하면】

17 이 효는 지나치게 성함으로 인해서 위태한 것이다. 그러므로 운이 맞는 사람은, 귀하지만 지위가 없고, 높지만 명예가 없으니, 겸손하면서 자신을 경계하면 좋게 되어 부귀를 오래도록 지킬 수 있다.

운이 맞지 않는 사람은, 스스로 존귀하고 크게 여겨서, 공적인 일과 법을 속여서 분규를 부르므로 더욱 일을 이루기 어렵다. 만약에 여자라면 그 성질이 반드시 사나워서 내조의 공을 다하기 어렵다.

세운을 만나면, 공직자는 퇴직하거나 강등되며, 구직자는 높은 직위에 천거된 후에 강등되거나 물러나게 된다. 일반인들은 지나치게 강하게 행동함으로써 흉과 화를 부르게 되고, 50세를 넘기기 힘들다.

【글귀로 판단하면】

17 此爻是過盛之危者也 故叶者貴而無位 高而無名 能知謙戒 則可長守其富貴 不叶者 自尊自大 欺公玩法 招尤啓釁 難于成立 若是女命 其性必悍 內助艱辛 歲運逢之 在仕則退職遭貶 在士則高薦後當有損折 在庶俗則有過剛取凶之禍 五十以後者不壽

① 知進當知退요 居安必慮危라
　心中無過咎하니 雖悔必堪追라
　나갈 줄 알면 물러날 줄도 알아야 하고/ 편안한데 거처하면 반드시 위태로워질 것을 생각해야 한다/ 마음속에 허물이 없으니/ 비록 후회해도 반드시 따라 잡을 것이다

② 安靜宜無咎나 思來便有災라
　前途飛走處에 憂事更防來라
　안정하면 허물이 없을 것이나/ 오는 것만 생각하면 곧 재앙이 있을 것이다/ 나는듯이 달려가는 앞길에/ 근심스러운 일이 올 것을 방비해야 한다

③ 心戚戚ㅣ 口啾啾ㅣ 一番思慮ㅣ 一番憂하니 宜欲休時便好休라
　마음은 슬프고/ 입은 두런거리며/ 한번은 생각하고 한번은 근심하니/ 쉬고 싶을 때는 쉬는 것이 좋다

重地坤(2)
중 지 곤

곤괘 개요

【괘사와 대상전】 곤은 원하고 형하고 이하고 암말(牝馬)의 정함이니(곤은 크게 형통하고 이로우니, 암말의 고집스레 바르게 함이 이롭다), 군자의 행하는 바다. 먼저 하면 아득해지고 뒤에 하면 얻게 되리니 이로움을 주관하게 되느니라. 서와 남은 벗을 얻고 동과 북은 벗을 잃으니, 편안히 하고 곧게해서 길하니라. 상에 말하길 땅의 형세가 곤괘니, 군자가 본받아서 두터운 덕으로 만물을 싣느니라. **【坤은 元코 亨코 利코 牝馬之貞이니 君子의 有攸往이니라. 先하면 迷하고 後하면 得하리니 主利하니라. 西南은 得朋이오 東北은 喪朋이니 安貞하야 吉하니라. 象曰 地勢 坤이니 君子 以하야 厚德으로 載物하나니라.】**

【총괄해서 판단하면】

※ 坤卦 납갑표

1 절기로는 10월이고, 내괘의 납갑은 을미·을사·을묘이고 외괘의 납갑은 계축·계해·계유이며, 을축·을해·을유와 계미·계사·계묘를 빌려쓰기도 한다.
가령 10월에 태어난 사람과, 납갑이 본명의 년간지年干支와 합치되는 사람은(納甲과 차

---

1 節氣在十月 納甲 是乙未乙巳乙卯 癸丑癸亥癸酉 借用乙丑乙亥乙酉 癸未癸巳癸卯 如生於十月 及納甲本命者 必爲名高德厚之大臣 如生不及時 卦爻失位者 亦主有田産厚福長壽 爲僧道者 亦亨厚福 女命則有柔順之德 而見夫榮子貴

용납갑 중 하나만 일치하면 된다),² 반드시 명예가 높아지고 덕이 두터운 큰 벼슬아치가 된다. 그러나 때가 맞지 않고 괘효가 자리를 잃었다면, 농업에 종사하면서 두터운 복과 장수를 누리는 사람이 되며, 수도를 하는 사람이 되기도 하는데 역시 두터운 복을 누리게 된다. 여자라면 유순한 덕으로 남편을 영화롭게 만들고 자식을 귀하게 하는 운명이다.

운세로 보면 중지곤괘(䷁)는 여섯 획이 모두 음으로만 되어 있으므로, 땅의 도이고, 신하의 도이며, 아내의 도에 해당한다. 유순한 덕이 있고 만물을 두텁게 포용하는 공이 있다. 크고 많으며 빛나는 것을 안에 머금고, 곧고 바름을 지키며 그 행함에 한계가 없다. 여자가 이러한 괘를 얻었다면 한없이 좋은 것이다.

【팔궁세혼법으로 판단하면】
중지곤괘는 팔궁세혼법八宮世魂法으로 볼 때, 곤궁坤宮의 본궁수괘가 된다. 따라서 종묘宗廟에 해당하는 상육효가 세효世爻가 되고, 삼공三公에 해당하는 육삼효가 응효應爻가 된다. 세효와 응효가 서로 음양으로 응하지 못한데다가, 응효는 음효가 양자리에 있어서 제자리를 얻지 못한 상태이므로, 일이 잘 안풀린다. 그러나 세효의 지지인 유(酉金)가 응효의 지지인 묘(卯木)를 극하여 바르게 고치면 서로 응하게 되어 좋게 된다. 즉 처음에는 어려웠다가 나중에는 길하게 되는 이치가 있다.

즉 초육·육이·육삼·육사·육오·상육의 여섯효가 모두 음효이므로 극히

---

2 각 괘의 월月은 먼저 세효가 양효인지 음효인지를 가려서, 양효일 경우는 초효를 자子로부터 시작하여 세효까지 센 지지地支가 그 괘의 월이 되고, 음효일 경우는 초효를 오午로부터 시작하여 세효까지 센 지지가 그 괘의 월이 된다. 곤괘의 세효인 상육효는 음효이므로, 초효부터 상효까지 세면 해亥에서 끝난다(초효는 오, 이효는 미, 삼효는 신, 사효는 유, 오효는 술, 상효는 해). 지지의 해는 10월에 해당하므로, 곤괘가 10월괘가 되는 것이다. 따라서 10월을 주관하는 괘가 되므로, 10월에 태어난 사람은 때를 얻음이 된다.

유순한 상으로, 땅이 되고, 신하가 되며, 자애로운 어머니, 순한 소 등의 성질이 있어서, 땅이 하늘의 기운을 받아들여 만물을 기르고, 어머니가 자식을 낳아 잘 양육하듯이 다른 사람들을 위해 일을 많이 하나, 인색한 면도 있다. 또 원조자를 얻어 일을 성사하나, 간혹 타인에게 이용을 당하거나 방해를 받는 것을 조심해야 한다. 자신이 앞장서서 주장하지 말고, 윗사람의 지시대로 또는 다른 사람을 따라 일을 하면 모든 일이 형통하게 된다.

【글귀로 판단하면】

① 水面生魚蛋하고 楊花滿路傍이라
   佳人雙美玉하니 得地始輝光이라
   물가에 고기가 알을 낳고/ 버드나무 꽃이 길가에 가득 피었다/ 미인이 아름다운 옥구슬을 쌍으로 가지고 있으니/ 제자리를 얻어 더욱 빛나기 시작하누나

② 厚德載萬物하고 承天則順昌이라 馬行疆地遠이요 坤厚有輝光라
   두터운 덕으로 만물을 싣고/ 하늘을 순히 이어받드니 번창하게 된다/ 말은 먼 곳까지 달려 나가고/ 땅은 두터워 빛을 발한다

③ 今朝明朝ㅣ 今日明日ㅣ 到了歡欣하고 不成憂戚이라
   오늘 아침 내일 아침/ 오늘 내일/ 이르는 곳마다 기쁘고/ 근심과 슬픈 일은 생기지 않는다

1. 初六(☷ → ☰)

【효사와 소상전】 초육은 서리를 밟으면 굳은 얼음이 이르느니라. 상에 말하길 '서리를 밟아 굳은 얼음'이라는 것은 음이 처음 엉김이니, 그 도를 길들여 이루어서 굳은 얼음에 이르게 하느니라.【初六은 履霜하면 堅冰이 至하나니라. 象曰 履霜堅冰은 陰始凝也니 馴致其道하야 至堅冰也하나니라.】

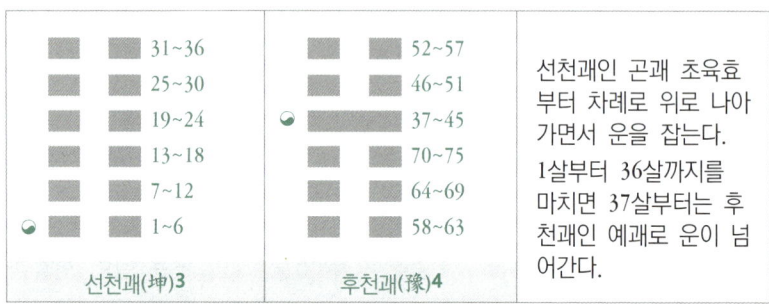

선천괘인 곤괘 초육효부터 차례로 위로 나아가면서 운을 잡는다.
1살부터 36살까지를 마치면 37살부터는 후천괘인 예괘로 운이 넘어간다.

◆ 양년 음년 똑같음**5**

복(24)**6**	림(19)	태(11)	대장(34)	쾌(43)	건(1)
1	2	3	4	5	6

3 사주의 숫자로 괘를 만들어서 곤괘 초효에 원당이 있다면, 1~6살까지는 곤괘 초효 항을, 7~12살까지는 곤괘 이효 항을,…, 31~36살까지는 곤괘 상효 항을 가서 살펴 보면 된다.

4 37~45살까지는 후천괘인 예괘 사효 항을, 52~57살까지는 예괘 상효 항을, …, 70~75살까지는 예괘 삼효 항을 살펴보면 그 사람의 운이 된다(◐나 ●표시 한 곳이 해당하는 효를 가리키고, 밑에서부터 초효·이효·삼효·사효·오효·상효로 나눈다).

5 해마다의 운인 유년운의 진행은 양효(━)일 때와 음효(╴╴)일 때가 다르나, 곤괘는 여섯효가 모두 음효로 되어 있으므로, 양년에 태어난 사람과 음년에 태어난 사람에 상관없이 똑같이 사용한다. 예를 들어 이 사람의 27살 때의 운을 알고 싶다면, 25~30살까지는 선천괘인 곤괘 오효에 해당하므로, 곤괘 오효 항을 찾아가면 된다. 곤괘 오효 항에 가면, 원당효부터 변해서 1·2·3·4·5·6의 순서대로 6개의 괘 운행이 있는데, 그 순서에 맞춰 25·26·27·28·29·30살로 보면 된다. 즉 25세는 1번 항인 비괘 오효에 해당하고, 26살은 2번 항인 관괘 상효에 해당한다. 또 27살 때의 운은 익괘 초효에 해당하므로, 익괘 초효 항을 찾아가서 읽으면 그 운을 알 수 있다.

 해마다의 운인 유년운의 진행은 양효(━)일 때와 음효(╴╴)일 때가 다른데, 그 자세한 예는 중천건괘(1) 초구효, 중지곤괘(2) 초육효와 육이효, 수뢰둔괘(3) 초구효와 육삼효, 산수몽괘(4) 초육효와 육사효 항에 유년운에 속한 월운月運의 예와 함께 실려 있으므로 참고하면 된다.

◆ 월괘 7

사·78	감·29	승·46	고·18	항·32	대장·34	대과·28	함·31	구·44	송·6	건·1	소축·9
1월	2월	3월	4월	5월	6월	7월	8월	9월	10월	11월	12월

◆ 일괘 9

6 5 4 3 2 1	12 11 10 9 8 7	18 17 16 15 14 13	24 23 22 21 20 19	30 29 28 27 26 25
곤(초육)	사·7	겸·15	예·16	비·8	박·23

6 위의 도표에서 '복(24)'라고 한 것은 괘명은 복괘復卦고 64괘 중에 24번째 괘라는 뜻이며, '림(19)'라고 한 것은 괘명은 림괘臨卦고 64괘 중에 19번째에 해당한다는 뜻이다. 나머지 괘도 이와같은 방식으로 본다. 따라서 앞의 목차에서 번호의 순서대로 찾으면, 해당하는 괘를 쉽게 찾을 수 있다.

7 유년운에 속한 월운月運을 알고 싶으면, 「월괘」의 도표를 보고 해당하는 월을 찾으면 된다. 위의 예에서 27살의 6월달 운을 알고 싶다고 하면, 익괘 초효가 이 사람의 27살 운에 해당하므로, 익괘 초효 항을 찾아가서 「월괘」의 도표에서 6월 항인 구괘 초효를 얻는다. 따라서 이 사람의 평생운은 곤괘 초효이고, 27살 때의 운은 익괘 초효이며, 그 해 6월달의 운은 구괘 초효가 됨을 알 수 있다.

8 월괘月卦에서 '사·7' 등으로 표시한 것은, 괘명은 사괘師卦고 64괘 중에 7번째라는 뜻이다.

9 더 세분해서 그 날의 운(日運)을 알고 싶으면, 앞의 월괘月卦의 괘효에 해당하는 괘 효항을 찾아가서 「일괘」에 대한 도표를 참조해서 계산하면 된다. 예를 들어 곤괘 초효가 10월의 월괘였고, 10월의 절기인 입동이 10월 3일 11시에 들고, 그 다음달(11월)의 절기인 대설이 30일 후인 11월 3일 18시에 들었다면, 곤괘 초효월에 대한 도표인 위의 도표를 찾아서, 사괘의 초효인 '1'항이 10월 3일 11시부터 다음날 11.23시(11시 13.8분)까지를 맡는다고 보면 된다. 물론 두 번째 괘인 겸괘 초효의 '7'은 11월 9일 12.38시(12시 22.8분)부터 다음날 12.61시(12시 36.6분)까지를 맡고, 번호순대로 순차적으로 해당하는 날의 운으로 삼으면 된다(30일과 7시간은 시간으로 고치면 30×24+7=727시간이 된다. 이를 30효로 나누면 한 효당 약 24.23시간을 주관하게

【총괄해서 판단하면】

10 이 효는 음이 처음 생기는 상이다. 그러므로 운이 맞는 사람은, 어려서부터 공부를 열심히 하여 커서 공명功名을 얻게 되니, 반드시 양월陽月(음력 1, 3, 5, 7, 9, 11월)에 태어난 사람이어야 좋다.

운이 맞지 않는 사람은, 중中의 덕도 없고 바르게 행동하지도 않아서, 윗사람의 말을 어기고 간사한 행동이 습관이 되며, 다른 사람에게 손해를 입히고 자신에게는 이익이 되도록 행동한다. 이를 타이르면 원망하고, 아첨하는 말을 하면 기뻐하니, 마침내 그 끝이 좋지 않다.

세운을 만나면, 공직자는 참소하고 아첨하는 화를 방비해야 하고, 구직자는 질투 등으로 인한 화를 방비해야 한다. 일반인들은 원수짓는 일을 방비해야 하는 근심이 있다. 오직 음남음녀는 크게 가업을 일으키니, 곤坤의 도가 막 자라나려는 때이기 때문이다.

【글귀로 판단하면】

① 陰氣方濃始履霜하니 待時亨動見陽剛이라
　雲中一力扶持起하니 水畔行人在北方이라
　음기가 무르익어 서리가 되니/ 때가 지나 굳어지면 양강陽剛한 것과 같아지네/ 구름 속에 한 힘 있어 붙들어 일으키니/ 물가를 걷는 나그네 북쪽에 있네

② 事每因馴致니 凝成戒履霜이라 善應有餘福이요 不善有餘殃이라
　일은 항상 길들여 이루어지니/ 물방울이 엉기면 서리될 것을 경계하라/ 착한 일을 하면 응당 복이 따를 것이고/ 착하지 못한 일을 하면 재앙

된다). 이상에 대한 예는 건(1)~송(6)괘의 초효 항에 있으므로 참고바람.

10 此爻是陰始生之象也 故叶者 必幼習詩書 壯得功名 蓋必生於陽月可也 不叶者 則不中不正 違上習奸 損人益己 諫之則怨 諛之則喜 終不能善其後 歲運逢之 在仕則防讒佞之禍 在士則防妬忌之嗟 在庶俗則防仇怨之虞 惟陰命則大興家業 坤道方長故也

이 많을 것이다

2. 六二(☷→☵)

【효사와 소상전】 육이는 곧고 모나서 큰지라, 배워서 익히지 않아도 이롭지 않음이 없느니라. 상에 말하길 육이의 행동이 곧고 방정하니, '배워서 익히지 않아도 이롭지 않음이 없다'는 것은 땅의 도가 빛남이라. 【六二는 直方大라 不習이라도 无不利하니라. 象曰 六二之動이 直以方也니 不習无不利는 地道 光也라.】

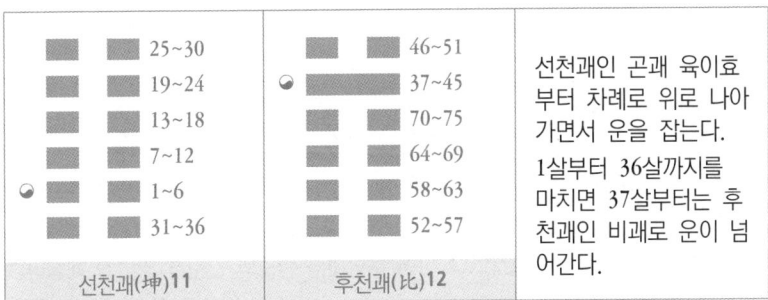

선천괘인 곤괘 육이효부터 차례로 위로 나아가면서 운을 잡는다.
1살부터 36살까지를 마치면 37살부터는 후천괘인 비괘로 운이 넘어간다.

◆ 양년 음년 똑같음13

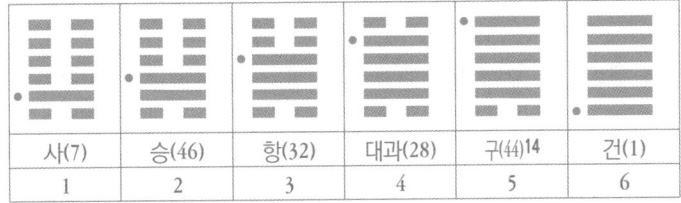

사(7)	승(46)	항(32)	대과(28)	구(44)14	건(1)
1	2	3	4	5	6

---

11 사주의 숫자로 괘를 만들어서 곤괘 이효에 원당이 있다면, 1~6살까지는 곤괘 이효 항을, 7~12살까지는 곤괘 삼효 항을, …, 31~36살까지는 곤괘 초효 항을 가서 살펴보면 된다.

12 37~45살까지는 후천괘인 비괘 오효 항을, 46~51살까지는 비괘 상효 항을, …, 70~75살까지는 비괘 사효 항을 살펴보면 그 사람의 운이 된다(◐나 ●표시 한 곳이 해당하는 효를 가리키고, 밑에서부터 초효·이효·삼효·사효·오효·상효로 나눈다).

◆ 월괘 15

겸·15	간·52	소과·62	풍·55	함·31	대과·28	돈·33	비·12	동인·13	가인·37	건·1	대유·14
1월	2월	3월	4월	5월	6월	7월	8월	9월	10월	11월	12월

13 해마다의 운인 유년운의 진행은 양효(━)일 때와 음효(╍)일 때가 다르다. 예를 들어 20살 때의 운을 알고 싶다면, 19~24살까지는 선천괘인 곤괘 오효에 해당하므로, 곤괘 오효 항을 찾아가면 된다. 곤괘 오효 항에 가면, 원당효부터 변해서 1·2·3·4·5·6의 순서대로 6개의 괘 운행이 있는데, 그 순서에 맞춰 19·20·21·22·23·24살로 보면 된다. 즉 19살은 1번 항인 비괘 오효에 해당하고, 20살은 2번 항인 관괘 상효에 해당한다. 따라서 이 사람의 20살 때의 운은 관괘 상효에 해당하므로, 관괘 상효 항을 찾아가서 읽으면 그 운을 알 수 있다.

그 외에 원당이 양효일 경우는, 자신의 나이가 양년에 해당할 경우는 「양년일 경우」의 도표를 보면 되고, 음년일 경우는 「음년일 경우」의 도표를 찾아서 1·2·3·4·5·6·7·8·9의 순서대로 각기 해당하는 나이를 맞추어 보면 된다. 예를 들어 45살의 운을 보려면, 37~45살이 비괘 오효에 해당하므로, 비괘 오효 항에 가서 9번 항을 보면 된다. 즉 9년운(37~45살)의 시작인 37살에 해당하는 년도의 간지가 양년에 해당하면 「양년일 경우」의 도표의 9번에 해당하는 동인괘 오효가 이 사람의 45살 운이 되므로, 동인괘 오효 항을 찾아 읽으면 된다. 또 음년에 해당할 경우는 「음년일 경우」의 도표의 9번에 해당하는 리괘의 오효가 45살의 운이 되므로, 리괘 오효 항을 찾아 읽으면 된다. 이와 같은 방법으로 해당 항을 찾아보면, 평생에 걸쳐 해마다 해당하는 운을 알 수 있다.

14 위의 도표에서 '대과(28)'이라고 한 것은 괘명은 대과괘大過卦고 64괘 중에 28번째 괘라는 뜻이고, '구(44)'라고 한 것은 괘명은 구괘姤卦고 64괘 중에 44번째에 해당한다는 뜻이다. 나머지 괘도 이와같은 방식으로 본다. 따라서 앞의 목차에서 번호의 순서대로 찾으면, 해당하는 괘를 쉽게 찾을 수 있다. 또 월괘月卦에서 '동인·13' 등으로 표시한 것도, 괘명은 동인괘同人卦고 64괘 중에 13번째라는 뜻이다.

15 유년운에 속한 월운月運을 알고 싶으면, 「월괘」의 도표를 보고 해당하는 월을 찾으면 된다. 위의 예에서 45살의 5월달 운을 알고 싶다고 하면, 동인괘 오효가 이 사람의 45살 운에 해당하므로(9년운의 시작인 37살 때의 연도 간지가 양년일 경우임, 만약에 음년이었다면 리괘 오효 항을 찾아야 한다), 동인괘 오효 항을 찾아가서 「월괘」의 도표에서 5월 항인 대과괘 이효를 얻는다. 따라서 이 사람의 평생운은 곤괘 이효이고,

◈ 일괘

곤(육이)	겸·15	예·16	비·8	박·23	복·24
6 5 4 3 2 1	6 5 4 3 2 1	12 11 10 9 8 7	18 17 16 15 14 13	24 23 22 21 20 19	30 29 28 27 26 25

【총괄해서 판단하면】

16 이 효는 풍성한 덕의 지극함을 말한 것이다. 그러므로 운이 맞는 사람은, 중정한 덕을 갖춘 귀인으로, 명예가 드높고 힘과 역량이 뛰어난 사람이다. 또한 직방대(直方大:곧고 방정해서 커진다)의 세 글자는 좋게 될 조짐이 매우 많은 것이니, 태상太常·태복太僕·태윤太尹·방백方伯 등의 높은 벼슬에 해당한다.

운이 맞지 않는 사람이라도 충성되고 성실한 사람으로, 많이 움직이고 그쳐있는 경우는 적으며, 고향 등 지방에서는 중하게 여기는 사람이다.

세운을 만나면, 공직자는 지위가 높아지고, 구직자는 훌륭한 명성이 윗사람에까지 이르게 되며, 일반인은 경영하는 일에서 재산이 많이 늘게 된다. 여자는 어질고 현명해서 집안을 일으킨다.

【글귀로 판단하면】

① 萬丈波濤無點亂이요 一天風雨更幽閒이라
 客行已在經綸內하니 名利何勞自作難가
 만길 파도에 한점 어지러움 없고/ 하늘에 비바람 가득하지만 그윽하고

45살 때의 운은 동인괘 오효이며, 그 해 5월달의 운은 대과괘 이효가 됨을 알 수 있다.

16 此爻是釋其盛德之至者也 故叶者 爲中正貴人 譽望高 力量大 且直方大三字 爲兆甚多 或太常 太僕 太尹 方伯之類 不叶者 亦忠實之人 多動少靜 而爲鄕里 之所推重 歲運逢之 在仕則位高遷 在士則偉名上達 在庶俗則粟帛多增 在女命 則爲賢良起家

한가하기만 하다/ 객의 행로 이미 경륜 속에 들어 있으니/ 무엇하러 명리를 어렵게 얻으려 할 것인가?

2 敬義存中正하니 前程事事通이라 自然无不利하니 不習已成功이라
경건하고 의리있게 하며 중도로 바르게 하니/ 앞길에 만사가 형통하다/ 자연히 이롭지 않음이 없게 되니/ 익혀 배우지 않아도 성공하게 된다

3. 六三(☷ → ☶)

【효사와 소상전】육삼은 빛남을 머금고 바르게 할 수 있으니, 혹 왕을 따라 일을 해서 이룸은 없어도 마침은 있게 되느니라. 상에 말하길 '빛남을 머금고 바르게 함'이나 때에 따라서는 발하는 것이고, '혹 왕을 따라 일을 함'은 앎이 빛나고 큼이라.【六三은 含章可貞이니 或從王事하야 无成有終이니라. 象曰 含章可貞이나 以時發也오 或從王事는 知光大也라.】

선천괘(坤)		후천괘(剝)		
	19~24	○	37~45	선천괘인 곤괘 육삼효부터 차례로 위로 나아가면서 운을 잡는다. 1살부터 36살까지를 마치면 37살부터는 후천괘인 박괘로 운이 넘어간다.
	13~18		70~75	
	7~12		64~69	
○	1~6		58~63	
	31~36		52~57	
	25~30		46~51	

◈ 양년 음년 똑같음

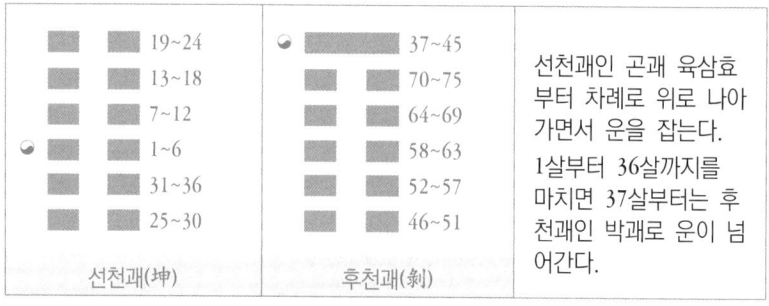

겸(15)	소과(62)	함(31)	돈(33)	동인(13)	건(1)
1	2	3	4	5	6

◈ 월괘

예·16	진·51	취·45	곤·47	비·12	돈·33	무망·25	익·42	리·10	규·38	건·1	쾌·43
1월	2월	3월	4월	5월	6월	7월	8월	9월	10월	11월	12월

◈ 일괘

곤(육삼)	예·16	비·8	박·23	복·24	사·7
6 5 4 3 2 1	12 11 10 9 8 7	18 17 16 15 14 13	24 23 22 21 20 19	30 29 28 27 26 25	

【총괄해서 판단하면】

이 효는 빛나고 아름다운 것을 자랑하지 않고 잘 감출 수 있는 사람을 말한다. 그러므로 운이 맞는 사람은, 학문을 충실하게 닦아서, 당대의 모범이 되고 자신의 생애에 영화를 누리며, 순조로운 벼슬길로 궁함이 없게 된다.

운이 맞지 않는 사람은, 빛나는 것을 감추고 자신의 행적을 잘 감추어서, 자신에게나 남에게나 공적으로 행동하되, 지혜롭게도 보이고 어리석게 보이면서도 신중히 하고 겸손히 하는 사람이다.

세운을 만나면, 공직자는 자신의 직책에 충실하여 곧 승진할 운이고, 구직자는 문장과 실력이 드러나 곧 직장을 구할 것이며, 일반인은 꾀하는 일이 깊고 신중해서 경영하는 일을 성공한다.

여자일 경우는 덕이 훌륭한 아내가 된다.17

---

17 此爻是人能含晦章美者也 故叶者主學問充實 作一時之標準 主一生榮顯 亨爵祿於無窮 不叶者 亦韜光斂跡 公己公人 而爲智愚謹厚之士也 歲運逢之 在仕則職修而陞遷有期 在士則文華而進取有日 在庶俗則謀深而經營有獲 在女命則爲德婦

【글귀로 판단하면】

① 待命含章終必吉이요 强謀前進未亨昌이라

兎啣刀到黃金上이요 萬里鵬程羽翼忙이라

운명을 기다리며 빛남을 머금으면 마침내는 반드시 길할 것이고/ 강하게 전진만 꾀하면 번창하고 형통하지 못할 것이다/ 토끼가 칼을 물고 황금덩이 위에 거꾸러지고/ 붕새가 만리를 나는데 날개치기 바쁘다(분수를 지키고 때를 기다렸다가 나서면 길하나, 아무 때나 나서면 흉하다)

② 始則難ㅣ終則易하니

相合相從이면 天時地利라

처음은 어렵고/ 나중은 쉬우니/ 서로 합심해서 같이 따라가면/ 하늘의 때를 얻고 땅의 이로움을 얻을 것이다

③ 含章雖有喜나 進退且需時라

丹詔從天下하니 風雲際會時라

빛남을 머금으면 비록 기쁨이 있으나/ 나가고 물러남은 또한 때를 기다려야 한다/ 임금의 조서 받고 천하일을 하게 되니/ 바람따라 구름 모이는 때이다

4. 六四(䷁→䷏)

【효사와 소상전】육사는 주머니를 잡아 매듯이 감추면 허물이 없으며 영예로움도 없으리라. 상에 말하되 '주머니를 잡아 매듯이 감추면 허물이 없음'은 삼가하면 해롭지 않은 것이다. 【六四는 括囊이면 无咎며 无譽리라. 象曰 括囊无咎는 愼不害也라.】

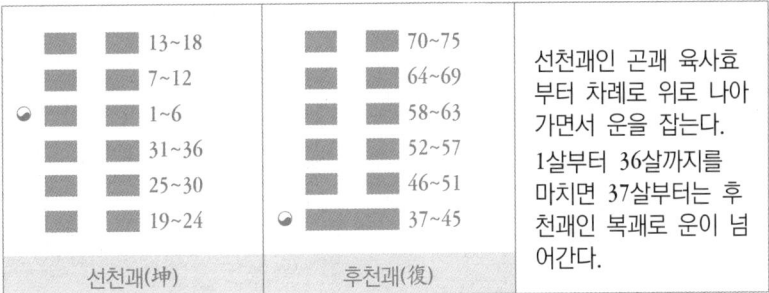

선천괘인 곤괘 육사효부터 차례로 위로 나아가면서 운을 잡는다.
1살부터 36살까지를 마치면 37부터는 후천괘인 복괘로 운이 넘어간다.

◈ 양년 음년 똑같음

예(16)	취(45)	비(12)	무망(25)	리(10)	건(1)
1	2	3	4	5	6

◈ 월괘

비·8	감·29	관·20	점·53	익·42	무망·25	중부·61	손·41	소축·9	수·5	건·1	구·44
1월	2월	3월	4월	5월	6월	7월	8월	9월	10월	11월	12월

◈ 일괘

곤(육사)	비·8	박·23	복·24	사·7	겸·15
	6 5 4 3 2 1	12 11 10 9 8 7	18 17 16 15 14 13	24 23 22 21 20 19	30 29 28 27 26 25

【총괄해서 판단하면】

이 효는 때가 맞지 않아서 스스로를 굳게 지키고 나아가지 않는 것을 말한 것이다. 그러므로 운이 맞는 사람은, 자신의 자리에 좋은 재산과 벼슬이 있더라도 이를 드러내고 베풀지를 못하며, 또한 막중한 책임과 원대한 포부를 이룰 수 없으니, 그저 조금 돕고 보조할 뿐이다.

운이 맞지 않는 사람은, 신중하면서도 소박하고 실질을 추구하는 사람으로, 모든 것이 풍성하고 남음이 있다.

세운을 만나면, 공직자는 신중하게 자신의 그리 높지 않은 직책을 지키기는 하나 승진하거나 영전하기는 힘들고, 구직자는 직장을 구하여 자신의 포부를 이루기 힘들며, 일반인도 경영하는 일이 막히고 지체된다. 대개 더 크게 발전하거나 승진하려는 생각을 버리고, 현재 자신의 일을 굳게 지키면서 신중하게 행동하는 것이 좋다. 여자일 경우는 현명한 사람으로 집안을 일으킨다.18

【글귀로 판단하면】

① 路不通ㅣ 門閉塞ㅣ
　謹隄防ㅣ 月雲黑이라
　길은 통하지 않고/ 문은 굳게 닫혀 있으며/ 방비는 튼튼하고/ 달이 검은 구름에 가린 캄캄한 밤이네

② 守愼宜無咎니 包藏似括囊하라
　震雷轟發後이면 利涉總安康이라
　지키고 근신하면 허물이 없게 되니/ 싸서 감추기를 주머니를 잡아매듯이 하라/ 천둥 번개친 뒤에/ 냇물 건너면 모두 편안하리라

③ 事機宜謹愼이니 無是亦無非라
　守靜宜恬退요 深虞陷禍機하라
　일의 조짐을 마땅히 삼가해야 하니/ 옳은 것도 없고 그른 것도 없다/ 고요함을 지켜 편안히 물러나는 것이 좋고/ 환난에 빠지는 것을 깊이 경계해야 한다

---

18 此爻是因時以自守者也 故叶者 雖有居位食祿之美 而謀猷不能顯設 亦終不能任重致遠 徒小補而已 不叶者 爲謹厚朴實之人 而豐厚飽煖以有餘 歲運逢之 在仕則謹守常職 而難於陞遷 在士則艱於進取 在庶俗則經營阻滯 大凡宜謹固收斂 則无非橫之禍 女命則賢而起家

5. 六五(☷ → ☷)

【효사와 소상전】 육오는 누런 치마면(하체에 입는 치마처럼 남의 아랫사람으로 있으면) 크게 착하고 길하리라. 상에 말하길 '누런 치마면 크게 착하고 길함'은 문채가 중에 있기 때문이다. 【六五는 黃裳이면 元吉이리라. 象曰 黃裳元吉은 文在中也라.】

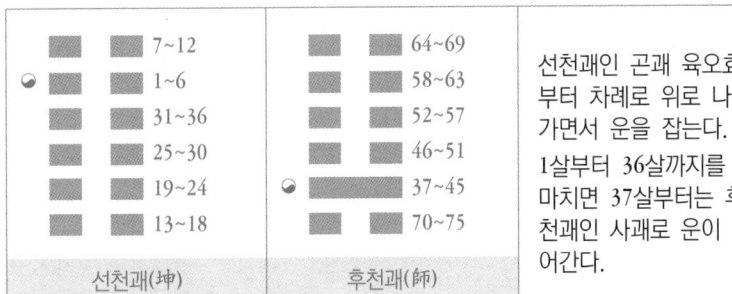

선천괘인 곤괘 육오효부터 차례로 위로 나아가면서 운을 잡는다.
1살부터 36살까지를 마치면 37살부터는 후천괘인 사괘로 운이 넘어간다.

◆ 양년 음년 똑같음

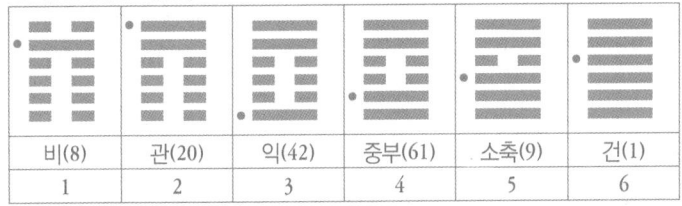

비(8)	관(20)	익(42)	중부(61)	소축(9)	건(1)
1	2	3	4	5	6

◆ 월괘

박·23	간·52	이·27	서합·21	손·41	중부·61	대축·26	태·11	대유·14	정·50	건·1	동인·13
1월	2월	3월	4월	5월	6월	7월	8월	9월	10월	11월	12월

◆ 일괘

곤(육오)	박·23	복·24	사·7	겸·15	예·16
6 5 4 3 2 1	12 11 10 9 8 7	18 17 16 15 14 13	24 23 22 21 20 19	30 29 28 27 26 25

【총괄해서 판단하면】

19 이 효는 중순中順한 덕이 있는 사람으로, 크게 잘되는 길함을 얻는 것을 말한다. 그러므로 운이 맞는 사람은, 문장이 세상에 드높고, 시험을 쳐서 수석으로 붙어 이름을 드날린다. 여기서 말하는 '黃(누를 황)'자는 칙서(黃榜:옛날 勅書는 누런 종이에 썼음)·궁궐(黃屋)·궐궐의 문(黃門)을 뜻하는 것으로 종실宗室을 나타내기도 하며, '元(으뜸 원)'자는 풀림(解)·모임(會)·궁궐이나 큰 집(殿)을 뜻하는 것으로, 삼원三元을 나타내기도 한다. 또 '文(무늬 문)'자나 '中(가운데 중)'자도 상서로운 조짐이 많음을 나타낸다.

운이 맞지 않는 사람도 공정하게 베풀음이 되고, 의식생활이 풍족하며 깊이 삼가하며 겸손하게 물러나서 시기나 의심을 받지 않는 자를 말한다. 세운을 만나면, 공직자는 안으로부터 추천을 받고, 구직자는 비황飛黃20의 영화를 얻으며, 일반 사람은 재산 등의 이익을 얻게 되고 일마다 평온하며 재해가 생기지 않는다. 여자가 얻었다면 승진하거나, 높은 벼슬에 있는 사람의 부인(命婦)21이 되고, 덕이 있는 여자로 내조의 공을 세운다.

【글귀로 판단하면】

[1] 世道垂衣治하니 安身文史中이라

---

19 此爻是有中順之德 而獲大善之吉者也 故叶者 文章高世 科甲冠倫 黃字爲黃榜 黃屋 黃門 宗室之兆 元字爲解 會 殿 三元之兆 又文字中字 爲兆甚多 不叶者 亦施爲公正 衣祿豐足 謹厚退遜 不招猜疑 歲運逢之 在仕則爲內授之選 在士則有飛黃之榮 在庶俗則有財利之招 事事安穩 災害不生 女命則爲命婦德婦 而爲內助之功人

20 등에 뿔이 있고 천년을 산다고 하는 좋은 말(馬)로, 여기서는 장원급제하여 축하행사를 한다는 뜻.

21 여자로서 봉호封號를 받은 사람. 내명부內命婦는 궁안에서 봉작을 받은 자로 비나 빈 또는 상궁 등을 말하고, 외명부는 공주公主 또는 남편을 따라 봉호를 받은 사대부의 아내를 말한다(정부인, 정경부인 등).

不須操武畧이요 名利在西南이라

세상을 의상만 드리우고 다스리니/ 몸은 편히 문장과 역사나 연구한다/ 무력과 지략은 필요하지 않고/ 명리는 서남쪽에 있다

② 安居中守分하야 能順以承天하니

至美利元吉이요 西南喜慶全이라

편안히 중도로 분수를 지켜서/ 하늘을 순하게 받드니/ 지극히 아름답고 이로우며 크게 길하고/ 서남쪽에는 기쁘고 경사스러운 일이 있다

6. 上六(䷁ → ䷎)

【효사와 소상전】 상육은 용이 들에서 싸우니, 그 피가 검고 누르도다. 상에 말하길 '용이 들에서 싸움'은 그 도가 궁한 것이다. 【上六은 龍戰于野하니 其血이 玄黃이로다. 象曰 龍戰于野는 其道 窮也라.】

선천괘(坤)	후천괘(謙)	선천괘인 곤괘 상육효부터 차례로 위로 나아가면서 운을 잡는다.
1~6	58~63	
31~36	52~57	
25~30	46~51	
19~24	37~45	1살부터 36살까지를 마치면 37살부터는 후천괘인 겸괘로 운이 넘어간다.
13~18	70~75	
7~12	64~69	

◆ 양년 음년 똑같음

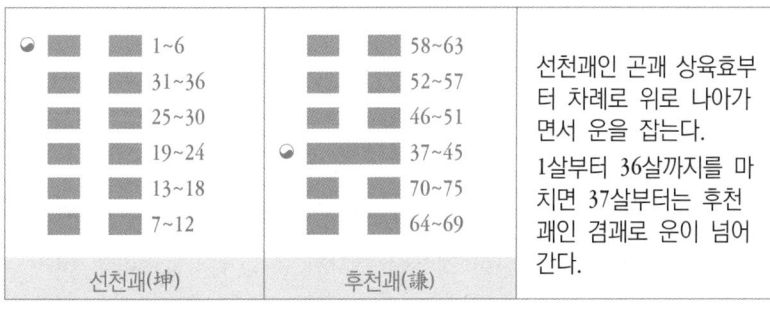

박(23)	이(27)	손(41)	대축(26)	대유(14)	건(1)
1	2	3	4	5	6

◆ 월괘

복·24	진·51	림·19	절·60	태·11	대축·26	대장·34	항·32	쾌·43	혁·49	건·1	리·10
1월	2월	3월	4월	5월	6월	7월	8월	9월	10월	11월	12월

◆ 일괘

	6 5 4 3 2 1	12 11 10 9 8 7	18 17 16 15 14 13	24 23 22 21 20 19	30 29 28 27 26 25
곤(상육)	복·24	사·7	겸·15	예·16	비·8

【총괄해서 판단하면】

22 이 효는 음이 극성하게 됨으로 인한 화를 말한 것이다. 그러므로 운이 맞는 사람은, 혹 장수로 전쟁터에 나아가서 공을 세우며, 혹 고관대작으로 권한 밖의 일을 하고 윗사람을 능멸함에 거리낌이 없으며, 혹 위태한 곳에 처해 있으면서도 권한 밖의 위엄과 복福을 제멋대로 처리하는 사람이다.

운이 맞지 않는 사람은, 성품이 이리같이 흉포하고 어수선해서 존귀한 윗사람을 능멸하며, 큰 것을 좋아하고 공 얻기를 좋아한다. 더욱이 변화가 심하고 정해짐이 없어서, 심할 경우에 군사를 움직이는 장수라면 어려운 고초를 다 겪으므로, 그 밑의 병졸들도 따라서 고초를 겪게 된다. 혹 살리기를 좋아하는 성격이라면 그로 인해 오히려 잔학한 살상을 당하게 되

---

22 此爻是陰盛之禍者也 故叶者 或爲將帥而臨陣有功 或居高位而僭越無忌 或處勢危而威福自恣 不叶者 性多兇狼 冒尊凌上 好大喜功 更變無定 甚則爲軍戎 歷其艱辛 吏卒受其苦楚 或好生而被殘傷 或好訟而苦其刑罰 歲運逢之 在仕則見貶斥之禍 在士則爲鏖戰於文場 雖有飛黃之榮 難免憂害破損之危 在庶俗則有爭鬪之擾 而破敗危亡之甚

고, 혹 송사를 좋아하나 오히려 고통스러운 형벌을 받는다.

세운을 만나면, 공직자는 공을 깎이고 배척당하는 화를 입고, 구직자는 시험장에서 싸움을 하게 된다. 비록 장원급제하는 영예가 있더라도 근심과 상해로 인해 파손되는 위태함을 면하기 어렵다. 일반인은 싸우고 다투는 소요가 있어서 패하고 위태로와 망하게 되는 화가 심하다.

【글귀로 판단하면】

① 鏡破釵分하고 月缺花殘하니
行來休往이면 事始安然이라
거울은 깨지고 비녀는 부러지며/ 달은 기울고 꽃은 떨어지니/ 모든 가고 오는 것을 중지하면/ 일이 비로소 편안하게 될 것이다

② 剛柔兩戰傷하니 其血須玄黃이라
龍馬生悔吝이나 極終已悔亡이라
강과 유가 서로 싸워 상하니/ 그 피가 검고 누렇다/ 용마가 뉘우치고 인색함이 생기나/ 끝에 가면 후회가 없어지리라

③ 有名無實效하니 謀事更遲遲라
訟病多刑剋이요 施爲總未宜라
이름만 있고 실효가 없으니/ 꾀하는 일이 더디기만 하다/ 송사와 질병, 형벌과 극함이 많고/ 하는 것이 모두 마땅하지 않다

坎上 震下 水雷屯(3)
수 뢰 둔

둔괘 개요

【괘사와 대상전】 둔은 크게 형통하고 바르게 함이 이로우니, 나아가지 말고 제후를 세움이 이로우니라. 상에 말하길 구름과 우레가 둔괘니, 군자가 본받아서 나라를 잘 다스리느니라. 【屯은 元亨코 利貞하니 勿用有攸往이오 利建侯하니라. 象曰 雲雷 屯이니 君子 以하야 經綸하나니라.】

【총괄해서 판단하면】

※ 屯卦 납갑표

1 둔괘는 감궁坎宮의 2세로 6월에 속한다. 내괘의 납갑은 경자·경인·경진이고 외괘는 무신·무술·무자이다. 6월에 태어난 사람과 납갑의 간지와 합치되는 년도에 태어난 사람은, 공명과 부귀를 누리는 사람이다. 또 2월에서 8월까지는 때를 얻은 것이니 복이 많으나, 나머지 달에 태어난 사람은 큰 일이나 새로운 일을 하는 것이 좋지 않다.[2]

---

1 此坎宮二世 卦屬六月 納甲 是內卦庚子庚寅庚辰 外卦戊申戊戌戊子 如生於六月及納甲者 功名富貴人也 又二月至八月 得其時者爲福厚 餘月得此 則勿用有攸往

2 각 괘의 월月계산법은 중천건괘(1)와 중지곤괘(2) 항에서 설명하였다. 둔괘의 세효인 육이효는 음효이므로, 초효부터 이효까지 세면 미未에서 끝난다(초효는 오, 이효는 미). 지지의 미는 6월에 해당하므로, 둔괘가 6월괘가 되는 것이다. 따라서 6월을 주관하는 괘가 되므로, 6월에 태어난 사람은 때를 얻음이 된다.

운세로 보면① 수뢰둔괘(䷂)는 상괘는 감(☵)이고 하괘는 진(☳)이며, 호괘로는 간(☶)과 곤(☷)이 있다. 마치 우레가 땅속에 있는 지뢰복괘의 형상으로, 아직 형통하지는 못하나, 우레가 떨쳐 발동하고 호수의 물이 만물에 막 베풀어지려고 하는 때이다. 또 감의 빠지고 험한 면이 있으니, 군자에게는 초창기의 어려운 때로, 아직 형통하지 못하는 상이다.
② 둔괘(䷂)는 음이 양을 구하는 뜻이다. 어렵고 힘든 세상에서 약한 사람은 홀로 독립해서 잘 살 수 없으므로, 반드시 강한 사람에 의존해서 주인을 삼아야 할 것이다. 그러므로 약한 음이 강한 양을 구하는 것이다. 일을 벌이는 것이 좋지 않다. 말을 타고 빨리 가려다 내려서 더이상 나아가지를 않는 것은, 다 그 주인을 얻지 못해서 기댈 곳이 없기 때문이다. 양효인 초효는 머리(首)가 되는 높은 사람인데도, 남의 밑에 있으면서 그 구하는 사람에게 응해서 나아가니, 크게 뜻을 얻게 된다.

【팔궁세혼법으로 판단하면】
수뢰둔괘는 팔궁세혼법八宮世魂法으로 볼 때, 감궁坎宮의 2세괘가 된다. 즉 대부大夫에 해당하는 육이효가 세효世爻가 되고 임금에 해당하는 구오효가 응효應爻가 된다. 육이효의 지지인 인(寅木)이 구오효의 지지인 술(戌土)을 극하는 어려움이 있으나, 세효와 응효가 서로 응하고, 또 제자리를 얻고 있으며, 더욱이 두 효 모두 중정한 덕이 있으므로 슬기롭게 어려움을 극복한다.
즉 물속의 용이 승천하기를 기다리는 상으로, 처음은 어렵고 나중은 길하게 된다. 끊임없이 노력하면서 때를 기다려야 하니, 참을성이 없으면 되지 않는다. 원대한 야망과 포부를 갖고 노력하지만, 주변여건이 성숙치 않아 고민되나, 크게 되기 위한 고난이라고 생각하여야 한다. 함부로 경거망동하지 말고 성실히 노력하면, 장차 길해지는 운이지만, 당장은 남의 일을 대신 해주는 상태로 큰 이득은 없으며, 매사 초창기의 어려움이 따른다.

【글귀로 판단하면】

1 (陰) 逢屯好展經綸手요 遇敵方知政治通이라
進步悔生多不足하니 危前守後有春風이라

(음) 둔괘를 만나면 경륜을 펴는 것이 좋고/ 적을 만났을 때는 정치적으로 해결해야 통한다/ 전진하려면 후회가 나오고 부족함이 많으니/ 앞으로 가는 것은 위태하고 지키고 후퇴하는 것은 봄바람이 불 것이다

2 (陽) 施設不須多요 提携出網羅라
一登平穩地면 從此少風波라

(양) 일을 많이 벌리는 것은 좋지 않고/ 서로 제휴하면 그물 속을 벗어날 것이다/ 한번 평온한 땅에 올라가면/ 여기서부터 풍파가 적을 것이다

1. 初九(䷂ → ䷆)

【효사와 소상전】 초구는 머뭇거림이니, 바른 데 거함이 이로우며 임금(보필할 자)을 세움이 이로우니라. 상에 말하길 비록 머뭇거리나 뜻이 바른 것을 행하는데 있으며, 귀함으로써 천한 이에게 낮추니 크게 백성을 얻는다. 【初九는 磐桓이니 利居貞하며 利建侯하니라. 象曰 雖磐桓하나 志行正也며 以貴下賤하니 大得民也로다.】

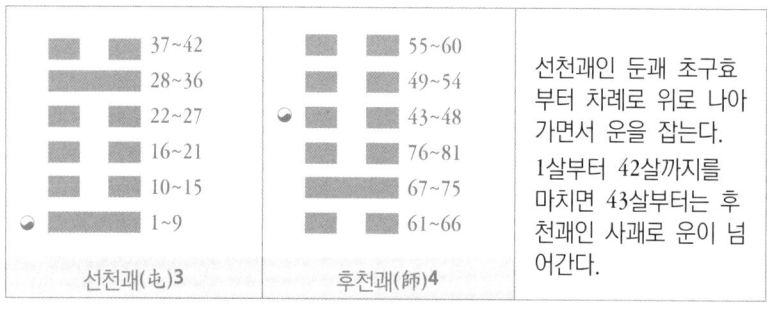

| 선천괘(屯)3 | 후천괘(師)4 | 선천괘인 둔괘 초구효부터 차례로 위로 나아가면서 운을 잡는다. 1살부터 42살까지를 마치면 43살부터는 후천괘인 사괘로 운이 넘어간다. |

◆ 양년(갑·병·무·경·임년)일 경우 5

둔(3)6	수(17)	취(45)	곤(47)	대과(28)	정(48)	승(46)	고(18)	대축(26)
1	2	3	4	5	6	7	8	9

◆ 음년(을·정·기·신·계년)일 경우 7

비(8)	취(45)	수(17)	태(58)	쾌(43)	수(5)	태(11)	대축(26)	고(18)
1	2	3	4	5	6	7	8	9

3 사주의 숫자로 괘를 만들어서 둔괘 초효에 원당이 있다면, 1~9살까지는 둔괘 초효 항을, 10~15살까지는 둔괘 이효 항을, …, 37~42살까지는 둔괘 상효 항을 가서 살펴보면 된다.

4 3~48살까지는 후천괘인 사괘 사효 항을, 55~60살까지는 사괘 상효 항을, …, 76~81살까지는 사괘 삼효 항을 살펴보면 그 사람의 운이 된다(○나 ●표시 한 곳이 해당하는 효를 가리키고, 밑에서부터 초효·이효·삼효·사효·오효·상효로 나눈다).

5 해마다의 운인 유년운의 진행은 양효(━━)일 때와 음효(━ ━)일 때가 다르다. 예를 들어 이 사람의 43살 때의 운을 알고 싶다면, 43~48살까지는 후천괘인 사괘 사효에 해당하므로, 사괘 사효 항을 찾아가면 된다. 사괘 사효 항에 가면, 원당효부터 변해서 1·2·3·4·5·6의 순서대로 6개의 괘 운행이 있는데, 그 순서에 맞춰 43·44·45·46·47·48살로 보면 된다. 즉 43세는 1번 항인 해괘 사효에 해당하고, 44살은 2번 항인 곤괘 오효에 해당한다. 따라서 이 사람의 43살 때의 운은 해괘 사효에 해당하므로, 해괘 사효 항을 찾아가서 읽으면 그 운을 알 수 있다.

6 위의 도표에서 '둔(3)'라고 한 것은 괘명은 둔괘屯卦고 64괘 중에 3번째 괘라는 뜻이며, '비(8)'이라고 한 것은 괘명은 비괘比卦고 64괘 중에 8번째에 해당한다는 뜻이다. 나머지 괘도 이와같은 방식으로 본다. 따라서 앞의 목차에서 번호의 순서대로 찾으면, 해당하는 괘를 쉽게 찾을 수 있다. 또 월괘月卦에서 '절·60' 등으로 표시한 것도, 괘명은 절괘節卦고 64괘 중에 60번째라는 뜻이다.

7 해마다의 운인 유년운의 진행은 양효(━━)일 때와 음효(━ ━)일 때가 다른데, 그 자세한 예는 중천건괘(1) 초구효, 중지곤괘(2) 초육효와 육이효, 수뢰둔괘(3) 초구효와 육

◈ 월괘 8

절·60	림·19	수·5	소축·9	쾌·43	대과·28	대장·34	풍·55	대유·14	규·38	정·50	고·18
1월	2월	3월	4월	5월	6월	7월	8월	9월	10월	11월	12월

◈ 일괘 9

둔(초구)	절·60	기제·63	수·17	복·24	익·42
	6 5 4 3 2 1	12 11 10 9 8 7	18 17 16 15 14 13	24 23 22 21 20 19	30 29 28 27 26 25

【총괄해서 판단하면】

10 이 효는 어렵고 힘든 초창기에 나아가서는 백성을 위하고, 물러나서는

삼효, 산수몽괘(4) 초육효와 육사효 항에 유년운에 속한 월운月運의 예와 함께 실려 있으므로 참고하면 된다.

8 유년운에 속한 월운月運을 알고 싶으면, 「월괘」의 도표를 보고 해당하는 월을 찾으면 된다. 위의 예에서 43살의 2월달 운을 알고 싶다고 하면, 해괘 사효가 이 사람의 43살 운에 해당하므로, 해괘 사효 항을 찾아가서 「월괘」의 도표에서 2월 항인 취괘 이효를 얻는다. 따라서 이 사람의 평생운은 둔괘 초효이고, 43살 때의 운은 해괘 사효이며, 그 해 2월달의 운은 취괘 이효가 됨을 알 수 있다.

2 더 세분해서 그 날의 운(日運)을 알고 싶으면, 앞의 월괘月卦의 괘효에 해당하는 괘효항을 찾아가서 「일괘」에 대한 도표를 참조해서 계산하면 된다. 예를 들어 둔괘 초효가 9월의 월괘였고, 9월의 절기인 한로가 9월 4일 11시에 들고, 그 다음달(10월)의 절기인 입동이 32일 후인 10월 6일 17시에 들었다면, 둔괘 초효월에 대한 도표인 위의 도표를 찾아서, 절괘의 초효인 '1'항이 9월 4일 11시부터 다음날 12.8시(12시 48분)까지를 맡는다고 보면 된다. 물론 세 번째 괘인 수괘 초효의 '13'은 9월 17일 21.6시(21시 48분)부터 다음날 23.4시(23시 24분)까지를 맡고, 번호순대로 순차적으로 해당하는 날의 운으로 삼으면 된다(32일과 6시간은 시간으로 고치면 32×24+6=774시간이 된다. 이를 30효로 나누면 한 효당 약 25.8시간을 주관하게 된다).
이상에 대한 예는 건괘(1)~송괘(6)의 초효 항에 있으므로 참고 바람.

자신을 지키며 사는 것을 말한다. 그러므로 운이 맞는 사람은, 지위가 중앙의 고관대작(公이나 侯)에까지 이르고, 조금 못하더라도 지방을 맡아 다스리는 직책을 맡는다. 단 태평한 시기가 아니면 반드시 험난하되 요충지에 근무하게 된다.

운이 맞지 않는 사람은, 비록 물러나서 자신을 잘 지키고 바른 자리에 있더라도, 또한 위엄과 권세가 있게 되고 사람들의 신망을 받게 된다. 단 일에 있어서 지체되고 의심되는 바가 있어서 과감히 결단함이 적다.

세운을 만나면, 벼슬길에 있는 사람은 직무를 잘 수행해서 공명을 얻게 되고, 구직자는 귀한 사람을 따라서 현명한 경영을 할 수 있도록 보좌하는 뜻이 있다. 일반인은 평상에 만족하고 분수를 지켜서 조급히 움직임으로 인한 근심이 없다. 대개 일마다 잘 살피고 택해서 행동하는 것을 말하며, 조급하고 망령되게 움직이면 어려운 것이다. 여자가 얻었다면 어질고 현명한 부인으로 집안을 흥성하게 한다.

【글귀로 판단하면】

1 不當進步且盤桓이나 一得民心含此章이라
   駐馬問人溪上事하니 水中還有萬人觀이라
   앞으로 나아감이 마땅치 않아 머뭇거리나/ 한번 민심을 얻으면 빛남을 머금게 될 것이다/ 말을 멈추고 개울가의 일을 사람에게 물으니/ 물가운데서 만사람이 바라보고 있도다

2 守不失하니 求不成이나
   近謀遠遂니 貴客通津이라
   분수를 잃지 않으니/ 구하는 것은 얻지 못하나/ 가까운 데서 꾀한 것을

10 此爻是屯難之時 進則爲民 退則守己 故叶者 當位至公侯 職居藩門 但恐非太平之時 必在險要之地 不叶者 雖守己居正 亦有威權而爲人望 但處事遲疑而少果決 歲運逢之 在仕則職修而有顯達之選 在士則從貴而有建明之義 在庶俗則安常守分 而無躁動之虞 大抵事事宜當審擇躁妄則屯 女命則賢良婦而興家

먼 데서 이루니/ 귀한 손이 물을 건너게 해준다

2. 六二(☵ → ☵)

【효사와 소상전】 육이는 어렵고 걷기 어려우며 말을 탔다가 내리니, 도적이 아니면 청혼하려 온다. 여자가 곧아서 시집가지 않다가 십년 만에야 시집가도다. 상에 말하길 육이의 어려움은 강한 것을 탔음이요, '십년만에 시집감'은 떳떳한 법칙으로 돌아옴이라. 【六二는 屯如邅如하며 乘馬班如하니 匪寇면 婚媾리니 女子 貞하야 不字라가 十年에야 乃字로다. 象曰 六二之難은 乘剛也오 十年乃字는 反常也라.】

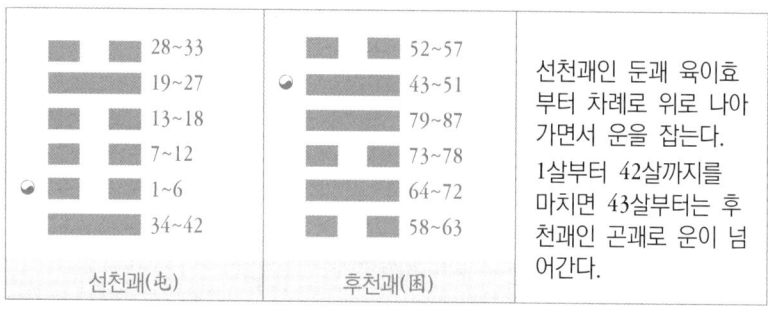

◆ 양년 음년 똑같음

절(60)	수(5)	쾌(43)	대장(34)	대유(14)	정(50)
1	2	3	4	5	6

◆ 월괘

기제·63	가인·37	혁·49	함·31	풍·55	대장·34	리·30	서합·21	려·56	간·52	정·50	구·44
1월	2월	3월	4월	5월	6월	7월	8월	9월	10월	11월	12월

◈ 일괘

둔(육이)	기제·63	수·17	복·24	익·42	비·8
	6 5 4 3 2 1	12 11 10 9 8 7	18 17 16 15 14 13	24 23 22 21 20 19	30 29 28 27 26 25

【총괄해서 판단하면】

11 이 효는 나아감에 장애가 많아서 나아가기 힘드나, 도를 좇아 행하는 것을 말한다. 그러므로 운이 맞는 사람은, 처음에는 외로웠다가 나중에는 외롭지 않게 되고, 처음에는 곤했다가 나중에는 곤하지 않게 되니, 지방의 선량한 인사, 또는 굴속에 은거해서 수도를 하는 사람, 또는 수절하는 여인, 또는 가난을 달게 여기는 선비다.

운이 맞지 않는 사람은, 먼 것을 도모하다가 가까운 것을 잊으며, 가깝고 친한 사람을 버리고 소원한 사람을 향한다. 비록 높고 귀한 사람으로 쓰임을 받더라도 아랫 사람의 시기를 받게 된다.

세운을 만나면, 공직자는 자신의 직책을 바꾸면 반드시 큰 영화를 누리게 된다. 혹 병권을 쥐게 되고 권력이 날로 성해지게 된다. 구직자는 진취적인 일에 차질이 생기고, 일반인은 혼사가 서로 맺어지는 경사가 있게 된다. 남녀를 불문하고 수數가 흉한 자는 말로 인한 송사가 잇달아 일어나고, 앞길이 막히고 지체되어 진퇴를 결정치 못하며, 어렵고 힘들어 일을 이루지 못한다.

---

11 此爻是進之有累 從之有道者也 故叶者 先孤而后不孤 先困而后不困 則爲鄕里善士 岩穴幽人 守節之女 甘貧之士 不叶者 圖遠忘近 違親向疏 雖得尊上取用 而招下猜疑 歲運逢之 在仕則取班改職 必致五馬之榮 或禦兵寇而權柄日盛 在士則進取蹉跎 在庶俗則有婚嫁交締之美 男女之生 數凶者 主辭訟勾連 程途阻滯 進退不決 而屯邅不遂矣

【글귀로 판단하면】

① 屯難紛來已十年하니 一朝反本便更遷이라
    婚姻不利謀斯卜하니 有個佳音在水邊이라
    어지러운 지가 벌써 10년이 되었으니/ 하루 아침에 근본으로 돌아가면 곧 다시 좋은 곳으로 옮겨질 것이다/ 혼인이 불리해서 점을 쳐보니/ 좋은 소식이 물가에 있다

② 事遲志速하니 尚且反覆이라 等閒家間에 花殘果熟이라
    일은 더딘데 마음은 바쁘니/ 아직도 엎치락 뒤치락이다/ 허름한 집 사이에/ 꽃은 시들고 과일은 익어있다(때가 무르익어 화려함은 덜하지만 실속있게 되었다)

③ 迍邅方不利하니 欲進阻前程이라
    凡事宜求緩이요 婚姻久乃成이라
    불리해서 머뭇머뭇하니/ 나가려해도 앞길이 막혔다/ 모든 일은 천천히 구해야 하고/ 혼인은 오래되면 이루어진다

3. 六三(☷ → ☶)

【효사와 소상전】 육삼은 사슴을 쫓음에 몰잇꾼이 없느니라. 오직 숲속으로 들어감이니, 군자가 기미를 보아 그치는 것만 같지 못하니, 가면 인색하리라. 상에 말하길 '사슴을 쫓는 데 몰잇꾼이 없다'는 것은 새를 쫓음이요, '군자가 그치는 것'은 가면 인색하고 궁하기 때문이다. 【六三은 卽鹿无虞라 惟入于林中이니 君子 幾하야 不如舍니 往하면 吝하리라. 象曰 卽鹿无虞는 以從禽也오 君子舍之는 往하면 吝窮也라.】

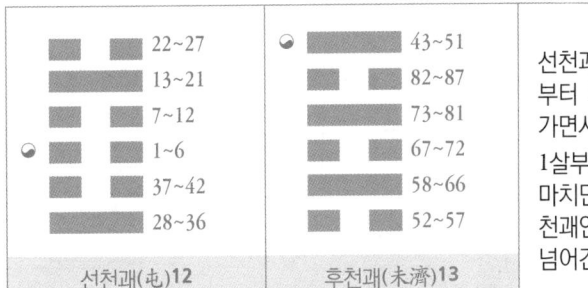

◆ 양년 음년 똑같음14

기제(63)15	혁(49)	풍(55)	리(30)	려(56)	정(50)
1	2	3	4	5	6

12 사주의 숫자로 괘를 만들어서 둔괘 삼효에 원당이 있다면, 1~6살까지는 둔괘 삼효 항을, 7~12살까지는 둔괘 사효 항을, …, 37~42살까지는 둔괘 이효 항을 가서 살펴보면 된다.

13 43~51살까지는 후천괘인 미제괘 상효 항을, 52~57살까지는 미제괘 초효 항을, …, 82~87살까지는 미제괘 오효 항을 살펴보면 그 사람의 운이 된다(◌나 ●표시 한 곳이 해당하는 효를 가리키고, 밑에서부터 초효·이효·삼효·사효·오효·상효로 나눈다).

14 해마다의 운인 유년운의 진행은 양효(━)일 때와 음효(╌ ╌)일 때가 다르다. 예를 들어 23살 때의 운을 알고 싶다면, 22~27살까지는 선천괘인 둔괘 상효에 해당하므로, 둔괘 상효 항을 찾아가면 된다. 둔괘 상효 항에 가면, 원당효부터 변해서 1·2·3·4·5·6의 순서대로 6개의 괘 운행이 있는데, 그 순서에 맞춰 22·23·24·25·26·27살로 보면 된다. 즉 22살은 1번 항인 익괘 상효에 해당하고, 23살은 2번 항인 관괘 초효에 해당한다. 따라서 이 사람의 23살 때의 운은 관괘 초효에 해당하므로, 관괘 초효 항을 찾아가서 읽으면 그 운을 알 수 있다.
 그 외에 원당이 양효일 경우는, 자신의 나이가 양년에 해당할 경우는 「양년일 경우」의 도표를 보면 되고, 음년일 경우는 「음년일 경우」의 도표를 찾아서 1·2·3·4·5·6·7·8·9의 순서대로 각기 해당하는 나이를 맞추어 보면 된다. 예를 들어 30살의 운을 보려면, 28~36살이 둔괘 초효에 해당하므로, 둔괘 초효 항에 가서 3번 항을 보면 된다. 즉 9년운(28~36살)의 시작인 28살에 해당하는 년도의 간지가 양년에 해당하면 「양년일 경우」의 도표의 3번에 해당하는 취괘 초효가 이 사람의 30살 운이 되므로,

◆ 월괘 16

수·17	취·45	진·51	귀매·54	서합·21	리·30	진·35	박·23	미제·64	송·6	정·50	항·32
1월	2월	3월	4월	5월	6월	7월	8월	9월	10월	11월	12월

◆ 일괘

	6 5 4 3 2 1	12 11 10 9 8 7	18 17 16 15 14 13	24 23 22 21 20 19	30 29 28 27 26 25
둔(육삼)	수·17	복·24	익·42	비·8	절·60

【총괄해서 판단하면】

17 이 효는 망령되이 행동해서 곤궁함을 취하게 됨을 말한 것이다. 그러

취괘 초효 항을 찾아 읽으면 된다. 또 음년에 해당할 경우는 「음년일 경우」의 도표의 3번에 해당하는 수괘의 초효가 30살의 운이 되므로, 수괘 초효 항을 찾아 읽으면 된다. 이와 같은 방법으로 해당 항을 찾아보면, 평생에 걸쳐 해마다 해당하는 운을 알 수 있다.

15 위의 도표에서 '기제(63)'이라고 한 것은 괘명은 기제괘旣濟卦고 64괘 중에 63번째 괘라는 뜻이고, '풍(55)'라고 한 것은 괘명은 풍괘豐卦고 64괘 중에 55번째에 해당한다는 뜻이다. 나머지 괘도 이와같은 방식으로 본다. 따라서 앞의 목차에서 번호의 순서대로 찾으면, 해당하는 괘를 쉽게 찾을 수 있다. 또 월괘月卦에서 '수·17' 등으로 표시한 것도, 괘명은 수괘隨卦고 64괘 중에 17번째라는 뜻이다.

16 유년운에 속한 월운月運을 알고 싶으면, 「월괘」의 도표를 보고 해당하는 월을 찾으면 된다. 위의 예에서 30살의 유년운이 둔괘 초효라면(양년일 경우), 7월달 운은 대장괘 오효가 된다. 만약에 30살의 유년운이 수괘 초효라면(음년일 경우) 태괘 오효가 된다. 따라서 이 사람의 평생운은 둔괘 삼효이고, 30살 때의 운은 둔괘 초효이며(양년일 경우), 그 해 7월달의 운은 대장괘 오효가 됨을 알 수 있다.

17 此爻是妄行取困 而深戒其妄行取困者也 故叶者知幾固守 順理安行 如舜與鹿豕遊 而險陷可免 不叶者 飄泊生涯 殷勤活計 履危蹈險而不知避 歲運逢之 在仕則招貪汚之斥 在士則招停降之辱 在庶俗則遭禁獄之殃 不如守分安常爲佳

므로 운이 맞는 사람은, 기미를 살펴서 자신이 현재 처해있는 상황을 굳게 지키면서 순리대로 무리하지 않고 행동하니, 마치 나라를 다스릴 능력이 있는 순舜임금이었으나, 처해있는 상황에 순응하여 짐승을 키우는 일을 맡음에, 험하고 함정에 빠지는 것을 면함과 같다.

운이 맞지 않는 사람은, 일생동안 떠돌아 다니면서 여러 일을 많이 꾀한다. 위태하고도 험함을 밟으면서도 피할 줄을 모른다.

세운을 만나면, 공직자는 탐관오리로 배척을 받으며, 구직자는 제자리에 그쳐 있으면서 뜻을 포기해야 하는 욕을 보게 된다. 일반인은 감옥에 갇히거나 금고형에 처하는 재앙을 받으니, 자신의 분수를 지키며 평상의 생활에 만족하는 것이 제일 좋다.

【글귀로 판단하면】

1　逐鹿還失鹿이요 求名未得名이라 林中有佳信이나 去後尙縈縈이라
　사슴을 쫓다가 사슴을 잃었고/ 명성을 구하나 구하지 못한다/ 숲속에 좋은 소식이 있으나/ 떠났어도 아직은 얽히고 설켰다

2　無虞而卽鹿하니 妄動必無功이라 君子能先見이면 毋令往反窮이라
　몰잇꾼 없이 사슴사냥을 하니/ 망령되이 움직이면 반드시 공이 없다/ 군자가 만약 선견지명이 있다면/ 나가서 도리어 궁하게 되지는 말아야 한다

4. 六四 (☵→☷)

【효사와 소상전】 육사는 말을 탔다가 내리니, 청혼을 구하여 가면 길해서 이롭지 않음이 없으리라. 상에 말하길 구해서 가는 것은 밝은 것이다.(六四는 乘馬班如니 求婚媾하야 往하면 吉하야 无不利하리라. 象曰 求而往은 明也라.]

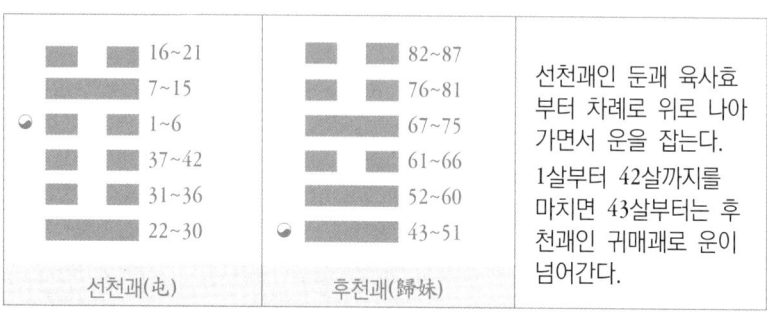

◆ 양년 음년 똑같음

수(17)	진(51)	서합(21)	진(35)	미제(64)	정(50)
1	2	3	4	5	6

◆ 월괘

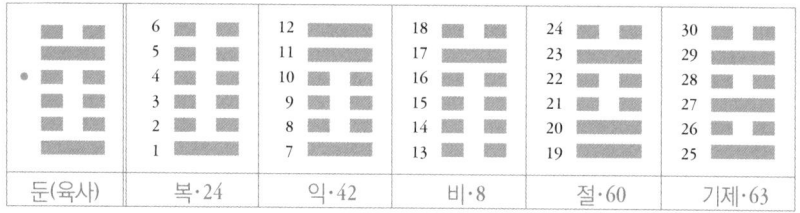

복·24	림·19	이·27	비·22	박·23	진·35	몽·4	환·59	고·18	승·46	정·50	대유·14
1월	2월	3월	4월	5월	6월	7월	8월	9월	10월	11월	12월

◆ 일괘

둔(육사)	복·24	익·42	비·8	절·60	기제·63

【총괄해서 판단하면】

18 이 효는 어려운 처지를 극복하려고 현인을 구해서 뜻을 이룸을 말한

---

18 此爻是求賢以濟屯而獲遂者也 故叶者 初作賢才 終逢明主 進列淸班 出爲五馬 己不求人 人自仰己 若是女命 夫榮子貴 不叶者 離鄕改祖 柔懦不能自立 雖遇提携 亦難振作 歲運逢之 在仕則祿美譽彰 而陞遷有地 在士則進取易爲 而嘉命自

것이다. 그러므로 운이 맞는 사람은, 처음에는 어질고 능력있는 사람이 되도록 노력하고, 결국에는 현명한 주인(君主)을 만난다. 벼슬길에 나아가 청백리의 대열에 오르고 높은 벼슬을 지내며, 자신이 구하지 않아도 사람들이 우러러 받든다. 만약에 여자라면 남편을 영화롭게 하고 자식을 귀하게 만든다.

운이 맞지 않는 사람은, 고향을 떠나고 조상의 선산과도 작별한다(타향에 나가 성씨를 바꾸는 수도 있다). 무르고 나약해서 자립하지 못하고, 비록 끌어주는 사람이 있어도 떨쳐 일어나기 어렵다.

세운을 만나면, 공직자는 녹봉과 명예가 빛나고 승진하게 되며, 구직자는 나아가 일을 쉽게 이루어, 윗사람의 신뢰를 받아 임용된다. 일반인은 인정을 화합시키니, 하는 일이 모두 이루어진다. 대개 친구의 도움을 받아 사귀고 맺어지는 아름다움이 있으며, 또한 길해서 이롭지 않음이 없는 결과를 이룬다.

【글귀로 판단하면】

[1] 乘馬班如進이니 求婚媾吉貞이라 得人相濟助하니 何事不光亨가

말을 타는데 내렸다가 다시 나가니/ 혼인에는 일관되게 밀고 나가는 것이 좋다/ 사람들이 서로 도와줌을 얻으니/ 어떤 일이 빛나고 형통하지 않겠는가

5. 九五(☱ → ☰)

【효사와 소상전】 구오는 고택이 베풀어지기 어려우니, 조금 바르게 하면 길하고 크게 바르게 하려면 흉하리라. 상에 말하길 '고택[19]이 베풀어지기 어

至 在庶俗則人情和合 而百謀克遂 大抵得朋之助 交締之美 而吉无不利也

19 고택膏澤 : 백성을 위해 베푸는 좋은 정치

렵다'는 것은 베풂이 빛나지 못함이라. 【九五는 屯其膏니 小貞이면 吉코 大貞이면 凶하리라. 象曰 屯其膏는 施 未光也라.】

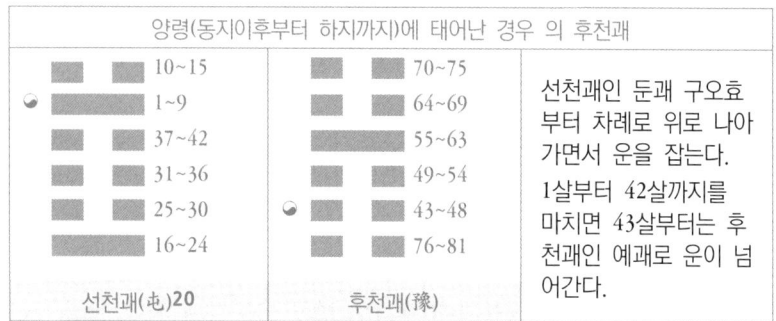

◆ 양년(갑·병·무·경·임년)일 경우

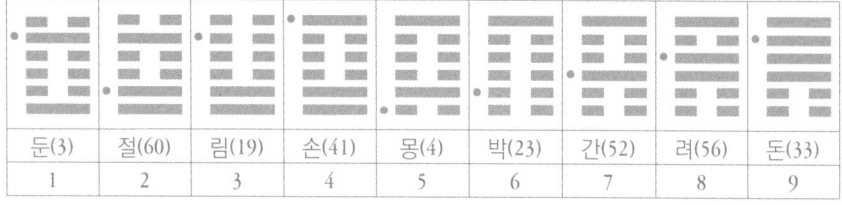

둔(3)	절(60)	림(19)	손(41)	몽(4)	박(23)	간(52)	려(56)	돈(33)
1	2	3	4	5	6	7	8	9

20 수뢰둔괘는 3대 난괘의 하나로 후천괘로 변할 때에 예외가 있다. 즉 임금자리인 구오효와 음효의 주인자리인 상육효의 경우인데, 구오효의 경우 양령에 태어난 사람은 일반적인 방법에 의해서 위와 같이 후천괘로 바뀐다. 그러나 음령에 태어난 사람인 경우는 아래의 도표와 같이 양효는 음효로 되지만, 상괘와 하괘가 바뀌지 않는다.

◆ 음년(을·정·기·신·계년)일 경우

복(24)	림(19)	절(60)	중부(61)	환(59)	관(20)	점(53)	돈(33)	려(56)
1	2	3	4	5	6	7	8	9

◆ 월괘

익·42	가인·37	관·20	비·12	환·59	몽·4	손·57	정·48	구·44	건·1	정·50	려·56
1월	2월	3월	4월	5월	6월	7월	8월	9월	10월	11월	12월

◆ 일괘

둔(구오)	익·42	비·8	절·60	기제·63	수·17

【총괄해서 판단하면】

21 이 효는 덕을 아래까지 고르게 베풀 수 없는 처지이고, 또 일도 크게 벌일 수 없는 상황을 말한 것이다. 그러므로 운이 맞는 사람은, 중정한 덕을 품고 있고 고르게 은혜를 베풀려는 마음을 품고 있더라도 명성을 조금 얻어야 할 뿐이다(자신의 포부대로 하면, 오히려 반발하고 시기하는 사람이 생겨서 그나마도 얻을 수 없는 처지이다).

운이 맞지 않는 사람은, 큰 공을 좋아하여 반드시 흉과 화를 입게 된다. 세운을 만나면, 무언가를 하려고 하는 사람은 조급하고 망령되이 하며,

---

21 此爻是德不下究 而業不可大者也 故叶者稟中正之德 懷濟惠之心 則名小就 不叶者 好大喜功 必遭凶禍 歲運逢之 凡有爲者 不可急躁妄誕以取凶 但要斟酌審處以避難也

(3) 수뢰둔 五

거짓으로 하려고 하면 흉함을 얻게 된다. 단 주변 사람을 잘 사귀고 살핌으로써, 어려움을 피해야 한다.

【글귀로 판단하면】

① 門前小事吉이나 心下大謀凶이라
　一片山前處에 防生反覆蒙이리라
　문전의 작은 일은 길하나/ 마음속의 큰 꾀는 흉하다/ 한조각 산 앞에서/ 방해자가 생기니, 도리어 덮어씌움을 당하게 된다

② 西向宜求望이요 秋冬漸出屯이라
　不須更猶豫니 儘可自經綸이라
　서쪽으로 가면 바라는 것을 구할 수 있고/ 가을 겨울에 점차 어려움에서 벗어날 것이다/ 다시는 망설일 필요가 없으니/ 모든 것을 스스로 경륜할 수 있을 것이다

6. 上六(☵ → ☴)

【효사와 소상전】 상육은 말을 탔다가 내려서 피눈물이 흐르도다. 상에 말하길 '피눈물이 흐르는 듯 하다' 하니 어찌 가히 오래 가리오? 【上六은 乘馬班如하야 泣血漣如로다. 象曰 泣血漣如어니 何可長也리오.】

양령에 태어난 경우 의 후천괘22		
1~6	43~51	선천괘인 둔괘 상육효부터 차례로 위로 나아가면서 운을 잡는다. 1살부터 42살까지를 마치면 43살부터는 후천괘인 익괘로 운이 넘어간다.
34~42	79~87	
28~33	73~78	
22~27	67~72	
16~21	61~66	
7~15	52~60	
선천괘(坎)	후천괘(益)	

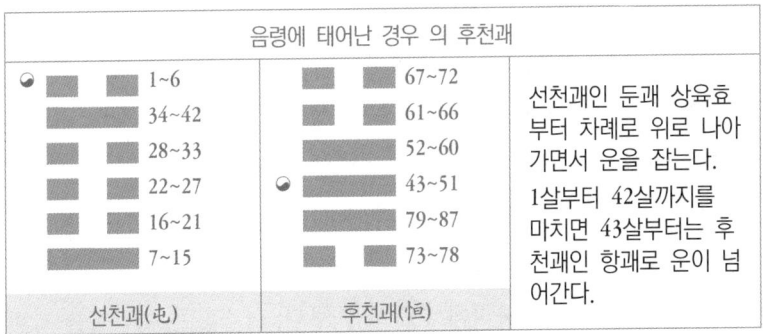

◆ 양년 음년 똑같음

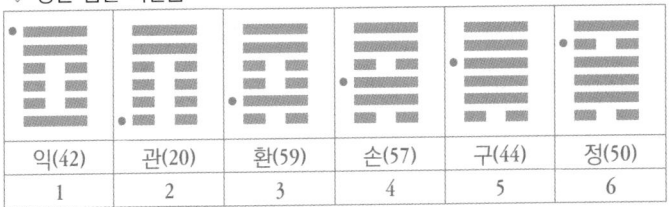

◆ 월괘

◆ 일괘

【총괄해서 판단하면】

22 구오효의 경우와 마찬가지로 수뢰둔괘가 후천괘로 바뀌는 예외인 경우이다. 양령에 태어난 사람은 위의 도표를 활용하고, 음령에 태어난 사람은 다음 도표를 활용하면 된다.

23 이 효는 나아가 갈 데가 없어서 걱정과 근심이 극히 심함을 말한 것이다. 그러므로 운이 맞는 사람은, 앞으로 나아가고 뒤로 물러남에 심지가 굳지 못해서, 공명을 이루기 어렵고 살아 생전에 슬픔이 많으며, 어려움이 많음을 안다.

운이 맞지 않는 사람은, 친척에 형벌과 상해를 입히며, 혼인길이 외롭고 상대방을 극한다.

세운을 만나면, 영화로운 자리에서도 욕을 보니, 공직자는 이간질을 방비해야 하고, 구직자는 욕을 당하지 않도록 노력하며, 일반인은 손실 입는 것을 방비해야 한다. 수數가 흉한 자는 장수하지 못하며, 또한 부모의 상에 대비해야 한다.

【글귀로 판단하면】

1 持刀井畔立하니 井畔舞佳人이라

出馬四足病하니 防生泣血聲이라

칼을 갖고 우물가 밭에 서있는데/ 우물가 밭에서 미인이 춤을 춘다/ 말을 타려고 하는데 네 발이 모두 병났으니/ 막히는 일 생겨서 피눈물 소리나게 된다

2 居屯謀盡用하니 憂懼不遑寧이라

要問前程路인덴 還同風裏燈이라

어려운데 처해서 꾀를 다 쓰고 없으니/ 근심과 두려움에 편안할 겨를이 없다/ 앞길이 어떠냐고 묻는다면/ 바람앞에 등불과 같도다

---

23 此爻是進無所之 而憂懼甚切者也 故叶者 進前退后 心志不堅 知古通今 功名難遂 生長悲感 多艱多難 不叶者 親有刑傷 婚姻狐尅 歲運逢之 居榮見辱 在仕防讒 在士防辱 在庶俗防損 數凶者無壽 防父母之喪

山水蒙 (4)
艮上 坎下
산 수 몽

몽괘 개요

【괘사와 대상전】 몽은 형통하니 내가 어리고 몽매한 이를 찾는 것이 아니라 어리고 몽매한 이가 나를 찾아옴이니, 처음 점치거든 알려주고 두번 세번 하면 더럽히는 것이다. 더럽히면 알려주지 말지니, 바르게 함이 이로우니라. 상에 말하길 산 아래 샘이 솟아나는 것이 몽괘니, 군자가 본받아서 과감히 행하며 덕을 기르느니라. 【蒙은 亨하니 匪我 求童蒙이라 童蒙이 求我니 初筮어든 告하고 再三이면 瀆이라. 瀆則不告이니 利貞하니라. 象曰 山下出泉이 蒙이니 君子 以하야 果行하며 育德하나니라.】

【총괄해서 판단하면】

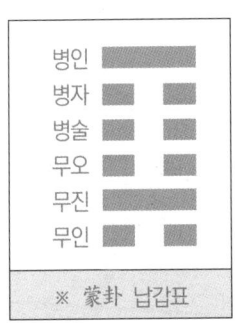

※ 蒙卦 납갑표

1 리궁離宮의 4세이며 8월에 해당하는 괘이다. 내괘의 납갑은 무인·무진·무오이고, 외괘의 납갑은 병술·병자·병인에 해당한다. 8월에 태어난 사람과, 납갑의 간지와 합치되게 태어난 사람은, 공명과 부귀를 누리는 자가 된다.2

---

1 離宮四世 卦屬八月 納甲 是戊寅戊辰戊午 丙戌丙子丙寅 生於八月中納甲者 功名富貴人也
2 각 괘의 월月계산법은 중천건괘(1)와 중지곤괘(2) 항에서 설명하였다. 몽괘의 세효인 육사효는 음이므로, 초효부터 사효까지 세면 유酉에서 끝난다(초효는 오, 이효는 미, 삼효는 신, 사효는 유). 지지의 유는 8월에 해당하므로, 몽괘가 8월괘가 되는 것이다. 따라서 8월을 주관하는 괘가 되므로, 8월에 태어난 사람은 때를 얻음이 된다.

운세로 보면 ① 산수몽괘(☶☵)는 상괘는 간(☶)이고 하괘는 감(☵)이다. 호괘로는 곤(☷)과 진(☳)이 있다. 산 아래에 험한 것이 있고, 호괘인 진(☳)은 움직이고 곤은 그치는 것이니, 움직이는 샘물에 그쳐있는 흙이므로 갈 곳을 알지 못한다. 군자라면 몽매한 상이고, 또한 부귀한 사람도 있으니, 마땅히 잘 참고하고 연구해야 할 것이며, 오행에 맞는 자라면 길하다.

② 몽괘(☶☵)도 둔괘와 같이 음효가 먼저 양효를 구하는 뜻이다. 음은 어리석고 양은 현명해서, 음의 곤하고 어린 것을 양이 계발하여 이끌어 주는 것이니, 어두움으로써 밝음을 구하는 뜻이 된다. 그러므로 "배울 사람이 나를 구하는 것이지, 내가 배울 사람을 찾아나서는 것이 아니라"고 했고, 음효인 육삼효가 먼저 나서기 때문에 여자의 지조를 버리게 된다는 경계사를 두었으며, 역시 음효인 육사효에는 양효에서 멀리 떨어졌기 때문에 곤하고 인색하다고 하였으나, 같은 음효인 초효는 양효인 구이효와 가까운 이웃이기 때문에 어리석음을 계발할 수 있다고 하였다.

【팔궁세혼법으로 판단하면】

산수몽괘는 제후에 해당하는 육사효에 세효世爻가 있고, 원사에 해당하는 초육효가 응효應爻가 된다. 괘는 제후괘이고 세효가 제자리에 있어 좋은 편이나, 나를 도와주는 효인 응효가 제자리가 아니어서(양효인데 음자리에 있음) 도와주기 어려운데다, 초육효의 지지인 인(寅木)이 육사효의 지지인 술(戌土)을 극하므로 어렵다.

즉 아직 어린 나무가 동량이 되기 위해 산속에서 수분을 얻어 자라는 상으로 현재는 고달프지만, 목적을 향하여 꾸준히 노력하면 성공하는 괘이다. 또 훌륭한 스승이 몽매한 어린 학생들을 가르치는 교육적인 괘이기도 하다. 현재는 어둠 속에서 제대로 크지 못해 어리고 어리석지만, 좋은 선생님을 찾아 배우며, 윗사람의 충고를 들어 처세하면, 샘물이 바다에 도달하듯 어려운 고난 끝에 길함이 있다. 대체로 형통하며, 나중에는 배운 학문이 빛을 발하게 된다.

【글귀로 판단하면】
① 有疑須要決이요 一決勿重爲하라
　雞唱天明後에 回頭喜又施라
　의심나는 것이 있으면 결단을 해야 하고/ 결단을 한번 했으면 다시 생각하지 마라/ 닭 울고 날 밝은 뒤에/ 뒤돌아 보니 기쁜 일이 기다리고 있도다
② (陽) 隔江驚曉不成危나 木盡烟消總作灰라
　陽氣復來先報喜면 雪寒觀笑賞江梅라
　(양) 떠들썩하게 놀랄 일 강 건너 있으니 위태하지는 않으나/ 나무가 다 타서 연기가 사라지니 모두가 재뿐이다/ 양의 기운이 다시 와서 기쁜 소식 먼저 전하면/ 찬 눈속 강가의 매화꽃 웃으며 감상할 것이다
③ (陰) 進退意沉吟하니 心疑事未成이라
　欲逢名與利인덴 直待一陽生하라
　(음) 나가고 물러남에 뜻이 가라앉았으니/ 의심많은 마음에 일이 이뤄지지 않는다/ 명리를 얻으려 한다면/ 양이 하나 생길때까지 기다려야 하리라

1. 初六(☶→☷)

【효사와 소상전】 초육은 몽매함을 계발하되 사람에게 형벌을 쓴 후 질곡을 벗기는 방법이 이로우니, 형벌로써만 해나가면 인색하리라. 상에 말하길 '사람에게 형벌을 쓴 후 질곡을 벗기는 방법이 이로움'은 법을 바로함이라. 【初六은 發蒙호대 利用刑人하야 用說桎梏이니 以往이면 吝하리라. 象曰 利用刑人은 以正法也라.】

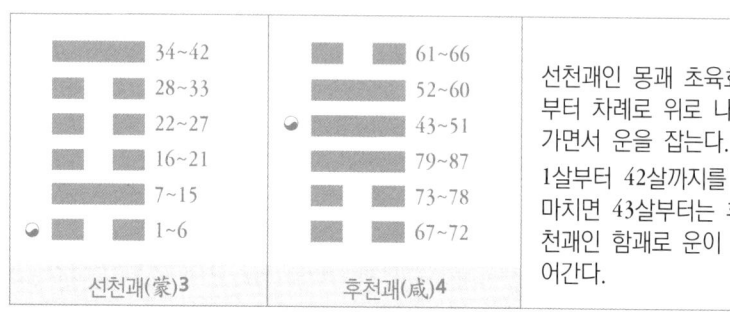

◆ 양년 음년 똑같음5

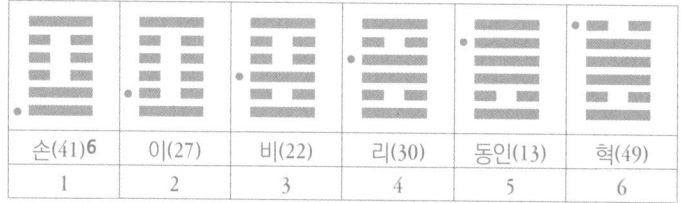

손(41)6	이(27)	비(22)	리(30)	동인(13)	혁(49)
1	2	3	4	5	6

3 사주의 숫자로 괘를 만들어서 몽괘 초효에 원당이 있다면, 1~6살까지는 몽괘 초효 항을, 7~15살까지는 몽괘 이효 항을,…, 34~42살까지는 몽괘 상효 항을 가서 살펴 보면 된다.

4 43~51살까지는 후천괘인 함괘 사효 항을, 61~66살까지는 함괘 상효 항을, …, 79~87살까지는 함괘 삼효 항을 살펴보면 그 사람의 운이 된다(◐나 ●표시 한 곳이 해당하는 효를 가리키고, 밑에서부터 초효·이효·삼효·사효·오효·상효로 나눈다).

5 해마다의 운인 유년운의 진행은 양효(━)일 때와 음효(╌)일 때가 다르다. 예를 들어 이 사람의 36살 때의 운을 알고 싶다면, 34~42살까지는 선천괘인 몽괘 상효에 해당하므로, 몽괘 상효 항을 찾아가면 된다. 몽괘 상효는 양효이므로(대상운이 9년운), 몽괘 상효 항에 가면, 원당효부터 변해서 1·2·3·4·5·6·7·8·9의 순서대로 9개의 괘 운행이 두 종류가 있게 된다. 대상운의 시작에 있어(여기서는 34살 때) 자신의 나이가 양년에 해당할 경우는 「양년일 경우」의 도표를 보면 되고, 음년일 경우는 「음년일 경우」의 도표를 찾아서 1·2·3·4·5·6·7·8·9의 순서대로 각기 해당하는 나이를 맞추어 보면 된다(자신이 양년에 태어난 사람은 짝수 나이 때 음년을 맞게 되고, 음년에 태어난 사람은 홀수 나이 때 음년을 맞게 된다).

만약에 이 사람이 병자년(양년)에 태어났다면 34살 때는 음년을 맞게 된다. 따라서 「음년일 경우」의 도표를 활용한다. 「음년일 경우」의 도표에 의하면, 1번 항의 사괘 상효가 34살의 운이고, 2번 항의 승괘 삼효가 35살의 운이 되며, 3번 항의 고괘 상효가 36살의 운이 된다. 따라서 고괘의 상효가 36살의 운이 되므로, 고괘 상효 항을 찾

◆ 월괘 7

박·23	관·20	간·52	겸·15	려·56	리·30	돈·33	구·44	함·31	취·45	혁·49	기제·63
월	2월	3월	4월	5월	6월	7월	8월	9월	10월	11월	12월

◆ 일괘 8

	6 5 4 3 2 1	12 11 10 9 8 7	18 17 16 15 14 13	24 23 22 21 20 19	30 29 28 27 26 25
몽(초육)	박·23	고·18	미제·64	환·59	사·7

아 읽으면 36살의 운을 알 수 있다.

6 위의 도표에서 '손(41)'이라고 한 것은 괘명은 손괘損卦고 64괘 중에 41번째 괘라는 뜻이며, '이(27)'이라고 한 것은 괘명은 이괘頤卦고 64괘 중에 27번째에 해당한다는 뜻이다. 나머지 괘도 이와같은 방식으로 본다. 따라서 앞의 목차에서 번호의 순서대로 찾으면, 해당하는 괘를 쉽게 찾을 수 있다. 또 월괘月卦에서 '박·23' 등으로 표시한 것도, 괘명은 박괘剝卦고 64괘 중에 23번째라는 뜻이다.

7 유년운에 속한 월운月運을 알고 싶으면, 「월괘」의 도표를 보고 해당하는 월을 찾으면 된다. 위의 예에서 36살의 5월달 운을 알고 싶다고 하면, 고괘 상효가 이 사람의 36살 운에 해당하므로, 고괘 상효 항을 찾아가서 「월괘」의 도표에서 5월 항인 이괘 삼효를 얻는다. 따라서 이 사람의 평생운은 몽괘 초효이고, 36살 때의 운은 고괘 상효이며, 그 해 5월달의 운은 이괘 삼효가 됨을 알 수 있다.

8 더 세분해서 그 날의 운(日運)을 알고 싶으면, 앞의 월괘月卦의 괘효에 해당하는 괘효항을 찾아가서 「일괘」에 대한 도표를 참조해서 계산하면 된다. 예를 들어 몽괘 초효가 8월의 월괘였고, 8월의 절기인 백로가 8월 2일 11시에 들고, 그 다음달(9월)의 절기인 한로가 31일 후인 9월 3일 17시에 들었다면, 몽괘 초효월에 대한 도표인 위의 도표를 찾아서, 박괘의 초효인 '1'항이 8월 2일 11시부터 다음날 12시까지를 맡는다고 보면 된다. 물론 다섯 번째 괘인 사괘 삼효의 '27'은 8월 30일 13시부터 다음날 14시까지를 맡고, 번호순대로 순차적으로 해당하는 날의 운으로 삼으면 된다(31일과 6시간은 시간으로 고치면 31×24+6=750시간이 된다. 이를 30효로 나누면 한 효당 약 25시간을 주관하게 된다).

이상에 대한 예는 건괘(1)~송괘(6)의 초효 항에 있으므로 참고 바람.

【총괄해서 판단하면】

⁹ 이 효는 군자가 몽(蒙:아직 어리고 못배워서 어리석음)을 계발하는 도를 상세히 설명함으로써, 경계한 것이다. 그러므로 운이 맞는 사람은, 존귀한 사람과 친근하고, 덕과 업을 쌓는 데 힘써 노력한다. 혹 나아가 취하지 않더라도 명예를 이루고, 혹 문자를 쓰지 않더라도 질서를 고치며, 잘하면 국사國史를 편찬하고 법전과 형벌을 바로 세우니, 권세를 장악하지는 않았으나 상과 벌을 행하는 셈이다.

운이 맞지 않는 사람이라도 양민 또는 훌륭한 선비로서, 의식주에 걱정없고 어려운 고생없이 지낸다.

세운을 만나면, 공직자는 문교文敎에 관한 직책을 장악하고, 혹 형명刑名을 다스리는 책임을 맡는다. 구직자는 작은 시험에 발탁되는 아름다움이 있으나, 일반인은 주로 송사에 휘말리고, 친한 친구와 다투되 심할 경우는 무기를 가지고 싸우며, 잘 모르고 어리석기 때문에 시비를 벌이나, 끝에 가서는 오해가 풀리게 된다. 그러나 흉한 자는 형벌을 살기도 한다.

【글귀로 판단하면】

1 門戶起干戈하니 親姻兩不和라 朱衣臨日月하니 始覺笑呵呵라

한 집안에서 전쟁을 일으키니/ 친척과 인척들이 서로 불화한다/ 붉은 옷 입고 해와 달을 바라보니/ 쓴 웃음이 절로 난다

2 驚憂成損總堪悲요 匹馬東西未見歸라

馬嘯有風宜坐守니 不防冬去不防危라

놀라고 근심스러운 일 생겨 손해보니, 모두 슬픈 일 뿐이고/ 한 마리 말에 의지해 동서로 다니며 돌아오지 못한다/ 말 울음 콧바람 맞는 신

---

⁹ 此爻是詳君子發蒙之道 而因以戒之者也 故叶者 親近尊貴 力勤德業 或不由進取成名 或不用文字改秩 甚則修國史而立典刑 掌無權而行賞罰 不叶者 亦爲良民善士 飽食煖衣 不受艱辛 歲運逢之 在仕則爲掌文敎之職 或理刑名之任 在士則小試有發軔之美 在庶俗多主官訟 親朋不和 干戈爭鬪 暗昧是非 終得解脫 凶者有刑

세 벗어날 수 없으니/ 추운 겨울에 길 떠나는 위험 막을 길 없다

③ 蒙昧須當發이나 惟宜在小懲이요

旣懲應暫舍니 不爾反侵凌이라

몽매한 것은 마땅히 계발해야 하나/ 오직 작을 때 징계해야 마땅하고/ 이미 징계했으면 응당히 잠시 풀어주어야 한다/ 그렇지 않으면 도리어 몽매한 자를 다치게 할 뿐이다

2. 九二(☷→☶)

【효사와 소상전】구이는 몽매함을 감싸면 길하고, 지어미를 들이면 길하리니, 자식이 집을 다스리도다. 상에 말하길 '자식이 집을 다스림'은 강과 유가 만남이라.【九二는 包蒙이면 吉하고 納婦면 吉하리니 子 克家로다. 象曰 子 克家는 剛柔 接也라.】

선천괘(蒙)	후천괘(謙)	
28~36	49~54	선천괘인 몽괘 구이효부터 차례로 위로 나아가면서 운을 잡는다.
22~27	43~48	
16~21	76~81	
10~15	67~75	1살부터 42살까지를 마치면 43살부터는 후천괘인 겸괘로 운이 넘어간다.
1~9	61~66	
37~42	55~60	

◈ 양년(갑·병·무·경·임년)일 경우

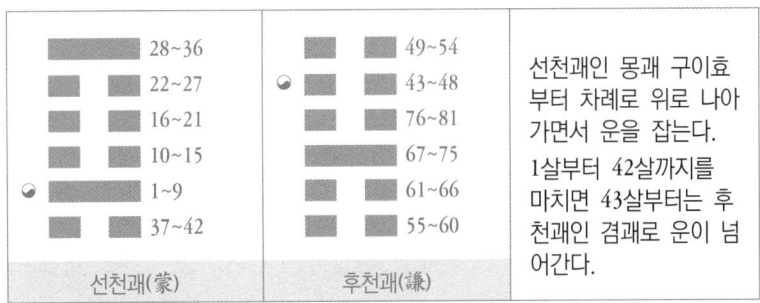

몽(4)	환(59)	관(20)	점(53)	돈(33)	려(56)	소과(62)	풍(55)	대장(34)
1	2	3	4	5	6	7	8	9

◈ 음년(을·정·기·신·계년)일 경우

박(23)	관(20)	환(59)	손(57)	구(44)	정(50)	항(32)	대장(34)	풍(55)
1	2	3	4	5	6	7	8	9

◈ 월괘

고·18	승·46	정·50	대유·14	구·44	돈·33	대과·28	곤·47	쾌·43	수·5	혁·49	풍·55
1월	2월	3월	4월	5월	6월	7월	8월	9월	10월	11월	12월

◈ 일괘

몽(구이)	고·18	미제·64	환·59	사·7	손·41
	6 5 4 3 2 1	12 11 10 9 8 7	18 17 16 15 14 13	24 23 22 21 20 19	30 29 28 27 26 25

【총괄해서 판단하면】

10 이 효는 스승의 책임을 맡은 아름다움이 있으니, 그러한 상을 드러냄으로써 점을 잘 풀이한 것이다. 그러므로 운이 맞는 사람은, 크게 현명한 군자로 국량이 커서 만물을 포용하고, 화합하는 기운으로 사람을 대하며, 효도와 봉양은 물론 나라에 충성을 다한다.

운이 맞지 않는 사람이라도 가문을 일으키고 사업을 세우며, 혹 능력있는 아내와 귀한 자식을 얻는다는 뜻도 된다.

---

10 此爻是任師道之美 著其象而善其占者也 故叶者必大賢君子 大量容物 和氣待人 孝養忠國 不叶者 亦能起家立業 或得妻力 得貴子 歲運逢之 在仕則守官職 在士則爲師範 在庶俗則人情和協 而百爲有成 或結婚姻 或生子孫 尊賢交接 行藏遂志 動止平安

세운을 만나면, 공직자는 자신의 관직을 지키고, 구직자는 다른 사람의 스승이 되고 모범이 된다. 일반인은 인정이 화합하고 협동함으로써, 모든 일에 성공한다. 혹 혼인을 이루고, 혹 자손을 낳으며, 높고 귀하며 어진 사람과 사귀는 뜻이 되니, 밖으로 행동하거나 안으로 감추는 일에 뜻을 이루고, 움직이고 그쳐있는 일에 모두 평안하다.

【글귀로 판단하면】

① 花謝枝頭果實多니 好音來矣莫蹉跎하라

含容納婦宜家吉이니 不比初謀悔吝過라

꽃 떨어진 가지에 열매 많이 맺으니/ 좋은 소식 있을 때 기회 잃지 마라/ 포용하고 아내를 맞아들여 집안에 길함이 있으니/ 초효가 꾀하는 후회와 인색한 일과 비할 수 없다

② 片月漸圓明이요 花殘子又青이라

半途不了事면 此擧一回新이라

조각달은 점점 밝게 둥글어지고/ 꽃이 지니 열매 또한 푸르다/ 하던 일 아직 마치지 못했으면/ 이 기회에 한번 새로이 하라

3. 六三(䷃→䷑)

【효사와 소상전】육삼은 여자를 취하지 말지니, 돈이 많은 사내를 보고 몸을 간수하지 못하니 이로울 바가 없느니라. 상에 말하길 '여자를 취하지 말라'함은 행실이 순하지 않음이라. 【六三은 勿用取女니 見金夫하고 不有躬하니 无攸利하니라. 象曰 勿用取女는 行이 不順也라.】

(4) 산수몽 三

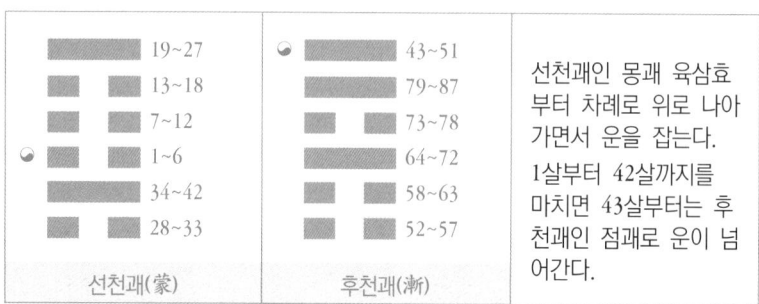

▬▬ 19~27	◆ ▬▬ 43~51	선천괘인 몽괘 육삼효
▬▬ 13~18	▬▬ 79~87	부터 차례로 위로 나아
▬▬ 7~12	▬▬ 73~78	가면서 운을 잡는다.
◆ ▬▬ 1~6	▬▬ 64~72	1살부터 42살까지를
▬▬ 34~42	▬▬ 58~63	마치면 43살부터는 후
▬▬ 28~33	▬▬ 52~57	천괘인 점괘로 운이 넘
선천괘(蒙)	후천괘(漸)	어간다.

◆ 양년 음년 똑같음

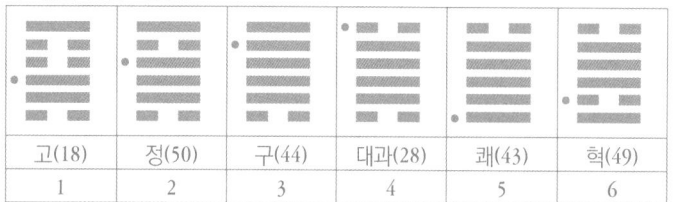

고(18)	정(50)	구(44)	대과(28)	쾌(43)	혁(49)
1	2	3	4	5	6

◆ 월괘

미제·64	규·38	송·6	비·12	곤·47	대과·28	태·58	절·60	수·17	진·51	혁·49	동인·13
1월	2월	3월	4월	5월	6월	7월	8월	9월	10월	11월	12월

◆ 일괘

	6	12	18	24	30
	5	11	17	23	29
	4	10	16	22	28
	3	9	15	21	27
	2	8	14	20	26
	1	7	13	19	25
몽(육삼)	미제·64	환·59	사·7	손·41	박·23

【총괄해서 판단하면】

11 이 효는 자포자기에 빠진 자를 설명하고, 이러한 자를 취해서는 안된

---

11 此爻是溺于自暴自棄 而不足與取者也 故叶者多學問 縱有利名 亦是棄本逐末 違正從邪 女命則爲寵妾 先輕後重 爲妮妓者 可以招福 不叶者 必有陰險 搖唇鼓舌 虛而無實 徒奔走於塵途 碌碌難免 歲運逢之 在仕則有貪婪取辱之斥 在士則

◆ 월괘 15

환·59	관·20	감·29	정·48	절·60	태·58	둔·3	복·24	기제·63	가인·37	혁·49	함·31
1월	2월	3월	4월	5월	6월	7월	8월	9월	10월	11월	12월

◆ 일괘

	6 5 4 3 2 1	12 11 10 9 8 7	18 17 16 15 14 13	24 23 22 21 20 19	30 29 28 27 26 25
몽(육사)	환·59	사·7	손·41	박·23	고·18

【총괄해서 판단하면】

16 이 효는 현명한 사람과 친할 수 없는 것을 말한다. 그러므로 운이 맞

찾아가서 읽으면 그 운을 알 수 있다.

그 외에 원당이 양효일 경우는, 자신의 나이가 양년에 해당할 경우는 「양년일 경우」의 도표를 보면 되고, 음년일 경우는 「음년일 경우」의 도표를 찾아서 1·2·3·4·5·6·7·8·9의 순서대로 각기 해당하는 나이를 맞추어 보면 된다. 예를 들어 73살의 운을 보려면, 73~81살이 기제괘 오효에 해당하므로, 기제괘 오효 항에 가서 1번 항을 보면 된다. 즉 9년운(73~81살)의 시작인 73살 때 년도의 간지가 양년에 해당하면 「양년일 경우」의 도표의 1번에 해당하는 기제괘 오효가 이 사람의 73살 운이 되므로, 기제괘 오효 항을 찾아 읽으면 된다. 또 음년에 해당할 경우는 「음년일 경우」의 도표의 1번에 해당하는 명이괘의 오효가 73살의 운이 되므로, 명이괘 오효 항을 찾아 읽으면 된다. 이와 같은 방법으로 해당 항을 찾아보면, 평생에 걸쳐 해마다 해당하는 운을 알 수 있다.

15 유년운에 속한 월운月運을 알고 싶으면, 「월괘」의 도표를 보고 해당하는 월을 찾으면 된다. 위의 예에서 27살의 1월달 운을 알고 싶다고 하면, 혁괘 상효가 이 사람의 27살 운에 해당하므로(음효이므로 양년과 음년에 관계없이 동일하다), 혁괘 상효 항을 찾아가서 「월괘」의 도표에서 1월 항인 함괘 초효를 얻는다. 따라서 이 사람의 평생운은 몽괘 사효이고, 27살 때의 운은 혁괘 상효이며, 그 해 1월달의 운은 함괘 초효가 됨을 알 수 있다.

는 사람은, 비록 재주있는 사람이라도 현명한 주인(君主)을 만나지 못한 까닭에, 혼자서 제 처신만 잘하고 있으니, 그저 후미진 곳에서 이름없이 살 뿐이다.

운이 맞지 않는 사람은, 사람과의 사귐이 적어서 스스로 자신의 덕을 자랑한다. 수도하는 사람(중이나 도인)에게는 좋은 운이지만, 자손을 잇기가 어렵다.

세운을 만나면, 공직자는 도와주고 이끌어 주는 사람이 없어서 승진하거나 영전하기가 어려우며, 구직자는 추천해주는 사람이 없어서 취직해 나아가기가 어렵다. 일반인은 인정이 서로 어긋나니, 경영하는 일이 오그라들고 지체된다. 대개 이러한 효는 가만히 있으면 재앙이 없지만, 움직여 활동하면 손실이 있게 된다.

【글귀로 판단하면】

1 久困猶嫌未濟來하니 江邊水闊有河開라
　文書有口不當說이니 當得從心果不諧라
　곤궁한 지 오래 되었으나, 오히려 미제가 되는 것이 싫으니/ 강가에 물이 넓으니 하수河水가 열렸구나/ 문서에 관한 일은 말해서는 안되니/ 얻더라도 마음에 흡족치 못하리라

2 窮困方蒙昧하니 中心吝可憂라 須求誠實者라야 方可免貽羞라
　곤궁하고 또한 몽매하니/ 속 마음이 인색하고 근심스럽다/ 성실한 사람을 구하면/ 수치스러운 일을 면하게 될 것이다

5. 六五(䷝→䷿)

---

16 此爻是不能觀賢者也 故叶者雖是才人 難逢明主 獨善一身 徒居僻處 不叶者 寡與人交 自誇己德 宜僧宜道 子孫難續 歲運逢之 在仕則無引援而少陞遷 在士則無薦拔而進取艱辛 在庶俗則人情乖離 而經營蹇滯 大抵靜無災而動有損

【효사와 소상전】 육오는 어린 몽이니 길하니라. 상에 말하길 동몽의 길함은 순하고 겸손하기 때문이다. 【六五는 童蒙이니 吉하니라. 象曰 童蒙之吉은 順以巽也일새라.】

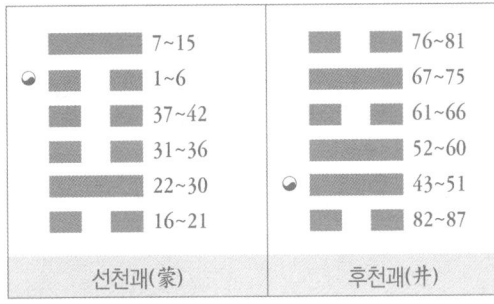

선천괘(蒙)	후천괘(井)	
7~15	76~81	선천괘인 몽괘 육오효부터 차례로 위로 나아가면서 운을 잡는다. 1살부터 42살까지를 마치면 43살부터는 후천괘인 정괘로 운이 넘어간다.
1~6	67~75	
37~42	61~66	
31~36	52~60	
22~30	43~51	
16~21	82~87	

◆ 양년 음년 똑같음

환(59)	감(29)	절(60)	둔(3)	기제(63)	혁(49)
1	2	3	4	5	6

◆ 월괘

사·7	승·46	림·19	귀매·54	복·24	둔·3	명이·36	비·22	풍·55	소과·62	혁·49	쾌·43
월	2월	3월	4월	5월	6월	7월	8월	9월	10월	11월	12월

◆ 일괘

몽(육오)	사·7	손·41	박·23	고·18	미제·64
	6	12	18	24	30
	5	11	17	23	29
	4	10	16	22	28
	3	9	15	21	27
	2	8	14	20	26
	1	7	13	19	25

【총괄해서 판단하면】

17 이 효는 지극한 정성으로써 현명한 사람을 임용하여 다스리는 공을 이룸을 설명한 것이다. 그러므로 운이 맞는 사람은, 어려서는 명민하고,

커서는 겸손하면서도 공손하다. 혹 어려서 시험에 장원으로 합격하거나, 어려서부터 조상의 음덕으로 높은 자리에 있으면서 아랫사람을 잘 다스리는 공을 이루니, 그 행동에 막힘이 없는 자이다.

운이 맞지 않는 사람은, 평상시의 생활에 만족하고 분수를 지키면서, 세상 사람들과 섞여서 어울리며 산다.

세운을 만나면, 사농공상士農工商 할 것 없이, 의탁하고 부탁하며 꾀하는 일 모두가 순조롭게 잘 된다.

【글귀로 판단하면】

① 君象吉童蒙이요 身安應在東이라 大川涉无咎하니 海際得帆風이라
   임금의 상이나 어린아이 같이 하면 길하고/ 동쪽으로 가야 몸이 편안할 것이다/ 큰 내를 건너도 허물이 없으니/ 바다 가운데 돛단배 순풍을 얻었네

② 乘病馬하고 上危坡하니 防失跌하고 莫蹉跎하라
   병든 말을 타고/ 가파른 언덕에 오르니/ 미끄러짐을 방비하고/ 실패하고 넘어지지 말게 하라

6. 上九(☶→☷)

【효사와 소상전】 상구는 몽매함을 쳐야하니 도적이 됨은 이롭지 않고, 도적을 막음이 이로우니라. 상에 말하길 '도적 막는 것이 이로움'은 위와 아래가 순함이라. 【上九는 擊蒙이니 不利爲寇오 利禦寇하니라. 象曰 利用禦寇는 上下 順也라.】

---

17 此爻是至誠以任賢 而治功成者也 故吋者幼而明敏 壯而謙恭 或幼童科甲 早承祖蔭 致君澤民之道 可以推行無阻 不吋者 亦安常守分 和光同塵 歲運逢之 在士農工商 皆依附稱謀爲攸順

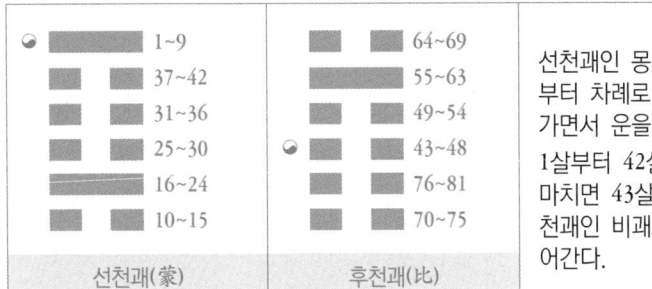

선천괘인 몽괘 상구효부터 차례로 위로 나아가면서 운을 잡는다.
1살부터 42살까지를 마치면 43살부터는 후천괘인 비괘로 운이 넘어간다.

		1~9
●		37~42
		31~36
		25~30
		16~24
		10~15
선천괘(蒙)		

		64~69
		55~63
		49~54
●		43~48
		76~81
		70~75
후천괘(比)		

◈ 양년(갑·병·무·경·임년)일 경우

몽(4)	고(18)	승(46)	태(11)	명이(36)	복(24)	진(51)	수(17)	무망(25)
1	2	3	4	5	6	7	8	9

◈ 음년(을·정·기·신·계년)일 경우

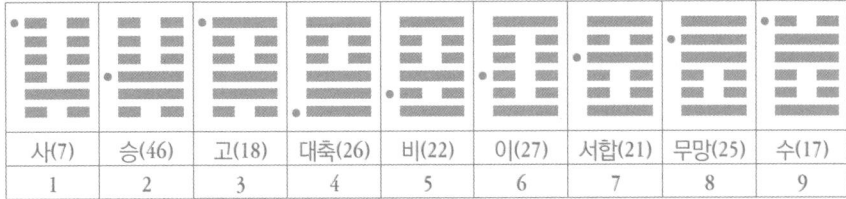

사(7)	승(46)	고(18)	대축(26)	비(22)	이(27)	서합(21)	무망(25)	수(17)
1	2	3	4	5	6	7	8	9

◈ 월괘

손·41	규·38	이·27	익·42	비·22	명이·36	리·30	려·56	동인·13	건·1	혁·49	수·17
1월	2월	3월	4월	5월	6월	7월	8월	9월	10월	11월	12월

◈ 일괘

몽(상구)	손·41	박·23	고·18	미제·64	환·59

(4) 산수몽 上

【총괄해서 판단하면】

18 이 효는 어리석음을 다스림에 지나칠 정도로 강하게 하는 것을 설명한 것이니, 그 행동을 제어하고 그 점괘를 다르게 말한 것이다. 그러므로 운이 맞는 사람은, 명예와 지위 및 녹봉에 이롭다. 혹 어려서부터 전쟁의 공이 있거나, 혹은 병사를 다스리는 장군이 되며, 주로 형벌과 옥을 다스리는 관리가 된다.

운이 맞지 않는 사람이라도 뜻과 기세가 있어서 능히 중요한 책임을 맡아 해결하며, 큰 일을 두려워하지 않고 작은 일을 속이지 않으니, 지방의 호걸에 해당한다.

세운을 만나면, 공직자는 치안을 담당하여 명성을 날리고, 구직자는 도적을 없애는 공을 이룬다. 일반인은 송사 등의 다툼과 도적으로 인한 어지러움을 방비해야 한다. 혹 수하에 부리는 사람으로 인한 재앙이 있다.

【글귀로 판단하면】

1 率師戰萬里하니 威武冠羣英이라
借問成功日인덴 須還四八尋하라
군사를 거느리고 만리밖에서 싸우니/ 위풍과 무력이 뭇 영웅 위에 우뚝하다/ 성공하는 날을 묻는다면/ 4일 또는 8일을 찾아라

2 彼且方蒙昧하니 何須用意攻가
但當宜謹密이면 自固免遭凶이라
상대가 또한 몽매하니/ 애써 칠 것이 무엇 있는가/ 다만 삼가하고 치밀하게 하면/ 저절로 흉한 일을 면하게 될 것이다

---

18 此爻是治蒙過剛 蘊其用而異其占者也 故叶者 有名位利祿 或幼選之戰功 或節制兵師 主官刑獄 不叶者 亦有志氣 能勝重任 大事不懼 小事不欺 爲鄕里之豪傑 歲運逢之 在仕則有司寇名職 在士則寇可拿 功可成 在庶俗則防爭訟寇盜之擾 或奴婢爲災

水天需(5) 수천수
坎上 乾下

수괘 개요

【괘사와 대상전】 수는 믿음이 있어서 빛나서 형통하고 바르게 해서 길하니 큰 내를 건넘(큰 일을 함)이 이로우니라. 상에 말하기를 구름이 하늘에 오르는 것이 수괘니, 군자가 본받아서 마시고 먹으며 잔치 벌여 즐기느니라.【需는 有孚하야 光亨코 貞吉하니 利涉大川하니라. 象曰 雲上於天이 需니 君子 以하야 飲食宴樂하나니라.】

【총괄해서 판단하면】

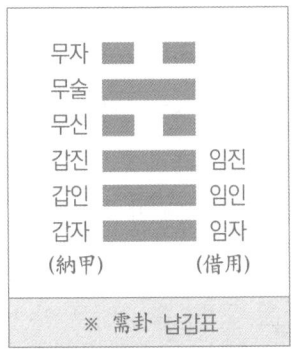
무자
무술
무신
갑진   임진
갑인   임인
갑자   임자
(納甲) (借用)
※ 需卦 납갑표

1 곤궁坤宮의 4세괘로, 8월에 속한다. 내괘의 납갑은 갑자·갑인·갑진이고, 외괘는 무신·무술·무자이며, 임자·임인·임진을 빌려서 쓰기도 한다. 만약에 8월에 태어난 자와 태어난 년도의 간지가 납갑과 일치하는 사람은, 부귀한 운명이다.2 천수지수와 괘의 음효양효의 수가 맞는 것이 중요한데, 운이 맞는 사람은 길하게 된다.

---

1 坤宮四世 卦屬八月 納甲 是甲子甲寅甲辰戊申戊戌戊子 借用壬子壬寅壬辰 若生於八月納甲之年者 富貴命也 須要元數歸元卦爻 叶吉者應

2 각 괘의 월月계산법은 중천건괘(1)와 중지곤괘(2) 항에서 설명하였다. 수괘의 세효인 육사효는 음효이므로, 초효부터 사효까지 세면 유酉에서 끝난다(초효는 오, 이효는 미, 삼효는 신, 사효는 유). 지지의 유는 8월에 해당하므로, 수괘가 8월괘가 되는 것이다. 따라서 8월을 주관하는 괘가 되고, 8월에 태어난 사람은 때를 얻음이 된다.

운세로 보면 수천수괘(䷄)는 상괘는 감(☵)이고 하괘는 건(☰)이다. 호괘로는 리(☲)와 태(☱)가 있어서, 해와 달의 밝음으로 사람이 총명하고 지혜로움을 뜻한다. 해가 하늘에 떠 있으므로, 마땅히 밝은 빛을 비추고 비와 이슬(또는 윗사람의 은택)도 하늘로부터 아래로 내려야 하는데, 해가 구름에 가려졌기 때문에 구름이 걷히고 비가 내려야 그 밝음이 드러나게 된다. '수需'는 기다린다는 뜻이니, '儒(선비 유)'자에는 좋은 자리에 예를 갖춰 데려갈 것을 기다리는 뜻이 있으며, 군자에게는 때를 기다리는 상이 된다.

【팔궁세혼법으로 판단하면】
곤궁의 제후괘로 육사효(제후)에 세효世爻가 있고, 원사元士에 해당하는 초구효에 응효應爻가 있다. 세효와 응효가 음과 양으로 서로 응하고, 또 모두 제자리에 있으므로 모든 일이 잘 풀리게 된다. 더욱이 세효의 지지인 신(申金)이 응효의 지지인 자(子水)를 생해주느라(金生水) 힘은 들지만, 제후가 자신을 돕는 원사를 생해주는 것이므로 이치에 좋다.
즉 구름이 하늘 위에만 있을 뿐 아직 비가 되어 내리지 못하여, 목마른 중생이 비오기를 기다린다. 결국 오랜 가뭄 끝에 단비가 내려서, 재물과 관록이 몸에 붙고, 넓은 들에는 곡식들이 생기를 얻는다.
그러나 당장에는 초조해 하지 말고 성심껏 노력하며, 모든 일에 있어 관망하는 자세를 가져야 한다. 장래는 유망하나, 아직 여건이 갖추어지지 않았기 때문에, 급히 승부를 거는 일은 좋지 않고, 장기간을 요하는 일은 성공한다. 괘명이 '음식 수' 또는 '기다릴 수'이니, 사람이 먹고 사는 음식에 관련된 일을 하면 좋다.

【글귀로 판단하면】
1 胡僧引路未相通이나 始見丰姿便應龍이라
  聞說垂楊蒼翠候하니 騎龍御馬到仙宮이라
  오랑캐 중이 길을 인도하니 서로 통하지는 않으나 / 처음 보아도 우아

한 자태가 용龍과 같도다/ 수양버들 푸르른 계절에 오손도손 말하며 가니/ 용타고 말몰아 선궁에 도착했네

② 得信方通棹急流하니 前途先塞後途憂라
候人執箭揚鞭立하니 此去亨衢得志秋라

소식 듣고 바로 급류를 노저어 가니/ 앞길이 먼저 막히고 뒷길 또한 근심스럽다/ 손님 맞는 벼슬아치 활잡고 채찍 날리며 서있으니/ 여기부터 운명길 열려 가을에는 뜻대로 되리라

③ 有道須逢泰나 先防一女災라
思鄕人未到하니 愁亦慮傷懷라

도가 있으면 태평세월 만날 것이나/ 먼저 한 여자의 재앙을 막아야 한다/ 고향을 그리는데 사람은 안오니/ 근심스럽고 또한 생각많아 회포를 상하게 된다

1. 初九(☰☵ → ☰☱)

【효사와 소상전】 초구는 들에서 기다림이라. 항상하게 함이 이로워서 허물이 없으리라. 상에 말하기를 '들에서 기다리는 것'은 어려운 것을 범하여 행하지 않음이고, '항상하게 함이 이로워서 허물이 없다'는 것은 상도를 잃지 않음이라.【初九는 需于郊라 利用恒이니 无咎리라. 象曰 需于郊는 不犯難行也오 利用恒无咎는 未失常也라.】

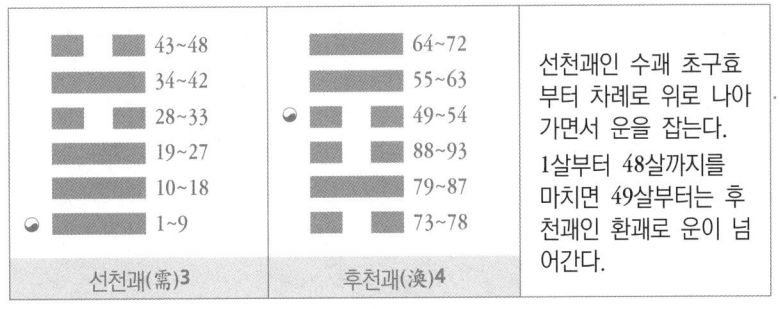

선천괘인 수괘 초구효부터 차례로 위로 나아가면서 운을 잡는다. 1살부터 48살까지를 마치면 49살부터는 후천괘인 환괘로 운이 넘어간다.

◆ 양년(갑·병·무·경·임년)일 경우 5

수(5)	쾌(43)6	대과(28)	함(31)	취(45)	비(8)	곤(2)	박(23)	이(27)
1	2	3	4	5	6	7	8	9

◆ 음년(을·정·기·신·계년)일 경우

정(48)	대과(28)	쾌(43)	혁(49)	수(17)	둔(3)	복(24)	이(27)	박(23)
1	2	3	4	5	6	7	8	9

◆ 월괘

기제·63	명이·36	둔·3	익·42	수·17	취·45	진·51	귀매·54	서합·21	리·30	진·35	박·23
1월	2월	3월	4월	5월	6월	7월	8월	9월	10월	11월	12월

3 사주의 숫자로 괘를 만들어서 수괘 초효에 원당이 있다면, 1~9살까지는 수괘 초효 항을, …, 43~48살까지는 수괘 상효 항을 가서 살펴 보면 된다.

4 49~54살까지는 후천괘인 환괘 사효 항을, 64~72살까지는 환괘 상효 항을, …, 88~93살까지는 환괘 삼효 항을 살펴보면 그 사람의 운이 된다(◐나 ●표시 한 곳이 해당하는 효를 가리키고, 밑에서부터 초효·이효·삼효·사효·오효·상효로 나눈다).

5 해마다의 운인 유년운의 진행은 양효(━━)일 때와 음효(━ ━)일 때가 다른데, 그 자세한 예는 중천건괘(1) 초구효, 중지곤괘(2) 초육효와 육이효, 수뢰둔괘(3) 초구효와 육삼효, 산수몽괘(4) 초육효와 육사효 항에 유년운에 속한 월운月運의 예와 함께 실려 있으므로 참고하면 된다.

6 위의 도표에서 '대과(28)'이라고 한 것은 괘명은 대과괘大過卦고 64괘 중에 28번째 괘라는 뜻이고, '혁(49)'라고 한 것은 괘명은 혁괘革卦고 64괘 중에 49번째에 해당한다는 뜻이다. 나머지 괘도 이와같은 방식으로 본다. 따라서 앞의 목차에서 번호의 순서대로 찾으면, 해당하는 괘를 쉽게 찾을 수 있다. 또 월괘月卦에서 '귀매·54' 등으로 표시한 것도, 괘명은 귀매괘歸妹卦이고 64괘 중에 54번째라는 뜻이다.

◈ 일괘 7

수(초구)	기제·63	절·60	쾌·43	태·11	소축·9
6	12	18	24	30	
5	11	17	23	29	
4	10	16	22	28	
3	9	15	21	27	
2	8	14	20	26	
1	7	13	19	25	

【총괄해서 판단하면】

8 이 효는 멀고도 험한 상이 있으니, 자신의 처지를 굳게 지키고 변하지 말라는 점을 보인 것이다. 그러므로 운이 맞는 사람은, 청렴하고 공정하여 냉엄하고 담박한 관리가 되고, 교외를 순시하며 방범하는 직책에 있게 된다.

운이 맞지 않는 사람은, 산림에 은거하여 분수를 지키며, 세상의 기쁘고 슬픈 일과 명예롭고 명예롭지 않은 일에 초연하다.

세운을 만나면, 공직자는 평상의 직분을 지킬 뿐, 쫓김을 당하거나 승진을 하는 일이 없으며, 구직자는 야인으로 있는 것이 좋고, 설사 잠시 벼

---

7 더 세분해서 그 날의 운(日運)을 알고 싶으면, 앞의 월괘月卦의 괘효에 해당하는 괘효항을 찾아가서 「일괘」에 대한 도표를 참조해서 계산하면 된다. 예를 들어 수괘 초효가 7월의 월괘였고, 7월의 절기인 입추가 7월 2일 11시에 들고, 그 다음달(8월)의 절기인 백로가 31일 후인 8월 3일 17시에 들었다면, 수괘 초효월에 대한 도표인 위의 도표를 찾아서, 기제괘의 초효인 '1'항이 7월 2일 11시부터 다음날 12시까지를 맡는다고 보면 된다. 물론 네 번째 괘인 태괘 사효의 '22'는 7월 25일 8시부터 다음날 9시까지를 맡고, 번호순대로 순차적으로 해당하는 날의 운으로 삼으면 된다(31일과 6시간은 시간으로 고치면 31×24+6=750시간이 된다. 이를 30효로 나누면 한 효당 약 25시간을 주관하게 된다).
이상에 대한 예는 건괘(1)~송괘(6)의 초효 항에 있으므로 참고 바람.

8 此爻是有遠險之象而示以不變之占者也 故叶者淸廉公正 而爲冷淡之官 郊外巡捕之職 不叶者 隱處山林 隨分衣祿 毁譽喜怒之不事 歲運逢之 在仕則守常職 而黜陟不加 在士則宜從外路 雖有造就 而志意不愜 經營者守舊安常 災不犯而禍不作 如數空者 葬于郊野

슬한다 하더라도 뜻과 마음이 모두 흡족하지 못하다. 경영하는 사람은 옛것을 지키면서 평상적인 것에 만족하고 있으면, 재앙을 범하지 않고 화도 일어나지 않는다.

수數가 공망에 들어간 사람은 죽어서 교외에 묻히게 된다.

【글귀로 판단하면】

① 凶險雖難退나 暫休且喜安이라 離明聽北角하니 天外見飛鸞이라

　험난하고 흉한데서 물러나기 어려우나/ 잠시 쉬면 또한 기쁘고 편안해질 것이다/ 해 밝은데 북쪽에서 삼현육각9소리 들리니/ 하늘 위에 봉황새 나는 것 볼 것이다

② 過盡前灘與後灘하니 前灘縱險不爲難이라

　一朝若得淸風便이면 相送扁舟過遠山이라

　앞개울 뒷개울 다 지나가니/ 앞개울 험하나 어렵지 않네/ 하루 아침에 만약 순풍을 탄다면/ 조각배 보내 저 먼 산을 통과하리라

③ 需須宜且待니 欲速反爲灾라 守靜方無咎요 安常福自來라

　수괘는 기다림이 마땅하니/ 급하게 하려고 하면 도리어 재앙이 된다/ 고요하게 지키면 허물이 없고/ 상도를 편안히 지키면 복이 저절로 온다

2. 九二(䷄ → ䷏)

【효사와 소상전】 구이는 모래에서 기다림이라. 조금 말을 들으나 마침내 길하리라. 상에 말하기를 '모래에서 기다린다'는 것은 너그러움으로 가운데 있음이니, 비록 조금 말을 들으나 길함으로써 마치리라.【九二는 需于沙라. 小有言하나 終吉하리라. 象曰 需于沙는 衍으로 在中也니 雖小有言하나 以吉로

---

9 삼현육각三絃六角 : 향피리 2·젓대 1·해금 1·북 1·장구 1로 구성되는 악기편성의 총칭이다.

終也리라.]

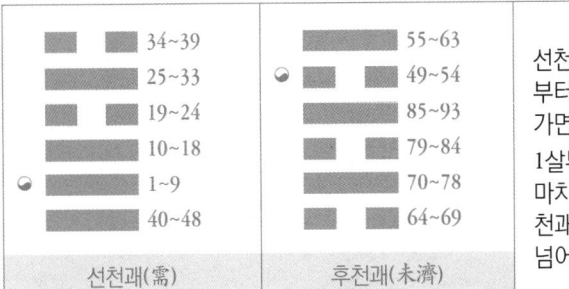

선천괘인 수괘 구이효부터 차례로 위로 나아가면서 운을 잡는다.
1살부터 48살까지를 마치면 49살부터는 후천괘인 미제괘로 운이 넘어간다.

◈ 양년(갑·병·무·경·임년 또는 자·인·진·오·신·술년)일 경우

수(5)	태(11)	명이(36)	복(24)	진(51)	수(17)	무망(25)	비(12)	송(6)
1	2	3	4	5	6	7	8	9

◈ 음년(을·정·기·신·계년)일 경우

기제(63)	명이(36)	태(11)	림(19)	귀매(54)	태(58)	리(10)	송(6)	비(12)
1	2	3	4	5	6	7	8	9

◈ 월괘

절·60	중부·61	태·58	곤·47	귀매·54	진·51	규·38	대유·14	미제·64	몽·4	진·35	비·12
1월	2월	3월	4월	5월	6월	7월	8월	9월	10월	11월	12월

◈ 일괘

수(구이)	절·60	쾌·43	태·11	소축·9	정·48
	6 5 4 3 2 1	12 11 10 9 8 7	18 17 16 15 14 13	24 23 22 21 20 19	30 29 28 27 26 25

【총괄해서 판단하면】

10 이 효는 신하가 처음 벼슬하는 것에 비유해서 설명한 것이니, 처음은 힘들고 어렵지만 나중에는 뜻한 바를 얻게 되는 것이다. 그러므로 운이 맞는 사람은, 반드시 귀한 사람이 된다. '沙(모래 사)'자의 뜻은 문관文官으로는 재상이 변방을 순찰하는 것이고, 무관으로 보면 장군이 변방의 진지를 순찰하는 것이며, '言(말씀 언)'자와 '終(마칠 종)'자에도 길한 조짐이 많이 있다.

운이 맞지 않는 사람은, 강호를 분주하게 유세하며 다니는 것이고, 혹 어려서 책을 많이 보고 익혔다면 만년에 복을 누리게 된다.

세운을 만나면, 공직자는 간언하는 직책이나 언론계에 들어가 정론을 펴게 된다. 혹 사악한 사람들에 의해 뜻이 막히게 될 경우가 있다.

구직자는 너무 깐깐하게 비교하며 다 밝히다가 말(言)에 의한 견책을 받지만, 욕을 당하는 화는 면한다.

일반인은 시비를 가리고 유치한 다툼에 말려드는 소요가 있게 된다. 대개 관용과 여유를 갖고 사람을 기다리면, 판결이 안나던 모든 일이 스스로 밝혀지는 뜻이 있다.

【글귀로 판단하면】

① 欲進不防危하니 安居必慮之라
   桃開際祿會하니 花發不違時라
   나가려만 하고 위험을 예방하지 않으니/ 편안할 때도 반드시 근심하게 된다/ 복숭아 열릴 때 관록을 얻으니/ 꽃피는 것 또한 때 어기지 않네
② 險難將相及이니 剛中且待時하라 浮言雖小害나 終是吉無疑라

---

10 此爻是擬人臣初進之象 先難而后獲者也 故叶者 必有貴人 沙字之義 在文 則宰相而行沙陲 或武 則將軍而行沙塞 言字終字 吉兆甚多 不叶者 奔走江湖 遊談鼓舌 或幼年知書 晩景獲福 歲運逢之 在仕則入言路 正論或阻於邪議 在士則考較必遭言責 終可免身辱之危 在庶俗必主以是非卑幼爭訟之擾 大抵宜寬緩以待人 則百結不辨而自明

험난함이 장차 올 것이니/ 강중하더라도 또한 때를 기다리라/ 헛소문으로 비록 조금 해를 보나/ 결국은 길하게 될 것이다

3. 九三(☰☵ → ☰☱)

【효사와 소상전】 구삼은 진흙에서 기다림이니, 도적이 오게 되리라. 상에 말하기를 '진흙에서 기다린다' 함은 재앙이 바깥에 있는 것이다. 나로부터 도적을 오게 했으니 공경하고 삼가면 패망하지 않으리라. 【九三은 需于泥니 致寇至리라. 象曰 需于泥는 災在外也라 自我致寇하니 敬愼이면 不敗也리라.】

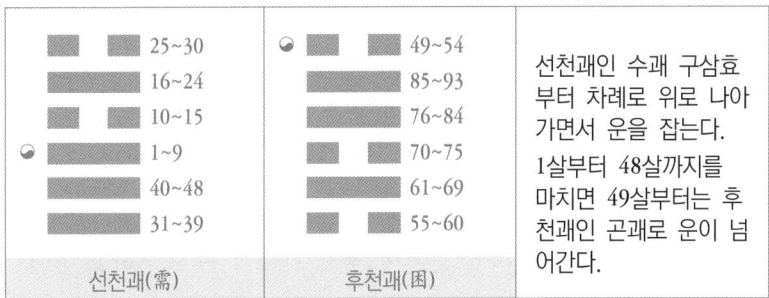

25~30				49~54				
16~24				85~93				
10~15				76~84				
1~9				70~75				
40~48				61~69				
31~39				55~60				
선천괘(需)				후천괘(困)				

선천괘인 수괘 구삼효부터 차례로 위로 나아가면서 운을 잡는다.
1살부터 48살까지를 마치면 49살부터는 후천괘인 곤괘로 운이 넘어간다.

◆ 양년(갑·병·무·경·임년)일 경우

수(5)	소축(9)	중부(61)	리(10)	규(38)	귀매(54)	해(40)	예(16)	소과(62)
1	2	3	4	5	6	7	8	9

◆ 음년(을·정·기·신·계년)일 경우

절(60)	중부(61)	소축(9)	건(1)	대유(14)	대장(34)	항(32)	소과(62)	예(16)
1	2	3	4	5	6	7	8	9

◆ 월괘

쾌·43	대과·28	대장·34	풍·55	대유·14	규·38	정·50	고·18	려·56	돈·33	진·35	예·16
1월	2월	3월	4월	5월	6월	7월	8월	9월	10월	11월	12월

◆ 일괘

수(구삼)	쾌·43	태·11	소축·9	정·48	기제·63

【총괄해서 판단하면】

11 이 효는 몸이 험한 곳에 가까이 있음은 물론, 스스로도 그 험함을 취하는 것을 설명한 것이다. 그러므로 운이 맞는 사람은, 비록 이익과 명예가 있더라도 항시 근심과 슬픔이 있는데, 구차하게 있으면서도 그 틈바구니에서 나오지 못한다.

운이 맞지 않는 사람은, 성품과 습관이 굳고 강해서 몸이 험하고 위태한 함정에 빠지게 되며, 충언을 듣지 않고 망령된 말을 믿으며, 자잘한 사람으로 가시덤풀 속에 빠져 있다.

세운을 만나면, 공직자는 반드시 자리에서 쫓겨나게 되며, 주변의 친척에게까지 영향이 미친다. 구직자는 반드시 치욕을 당하게 되며 스스로의 힘으로는 벗어날 수 없다. 일반인은 강도나 도적 등에게 잃고 빼앗기는 슬픔을 방비하도록 힘써야 하며, 특히 배를 타고 가는 사람은 물로 인한

---

11 此爻是身近於險 而著其自取者也 故叶者 雖有利名 常見憂愁 區區然而不出乎塵 不叶者 性習剛強 身遭險陷 忠言不聽 妄語見信 而碌碌於叢棘之中 歲運逢之 在仕必遭貶逐 而自貽伊戚 在士必受恥辱 而無以自拔 在庶俗宜防寇盜失奪之嗟 行舟者 被水厄

액운을 입게 된다.

【글귀로 판단하면】

① 戶要牢關이요 物宜謹守라

　休往休來라야 終爲長久라

　방문을 꼭 잠그고/ 물건을 신중히 지켜라/ 가고 옴을 끊어 없애야/ 종국에 가서는 장구하게 되리라

② 有阻亦有節하니 先憂後則昌이라

　水邊難退步니 進步不相傷이라

　막힘이 있고 또한 절제가 있으니/ 처음에는 근심하나 나중에는 번창한다/ 물가라 물러서기 어려우니/ 나가도 서로 해치지 않을 것이다

③ 用剛求速進이면 寇盜自先招라 謹愼終無敗니 災消禍亦消라

　강함을 써서 급히 나가려 하면/ 도적을 먼저 부르게 된다/ 삼가하면 마침내 패망이 없을 것이니/ 재앙도 사라지고 화도 사라지리라

4. 六四(☱ → ☱)

【효사와 소상전】 육사는 피에서 기다림이니 구멍으로부터 나오도다. 상에 말하기를 '피에서 기다림'은 순하게 들음이라.【六四는 需于血이니 出自穴이로다. 象曰 需于血은 順以聽也라.】

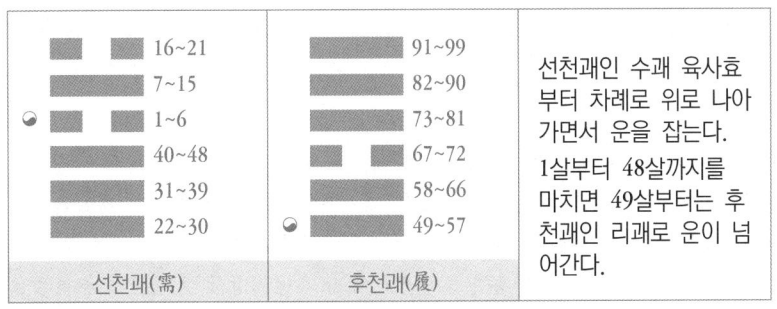

선천괘(需)	후천괘(履)	
16~21	91~99	선천괘인 수괘 육사효부터 차례로 위로 나아가면서 운을 잡는다. 1살부터 48살까지를 마치면 49살부터는 후천괘인 리괘로 운이 넘어간다.
7~15	82~90	
● 1~6	73~81	
40~48	67~72	
31~39	58~66	
22~30	● 49~57	

◈ 양년 음년 똑같음

쾌(43)	대장(34)	대유(14)	정(50)	려(56)	진(35)
1	2	3	4	5	6

◈ 월괘

태·11	명이·36	대축·26	손·41	고·18	정·50	간·52	점·53	박·23	곤·2	진·35	서합·21
1월	2월	3월	4월	5월	6월	7월	8월	9월	10월	11월	12월

◈ 일괘

수(육사)	태·11	소축·9	정·48	기제·63	절·60
	6 5 4 3 2 1	12 11 10 9 8 7	18 17 16 15 14 13	24 23 22 21 20 19	30 29 28 27 26 25

【총괄해서 판단하면】

12 이 효는 해로움으로부터 멀리 빠져나가는 능력을 말한 것이다. 그러므로 운이 맞는 사람은, 덕과 재주가 있는 바른 사람으로, 변화를 살피고 기미를 잘 파악하여, 위험으로부터 나와 평이하게 되며, 자신과 집안이 모두 위태로운 지경에서 빠져나온다.

운이 맞지 않는 사람은, 친척과 어긋나 소원하게 되고, 집을 나가 떠돌게 된다. 어려서는 믿고 의지할 사람을 잃게 되고, 늙어서는 부호富豪 밑에

---

12 此爻是能遠乎害者也 故叶者必爲正人 有才有德 觀變知幾 出險爲夷 而身家可免傾危之患 不叶者 主達親向疏 出家作旅 幼失怙恃 老倚富豪 下則爲奴婢使令之人 歲運逢之 在仕則能全身遠害 而寵辱不加 在士則國學者 可出身以成名 府州則不得志矣 在庶俗 則傷害去 而平復之有漸 在囹圄者散 久淹者伸 旅處者無羈絆 數凶者則靜中退步 閑中生鬧 或爭競鞭刑 或血蠱産難 或憂長上 或損嬰兒

서 의지하며 살게 된다. 즉 그 밑의 하인이나 심부름을 하며 관리하는 사람이 된다.

세운을 만나면, 공직자는 몸을 온전히 보전하며 해로움을 멀리 할 수 있으나, 더 이상의 총애도 없고 욕도 없다. 구직자는 나라의 큰 학자로 이름을 날리게 되고, 고향에 있으면 뜻을 얻지 못한다. 일반인은 상처와 해로움을 주던 것이 사라지고 점차 평상으로 회복된다. 감옥에 갇힌 자는 풀려나고, 오랫동안 억눌려 있던 자도 풀려나며, 나그네로 떠돌던 자도 속박하던 것이 풀려나 자리를 잡게 된다. 수가 흉한 사람은 고요한 가운데 퇴보하고, 한가로운 가운데 다툼이 있게 된다. 혹 다투다 체형을 당하게 되며, 혹 아이를 낳을 때 피가 많이 나는 난산을 하게 되고, 혹 근심이 어른이나 윗사람에게 있으며, 혹 갓난아기나 어린애에게 손실이 있게 된다.

【글귀로 판단하면】

1. 進不穩하니 退便休하라 宜守宜順이면 可望可求라

   나가는 것은 편치 못하니/ 물러가 쉬라/ 분수를 지키고 순히 하면/ 바라는 것을 얻을 수 있다

2. 君子終升小人阻하니 隄防征戰主離苦하라

   前頭自有吉人迎이니 信在白羊成一楚라

   군자는 마침내 올라가고 소인은 막히니/ 전쟁으로 괴롭게 됨을 방지하라/ 앞에서 맞아주는 길한 사람이 있을 것이니/ 그 때는 흰 양이 한 줄을 이루었을 때다(辛未의 간지로 년월일시 同)

5. 九五(☵ → ☷)

【효사와 소상전】 구오는 술과 음식으로 기다림이니 바르고 길하니라. 상에 말하기를 '술과 음식으로 기다림이니 바르고 길함'은 중정하기 때문이다.

【九五는 需于酒食이니 貞코 吉하니라. 象曰 酒食貞吉은 以中正也라.】

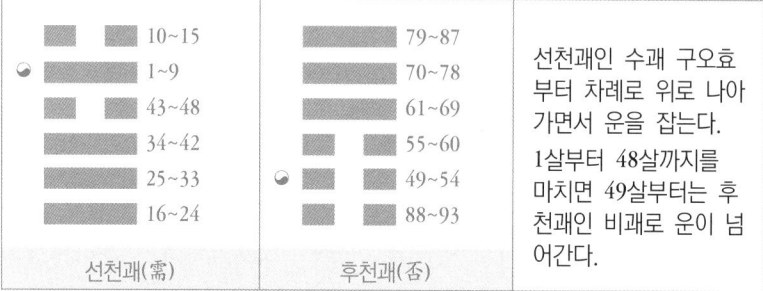

◆ 양년(갑·병·무·경·임년)일 경우

수(5)	기제(63)	명이(36)	비(22)	간(52)	고(18)	몽(4)	미제(64)	송(6)
1	2	3	4	5	6	7	8	9

◆ 음년(을·정·기·신·계년)일 경우

태(11)	명이(36)	기제(63)	가인(37)	점(53)	손(57)	환(59)	송(6)	미제(64)
1	2	3	4	5	6	7	8	9

◆ 월괘

소축·9	중부·61	손·57	구·44	점·53	간·52	관·20	비·8	비·12	무망·25	진·35	미제·64
1월	2월	3월	4월	5월	6월	7월	8월	9월	10월	11월	12월

◆ 일괘

	6	12	18	24	30	
	5	11	17	23	29	
	4	10	16	22	28	
	3	9	15	21	27	
	2	8	14	20	26	
	1	7	13	19	25	
수(구오)	소축·9	정·48	기제·63	절·60	쾌·43	

【총괄해서 판단하면】

13 이 효는 그 도를 오랫동안 반복하고 닦아서 드디어 성공함을 설명한 것이다. 그러므로 운이 맞는 사람은, 반드시 크게 귀한 사람으로 공명을 이룸에 아무런 막힘이 없다. '中正(가운데 중, 바를 정)'의 두 글자의 뜻은 관직이 많고 좋다는 뜻이다.

운이 맞지 않는 사람도 돈과 곡식이 풍부하고 가득차서 안정된 가운데 복을 누린다. 조금 좋지 않게 되더라도 배부르고 따뜻하게 사는 사람이다. 세운을 만나면, 나라의 녹을 크게 먹는 사람은 식읍食邑을 하사받아 영화를 누리고, 일반적으로 공직자는 임금이 베푼 잔치에서 음식을 먹는 영광이 있으며, 일반인은 예물을 갖추고 혼인을 하는 경사가 있게 된다. '中(가운데 중)'자에는 크게 가운데 함(大中), 문서와 정사政事를 맡아보는 벼슬 또는 관청(中書), 중정한 덕으로 순리에 따라 행동함(中順) 등의 뜻이 있고, '正(바를 정)'자에는 봉정奉正·언정言正·즉정卽正·배정拜正 등의 언로言路를 맡은 벼슬에 대한 뜻이 있다.

【글귀로 판단하면】

1 所需今已得하니 有欲儘從心이라
　宴飮耽和樂하니 居亨吉慶臨이라
　기다리는 것을 이제 이미 얻으니/ 하고자 하는 일이 다 뜻대로 된다/ 잔치하고 술마시며 화락하게 즐기니/ 일이 형통하고 길한 경사가 오리라

2 鳳閣鸞臺去有家니 亨衢進退莫咨嗟하라
　桃溪咫尺靑雲路니 便見東風可散花리라

---

13 此爻是久於其道而化成者也 故叶者 必大貴人 而功名無阻 中正二字之義 官職多端 不叶者 亦是金穀豐盈 安靜亨福 次則爲飽煖之人 歲運逢之 在朝廷則有食邑榮生 在仕則有御宴飮食之加 在庶俗則必有粟帛婚姻之事 中字大中 中書 中順 正字卽奉正 言正 卽正 拜正字

가는 길에 봉황의 무늬 있는 집 보게 되니/ 운명길 나가고 물러남을 탄식하지 마라/ 복사꽃 핀 개울가 청운의 길(벼슬길) 가까우니/ 동풍에 꽃날리는 것 보게 되리라

③ 久歷撑波艇하니 乘風得到瀛이라
太平身職起하니 目下有來音이라
오랫동안 물결 헤치며 노저어 가니/ 바람을 타고 큰 바다에 이르렀다/ 태평하게 몸을 일으키니/ 눈앞에 소식이 와 있다

6. 上六(☰ → ☰)

【효사와 소상전】 상육은 구멍에 들어감이니, 청하지 않은 손님 세 사람이 오리니, 공경하면 마침내 길하리라. 상에 말하기를 '청하지 않은 손님이 와서 공경해서 마침내 길하다' 함은, 비록 위는 마땅치 않으나 크게 잃지는 아니함이라. 【上六은 入于穴이니 有不速之客三人이 來하리니 敬之면 終吉이리라. 象曰 不速之客來敬之終吉은 雖不當位나 未大失也라.】

선천괘(需)	후천괘(姤)	
● 1~6	76~84	선천괘인 수괘 상육효부터 차례로 위로 나아가면서 운을 잡는다. 1살부터 48살까지를 마치면 49살부터는 후천괘인 구괘로 운이 넘어간다.
40~48	67~75	
34~39	58~66	
25~33	● 49~57	
16~24	91~99	
7~15	85~90	

◆ 양년 음년 똑같음

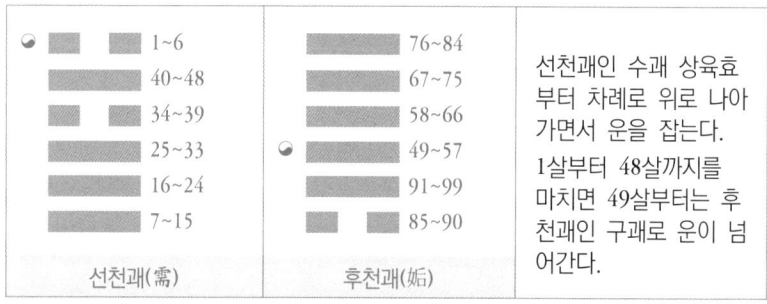

소축(9)	손(57)	점(53)	관(20)	비(12)	진(35)
1	2	3	4	5	6

◆ 월괘

정·48	대과·28	건·39	겸·15	비·8	관·20	취·45	수·17	예·16	해·40	진·35	려·56
1월	2월	3월	4월	5월	6월	7월	8월	9월	10월	11월	12월

◆ 일괘

	6 5 4 3 2 1	12 11 10 9 8 7	18 17 16 15 14 13	24 23 22 21 20 19	30 29 28 27 26 25
수(상육)	정·48	기제·63	절·60	쾌·43	태·11

【총괄해서 판단하면】

14 이 효는 뜻하지 않은 일이 올 경우에, 잘 공경하면 험한 데에서 나올 수 있음을 설명한 것이다. 그러므로 운이 맞는 사람은, 유학儒學을 배우는 선비가 많으며, 처음에는 근면하다가 나중에는 유유자적한다. 젊어서는 예리한 머리와 뜻으로 공명을 이루고, 만년에는 한적한 바위구멍 등에 숨어지내며 유유자적한다. 현명한 사람과 잘 사귀고 공경하면서, 하는 일마다 순리를 따른다.

운이 맞지 않는 사람은, 순리에 따라 평상의 삶에 안주하고, 자신을 낮춰 덕을 기르면서 다른 사람을 발굴해 천거하기를 좋아한다. 이렇게 삶을 영위하니, 위태함으로부터 나와 편안해질 수 있으며, 험한 것을 바꿔 평이함으로 만들 수 있다.

세운을 만나면, 공직자는 중앙부서로 발령받아 자신에게 다가오는 시기와

---

14 此爻是加敬於非意之來 而險可出者也 故叶者多爲儒者 先勤後怠 早年銳志功名 晚歲棲身岩穴 親賢接善 無不順承 不叶者 處順安常 卑牧謙恭 而得好人拔擧 可以出危爲安 易險爲夷 歲運逢之 在仕則入內京 謹防讒邪之厄 在士則入國學 謹避危疑之損 在常俗則入幽谷 謹防倉猝之患 大凡要能謹愼 則久憂得散 久淹得伸 數凶者輕則係縲絏 重則埋坵塚

질투를 잘 방비한다. 구직자는 국립학교에 입학해서 큰 학문을 배우면서 의심받고 위태하게 되는 피해를 잘 피한다. 일반인은 심산유곡에 들어가 갑자기 일어날 환난을 잘 피한다. 대개 잘 근신하면 오랫동안 속썩이던 걱정을 없앨 수 있으며, 오랫동안 억눌렸던 몸을 펼 수 있다. 수가 흉한 사람은 가벼울 경우는 포승에 묶이는 신세가 되고, 심할 경우는 언덕의 무덤에 묻히게 된다.

【글귀로 판단하면】

① 人立危橋下하고 舟行起怒濤라
　兢兢未登地하니 思慮轉煎熬라
　사람은 위험한 다리 아래 서 있고/ 배는 성난 파도 속으로 가고 있다/ 벌벌 떨며 육지위로 올라오지 못하니/ 생각이 점점 초조해진다

② 期會三人至하니 成榮自敬之라
　得全名利日에 恩澤四方施라
　세 사람이 약속을 하고 오니/ 경건히 대하면 영화로운 일이 있다/ 명성과 이익을 온전히 얻는 날에/ 은혜와 덕택이 사방에 베풀어질 것이다

③ 先是身悲險하니 那逢意外憂아
　待客宜敬順이면 終吉免他求라
　전부터 몸이 슬프고 험난했으니/ 어찌 또 뜻밖의 근심을 만나랴/ 손님 대접을 경건히 하고 순하게 하면/ 마침내 길해서 다른 일이 없을 것이다

乾上
坎下
天水訟(6)
천 수 송

송괘 개요

【괘사와 대상전】송은 믿음을 두나 막혀서 두려우니, 중도로 함은 길하고 끝까지 함은 흉하니, 대인을 봄이 이롭고 큰 내를 건넘이 이롭지 아니하니라. 상에 말하길 하늘과 물이 어긋나게 가는 것이 송괘니, 군자가 본받아서 일을 만듦에 처음부터 계획을 잘 세우느니라. 【訟은 有孚나 窒하야 惕하니 中은 吉코 終은 凶하니 利見大人이오 不利涉大川하니라. 象曰 天與水 違行이 訟이니 君子 以하야 作事謀始하나니라.】

【총괄해서 판단하면】

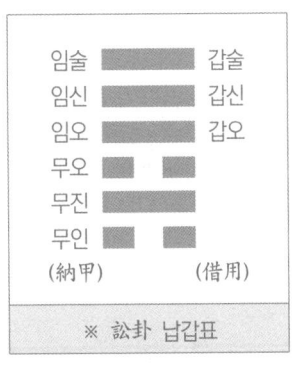

※ 訟卦 납갑표

1 리궁의 4세괘이고 2월에 해당한다. 내괘의 납갑은 무인·무진·무오이고, 외괘의 납갑은 임오·임신·임술이며, 갑오·갑신·갑술을 빌려서 쓴다. 2월에 태어난 사람과 태어난 년도의 간지가 납갑간지 및 차용납갑의 간지와 합치되는 사람은, 공명과 부귀를 누리는 사람이 된다.2

---

1 離宮四世 卦屬二月 納甲 是戊寅戊辰戊午 壬午壬申壬戌 借用甲午甲申甲戌 如生於二月及納者 功名富貴人也

2 각 괘의 월月계산법은 중천건괘(1)와 중지곤괘(2) 항에서 설명하였다. 송괘의 세효인 구사효는 양효이므로, 초효부터 사효까지 세면 묘卯에서 끝난다(초효는 자, 이효는 축, 삼효는 인, 사효는 묘). 지지의 묘는 2월에 해당하므로, 송괘가 2월괘가 되는 것이다. 따라서 2월을 주관하는 괘가 되고, 2월에 태어난 사람은 때를 얻음이 된다.

운세로 보면 천수송괘(☰)는 상괘는 건(☰)이고 하괘는 감(☵)이며, 호괘로는 손(☴)과 리(☲)가 있다. 외괘는 강하고 내괘는 험하니 서로 합하지를 못한다. 손의 바람은 움직이려 하고 감의 물은 아래로 베풀어 내려가려고 하며, 또 달이 하늘 위에서 밝은 상이 천수송괘이다. 양효가 많고 음효가 적어서, 양의 높고 음의 낮은 기운이 서로 부딪혀 음과 양이 불화한다. 군자는 다투고 송사하는 상이다.

【팔궁세혼법으로 판단하면】
리궁의 제후괘로 구사효(諸侯)가 세효이고, 원사元士에 해당하는 초육효가 응효이다. 세효와 응효가 서로 음양으로 응하고, 초육효의 지지인 인(寅木)이 구사효의 지지인 오(午火)를 생해주는 이익은 있으나(木生火), 두 효 모두 제자리에 거처하지 못하고 있으므로, 일이 막히게 된다.
즉 서로간에 자신의 능력과 재질을 믿고 다투는 상으로, 서로가 자신의 의견만 옳다고 한다. 비록 내 의견이 정당할지라도 굽히지 않으면, 상대방이 잘못 오해하여 화를 자초하게 된다. 구설수나 가정불화를 조심하고, 혹 도난이나 배반을 당할 수도 있다. 이 때에는 옳은 일을 그르다 하고, 기쁜 일이 슬픈 일로 바뀌는 때이니, 모든 일에 신중을 기하며, 덕을 쌓아 복덕을 짓는 마음으로, 현상태를 유지하도록 노력하여야 한다.

【글귀로 판단하면】
1 (陽) 黃犬嗷嗷兩度危요 金豬初喚見亨期라
若逢午鼠前途去하면 一向安榮事事宜라
(양) 누런개(戊戌) 짖으니 두번 위험하고/ 금돼지(辛亥) 처음으로 형통한 시기 부른다/ 만약 말(午)과 쥐(子)가 앞길로 가면/ 항상 편안하고 영화로와 일마다 잘 될 것이다
2 (陰) 言防口舌易成功이니 不說須歸兩大中에
賴有高人相喜合하니 終須人語不爲凶이라
(음) 말조심하여 구설수를 막으면 성공하기 쉬우니/ 말하지 않아도 천

지天地 가운데 정상적인 위치로 돌아올 것이다/ 높은 사람을 도와 기쁘게 서로 합심하니/ 결과적으로 다른 사람이 헐뜯는 말을 해도 흉하게 되지 않는다

③ 擧步往荊棘하니 見凶須要防이라
若逢天占口하면 榮順不須傷이라
발을 들어 가시밭으로 가니/ 흉한 일을 방비해야 한다/ 만약 예지자(天占口)를 만나면/ 영화롭고 순조로워 상하지 않으리라

1. 初六(☰ → ☰)

【효사와 소상전】 초육은 송사(訟事)를 길게 하지 않으면, 조금 말을 들으나 마침내 길하리라. 상에 말하기를 '송사를 길게하지 않음'은 송사를 길게 할 수 없음이니, 비록 조금 말을 들으나 그 분별이 밝은 것이다. 【初六은 不永所事면 小有言하나 終吉이리라. 象曰 不永所事는 訟不可長也니 雖小有言이나 其辯이 明也라.】

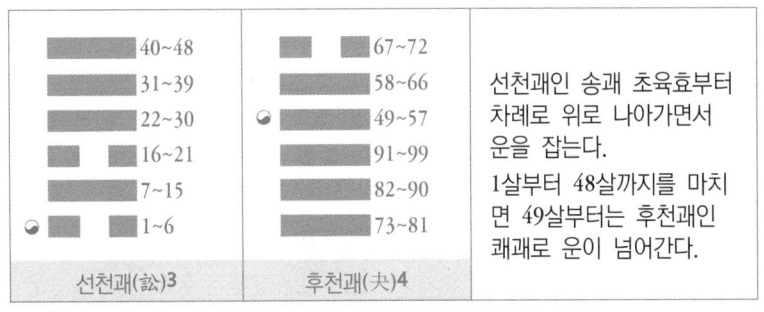

선천괘인 송괘 초육효부터 차례로 위로 나아가면서 운을 잡는다.
1살부터 48살까지를 마치면 49살부터는 후천괘인 쾌괘로 운이 넘어간다.

---

3 사주의 숫자로 괘를 만들어서 송괘 초효에 원당이 있다면, 1~6살까지는 송괘 초효 항을, 7~15살까지는 송괘 이효 항을, …, 40~48살까지는 송괘 상효 항을 가서 살펴 보면 된다.

4 49~57살까지는 후천괘인 쾌괘 사효 항을, 67~72살까지는 쾌괘 상효 항을, …, 73~81살까지는 쾌괘 초효 항을 살펴보면 그 사람의 운이 된다(◐나 ●표시 한 곳이

◈ 양년 음년 똑같음5

리(10)	무망(25)6	동인(13)	가인(37)	비(22)	명이(36)
1	2	3	4	5	6

◈ 월괘

비·12	진·35	돈·33	함·31	점·53	가인·37	간·52	고·18	겸·15	곤·2	명이·36	풍·55
1월	2월	3월	4월	5월	6월	7월	8월	9월	10월	11월	12월

◈ 일괘 7

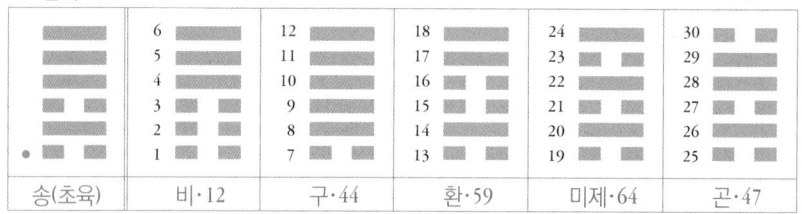

	6		12		18		24		30
	5		11		17		23		29
	4		10		16		22		28
	3		9		15		21		27
	2		8		14		20		26
	1		7		13		19		25
송(초육)		비·12		구·44		환·59		미제·64		곤·47

해당하는 효를 가리키고, 밑에서부터 초효·이효·삼효·사효·오효·상효로 나눈다).

5 해마다의 운인 유년운의 진행은 양효(━)일 때와 음효(╴╴)일 때가 다른데, 그 자세한 예는 중천건괘(1) 초구효, 중지곤괘(2) 육이효, 수뢰둔괘(3) 육삼효, 산수몽괘(4) 육사효 항에 유년운에 속한 월운月運의 예와 함께 실려 있으므로 참고하면 된다.

6 위의 도표에서 '무망(25)'라고 한 것은 괘명은 무망괘无妄卦고 64괘 중에 25번째 괘라는 뜻이고, '비(22)'라고 한 것은 괘명은 비괘賁卦고 64괘 중에 22번째에 해당한다는 뜻이다. 나머지 괘도 이와같은 방식으로 본다. 따라서 앞의 목차에서 번호의 순서대로 찾으면, 해당하는 괘를 쉽게 찾을 수 있다. 또 월괘月卦에서 '명이·36' 등으로 표시한 것도, 괘명은 명이괘明夷卦이고 64괘 중에 36번째라는 뜻이다.

7 더 세분해서 그 날의 운(日運)을 알고 싶으면, 앞의 월괘月卦의 괘효에 해당하는 괘효항을 찾아가서「일괘」에 대한 도표를 참조해서 계산하면 된다. 예를 들어 송괘 초효가 6월의 월괘였고, 6월의 절기인 소서가 6월 2일 11시에 들고, 그 다음달(7월)의 절기인 입추가 31일 후인 7월 3일 17시에 들었다면, 송괘 초효월에 대한 도표인 위의 도표를 찾아서, 비괘의 초효인 '1'항이 6월 2일 11시부터 다음날 12시까지를 맡는다

【총괄해서 판단하면】

8 이 효는 송사같이 험한 일은 오랫동안 할 수 없는 것이기 때문에 중도에서 그치는 것이니, 비록 처음에는 굴복하더라도 나중에는 이기게 됨을 설명한 것이다. 그러므로 운이 맞는 사람은, 심성이 밝고 지혜롭고, 국량이 크고 너그러우며, 변화의 기미를 보는 눈이 뛰어나서, 몸을 온전히 보존하고 해를 멀리한다. 순조로우면 언로言路에 관계하고, 국사를 편찬하되 잘못하여 참소를 당하지 않는다.

운이 맞지 않는 사람도 역시 일의 기미를 잘 참작하고 때의 변화를 잘 헤아려서 조금이나마 이루는 바가 있다. 조금 못한 자는 일을 해서 이루기는 하나 오랫동안 유지하지 못한다.

세운을 만나면, 공직자는 반드시 중상모략을 당하나, 굳이 변호하지 않아도 저절로 진실이 밝혀진다. 구직자는 약간의 구설수가 있으나 큰 해로움은 없게 된다. 일반인은 시비가 생겨 송사에 휘말리나 결국 진실이 규명되어 풀린다. 병이 있는 자는 약을 쓰지 않아도 저절로 낫게 된다. 수가 흉한 사람은 오래지 않아 수명을 다하게 된다.

【글귀로 판단하면】

① 瞭嘹征鴻獨出羣이나 高飛羽翼未離分이라

고 보면 된다. 물론 두 번째 괘인 구괘 사효의 '10'은 6월 11일 20시부터 다음날 21시까지를 맡고, 번호순대로 순차적으로 해당하는 날의 운으로 삼으면 된다(31일과 6시간은 시간으로 고치면 31×24+6=750시간이 된다. 이를 30효로 나누면 한 효당 약 25시간을 주관하게 된다).

이상에 대한 예는 건괘(1)~송괘(6)의 초효 항에 있으므로 참고 바람.

8 此爻是不能終訟 始雖屈而終得伸者也 故叶者必性明慧 度量寬宏 觀變之機 全身遠害 順則入言路 修國史 而終無尤孼之招 不叶者 亦能酌事機 料時變 少有成就 次則有作爲而不能長久 歲運逢之 在仕必遭讒謗 不辨而明 在士則小有言傷 而終無大害 在庶俗則有是非 起災訟而終可獲伸 有病者不藥自愈 數凶者壽不延永

正宜奮起行前進이니 好個聲音處處聞이라

청량한 소리내며 나는 기러기 홀로 무리 벗어났으나/ 높이 나는 날개 깃털, 멀리 떨어지지 않았네/ 분발하여 일어나 앞으로 감이 좋으니/ 청아한 좋은 소리 곳곳에 들려오네

② 處事宜中正이나 當知不可長이라

但當明辯說이면 終是獲休祥이라

일처리는 중정하게 함이 마땅하나/ 오래해서는 안된다는 것을 알아야 한다/ 다만 변호의 말을 밝게 하면/ 끝에 가서는 아름답고 상서로움이 있으리라

2. 九二(☰→☷)

【효사와 소상전】 구이는 송사를 이기지 못함이니, 돌아가 도망가서 그 읍사람이 삼백 호면(낮추고 작게 처신하면) 재앙이 없으리라. 상에 말하기를 송사를 이기지 못해서 돌아가 피해 숨음이니, 아래로부터 위와 송사하는 것이 환난을 취하는 것과 같으리라.【九二는 不克訟이니 歸而逋하야 其邑人이 三百戶면 无眚하리라. 象曰 不克訟하야 歸逋竄也니 自下訟上이 患至 掇也리라.】

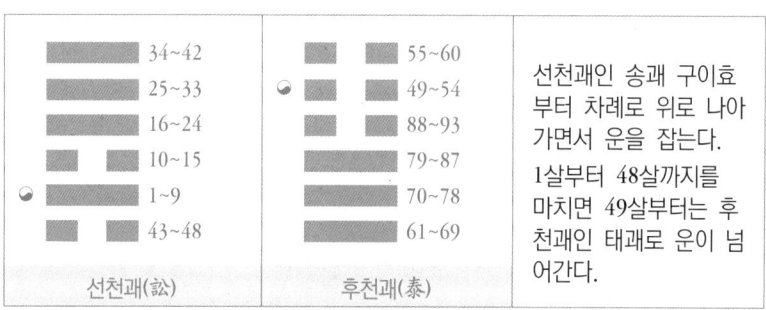

◆ 양년(갑·병·무·경·임년)일 경우

송(6)	미제(64)	진(35)	려(56)	간(52)	점(53)	건(39)	기제(63)	수(5)
1	2	3	4	5	6	7	8	9

◆ 음년(을·정·기·신·계년)일 경우

비(12)	진(35)	미제(64)	정(50)	고(18)	손(57)	정(48)	수(5)	기제(63)
1	2	3	4	5	6	7	8	9

◆ 월괘

구·44	대과·28	손·57	소축·9	고·18	간·52	승·46	사·7	태·11	대장·34	명이·36	기제·63
1월	2월	3월	4월	5월	6월	7월	8월	9월	10월	11월	12월

◆ 일괘

송(구이)	구·44	환·59	미제·64	곤·47	리·10
	6 5 4 3 2 1	12 11 10 9 8 7	18 17 16 15 14 13	24 23 22 21 20 19	30 29 28 27 26 25

(6) 천수송 二

【총괄해서 판단하면】

9 이 효는 소송한 사람이 중용의 덕을 지켜 행동하면 길함을 얻게 됨을

---

9 此爻是訴訟之人 以正中而得吉者也 故叶者或守宰戶曹 而貴不受殃 或隱居退處 而富不招孽 不叶者 動則爲難 心不服人 進則阻滯 退則守己 亦不失爲守常之士 歲運逢之 在仕則有食邑之榮 在士則保守而毁辱不逮 在庶俗則戶口安寧而無眚 如元數凶者 主訟起戶婚 甚則逐竄流逃而難反者也

설명한 것이다. 그러므로 운이 맞는 사람은, 재무부나 상공부 등 재물을 맡아보는 관서에 책임을 맡은 귀한 신분이나 무고 등의 재앙을 받지 않고, 혹 자리를 물러나 은거하면서 부유하나 그 부유한 것에 대해 다른 사람의 지탄을 받지 않는다.

운이 맞지 않는 사람은, 움직이려 하면 어려움이 따르고 다른 사람이 심정적으로 불복하며, 나아가려 하면 막히고 지체되며, 물러나면 자기 한몸은 지킬 수 있으니, 평상을 지키는 정도의 삶은 잃지 않게 되는 것이다. 세운을 만나면, 공직자는 식읍食邑을 받는 영예가 있고, 구직자는 현재의 상태를 지키면서 욕을 당하는 화에 빠지지 않는다. 일반인은 의식주가 편안하면서 특별한 재앙이 생기지 않는다. 원당과 수가 흉한 사람은 주로 혼사와 집안의 일로 소송이 있으며, 심하면 쫓겨 도망다녀서 돌아오기 어려운 사람이다.

【글귀로 판단하면】

① 目下皆讐怨이니 時聞理未明이라
　　且宜先退讓이니 方可免灾危라
　　눈앞에 있는 것이 다 원수니/ 때때로 억울한 일을 당한다/ 먼저 양보하고 물러나야/ 재앙과 위난을 면할 수 있으리라

② 不進須當退니 方無否塞憂라
　　貴人相佑下하니 王事出奇留라
　　나가지 말고 물러나야/ 비색한 근심이 없어진다/ 귀인이 서로 아랫 사람을 도우니/ 공적인 일이 때에 맞춰 이루어진다

③ 事不足하니 防反覆하라
　　月落寒江하니 一榮一辱이라
　　일이 아직 부족하니/ 뒤집히는 것을 방비하라/ 달이 추운 강 위에 떨어지니/ 한번은 영화롭고 한번은 욕된다

3. 六三(☰☵ → ☰☴)

【효사와 소상전】 육삼은 선대先代에서 하던 일을 계속하되 바르고 굳건하게 하면, 위태로우나 마침내 길하리니, 혹 왕의 일에 종사하여 이룸이 없도다. 상에 말하기를 옛 덕을 지키니 위를 따르더라도 길하리라. 【六三은 食舊德하야 貞하면 厲하나 終吉이리니 或從王事하야 无成이로다. 象曰 食舊德하니 從上이라도 吉也리라.】

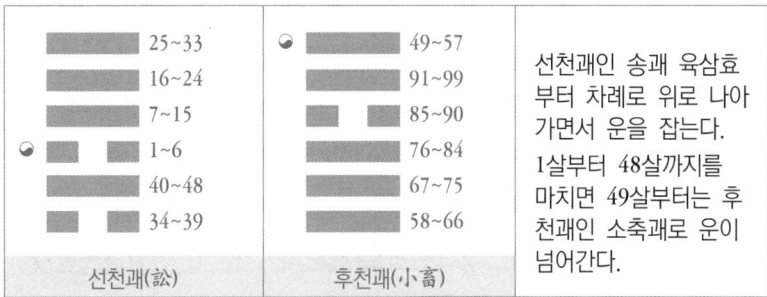

선천괘인 송괘 육삼효부터 차례로 위로 나아가면서 운을 잡는다. 1살부터 48살까지를 마치면 49살부터는 후천괘인 소축괘로 운이 넘어간다.

◈ 양년 음년 똑같음

구(44)	손(57)	고(18)	승(46)	태(11)	명이(36)
1	2	3	4	5	6

◈ 월괘

환·59	중부·61	몽·4	박·23	사·7	승·46	림·19	귀매·54	복·24	둔·3	명이·36	비·22
1월	2월	3월	4월	5월	6월	7월	8월	9월	10월	11월	12월

◆ 일괘

| 송(육삼) | 환·59 | 미제·64 | 곤·47 | 리·10 | 비·12 |

【총괄해서 판단하면】

10 이 효는 자신의 분수에 만족하는 사람이 물러나고 양보함으로써 길함을 얻음을 설명한 것이다. 그러므로 운이 맞는 사람은, 할아버지나 아버지의 은혜를 이어받아 윗사람의 사랑을 받게 된다. 혹 전원田園의 일을 이어받아 지키다가 다른 사람의 도움을 받아 크게 성공하는 뜻이 있다. 운이 맞지 않는 사람은, 처음은 어렵다가 나중은 쉬우며, 처음은 욕을 보다가 나중은 영화롭게 되며, 강하면서도 잔학하지 않고, 위엄있으면서도 사납게 하지 않으며, 평상을 지키면서 경쟁하지 않으니 스스로 만족하며 옛것에 매이지 않는다.

세운을 만나면, 공직자는 평상의 직책을 조심하며 지키니, 그 직책을 빼앗기지는 않는다. 구직자는 평상의 분수를 온전히 보존하고, 정체되거나 그 이하가 되지는 않는다. 일반인은 그 평상의 일을 잃지 않으며, 또한 어떤 어려움도 그러한 일을 범하지는 못한다.

【글귀로 판단하면】

1 積德相隨便可期니 庭前枯木鳳來棲라
　好將短事成長事하니 莫聽傍言說是非하라

---

10 此爻是安分之人 以退讓而獲吉者也 故叶者或承祖父之恩 而蔭襲以承天寵 或守田園之業 而因人以成其事功 不叶者 先難後易 始辱終榮 剛而不虐 威而不猛 守常不競 自足無舊 歲運逢之 在仕則恪守常職 而難於刦除 在士則保全常分 而停降不加 在常人則不失其常 而百難不犯

덕을 쌓으면 복이 따를 것이니/ 뜰앞의 마른 나무에 봉황이 깃들인다/ 작은 일로 큰일을 만들게 되니/ 옆사람 말듣고 시비하지 마라

② 運方興ㅣ 笑語頻하고
降玉女ㅣ 在河邊이라

운이 오니/ 웃음소리 잦고/ 선녀가 내려와서/ 강가에 있다

③ 守舊安居正이면 雖危獲吉亨이요
狂謀圖進用이면 枉費覺無功이라

옛 것을 지키고 마음편히 바르게 처신하면/ 비록 위태하나 길하고 형통하게 될 것이며/ 미친 꾀를 내어 전진하려고만 하면/ 힘만 헛되이 들고 공은 없을 것이다

4. 九四(䷅ → ䷯)

【효사와 소상전】 구사는 송사를 이기지 못함이라. 돌아와 명(바른 이치)을 따라서 나아가서 변혁해서 편안하고 바르게 하면 길하리라. 상에 말하기를 '돌아와 명(바른 이치)을 따라서 나아가서 변혁해서 편안하고 바르게 함'은 잃지 않는 것이다. 【九四는 不克訟이라 復卽命하야 渝하야 安貞하면 吉하리라. 象曰 復卽命渝安貞은 不失也라.】

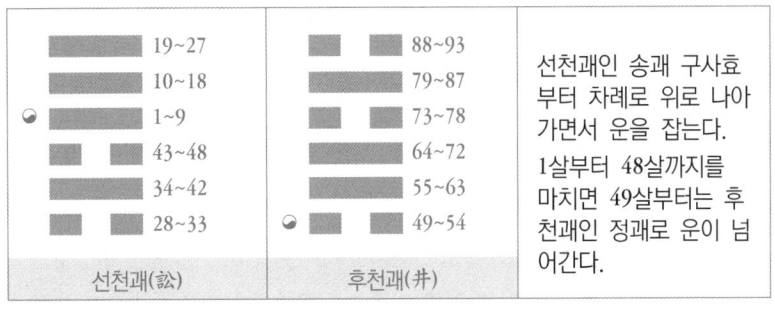

선천괘(訟)	후천괘(井)	
19~27	88~93	선천괘인 송괘 구사효부터 차례로 위로 나아가면서 운을 잡는다. 1살부터 48살까지를 마치면 49살부터는 후천괘인 정괘로 운이 넘어간다.
10~18	79~87	
1~9 ●	73~78	
43~48	64~72	
34~42	55~63	
28~33	49~54 ●	

◆ 양년(갑·병·무·경·임년)일 경우

송(6)	리(10)	중부(61)	손(41)	림(19)	사(7)	곤(2)	겸(15)	소과(62)
1	2	3	4	5	6	7	8	9

◆ 음년(을·정·기·신·계년)일 경우

환(59)	중부(61)	리(10)	규(38)	귀매(54)	해(40)	예(16)	소과(62)	겸(15)
1	2	3	4	5	6	7	8	9

◆ 월괘

미제·64	진·35	해·40	항·32	귀매·54	림·19	진·51	수·17	풍·55	리·30	명이·36	겸·15
1월	2월	3월	4월	5월	6월	7월	8월	9월	10월	11월	12월

◆ 일괘

송(구사)	미제·64	곤·47	리·10	비·12	구·44
6 5 4 3 2 1	12 11 10 9 8 7	18 17 16 15 14 13	24 23 22 21 20 19	30 29 28 27 26 25	

【총괄해서 판단하면】

11 이 효는 바르게 처신하여 허물에 빠지지 않는 자를 설명한 것이다. 그

---

11 此爻是能自處以正 而不陷於有過之地者也 故叶者 志剛心慈 聞善必行 有過必改 命字安字之義 有爵命 壽命 安國 安家之兆 女人爲命婦貞潔 不叶者 多越分凌節以犯上 不能察文理 就義以自省 吉不可得也 歲運逢之 在仕則閑中復職 在士則進取不失 在庶俗則改過遷善 而官訟不撓 吉則爲平安 凶則爲安置 又當預防之可也

러므로 운이 맞는 사람은, 뜻이 강하고 마음이 자애로우며, 착한 일을 들으면 반드시 실천하고, 잘못이 있다고 생각하면 반드시 고쳐나간다. '命(명할 명)'자와 '安(편안할 안)'자에는 작위를 내림(爵命), 목숨(壽命), 나라를 잘 다스려 편안히 함(安國), 집안을 잘 다스려 편안히 함(安家)의 뜻이 있다. 여자에게는 자신이 벼슬을 하거나, 또는 벼슬한 사람의 아내(命婦)로서 바르고 깨끗하게 처신한다.

운이 맞지 않는 사람은, 분수를 넘고 절제를 몰라 윗사람을 범하는 사람이 많다. 상황의 이치를 잘 살펴서 의리를 좇아 반성하며 생각하지 못하니, 길함을 얻지 못한다.

세운을 만나면, 공직자는 한직閑職 또는 휴직休職한 상태에서 복직하게 되며, 구직자는 나아가 취직하게 된다. 일반인은 개과천선함으로써 송사에 시달리지 않게 되니, 길한 자는 평안하게 되는 것이고, 흉한 자는 귀양가게 되나, 이 또한 예방할 수는 있다.

【글귀로 판단하면】

① 遇時方未利하니 詞辨未能寧이라
改變從貞吉이나 應須不失情이라
때가 이롭지 않으니/ 변명하기 바쁘고 편치 못하다/ 고치고 변혁해서 바른 데로 가면 길하나/ 남한테 박하게 해서는 안된다

② 名懼親君位하니 安貞吉有餘라
得人相贈處에 擇地有安居라
명성名聲은 높은 사람 가까이 있는 것을 두려워하니(시기를 받음)/ 도리를 굳게 지키고 마음을 편안히 하면 길하게 될 것이다/ 남이 와서 나를 도와주는 곳에/ 자리잡아 편안히 살 것이다

③ 風吹雲散月華明이요 枯木開花滿戶庭이라
舊恨新懽且休問하라 須知從此復安榮이라
바람 불어 구름 흩어지니 달빛이 밝게 빛나고/ 마른나무 꽃이 피어 문앞뜰에 가득하다/ 옛날 원한 새로운 기쁨을 또한 묻지마라/ 지금부터

다시 편하고 영화로울 것이다

5. 九五(☰ → ☲)

【효사와 소상전】 구오는 송사에 크게 착하고 길하니라. 상에 말하기를 '크게 착하고 길함'은 중정하기 때문이다. 【九五는 訟에 元吉이라. 象曰 訟元吉은 以中正也라.】

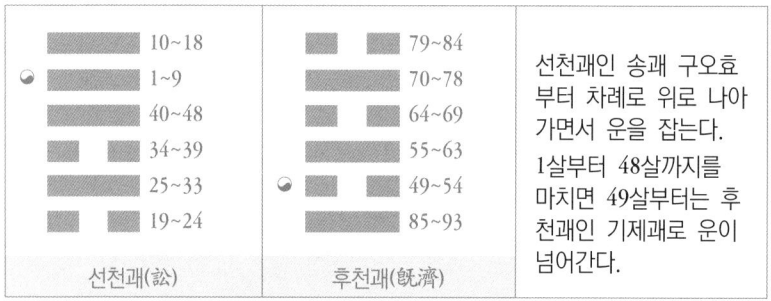

◆ 양년(갑·병·무·경·임년)일 경우

송(6)	비(12)	진(35)	예(16)	진(51)	귀매(54)	대장(34)	태(11)	수(5)
1	2	3	4	5	6	7	8	9

◆ 음년(을·정·기·신·계년)일 경우

미제(64)	진(35)	비(12)	취(45)	수(17)	태(58)	쾌(43)	수(5)	태(11)
1	2	3	4	5	6	7	8	9

◈ 월괘

곤·47	대과·28	태·58	절·60	수·17	진·51	혁·49	동인·13	기제·63	건·39	명이·36	태·11
1월	2월	3월	4월	5월	6월	7월	8월	9월	10월	11월	12월

◈ 일괘

송(구오)	곤·47	리·10	비·12	구·44	환·59
	6	12	18	24	30
	5	11	17	23	29
	4	10	16	22	28
	3	9	15	21	27
	2	8	14	20	26
	1	7	13	19	25

【총괄해서 판단하면】

12 이 효는 덕과 지위가 함께 높아져서, 송사에 있어서 이로움을 보는 자를 설명한 것이다. 그러므로 운이 맞는 사람은, 문장과 학문이 세상에 높이 떨쳐서 우러름을 받는 것이다. '元(으뜸 원)'자에는 삼원三元의 상서로운 조짐을 나아가 취하는 뜻이 있고, '正(바를 정)'자에는 정랑正郞·정경正卿 등의 높은 벼슬에 대한 뜻이 있다.

운이 맞지 않는 사람도 또한 중정한 덕과 겸손하고 공손한 덕이 있으며, 기미를 미리 알아 본분을 굳게 지키는 명망 있는 유지가 된다.

세운을 만나면, 공직자는 크고 높은 벼슬을 받으며, 구직자는 임용시험에서 좋은 성적으로 붙으며, 일반인은 경영하고 꾀하는 일을 반드시 이룬다. '正(바를 정)'자에는 정봉正奉·정언正言·정배正拜 등 좋은 관직의 뜻이 있다.

---

12 此爻是德位兼隆而爲訟者之利見者也 故叶者 文章高世 學問冠倫 其元字之義 有進取三元之兆 正字之義 有正郞正卿之應 不叶者 亦中正謙恭 知幾固守 而不失爲鄕里之善士 歲運逢之 在仕則除授封拜之大 在士則登科及第之顯 在庶俗則 營謀求利之必遂 正字 正奉 正言 正拜

【글귀로 판단하면】

① 心中從正道하니 聽訟得其平이라

公訟如逢此면 公庭理必伸이라

마음이 바른 도를 따르니/ 송사를 판결하는 데 공평을 얻었다/ 공적인 송사에 이 점괘를 만나면/ 반드시 이기게 되리라

② 元吉無迍事所宜하니 君尊臨下有功歸라

策鞭可取木邊子면 便見平生不負虧리라

크게 길해서 머뭇거림없이 일을 잘 처리하니/ 임금자리에 앉아 아래를 다스리는 공이 있다/ 부하로 부리는 사람은 나무목 변(木)이 들어가는 사람을 쓰면/ 평생 기대에 어긋나는 일이 없으리라

③ 簷前鵲噪喜翩翩하니 憂慮潛消理自然이라

一人進兮一人退나 末梢却有好姻緣이라

처마 앞에서 까치가 울어 기쁜 소식 알리니/ 근심걱정이 자연히 사라진다/ 한사람은 나아가고 한사람은 물러서나/ 끝에 가면 문득 좋은 인연이 있게 된다

6. 上九(☰ → ☰)

【효사와 소상전】 상구는 혹 반대(띠)를 주더라도 조회를 마치는 동안 세 번 빼앗으리라. 상에 말하기를 '송사로써 관복을 받음'이 또한 공경할 만한 것이 못 된다. 【上九는 或錫之鞶帶라도 終朝三褫之리라. 象曰 以訟受服이 亦不足敬也라.】

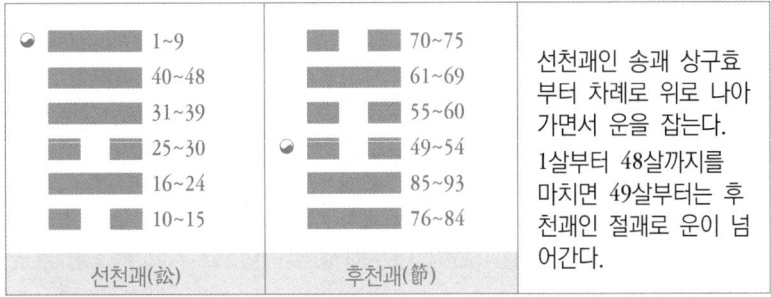

선천괘(訟)	후천괘(節)
1~9	70~75
40~48	61~69
31~39	55~60
25~30	49~54
16~24	85~93
10~15	76~84

선천괘인 송괘 상구효부터 차례로 위로 나아가면서 운을 잡는다. 1살부터 48살까지를 마치면 49살부터는 후천괘인 절괘로 운이 넘어간다.

◈ 양년(갑·병·무·경·임년)일 경우

송(6)	구(44)	대과(28)	쾌(43)	혁(49)	수(17)	둔(3)	복(24)	이(27)
1	2	3	4	5	6	7	8	9

◈ 음년(을·정·기·신·계년)일 경우

곤(47)	대과(28)	구(44)	건(1)	동인(13)	무망(25)	익(42)	이(27)	복(24)
1	2	3	4	5	6	7	8	9

◈ 월괘

리·10	중부·61	무망·25	서합·21	동인·13	혁·49	가인·37	점·53	비·22	대축·26	명이·36	복·24
1월	2월	3월	4월	5월	6월	7월	8월	9월	10월	11월	12월

◈ 일괘

송(상구)	리·10	비·12	구·44	환·59	미제·64
	6 5 4 3 2 1	12 11 10 9 8 7	18 17 16 15 14 13	24 23 22 21 20 19	30 29 28 27 26 25

(6) 천수송 上

【총괄해서 판단하면】

13 이 효는 송사를 마침에 처음에는 이겼다가 끝에 가서는 반드시 패함을 설명한 것이다. 그러므로 운이 맞는 사람은, 공을 기뻐하고 탐내서 명분이나 도리를 생각하지 않고 과감하게 욕심껏 행동한다. 그래서 일반인은 할 수도 없는 일을, 요행을 바라고 구차하게 직위와 봉록을 바란다. 운이 맞지 않는 사람은, 화환禍患이 내부에서 일어나고, 후회가 뜻밖의 곳에서 생겨서, 처음에는 얻었다가 나중에는 잃으니, 자신은 물론 집안까지도 보존하기 어렵다.

세운을 만나면, 공직자는 성공도 있고 실패도 있으며, 나아감도 있고 물러남도 있게 된다. 구직자는 나아가 취하면 반드시 얻게 되는 기쁨이 있다. 일반인은 혹 송사로 다투게 되고, 혹 상을 당해서 상복을 입게 되며, 이길 것을 바라면서 끝까지 송사를 벌이면 흉하고, 스스로 반성해서 적당한 선에서 끝내면 길하게 된다.

【글귀로 판단하면】

① 有錫不須憘이니 時當隱遁安이라

因來宜擇避니 枯木奈嚴寒가

상을 받았다 해서 기뻐할 것이 없으니/ 바야흐로 은둔해야 편안할 때이다/ 형편따라 잘 가려서 피해야 하니/ 마른 나무가 엄동설한 만났으니 어찌할 것인가?

② 口啾啾ㅣ 人事尙須憂요 心戚戚ㅣ 恍惚兩三頭라

입은 도란도란/ 사람의 일을 근심하는 소리요/ 마음은 쓸쓸해서/ 두 세 사람 정신놓고 멍해있다

---

13 此爻是能終訟始勝而終必敗者也 故叶者喜功貪謀圖遠果敢有爲 而不顧名分道理 行人之所不能行 可以倖爵苟祿 不叶者 禍起蕭牆 悔生意外 始得終失 而身家難保 歲運逢之 在仕則有成有敗 有進有退 在士則進取 必見捷報之佳 在庶俗或見爭訟 或承重服用之終訟 則凶 以之自訟 則吉

地水師(7)
지 수 사

사괘 개요

【괘사와 대상전】 사는 바르게 함이니 장인이라야 길하고 허물이 없으리라. 상에 말하기를 땅 속에 물이 있는 것이 사괘니, 군자가 본받아서 백성을 포용하고 무리를 기르느니라. 【師는 貞이니 丈人이라아 吉코 无咎하리라. 象曰 地中有水 師니 君子 以하야 容民畜衆하나니라.】

【총괄해서 판단하면】

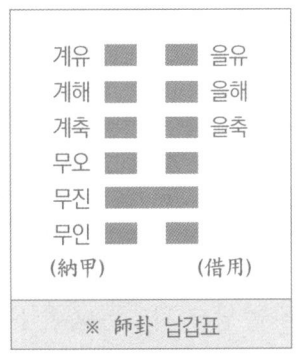

※ 師卦 납갑표

1 감궁의 3세괘로 7월에 속한다. 내괘의 납갑은 무인·무진·무오이고, 외괘의 납갑은 계축·계해·계유이며, 을해·을유·을축을 빌려서도 쓴다(차용납갑). 7월에 태어난 사람과, 태어난 년도의 간지가 납갑의 간지와 차용납갑의 간지에 합치되는 사람은 공명과 부귀를 누리는 사람이 된다.2 '師(군사 사)'자에는 크게는 사부師傅·사보師保·사장師將등 자신의

---

1 坎宮三世 卦屬七月 納甲是戊寅戊辰戊午 癸丑癸亥癸酉 借用乙亥乙酉乙丑 凡生於七月及納甲者 功名富貴人也 師字取義 大則師傅師保師將 次則兵師 禪師 法師大師 不一

2 각 괘의 월月계산법은 중천건괘(1)와 중지곤괘(2) 항에서 설명하였다. 사괘의 세효인 육삼효는 음효이므로, 초효부터 삼효까지 세면 신申에서 끝난다(초효는 오, 이효는 미, 삼효는 신). 지지의 신은 7월에 해당하므로, 사괘가 7월괘가 되는 것이다. 따라서 7월을 주관하는 괘가 되고, 7월에 태어난 사람은 때를 얻음이 된다.

스승이 되어 길러준다는 뜻이 있고, 작게는 병사兵師·선사禪師·법사法師·대사大師 등의 뜻이 있으므로 한 가지로 생각할 수 없다.

운세로 보면 지수사괘(䷆)는 상괘는 곤(☷)이고 하괘는 감(☵)이며, 호괘로 진(☳)을 감추고 있다. 우레가 땅속에서 나오느라 산악山嶽을 진동시킨다. 명령이 아래로 행하고, 우레가 한번 움직임에 비와 이슬이 베풀어져, 만물에 스며들어 윤택하게 한다. 강한 것이 중中을 잡아 응원해 주고, 험한 일을 행하되 순리대로 한다. 사람이 무리에서 뛰어나 무리들을 복종시키니, 일을 해서 성공하고 또 그 이룬 일을 잘 지키는 것이다. 군자는 병사를 이끄는 장수가 되는 상이다.

【팔궁세혼법으로 판단하면】
감궁의 삼공三公괘로, 육삼효(삼공)가 세효世爻고 종묘宗廟에 해당하는 상육효가 응효應爻가 된다. 비록 세효의 지위는 삼공으로 높지만, 세효와 응효가 음양으로 응하지를 못하고, 또 세효가 제자리가 아닌 곳에 거처하며, 더욱이 세효의 지지인 오(午火)가 응효의 지지인 유(酉金)를 극하므로(火克金) 애로사항이 많다.

또 군사·군인·무력을 사용하는 괘이니, 군인으로서 대장이 되고 군사를 이끌고 출전한다. 근심하고 싸우는, 즉 위난하고 위태한 곳에 가 그 위험을 평정한다. 분묘墳墓괘로도 본다.

상대방(상괘인 坤土)이 나(하괘인 坎水)를 극하니, 남과 싸우는 괘이다. 혹은 가정이나 사회에서 불화가 있기 쉬우니 조심하여야 한다. 그러나 내호괘인 큰 나무(震木)가 물을 만나 성장하여 외침을 방어한다(國防). 모든 사람의 위에 서서 지도하고 통솔을 하는 상이니, 굳은 인내와 장기적인 안목으로 나가야 한다. 땅(坤)속에 물(坎)이 고이는 상이니, 옛적에 둔전제와 같이 군사를 훈련시킨다는 뜻이다. 장군(양효인 구이)이 부하(다섯 陰)를 이끌고 출전하여, 서남방으로 가서 크게 성공한다. 그러나 현재는 다른 사람과 논쟁을 했거나 고민이 많아, 이를 극복하기에 많은 곤란을 겪고 있다.

【글귀로 판단하면】

① (陽) 衆力推排處에 無心遂有權이라

雖然煩與冗이나 利祿勝當年이라

(양) 뭇사람이 힘으로 밀어주니/ 생각지 않게 권한을 얻게 된다/ 비록 번잡하기는 하나/ 이득과 녹봉을 푸짐하게 얻으리라

② 手操持大節하니 擘劃丈夫心이라 衆力扶邦正하니 廷紳卽有升이라

손에 큰 부절을 잡고 있으니/ 장부의 마음을 나눈다/ 뭇사람의 힘으로 나라를 붙들어 바로잡으니/ 조정에서 벼슬이 올라가게 된다

③ (陰) 凶事終成吉이나 功名未便亨이라

且圖安樂處하고 莫戀百花生하라

(음) 흉한 일이 마지막에 길하게 되니/ 공명을 바로 누리지는 못하리라/ 또한 편안하게 거처할 곳을 도모하며/ 백가지 꽃피는 것 부러워하지 마라

1. 初六(☷☵ → ☷☱)

【효사와 소상전】 초육은 군사를 내는데 율법으로써 함이니, 그렇지 않으면 이기더라도 흉하니라. 상에 말하기를 '군사를 냄에 율법으로써 함'이니 율법을 잃으면 흉하리라. 【初六은 師出以律이니 否면 臧이라도 凶하니라. 象曰 師出以律이니 失律하면 凶也리라.】

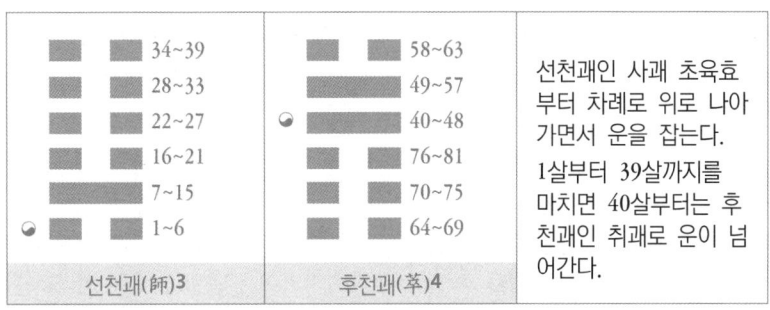

선천괘인 사괘 초육효부터 차례로 위로 나아가면서 운을 잡는다.

1살부터 39살까지를 마치면 40살부터는 후천괘인 췌괘로 운이 넘어간다.

◈ 양년 음년 똑같음5

림(19)6	복(24)	명이(36)	풍(55)	혁(49)	동인(13)
1	2	3	4	5	6

◈ 월괘

곤·2	비·8	겸·15	간·52	소과·62	풍·55	함·31	대과·28	돈·33	비·12	동인·13	가인·37
1월	2월	3월	4월	5월	6월	7월	8월	9월	10월	11월	12월

◈ 일괘 7

	6 5 4 3 2 1	12 11 10 9 8 7	18 17 16 15 14 13	24 23 22 21 20 19	30 29 28 27 26 25
사(초육)	곤·2	승·46	해·40	감·29	몽·4

【총괄해서 판단하면】

3 사주의 숫자로 괘를 만들어서 사괘 초효에 원당이 있다면, 1~6살까지는 사괘 초효 항을, ···, 34~39살까지는 사괘 상효 항을 가서 살펴 보면 된다.

4 40~48살까지는 후천괘인 취괘 사효 항을, 58~63살까지는 취괘 상효 항을, ···, 76~81살까지는 취괘 삼효 항을 살펴보면 그 사람의 운이 된다(○나 ●표시 한 곳이 해당하는 효를 가리키고, 밑에서부터 초효·이효·삼효·사효·오효·상효로 나눈다).

5 해마다의 운인 유년운의 진행은 양효(━)일 때와 음효(╍)일 때가 다른데, 그 자세한 예는 중천건괘(1) 초구효, 중지곤괘(2) 초육효와 육이효, 수뢰둔괘(3) 초구효와 육삼효, 산수몽괘(4) 초육효와 육사효 항에 유년운에 속한 월운月運의 예와 함께 실려 있으므로 참고하면 된다.

6 위의 도표에서 '림(19)'라고 한 것은 괘명은 림괘臨卦고 64괘 중에 19번째 괘라는 뜻이며, '풍(55)'라고 한 것은 괘명은 풍괘豊卦고 64괘 중에 55번째에 해당한다는 뜻이다. 나머지 괘도 이와같은 방식으로 본다. 따라서 앞의 목차에서 번호의 순서대로 찾으면, 해당하는 괘를 쉽게 찾을 수 있다. 또 월괘月卦에서 '동인·13' 등으로 표시한 것도, 괘명은 동인괘同人卦고 64괘 중에 13번째라는 뜻이다.

8 이 효는 군사를 행함에 미봉책으로 해서는 안됨을 깊이 경계한 것이다. 그러므로 운이 맞는 사람은, 위엄있는 명성으로 무리를 복종시키고, 은혜와 사랑으로 대하고 사사로운 마음을 쓰지 않으니, 부귀와 복록이 넘치고 무궁하게 누린다.

운이 맞지 않는 사람은, 새로이 고치는 것을 좋아하고 옛 것을 귀감으로 삼지 않으니, 처음에는 부귀했다가도 나중에는 기울어지고 위태롭게 된다.

세운을 만나면, 공직자는 아랫사람된 도리를 다하여 날로 그 총애를 더 받고, 구직자는 문장과 의리가 격식에 맞아서 공명을 취하게 된다. 일반인은 경영하는데 법칙이 있어서 날로 재화가 늘어난다. 다만 경솔하게 움직이는 자는 성공은 적고 실패가 많게 된다. 또 수가 흉한 사람은 험한 일을 함으로써 수명을 단축한다.

(7) 지수사 初

【글귀로 판단하면】

1 出律方無咎니 隄防破克功하라

一輪明月蝕하니 自覺否臧凶이라

법도있게 해야만 허물이 없으니/ 승리의 공이 무너짐을 방비하라/ 둥그런 밝은 달이 월식이 되니/ 자기가 잘못해서 흉하게 되었다는 것을 알리라

2 心鬱鬱ㅣ 事匆匆하니 勞而未有功이라

危橋立盡休回首하라 此去靑雲路可通이라

---

7 그 날의 운(日運)과 더 세분해서 시운時運을 알고 싶으면, 앞의 일괘日卦와 시괘時卦 설명을 참조해서 계산하면 된다. 자세한 예는 건(1)~송(6)괘의 초효 항에 있으므로 참고바람.

8 此爻是深戒行師之不可苟者也 故叶者 威名服衆 恩愛及人 用心不私 而富貴福澤 亨於無窮 不叶者 心慕更新 事不師古 始則富貴 終則傾危 歲運逢之 在仕則 克盡臣道而天寵日加 在士則文義合式 而功名可取 在庶俗則經營有法 而財貨日增 但輕於動者成少敗多 數凶者行險傷壽

마음은 답답하고 일은 바쁘니/ 수고만 하고 공은 없다/ 위태로운 다리 끝에 서서 머리 돌리지 마라/ 지금부터 벼슬길 열리게 되리라

3 凡百事當謀니 善始可善終이라

師道宜和衆이나 猶憂失律凶이라

모든 일은 마땅히 사려 깊이 도모해야 하니/ 처음도 잘해야 하지만 또한 끝도 잘해야 한다/ 군사를 쓰는 도는 무리를 화합시켜야 하나/ 오히려 규율을 잃어 흉하게 될 것을 염려해야 한다

2. 九二(☷☷ → ☷☷)

【효사와 소상전】 구이는 군사를 쓰는데 중도로 해서 길하고 허물이 없으니, 왕이 세 번 명을 주도다. 상에 말하기를 '군사를 쓰는데 중도로 해서 길하고 허물이 없음'은 하늘의 총애를 받음이요, '왕이 세 번 명을 줌'은 만방을 품음이라. 【九二는 在師하야 中할새 吉코 无咎하니 王三錫命이로다. 象曰 在師中吉은 承天寵也오 王三錫命은 懷萬邦也라.】

선천괘(師)		후천괘(坤)		
☷ ☷	28~33	☷ ☷	46~51	선천괘인 사괘 구이효부터 차례로 위로 나아가면서 운을 잡는다. 1살부터 39살까지를 마치면 40살부터는 후천괘인 곤괘로 운이 넘어간다.
☷ ☷	22~27	◐ ☷ ☷	40~45	
☷ ☷	16~21	☷ ☷	70~75	
☷ ☷	10~15	☷ ☷	64~69	
◐ ☷ ☷	1~9	☷ ☷	58~63	
☷ ☷	34~39	☷ ☷	52~57	

◆ 양년(갑·병·무·경·임년)일 경우

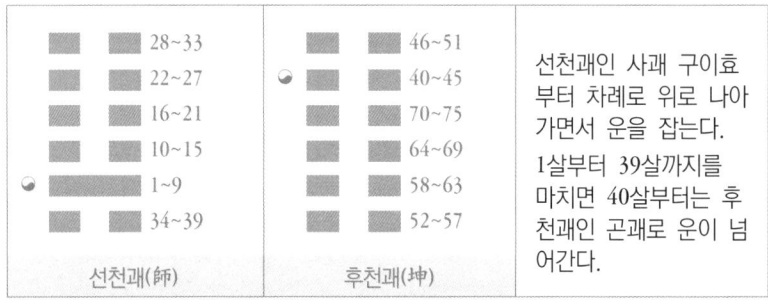

사(7)	감(29)	비(8)	건(39)	함(31)	소과(62)	려(56)	리(30)	대유(14)
1	2	3	4	5	6	7	8	9

◈ 음년(을·정·기·신·계년)일 경우

곤(2)	비(8)	감(29)	정(48)	대과(28)	항(32)	정(50)	대유(14)	리(30)
1	2	3	4	5	6	7	8	9

◈ 월괘

승·46	고·18	항·32	대장·34	대과·28	함·31	구·44	송·6	건·1	소축·9	동인·13	리·30
1월	2월	3월	4월	5월	6월	7월	8월	9월	10월	11월	12월

◈ 일괘

사(구이)	승·46	해·40	감·29	몽·4	림·19
	6 5 4 3 2 1	12 11 10 9 8 7	18 17 16 15 14 13	24 23 22 21 20 19	30 29 28 27 26 25

【총괄해서 판단하면】

9 이 효는 병사를 지휘하는 자가 전쟁을 잘해서, 장수가 그 임용권자에게 높은 신임을 받는 것을 설명한 것이다. 그러므로 운이 맞는 사람은, 강하되 잔학하지 않고, 위엄있게 하되 은혜롭게 한다. 혹 군사를 이끌고 나라 밖으로 출정해서 전쟁을 하는 권한을 가졌으되 군사나 백성들이 모두 추대하고, 혹 크게 가운데 하는 지위(중심이 되는 자리로, 정승 또는 정치를 하는 자리)에 있어서 멀고 가까운 사람 할 것 없이 모두 달려오게 된

---

9 此爻是將兵者善其戰而爲將 將者隆其任者也 故叶者剛而不虐 威而有惠 或執閫外之權 而軍民共戴 或居大中之位 而遐邇咸趨 不叶者 亦一鄕之善 而上獎下譽 之有地 歲運逢之 在仕必加寵錫天書爵命 在外入朝 在內出師 在士必成名而魁解可得 在庶俗則必遇貴 而百謀稱心 僧道受恩 女命受封

다.
운이 맞지 않는 사람도 또한 한 고을의 선량한 사람이라서, 위에서 칭찬하고 아래에서 받드는 유지이다.
세운을 만나면, 공직자는 총애와 상을 받고 벼슬이 올라가니, 밖에 있던 사람은 중앙부서로 옮겨오고, 중앙부서에 있던 사람은 밖으로 영전한다 (특히 군사를 이끌고 출정하게 된다). 구직자는 반드시 명성이 나고 으뜸으로 풀리게 된다. 일반인은 반드시 귀한 사람을 만나고, 그가 모든 일에 마음을 다해 도와준다. 수도하는 사람은 은혜를 입고, 여자도 벼슬과 그에 따른 상을 받는다.

【글귀로 판단하면】
① 未能堪服衆이나 方遇貴人持라
　別有非常道하야 乘龍到玉墀라
　무리를 굴복시킬 능력이 없으나/ 곧 귀인의 도움을 만난다/ 특별히 비상한 도가 있어서/ 용을 타고 임금의 뜰에 이르게 된다
② 錫命從天降하니 承之寵澤貞이라
　師權當健德하니 佳信發天津이라
　임금의 명령이 위로부터 내려오니/ 굳은 총애와 은택을 계속 입게 된다/ 굳건한 덕으로 병권을 잡으니/ 변방에서 승전보를 올리게 된다

3. 六三(䷆→䷣)

【효사와 소상전】 육삼은 군사에 대한 일을 혹 여럿이 주장하면 흉하리라. 상에 말하기를 '군사에 대한 일을 혹 여럿이 주장'하면 크게 공이 없으리라.
【六三은 師或輿尸면 凶하리라. 象曰 師或輿尸면 大无功也리라.】

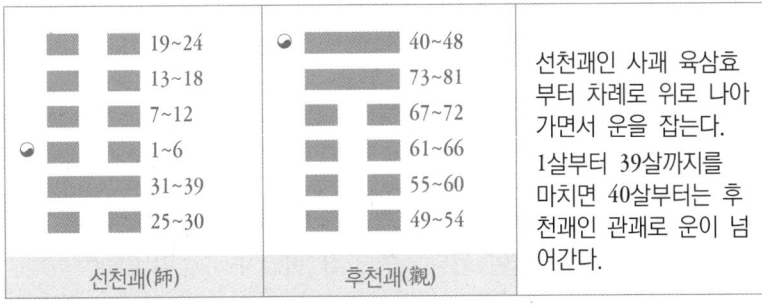

선천괘인 사괘 육삼효부터 차례로 위로 나아가면서 운을 잡는다. 1살부터 39살까지를 마치면 40살부터는 후천괘인 관괘로 운이 넘어간다.

◈ 양년 음년 똑같음

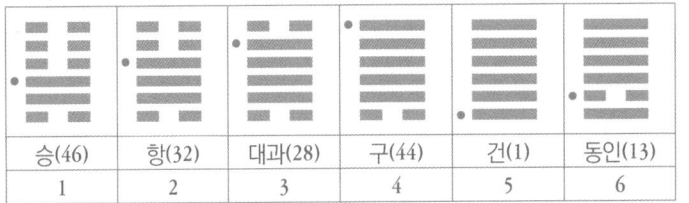

승(46)	항(32)	대과(28)	구(44)	건(1)	동인(13)
1	2	3	4	5	6

◈ 월괘

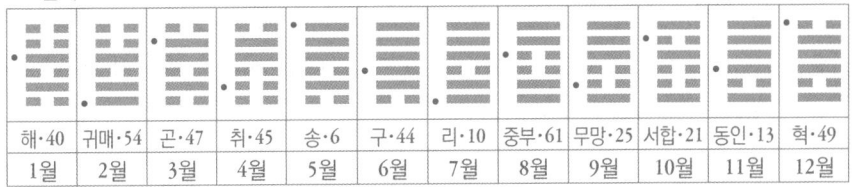

해·40	귀매·54	곤·47	취·45	송·6	구·44	리·10	중부·61	무망·25	서합·21	동인·13	혁·49
1월	2월	3월	4월	5월	6월	7월	8월	9월	10월	11월	12월

◈ 일괘

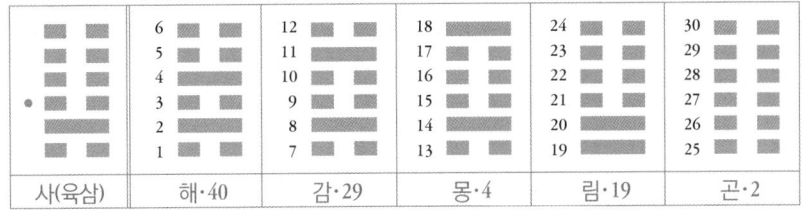

사(육삼)	해·40	감·29	몽·4	림·19	곤·2

【총괄해서 판단하면】

10 이 효는 적을 가벼이 보다가 패하게 됨을 설명한 것이다. 그러므로 운

---

10 此爻是輕敵以取敗者也 故叶者才德大弱 大衆不服 下人不信 不叶者 壽算難遠 歲運逢之 悲憂多至 或服丁憂 如與命相合者 變升三爻 有升虛邑之辭 未仕者不阻 已仕者受職待缺 十二月生人 又貴而吉

이 맞는 사람은, 재주와 덕이 크게 약해서 여러 무리들이 복종하지 않고, 아랫사람이 믿고 따르지 않는다.
운이 맞지 않는 사람은, 수명이 얼마남지 않았다.
세운을 만나면, 슬픔과 근심이 많이 생기며, 혹 부모의 상을 당해 상복을 입게 된다. 명命과 서로 합치되는 자는 변해서 지풍승괘 삼효의 "빈 읍을 올라간다"는 말의 뜻과 같이 된다. 즉 아직 벼슬하지 못한 사람은 뜻한 바에 막힘이 없고, 이미 공직자는 직책을 받아 결원을 기다린다. 음력 12월에 태어난 사람은 귀하고도 길하게 된다.

【글귀로 판단하면】
① 六三爻不定하니 雖吉也成凶이라
　若也能專一이면 終當立大功이라
　육삼효는 안정되지 못했으니/ 비록 길한 것이라도 흉하게 변한다/ 만약 전일하게 전권을 행사할 수 있다면/ 끝에 가서 큰 공을 세울 것이다
② 進退皆無位하니 輿尸出衆凶이라
　馬奔坤地遠이요 天道又疑東이라
　나아가나 물러가나 다 자리가 없으니/ 여럿이 자기 주장만 하게 되면 흉하게 된다/ 말은 지평선 멀리 달아나고/ 하늘길은 또한 동쪽이 의심스럽다
③ 靑氈終復舊요 枝上果生風이라
　莫爲一時利하라 重爲此象凶이라
　푸른 담요11는 끝에 가서 복구되고/ 가지 위에는 과일이 바람에 흔들린다/ 일시의 이익만을 취하지 마라/ 더욱 흉한 상이 될 것이다

---

11 가전의 보물을 말함.

4. 六四(☷ → ☳)

【효사와 소상전】 육사는 군사가 진영으로 물러남이니 허물이 없도다. 상에 말하기를 '진영으로 물러나 허물이 없음'은, 상도를 잃음이 아니다. 【六四는 師左次니 无咎로다. 象曰 左次无咎는 未失常也라.】

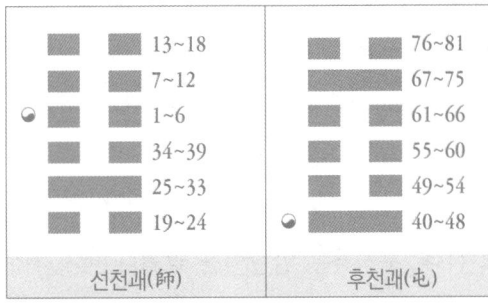

	13~18
	7~12
●	1~6
	34~39
	25~33
	19~24

선천괘(師)

	76~81
	67~75
	61~66
	55~60
	49~54
●	40~48

후천괘(屯)

선천괘인 사괘 육사효부터 차례로 위로 나아가면서 운을 잡는다.

1살부터 39살까지를 마치면 40살부터는 후천괘인 둔괘로 운이 넘어간다.

◈ 양년 음년 똑같음

해(40)	곤(47)	송(6)	리(10)	무망(25)	동인(13)
1	2	3	4	5	6

◈ 월괘

감·29	비·8	환·59	손·57	중부·61	리·10	익·42	이·27	가인·37	기제·63	동인·13	돈·33
1	2월	3월	4월	5월	6월	7월	8월	9월	10월	11월	12월

◈ 일괘

사(육사)	감·29	몽·4	림·19	곤·2	승·46
	6	12	18	24	30
	5	11	17	23	29
	4	10	16	22	28
	3	9	15	21	27
	2	8	14	20	26
	1	7	13	19	25

【총괄해서 판단하면】

12 이 효는 요행을 바라고 싸우다가 패하기 전에 먼저 물러남을 설명한 것이다. 그러므로 운이 맞는 사람은, 먼저 기미를 잘 살피고, 일을 잘 참작하여 변화에 응대하니, 나라가 잘 다스려지면 쓰이게 되고, 난세일 때는 그 화를 면할 수 있는 것이다. '左(물러날 좌, 왼 좌)'자는 그 함축해서 예견되는 바가 많은데, 좌보左輔·좌상左相·좌선左選·좌조左曹 등 주로 한 등급 낮은 지위에서 보좌하고 돕는다는 뜻이 있다.

운이 맞지 않는 사람은, 물러나고 낮추어서 고요히 안거安居하니, 자신의 몸을 보전하고 해로움을 멀리하는 길한 사람이다.

세운을 만나면, 공직자는 중요하고도 험한 직책을 맡았지만 사욕에 휘말리지 않고 맑고 냉철하게 처신한다. 구직자는 안살림을 맡거나 국자감의 학생이 되는 기쁨이 있게 된다. 일반인은 자신의 현재 직업에 만족하니, 망동하는 위험이 없다. 혹 궁궐이나 집을 수리하고, 혹 여관 등에 기거하게 되나, 모두 평상적인 삶을 잃지 않아서 화환禍患과 해로움을 멀리하는 것이다.

【글귀로 판단하면】

① 擇地堪居左요 師行左次貞이라

　牛行西北地하니 觸目自光輝라

　터를 고르려면 왼쪽을 택하고/ 군사는 퇴각해야 좋을 것이다/ 소가 서북쪽으로 가니/ 가는 곳마다 스스로 빛나게 된다

② 進行退ㅣ 退行進하니

　退好隨機나 眼前人人不信이라

---

12 此爻是不倖成以取敗者也 故叶者 明炳幾先 酌事應變 見用於治朝 免禍於亂世 左字之義 爲兆頗多 有左輔左相 左選左曹之類 不叶者 退處卑約 宜靜安居 而爲全身遠害之吉人 歲運逢之 在仕則險要而居淸冷之位 在士則爲內舍監生之美 在庶俗則安居樂業 而無妄動之危 或修造宮舍 或寄寓旅次 皆不失其常 而禍害不招矣

나아가다가 물러나고/ 물러나다가 나아가니/ 기회를 따라 물러나는 것이 좋으나/ 눈앞의 사람마다 믿어주지 않는다

5. 六五(☷→☵)

【효사와 소상전】육오는 밭에 새가 있거든(적이 나라에 침입하면) 임금의 말(전쟁의 불가피함을 밝히는)을 받들어 치는 것이 이로우니 허물이 없으리라. 장자가 군사를 거느리는 것이니 차자次子들이 여럿이 주장하면 바르더라도 흉하리라. 상에 말하기를 '장자가 군사를 거느림'은 중도로써 행하는 것이고, '차자들이 여럿이 주장하면 바르더라도 흉함'은 부림이 마땅치 못한 것이다.
【六五는 田有禽이어든 利執言하니 无咎리라. 長子 帥師니 弟子 輿尸하면 貞이라도 凶하리라. 象曰 長子帥師는 以中行也오 弟子輿尸는 使不當也라.】

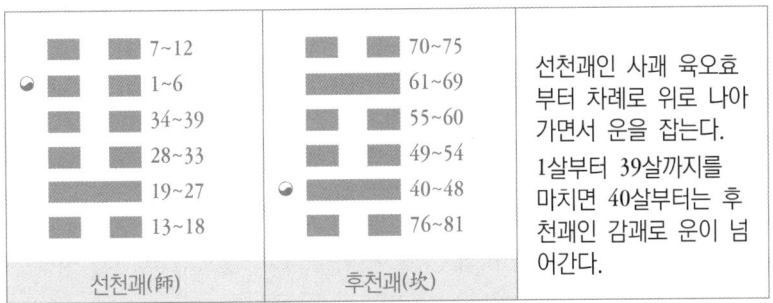

◆ 양년 음년 똑같음

감(29)	환(59)	중부(61)	익(42)	가인(37)	동인(13)
1	2	3	4	5	6

◆ 월괘

몽·4	고·18	손·41	규·38	이·27	익·42	비·22	명이·36	리·30	려·56	동인·13	건·1
1월	2월	3월	4월	5월	6월	7월	8월	9월	10월	11월	12월

◆ 일괘

사(육오)	몽·4	림·19	곤·2	승·46	해·40
	6 5 4 3 2 1	12 11 10 9 8 7	18 17 16 15 14 13	24 23 22 21 20 19	30 29 28 27 26 25

【총괄해서 판단하면】

13 이 효는 군사를 쓰는 법을 말하고, 장수에게 책임을 맡기는 도를 다 말한 것이다. 그러므로 운이 맞는 사람은, 나아가 행동함에 도道에 맞게 하고, 공을 세움에 덕이 있게 하며, 상대방의 움직임에 따라 응대해 나가고, 먼저 잘 살핀 후에 움직이니, 난리를 평정하고 위험에 빠진 백성을 구원하여, 그 명성과 위엄이 온 세상에 드날린다.

운이 맞지 않는 사람은, 야인으로 있으면서 전원생활을 하며 재산을 축적하고, 학문을 닦으며, 권력을 행세한다. 맏아들이 집안을 다스리는 뜻이고, 그 밖의 아들들은 수명이 짧은 편이며, 그렇지 않으면 망언과 망동을 하여 막히고 꺾임이 많다.

세운을 만나면, 공직자는 혹 정권을 잡고, 혹 언로言路에 있으면서 지위

---

13 此爻是得用師之義 而盡任將之道者也 故叶者進身有道 立功有德 彼動此應 先審後發 靖亂拯溺 而咸聲大著於海宇 不叶者 或居村野 而有田園資畜 有學問 有權柄 長子可克家 小子多無壽 下此則妄言妄動 多阻多拙 歲運逢之 在仕或爲執政 或居言路 而地位高顯 在士則進取成名 榜列后次 在庶俗則田稅日增 牲畜日繁 但有委任 得其人則謀遂志得 須防小子之阨

가 높게 된다. 구직자는 벼슬을 얻어 명성을 얻으며, 시험은 말석으로 붙는다. 일반인은 농지와 가축들에 의한 소득이 날로 많아진다. 단 위임해서 경영할 때는, 바로 이 사람이다 싶으면 믿고 맡기면 뜻대로 될 것이고, 소인배들의 중상하는 말과 주장을 막아야 한다.

【글귀로 판단하면】
① 禽作田禾叛入邦하니 皆當繫縛執思傷이라
一朝天錫佳音至하니 功業階勳冠萬邦이라
새가 논에 들어와 곡식을 먹으니/ 마땅히 모두 잡아야 한다/ 하루아침에 하늘에서 좋은 소식이 있으니/ 공과 업적의 공훈품계가 온나라에 으뜸이다
② 恩成怨 ㅣ 怨成恩하니
和合兩相番하라 灾咎恐外生이라
은혜가 원망되고/ 원망이 은혜되니/ 둘이 서로 번갈아 화합하라/ 재앙과 허물이 밖에서 생길까 두렵다

6. 上六(䷇→䷒)

【효사와 소상전】상육은 대군(임금)이 (상과 벼슬의) 명을 내림이니, 나라를 열고 가문을 이음에 소인을 쓰지 말 것이니라. 상에 말하기를 '대군(임금)이 (상과 벼슬의) 명을 내림'은 이로써 공을 바르게 함이요, '소인을 쓰지 말라' 함은 반드시 나라를 어지럽히기 때문이다. 【上六은 大君이 有命이니 開國承家애 小人勿用이니라. 象曰 大君有命은 以正功也오 小人勿用은 必亂邦也일새라.】

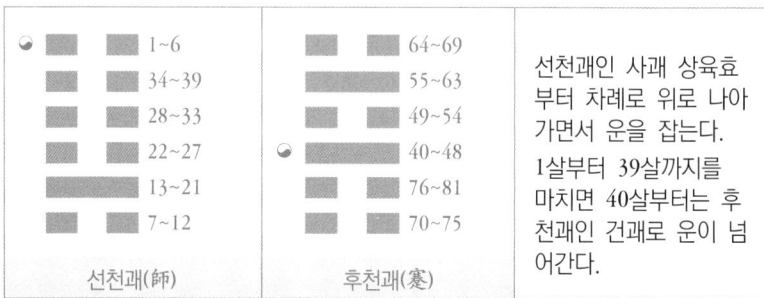

◆ 양년 음년 똑같음

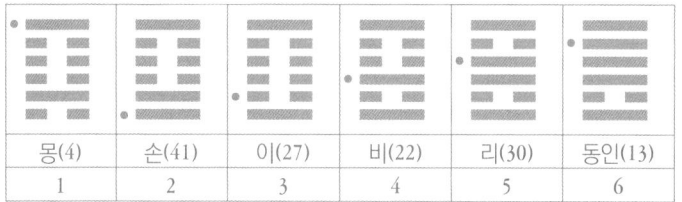					
몽(4)	손(41)	이(27)	비(22)	리(30)	동인(13)
1	2	3	4	5	6

◆ 월괘

림·19	귀매·54	복·24	둔·3	명이·36	비·22	풍·55	소과·62	혁·49	쾌·43	동인·13	무망·25
1월	2월	3월	4월	5월	6월	7월	8월	9월	10월	11월	12월

◆ 일괘

	6 5 4 3 2 1	12 11 10 9 8 7	18 17 16 15 14 13	24 23 22 21 20 19	30 29 28 27 26 25
사(상육)	림·19	곤·2	승·46	해·40	감·29

【총괄해서 판단하면】

14 이 효는 공이 있는 사람에게 충분한 보상을 하되, 그 베풂을 남발하면

---

14 此爻是盡報功之典 而不濫於所施者也 故叶者 正大君子受恩寵 有壽命 或立朝
廷之功 或承祖父之恩 不叶者 少功且恃時勢 欺良善 可與同患難 不可與安樂 而
福澤淺薄 歲運逢之 在仕者當權立功 未仕者技藝成名 常人可立家計 或承繼宗

안된다는 것을 설명한 것이다. 그러므로 운이 맞는 사람은, 크고 바른 군자로 윗사람으로부터 은총을 입고 목숨 또한 장수한다. 혹 나라를 일으키는 큰 공이 있고, 혹 조상의 덕과 업을 잇는다.

운이 맞지 않는 사람은, 작은 공과 당장의 권세를 믿고 선량한 사람을 속이니, 어려울 때는 일을 같이 할 수 있는 자이지만, 안락함을 같이 누릴 수는 없는 자로, 그 복과 운세가 천박한 것이다.

세운을 만나면, 공직자는 권세를 누리고 공을 세우며, 아직 벼슬하지 못한 사람은 기술과 예술로써 이름을 얻는다. 일반인은 가계를 잘 꾸려가며, 혹 조상의 업과 사당을 잘 계승해 모시며, 혹 자손을 번창하게 한다. 대개 아첨하고 모략하는 말을 잘 방비해야 하고, 윗사람을 넘보는 화가 생기지 않도록 해야 한다.

【글귀로 판단하면】

① 君子當思吉이요 爻辭厲小人이라

邦保民可保요 邦固自咸寧이라

군자는 마땅히 길할 것이고/ 소인은 위태할 것이다/ 나라를 보존해야 백성이 보존되고/ 나라가 굳건하면 모두 편안해지리라

② 吉士時逢泰하니 承家日漸豐이라

小人當此象이면 得寵反成凶이라

길한 선비가 태평한 때를 만났으니/ 가문을 이어받아 날마다 점점 풍성해질 것이다/ 소인은 이러한 상을 당하면/ 총애를 얻음이 도리어 흉하게 된다

祀 或增祀續 大抵宜防讒佞 恐生僭越之禍

坎上 水地比(8)
坤下 수 지 비

비괘 개요

【괘사와 대상전】 비는 길하니 살펴서 결정하되, 원하고 영하고 정하면 허물이 없으리라. 편안치 못하여야 바야흐로 오는 것이니 뒤에 오면 대장부라도 흉하리라. 상에 말하기를 땅 위에 물이 있음이 비괘니, 선왕이 본받아서 만국을 세우고 제후를 친히 하니라. 【比는 吉하니 原筮호대 元永貞이면 无咎리라. 不寧이어야 方來니 後면 夫라도 凶이리라. 象曰 地上有水 比니 先王이 以하야 建萬國하고 親諸侯하니라.】

【총괄해서 판단하면】

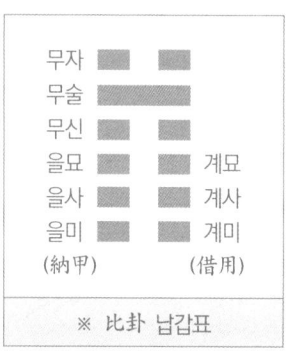

※ 比卦 납갑표

1 곤궁의 3세괘로 7월에 속한다. 내괘의 납갑은 을미·을사·을묘이고, 외괘의 납갑은 무신·무술·무자이며, 계미·계사·계묘를 빌려서 쓴다. 7월에 태어난 사람과, 태어난 년도의 간지가 납갑 및 차용납갑의 간지와 합치되는 사람은 부귀와 공명을 누린다.2

---

1 坤宮三世 卦屬七月 納甲 是乙未乙巳乙卯 戊申戊戌戊子 借用癸巳癸卯癸未 如生於七月及納甲者 功名富貴人也

2 각 괘의 월月계산법은 중천건괘(1)와 중지곤괘(2) 항에서 설명하였다. 비괘의 세효인 육삼효는 음효이므로, 초효부터 삼효까지 세면 신申에서 끝난다(초효는 오, 이효는 미, 삼효는 신). 지지의 신은 7월에 해당하므로, 비괘가 7월괘가 되는 것이다. 따라서 7월을 주관하는 괘가 되고, 7월에 태어난 사람은 때를 얻음이 된다.

운세로 보면 수지비괘(☵☷)는 상괘는 감(☵)이고 하괘는 곤(☷)이며, 호괘로는 간(☶)이 있다. 산 속에 땅이 있고 땅 속에 산이 있는 상이니, 지산겸괘와 비슷한 상으로 사방에 빛을 주어 유익하게 한다. 대개 산과 땅 위에 다 물이 있는 상이니, 풀과 나무가 윤택함을 입기 때문이다. 외괘는 험하고 내괘는 순하므로, 밖으로 험한 일을 하더라도 안으로는 순하게 이를 따르니, 그 험함을 어떤 곳이라도 베풀 수 있다. 또 험한 일을 하더라도 그칠 바를 아는 것이니, 유순하고 화락하지 않음이 없다. 군자는 돕고 화합하는 상이다.

【팔궁세혼법으로 판단하면】
곤궁의 삼공三公괘로, 육삼효(삼공)가 세효가 되고 상육효가 응효가 된다. 원래는 귀혼괘(歸魂卦:七變卦)이나 세효가 같으므로 3세괘라고 하였다. 지수사괘와 마찬가지로 세효世爻의 지위는 삼공으로 높지만, 세효와 응효가 음양으로 응하지를 못하고, 또 세효가 제자리가 아닌 곳에 거처한다. 그러나 응효의 지지인 자(子水)가 세효의 지지인 묘(卯木)를 생해주고(水生木), 임금효인 구오효가 중정中正을 얻었으므로, 좋게 되는 뜻이 많다.

상괘인 감(坎水)이 하괘인 곤(坤土)에 내려 적시는 상으로, 하늘에서 비가 내려 땅을 적시니, 땅 위에 물이 흐르면서 모든 생물이 자라난다. 땅은 높이 솟아 산(외호괘인 艮山)을 이루고, 산은 초목을 생장시킨다. 따라서 나라를 세우고 백성을 다스리게 된다. 서로간에 뜻이 맞는 사람들끼리 정직한 방법으로 공동작업하며 협조해야 길하다. 독단적으로 어떤 일을 성취하기 보다는 화목하고 화합하는 운으로, 친구의 도움 또는 윗사람의 협력으로 자신의 희망하는 바를 성취하니, 신뢰할 만한 사람을 얻고, 소원하는 일도 이루는 등 만사가 순조롭다. 신규사업에 있어서도 눈앞의 이익이 적다 하더라도, 장래를 생각해 사업을 추진하여야 한다.

【글귀로 판단하면】

① 建國安邦比牧侯하니 和民畜衆樂忘憂라
羣鴻列陣飛霄漢이요 彩鳳移時萬里游라
국가를 세우고 나라를 편안히 하는 목민의 임금을 도우니/ 민중은 화합되고 무리는 양육되어 즐거움으로 근심걱정 잊게 된다/ 기러기떼 진을 이뤄 하늘을 날고/ 찬란한 봉황새는 만리를 떠다니며 노닌다

② (陽) 林木春將近하니 芳菲景物新이라
花開易居宿이요 一箭中紅心이라
(양) 숲과 나무에 봄이 가까와 오니/ 푸릇푸릇 경치가 새로와진다/ 꽃이 피어 사는 집 바꿔 놓았고/ 화살 하나 과녁에 정통으로 꽂혔네

③ (陰) 口舌終須有요 金樽恐有傷이라
汚泥難出沒하니 持援在忠良이라
(음) 구설수는 끝내 면키 어렵고/ 또한 술때문에 다칠까 두렵구나/ 진흙속에서 빠져 나오기 어려우니/ 충성된 어진이의 도움이 필요하다

④ 有利先居比요 安貞在草頭라
名利兩可展이요 他吉進來秋라
돕는 것은 먼저 돕는 것이 유리하고/ 초창기에는 안정함이 좋다/ 명예와 이익을 다 펼칠 수 있고/ 예기치 않은 다른 길한 소식이 가을쯤 올 것이다

1. 初六(☷ → ☷)

【효사와 소상전】초육은 믿음있게 도와야 허물이 없으리니, 믿음이 순박해서 질그릇에 가득차면, 끝에 가서 다른 길함을 오게 하리라. 상에 말하기를 비괘의 초육은 다른 길함이 있느니라.【初六은 有孚比之라아 无咎리니 有孚盈缶면 終애 來有他吉하리라. 象曰 比之初六은 有他吉也니라.】

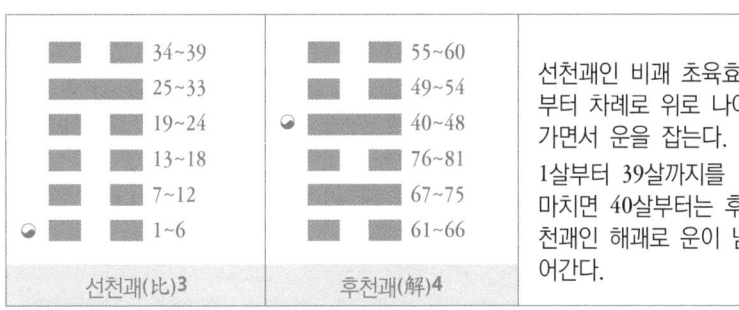

◈ 양년 음년 똑같음5

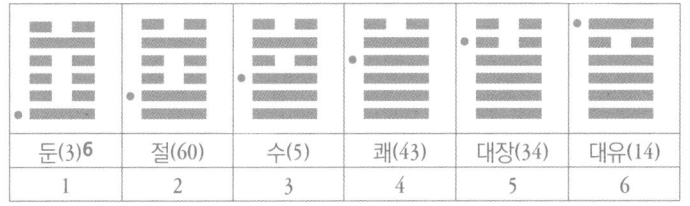

둔(3)6	절(60)	수(5)	쾌(43)	대장(34)	대유(14)
1	2	3	4	5	6

---

3 사주의 숫자로 괘를 만들어서 비괘 초효에 원당이 있다면, 1~6살까지는 비괘 초효 항을, 7~12살까지는 비괘 이효 항을, …, 34~39살까지는 비괘 상효 항을 가서 살펴 보면 된다.

4 40~48살까지는 후천괘인 해괘 사효 항을, 55~60살까지는 해괘 상효 항을, …, 76~81살까지는 해괘 삼효 항을 살펴보면 그 사람의 운이 된다(◐나 ●표시 한 곳이 해당하는 효를 가리키고, 밑에서부터 초효·이효·삼효·사효·오효·상효로 나눈다).

5 해마다의 운인 유년운의 진행은 양효(━)일 때와 음효(╍)일 때가 다른데, 그 자세한 예는 중천건괘(1) 초구효, 중지곤괘(2) 초육효와 육이효, 수뢰둔괘(3) 초구효와 육삼효, 산수몽괘(4) 초육효와 육사효 항에 유년운에 속한 월운月運의 예와 함께 실려 있으므로 참고하면 된다.

6 위의 도표에서 '둔(3)'이라고 한 것은 괘명은 둔괘屯卦고 64괘 중에 3번째 괘라는 뜻이며, '쾌(43)'이라고 한 것은 괘명은 쾌괘夬卦고 64괘 중에 43번째에 해당한다는 뜻이다. 나머지 괘도 이와같은 방식으로 본다. 따라서 앞의 목차에서 번호의 순서대로 찾으면, 해당하는 괘를 쉽게 찾을 수 있다. 또 월괘月卦에서 '소과·62' 등으로 표시한 것도, 괘명은 소과괘小過卦고 64괘 중에 62번째라는 뜻이다.

◆ 월괘

감·29	사·7	정·48	손·57	대과·28	쾌·43	항·32	소과·62	정·50	미제·64	대유·14	대축·26
1월	2월	3월	4월	5월	6월	7월	8월	9월	10월	11월	12월

◆ 일괘 7

비(초육)	감·29	건·39	취·45	곤·2	관·20

【총괄해서 판단하면】

8 이 효는 정성으로 다른 사람을 감동시키니, 처음에도 얻지 못함이 없고, 나중에도 좋게 되지 않음이 없음을 설명한 것이다. 그러므로 운이 맞는 사람은, 헛되고 떠돌음이 없이 진실하여, 다른 곳에 있는 현명한 사람을 만나 복록을 받는다.

운이 맞지 않는 사람도 편안히 즐기면서 노닐고, 어렵고 힘든 일은 겪지 않는다. 수도하는 사람이나 기술자 예술가도 또한 입신양명한다.

세운을 만나면, 공직자는 외부사람으로부터의 천거가 있고, 구직자는 천거를 받아 임용되는 영예가 있게 된다. 일반인은 자신을 알아주는 벗을 만나게 되어, 어떤 일을 하든간에 마음이 맞지 않는 경우가 없다.

---

7 그 날의 운(日運)과 더 세분해서 시운時運을 알고 싶으면, 앞의 일괘日卦와 시괘時卦 설명을 참조해서 계산하면 된다. 자세한 예는 건(1)~송(6)괘의 초효 항에 있으므로 참고바람.

8 此爻是以誠感人 始無不得 而終無不善者也 故叶者無虛浮 有眞實 遇外賢 受正祿 不叶者 亦優游安樂 而不歷艱辛 僧道技藝 亦可立身 歲運逢之 在仕則有額外之遷 在士則有登薦之榮 在常人則有知己之遇 而百謀無不稱心矣

【글귀로 판단하면】

① 比貴相親輔니 雖常盡信誠하라
所爲元有素면 他吉亦相成이라

비괘는 서로 친히 하고 도와줌을 귀히 여기니/ 비록 평상시라도 신의와 성실을 다하라/ 자기의 행한 일이 본바탕이 있으면/ 예기치 않은 길함이 있을 것이다

② 一人去ㅣ 一人來하고 淸風明月兩疑猜하니 獲得金鱗下釣臺라

한 사람은 가고/ 한 사람은 오며/ 맑은 바람 밝은 달이 서로 시기하니/ 황금비늘 있는 고기(큰 벼슬)를 잡아 낚시터에서 내려온다

2. 六二(☷→☵)

【효사와 소상전】 육이는 안으로부터 도움이니 바르게 해서 길하도다. 상에 말하기를 '안으로부터 도움'은 스스로 자신의 돕는 도를 잃지 않는 것이다.
【六二는 比之自內니 貞하야 吉토다. 象曰 比之自內는 不自失也라.】

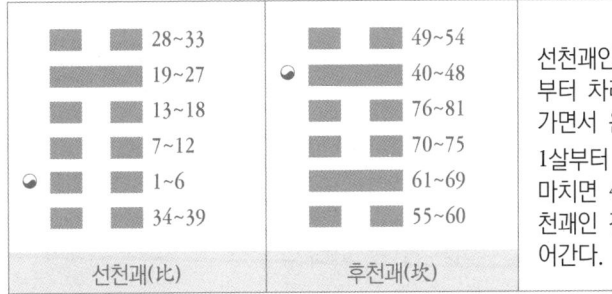

선천괘인 비괘 육이효부터 차례로 위로 나아가면서 운을 잡는다.
1살부터 39살까지를 마치면 40살부터는 후천괘인 감괘로 운이 넘어간다.

선천괘(比)   후천괘(坎)

◈ 양년 음년 똑같음

감(29)	정(48)	대과(28)	항(32)	정(50)	대유(14)
1	2	3	4	5	6

◈ 월괘

건·39	점·53	함·31	혁·49	소과·62	항·32	려·56	진·35	리·30	비·22	대유·14	건·1
1월	2월	3월	4월	5월	6월	7월	8월	9월	10월	11월	12월

◈ 일괘

비(육이)	건·39	취·45	곤·2	관·20	둔·3
	6 5 4 3 2 1	12 11 10 9 8 7	18 17 16 15 14 13	24 23 22 21 20 19	30 29 28 27 26 25

【총괄해서 판단하면】

9 이 효는 마음에 드는 임금을 만나 벼슬하여 바르면서도 길함을 설명한 것이다. 그러므로 운이 맞는 사람은, 크게 귀하게 되고 복록을 많이 받으며, 참으로 본 것만을 말하고 본심에서 우러나와서 행동한다. '內(안 내)'자에는 한림학사(內翰:文筆을 맡아 의논하고 諫諍을 했음)·안 채(內舍) 등의 뜻이 있다.

운이 맞지 않는 사람도 또한 성실한 사람으로 처가妻家의 도움을 받고 귀인의 세력에 의지한다.

세운을 만나면, 공직자는 내직을 제수받고, 구직자는 그 지방에서 이름을 날린다. 일반인은 귀인에게 의지해서 경영하고 꾀하는 일에 도움을 받는다. 여자일 경우는 현명한 남편을 얻게 된다.

---

9 此爻是得其君而仕 正而且吉者也 故叶者 貴顯之大 福澤之厚 言發於眞見 行出於本心 內字之義 爲內翰內舍之兆 不叶者 亦誠實之人 得妻家之力 貴人倚附勢 歲運逢之 在仕則見內除 在士子則成名不出方州之中 在庶俗則得貴倚附 而營謀協意 女命則得賢夫之配

【글귀로 판단하면】

① 己身無過失하니 家宅亦安寧이라
　所得惟中正하니 安然自吉亨이라
　자신에게 과실이 없으니/ 집안이 또한 편안하다/ 얻는 바가 오직 중정
　中正뿐이니/ 편안해서 자연히 길하고 형통하다

② 遇險方成福이요 逢凶皆可升이라
　佳珍良匠琢이니 得寶在逡巡이라
　험함을 만나도 복으로 변하고/ 흉함을 만나도 다 벗어날 수 있다/ 아름
　다운 구슬은 좋은 장인이 다듬어야 하니/ 보물을 얻어가지고 머뭇거리
　고 있다(좋은 장인을 만나지 못해서)

③ 老蚌産珠하고 石中懷玉이라
　風靜波平하고 雲中人鹿이라
　늙은 조개가 진주를 머금고 있고/ 돌은 가운데에 옥을 품었다/ 바람은
　고요하고 물결은 평탄한데/ 구름 가운데 사람과 사슴이 있다

3. 六三(☷→☶)

【효사와 소상전】육삼은 도울 사람이 아닌데 도움이라. 상에 말하기를 '도울 사람이 아닌데 도움'이 또한 상하지 않으랴! 【六三은 比之匪人이라. 象曰 比 之匪人이 不亦傷乎아.】

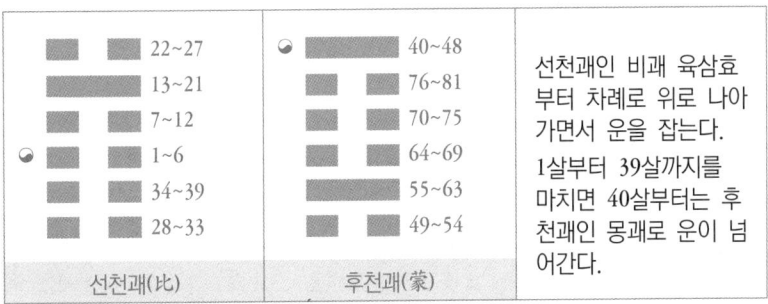

선천괘(比)	후천괘(蒙)	
22~27	40~48	선천괘인 비괘 육삼효부터 차례로 위로 나아가면서 운을 잡는다. 1살부터 39살까지를 마치면 40살부터는 후천괘인 몽괘로 운이 넘어간다.
13~21	76~81	
7~12	70~75	
1~6	64~69	
34~39	55~63	
28~33	49~54	

◆ 양년 음년 똑같음

건(39)	함(31)	소과(62)	려(56)	리(30)	대유(14)
1	2	3	4	5	6

◆ 월괘

취·45	수·17	예·16	해·40	진·35	려·56	서합·21	이·27	규·38	리·10	대유·14	대장·34
1월	2월	3월	4월	5월	6월	7월	8월	9월	10월	11월	12월

◆ 일괘

비(육삼)	취·45	곤·2	관·20	둔·3	감·29

【총괄해서 판단하면】

10 이 효는 택하지 말아야 할 사람을 사귐으로써 손해를 취하는 사람을 설명한 것이다. 그러므로 운이 맞는 사람은, 안으로는 친하고 도와주는 사람이 없어서 마음에 부족함이 있고, 밖으로는 응해서 같이 더불어 하는 좋은 사람이 없어서 자기의 뜻한 바를 잃게 되는 것이다. 지위와 복록을 누린다해도, 수명이 짧아지고 후손이 어려워질 것이다.

운이 맞지 않는 사람은, 학문을 배워도 이룸이 없고, 소인과 친하기를 좋

---

10 此爻是不擇交而取損者也 故叶者 內無好親輔 而心有不足 外無好應與 而終有失志 縱能居位食祿 恐壽年虧而嗣續艱 不叶者 進學無成 好親小人 甚則帶疾生災 放溢爲非 而傷損無日 歲運逢之 在仕則防同僚不睦之怨 在士則防黜降之虞 在常俗則損友猜疑 氣血損傷 若女子所嫁必非良人 破家喪身之象 不然 則有爭訟破財刑孝 多般撓括 未免徒流

아한다. 심하면 질병과 재앙을 끼고 살며, 멋대로 행동해 잘못을 만드니, 다치고 손해보지 않는 날이 없다.

세운을 만나면, 공직자는 동료와의 불화로 인한 화를 방비해야 하며, 구직자는 쫓겨나고 강등되는 근심을 막아야 한다. 일반인은 시기를 당해 벗을 잃거나, 기혈이 손상되어 오는 질환이 생긴다. 만약 여자라면 선량하지 못한 사람에게 시집을 가서, 집안이 망하고 자신 또는 배우자가 죽게 되는 상이다. 그렇지 않으면 다툼과 송사로 인해 수시로 재물을 잃고 형벌을 살며, 좌절당하고 매이는 유랑생활을 면치 못한다.

【글귀로 판단하면】

① 蹇難先謀避하니 行舟風雨多라
片帆撑逆浪하니 去計苦蹉跎라
험한 어려움을 먼저 도모해 피해가니/ 배 가는 길 비바람이 많도다/ 한 조각 돛단배 파도를 거슬러 가니/ 가는 길이 고통스러워 차질이 생기누나

② 无端風雨欺春去하니 落盡枝頭桃李花라
枕畔有人歌且笑하니 敎君心緖亂如麻라
기약없는 비바람이 봄을 속이고 가니/ 가지 위에 복숭아꽃 오얏꽃이 다 떨어진다/ 베개맡에 사람있어 노래하고 또 웃으니/ 그대의 마음이 헝클어진 삼타래라

③ 比貴相親附나 皆非可信人이니
隄防爲鬼賊하라 侵害反傷身이라
돕는 것은 서로 친히 하고 붙임성있게 하는 것이 좋으나/ 모두 다 믿을 만한 사람은 아니다/ 혹 악귀와 도적일 수도 있으니 방비하라/ 도리어 침해당해 몸을 상할 것이다

4. 六四(☷☵ → ☷☱)

【효사와 소상전】 육사는 밖으로 도우니 바르게 해서 길하도다. 상에 말하기를 바깥으로 어진 이를 도움은 위를 따름이다. 【六四는 外比之하니 貞하야 吉토다. 象曰 外比於賢은 以從上也라.】

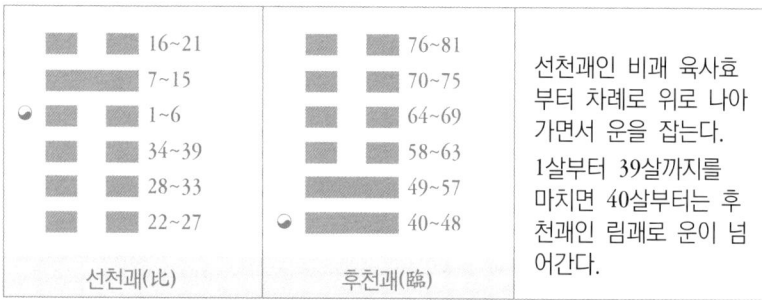

| 선천괘(比) | 후천괘(臨) | 선천괘인 비괘 육사효부터 차례로 위로 나아가면서 운을 잡는다. 1살부터 39살까지를 마치면 40살부터는 후천괘인 림괘로 운이 넘어간다. |

◈ 양년 음년 똑같음

취(45)	예(16)	진(35)	서합(21)	규(38)	대유(14)
1	2	3	4	5	6

◈ 월괘

곤·2	사·7	박·23	간·52	이·27	서합·21	손·41	중부·61	대축·26	태·11	대유·14	정·50
1월	2월	3월	4월	5월	6월	7월	8월	9월	10월	11월	12월

◈ 일괘

비(육사)	곤·2	관·20	둔·3	감·29	건·39
	6 5 4 3 2 1	12 11 10 9 8 7	18 17 16 15 14 13	24 23 22 21 20 19	30 29 28 27 26 25

【총괄해서 판단하면】

11 이 효는 밖으로 마음에 드는 임금을 만나 도우니, 바르면서도 길하게 행동하는 자를 설명한 것이다. 그러므로 운이 맞는 사람은, 자신을 비움으로써 다른 사람을 대접하고, 충절을 다해 임금을 모시며, 몸은 안에 있다하더라도 마음은 밖의 임금을 비롯한 다른 사람을 도우니, 점차 부귀를 누림이 커져서 형통하게 될 것이다.

운이 맞지 않는 사람도 사람이 바르고 큰 인물이라서 아첨하거나 구차하게 합하는 행동을 하지 않는다. 지방에서 귀중한 인물로 존경받으며 일반인의 범속함을 초월한 사람이다.

세운을 만나면, 공직자는 낮은 직책으로 임금 앞에서 근무하게 되는 영예를 누리고, 구직자는 지방의 관청에 나아가 이익이 있다. 일반인은 자신을 알아주는 친구의 도움으로 밖에 나아가서 하는 일을 성공하며, 그 밖에도 하는 일마다 성취한다.

【글귀로 판단하면】

① 猿猴啣信至하니 人國利賓亨이라

　外比貞無咎니 移根本自榮이라

　원숭이(申)가 편지를 물고 오니/ 나라에 벼슬하는 것이 이롭고 형통하다/ 굳건한 마음가지고 외부인을 도우면 허물이 없어질 것이니/ 뿌리를 옮겨 심어도 자연히 번영할 것이다

② 東風催促便登舟하니 歌笑徘徊古渡頭라

　雲外佳音終有望이요 錦鱗釣得在金鉤라

　동풍에 재촉받으며 배에 올라타니/ 웃고 노래하며 옛 나루터를 배회한

---

11 此爻是外比得其君正而且吉者也 故叶者 虛己待人 盡節事君 身處於內 心比於外 而富貴可以長亨 不叶者 亦爲人正大 而無阿諛苟合之行 鄕里推重 脫凡越俗 歲運逢之 在仕卑職得陛遷之榮 進取曹臺得利 在庶俗出而有爲 多得知己之力 而行無不遂

다/ 구름 밖 좋은 소식은 마침내 희망있게 되고/ 낚시로 비단잉어 낚아 올린다

③ 所交宜謹擇이니 貞正可無虞라
親附賢君子면 優游吉自如라

친구를 사귐은 마땅히 신중히 가려야 하니/ 곧고 바른 사람을 사귀면 걱정할 일이 없으리라/ 어진 군자를 친히 하면/ 여유롭고 길한 일이 저절로 올 것이다

5. 九五(☰→☷)

【효사와 소상전】 구오는 나타나게 돕는 것이니, 왕이 세 군데로 모는 법을 씀에 앞의 새를 잃으며, 읍사람에게 특별한 기약을 하지 않으니 길하도다. 상에 말하기를 '나타나게 도와서 길함'은 위位가 정히 가운데함이요, 거스리는 것을 버리고 순히하는 것을 취함이 '앞의 새를 잃음'이요, '읍사람에게 특별히 기약하지 않음'은 윗사람의 부림이 중도로 하기 때문이다.【九五는 顯比니 王用三驅에 失前禽하며 邑人不誡니 吉토다. 象曰 顯比之吉은 位正中也오 舍逆取順이 失前禽也오 邑人不誡는 上使 中也일새라.】

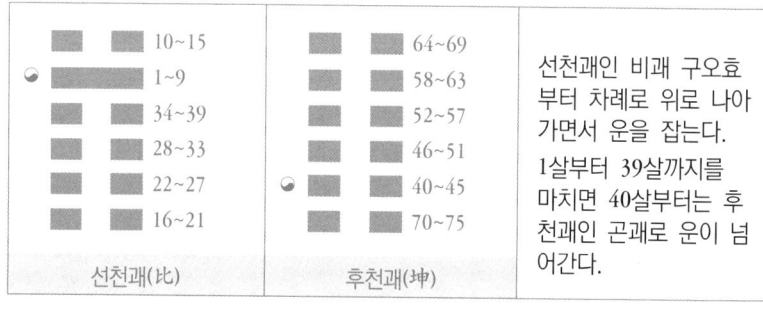

◈ 양년(갑·병·무·경·임년)일 경우

비(8)	감(29)	사(7)	몽(4)	손(41)	이(27)	비(22)	리(30)	동인(13)
1	2	3	4	5	6	7	8	9

◈ 음년(을·정·기·신·계년)일 경우

곤(2)	사(7)	감(29)	환(59)	중부(61)	익(42)	가인(37)	동인(13)	리(30)
1	2	3	4	5	6	7	8	9

◈ 월괘

관·20	점·53	익·42	무망·25	중부·61	손·41	소축·9	수·5	건·1	구·44	대유·14	리·30
1월	2월	3월	4월	5월	6월	7월	8월	9월	10월	11월	12월

◈ 일괘

비(구오)	관·20	둔·3	감·29	건·39	취·45
	6 5 4 3 2 1	12 11 10 9 8 7	18 17 16 15 14 13	24 23 22 21 20 19	30 29 28 27 26 25

【총괄해서 판단하면】

12 이 효는 천하를 모두 도울 정도로 덕이 넉넉한 사람을 설명한 것이다.

---

12 此爻是有德足以當天下之比者也 故叶者 大公至正 而致君澤民之有道 中正二字之義 有正奏 正言 大中 治中 給事中之兆 小則有食邑宰邑之榮 不叶者 有中正之德 不拒不追 殺氣纏起 仁心便生 度量寬弘 先孤而後不孤 先難而後不難次則爲勤苦罟網之徒 而飽煖足食 或以文及武 歲運逢之 在仕則有超遷之榮 在士則有貢擧之兆 在庶俗則有先逆後順之休 求謀有得 無往不利

그러므로 운이 맞는 사람은, 크게 공정해서 백성을 모두 윤택하게 하는 임금의 도가 있는 것이다.

'중정中正'의 두 글자에는 정주(正奏:諫官)·정언(正言:諫官)의 뜻과, 대중(大中:문서를 관장하던 벼슬이름)·치중(治中:지방장관의 부관)·급사중(給事中:문하성에 속하여 글을 상주하는 사무 및 시종을 겸한 벼슬) 등의 뜻이 있다. 작게는 식읍食邑 또는 재상에게 떼어준 작은 지방을 다스리는 뜻이 있다.

운이 맞지 않는 사람도 중정한 덕으로 오는 사람을 거절하지 않고 가는 사람을 막지 않으며, 순간적으로 살기殺氣가 일어나더라도 어진 마음으로 이를 다스리며, 도량이 넓고 크다. 처음에는 외롭다가 나중에는 외롭지 않게 되며, 처음에는 어려웠다가 나중에는 어렵지 않게 된다. 이보다 못하더라도 사냥꾼이나 고기를 잡는 어부로 배부르고 등따습게 산다. 혹은 글도 잘하고 무력을 겸한 경우가 있다.

세운을 만나면, 공직자는 높은 곳으로 영전되고, 구직자는 추천받아 천거되며, 일반인은 처음에는 거스리다가 뒤에는 순조롭게 잘 되어, 구하고 꾀하는 일에 소득이 있고, 어디를 가든지 불리함이 없다.

【글귀로 판단하면】

① 一得其中一失期니 當時何用苦傷悲아
　地中雷震隨時起면 詢問白羊歸未遲라
　한번 얻음 속에는 한번 잃어버릴 조짐이 있으니/ 당할 때 무엇 때문에 괴롭고 슬퍼하는가/ 땅속에 우레가 때를 따라 일어나면/ 흰염소(辛未)에게 물어 보고 돌아와도 늦지 않을 것이다

② 舍一人ㅣ 就一人하니
　明月이 上層樓하야 光輝萬里秋라
　한 사람은 놓아두고/ 한 사람을 따라가니/ 가을의 밝은 달이 높은 누대 위에 밝게 비춰서/ 그 빛이 만리를 가게 된다

6. 上六(䷇→䷗)

【효사와 소상전】 상육은 돕는데 처음부터 잘못됨이니 흉하니라. 상에 말하기를 '돕는데 처음부터 잘못됨'은 좋은 끝이 없느니라. 【上六은 比之无首니 凶하니라. 象曰 比之无首 无所終也니라.】

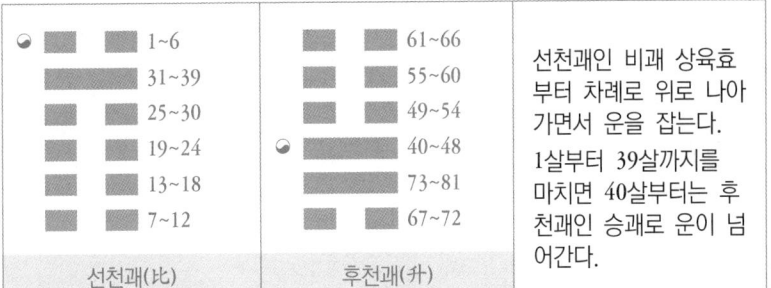

선천괘(比)			후천괘(升)		

선천괘인 비괘 상육효부터 차례로 위로 나아가면서 운을 잡는다. 1살부터 39살까지를 마치면 40살부터는 후천괘인 승괘로 운이 넘어간다.

◆ 양년 음년 똑같음

관(20)	익(42)	중부(61)	소축(9)	건(1)	대유(14)
1	2	3	4	5	6

◆ 월괘

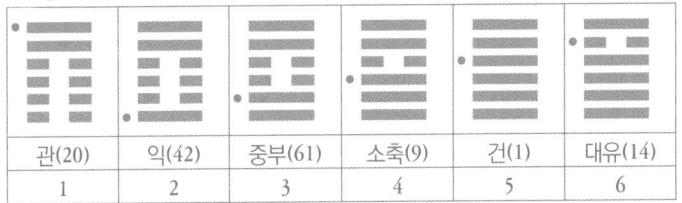

둔·3	수·17	절·60	림·19	수·5	소축·9	쾌·43	대과·28	대장·34	풍·55	대유·14	규·38
1월	2월	3월	4월	5월	6월	7월	8월	9월	10월	11월	12월

◆ 일괘

비(상육)	둔·3	감·29	건·39	취·45	곤·2
6 5 4 3 2 1	12 11 10 9 8 7	18 17 16 15 14 13	24 23 22 21 20 19	30 29 28 27 26 25	

【총괄해서 판단하면】

13 이 효는 덕이 없어 천하의 마음을 복종시키지 못함을 설명한 것이다. 그러므로 운이 맞는 사람은, 문장이 맑고 몸이 바르나, 많은 기회를 잃으니 후회가 막심하다.

운이 맞지 않는 사람은, 수명이 오래가기 힘들고, 혹 고독하여 도와줄 사람을 잃는다.

세운을 만나면, 공직자는 여러 사람의 보좌를 받지 못하여 처한 형세가 위태로와지고, 구직자는 위에서 이끌어주는 사람이 없어서 이름을 날리기 어렵다. 일반인은 형벌과 재앙 등에 극을 당하고, 사람들과 다툼이 많게 된다. 심하면 수명을 마치게 된다.

【글귀로 판단하면】

① 有始無終實可嗟니 田頭方足未堪誇라
跨鹿無足失馬放이요 黑雲外人更脫靴라
시작은 있는데 끝이 없음은 실로 슬픈 일이니/ 의식이 풍족하다 해서 자랑할 것 못된다/ 사슴을 타려는데 발이 없고 말은 도망갔고/ 캄캄한 구름밖의 사람이 신을 신발이 없네

② 獨行居北極하니 無援更無依라 始善終方吉이니 終凶悔莫遲라
혼자 북극에 가 있으니/ 응원도 없고 의탁할 데도 없다/ 처음을 잘해야 끝이 길한 것이니/ 끝에 가서 흉하게 되었다고 후회해도 늦었다

③ 喜未穩하니 悲已遭라
驟雨狂風號木古하니 人人盡道不堅牢라
기뻐하나 편안치 못하니/ 슬픔을 이미 만났다/ 소낙비와 미친 바람이 고목나무를 호령하니/ 사람마다 입을 모아 견고하지 못하다고 하네

---

13 此爻是無德 而不能服天下之心者也 故叶者 文淸身正 多失機會 悔生不及 不叶者 壽算難永 或孤獨失覆 歲運逢之 在仕則衆不輔而處勢危 在士則上無援引而名難成 在常人則刑剋災殃 而人情爭張 甚則壽終

風天小畜(9) 풍천소축

소축괘 개요

【괘사와 대상전】 소축은 형통하니 빽빽이 구름끼고 비가 오지 않는 것은, 내가 서쪽 들로부터 하기 때문이다. 상에 말하기를 바람이 하늘 위에 부는 것이 소축괘니, 군자가 본받아서 학문과 덕을 아름답게 하느니라. 【小畜은 亨하니 密雲不雨는 自我西郊일새니라. 象曰 風行天上이 小畜이니 君子 以하야 懿文德하나니라.】

【총괄해서 판단하면】

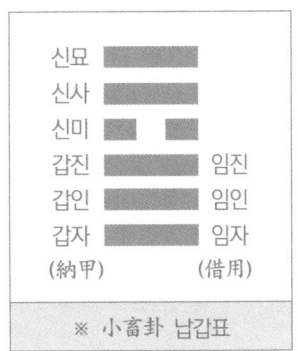

※ 小畜卦 납갑표

1 손궁의 1세괘로 11월에 속한다. 내괘의 납갑은 갑자·갑인·갑진이고, 외괘의 납갑은 신미·신사·신묘이며, 임자·임인·임진을 빌려서도 쓴다. 11월에 태어난 사람과, 태어난 년도의 간지가 납갑의 간지 및 차용납갑의 간지와 합치되는 사람은, 부귀와 공명을 누리게 된다.[2]

운세로 보면 풍천소축괘(☴)는 상괘는 손(☴)

---

[1] 巽宮一世 卦屬十一月 納甲 是甲子甲寅甲辰 辛未辛巳辛卯 借用壬子壬寅壬辰 如生於十一月納甲者 功名富貴人也

[2] 각 괘의 월月계산법은 중천건괘(1)와 중지곤괘(2) 항에서 설명하였다. 소축괘의 세효인 초구효는 양효이므로, 그대로 자월子月이 되고, 자월은 11월에 해당하므로, 소축괘가 11월괘가 되는 것이다. 따라서 11월을 주관하는 괘가 되고, 11월에 태어난 사람은 때를 얻음이 된다.

이고 하괘는 건(☰)으로, 호괘로는 리(☲)와 태(☱)가 있다. 해가 하늘 위에 떠서 밝게 하고, 바람이 하늘 위에서 발생하며, 비와 이슬이 하늘 위에서 베풀어진다. 해는 빛나게 사방을 비추고, 바람은 발생하여 드날리며, 비는 만물을 불리고 적시는 상으로, 만물이 그 이익을 받는 까닭에 축적하는 뜻이 있게 된다. 군자가 이러한 괘를 얻으면, 작은 것을 쌓아 모으는 상이 된다.

【팔궁세혼법으로 판단하면】
손궁의 원사元士괘로 초구효(원사)가 세효世爻가 되고, 제후에 해당하는 육사효가 응효이다. 세효와 응효가 음양으로 응하고, 또 두 효 모두 제자리에 있어서 좋으나, 육사효의 지지인 미(未土)가 초구효의 지지인 자(子水)를 극하니 어려움이 따르게 된다.

유약한 음이 성하여 오히려 강한 양이 상하기 쉬우니, 마치 여인이 드세 남자의 위엄이 서지 않는 경우이다. 약한 것에 눌린 강한자며, 부인에게 눌린 남편의 상이므로, 일상적인 작은 일은 이루어지나, 큰 일은 어렵다. 따라서 모든 일에 때를 기다리며 수양을 쌓는 수 밖에 없다. 만약 이를 벗어나려고 노력하면 불화가 따르게 된다. 현재 하고 있는 일이나 계획하고 있는 일이, 모두 뜻대로 되지 않으며, 또 밖으로는 될 것 같이 보이면서도 실지로는 되지 않는 사업을 놓고 고민한다.

【글귀로 판단하면】
① 旱亢雲生滿太虛하니 禾苗枯槁實堪悲라
　大人有意懿文德이니 細雨霏霏自有時라
　가뭄이 이미 심한데 구름이 가득히 피어나니/ 말라죽은 벼싹이 실로 슬프기만 하다/ 대인이 뜻있어 문덕文德을 닦으니/ 가랑비 솔솔 내리는 것도 때가 있다네

② 雲散暮天晴하니 寒溪一帶靑이라
　音書終有望이니 水畔見其眞이라

구름은 흩어지고 저녁하늘 맑으니/ 싸늘한 시냇물이 한줄기 푸른 띠를 이루었다/ 소식 담은 편지는 끝에 가면 희망이 있게 되니/ 물가에서 소식을 접하게 되리라

③ 欲過重山去나 家鄕事頗危라
橫舟對明月하니 悽慘有誰知아
첩첩산중을 넘어가고자 하나/ 고향집 일이 위태하기만 하다/ 배를 비스듬이 타고 밝은 달을 대하니/ 이 처참한 꼴을 누가 알겠는가?

1. 初九(☰ → ☴)

【효사와 소상전】 초구는 회복함이 도로부터 함이니 무슨 허물이리오? 길하니라. 상에 말하기를 '회복함이 도로부터 한다' 함은 그 의미가 길하다. 【初九는 復이 自道어니 何其咎리오 吉하니라. 象曰 復自道는 其義吉也라.】

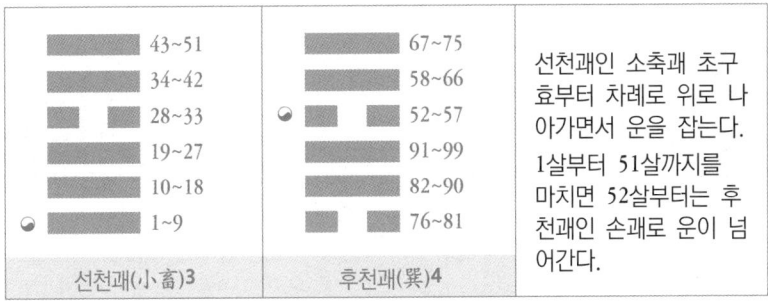

선천괘인 소축괘 초구효부터 차례로 위로 나아가면서 운을 잡는다. 1살부터 51살까지를 마치면 52살부터는 후천괘인 손괘로 운이 넘어간다.

---

3 사주의 숫자로 괘를 만들어서 소축괘 초효에 원당이 있다면, 1~9살까지는 소축괘 초효 항을, 10~18살까지는 소축괘 이효 항을, …, 43~51살까지는 소축괘 상효 항을 가서 살펴 보면 된다.

4 52~57살까지는 후천괘인 손괘 사효 항을, 67~75살까지는 손괘 상효 항을, …, 91~99살까지는 손괘 삼효 항을 살펴보면 그 사람의 운이 된다(●나 ●표시 한 곳이 해당하는 효를 가리키고, 밑에서부터 초효·이효·삼효·사효·오효·상효로 나눈다).

◆ 양년(갑·병·무·경·임년)일 경우 5

소축(9)6	건(1)	구(44)	돈(33)	비(12)	관(20)	박(23)	곤(2)	복(24)
1	2	3	4	5	6	7	8	9

◆ 음년(을·정·기·신·계년)일 경우

손(57)	구(44)	건(1)	동인(13)	무망(25)	익(42)	이(27)	복(24)	곤(2)
1	2	3	4	5	6	7	8	9

◆ 월괘

가인·37	비·22	익·42	둔·3	무망·25	비·12	서합·21	규·38	진·51	풍·55	예·16	곤·2
1월	2월	3월	4월	5월	6월	7월	8월	9월	10월	11월	12월

◆ 일괘 7

소축(초구)	가인·37	중부·61	건·1	대축·26	수·5

---

5 해마다의 운인 유년운의 진행은 양효(—)일 때와 음효(- -)일 때가 다른데, 그 자세한 예는 중천건괘(1) 초구효, 중지곤괘(2) 초육효와 육이효, 수뢰둔괘(3) 초구효와 육삼효, 산수몽괘(4) 초육효와 육사효 항에 유년운에 속한 월운月運의 예와 함께 실려 있으므로 참고하면 된다.

6 위의 도표에서 '소축(9)'라고 한 것은 괘명은 소축괘小畜卦고 64괘 중에 9번째 괘라는 뜻이며, '구(44)'라고 한 것은 괘명은 구괘姤卦고 64괘 중에 44번째에 해당한다는 뜻이다. 나머지 괘도 이와같은 방식으로 본다. 따라서 앞의 목차에서 번호의 순서대로 찾으면, 해당하는 괘를 쉽게 찾을 수 있다.

【총괄해서 판단하면】

8 이 효는 바름을 얻어 나아가므로 좋은 점괘占卦임을 말한 것이다. 그러므로 운이 맞는 사람은, 순리대로 행하고 기미를 미리 알아 그치니, 소인이 틈을 엿보지 못한다. 백성을 부유롭게 잘 다스리려는 임금의 뜻이 아무런 막힘없이 잘 이루어진다.

운이 맞지 않는 사람도 밝으면서 절도가 있는 사람으로, 헛되이 화려한 것을 좋아하지 않고, 산뜻하고 깨끗함을 즐긴다. 이보다 못하면 남의 도움없이 홀로 사는 사람으로, 수도하는 사람(중이나 도인)의 무리가 된다. 세운을 만나면, 공직자는 한직閑職 또는 휴직 상태에서 다시 복직하게 되고, 떠돌며 여행중에 있던 사람은 다시 고향으로 돌아온다. 일반인은 안정하게 되며, 구직자는 다시 학업을 익힌다. 수가 흉한 사람은 변하여 중풍손괘 초효가 되므로, 나아가고 물러남에 의심을 품게 된다. 따라서 무엇인가 하려는 사람은, 시기와 의혹으로 인한 화환禍患을 방비해야 한다.

【글귀로 판단하면】

① 一舟離岸復回來하니 浪急掀天去不諧라
   堤畔草頭人着力이요 園中花木盡爭開라
   배 한척이 부두를 떠났다가 다시 돌아오니/ 하늘에 닿는 거센 파도 가는 길을 어렵게 하네/ 제방의 풀밭에는 사람들이 일을 하고/ 동산 가운데 꽃나무는 꽃이 만발하는구나

② 當守居正道니 吉慶自然諧라 遇夏多迍塞하니 仍防家口災하라

---

7 그 날의 운(日運)과 더 세분해서 시운時運을 알고 싶으면, 앞의 일괘日卦와 시괘時卦 설명을 참조해서 계산하면 된다. 자세한 예는 건(1)~송(6)괘의 초효 항에 있으므로 참고바람.

8 此爻는 進得其正 而善其占者也 故叶者 順理而行 知幾而止 小人不得以伺其隙 而致君澤民之心 可以克遂而無阻 不叶者 亦耿介之士 不慕浮華 而快樂瀟洒之有地 次則獨立無助 僧道之儔耳 歲運逢之 在仕則閑官復職 逆旅還鄉 常俗安靜 在士則克復肄業 數凶者變巽初爻 進退志疑 在有爲者 當防猜忌疑惑之禍

마땅히 바른 길을 지켜야 하니/ 길하고 경사스러운 일이 자연히 함께 하네/ 여름철에는 막히는 일이 많으니/ 가족의 재앙을 막아야 한다

③ 駕去舟ㅣ 離新岸하니 喜得來ㅣ 愁得散이라

배를 타고/ 새부두로 떠나니/ 기쁨은 오고/ 근심은 사라진다

2. 九二 (☰ → ☰)

【효사와 소상전】 구이는 이끌어 회복함이니 길하니라. 상에 말하기를 '이끌어 회복함'은 가운데(중도)에 있기 때문이며, 또한 스스로 잃지 않는 것이다.

【九二는 牽復이니 吉하니라. 象曰 牽復은 在中이라 亦不自失也라.】

선천괘(小畜)		후천괘(鼎)		
	35~42		58~66	선천괘인 소축괘 구이 효부터 차례로 위로 나아가면서 운을 잡는다. 1살부터 51살까지를 마치면 52살부터는 후천괘인 정괘로 운이 넘어간다.
	25~33	●	52~57	
	19~24		91~99	
	10~18		82~90	
●	1~9		73~81	
	43~51		67~75	

◆ 양년(갑·병·무·경·임년)일 경우

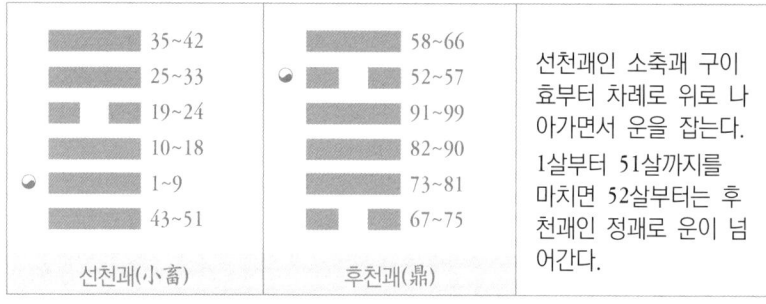

소축(9)	대축(26)	비(22)	이(27)	서합(21)	무망(25)	수(17)	취(45)	곤(47)
1	2	3	4	5	6	7	8	9

◆ 음년(을·정·기·신·계년)일 경우

가인(37)	비(22)	대축(26)	손(41)	규(38)	리(10)	태(58)	곤(47)	취(45)
1	2	3	4	5	6	7	8	9

◆ 월괘

중부·61	절·60	리·10	송·6	규·38	서합·21	귀매·54	대장·34	해·40	사·7	예·16	취·45
1월	2월	3월	4월	5월	6월	7월	8월	9월	10월	11월	12월

◆ 일괘

	6 5 4 3 2 1		12 11 10 9 8 7		18 17 16 15 14 13		24 23 22 21 20 19		30 29 28 27 26 25
소축(구이)		중부·61		건·1		대축·26		수·5		손·57

【총괄해서 판단하면】

9 이 효는 같은 도가 있는 사람의 응원을 받아 나아가니, 도가 행해지지 않음이 없는 것을 말한 것이다. 그러므로 운이 맞는 사람은, 강중剛中한 덕으로 스스로를 지키면서, 현명한 사람을 택해서 사귀니, 도가 행해지고 뜻을 펴게 된다. '中(가운데 중)'자에는 치중(治中:지방장관의 부관, 또는 관리의 명부)·중서성中書省의 뜻이 있다.

운이 맞지 않는 사람은, 반드시 소인과 서로 사귐으로써 귀하면서도 크게 쓰이지 못한다.

세운을 만나면, 공직자는 윗사람의 도움으로 동료 중에 가장 빠르게 승진한다. 구직자는 도가 가장 높아 임용된다. 일반인은 동지들과 연합해서 나아가니, 경영하는 일을 이루게 된다. 수가 흉한 사람은 친구나 남에게 이리 저리 이끌림을 반복하다가 일을 그르치는 경우이다.

---

9 此爻是援同道以進 而道無不行者也 故叶者 剛中自守 親賢取友 而道行志伸 中字之義 有治中中書省之兆 不叶者 必與小人相交 有貴而不能大用 歲運逢之 在仕則爲僚長 而牽引有階 在士則爲道長 而拔萃有地 在常人 則聯同志以尙往 而營謀得遂 數凶者有牽連反復失事之兆

【글귀로 판단하면】

① 同心方合志하니 牽復亦相成이라

守靜安常道면 前程自顯榮이라

마음을 같이 해서 뜻을 합치니/ 이끌어주어 회복시키고 또한 서로 성취시킨다/ 고요히 지키고 상도常道를 편안히 하면/ 앞길이 자연히 영화롭게 될 것이다

② 小過居貞吉이나 千山鹿遠驚이라

雲端佳信至하니 有約在彭城라

조그마한 허물은 바르게 하면 길하나/ 뭇산의 사슴이 놀라서 달아난다/ 멀리서 아름다운 소식이 이르니/ 약속이 팽성에 있다

③ 金鱗入手하니 得還防走라 若論周旋이면 閉言緘口하라

금비늘 달린 고기(벼슬길)가 손에 들어오니/ 얻었으면 도리어 달아날까 방비해야 한다/ 만약 주선하는 일로 상의하면/ 입다물고 말하지 마라

3. 九三(☰ → ☱)

【효사와 소상전】 구삼은 수레의 바큇살을 벗김이며 부부가 반목함이로다. 상에 말하기를 '부부가 반목함'은 집안을 바르게 하지 못함이라.【九三은 輿說輻이며 夫妻反目이로다. 象曰 夫妻反目은 不能正室也라.】

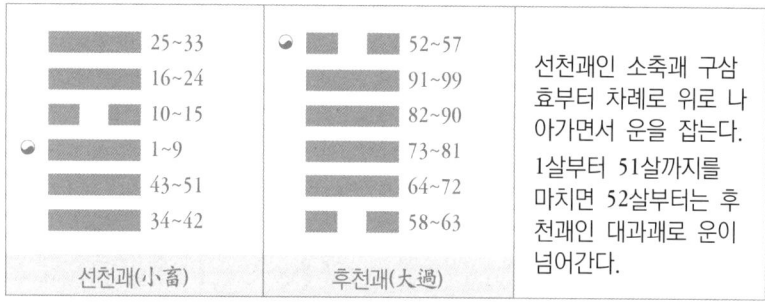

	선천괘(小畜)		후천괘(大過)		
	25~33			52~57	
	16~24			91~99	
	10~15			82~90	
●	1~9			73~81	
	43~51			64~72	
	34~42			58~63	

선천괘인 소축괘 구삼 효부터 차례로 위로 나아가면서 운을 잡는다. 1살부터 51살까지를 마치면 52살부터는 후천괘인 대과괘로 운이 넘어간다.

◆ 양년(갑·병·무·경·임년)일 경우

소축(9)	수(5)	절(60)	태(58)	귀매(54)	규(38)	미제(64)	진(35)	려(56)
1	2	3	4	5	6	7	8	9

◆ 음년(을·정·기·신·계년)일 경우

중부(61)	절(60)	수(5)	쾌(43)	대장(34)	대유(14)	정(50)	려(56)	진(35)
1	2	3	4	5	6	7	8	9

◆ 월괘

건·1	구·44	대유·14	리·30	대장·34	귀매·54	항·32	승·46	소과·62	함·31	예·16	진·35
1월	2월	3월	4월	5월	6월	7월	8월	9월	10월	11월	12월

◆ 일괘

소축(구삼)	건·1	대축·26	수·5	손·57	가인·37
	6	12	18	24	30
	5	11	17	23	29
	4	10	16	22	28
	3	9	15	21	27
	2	8	14	20	26
	1	7	13	19	25

【총괄해서 판단하면】

10 이 효는 지나치게 강건해서, 오히려 소인에게 묶이게 됨을 설명한 것

---

10 此爻是剛健太過 而見畜於小人者也 故叶者 但小小營謀 而貪高望大之有反遭 傷害 剛健太過 拘執不通 諫則不從 終當見阻 或君臣疏遠不孚 或夫妻乖違不睦 或朋友是非 血氣損傷 歲運逢之 榮而見辱 進而見退 或生足目之疾 或人口分別 百孼病生

(9) 풍천소축 三

159

이다. 그러므로 운이 맞는 사람은, 작은 일이나 경영할 뿐이지, 하는 일에 탐욕이 크면 도리어 상처와 해로움을 당하게 된다. 지나치게 강건하고 고집불통이어서 충언을 해도 듣지 않으니, 당연히 하는 일이 막히게 된다. 혹 임금과 신하간에 믿지 못해서 소원해지고, 혹은 부부끼리 불목해서 어긋나고 빗나가며, 혹은 친구 사이에 시비를 벌여 혈기를 손상시킨다.

세운을 만나면, 영화로운 가운데 욕을 먹고, 나아가는 가운데 퇴보하며, 혹 발이나 눈에 질환이 생기고, 혹은 식구가 이별하고 흩어지며, 여러 가지 재앙과 병이 생긴다.

【글귀로 판단하면】

① 睽離東西事可傷이요 夫妻反目不相當이라
   斷橋走馬悔中厲요 尤恐前途吝莫量이라
   동서로 갈라지니 일이 매우 슬프고/ 부부가 반목하니 서로 마땅하지 못하다/ 끊어진 다리로 말을 달리니, 후회하는 마음과 위태로움이 일고/ 더욱이 앞길이 끝없이 험난하다

② 前程多難阻하고 居家致內爭이라 密雲方掩翳하니 消散復光明이라
   앞길은 어렵고 막히는 일이 많으며/ 집안은 서로 다투게 된다/ 짙은 구름이 지금 막 가리웠으니/ 사그러져 흩어져야 광명 찾으리라

③ 陰長又陽消하니 家門悔吝撓라 夫妻猶反目이요 車轍未堅牢라
   음은 커가고 양은 사그러지니/ 가문에 후회와 인색한 일로 요란스럽다/ 부부는 반목을 하고/ 수레바퀴는 견고하지 못하다

4. 六四(☰ → ☰)

【효사와 소상전】 육사는 믿음을 두면 피(험한 것)가 사라져가고 두려움에서 나와서 허물이 없으리라. 상에 말하기를 '믿음을 두면 피가 사라져 가고 두려

움에서 나옴'은 위와 뜻이 합함이라.【六四는 有孚면 血去코 惕出하야 无咎리라. 象曰 有孚惕出은 上合志也라.】

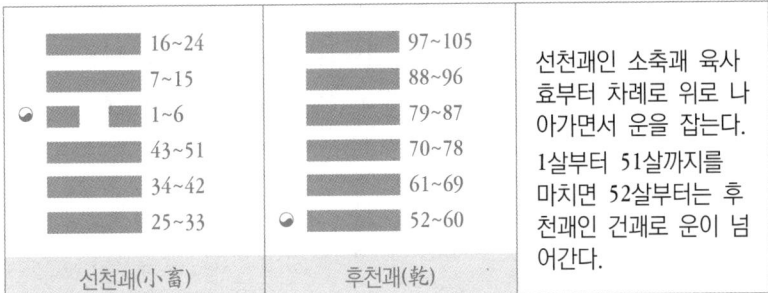

선천괘인 소축괘 육사 효부터 차례로 위로 나아가면서 운을 잡는다. 1살부터 51살까지를 마치면 52살부터는 후천괘인 건괘로 운이 넘어간다.

◆ 양년 음년 똑같음

건(1)	대유(14)	대장(34)	항(32)	소과(62)	예(16)
1	2	3	4	5	6

◆ 월괘

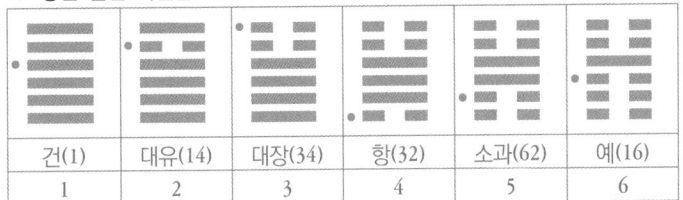

대축·26	비·22	태·11	림·19	승·46	항·32	겸·15	건·39	곤·2	박·23	예·16	진·51
1월	2월	3월	4월	5월	6월	7월	8월	9월	10월	11월	12월

◆ 일괘

소축(육사)	대축·26	수·5	손·57	가인·37	중부·61
6 5 4 3 2 1	12 11 10 9 8 7	18 17 16 15 14 13	24 23 22 21 20 19	30 29 28 27 26 25	

【총괄해서 판단하면】

11 이 효는 지성으로 사람을 감동시켜서 해로움을 면하게 됨을 말한 것

---

11 此爻是誠心感人 而得免於害者也 故叶者 虛中柔順 謙己守正 遇貴人 逢知己

이다. 그러므로 운이 맞는 사람은, 마음을 비우고 유순하게 자신을 겸양하면서 바름을 지킨다. 귀인을 만나고 자신을 알아주는 벗을 만나며, 안에서 내직에 근무하던 자는 선택되어 밖에서 근무하게 되고, 공부에 전념하던 학자는 나아가 좋은 자리에 임용된다. 슬픔을 바꾸어서 기쁨이 되게 하고, 흉함을 바꾸어서 길하게 하니, 정도正道를 잃지 않는 귀인이다.

운이 맞지 않는 사람은, 시기가 많고 정해진 의견이 없다. 혹 발(足) 또는 기氣의 운행에 문제가 생기는 병이다. 안과 밖이 서로 화목하지 못하니 근심과 걱정이 날마다 늘어난다.

세운을 만나면, 공직자는 동지들의 추천을 받아 선발되고, 그 자리에 오랫동안 있었던 사람은 다른 곳으로 옮겨간다. 구직자는 윗사람과 뜻을 합하게 된다. 그 자리에 오랫동안 머물렀던 사람은 뜻을 펴게 된다. 일반인은 정성으로 다른 사람들을 감동시켜 인정이 화합하니, 경영하는 일이 다 이루어진다. 수가 흉한 사람은 혈육을 잃게 되는 것을 방비해야 한다.

【글귀로 판단하면】

1. 懷忠居位輔明君하니 天邊遠信鹿來迎이라
   離明馬走西南去요 枯木逢春得再榮이라
   충성된 마음품고 밝은 임금 도우니/ 하늘가 먼 소식을 사슴이 와서 맞는다/ 한낮에 말은 서남쪽으로 달려가고/ 마른나무 봄을 만나 다시 영화 얻는도다

2. 獨立嗟無援하니 驚憂恐致傷이라
   但從誠實念이면 災咎自消亡이라

在內仕者外選 在國學者出選 易悲爲歡 轉凶爲吉 不失爲正道之貴人 不叶者 多猜忌而無定見 或生足疾氣蠱 內外不睦 憂愁度日 歲運逢之 在仕則得同志擧拔而久任者必至轉遷 在士則得上人合志 久淹者而志可伸 在庶俗則誠能感物 而人情和合 營謀頗遂 其數之凶者 須防血肉之損

홀로서서 응원없음을 탄식하니/ 놀랄 일 근심스러운 일에 상할까 두렵다/ 단지 성실한 생각을 좇아가면/ 재앙과 허물이 저절로 없어지리라

5. 九五(䷈ → ䷠)

【효사와 소상전】 구오는 믿음이 있다. 동료들을 서로 이끌어서 부富를 그 이웃으로써 (같이) 하도다. 상에 말하기를 '믿음이 있다. 동료들을 서로 이끌어 줌'은 홀로 부하지 않는 것이다. 【九五는 有孚라 攣如하야 富以其隣이로다. 象曰 有孚攣如는 不獨富也라.】

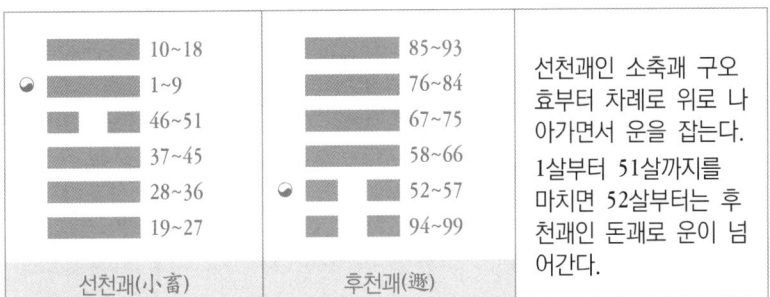

◆ 양년(갑·병·무·경·임년)일 경우

소축(9)	가인(37)	비(22)	명이(36)	겸(15)	승(46)	사(7)	해(40)	곤(47)
1	2	3	4	5	6	7	8	9

◆ 음년(을·정·기·신·계년)일 경우

대축(26)	비(22)	가인(37)	기제(63)	건(39)	정(48)	감(29)	곤(47)	해(40)
1	2	3	4	5	6	7	8	9

◆ 월괘

수·5	절·60	정·48	대과·28	건·39	겸·15	비·8	관·20	췌·45	수·17	예·16	해·40
1월	2월	3월	4월	5월	6월	7월	8월	9월	10월	11월	12월

◆ 일괘

소축(구오)	수·5	손·57	가인·37	중부·61	건·1
	6 5 4 3 2 1	12 11 10 9 8 7	18 17 16 15 14 13	24 23 22 21 20 19	30 29 28 27 26 25

【총괄해서 판단하면】

12 이 효는 덕과 힘이 충분해서 사람의 마음을 감동시켜 하나로 단결하게 하면서, 포악함을 막을 수 있는 자를 설명한 것이다. 그러므로 운이 맞는 사람은, 귀하되 스스로 높이지 않고, 부유하되 재물을 골고루 나누니, 나와 상대방이 한 몸이고, 가깝고 먼 것이 한 마음이다. 따라서 우러르고 사모하는 사람들이 몰려온다.

운이 맞지 않는 사람도 비록 혼자 힘으로 분발하지는 못하지만, 또한 반드시 부유함에 의지해서 재물과 사람들을 사용한다. 혹 찬조에 힘입어 사람을 고용하는 복을 누린다.

세운을 만나면, 공직자는 윗사람이 반드시 신용하고 아랫사람은 흠모해서 복종하니, 지위와 힘을 더할 수 있다. 구직자는 동지들이 협동해서 공명을 이룬다. 일반인은 돕는 사람이 많아서 모든 일이 뜻대로 된다.

---

12 此爻是德力足以感結乎人心 而可以禦暴者也 叶者 貴不自尊 富而濟物 彼此一體 親疏一心 而仰慕趨赴之有人 不叶者 雖不得獨力自奮 亦必倚富而得受用 或得贊助之力 而膺傭夫之福 歲運逢之 在仕則上必信用 下必欽服 而加位增之 在士則主同協意 而功成名立 在庶俗則扶助有人 而百謀稱心

【글귀로 판단하면】

① 上下相孚信하니 烏能通有無리오
   他時逢患難이나 衆力亦相扶라
   위와 아래가 서로 믿으니/ 있고 없는 것이 무슨 상관이랴?/ 다른 때에 환난을 만나게 되나/ 뭇사람이 또한 서로 도와준다

② 石韞玉하고 鐵成金이라
   翔鳳隱隱入雲程하니 不須疑慮獨勞心하라
   돌엔 옥이 감춰있고/ 쇠가 금이 된다/ 봉황이 은은히 구름속으로 날아드니/ 혼자서 의심하고 근심해서 마음 피로하게 하지 마라

③ 有勢安和鹿馬新하니 水中有集足移根이라
   小舟千里方回岸하니 重口官人助祿名이라
   권세가 있어 편안하고 화락해서, 말과 사슴이 새로와졌으니/ 물속에 모여드는 것 있어 뿌리를 옮길 수 있다/ 작은 배 천리길 달려 막 부두에 돌아왔으니/ 여러 사람의 칭송과 관리의 도움으로 녹과 명예를 얻는다

6. 上九(☰→☷)

【효사와 소상전】 상구는 이미 비오고 이미 그침은 덕을 숭상해서 가득참이니, 지어미가 고집하면 위태하리라. 달이 거의 보름이니 군자가 가면 흉하리라. 상에 말하기를 '이미 비오고 이미 그친다' 함은 덕이 쌓여 가득한 것이요, '군자가 가면 흉하다'는 것은 의심하는 바가 있음이라. 【上九는 旣雨旣處는 尙德하야 載니 婦 貞이면 厲하리라. 月幾望이니 君子 征이면 凶하리라. 象曰 旣雨旣處는 德이 積載也오 君子征凶은 有所疑也니라.】

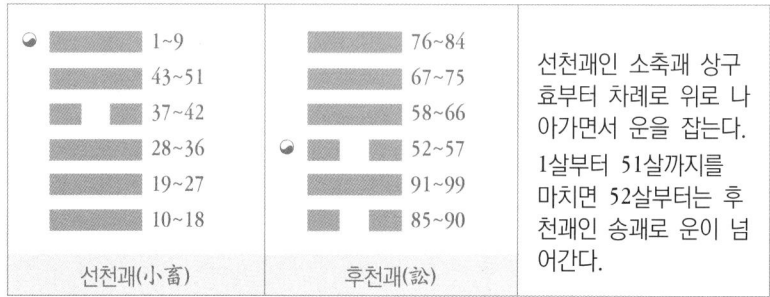

선천괘인 소축괘 상구 효부터 차례로 위로 나아가면서 운을 잡는다. 1살부터 51살까지를 마치면 52살부터는 후천괘인 송괘로 운이 넘어간다.

◈ 양년(갑·병·무·경·임년)일 경우

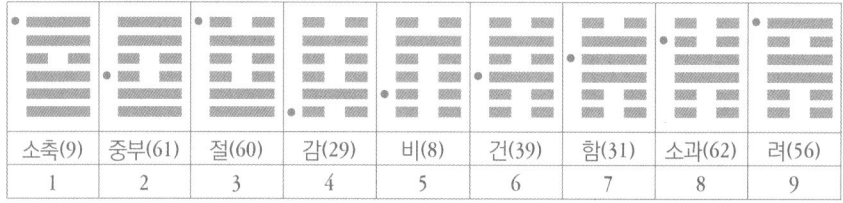

소축(9)	중부(61)	절(60)	감(29)	비(8)	건(39)	함(31)	소과(62)	려(56)
1	2	3	4	5	6	7	8	9

◈ 음년(을·정·기·신·계년)일 경우

수(5)	절(60)	중부(61)	환(59)	관(20)	점(53)	돈(33)	려(56)	소과(62)
1	2	3	4	5	6	7	8	9

◈ 월괘

손·57	구·44	점·53	간·52	관·20	비·8	비·12	무망·25	진·35	미제·64	예·16	소과·62
1월	2월	3월	4월	5월	6월	7월	8월	9월	10월	11월	12월

◈ 일괘

소축(상구)	손·57	가인·37	중부·61	건·1	대축·26

【총괄해서 판단하면】

13 이 효는 음의 덕이 이미 커졌으니, 군자가 그 해를 입음을 설명한 것이다. 그러므로 운이 맞는 사람은, 쌓인 것이 두텁고 넉넉해서 음식이 충분하고 재물이 모이니, 손해보는 일이 없게 된다. 운이 맞지 않는 사람은, 잇속과 명예는 조금 생기고 재산을 잃음은 계속된다. 만약에 여자라면 성격이 강하고 마음이 사나와서 수명이 단축되고 재앙이 생긴다.

세운을 만나면, 공직자는 음사(陰邪:소인 등)한 사람들에게 쫓겨나고, 구직자는 시험관에게 배척당한다. 일반인은 소인의 간사한 농간에 빠지게 되고, 시비가 뒤바뀌어 어지럽게 되며, 시끄러운 다툼속에 퇴보하게 되니, 처한 상황을 즐기며 탐욕을 멈추면 재앙을 면할 수 있다.

【글귀로 판단하면】

1 陰盛陽剛亦可傷이니 堪嗟立業一時亡이라
   江邊女子號啼泣하니 雖得榮華墜洛陽이라
   음이 성한데 양도 강한 것이 또한 슬픈 일이니/ 이뤄놓은 업적이 일시에 망하는 것이 슬프다/ 강가에 여자가 울부짖고 있으니/ 비록 영화를 얻었으나 낙양(중앙정부 있는 곳, 즉 막판에서)에서 추락했다

2 擬欲遷時未可遷이니 隄防喜處惹句連하라
   前途若遇貴人引이면 變化魚龍在大淵이라
   옮기려고 시도하나 옮기지 못하니/ 기쁜 곳에 시기가 생김을 방비하라/ 만약 앞길을 귀인이 끌어주면/ 고기가 용이 되어 큰 못에 있게 된다

3 密雲今已雨하니 上下漸亨通이라 凡事難成就하니 遲疑未可行이라
   짙은 구름이 이미 비를 내리니/ 위와 아래가 점점 형통한다/ 모든 일이 성취하기 어려우니/ 더디고 의심스러워 행할 수가 없다

---

13 此爻是自尙乎陰德 而君子受其害也 故叶者 積之厚 養之裕 而足食聚財 而無損弊之嗟 不叶者 利名纔至 破敗疊來 若是女命 性剛心悍 壽脆災生 歲運逢之 在仕則逐於陰邪 在士則見斥於主司 在庶俗必見墮於小人之奸 而是非旋擾 惟鬧中退步 樂處休貪 則可免災

乾上 兌下 天澤履(10)
천 택 리

리괘 개요

【괘사와 대상전】 호랑이 꼬리를 밟더라도 사람을 물지 않음이라 형통하니라. 상에 말하기를 위에 하늘이 있고 아래 못이 있는 것이 리괘니, 군자가 본받아서 위와 아래를 분별하여 백성의 뜻을 정하게 하느니라. 【履虎尾라도 不咥人이라 亨하니라. 象曰 上天下澤이 履니 君子 以하야 辯上下하야 定民志하나니라.】

【총괄해서 판단하면】

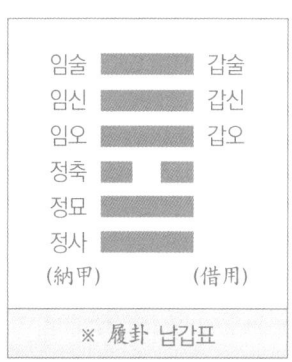

※ 履卦 납갑표

1 간궁의 5세괘이고 3월에 속한다. 내괘의 납갑은 정사·정묘·정축이고, 외괘의 납갑은 임오·임신·임술이며, 갑술·갑오·갑신을 빌려서도 쓴다. 3월에 태어난 사람과, 태어난 년도의 간지가 납갑의 간지 및 차용납갑의 간지에 합치되는 사람은, 부귀와 공명을 누리는 사람이다. 2 또 건(☰)과 태(☱)는 금에 속하

---

1 艮宮五世 卦屬三月 納甲 是丁巳丁卯丁丑 壬午壬申壬戌 借用甲戌甲午甲申 凡生於三月及納甲者 功名富貴人也 又乾兌二體屬金 正秋之時 乃逢旺地 方爲得體

2 리괘의 세효인 구오효는 양효이므로, 초효부터 오효까지 세면 진辰에서 끝난다(초효는 자, 이효는 축, 삼효는 인, 사효는 묘, 오효는 진). 지지의 진은 3월에 해당하므로, 리괘가 3월괘가 되는 것이다. 따라서 3월을 주관하는 괘가 되고, 3월에 태어난 사람은 때를 얻음이 된다.

므로 한 가을(正秋)에 왕성한 때가 되니, 가을이 득체得體가 된다.
운세로 보면 ① 천택리괘(☰)는 상괘가 건(☰)이고 하괘는 태(☱)로, 호괘로는 리(☲)와 손(☴)이 있다. 해가 하늘에서 밝게 하나, 바람불고 비가 내려서 그 밝음을 어둡게 한다. 유柔가 강剛을 밟음은 그 지위를 얻은 것이 아니니, 살얼음을 밟는 근심이 있게 된다. 군자는 놀랍고 두려운 것을 밟는 상이니, 때(時)를 얻고 오행과 합치되는 것이 가장 길하다.
② 리괘(☰)에 말하기를 "리괘(밟아나간다)는 한 곳에 그쳐있지 않는 것이다"고 하였으며, 또 "리괘는 예절이다"고 하였다. 겸손함으로써 예절을 이루는 것인데, 양이 음자리에 있는 것이 겸손한 것이다. 그러므로 이 괘에는 모두 양효가 음자리에 있음을 아름다움으로 삼았다.

【팔궁세혼법으로 판단하면】

천택리괘는 간궁의 임금괘로, 구오효(임금)가 세효世爻가 되고, 구이효(大夫)가 응효가 된다. 비록 세효와 응효가 서로 음양으로 응하지는 못하고, 응효도 제자리를 얻지는 못했으나, 가장 높은 임금의 자리로 중정中正을 얻었고 구이효도 중中을 얻었으므로 좋은 뜻이 많다. 또 구오효의 지지는 신(申金)이고 구이효의 지지는 묘(卯木)이므로 극을 하여(金克木), 바름을 얻지 못한 구이효를(不正位) 바르게 고치면 된다. 따라서 어렵고 힘든 면은 있으나, 결국 모든 것이 잘 풀리게 된다.
겨울의 추위를 잘 참은 나무가 봄을 만나 가지와 잎이 무성해지고 꽃을 피우는 상으로, 노력에 대해 값진 보답이 따른다. 그러나 자기 능력이나 처해있는 상황보다 큰 일을 도모하니, 노력을 배로 하지 않으면 좌절되기 쉽다. 인내를 갖고 꾸준히 노력하면 큰 성과가 있다. 처음에는 일이 성사되지 않아 불안감을 느끼는 수가 많으나, 나아갈수록 길하고, 뒷날 반드시 경사가 따른다.
특히 상대방이 있는 사업이라면 소유권을 분명히 하고 상하관계를 확실히 해 두어야 다툼이 없다. 만약 이를 분명히 하지 않아 분쟁이 일어날 경우는, 상대방이 워낙 수완이 좋고 치밀한 사람이라서 상대하기 어렵다.

따라서 손해를 보고 억울한 마음이 있더라도, 화해하도록 노력해야 더 큰 위험이 없게 된다. 그렇지만 일단 화해하면 위험했던 입장이나 불안한 상태가 서서히 사라지며, 더욱 끈기 있게 밀고 나가면 대단히 큰 성공을 거두게 된다.

【글귀로 판단하면】

1 上下之可居하나 居山家必遷이라
　去處無憂患하니 楚地旣周旋이라
　위와 아래로 살 곳을 찾아가나/ 산에 살면 집을 반드시 옮기게 된다/ 가는 곳에 근심걱정이 없으니/ 초나라 땅(척박한 땅)을 모두 돌아다녔다

2 見立未安身하니 傳斯用破心이라
　幾回驚險處에 方得遇知音이라
　몸편치 못한 것을 보았으니/ 이같은 소식 전함에 마음이 부숴진다/ 몇 번이나 놀라고 험난함을 만난 후에/ 이제야 알아주는 사람 만났네

3 逢山須作險이요 遇水亦防憂라
　得遂鄕關日에 方知二尾牛라
　산을 만나면 험한 일 생기고/ 물을 만나도 또한 근심스러운 일 방비하라/ 고향에 돌아가는 날에야/ 꼬리 둘 달린 소(牛+八=朱)를 알게 될 것이다

1. 初九(☰ → ☰)

【효사와 소상전】 초구는 본바탕로 밟아 나가면 허물이 없으리라. 상에 말하기를 '본바탕로 밟아 나감'은 홀로 원하는 것을 행함이라. 【初九는 素履로 往하면 无咎리라. 象曰 素履之往은 獨行願也라.】

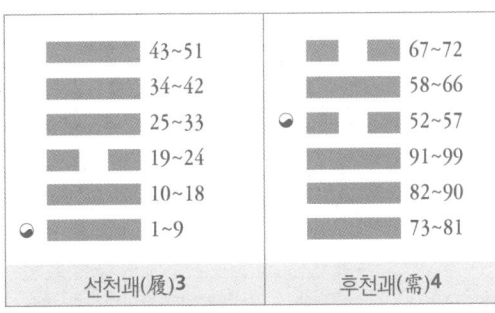

선천괘인 리괘 초구효부터 차례로 위로 나아가면서 운을 잡는다.
1살부터 51살까지를 마치면 52살부터는 후천괘인 수괘로 운이 넘어간다.

◆ 양년(갑·병·무·경·임년)일 경우 **5**

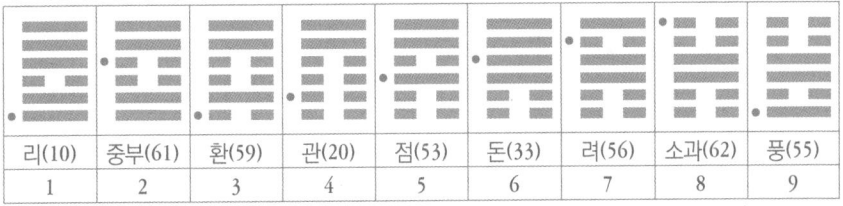

리(10)	중부(61)	환(59)	관(20)	점(53)	돈(33)	려(56)	소과(62)	풍(55)
1	2	3	4	5	6	7	8	9

◆ 음년(을·정·기·신·계년)일 경우

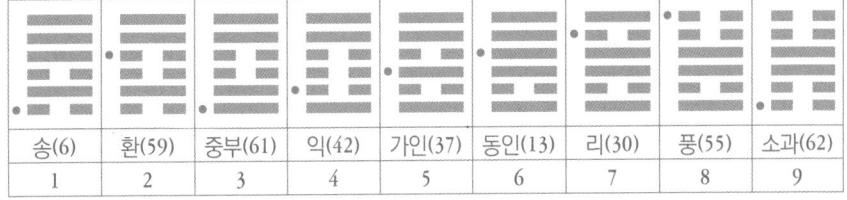

송(6)	환(59)	중부(61)	익(42)	가인(37)	동인(13)	리(30)	풍(55)	소과(62)
1	2	3	4	5	6	7	8	9

---

3 사주의 숫자로 괘를 만들어서 리괘 초효에 원당이 있다면, 1~9살까지는 리괘 초효 항을, …, 43~51살까지는 리괘 상효 항을 가서 살펴 보면 된다.

4 52~57살까지는 후천괘인 수괘 사효 항을, 67~72살까지는 수괘 상효 항을, …, 91~99살까지는 수괘 삼효 항을 살펴보면 그 사람의 운이 된다(◐나 ●표시 한 곳이 해당하는 효를 가리키고, 밑에서부터 초효·이효·삼효·사효·오효·상효로 나눈다).

5 해마다의 운인 유년운의 진행은 양효(━)일 때와 음효(━ ━)일 때가 다른데, 그 자세한 예는 중천건괘(1) 초구효, 중지곤괘(2) 초육효와 육이효 항에 유년운에 속한 월운 月運의 예와 함께 실려 있으므로 참고하면 된다.

◆ 월괘

무망·25	서합·21	동인·13	혁·49	가인·37	점·53	비·22	대축·26	명이·36	복·24	겸·15	소과·62
1월	2월	3월	4월	5월	6월	7월	8월	9월	10월	11월	12월

◆ 일괘 6

리(초구)	무망·25	건·1	중부·61	규·38	태·58

【총괄해서 판단하면】

7 이 효는 도에서 벗어나지 않는 통달함이 있어서, 나아감이 마땅한 자를 설명한 것이다. 그러므로 운이 맞는 사람은, 강하게 버티면서 지킴이 있으며, 겉으로 떠돌지 않고 실질이 있으니, 천하를 이롭게 하고, 백성을 괴롭혀서 임금의 뜻을 맞추지 않는다.

운이 맞지 않는 사람은, 홀로 자신의 몸을 닦으며, 청렴하고도 맑게 지낸다. 혹 유학儒學 공부에 전념하며, 혹 친척의 돌봄을 받으며, 혹 수도하는 사람이 된다.

세운을 만나면, 공직자는 널리 도를 펴서 때가 되어 승진하고, 구직자는 어려서는 배우고 커서는 행하여 명성을 이룬다. 일반인은 경영하는 것에

---

6 그 날의 운(日運)과 더 세분해서 시운時運을 알고 싶으면, 앞의 일괘日卦와 시괘時 卦 설명을 참조해서 계산하면 된다. 자세한 예는 건(1)~송(6)괘의 초효 항에 있으므로 참고바람.

7 此爻是達不離道 而得尙進之宜者也 故叶者 剛立有守 質實不浮 達則兼善天下 而無剝民玩君之志 不叶者 獨善其身 而廉隅壁於淸修之地 或儒科自奮 或遇親眷 或作僧道 歲運逢之 在仕則弘化有道 而陞遷及期 在士則幼學壯行 而利名成就 在庶俗則營謀有計 而財利日增 數凶者有皜素之象

계획이 잘 되어 있어서 재산이 날로 늘어난다. 수가 흉한 사람은 상복을 입을 상이다.

【글귀로 판단하면】
① 素來繇正道하니 務實去浮囂라
  獨守行常理하니 他人莫動搖라
  평소에 정도를 따르니/ 실질적인 것을 힘쓰고, 허황되게 떠들지 않는다/ 홀로 지켜 상도를 행하니/ 다른 사람이 흔들지 못한다
② 努力求謀事已通이나 天邊守舊亦難冲이라
  孤飛鴻雁湘江遠하니 見個佳人書一封이라
  힘들여 꾀를 내어 이미 일이 통했으나/ 멀리 있는 수구세력 건드리기 힘들다/ 외로운 기러기 소상강 멀리 날으니/ 아름다운 사람의 서신 한 통을 보게 된다
③ 不遠不近하고 似難似易나
  等閒入手하야 雲中笑指라
  멀지도 않고 가깝지도 않으며/ 어려운 것도 같고 쉬운 것도 같으나/ 수월하게 손에 넣어/ 구름속에서 웃으며 가리키네

2. 九二(☱ → ☳)

【효사와 소상전】구이는 밟는 길이 탄탄하니 은거해서 도를 닦는 사람이라야 바르고 굳어서 길하리라. 상에 말하기를 '은거해서 도를 닦는 사람이라야 바르고 굳어서 길함'은 마음(中)이 스스로 어지럽지 않음이라.【九二는 履道坦坦하니 幽人이라아 貞코 吉하리라. 象曰 幽人貞吉은 中不自亂也라.】

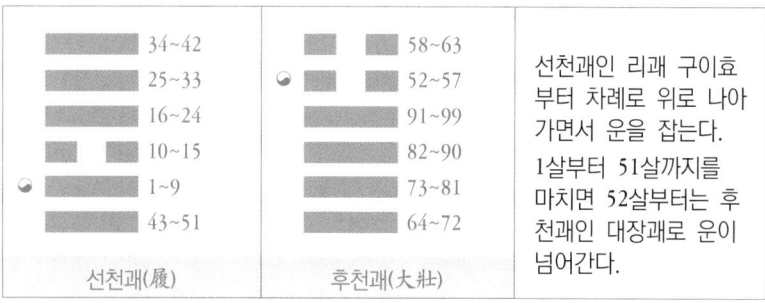

선천괘인 리괘 구이효부터 차례로 위로 나아가면서 운을 잡는다. 1살부터 51살까지를 마치면 52살부터는 후천괘인 대장괘로 운이 넘어간다.

◆ 양년(갑·병·무·경·임년)일 경우

리(10)	규(38)	서합(21)	리(30)	비(22)	가인(37)	기제(63)	건(39)	정(48)
1	2	3	4	5	6	7	8	9

◆ 음년(을·정·기·신·계년)일 경우

무망(25)	서합(21)	규(38)	대유(14)	대축(26)	소축(9)	수(5)	정(48)	건(39)
1	2	3	4	5	6	7	8	9

◆ 월괘

건·1	쾌·43	소축·9	손·57	대축·26	비·22	태·11	림·19	승·46	항·32	겸·15	건·39
1월	2월	3월	4월	5월	6월	7월	8월	9월	10월	11월	12월

◆ 일괘

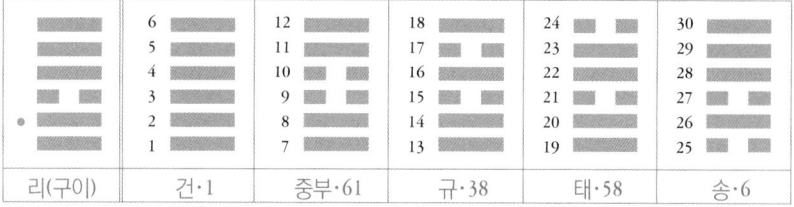

리(구이)	건·1	중부·61	규·38	태·58	송·6

【총괄해서 판단하면】

8 이 효는 은둔해 있으면서 스스로 도를 높게 하는 사람을 설명한 것이다. 그러므로 운이 맞는 사람은, 도를 품고 스스로 즐거워하고 중도에서 모자람이 없으니, 나라의 중심역할의 영예는 없지만 전원생활의 즐거움은 있다.

운이 맞지 않는 사람은, 깨끗하고 한가로이 지내는 사람이 많으니, 영예나 치욕은 없지만 의식이 족해서 더 이상 구할 것이 없다.

세운을 만나면, 공직자는 길하고 아름다운 조짐이 있고, 구직자는 귀인을 만나기 어려운 슬픔이 있으며, 일반인은 편안한 마음으로 거처하며 스스로 만족하는 아름다움이 있다. 대개 실질적인 것을 마땅하게 행하며, 꾀하는 일을 잘 선택해서 하면, 사람들이 화합해서 바르고 길함을 얻게 된다. 수가 흉한 사람은 죽게 된다.

【글귀로 판단하면】

① 幾番風雨送行舟오 空惹離人一轉愁라
便使掀天擎地手면 不同蝦蟹逐波流라

> 몇번이나 비바람이 가는 배를 보냈는가?/ 공연히 이별하는 사람의 근심만 야기시키누나/ 만약 하늘을 흔들고 땅을 들어 올리는 손을 부릴 수만 있다면/ 새우나 게 같이 물결따라 흐르지는 않을 것이다

② 幽人能獨守하니 喜慶自來臨이라
常切隄防志나 他人暗地侵이라

> 은자가 홀로 지킬 줄 아니/ 기쁨과 경사가 저절로 오게 된다/ 항상 방비하는 뜻이 절실하나/ 다른 사람이 은근히 침범하게 된다

---

8 此爻是以隱自高者也 故叶者 抱道自樂 無歉於中 無鍾鼎之榮 有田里之樂 不叶者 多作淸閑之人 而榮辱不加 飽煖無求 歲運逢之 在仕則有吉休之兆 在士則有難遇之嗟 在庶俗則有安居自足之美 大抵宜行實地 謀爲審擇 則人事和諧 而貞吉可得 數凶者有幽冥之應

③ 月落事未完하니 物見人不見이나

好借一番風하야 奇哉逢快便라

달은 떨어지는데 일은 마치지 못했으니/ 물건은 보이는데 사람은 안보이나 / 한줄기 바람불어/ 기묘하게 빠른 방편을 만나니 좋을시고

3. 六三(☱→☰)

【효사와 소상전】 육삼은 애꾸가 능히 보며 절름발이가 능히 밟음이라. 호랑이 꼬리를 밟아서 사람을 무니 흉하고, 무인武人이 임금(大君)이 되도다. 상에 말하기를 '애꾸가 능히 봄'은 밝지 못하고, '절름발이가 능히 밟음'은 더불어 갈 수 없으며, '사람을 물어서 흉함'은 위가 마땅치 않음이고, '무인이 임금이 된다'는 것은 뜻이 강함이라. 【六三은 眇能視며 跛能履라. 履虎尾하야 咥人이니 凶하고 武人이 爲于大君이로다. 象曰 眇能視는 不足以有明也오 跛能履는 不足以與行也오 咥人之凶은 位不當也오 武人爲于大君은 志剛也라.】

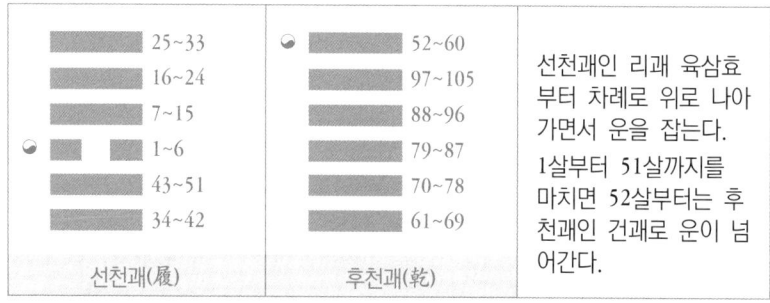

선천괘인 리괘 육삼효부터 차례로 위로 나아가면서 운을 잡는다.

1살부터 51살까지를 마치면 52살부터는 후천괘인 건괘로 운이 넘어간다.

◈ 양년 음년 똑같음

건(1)	소축(9)	대축(26)	태(11)	승(46)	겸(15)
1	2	3	4	5	6

◆ 월괘

중부·61	환·59	손·41	이·27	림·19	태·11	사·7	해·40	곤·2	비·8	겸·15	간·52
1월	2월	3월	4월	5월	6월	7월	8월	9월	10월	11월	12월

◆ 일괘

리(육삼)	중부·61	규·38	태·58	송·6	무망·25

【총괄해서 판단하면】

9 이 효는 밟아 나가는 도를 잃어서 흉함을 이루게 하는 자를 설명한 것이다. 그러므로 운이 맞는 사람은, 스스로 존귀하다고 생각하여 애꾸눈으로 천하를 보면서 오만방자하게 행동한다. 따라서 꾀하는 일이 잘 안되고 강포해서 화를 불러들인다.

운이 맞지 않는 사람은, 혹 군대의 졸병에 해당하고, 혹은 소경이나 절름발이며, 혹은 어리석고 천하며 요절하는 사람에 해당한다.

세운을 만나면, 공직자는 강등되고 배척되는 화를 입고, 구직자는 굴복하고 항복하는 욕을 당하며, 일반인은 다투고 송사를 벌여 감옥에 갇히는 소란을 겪는다. 심한 자는 집안이 망하고 일신一身을 버리게 된다.

---

9 此爻是失所履之道 而有以致凶者也 故叶者 自用自尊 而眇視天下 傍若無人 而謀猷難於設施 剛暴足以取禍 不叶者 或爲軍卒配徒之流 或爲瞽目跛足之輩 或爲愚賤夭折之人 歲運逢之 在仕則遭貶斥之禍 在士則招屈降之辱 在庶俗則招爭訟囚獄之撓 甚者家破身亡

【글귀로 판단하면】

① 視履皆非正하니 乘危必見傷이라

有爲皆小利니 切戒用剛强하라

보고 행동하는 것이 다 바르지 않으니/ 위험을 만나면 반드시 상하게 된다/ 하는 일이 다 조그마한 이익이니/ 절대로 강하고 굳셈을 쓰지 마라

② 有足不能行이요 有目眇能視라

虎尾一驚防이니 危處自退避하라

발이 있어도 가지 못하고/ 눈이 있어도 애꾸눈으로 보는 것이다/ 호랑이 꼬리를 밟아 놀라는 일 있을까 방비해야 하니/ 위험한 곳은 스스로 물러나 피하라

③ 桃李謝春風하니 西來又復東이라

家中無意緖요 船在浪波中이라

복숭아꽃 오얏꽃이 봄바람을 사양하니/ 서쪽으로 왔다가 또 다시 동쪽으로 간다/ 집안에는 마음이 없고/ 배는 물결속에 위태하다

4. 九四(☱ → ☰)

【효사와 소상전】 구사는 호랑이 꼬리를 밟음이니, 조심 조심하면 마침내 길하리라. 상에 말하기를 '조심 조심하면 마침내 길함'은 뜻이 가는 데 있기 때문이다. 【九四는 履虎尾니 愬愬이면 終吉이리라. 象曰 愬愬終吉은 志行也라.】

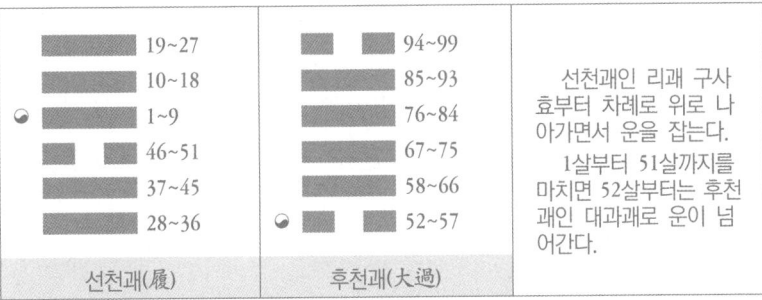

	19~27
	10~18
	1~9
	46~51
	37~45
	28~36

선천괘(履)

	94~99
	85~93
	76~84
	67~75
	58~66
	52~57

후천괘(大過)

선천괘인 리괘 구사 효부터 차례로 위로 나아가면서 운을 잡는다.
1살부터 51살까지를 마치면 52살부터는 후천괘인 대과괘로 운이 넘어간다.

◈ 양년(갑·병·무·경·임년)일 경우

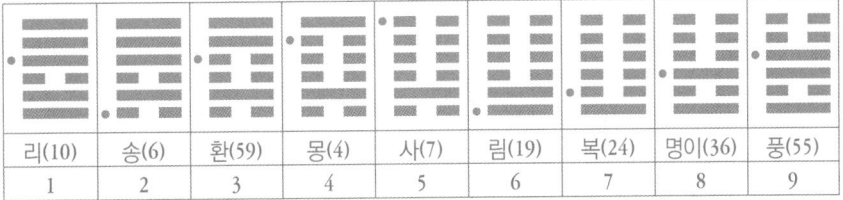

리(10)	송(6)	환(59)	몽(4)	사(7)	림(19)	복(24)	명이(36)	풍(55)
1	2	3	4	5	6	7	8	9

◈ 음년(을·정·기·신·계년)일 경우

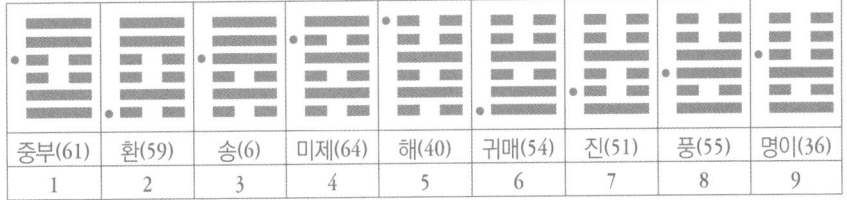

중부(61)	환(59)	송(6)	미제(64)	해(40)	귀매(54)	진(51)	풍(55)	명이(36)
1	2	3	4	5	6	7	8	9

◈ 월괘

규·38	서합·21	귀매·54	대장·34	해·40	사·7	예·16	취·45	소과·62	려·56	겸·15	명이·36
1	2월	3월	4월	5월	6월	7월	8월	9월	10월	11월	12월

◈ 일괘

리(구사)	규·38	태·58	송·6	무망·25	건·1
	6	12	18	24	30
	5	11	17	23	29
	4	10	16	22	28
	3	9	15	21	27
	2	8	14	20	26
	1	7	13	19	25

【총괄해서 판단하면】

10 이 효는 임금을 공경으로 섬겨서 그 뜻을 얻은 자를 설명한 것이다. 그러므로 운이 맞는 사람은, 공경과 삼가함으로써 임금을 섬기고, 유순함으로써 강포함을 복종시키며, 현재를 행하더라도 뜻은 옛날에 품었던 생각으로 하니, 위태함을 바꿔서 편안함으로 만들고, 흉함을 바꿔서 길함으로 만든다.

운이 맞지 않는 사람은, 혹 어렵고 힘들더라도 집안을 일으켜 평이하게 만든다.

세운을 만나면, 공직자는 부절을 받은 장수가 되고, 구직자는 무관으로 합격하게 되며, 일반인은 위태하고 험한 길을 가게 되는 환난이 있다. 오직 삼가고 두려워하는 마음으로 행하면 재난과 화환을 면할 수 있다. 여자가 이를 얻으면 심하게 형극刑剋을 하여 집안을 망하게 하고 음란한 행동을 하는 불량한 부녀자가 된다.

【글귀로 판단하면】

① 孚信心方懼니 鹿行當近君라

馬飛更改吉하니 慇懃道居身이라

성실과 믿음으로 하나 마음은 두려우니/ 사슴타고 임금 가까이 와있다/ 말이 날아 다시 길해지니/ 조심 조심 정도를 따르는 몸이다

② 前憂後ㅣ 後憂前하야

彼此意流連하니 人圓月也圓이라

앞은 뒤를 걱정하고/ 뒤는 앞을 걱정해서/ 피차가 뜻이 서로 통하니/ 사람도 원만하고 달도 둥글다

---

10 此爻是事君以敬而得其志者也 故叶者 以敬愼事君 以柔順服强暴 雖行於今 而志則懷乎古 可以易危爲安 轉凶爲吉 不叶者 或艱辛起家 平易結果 歲運逢之 在仕則有虛符將帥之兆 在士則有虎榜題名之應 在庶俗則有履危蹈險之患 惟謹畏自持 可免災患 女命得此 多是刑剋太重 敗家淫亂 不良之婦也

5. 九五(☰ → ☱)

【효사와 소상전】 구오는 쾌쾌하게 밟음이니 바름을 얻어 행하더라도 위태하리라. 상에 말하기를 '쾌쾌하게 밟는 것이니, 바름을 얻어 행하더라도 위태함'은 위가 바르고 정당하기 때문이다. 【九五는 夬履니 貞이라도 厲하리라. 象曰 夬履貞厲는 位正當也일새라.】

	선천괘(履)		후천괘(革)	선천괘인 리괘 구오효부터 차례로 위로 나아가면서 운을 잡는다. 1살부터 51살까지를 마치면 52살부터는 후천괘인 혁괘로 운이 넘어간다.
	10~18		85~90	
	1~9		76~84	
	43~51		67~75	
	37~42		58~66	
	28~36		52~57	
	19~27		91~99	

◆ 양년(갑·병·무·경·임년)일 경우

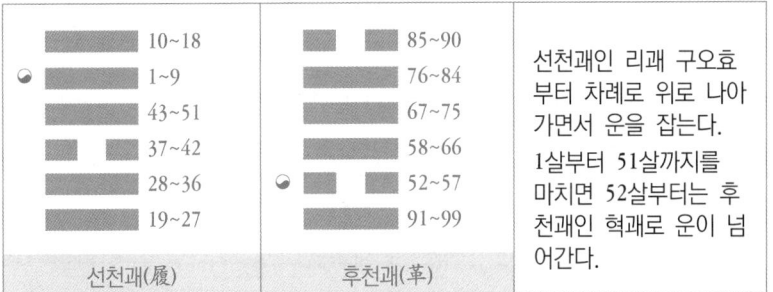

리(10)	무망(25)	서합(21)	진(51)	예(16)	해(40)	항(32)	승(46)	정(48)
1	2	3	4	5	6	7	8	9

◆ 음년(을·정·기·신·계년)일 경우

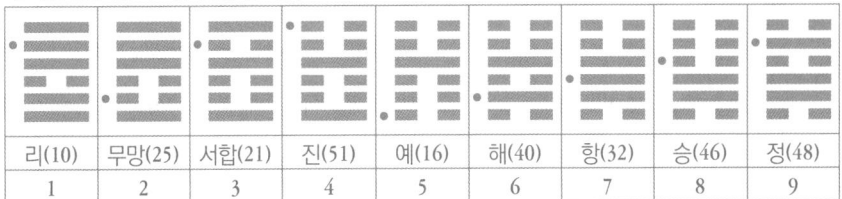

규(38)	서합(21)	무망(25)	수(17)	취(45)	곤(47)	대과(28)	정(48)	승(46)
1	2	3	4	5	6	7	8	9

◆ 월괘

태·58	쾌·43	곤·47	감·29	취·45	예·16	함·31	돈·33	건·39	기제·63	겸·15	승·46
1월	2월	3월	4월	5월	6월	7월	8월	9월	10월	11월	12월

◆ 일괘

	6	12	18	24	30
	5	11	17	23	29
	4	10	16	22	28
	3	9	15	21	27
	2	8	14	20	26
	1	7	13	19	25
리(구오)	태·58	송·6	무망·25	건·1	중부·61

【총괄해서 판단하면】

11 이 효는 스스로 그 밟아 나아가는 것을 너무 믿어서 상하게 되는 자를 설명한 것이다. 그러므로 운이 맞는 사람은, 덕을 향해 용감히 나아가고, 힘써 도를 행하며, 사악한 사람을 배척해서 쫓아내고, 선한 사람을 천거해서 드날리되, 시비와 이해를 따지지 않는다.

운이 맞지 않는 사람은, 인정이 적으며 세속을 따르기 급급하니, 화환禍患이 계속해서 따르고 간난과 고통이 이어진다.

세운을 만나면, 공직자는 공이 천하에 높은 데도 상을 받지 못하고, 구직자는 도가 높아서 사람의 사표가 되지만 명성을 이루지 못한다. 일반인은 조급히 움직이고 망동해서 화환이 계속해서 이르고, 심하면 곧 죽게 된다.

【글귀로 판단하면】

① 位尊施德薄이요 剛乘則防刑하라

暌擲孤飛雁이 啣蘆過遠山이라

지위는 높은데 덕을 베풂은 박하고/ 강한 것을 타고 있으니 형벌을 방비하라/ 혼자 떨어진 외로운 기러기가/ 갈대를 물고 먼 산을 지난다

---

11 此爻是自恃其所履 而有傷者也 故叶者 勇於進德 力於行道 斥逐邪人 擧揚善類 而是非利害之不顧 不叶者 人情寡合 徒汲汲塵途 而禍患旋踵 成立艱苦 歲運逢之 在仕則功高天下而不賞 在士則道高人表而名不成 在庶俗則躁動妄行 而禍患疊至 甚則喪亡無日矣

② 狂風吹起黑雲斂하니 日低人心遮不得이라

時間多事暫相關이니 到老依然無刑尅이라

광풍이 불어 캄캄한 구름 걷으니/ 햇빛아래 사람마음 가릴 수 없네/ 이 시간의 많은 일들은 잠시 서로 관계가 있을 뿐이니/ 늘으막에는 의연해서 극과 형이 없을 것이다

③ 戒意無凝滯하고 前程速著鞭하라

登山幷涉險이니 莫放馬蹄閑하라

엉키거나 지체함이 없도록 마음을 경계하고/ 앞길을 빨리 채찍질 하라/ 산을 오르고 아울러 험한 곳을 건너야 하니/ 말 발꿈치가 한가로이 쉬도록 하지마라

6. 上九(☰ → ☱)

【효사와 소상전】상구는 밟아온 것을 봐서 상서로운 것을 살피되 두루 잘 했으면 크게 착하고 길하리라. 상에 말하기를 크게 착하고 길해서 위에 있음은 크게 경사가 있음이라. 【上九는 視履하야 考祥호대 其旋이면 元吉이리라. 象曰 元吉在上이 大有慶也니라.】

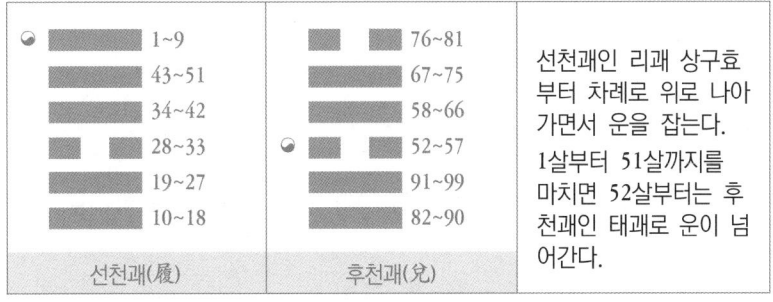

선천괘인 리괘 상구효부터 차례로 위로 나아가면서 운을 잡는다.
1살부터 51살까지를 마치면 52살부터는 후천괘인 태괘로 운이 넘어간다.

◆ 양년(갑·병·무·경·임년)일 경우

●					●			
리(10)	건(1)	쾌(43)	대과(28)	함(31)	취(45)	비(8)	곤(2)	박(23)
1	2	3	4	5	6	7	8	9

◆ 음년(을·정·기·신·계년)일 경우

			●					
태(58)	쾌(43)	건(1)	구(44)	돈(33)	비(12)	관(20)	박(23)	곤(2)
1	2	3	4	5	6	7	8	9

◆ 월괘

●	●	●									
송·6	환·59	비·12	진·35	돈·33	함·31	점·53	가인·37	간·52	고·18	겸·15	곤·2
1월	2월	3월	4월	5월	6월	7월	8월	9월	10월	11월	12월

◆ 일괘

	6	12	18	24	30
	5	11	17	23	29
	4	10	16	22	28
	3	9	15	21	27
	2	8	14	20	26
	1	7	13	19	25
리(상구)	송·6	무망·25	건·1	중부·61	규·38

【총괄해서 판단하면】

12 이 효는 밟아 나가는 도를 다하였으니, 그로 인해 복을 이루는 것을

---

12 此爻是盡所履之道 而有以致福者也 故叶者 爲高才大德之貴人 行無虧欠 福必厚裕 不叶者 變爲引兌之小人 行不正之道 而福祉難獲 歲運逢之 仕顯者退旋 以享安靖和平之福 士人進取必作魁元 常人亦有財帛 數凶者有喪亡之兆 蓋考孚之義故也 凡有爲者 不可輕易反聽信外言 恐有傷於後慮

설명한 것이다. 그러므로 운이 맞는 사람은, 재주와 덕이 높고 큰 귀인으로 행동함에 잘못됨이 없으니, 반드시 후하고 넉넉한 복이 이를 것이다. 운이 맞지 않는 사람은, 변해서 태괘가 되면, 억지로 끌어 당기면서 즐거움을 얻으려 하는 소인이 되니, 부정한 도를 행하기 때문에 복을 얻기 어렵다.

세운을 만나면, 벼슬해서 두각을 나타낸 자는 물러나 안정되고 화평한 복을 누리고, 구직자는 반드시 장원급제를 하며, 일반인도 재력이 풍부한 자가 된다. 수가 흉한 사람은 죽을 조짐이다. 대개 '考(상고할 고)'자에는 '故(옛 고)'의 뜻이 있기 때문이다. 어떤 일을 하려는 자는 외부사람의 말을 듣고 쉽게 바꿔서는 안되니, 일을 하고난 다음에 상하게 되는 염려가 있을까 두렵기 때문이다.

【글귀로 판단하면】

① 處事須中正이면 終當無後災라
周旋皆中體하니 萬福自駢來라
일처리를 중정하게 하면/ 마침내 뒷재앙이 없다/ 주선하는 것이 다 몸에 맞으니/ 만가지 복이 스스로 오게 된다

② 萬國周旋靡不安이나 上宮有慶喜嚴寒이라
四方幸有安家處하니 好向深波下釣竿이라
만국의 일을 주선하니 조금 불안하나/ 윗사람 경사 있어 겨울날이 기쁘다/ 사방에 다행히도 편안히 거처할 곳이 있으니/ 깊은 물결에 나아가 낚시 드리우는 것이 좋구나

③ 古鏡重磨掃舊塵하니 梅花先報隴頭春이라
天邊貴客齊相接하니 推出長霄碧玉輪이라
옛 거울을 거듭 닦아 묵은 때 털어내니/ 매화꽃이 먼저 언덕머리의 봄을 알리네/ 먼곳의 귀한 손님 가지런히 맞이하니/ 푸른 하늘의 밝은 달이 옥바퀴 굴리네

坤上
乾下 **地天泰(11)**
지 천 태

태괘 개요

【괘사와 대상전】 태는 작은 것(음)이 가고 큰 것(양)이 오니, 길해서 형통하니라. 상에 말하길 천지(하늘과 땅)가 사귀는 것이 태괘니, 임금(后)이 본받아서 천지의 도를 마름질하여 이루며, 천지의 마땅함을 도움으로써 백성을 다스리느니라. 【泰는 小往코 大來하니 吉하야 亨하니라. 象曰 天地交 泰니 后以하야 財成天地之道하며 輔相天地之宜하야 以左右民하나니라.】

【총괄해서 판단하면】

※ 泰卦 납갑표

1 이 괘를 얻어서 천수지수의 크기와 괘의 음효양효의 갯수가 맞는다면(歸局) 가장 귀한 자이다. 대상전의 말은 사보사보나 사상사상을 뜻하는 것으로, 국외로 나가서는 군대를 이끄는 장수이고, 국내로 들어와서는 임금을 잘 보필하는 정승의 일을 말한다. 곤궁의 3세 괘로 정월에 속한다. 내괘의 납갑은 갑자·갑인·갑진이고 외괘의 납갑은 계축·계해·계유인데, 임자·임인·임진과 을축·을해·을유를 빌려서도 쓴다.

---

1 凡得此卦 若元數歸局者 貴之極也 大象之辭 皆師保師相 出將入相之事 坤宮三世 卦屬正月 納甲 是甲子甲寅甲辰 癸丑癸亥癸酉 借用壬子壬寅壬辰 乙酉乙亥乙丑 正月及納甲生者 功名富貴人也 生非其時者 其福淺 六爻皆宜固守 不可輕進

정월에 태어난 사람과, 태어난 년도의 간지가 납갑 및 차용납갑에 합치되는 사람은 공명과 부귀를 누리게 된다.[2] 태어난 때와 천수지수가 맞지 않는 사람은 복이 박하다. 여섯효가 모두 굳게 지키는 것이 마땅하고, 가볍게 나아가서는 안된다.

운세로 보면 지천태괘(☷☰)는 상괘가 곤(☷)이고 하괘는 건(☰)으로, 호괘로는 진(☳)과 태(☱)가 있다. 하늘에서 우레가 발동하고 이슬(또는 恩澤)이 베풀어지는 상으로, 우레와 이슬이 땅아래까지 미쳐서 만물이 그 윤택함을 받는다. 바로 하늘과 땅이 사귀어 태평해지는 시기로, 음과 양이 화합하여 펴지고, 풀과 나무가 번성해서 무성해진다. 군자는 크게 형통하는 상이 되니 부귀를 누리는 기쁨이 있고, 때를 얻고 절후에 합치되면 길하다.

【팔궁세혼법으로 판단하면】

곤궁의 삼공三公괘로, 구삼효(삼공)가 세효世爻고 종묘에 해당하는 삼육효가 응효이다. 서로 음양으로 응하고, 또 두 효 모두 제자리를 얻었으며, 더욱이 구삼효의 지지인 진(辰土)이 상육효의 지지인 유(酉金)를 생해주는 관계이므로 모든 일이 잘 풀린다. 뿐만 아니라 태괘의 괘체는 건(乾金)과 곤(坤土)로 되어 있는데, 세효와 응효의 지지인 진(辰土)과 유(酉金)와 기운이 합치되므로 더욱 길함을 알 수 있다.

군자가 안에서 정치를 하고 소인은 쫓겨나며, 위는 땅이고 아래는 하늘의 상으로, 천지가 사귀어 나라는 태평하고, 사회의 질서는 잘 유지되며, 집안은 평안하다. 많은 재물을 이루어 부족한 사람들을 도운다. 외괘는 토(坤土)이고 내괘는 금(乾金)이므로, 상대방이 나를 돕는다(土生金).

---

[2] 각 괘의 월月계산법은 중천건괘(1)와 중지곤괘(2) 항에서 설명하였다. 태괘의 세효인 구삼효는 양효이므로, 초효부터 삼효까지 세면 인寅에서 끝난다(초효는 자, 이효는 축, 삼효는 인). 지지의 인은 정월(1월)에 해당하므로, 태괘가 정월괘가 되는 것이다. 따라서 정월을 주관하는 괘가 되고, 정월에 태어난 사람은 때를 얻음이 된다.

태괘를 얻는 사람은 신체 건강하고 온화하며, 남녀의 정이 잘 통하고, 혼인도 쉽게 성사된다. 그러나 만족에 지나쳐 자칫 교만하고 기고만장하여 분수외의 일을 욕심내는 일이 있으므로 조심해야 한다. 적은 자본으로 큰 이익을 얻을 수 있고, 작은 노력으로 큰 성과를 얻을 수 있는 순조로운 운이다.

【글귀로 판단하면】

① 否泰循環太過通하니 喜知生育得時豊이라
固基保守前程吉하니 千里張帆得便風이라
비색함과 태평함이 순환해서 큰바퀴 돌아가니/ 나고 기름에 때를 얻어 기쁘기 한량없다/ 근본을 굳게 지켜 앞날이 길해지니/ 천리길 돛단배 순한 바람 만났도다

② 來時盛暑去時春하니 歷盡經年險與迍이라
此去亨衢終不遠하니 推輪終待隴西人하라
올 때는 한여름 이었는데 갈 때는 봄이니/ 험하고 어려운 한 해를 다 지났다/ 지금부터 형통한 운세의 길이 멀지 않으니/ 수레바퀴 밀며 끝까지 농서사람을 기다려라

③ 龍劍久埋光射斗요 大鵬初展翼垂天이라
龍蛇一擧終無礙하니 始覺從茲不滯淹이라
오랫동안 묻힌 용검龍劍이 빛을 발해 북두칠성을 비추고/ 큰 붕새 처음 나래를 펴니 하늘을 가리네/ 용과 뱀이 한번 일어서면 거칠 것이 없으니/ 지금부터 막히고 가리는 것이 없을 것을 알게 되리라

1. 初九(䷋ → ䷊)

【효사와 소상전】 초구는 띠 뿌리를 뽑는 것 같다. 그 무리와 함께 가는 것이니 길하니라. 상에 말하기를 '띠 뿌리를 뽑는 것 같다. 그 무리와 함께 가는

것이니 길함'은 뜻이 바깥에 있는 것이다. 【初九는 拔茅茹라. 以其彙로 征이니 吉하니라. 象曰 拔茅征吉은 志在外也라.】

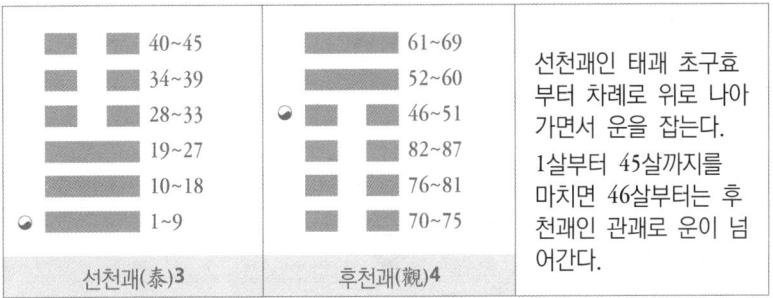

	40~45		61~69	선천괘인 태괘 초구효
	34~39		52~60	부터 차례로 위로 나아
	28~33	◐	46~51	가면서 운을 잡는다.
	19~27		82~87	1살부터 45살까지를
	10~18		76~81	마치면 46살부터는 후
◐	1~9		70~75	천괘인 관괘로 운이 넘어간다.
선천괘(泰)3		후천괘(觀)4		

◆ 양년(갑·병·무·경·임년)일 경우 5

태(11)	대장(34)6	항(32)	소과(62)	예(16)	곤(2)	비(8)	관(20)	익(42)
1	2	3	4	5	6	7	8	9

---

3 사주의 숫자로 괘를 만들어서 태괘 초효에 원당이 있다면, 1~9살까지는 태괘 초효 항을, 10~18살까지는 태괘 이효 항을, …, 40~45살까지는 태괘 상효 항을 가서 살펴보면 된다.

4 46~51살까지는 후천괘인 관괘 사효 항을, 61~69살까지는 관괘 상효 항을, …, 82~87살까지는 관괘 삼효 항을 살펴보면 그 사람의 운이 된다(◐나 ●표시 한 곳이 해당하는 효를 가리키고, 밑에서부터 초효·이효·삼효·사효·오효·상효로 나눈다).

5 해마다의 운인 유년운의 진행은 양효(━)일 때와 음효(╌)일 때가 다른데, 그 자세한 예는 중천건괘(1) 초구효, 중지곤괘(2) 초육효와 육이효, 수뢰둔괘(3) 초구효와 육삼효, 산수몽괘(4) 초육효와 육사효 항에 유년운에 속한 월운月運의 예와 함께 실려있으므로 참고하면 된다.

6 위의 도표에서 '대장(34)'라고 한 것은 괘명은 대장괘大壯卦이고 64괘 중에 34번째 괘라는 뜻이며, '항(32)'라고 한 것은 괘명은 항괘恒卦고 64괘 중에 32번째에 해당한다는 뜻이다. 나머지 괘도 이와같은 방식으로 본다. 따라서 앞의 목차에서 번호의 순서대로 찾으면, 해당하는 괘를 쉽게 찾을 수 있다. 또 월괘月卦에서 '동인·13' 등으로 표시한 것도, 괘명은 동인괘同人卦고 64괘 중에 13번째라는 뜻이다.

◆ 음년(을·정·기·신·계년)일 경우

승(46)	항(32)	대장(34)	풍(55)	진(51)	복(24)	둔(3)	익(42)	관(20)
1	2	3	4	5	6	7	8	9

◆ 월괘

명이·36	기제·63	복·24	이·27	진·51	예·16	수·17	태·58	무망·25	동인·13	비·12	관·20
1월	2월	3월	4월	5월	6월	7월	8월	9월	10월	11월	12월

◆ 일괘 7

태(초구)	명이·36	림·19	대장·34	수·5	대축·26

【총괄해서 판단하면】

8 이 효는 같은 부류끼리 나아가는 상으로 같이 힘을 합해 큰 일을 하는 것을 설명한 것이다. 그러므로 운이 맞는 사람은, 고귀하고 현명하며 바르고 큰 인물이라서, 군자를 가까이 하고 소인을 멀리하며, 공을 우선으로 삼고 사적인 것을 잊으며, 국가를 먼저 생각하고 자신의 집안을 나중

---

7 그 날의 운(日運)과 더 세분해서 시운時運을 알고 싶으면, 앞의 일괘日卦와 시괘時卦 설명을 참조해서 계산하면 된다. 자세한 예는 건(1)~송(6)괘의 초효 항에 있으므로 참고바람.

8 此爻是類進之象 而與其大行之占者也 故叶者 高明正大 親君子 遠小人 公而忘私 國而忘家 立功名 亨富貴 不叶者 亦朋輩協理 氣合道同 而成立不難 歲運逢之 在仕則同寅協恭 而超遷有基 在士則同道尚德 而飛騰有日 在庶俗則同志合謀 則財利日增

으로 생각하니, 공명을 이루고 부귀를 누린다.

운이 맞지 않는 사람도 또한 친구와 동료에게 이치로 협동하며, 기질을 합하고 도가 같으니, 어려운 일이 없다.

세운을 만나면, 공직자는 같은 동료끼리 협조하고 직분을 다해서 도모하는 일을 이루고 다같이 영전한다. 구직자는 도와 덕을 같이하며 숭배하니, 날로 그 명성이 높아진다.

일반인은 뜻이 맞는 사람끼리 같이 도모하니, 재산이 날로 늘어난다.

【글귀로 판단하면】

① 三陽方始泰하니 君子道通時라
同類皆升進하니 前程事事宜라
세 양陽이 태평하기 시작하니/ 군자의 도가 통하는 때이다/ 동류가 모두 승진하니/ 앞길의 일마다 좋아진다

② 職居臣位祿非一이요 外進良朋好結交라
功業一朝期有地하니 秋回方覺起英豪라
직책은 신하자리에 있으나 복록은 한가지가 아니고/ 바깥으로 좋은 벗을 진출시키니 사교활동 좋아진다/ 하루아침에 공과 업적의 터전 세우니/ 가을되면 영웅호걸이 일어날 것이다

③ 東邊事│ 西邊成하고
風掃月華明이요 高樓弄笛聲이라
동쪽 일은 서쪽에서 이루어지고/ 바람이 구름 쓸어내니 달빛 밝게 비추고/ 높은 누각 젓대소리 풍류를 희롱하네

2. 九二(䷋→䷒)

【효사와 소상전】구이는 거친 것을 포용하며, 걸어서 하수를 건너는 용기가 있으며, 먼 것을 버리지 않으며, 붕당을 없애면, 중도로 행함에 합치됨을 얻

을 것이다. 상에 말하기를 '거친 것을 포용하며, 걸어서 하수를 건너는 용기가 있으며, 먼 것을 버리지 않으며, 붕당을 없애면, 중도로 행함에 합치됨을 얻을 것'은 빛나고 큼이다. 【九二는 包荒하며 用馮河하며 不遐遺하며 朋亡하면 得尚于中行하리라. 象曰 包荒得尚于中行은 以光大也라.】

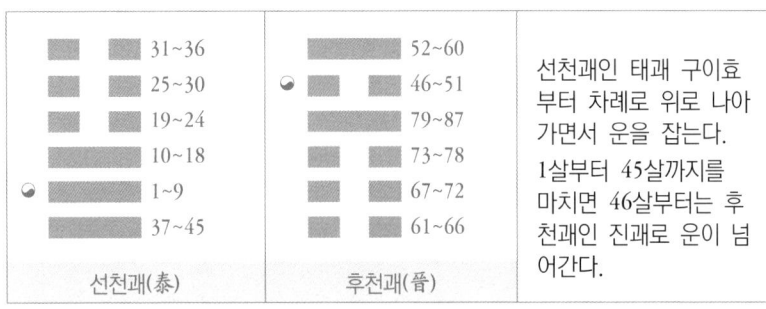

◆ 양년(갑·병·무·경·임년)일 경우

태(11)	수(5)	기제(63)	둔(3)	수(17)	진(51)	서합(21)	진(35)	미제(64)
1	2	3	4	5	6	7	8	9

◆ 음년(을·정·기·신·계년)일 경우

명이(36)	기제(63)	수(5)	절(60)	태(58)	귀매(54)	규(38)	미제(64)	진(35)
1	2	3	4	5	6	7	8	9

◆ 월괘

림·19	손·41	귀매·54	해·40	태·58	수·17	리·10	건·1	송·6	환·59	비·12	진·35
1월	2월	3월	4월	5월	6월	7월	8월	9월	10월	11월	12월

◈ 일괘

	6	12	18	24	30
	5	11	17	23	29
	4	10	16	22	28
	3	9	15	21	27
	2	8	14	20	26
	1	7	13	19	25
태(구이)	림·19	대장·34	수·5	대축·26	승·46

【총괄해서 판단하면】

9 이 효는 강중한 덕이 있어서 크게 보좌하는 신하가 됨을 설명한 것이다. 그러므로 운이 맞는 사람은, 국량이 커서 잘 포용하고 잘 걷어들이며 잘 모으되, 멀다고 어기고 버리지 않으며, 친하다고 특별히 잘 돕지 않으며, 중정한 덕으로 아부하지 않으니, 태평한 세상을 여는 일을 감당할 수 있어서 부귀를 유구하게 누리는 자이다.

운이 맞지 않는 사람도 삼가고 후덕한 사람으로, 지방에서 중요한 유지로 추대되며, 크게 부유하고 실속이 있는 사람이다.

세운을 만나면, 공직자는 변방의 땅을 지키거나 강이나 호수를 지키는 직책이다. 혹 대중大中·중봉中奉·중서성中書省 등 '중中'자가 들어가는 직책을 뜻하기도 한다. 구직자는 임용되어 이름을 날리고, 경영하고 꾀하는 일에 이익을 얻는다. 일반인은 반드시 존귀한 사람을 만난다. 거처할 곳에 들어가지 못하고, 또 지위를 얻지 못하면 변해서 명이괘 육이효가 되니, 윗사람에게 손해가 가거나 언어로 인한 잘못이 있게 된다.

【글귀로 판단하면】

① 中道無悔吝이요 安靜也防虞라

---

9 此爻是有剛中之德 而爲保大之臣者也 故叶者 量大能容 兼收並蓄 不以遠而違 不以親而比 中正不阿 足以開太平之業 而富貴悠久 不叶者 亦不失爲謹厚之士 而鄉里推重 富有殷實 歲運逢之 在仕則有禦邊疆 守江湖 或大中中奉中書省之類 在士則進取成名 營謀者獲利 常俗必遇尊貴 如不入局 不得位 則變明夷二爻 防長上有損 言語有傷

垂釣江頭鯉하니 山前起兩居라

도에 맞게 하니 뉘우치고 인색할 일 없고/ 편안하고 고요하니 근심걱정 밝아진다/ 강가에서 낚시 드리워 잉어 잡으니/ 산앞에 두 채의 집을 지었네

② 擬泛孤舟出翠微하니 花邊釣處白魚肥라

就中無限烟波景에 釣罷金鱗滿載歸라

외로운 배 띄워 산기슭 돌아가니/ 꽃가에 낚시터 흰고기 살쪘다/ 그 가운데 끝없는 안개 낀 물결 경치에/ 금빛비늘 낚아내어 가득 싣고 돌아온다

③ 用剛能果斷하고 荒穢盡包容이라

遐邇無遺愛하니 無私道得中이라

강함을 쓰니 과단성이 있고/ 황량하고 더러운 것을 다 포용한다/ 멀거나 가까우나 빠짐없이 사랑하니/ 사사로움 없는 중도를 얻었다

3. 九三(☷→☶)

【효사와 소상전】 구삼은 평평한 것은 기울어지지 않음이 없으며 간 것은 돌아오지 않는 것이 없으니, 어렵게 생각하고 바르게 하면 허물이 없어서, 근심하지 않더라도 미덥다. 녹을 먹는 데 복이 있으리라. 상에 말하기를 '간 것은 돌아오지 않는 것이 없다'고 한 것은 하늘과 땅이 사귀는 것이다.【九三은 无平不陂며 无往不復이니 艱貞이면 无咎하야 勿恤이라도 其孚라 于食애 有福하리라. 象曰 无往不復은 天地際也라.】

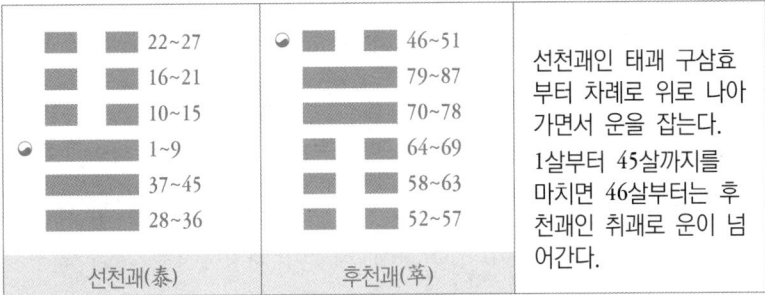

선천괘인 태괘 구삼효부터 차례로 위로 나아가면서 운을 잡는다. 1살부터 45살까지를 마치면 46부터는 후천괘인 취괘로 운이 넘어간다.

◆ 양년(갑·병·무·경·임년)일 경우

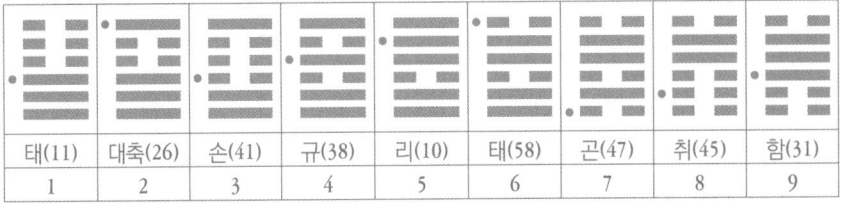

태(11)	대축(26)	손(41)	규(38)	리(10)	태(58)	곤(47)	취(45)	함(31)
1	2	3	4	5	6	7	8	9

◆ 음년(을·정·기·신·계년)일 경우

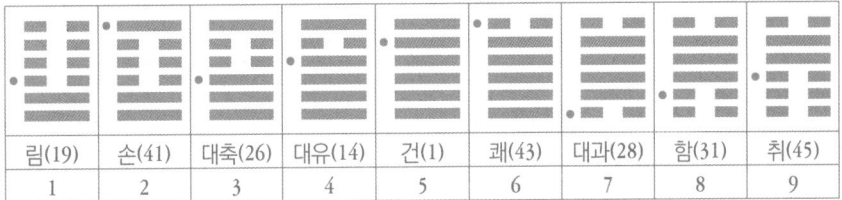

림(19)	손(41)	대축(26)	대유(14)	건(1)	쾌(43)	대과(28)	함(31)	취(45)
1	2	3	4	5	6	7	8	9

◆ 월괘

대장·34	항·32	쾌·43	혁·49	건·1	리·10	구·44	손·57	돈·33	려·56	비·12	취·45
1월	2월	3월	4월	5월	6월	7월	8월	9월	10월	11월	12월

◆ 일괘

태(구삼)	대장·34	수·5	대축·26	승·46	명이·36
	6 5 4 3 2 1	12 11 10 9 8 7	18 17 16 15 14 13	24 23 22 21 20 19	30 29 28 27 26 25

【총괄해서 판단하면】

10 이 효는 장차 비색해지려고 하는 때에, 태평함을 다스려서 복을 이루게 하는 자를 설명한 것이다. 그러므로 운이 맞는 사람은, 어렵고 위태하게 될 것을 걱정하고, 정치政治를 함에 바르고 굳게 하며, 사람으로서 할 일을 다함으로써 비색해지려고 하는 하늘의 운행을 조금이라도 늦추고 돌이켜 보려고 힘쓰는 자이다. 따라서 세상이 태평해지는 복이 쇠하지 않고 유지된다.

운이 맞지 않는 사람은, 혹 이루고 혹 망하며, 어려운 가운데서도 복을 얻게 된다.

세운을 만나면, 공직자는 힘이 들기는 하지만 소임의 어려움을 극복해 내니, 마땅히 소인의 시기와 질투를 막아야 한다. 구직자는 자신이 소유한 바를 굳게 보존하고 요행을 바라면서 이름을 구하려고 나가서는 안된다. 일반인은 마땅히 전전긍긍하며 스스로를 갈무리함으로써 자신과 집안을 보존해야 한다.

대개 어렵고 힘든 때이니, 물러나고 양보하면 공이 있게 되고, 상대방에게 삼가하고 후하게 대하면 편안해진다. 그렇지 않으면 소인이 침범해서 능멸을 당하며, 모든 일에 막히게 된다.

【글귀로 판단하면】

① 和不和｜同不同하니

翻雲覆雨已成空이나 進退須防終有功이라

불화한 것을 화합시키고 같지 않은 것을 같게 하니/ 휘도는 구름 쏟아지는 비 이미 다 없어졌으나/ 나아가나 물러가나 조심해 막아야 끝내

---

10 此爻是治泰於將否之時 終於致福者也 故叶者 艱危其思慮 正固其施爲 盡人事 以挽回乎天運 而太寧之福 可亨於不替 不叶者 或成或敗 艱中獲福 歲運逢之 在仕宜克艱厥任 當防小人妬忌之奸 在士宜保其所固有 不可圖倖進之名 在庶俗宜 戰兢自持 以保其身家 大抵宜艱難中退步則有功 謹厚則安 不然 小人侵凌 每事 見阻

공이 있으리라

② 進步忽生疑요 居安有福基라

月圓雲散後에 萬里見光輝라

나아가면 홀연히 의심이 생기고/ 편안히 그 자리에 있으면 복이 있게 된다/ 달은 둥글고 구름은 흩어진 뒤에/ 온 누리에 빛 보게 되리라

③ 往而須必復이니 安處用防危하라

居正存誠信이면 災消福自隨라

가면 반드시 돌아와야 하니/ 편안히 그 자리에 거처해서 위험을 막으라/ 바르게 살고 성실과 믿음 있게 하면/ 재앙은 사라지고 복이 절로 따를 것이다

4. 六四 (☷ → ☰)

【효사와 소상전】 육사는 빠르게 날아 부유하지 않아도 그 이웃과 같이 해서, 경계하라는 말을 하지 않아도 믿는도다. 상에 말하길 '빠르게 날아 부유하지 않음'은 다 실질을 잃음이요, '경계하지 않아도 믿는 것'은 중심으로 원하기 때문이다. 【六四는 翩翩히 不富以其鄰하야 不戒以孚로다. 象曰 翩翩不富는 皆失實也오 不戒以孚는 中心願也라.】

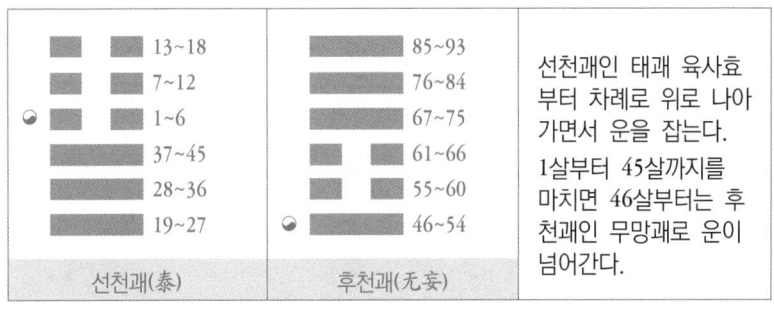

선천괘인 태괘 육사효부터 차례로 위로 나아가면서 운을 잡는다. 1살부터 45살까지를 마치면 46살부터는 후천괘인 무망괘로 운이 넘어간다.

◈ 양년 음년 똑같음

대장(34)	쾌(43)	건(1)	구(44)	돈(33)	비(12)
1	2	3	4	5	6

◈ 월괘

수·5	기제·63	소축·9	중부·61	손·57	구·44	점·53	간·52	관·20	비·8	비·12	무망·25
1월	2월	3월	4월	5월	6월	7월	8월	9월	10월	11월	12월

◈ 일괘

	6 5 4 3 2 1	12 11 10 9 8 7	18 17 16 15 14 13	24 23 22 21 20 19	30 29 28 27 26 25
태(육사)	수·5	대축·26	승·46	명이·36	림·19

【총괄해서 판단하면】

11 이 효는 소인이 힘을 합해 같이 나아가는 때를 설명한 것이다. 그러므로 운이 맞는 사람은, 막힘이 많고 의심이 많아 심지가 오락가락한다. 혹은 얻고 혹은 잃으니, 공과 이름을 온전히 보전하기 어렵다. 나그네가 되어 바쁘게 떠돌기도 하고, 가진 고생끝에 집안을 유지하게 된다.

운이 맞지 않는 사람은, 혹 이웃의 귀인에게 의탁하고 부유로운 친척에게 의지하며 산다.

세운을 만나면, 이미 공직자는 물러나 피하고, 벼슬하려고 하는 사람은

---

11 此爻是小人並進之時者也 故叶者 多阻多疑 心志不一 或得或失 功名難全 奔馳作旅 辛苦成家 不叶者 或倚托隣貴 倚仗親富 歲運逢之 已仕者退避 進取難成 營謀失利 居鬧有謗 依止則脫禍 化工全 則出仕於遠僻 勞碌不暇

이루기 어렵다. 경영해서 꾀하는 일은 이익을 잃게 되고, 시끄럽고 다투는 자리에 있으면 비방하는 소리를 듣게 되니, 제자리에서 그쳐 있으면 화를 면하게 된다. 화공化工이 온전하다면 멀리 벽지에서 벼슬길에 올라 자잘한 일에 쉴 여가가 없게 된다.

【글귀로 판단하면】
① 失實漫高飛하니 賓鴻去未歸라
   山前一子立하니 只是好前施라
   실속을 잃고 공연히 높이 날으니/ 나그네 기러기 가서는 돌아오지 않는다/ 산앞에 새끼 한마리 서 있으니/ 다만 재롱부리는 것이 좋을 뿐이다

② 小人將害正일새 以類自相從이나
   君子宜深戒니 須防或致凶하라
   소인이 장차 바른 사람 해치려고/ 동류끼리 서로 모인다/ 군자가 마땅히 깊이 경계해야 하니/ 혹 흉한 일 올 것을 방비하라

③ 心不足ㅣ 事不足하니
   一面之東又向西나 透徹重關亦有時라
   마음도 부족하고 일도 부족하니/ 한편은 동으로 가고 또 한편은 서로 가나/ 거듭된 관문 뚫을 날 또한 때가 있다

5. 六五(䷊ → ䷽)

【효사와 소상전】 육오는 제을이 누이를 시집보냄이니, 복이 있으며 크게 착하고 길할 것이다. 상에 말하기를 '복이 있으며 크게 착하고 길할 것이다'는 중도로 함으로써 원하는 것을 행함이다. 【六五는 帝乙歸妹니 以祉며 元吉이리라. 象曰 以祉元吉은 中以行願也라.】

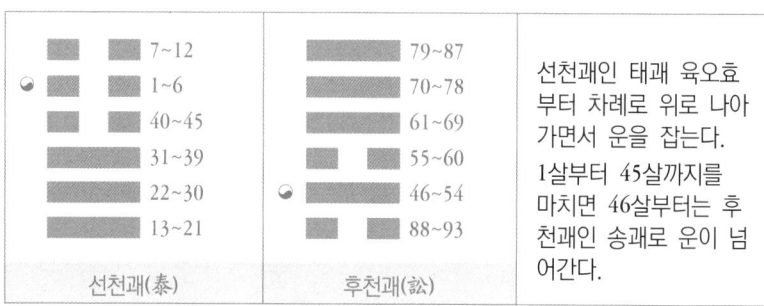

선천괘인 태괘 육오효부터 차례로 위로 나아가면서 운을 잡는다.
1살부터 45살까지를 마치면 46살부터는 후천괘인 송괘로 운이 넘어간다.

◆ 양년 음년 똑같음

수(5)	소축(9)	손(57)	점(53)	관(20)	비(12)
1	2	3	4	5	6

◆ 월괘

대축·26	손·41	고·18	정·50	간·52	점·53	박·23	곤·2	진·35	서합·21	비·12	송·6
1월	2월	3월	4월	5월	6월	7월	8월	9월	10월	11월	12월

◆ 일괘

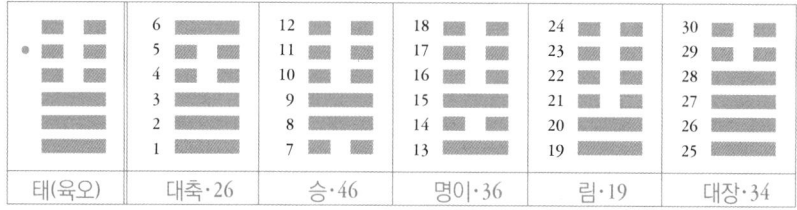

태(육오)	대축·26	승·46	명이·36	림·19	대장·34

【총괄해서 판단하면】

12 이 효는 아래에 있는 현인에게 정성으로 나아감으로써 천하의 다스림

12 此爻是下賢以誠而進以格天之治者也 故叶者 富貴不驕 恭謙持己 或賢室助己 貴子克家 富貴不甚勞力 但權不由己 女命得此 勤儉成家 不叶者 亦中正吉人 不施威而人自平服 生平安樂 內助有功 歲運逢之 在仕主有遷除 或有喜事 在仕則

을 이루는 것을 설명한 것이다. 그러므로 운이 맞는 사람은, 부귀하나 교만하지 않고, 공손하고 겸손함으로써 처신한다. 혹 어진 아내가 자기를 돕고, 귀한 자식이 집안을 일으키니, 크게 노력하지 않아도 부귀하게 된다. 다만 권세가 자신에게 있지는 않다. 여자가 이를 얻으면 근면하고 검소해서 집안을 일으켜 세운다.

운이 맞지 않는 사람도 또한 중정한 덕이 있는 길한 사람으로, 사람들에게 위엄으로 대하지 않아도 사람들이 스스로 복종한다. 평생 안락한 삶을 누리며, 내조의 도움을 받는다.

세운을 만나면, 공직자는 영전하거나 기쁜 일이 생긴다. 구직자는 과거에 급제하는 기쁨이 있게 된다. 일반인은 주로 사람들의 천거를 받으며, 혹은 결혼해서 자식을 기르는 등, 백가지 복이 다 모여든다.

【글귀로 판단하면】

1 進女皆居正하니 居尊元吉亨이라 高人携木至하니 十八子驚春이라
여자가 나가서 다 바른 자리에 있으니/ 존귀한 자리에 있어도 크게 길하고 형통하다/ 높은 사람이 나무(봄)를 끌고 오니/ 아들 열여덟(李)이 봄빛에 놀란다

2 添一人ㅣ 得一寶하니 事周圓ㅣ 門外註라
한 사람을 더하고/ 한 보물을 얻으니/ 모든 일 원만해서/ 문밖에 기록했다

6. 上六(☷→☶)

【효사와 소상전】상육은 성이 무너져 터에 돌아옴이라. 군사를 쓰지 말아야 하고, 읍(마음)으로부터 명령을 고함이니 바르고 굳게 하더라도 인색하니라.

有步蟾之兆 在庶俗主得人擡擧 或結姻生育 而百福悠集

상에 말하기를 '성이 무너져 터로 돌아왔다' 함은 그 명이 어지러워짐이라.
【上六은 城復于隍이라. 勿用師오 自邑告命이니 貞이라도 吝하니라. 象曰
城復于隍은 其命이 亂也라.】

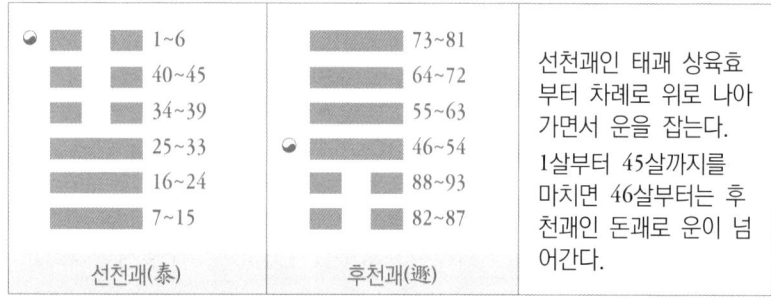

◆ 양년 음년 똑같음

대축(26)	고(18)	간(52)	박(23)	진(35)	비(12)
1	2	3	4	5	6

◆ 월괘

승·46	항·32	겸·15	건·39	곤·2	박·23	예·16	진·51	취·45	곤·47	비·12	돈·33
1월	2월	3월	4월	5월	6월	7월	8월	9월	10월	11월	12월

◆ 일괘

	6	12	18	24	30
	5	11	17	23	29
	4	10	16	22	28
	3	9	15	21	27
	2	8	14	20	26
	1	7	13	19	25
태(상육)	승·46	명이·36	림·19	대장·34	수·5

【총괄해서 판단하면】

13 이 효는 비색해지려는 것을 다스려 태평함을 보존하려다가, 끝내 비색해져서 부끄러움을 당한 자를 설명한 것이다. 그러므로 운이 맞는 사람은,

자신을 낮추고 검약하며, 규모를 축소해서 경영하나, 끝내는 막히고 좌절되어 허물을 부르게 된다.

운이 맞지 않는 사람은, 자신의 굳셈만을 자랑하다가, 집안은 물론 자신마저 망하고, 큰 것이 작은 것이 되어 버린다.

세운을 만나면, 공직자는 귀양가고 내침을 당하며, 구직자는 수치스러운 욕을 당한다. 일반인은 재물이나 가정이 파손되고 질병이 들며, 수명을 다하기가 어렵다. 오직 삼가고 후중한 덕으로 상대방을 대하여야 화를 면할 수 있다.

【글귀로 판단하면】

1 淆亂命不行하니 終久敷復否라
　行師外可憂요 蓄衆內防毁라
　어지러워 명령대로 되지 않으니/ 오래되어 끝에 가면 다시 비색해질 수이다/ 군사를 행함은 바깥의 근심 때문이고/ 무리를 기름은 내부의 훼손을 막음이라

2 悲似喜ㅣ 喜似悲하니
　蹙破遠山眉나 門前事苍疑라
　슬픈 것도 기쁜 것 같고/ 기쁜 것도 슬픈 것 같으니/ 공연히 먼 산 기슭을 주물렀다 터트리나/ 문 앞의 일이나 잘 살펴라

3 泰極將成否하니 人心不順從이라
　未宜有施用이니 雖正亦惟凶이라
　태평함이 극에 가면 장차 비색하게 되니/ 인심이 순히 따르지 않는다/ 일을 벌리는 것이 좋지 않으니/ 비록 바르게 하더라도 또한 흉해지리라

---

13 此爻是欲保于治否之後 而終以致羞者也 故叶者 卑約自處 庶幾小立規模 然終見阻挫而招咎 不叶者 誇己逞强 家破身亡 自大化小 歲運逢之 在仕遭謫貶 在士遭羞辱 在庶俗有破損 有疾病 難於壽 惟謹厚免禍

天地否(12)
乾上 坤下
천 지 비

비괘 개요

【괘사와 대상전】 비(否)는 사람의 도가 아니니, 군자의 바름이 이롭지 않으니, 큰 것(양)이 가고 작은 것(음)이 오느니라. 상에 말하기를 하늘과 땅이 사귀지 않는 것이 비괘니, 군자가 본받아서 덕을 검소하게 하고 어려운 것을 피해서, 녹(벼슬)으로써 영화롭게 하지 말 것이니라. 【否之匪人이니 不利君子貞하니 大往小來니라. 象曰 天地不交 否니 君子 以하야 儉德辟難하야 不可榮以祿이니라.】

【총괄해서 판단하면】

※ 否卦 납갑표

[1] 이 괘를 얻은 자는 상괘의 세 효는 군자의 도이고 길하며, 하괘의 세 효는 소인의 도이고 흉하다. 건궁의 3세괘로 7월에 속한다. 내괘의 납갑은 을미·을사·을묘이고, 외괘의 납갑은 임오·임신·임술이며, 계묘·계사·계미와 갑오·갑술·갑신을 빌려서도 쓴다. 7월에 태어난 사람과, 태어난 년도의 간지가 납갑의 간지 및 차용납갑의 간지와 합치되는 사람은 공명과 부귀를 누리게 된다.[2]

---

[1] 得此卦者 上三爻爲君子之道 吉 下三爻爲小人之道 凶 乾宮三世 卦屬七月 納甲是乙未乙巳乙卯 壬午壬申壬戌 借用癸卯癸巳癸未 甲午甲戌甲申 若生於七月及納甲者 功名富貴人也

운세로 보면 ① 천지비괘(☰☷)는 상괘는 건(☰)이고 하괘는 곤(☷)이며, 호괘로는 손(☴)과 간(☶)이 있다. 바람이 산과 땅으로 부는 상으로, 만물을 두루 발양시키고자 하나, 간(☶)은 그치게 하는 뜻으로 발양하지 못하게 하고, 우레와 못(호수)이 없어서 서로 응하지를 못한다. 그러므로 산과 땅의 풀과 나무가 마르게 되어, 씨앗과 열매가 발아하고 맺지를 못한다. 금하고 막아서 통하지를 못하니, 군자는 비색(否塞)한 상이 된다.

② 비괘와 태괘를 논함(論否泰二卦)

어떤 사람이 태괘(☰☷)를 얻음에, 단순히 태는 태평한 뜻이니 그 괘명이 심히 좋다고 하는 것은, 태평함이 끝나면 비색함이 오고, 비색함이 끝나면 태평함이 온다는 것을 모르기 때문이다. 태괘(☰☷)와 비괘(☰☷)의 수는 덜고 더함에 달려있는 것이다.

즉 오직 갑(건)·을(곤)과 미·신(곤) 그리고 술·해(건)와 임(건)·계(곤)의 건(☰)과 곤(☷)이 이 두 괘를 생하나, 사람이 얻어서 길하고 길하지 못함을 얻는 것은, 태괘(☰☷)에는 진괘(☳)와 태괘(☱)가 숨겨져 있어서 봄과 가을에 화공이 있고, 비괘에는 없어서 사계절을 통해 화공이 전혀 없기 때문이다. 이렇기 때문에 괘를 살필 때는 깊이 의논해 봐야 하는 것이다.

【팔궁세혼법으로 판단하면】

건궁의 삼공三公괘로, 육삼효(삼공)가 세효가 되고 종묘에 해당하는 상구효가 응효가 된다. 세효와 응효가 모두 제자리를 얻지 못했고, 세효의 지지인 묘(卯木)가 응효의 지지인 술(戌土)을 극하여 일이 막히고 뜻대로

---

2 각 괘의 월月 계산법은 중천건괘(1)와 중지곤괘(2) 항에서 설명하였다. 비괘의 세효인 육삼효는 음효이므로, 초효부터 삼효까지 세면 신申에서 끝난다(초효는 오, 이효는 미, 삼효는 신). 지지의 신은 7월에 해당하므로, 비괘가 7월괘가 되는 것이다. 따라서 7월을 주관하는 괘가 되고, 7월에 태어난 사람은 때를 얻음이 된다.

안되는 것 같으나, 다행히 묘와 술은 합이 되고(오행상으로는 상극하지만), 또 서로 음과 양으로 응하므로 길과 흉이 반반이 된다. 단지 음의 도는 자라나고 양의 도는 사그러지는 때이고, 하늘의 기운은 위로만 올라가고 땅의 기운은 아래로만 내려가서 불화하므로, 큰 일을 하지는 못한다.

모든 일이 시운에 역행하니, 눈앞에 해는 뜨나 구름에 가린 형국이다. 그러나 꾸준히 참고 관망하며 기다리면, 겉으로는 막혀서 되지 않는 것 같아도, 조금씩 숨통이 트이게 된다. 평생에 전반기는 어렵고 막혔으나, 후반기는 조금씩이나마 나아진다. 수지균형이 맞지 않고, 가정불화 또는 사실무근한 일로 누명을 쓰는 일이 발생하기 쉬우니, 조심하고 조심해야 한다. 또 모든 일에 현상유지를 최고의 목표로 삼아야 탈이 없다. 투자는 많고 수입은 없는데, 오히려 지출만 계속해 느는 격이다. 무리한 투자와 과욕을 버리고, 여유로운 마음으로 훗날을 기다리며, 모든 일에 있어 겉으로 드러내지 말고, 실질적인 잇속을 챙기도록 노력하여야 한다. 대체적으로 전반은 어렵지만 후반으로 갈수록 조금씩 나아지는 운이다.

【글귀로 판단하면】

① 居祿不容祿이요 謀高位未高라
　自酬君子志인댄 上進挺英豪라
　녹먹는 자리에 있건만 녹을 먹지 못하고/ 높아지려 하나 높아지지 않는다/ 군자의 뜻에 보답하려면/ 호걸들을 발탁해서 높은 자리로 올려 보내라

② 去路縱如千里遠이나 冲天難得一回飛라
　彩雲秋後眞堪羨나 酌酒高歌對落暉라
　갈길이 천리같이 먼데/ 하늘을 찌르는 재주있어도 날개 한번 펴지 못한다/ 가을하늘 채색구름 참으로 부러우나/ 술따르고 노래부르며 석양빛을 마주했다

③ 天時未至且韜光이니 逐祿求名事可傷이라

*但得良晨光欲發*이면 *此時著力又何妨*가

천시가 아직 이르지 않았으니, 또한 빛을 감춰야 하건만/ 녹을 쫓고 이름을 구하니 슬픈 일이다/ 좋은 아침 되어 빛이 발하게 되면/ 이때에 힘을 쓴들 무슨 방해가 있겠는가?

1. 初六 (☷ → ☳)

【효사와 소상전】 초육은 띠뿌리를 뽑는 것과 같다. 그 무리로써 바르게 함이니 길해서 형통하니라. 상에 말하기를 '띠뿌리를 뽑는 것과 같다. 그 무리로써 바르게 함이니 길함'은 뜻이 임금에게 있음이라. 【初六은 拔茅라. 以其彙로 貞이니 吉하야 亨하니라. 象曰 拔茅貞吉은 志在君也라.】

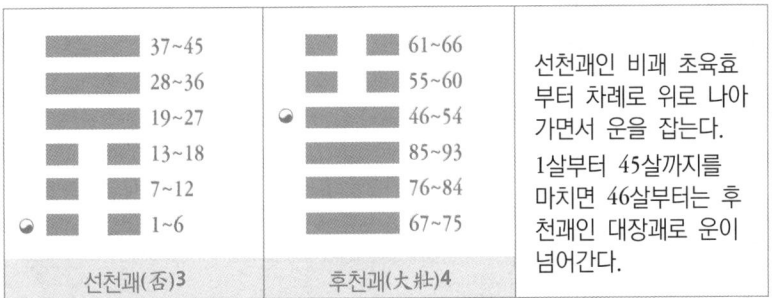

선천괘인 비괘 초육효부터 차례로 위로 나아가면서 운을 잡는다.
1살부터 45살까지를 마치면 46살부터는 후천괘인 대장괘로 운이 넘어간다.

---

3 사주의 숫자로 괘를 만들어서 비괘 초효에 원당이 있다면, 1~6살까지는 비괘 초효 항을, 7~12살까지는 비괘 이효 항을, ⋯, 37~45살까지는 비괘 상효 항을 가서 살펴 보면 된다.

4 46~54살까지는 후천괘인 대장괘 사효 항을, 61~66살까지는 대장괘 상효 항을, ⋯, 85~93살까지는 대장괘 삼효 항을 살펴보면 그 사람의 운이 된다(◐나 ●표시 한 곳이 해당하는 효를 가리키고, 밑에서부터 초효·이효·삼효·사효·오효·상효로 나눈다).

◆ 양년 음년 똑같음[5]

무망(25)[6]	리(10)	건(1)	소축(9)	대축(26)	태(11)
1	2	3	4	5	6

◆ 월괘

송·6	미제·64	구·44	대과·28	손·57	소축·9	고·18	간·52	승·46	사·7	태·11	대장·34
1월	2월	3월	4월	5월	6월	7월	8월	9월	10월	11월	12월

◆ 일괘 [7]

비(초육)	송·6	돈·33	관·20	진·35	췌·45

---

5 해마다의 운인 유년운의 진행은 양효(⎯)일 때와 음효(⎯ ⎯)일 때가 다른데, 그 자세한 예는 중천건괘(1) 초구효, 중지곤괘(2) 초육효와 육이효, 수뢰둔괘(3) 초구효와 육삼효, 산수몽괘(4) 초육효와 육사효 항에 유년운에 속한 월운月運의 예와 함께 실려 있으므로 참고하면 된다.

6 위의 도표에서 '무망(25)'라고 한 것은 괘명은 무망괘无妄괘고 64괘 중에 25번째 괘라는 뜻이며, '태(11)'이라고 한 것은 괘명은 태괘泰괘고 64괘 중에 11번째에 해당한다는 뜻이다. 나머지 괘도 이와같은 방식으로 본다. 따라서 앞의 목차에서 번호의 순서대로 찾으면, 해당하는 괘를 쉽게 찾을 수 있다. 또 월괘月卦에서 '대장·34' 등으로 표시한 것도, 괘명은 대장괘大壯卦고 64괘 중에 34번째라는 뜻이다.

7 그 날의 운(日運)과 더 세분해서 시운時運을 알고 싶으면, 앞의 일괘日卦와 시괘時卦 설명을 참조해서 계산하면 된다. 자세한 예는 건(1)~송(6)괘의 초효 항에 있으므로 참고바람.

【총괄해서 판단하면】

8 이 효는 바른 데로 돌이킬 수 있어서 길함을 얻은 자를 설명한 것이다. 그러므로 운이 맞는 사람은, 명예를 얻은 사람이 많다. 조상을 바꾸어 외지에 나가 입신하며, 가까운 사람을 어기고 먼 사람을 따른다. 뜻은 임금을 걱정하고, 마음은 사사로운 이익이 없으니, 국가의 우환거리가 되지 않고, 자신의 복을 잃게 되지 않는다.

운이 맞지 않는 사람은, 때를 살펴서 나아가고, 기미를 알아서 물러난다. 그러나 어렵고 힘든 때를 만났기 때문에 중정한 도를 행하기 어렵다. 겨우 자신의 몸과 집안을 보존하고, 기울어지고 위태한 근심을 없게 할 뿐이다.

세운을 만나면, 벼슬해서 직책을 받으려는 사람은 결원을 기다리는 중이며, 직책을 맡아 지위에 있는 자는 참소를 막아야 한다. 구직자는 기회를 만나기 어렵고, 일반인은 옛 것을 지킬 뿐이다. 대개 소인의 도가 자라나는 시기이므로, 효사가 좋다 하더라도 잘되기는 어려운 것이다. 소인이 연합해서 방해하고 참소하는 것을 막아야 한다.

【글귀로 판단하면】

① 守靜而株退不宜니 濟時否泰兩來期라

鹿行前進本無咎나 鼠帶文書可豫知라

소신을 지켜야지 물러남은 마땅치 않으니/ 비색함과 태평함의 갈래길을 구제하는 시기이다/ 사슴(권력) 잡으러 앞으로 가는 것은 본래 허물이 없으나/ 쥐(子)가 문서를 띠었으니 앞일을 미리 알조다

② 相引更相牽하니 陰陽喜自然이라

---

8 此爻是能反於正而得吉者也 故叶者 多名譽之人 改祖外立 違近從遠 志在憂君 心不私己 不爲國家之患 不失在己之福 不叶者 度時而進 知幾而退 惟逢艱難之時 難行中正之道 僅可保其身家 而無傾危之憂 歲運逢之 在仕受職者待缺 居位者防讒 在士則機會難逢 在庶俗守舊 蓋小人道長之時 縱爻辭美 不足羨也防小人牽連之事

施爲無利祿이나 愁事轉團圓이라

서로 당기고 다시 끄니/ 음양이 자연히 즐거워한다/ 하는 일에 이익과 녹이 없으나/ 근심스러운 일이 도리어 잘 풀리게 된다

③ 前途方否塞하니 同衆且安常이라

靜守無非吉이요 狂圖便致災라

앞길이 곧 비색해지니/ 여러사람과 같이 하고 또 편안히 상도를 이행하라/ 고요하게 지키고 있으면 길하지 않음이 없고/ 미친 듯이 도모하면 곧 재앙이 온다

2. 六二(☱→☵)

【효사와 소상전】육이는 감싸고 받드는 것이니, 소인은 길하고 대인은 비색하게 함이니 도에는 형통하니라. 상에 말하기를 '대인은 비색하게 함이니 도에는 형통함'은 무리 속에 어지럽게 섞이지 않은 것이다.【六二는 包承이니 小人은 吉코 大人은 否니 亨이라. 象曰 大人否亨은 不亂群也라.】

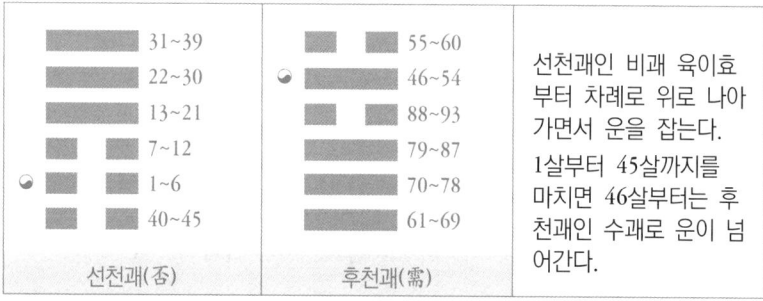

◆ 양년 음년 똑같음

송(6)	구(44)	손(57)	고(18)	승(46)	태(11)
1	2	3	4	5	6

◈ 월괘

돈·33	함·31	점·53	가인·37	간·52	고·18	겸·15	곤·2	명이·36	풍·55	태·11	수·5
1월	2월	3월	4월	5월	6월	7월	8월	9월	10월	11월	12월

◈ 일괘

비(육이)	돈·33	관·20	진·35	취·45	무망·25

【총괄해서 판단하면】

9 이 효는 소인이 선한 것을 상하게 하려는 마음이 없음으로 해서 길함을 얻는 자를 설명한 것이다. 그러므로 운이 맞는 사람은, 중정한 덕을 갖고 있는 귀인으로, 너그러움으로 포용하고 고요히 그쳐 있음으로써 움직일 때를 기다린다. 어지러움을 다스려 다스려지는 때로 돌이키며, 비색한 것을 돌이켜 태평함으로 만드니, 복과 은혜가 무궁하다. 비록 때때로 막히고 좌절되지만 또한 별 어려움이 안된다.

운이 맞지 않는 사람은, 세속에 휩싸여 현명하고 현명치 못한 사이를 오간다. 이름은 있지만 바르지 못하고, 녹봉은 있지만 진실하지 못하니, 사랑으로 현재의 위치를 지키면 화를 면한다.

세운을 만나면, 공직자는 기미를 보고 미리 피해야 하며, 구직자는 마땅히 자신의 실력을 감추고 때를 기다려야 한다. 일반인은 부끄러움을 잘

---

9 此爻是小人而無傷善之心 而得吉者也 故叶者 爲中正貴人 寬而有容 靜以待動 自能撥亂反治 轉否爲泰 而福澤無疆 雖時阻挫 亦無累也 不叶者 爲流俗 處賢否之間 有名非正 有祿非眞 惟宜愛護保守免禍 歲運逢之 在仕宜見幾早作 在士宜藏器待時 在庶俗宜包羞忍恥 以保全身家 不然 是非好惡難明 而災害難逭

감싸고 치욕을 참음으로써, 자신과 집안을 보존해야 한다. 그렇지 않으면 시비와 좋고 나쁨을 밝히기 어려워 재해를 면하기 어렵다.

【글귀로 판단하면】

① 否塞臨時利小人이요 大人處正也無屯이라

孤鴻飛去雲霄外하니 頓覺前程不亂羣이라

비색한 때가 되니 소인은 이롭고/ 대인은 바른 도리로 처신하면 어려움이 없다/ 외로운 기러기가 먼 하늘밖으로 날아가니/ 앞서가는 한무리 기러기 질서가 정연하다

② 居下爲身計는 爲當曲奉承이라

大人堅自守하니 雖否亦亨通이라

아래 있으면서 몸 보전하는 길은/ 마땅히 윗사람을 잘 받들어야 한다/ 대인은 굳게 스스로를 지키니 비록 비색한 세상이나 또한 형통하니라

③ 時下亂意緒하니 可求不可圖라

驀地淸風白하니 一場歡笑娛라

때가 심난한 때이니/ 제 한몸 구할 수는 있어도 큰 일을 도모할 수는 없다/ 말타고 달리는데 바람 맑고 날 밝으니/ 한바탕 기쁘게 웃으며 놀고 즐긴다

3. 六三(☷→☶)

【효사와 소상전】육삼은 감싼 것이 부끄럽도다. 상에 말하기를 '감싼 것이 부끄러움'은 자리가 마땅치 않기 때문이다. 【六三은 包羞로다. 象曰 包羞는 位不當也일새라.】

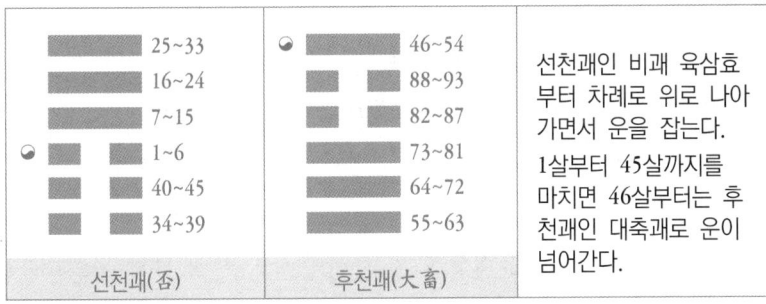

선천괘인 비괘 육삼효부터 차례로 위로 나아가면서 운을 잡는다. 1살부터 45살까지를 마치면 46살부터는 후천괘인 대축괘로 운이 넘어간다.

◈ 양년 음년 똑같음

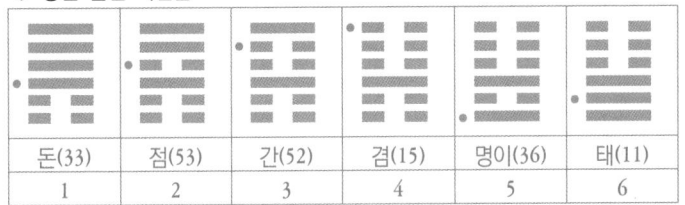

돈(33)	점(53)	간(52)	겸(15)	명이(36)	태(11)
1	2	3	4	5	6

◈ 월괘

관·20	익·42	박·23	몽·4	곤·2	겸·15	복·24	진·51	림·19	절·60	태·11	대축·26
1월	2월	3월	4월	5월	6월	7월	8월	9월	10월	11월	12월

◈ 일괘

비(육삼)	관·20	진·35	취·45	무망·25	송·6
6 5 4 3 2 1	12 11 10 9 8 7	18 17 16 15 14 13	24 23 22 21 20 19	30 29 28 27 26 25	

【총괄해서 판단하면】

10 이 효는 소인이 선한 것을 상하게 하려고 하나, 과감하고 능하지 못한

---

10 此爻是小人志於傷善而未能者也 故叶者遇貴人君子 信用庇護 或有卑職 亦有停阻 虛名無實 惟僧道宜之 不叶者 不能守道 窮斯濫矣 歲運逢之 在仕告休 在士防辱 在庶俗防是非爭訟之撓

자를 설명한 것이다. 그러므로 운이 맞는 사람은, 귀인과 군자를 만나 신용을 얻고 비호를 받으나, 혹 낮은 직책에 있더라도 막히고 험하게 되고, 헛된 이름뿐 실속이 없으니, 오직 수도하는 사람은 괜찮다.

운이 맞지 않는 사람은, 도를 지키는 것이 어려워, 결국 궁극해서 넘치는 화를 범한다.

세운을 만나면, 공직자는 휴직하게 되고, 구직자는 욕을 당할 것을 방비해야 하며, 일반인은 시비를 가리고 다투는 송사를 방비해야 한다.

【글귀로 판단하면】

1 否居尊位自包羞나 陰氣將隆意可求라
  直待馬行千里遠하니 臨期正應在三秋라
  비색한 세상에 높은 자리에 있어 스스로 부끄러우나/ 음기가 장차 융성해지니 뜻한 바를 얻을 것이다/ 천리길 멀리 말타고 오는 것을 기다리니/ 가을에야 기한되어 돌아올 것이다

2 人情方未順하니 動作可疑猜라
  休信讒邪語하고 隄防禍有胎하라
  인정이 순탄치 못하니/ 하는 일 마다 의심하고 시기한다/ 참소하는 삿된 말 듣지말고/ 화가 잉태됨을 막아라

3 無踪亦無跡하니 遠近終難覓이라 平地起風波하니 悲怨反成泣이라
  흔적도 없고 자취도 없으니/ 먼데나 가까운데나 찾기가 어렵다/ 평지에 풍파가 일어나니/ 원망하고 슬퍼하다가 도리어 울게 된다

4. 九四(☴→☶)

【효사와 소상전】 구사는 군명(君命 또는 天命)이 있으면 허물이 없어 동료가 복을 받을 것이다. 상에 말하기를 '군명(君命 또는 天命)이 있으면 허물이 없음'은 뜻이 행하는 것이다.【九四는 有命이면 无咎하야 疇 離祉리라. 象曰

有命无咎는 志行也라.】

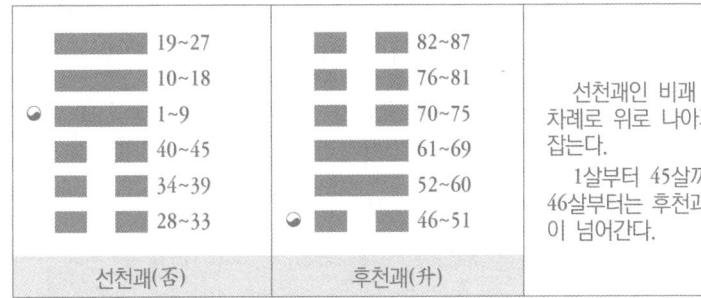

선천괘인 비괘 구사효부터 차례로 위로 나아가면서 운을 잡는다.
1살부터 45살까지를 마치면 46살부터는 후천괘인 승괘로 운이 넘어간다.

◈ 양년(갑·병·무·경·임년)일 경우

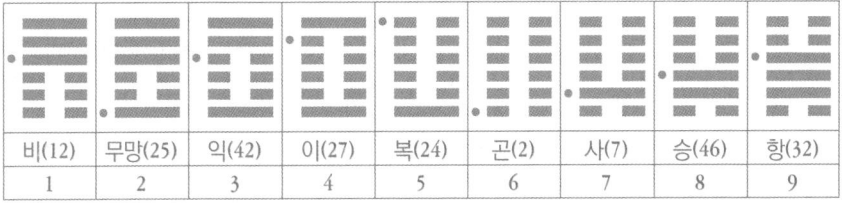

비(12)	무망(25)	익(42)	이(27)	복(24)	곤(2)	사(7)	승(46)	항(32)
1	2	3	4	5	6	7	8	9

◈ 음년(을·정·기·신·계년)일 경우

관(20)	익(42)	무망(25)	서합(21)	진(51)	예(16)	해(40)	항(32)	승(46)
1	2	3	4	5	6	7	8	9

◈ 월괘

진·35	미제·64	예·16	소과·62	진·51	복·24	귀매·54	태·58	대장·34	대유·14	태·11	승·46
1월	2월	3월	4월	5월	6월	7월	8월	9월	10월	11월	12월

◈ 일괘

비(구사)	진·35	취·45	무망·25	송·6	돈·33

【총괄해서 판단하면】

11 이 효는 하늘과 사람이 만날 즈음에, 그 도가 같은 자와 더불음으로 인해서 복을 받는 자를 설명한 것이다. 그러므로 운이 맞는 사람은, 공과 명예가 있는 사람으로, 수명과 복을 받는다. 변해서 풍지관괘가 되면 큰 나라의 빛남을 보니, 왕에게 국빈 노릇하는 것이 이롭다는 뜻이 되어, 뜻을 얻어 도를 행함에 막힘이 없는 것이다.

운이 맞지 않는 사람도 또한 복과 수명을 누리고, 전원田園을 소유하여 생활하며, 많이 움직이고 적게 그쳐 있게 된다.

세운을 만나면, 공직자는 벗과 동료의 도움으로, 날로 승진하고 봉급도 많이 받는다. 구직자는 사람들의 천거를 받아 날로 명예가 높아진다. 일반인은 농사일이 날로 잘되며, 길한 경사가 많이 모여든다. 혹 음덕陰德이 자손을 잘 돌보아 복을 받는 터전이 넓어짐을 의미한다.

【글귀로 판단하면】

① 把命持權日에 威名大振通이라

用者無咎吉이요 君子幸時逢이라

명령을 쥐고 권세를 잡는 날에는／ 위엄과 명성이 크게 떨칠 것이다／ 등용해서 써준 사람은 허물이 없어 길하게 되고／ 등용된 군자는 때를 만나 다행스럽다

② 窮達皆天命이니 何須更怨尤아

得時行正道하니 福祉及朋儕라

궁하고 잘됨이 다 천명에 달렸으니／ 다시 무슨 원망과 허물을 하랴／ 때를 얻어 바른 도를 행하니／ 복이 주변의 벗들에게 미치게 된다

---

11 此爻是際天人之會 而因與其同道之受福者也 故吽者 功名之人 獲壽命 納福祉 變爲觀 則觀光上國 利用賓于王 乃得志行道而無阻也 不吽者 亦有福壽 有田園 多動少靜 歲運逢之 在仕則朋僚助力 而爵祿日加 在士則得人薦擧 而名譽日著 在庶俗則田業日增 而吉慶多集 或庇蔭子孫 而受福祉之遠

5. 九五(☷→☲)

【효사와 소상전】 구오는 비색한 것을 그치게 함이라. 대인의 길한 것이니 그 망할 듯 망할 듯 해야 우묵한 뽕나무에 매리라. 상에 말하기를 '대인이 길함'은 자리가 바르고 마땅하기 때문이다. 【九五는 休否라. 大人의 吉이니 其亡 其亡이라아 繫于苞桑이리라. 象曰 大人之吉은 位正當也일새라.】

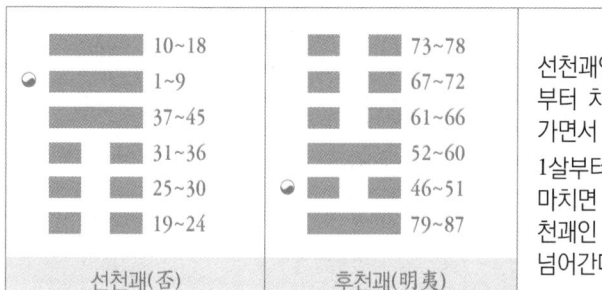

선천괘인 비괘 구오효부터 차례로 위로 나아가면서 운을 잡는다.
1살부터 45살까지를 마치면 46살부터는 후천괘인 명이괘로 운이 넘어간다.

◆ 양년(갑·병·무·경·임년)일 경우

비(12)	송(6)	미제(64)	해(40)	귀매(54)	진(51)	풍(55)	명이(36)	기제(63)
1	2	3	4	5	6	7	8	9

◆ 음년(을·정·기·신·계년)일 경우

진(35)	미제(64)	송(6)	곤(47)	태(58)	수(17)	혁(49)	기제(63)	명이(36)
1	2	3	4	5	6	7	8	9

◆ 월괘

취·45	함·31	수·17	둔·3	태·58	귀매·54	쾌·43	건·1	수·5	정·48	태·11	명이·36
1월	2월	3월	4월	5월	6월	7월	8월	9월	10월	11월	12월

◆ 일괘

비(구오)	취·45	무망·25	송·6	돈·33	관·20

【총괄해서 판단하면】

12 이 효는 태평함을 여는 사람과 더불어 태평함을 보존하는 방법을 보여준 것이다. 그러므로 운이 맞는 사람은, 신중한 덕이 있는 군자로, 환난을 방비하는데 도가 있으며, 일을 처리함에 제일 공정하며, 삼가고 자세히 살피며, 굳건하게 지키면서 잃지 않으니, 능히 비색한 세상을 바꾸고 부귀를 크게 누린다.

운이 맞지 않는 사람은, 덕과 재주가 있으면서 베풀기가 어려울 뿐, 또한 중정한 덕의 길함을 잃지 않는 사람이다. 따라서 허물도 없고 영예도 없이 평생을 편안하게 산다.

세운을 만나면, 옛 허물이 이미 사라지고 새로운 복이 장차 오려고 한다. 나를 꺼리던 자는 물러나니, 겸손함을 숭상하면 명예가 따른다. 집에 거처함이 이롭고, 전원田園이 늘어나서 비단(뽕나무)과 삼베(麻)가 창고에 가득하다. 또 변해서 화지진괘 오효가 되면 근심이 있었던 자가 기쁘게 되고, 잃었던 자가 얻게 되는 뜻이 있다. 공직자는 자기 능력에 맞는 높은 자리에 있게 된다. 수가 흉한 사람은 잃고 없어지며 형극刑剋을 당한다.

---

12 此爻是與其開太平之人 而示以保太之術者也 故叶者重德君子 防患有道 處事最公 謹愼詳審 固守不失 能休時之否 而富貴可以長亨 不叶者 有德有才 而難於設施 亦不失爲中正之吉人 無咎無譽 平生安逸 歲運逢之 舊禍已去 新福將來 忌我者退 尙遜者名 利居家 進田園 桑麻足而倉廩實 且變爲晉五爻 有憂者喜矣 失者得矣 在仕必居正位大夫之任 數凶者有損亡刑剋

【글귀로 판단하면】

1. 危世居尊利大人이요 小舟還岸反生驚이라
晉明守固保無咎나 猴與蛇行非可輕이라
위태한 세상에 높은 자리에 있으니 대인이라면 이롭고/ 작은 배가 부두에 돌아왔으나 도리어 놀랄 일 생긴다/ 밝음을 더해 굳게 보존하면 허물없으나/ 원숭이(申)가 뱀(巳)과 같이 가면 가볍게 봐서는 안된다

2. 大盛方休否나 安中每致危라 人當先事慮니 防患未然時하라
큰 것(陽)이 성해져서 비색한 세상을 그치게 하나/ 편안한 가운데 항상 위험이 온다/ 일을 당하기 전에 방비함이 옳으니/ 환난患難이 오기 전에 방비하라

3. 身不安ㅣ 心不安하니 兩兩意相看이나 憂來事却難이라
몸도 편치 않고/ 마음도 편치 않으니/ 둘이 서로 뜻을 알고 있으나/ 근심이 오게 되니 일이 어려워진다

6. 上九(☰→☱)

【효사와 소상전】 상구는 비색한 것이 기울어지니, 먼저는 비색하고 뒤에는 기뻐하도다. 상에 말하기를 비색한 것이 마치면 기울어지나니, 어찌 오래갈 수 있으리오. 【上九는 傾否니 先否코 後喜로다. 象曰 否終則傾하나니 何可長也리오.】

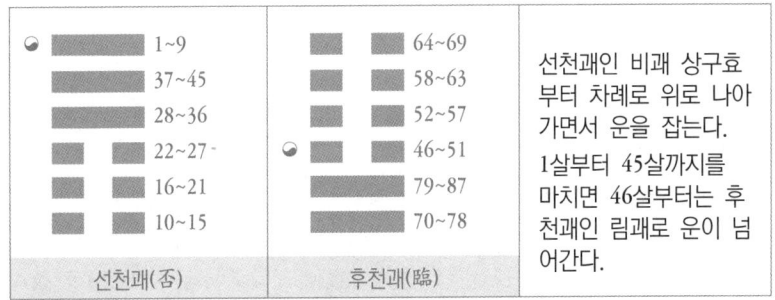

선천괘(否)	후천괘(臨)	
1~9	64~69	선천괘인 비괘 상구효부터 차례로 위로 나아가면서 운을 잡는다. 1살부터 45살까지를 마치면 46살부터는 후천괘인 림괘로 운이 넘어간다.
37~45	58~63	
28~36	52~57	
22~27	46~51	
16~21	79~87	
10~15	70~78	

◆ 양년(갑·병·무·경·임년)일 경우

비(12)	돈(33)	함(31)	혁(49)	쾌(43)	태(58)	절(60)	림(19)	손(41)
1	2	3	4	5	6	7	8	9

◆ 음년(을·정·기·신·계년)일 경우

취(45)	함(31)	돈(33)	동인(13)	건(1)	리(10)	중부(61)	손(41)	림(19)
1	2	3	4	5	6	7	8	9

◆ 월괘

무망·25	익·42	리·10	규·38	건·1	쾌·43	소축·9	손·57	대축·26	비·22	태·11	림·19
1월	2월	3월	4월	5월	6월	7월	8월	9월	10월	11월	12월

◆ 일괘

비(상구)	무망·25	송·6	돈·33	관·20	진·35
	6　5　4　3　2　1	12　11　10　9　8　7	18　17　16　15　14　13	24　23　22　21　20　19	30　29　28　27　26　25

【총괄해서 판단하면】

13 이 효는 비색한 세상을 바꾸어서 형통함을 이루게 하는 자를 설명한

---

13 此爻是能傾時之否而獲亨者也 故叶者 剛大之志 設施過人 先歷艱辛 後亨安逸 蓋物極而必反故也 不叶者 名利難逢 骨肉刑傷 惟僧道最宜 歲運逢之 在仕失職者復職 閒缺者復補 在士停降者復取 淹滯者復伸 久困者利達 久訟者解散 數凶有變 故上爻有咨嗟涕洟之辭 壽算難久

것이다. 그러므로 운이 맞는 사람은, 강하고 큰 뜻이 있는 사람으로 베풀어 시행하는 것이 보통사람 보다 뛰어나다. 처음에는 어려운 고생을 하지만 뒤에는 편안함을 누리게 된다. 이런 것은 지나치게 극성하게 되면 반드시 돌이키는 이치가 있기 때문이다.

운이 맞지 않는 사람은, 명성과 이익을 얻기 어렵고 골육끼리 다투어 상하니, 수도하는 사람이 되면 좋게 된다.

세운을 만나면, 공직에 근무했던 실직자는 복직하고, 한직으로 물러난 사람은 보직을 받게 된다. 구직자는 정체되고 막혔던 일을 다시 회복하게 되고, 오랫동안 막히고 꺾였던 일이 다시 펴지게 되며, 오랫동안 곤했던 사람은 다시 통하게 되고 이익이 있고, 오랫동안 송사에 괴롭힘을 당했던 사람은 풀리게 된다.

수가 흉하면 변하게 된다. 그러므로 의해서 된 택지취괘 상효에 "탄식하며 눈물을 흘린다"는 말이 있는 것이니 목숨이 오래가기 힘들다.

【글귀로 판단하면】

1 蹇後道還通이요 否過終成泰라

一遇木邊人이면 百事成吉大라

험난한 뒤에 길이 오히려 뚫렸고/ 비색함이 지나니 평해진다/ 한번 나무목 변(木)의 사람을 만나면/ 모든 일이 크게 길하게 된다

2 濁波無處有清流하니 新喜應來破舊愁라

從此自然臨大造니 更無一事挂心頭라

흐린 물결 없는 곳에 맑은 흐름 있으니/ 새로운 기쁨 응당히 와서 옛 근심 없앨 것이다/ 지금부터 자연히 큰 조화가 임하게 되니/ 다시는 마음에 걸릴 일이 한가지도 없을 것이다

3 事當窮則變이니 旣變乃能通이라 否極應還泰니 千門喜事重이라

일은 마땅히 끝에 가면 변하게 되니/ 이미 변하면 곧 형통할 것이다/ 비색함이 극에 가면 태평함으로 돌아가니/ 모든 집(千門)에 기쁜 일이 거듭하리라

乾上 天火同人(13)
離下 천 화 동 인

동인괘 개요

【괘사와 대상전】 광활한 들에서 사람들과 같이 하면 형통하리니, 큰 내를 건넘이 이로우며 군자의 바른 도로 함이 이로우니라. 상에 말하기를 하늘과 불이 동인同人괘니, 군자가 본받아서 류와 족으로 물건을 분별하나니라. 【同人 于野면 亨하리니 利涉大川이며 利君子의 貞하니라. 象曰 天與火 同人이니 君子 以하야 類族으로 辨物하나니라.】

【총괄해서 판단하면】

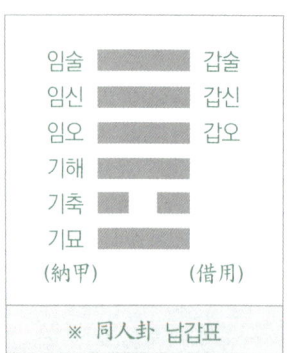

※ 同人卦 납갑표

1 리궁의 3세괘(원래는 7변괘인 귀혼괘이다)로 정월에 속한다. 내괘의 납갑은 기묘·기축·기해이고 외괘의 납갑은 임오·임신·임술이며, 갑오·갑신·갑술을 빌려서도 쓴다. 정월에 태어난 사람과, 태어난 년도의 간지가 납갑의 간지 및 차용납갑의 간지와 합치되는 사람은 공명과 부귀를 누리게 된다.2

운세로 보면 천화동인괘(䷌)는 상괘는 건(☰)

---

1 離宮三世 卦屬正月 納甲 是己卯己丑己亥 壬午壬申壬戌 借用甲午甲申甲戌 生於正月及納甲者 乃功名富貴之人也

2 각 괘의 월月계산법은 중천건괘(1)와 중지곤괘(2) 항에서 설명하였다. 동인괘의 세효인 구삼효는 양효이므로, 초효부터 삼효까지 세면 인寅에서 끝난다(초효는 자, 이효는 축, 삼효는 인). 지지의 인은 정월(1월)에 해당하므로, 동인괘가 정월괘가 되는 것이다. 따라서 정월을 주관하는 괘가 되고, 정월에 태어난 사람은 때를 얻음이 된다.

이고 하괘는 리(☲)이며, 호괘로는 건(☰)과 손(☴)이 있다. 유효가 지위를 얻었으나 건(☰)과 응하여 마음을 비우고 따르니, 광명함이 성대해진다. 유가 굳건하게 행동하는 강을 다스리되 무력이 아닌 문명함으로써 하고, 등용하여 써서 서로 응하되 사도邪道가 아닌 중정한 도로써 한다. 군자가 이러한 괘상을 얻으면, 화합하여 하나로 하는 상이다.

【팔궁세혼법으로 판단하면】
리궁의 귀혼괘歸魂卦로 삼공三公에 해당한다. 삼공에 해당하는 구삼효가 세효世爻고 종묘에 해당하는 상구효가 응효이다. 삼공은 바른 자리에 있으나 종묘는 양효가 음자리에 있어서 제자리를 잃었다. 더욱이 상구효의 지지인 술(戌土)이 구삼효의 지지인 해(亥水)를 극하고, 또 서로 음양으로 응이 되지 않으므로, 일이 막히고 크게 어렵게 된다. 그러나 이 괘는 임금효인 구오효와 대부효인 육이효가 모두 중정中正을 얻어 서로 음양으로 응하고, 또 하늘과 불은 모두 위로 오르는 성질로 서로 이끌어 같이 합하므로, 큰 어려움을 극복해 오히려 큰 공으로 만드는 상이다. 따라서 처음에는 어렵고 힘들지만, 큰 노력을 들인 끝에 화를 복으로 만드는 뜻이 있다.

어두운 밤에 불을 밝히는 상으로, 밝고 밝게 천하를 비추니 일마다 영화롭고, 무인이라면 장군이고 문인이라면 재상이다. 날마다 높아지는 광명한 운세로, 다른 사람과 공동으로 합심하여 큰 공을 이루는 입신양명의 대길운이다. 공명정대한 행동으로 성의있게 나아가면 어떠한 큰 사업이라도 성공시킨다. 그러나 보통사람은 지나치게 좋으면 오히려 해가 되는 뜻도 있으니, 표면상으로는 그저 좋게 보이지만 내부적으로 여러가지 알력이 잠재해 있을 수도 있다. 외부적으로 자신이 하는 일에 경쟁자가 많고, 또 회사나 직장 내에서도 세력다툼으로 인한 질투가 있다. 그러나 이들을 잘 무마하여 포용하면 오히려 충실한 부하를 얻을 수 있고 일도 성사된다. 분쟁이나 특히 여자관계를 조심하여야 한다.

【글귀로 판단하면】

① 久否終能濟니 當於笑後招라
　大川無不利니 進步上靑霄라
　오랫동안 비색했으나 결국 해결되니/ 당연히 뒤에 가서 웃게 되리라/ 큰 일을 하여도 이롭지 않음이 없으니/ 내딛는 걸음 푸른 하늘에 오른다

② (陽) 玉免啣刀借力時니
　此時平地上天梯라
　不慙虛譽流傳事하니 方得成名不失期리라
　(양) 옥토끼가 칼을 물고 힘을 빌리는 때니/ 이때는 평지에서 하늘 사다리(벼슬길) 오른다/ 헛된 칭찬 퍼지는 것 부끄럽지 않으니/ 곧 때맞춰 명성을 얻을 것이다

③ (陰) 誰家女子倒戈矛아 利祿須知向此求라
　到得嶺頭須快樂하니 更防忻喜却成憂라
　(음) 뉘집 여자가 창을 꺼꾸로 할까?/ 이익과 녹을 여기서부터 구하게 된다/ 고개마루 이르러 쾌락을 누리니/ 다시 기쁨이 넘쳐서 근심되지 않도록 방비하라

1. 初九(☰ → ☶)

【효사와 소상전】 초구는 동인을 문 밖에서 함이니 허물이 없으리라. 상에 말하기를 문에 나가 동인함을 또 누가 허물하리오.【初九는 同人于門이니 无咎리라. 象曰 出門同人을 又誰咎也리오.】

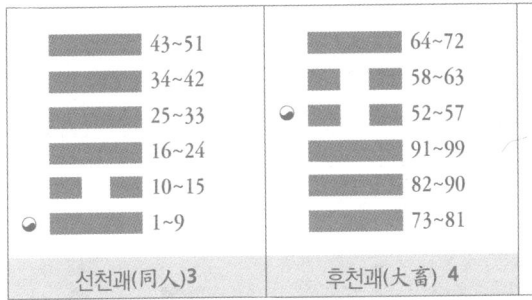

선천괘(同人)3		후천괘(大畜) 4	
▬▬▬ 43~51		▬▬▬ 64~72	
▬▬▬ 34~42		▬ ▬ 58~63	
▬▬▬ 25~33		◉ ▬ ▬ 52~57	
▬▬▬ 16~24		▬▬▬ 91~99	
▬ ▬ 10~15		▬▬▬ 82~90	
◉ ▬▬▬ 1~9		▬▬▬ 73~81	

선천괘인 동인괘 초구 효부터 차례로 위로 나아가면서 운을 잡는다. 1살부터 51살까지를 마치면 52살부터는 후천괘인 대축괘로 운이 넘어간다.

◆ 양년(갑·병·무·경·임년)일 경우 5

동인(13)	가인(37)	점(53)	손(57)	환(59)	송(6)	미제(64)	해(40)	귀매(54)
1	2	3	4	5	6	7	8	9

◆ 음년(을·정·기·신·계년)일 경우

돈(33)	점(53)	가인(37)	소축(9)	중부(61)6	리(10)	규(38)	귀매(54)	해(40)
1	2	3	4	5	6	7	8	9

---

3 사주의 숫자로 괘를 만들어서 동인괘 초효에 원당이 있다면, 1~9살까지는 동인괘 초효 항을, 10~15살까지는 동인괘 이효 항을, …, 43~51살까지는 동인괘 상효 항을 가서 살펴 보면 된다.

4 52~57살까지는 후천괘인 대축괘 사효 항을, 64~72살까지는 대축괘 상효 항을, …, 91~99살까지는 대축괘 삼효 항을 살펴보면 그 사람의 운이 된다(◉나 ●표시 한 곳이 해당하는 효를 가리키고, 밑에서부터 초효·이효·삼효·사효·오효·상효로 나눈다).

5 해마다의 운인 유년운의 진행은 양효(▬▬)일 때와 음효(▬ ▬)일 때가 다른데, 그 자세한 예는 중천건괘(1) 초구효, 중지곤괘(2) 초육효와 육이효, 수뢰둔괘(3) 초구효와 육삼효, 산수몽괘(4) 초효효와 육사효 항에 유년운에 속한 월운月運의 예와 함께 실려 있으므로 참고하면 된다.

6 위의 도표에서 '중부(61)'이라고 한 것은 괘명은 중부괘中孚卦고 64괘 중에 61번째 괘라는 뜻이며, '규(38)'이라고 한 것은 괘명은 규괘睽卦고 64괘 중에 38번째에 해당

◈ 월괘

건·1	대유·14	리·10	태·58	중부·61	환·59	손·41	이·27	림·19	태·11	사·7	해·40
1월	2월	3월	4월	5월	6월	7월	8월	9월	10월	11월	12월

◈ 일괘 7

	6 5 4 3 2 1	12 11 10 9 8 7	18 17 16 15 14 13	24 23 22 21 20 19	30 29 28 27 26 25
동인(초구)	건·1	무망·25	가인·37	리·30	혁·49

【총괄해서 판단하면】

8 이 효는 물건의 이치를 잘 파악하는 상이 되니, 반드시 그 점괘(占)를 좋게 설명한 것이다. 그러므로 운이 맞는 사람은, 국량이 커서 능히 수용하며, 지극히 공정하고 사사로움이 없는 사람이다. '門(문 문)'자의 뜻은 상당히 많은데, 작을 경우에는 집의 문이 되고, 클 경우에는 문하평장사(門下平章事)·황문(黃門:궁성의 문)·금문(金門:궁궐의 문)·원문(轅門:병

한다는 뜻이다. 나머지 괘도 이와같은 방식으로 본다. 따라서 앞의 목차에서 번호의 순서대로 찾으면, 해당하는 괘를 쉽게 찾을 수 있다. 또 월괘月卦에서 '대유·14' 등으로 표시한 것도, 괘명은 대유괘大有卦고 64괘 중에 14번째라는 뜻이다.

7 그 날의 운(日運)과 더 세분해서 시운時運을 알고 싶으면, 앞의 일괘日卦와 시괘時卦 설명을 참조해서 계산하면 된다. 자세한 예는 건(1)~송(6)괘의 초효 항에 있으므로 참고바람.

8 此爻는 爲格物之象 而必善其占者也 故叶者 量大能容 至公無私 其門字之義 爲類甚多 小則爲門舘 大則爲門下平章事 黃門 金門 轅門 帳門之類 當看卦爻推其輕重而詳之 不叶者 多離祖戶 或就妻家 或作商旅 或作僧道 歲運逢之 在仕則入內臺而陞遷有地 在士則出學門而登薦有機 在庶俗則協心同志 以其事而經營獲利 或出家遠行 或修造門戶 或身在於他門

영)·장문(帳門:군막) 등의 뜻이 있다. 마땅히 괘효卦爻를 보고 그 경중을 따져 경우에 맞게 해석해야 할 것이다.

운이 맞지 않는 사람은, 조상의 호적을 떠나서, 혹 처가에 입적하고, 혹 장돌뱅이가 되며, 혹 수도하는 사람이 된다.

세운을 만나면, 공직자는 내대(內臺:상서성 또는 어사대)에 들어가 영전하게 되고, 구직자는 배움을 마치고 천거를 받아 임용되며, 일반인은 동지들이 협심해서 일을 경영하여 이익을 얻는다. 혹 집을 나가서 먼 여행을 하고, 혹 집의 문을 수리하며, 혹 다른 집안에 의지하며 머물게 된다.

【글귀로 판단하면】

① 十里同人會遇時에 斷金仁義孰能爲아
  承時迎鳳九霄去요 月畔人來喜笑嘻라
  십리의 사람들이 함께 만날 때/ 쇠마저 끊을 수 있는 인의仁義를 누가 할 수 있나?/ 때에 맞춰 봉황새 맞아 높은 하늘 올라가니/ 달밝은 밭둑에 사람이 와 웃으며 기뻐한다

② 中心無係吝하니 內外自和同이라
  怨咎皆消釋하니 千門喜氣隆이라
  마음속에 매이고 인색함이 없으니/ 안과 밖이 저절로 화합한다/ 원망과 허물이 다 풀어져 사라지니/ 모든 집(千門)에 기쁨이 넘쳐 흐른다

③ 心和同ㅣ 事和同하니
  門外好施功이요 交加事有終이라
  마음도 함께 화합하고/ 일도 함께 화합하니/ 밖으로는 공적을 이루기 좋고/ 교제하는 일은 결과가 있게 된다

2. 六二(☰ → ☰)

【효사와 소상전】 육이는 동인을 일가끼리(宗親) 함이니 인색하도다. 상에 말

하기를 '동인을 일가끼리 함'이 인색한 도리이다.【六二는 同人于宗이니 吝토다. 象曰 同人于宗이 吝道也라.】

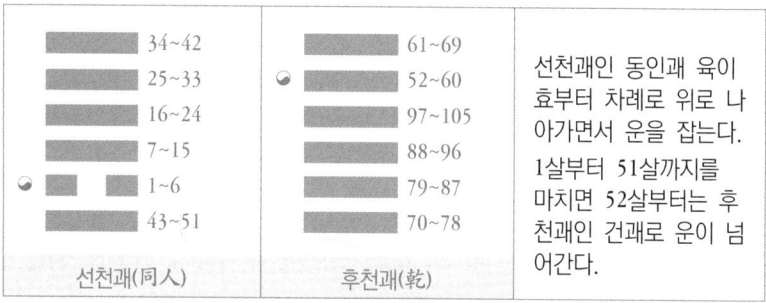

선천괘인 동인괘 육이효부터 차례로 위로 나아가면서 운을 잡는다. 1살부터 51살까지를 마치면 52살부터는 후천괘인 건괘로 운이 넘어간다.

◆ 양년 음년 똑같음

건(1)	리(10)	중부(61)	손(41)	림(19)	사(7)
1	2	3	4	5	6

◆ 월괘

무망·25	수·17	익·42	관·20	이·27	손·41	복·24	명이·36	곤·2	예·16	사·7	감·29
1월	2월	3월	4월	5월	6월	7월	8월	9월	10월	11월	12월

◆ 일괘

동인(육이)	익·42	가인·37	리·30	혁·49	돈·33
1 2 3 4 5 6	7 8 9 10 11 12	13 14 15 16 17 18	19 20 21 22 23 24	25 26 27 28 29 30	

【총괄해서 판단하면】

9 이 효는 친척끼리만 도와주고 대중과는 화합하지 못하는 자를 설명한

---

9 此爻是比而不叶者也 故叶者才高識廣 但心僻性偏 或爲科目之魁 或爲宗室之賓

것이다. 그러므로 운이 맞는 사람은, 재주가 높고 식견이 넓으나, 심성이 한쪽으로 치우쳐 있다. 혹 과거에서 장원을 하고, 혹 종실宗室의 존경받는 어른이며, 혹은 종사宗師를 맡은 관리가 된다.

운이 맞지 않는 사람은, 끝내 원대遠大해지지 못하고, 항상 근심하고 슬퍼한다. 혹 친척간에 붙어 사통을 하나, 결혼은 다른 여자와 하며, 혹 산림山林에서 숨어산다.

세운을 만나면, 공직자는 지위가 국한되고, 벼슬과 녹봉이 넓고 커지지 않는다. 구직자는 작은 시험에 유리하고, 어전시험같이 큰 시험에서 붙기는 어렵다. 일반인은 일은 많으나 정해진 것은 없다. 혹 종족宗族 또는 친구끼리 불화가 있고, 혹 저쪽은 좋아하는데 이쪽은 미워하여 시기가 날로 심해지며, 혹 가까운 사람끼리는 합하고 먼 사람과는 서로 어겨서 시비가 날마다 벌어진다.

【글귀로 판단하면】

1 宗係同人吝이요 山前有二峰이라

青松四時秀하고 西日又升東이라

친척들끼리만 붙어다녀 함께 모이니 인색하고/ 산앞에는 봉우리 두개가 있다/ 푸른 소나무는 사시四時에 빼어나고/ 서쪽으로 간 해는 다시 동쪽에 오른다

2 本是同家黨이나 人人各係私라

未能同一志하니 羞吝自相疑라

본래 같은 집 무리였으나/ 사람마다 각각 사적으로 연줄짓는다/ 한뜻으로 같이하지 못하니/ 부끄럽고 인색해서 자연히 서로 의심한다

3 愛一人】 惡一人하니 憎愛處】 吝難分이라

或爲宗師之官 不叶者 終不遠大 常懷憂戚 或過房同宗 婚姻他室 或作山林之人 歲運逢之 在仕則局於地位 而爵祿不廣 在士則利于小試 而飛黃難爲 在庶俗事 多不定 或宗族朋友不睦 或彼愛此惡 而猜忌日招 或近合遠違 而是非日起

한사람은 사랑하고/ 한사람은 미워하니/ 미워하고 사랑하는 곳이/ 인색하여 분간키 어렵다

3. 九三(☰ → ☳)

【효사와 소상전】 구삼은 군사를 숲에 매복시키고, 그 높은 언덕에 올라서 삼 년을 일어나지 못하도다. 상에 말하기를 '군사를 숲속에 매복시킴'은 적이 강함이요, '삼 년을 일어나지 못함'이니 어디를 가리오? 【九三은 伏戎于莽하고 升其高陵하야 三歲不興이로다. 象曰 伏戎于莽은 敵剛也오 三歲不興이니 安行也리오.】

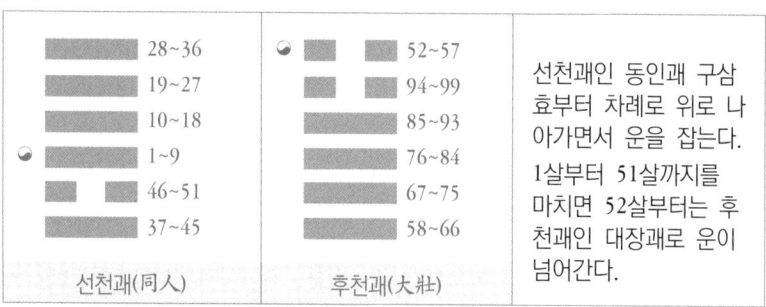

◈ 월괘

가인·37	점·53	비·22	대축·26	명이·36	복·24	겸·15	소과·62	승·46	정·48	사·7	몽·4
1월	2월	3월	4월	5월	6월	7월	8월	9월	10월	11월	12월

◈ 일괘

동인(구삼)	가인·37	리·30	혁·49	돈·33	건·1

【총괄해서 판단하면】

10 이 효는 분수에 맞지 않게 서로 구하나, 능력이 모자라 결국 쓰이게 되지 못하는 자를 설명한 것이다. 그러므로 운이 맞는 사람은, 강하고 굳센 세력을 좋아하고, 앞으로도 가려하고 뒤로도 가려고 해서 지향하는 바가 한결같지 못하며, 많이 놀라고 생각이 여러 가지여서 마음씀을 예측하기 어렵다. 혹은 하급관리가 되고, 혹은 군인이 되며, 혹은 곡식이나 경작하는 사람이 되고, 혹은 언덕이나 산속에서 숨어서 편안히 산다. 운이 맞지 않는 사람은, 방자하고 넘쳐서 그릇된 행동을 하고, 법과 의리를 어긴다. 심하면 화를 불러 형벌을 당해서 후회가 막심하다.
세운을 만나면, 공직자는 실직될 것을 대비해야 하고, 구직자는 높이 승진하는 수가 있으며, 일반인은 부모상을 당하고 송사 끝에 옥에 들어가는 우환이 있다.

---

10 此爻是非分以相求 而不能致其用者也 故叶者 好强逞勢 欲前欲後 志向不一 多驚多慮 心事難測 或爲吏卒 或爲軍戎 或爲草莽之耕士 或爲丘陵之隱逸 不叶者 放溢爲非 玩法悖義 甚則招禍遭刑 而悔不及 歲運逢之 在仕防失職 在士則有升高之兆 在庶俗則有喪親獄訟之患

【글귀로 판단하면】

1. 伏兵林內久나 三歲不能興이라

   守吉無他望이나 妄行不免驚이라

   군사를 숲속에 숨겨놓은지 오래되었으나/ 3년이 되어도 쓰지를 못한다/ 분수를 지키면 길하고 다른 일도 없으나/ 망령되이 행동하면 놀랄일 면할 수 없다

2. 意諄諄] 心戚戚하니 要平安] 防出入이라

   뜻은 어지럽고/ 마음은 슬프니/ 편안히 있으면서/ 공연히 출입함을 막아라

3. 前路多荊棘하니 圖謀欲進升이라

   但宜當自用이요 不可信他人이라

   앞길에 가시밭이 많으니/ 꾀를 내어 나가고자 한다/ 단지 자기가 직접 해야 할 것이고/ 다른 사람 믿으면 안된다

4. 九四 (䷌ → ䷱)

【효사와 소상전】 구사는 그 담에 오르되 능히 치지 않음이니 길하니라. 상에 말하기를 '그 담에 오름'은 의리가 이기지 못함이요, '그 길함'은 곤해서 법칙에 돌아옴이라. 【九四는 乘其墉호대 弗克攻이니 吉하니라. 象曰 乘其墉은 義弗克也오 其吉은 則困而反則也라.】

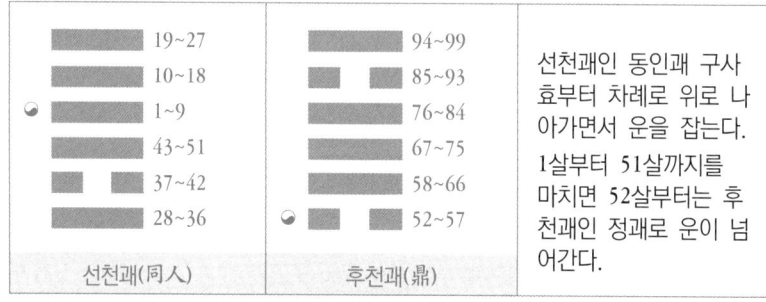

선천괘인 동인괘 구사 효부터 차례로 위로 나아가면서 운을 잡는다. 1살부터 51살까지를 마치면 52살부터는 후천괘인 정괘로 운이 넘어간다.

◆ 양년(갑·병·무·경·임년)일 경우

동인(13)	돈(33)	점(53)	간(52)	겸(15)	명이(36)	태(11)	림(19)	귀매(54)
1	2	3	4	5	6	7	8	9

◆ 음년(을·정·기·신·계년)일 경우

가인(37)	점(53)	돈(33)	려(56)	소과(62)	풍(55)	대장(34)	귀매(54)	림(19)
1	2	3	4	5	6	7	8	9

◆ 월괘

리·30	대유·14	풍·55	진·51	소과·62	겸·15	항·32	대과·28	해·40	미제·64	사·7	림·19
1월	2월	3월	4월	5월	6월	7월	8월	9월	10월	11월	12월

◆ 일괘

동인(구사)	리·30	혁·49	돈·33	건·1	무망·25
	6 5 4 3 2 1	12 11 10 9 8 7	18 17 16 15 14 13	24 23 22 21 20 19	30 29 28 27 26 25

【총괄해서 판단하면】

11 이 효는 의리로써 세력을 자제하여 잘 대처하는 자를 설명한 것이다.

---

11 此爻是能以義裁勢而善之者也 故叶者 見機而退 知足不貪 臨事而揆之以義 處物而能反之以理 或貴而鎭守邊域 或富而高大墻垣 非小器者比也 不叶者 進取費力 卓立用心 或得上人信用 下人奉承 歲運逢之 在仕則專城守土 修築城池 因功受爵 在士則有登墉弗克之嗟 在庶俗有疑忌爭鬪之事 榮中有辱 士後見榮 大槩凡事貴未然之防 則得吉也

그러므로 운이 맞는 사람은, 기미를 보고 물러나며, 족함을 알고 욕심을 내지 않으며, 일에 임해서 의리로써 잘 헤아리고, 사람을 대함에 이치로써 자신의 마음을 돌이킬 수 있는 자이다. 혹 귀한 신분이면서도 변방을 지키는 사람이고, 혹 부유해서 높고 큰 담장을 두르고 살아서, 작은 그릇의 사람으로서는 비견할 수 없는 사람이다.

운이 맞지 않는 사람은, 나아가 취직함에 힘을 쏟고, 우뚝하니 자신을 세움에 마음을 쓰는 자이다. 혹 윗사람의 신용을 얻고, 아랫사람의 존경을 얻는다.

세운을 만나면, 공직자는 성을 쌓고 영토를 지키니, 그 공으로 인해서 작위를 받는다. 구직자는 무언가 하려고 담에 올라갔다가 의리에 벗어남을 알고 뜻대로 하지 못하는 슬픔이 있다. 일반인은 의심하고 꺼리며 다투는 일이 있으니, 영화로운 가운데 욕을 봄이 있으며, 일을 한 후에 영화를 얻게 된다. 대개 일이 벌어지기 전에 방비하는 것을 귀하게 여기니, 미연에 방비하면 길하게 되는 것이다.

【글귀로 판단하면】

① 乘勢攻人短하니 將來自致凶이라
何如謙退守오 吉慶自相逢이라
형세를 타서 사람의 단점을 공격하니/ 장래에 스스로 흉하게 될 것이다/ 겸손하게 물러나 지키는 것만함이 있겠는가?/ 길하고 경사스러운 일을 스스로 만나게 되리라

② 克攻多見敗요 退隱內無凶이라
家有祥光照하고 江邊一事通이라
이기려고 하면 패함이 많고/ 물러나 숨으면 안에 흉함이 없을 것이다/ 집안에 상서로운 빛이 비치고 강가에는 하나의 일이 형통하게 되리라

③ 淺水起波瀾이요 平地生荊棘이라
言語虛參商하니 猶恐無端的이라
얕은 물에 물결 일어나고/ 평지에 가시나무 난다/ 헛되이 말놀음을 하

니/ 확실한 것 아무것도 없을까 두렵구나

5. 九五(䷌ → ䷝)

【효사와 소상전】 구오는 동인이 먼저는 울부짖고 뒤에는 웃으니, 큰 군사로 이겨야 서로 만날 것이다. 상에 말하기를 동인의 먼저는 중도로하고 바르기(直) 때문이요, '큰 군사로 서로 만난다'는 것은 서로 이김을 말한 것이다.
【九五는 同人이 先號咷而後笑니 大師克이라아 相遇로다. 象曰 同人之先은 以中直也오 大師相遇는 言相克也라.】

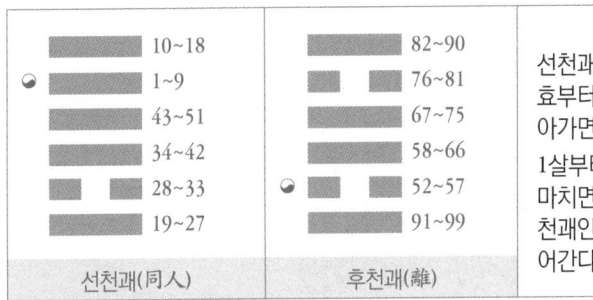

선천괘인 동인괘 구오 효부터 차례로 위로 나아가면서 운을 잡는다. 1살부터 51살까지를 마치면 52살부터는 후천괘인 리괘로 운이 넘어간다.

◆ 양년(갑·병·무·경·임년)일 경우

동인(13)	건(1)	대유(14)	대장(34)	항(32)	소과(62)	예(16)	곤(2)	비(8)
1	2	3	4	5	6	7	8	9

◆ 음년(을·정·기·신·계년)일 경우

리(30)	대유(14)	건(1)	쾌(43)	대과(28)	함(31)	취(45)	비(8)	곤(2)
1	2	3	4	5	6	7	8	9

◆ 월괘

혁·49	수·17	함·31	건·39	대과·28	항·32	곤·47	송·6	감·29	절·60	사·7	곤·2
1	2월	3월	4월	5월	6월	7월	8월	9월	10월	11월	12월

◆ 일괘

	6 5 4 3 2 1	12 11 10 9 8 7	18 17 16 15 14 13	24 23 22 21 20 19	30 29 28 27 26 25
동인(구오)	혁·49	돈·33	건·1	무망·25	가인·37

【총괄해서 판단하면】

12 이 효는 먼저는 어긋났다가 뒤에는 서로 합하고, 남의 힘을 빌리지 않고는 일을 할 수 없는 자를 설명한 것이다. 그러므로 운이 맞는 사람은, 중정한 덕을 지닌 군자이니, 재덕才德과 명리名利를 갖춘 자로, 처음은 어려우나 뒤에는 뛰어나게 된다. 혹 귀한 신분으로 군사를 이끄는 장수로 큰 군사를 지휘하게 되고, 혹 중서中書·중봉中奉·직전直殿등의 직책을 얻는다.

운이 맞지 않는 사람은, 먼저는 어려운 신고辛苦를 겪고 일찍이 형벌과 상해를 입고, 늦게 비록 만남이 있으나 복은 적고 화는 많다.

세운을 만나면, 공직자는 언로言路에 근무하면서 처음에는 견책을 받는 등 어려우나, 뒤에는 일어나게 된다. 구직자는 처음에는 막히나 나중에는 기쁘게 되고, 일반인은 처음에는 어렵다가 나중에는 쉽게 되며, 슬픔과

---

12 此爻是先睽後合而不能不假於力者也 故叶者中正君子 有才德 有名利 初難後顯 或貴爲師帥而總領大師 或爲中書中奉直殿等之職 不叶者 先歷艱辛 早見刑傷 晚雖有遇 福淺禍深 歲運逢之 在仕則居言路 先謫後起 在士始阻終遇 在庶俗則先難後易 悲懽迭見 是非不一

기쁨이 번갈아 오게 되며, 옳고 그름이 한결같지 않다.

【글귀로 판단하면】

① 執直行正道나 他人未順從이라
　必須資衆力이니 相遇乃成功이라
　곧게 잡고 바른 길 가나/ 다른 사람이 순종하지 않는구나/ 반드시 뭇 사람의 힘을 빌어야 하니/ 서로 만나야 곧 성공할 것이라

② 陰陽相隔絶하니 後笑克師征이라
　二五吉相遇하니 離宮有貴人이라
　음양이 서로 막혀 끊어지니/ 군사로 쳐서 이긴 뒤에 웃으리라/ 육이효와 구오효가 서로 만나 길하니/ 남방에 귀인이 있으리라

③ 悲一番ㅣ 笑一番하고 相戰又相戰하니 其中事却歡이라
　한번 슬프고/ 한번 웃고/ 서로 싸우고 또 싸우니/ 그 가운데 일이 기쁘도다

6. 上九(䷌ → ䷥)

【효사와 소상전】상구는 동인을 먼 들에서 함이니 뉘우침이 없느니라. 상에 말하기를 '동인을 먼 들에서 함'은 뜻을 얻지 못한 것이다. 【上九는 同人于郊니 无悔니라. 象曰 同人于郊는 志未得也라.】

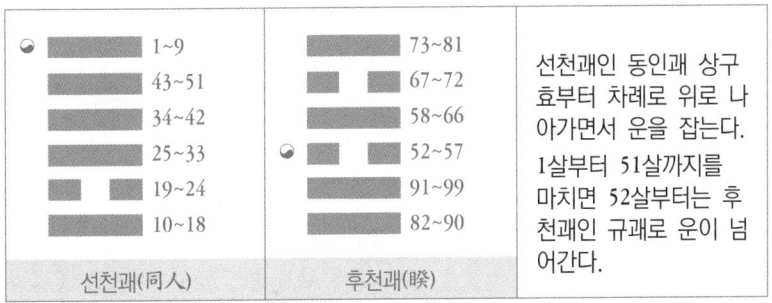

선천괘(同人)	후천괘(睽)	
1~9	73~81	선천괘인 동인괘 상구효부터 차례로 위로 나아가면서 운을 잡는다. 1살부터 51살까지를 마치면 52살부터는 후천괘인 규괘로 운이 넘어간다.
43~51	67~72	
34~42	58~66	
25~33	52~57	
19~24	91~99	
10~18	82~90	

◆ 양년(갑·병·무·경·임년)일 경우

동인(13)	무망(25)	수(17)	취(45)	곤(47)	대과(28)	정(48)	승(46)	고(18)
1	2	3	4	5	6	7	8	9

◆ 음년(을·정·기·신·계년)일 경우

혁(49)	수(17)	무망(25)	비(12)	송(6)	구(44)	손(57)	고(18)	승(46)
1	2	3	4	5	6	7	8	9

◆ 월괘

돈·33	점·53	구·44	정·50	송·6	곤·47	환·59	중부·61	몽·4	박·23	사·7	승·46
1월	2월	3월	4월	5월	6월	7월	8월	9월	10월	11월	12월

◆ 일괘

동인(상구)	돈·33	건·1	무망·25	가인·37	리·30

【총괄해서 판단하면】

13 이 효는 특별히 자신의 뜻을 지키며 홀로 서서, 자신이 원하는 바를 얻은 자를 말한 것이다. 그러므로 운이 맞는 사람은, 마음씀이 너그럽고

---

13 此爻是特立自守 而可以自得者也 故叶者 心地寬大 才德淸高 富貴瀟洒之流 不叶者 爲僧道而處於郊野 爲商旅而志有未得 歲運逢之 在仕則常出遠郡 未仕者 則難逢嘉會 在庶俗則守舊安常 淡薄生涯 數凶者不利

크며, 재주와 덕이 맑고 높으며, 부귀하고 깨끗한 사람이다.

운이 맞지 않는 사람은, 수도를 하는 사람(승려나 도인)으로 교외에서 도를 닦으며 사는 사람이다. 혹은 장삿꾼으로 뜻은 있으나 아직 뜻한 바를 얻지 못한 자를 말한다.

세운을 만나면, 공직자는 항상 먼 지방으로 나가있고, 구직자는 아름다운 모임을 만나기가 어렵다. 일반인은 옛 것을 지키는 것이 항상 편안하고, 생애가 담박하다. 수가 흉한 사람은 불리하다.

【글귀로 판단하면】

① 人情多阻隔하니 內外不同憂라

　離方行得志니 終須無悔尤라

　인정이 많이 막혔으니/ 안과 바깥이 근심을 함께 하지 않는구나/ 남방으로 가면 뜻하는 일 얻게 되니/ 끝에 가면 후회와 허물이 없으리라

② 一水統一水하고 一山旋一山하니

　水穿山盡處에 名利不爲難이라

　한 물이 한 물을 거느리고/ 한 산 돌아서면 또 한 산이니/ 물 건너고 산이 다한 곳에/ 명예와 이익을 얻기 어렵지 않구나

③ 求合事和同이나 功名未足誇라

　堪嗟志悲悴니 他却亦榮華라

　힘을 합하면 일이 잘 될 것이나/ 공명은 자랑할 것이 못되니라/ 마음이 슬프고 고달파 한탄스러우나/ 그것도 또한 영화스러운 것이라

 火天大有(14)
화 천 대 유

대유괘 개요

【괘사와 대상전】 대유는 크게 착하고 형통하니라. 상에 말하기를 불이 하늘 위에 있는 것이 대유괘니, 군자가 본받아서 악한 것을 막고 착한 것을 드날려서 하늘의 아름다운 명을 따르느니라. 【大有는 元亨하니라. 象曰 火在天上이 大有니 君子 以하야 遏惡揚善하야 順天休命하나니라.】

【총괄해서 판단하면】

기사
기미
기유
갑진   임진
갑인   임인
갑자   임자
(納甲)   (借用)

※ 大有卦 납갑표

1 건궁의 3세괘(원래는 7변괘인 귀혼괘이다)로 정월(음력 1월)에 속한다. 내괘의 납갑은 갑자·갑인·갑진이고 외괘의 납갑은 기유·기미·기사이며, 임자·임인·임진을 빌려서도 쓴다. 정월에 태어난 사람과, 태어난 년도의 간지가 납갑의 간지 및 차용납갑의 간지에 합치되는 사람은, 부귀와 공명을 누리게 된다.2

운세로 보면 화천대유괘(䷍)는 상괘는 리(☲)이고 하괘는 건(☰)이며, 호

---

1 乾宮三世 卦屬正月 納甲 是甲子甲寅甲辰 己酉己未己巳 借用壬子壬寅壬辰 生於正月及納甲者 乃功名富貴之人也

2 각 괘의 월월계산법은 중천건괘(1)와 중지곤괘(2) 항에서 설명하였다. 대유괘의 세효인 구삼효는 양효이므로, 초효부터 삼효까지 세면 인寅에서 끝난다(초효는 자, 이효는 축, 삼효는 인). 지지의 인은 정월(1월)에 해당하므로, 대유괘가 정월괘가 되는 것이다. 따라서 정월을 주관하는 괘가 되고, 정월에 태어난 사람은 때를 얻음이 된다.

괘로는 태(☱)의 상이 있다. 강과 유가 서로 어울리고, 밝음과 어두움이 서로 사귀며, 두 기운이 서로 순환하고 음과 양이 지위를 얻었다. 밝은 것은 리의 해이고, 어두운 것은 태의 못이다. 불(火)아래에서 서로 사귀어 섞이니, 해의 밝음이 만물을 다 비추어 물건마다 그 기운을 받으므로, 서로 감응하는 뜻이 있다. 군자가 이러한 괘를 얻으면 크게 소유하는(大有) 상이 된다.

【팔궁세혼법으로 판단하면】
건궁의 귀혼괘歸魂卦로 삼공에 해당한다. 구삼효(삼공)가 세효世爻가 되고, 종묘에 해당하는 상구효가 응효가 된다. 비록 상구효는 양효가 음자리에 있어서 제자리를 얻지 못했고, 또 구삼효와 음양으로 응하지는 못했지만, 구삼효가 제자리를 얻었고, 상구효의 지지인 사(巳火)가 구삼효의 지지인 진(辰土)을 생해주므로 길하다. 더욱이 이 괘는 임금효인 육오효와 대부효인 구이효가 모두 중中을 얻어 서로 음양으로 응하고, 또 하늘과 불은 모두 위로 오르는 성질로 서로 이끌어 주므로, 크게 풍요로움을 누리는 뜻이 있다.

태양이 하늘 한가운데서 비추니, 모든 만물이 이를 반기며 그 덕을 기리는 상이다. 모든 일이 뜻대로 되고 명예와 부를 같이 누리는 크게 길한 운이다. 그러나 길한 것은 결코 오래가지 않으니, 이를 유지하도록 항시 노력하여야 한다. 시운을 탔으니 현재가 가장 전성기로, 시세를 따라 모든 일을 빨리 처리하면 할수록 좋다.

【글귀로 판단하면】
① 善揚天降福하니 大有福之餘라
火照乾天上하니 秋深獲一珠라
착한 것이 드날려져 하늘이 복을 내리니/ 대유는 복이 남음이라/ 불이 하늘(乾) 위로 비치니/ 깊은 가을에 구슬 하나를 얻음이라
② 欲進又徘徊하니 心危事不危라

貴人相指引하니 名利得榮歸라

나가고져 하나 또 머뭇거리니/ 마음은 위태하나 일은 위태하지 않구나/ 귀인이 서로 이끌어주니/ 명예와 이익을 모두 얻어 영화로이 돌아오리라

③ 泪沒困埃塵나 逢羊事事新이라

要求眞與實인덴 木口是恩人이라

진흙에 빠져 곤하나/ 양(未)을 만나면 일마다 새로워짐이라/ 진실된 이를 구하려 하면/ 나무목(木)자 들어간 사람이 은인이라

1. 初九(☰ → ☰)

【효사와 소상전】 초구는 해로운 것을 사귐이 없으니 허물이 아니나, 어렵게 하면 허물이 없으리라. 상에 말하기를 대유의 초구는 해로운 것을 사귀지 않음이라.【初九는 无交害니 匪咎나 艱則无咎리라. 象曰 大有初九는 无交害也라.】

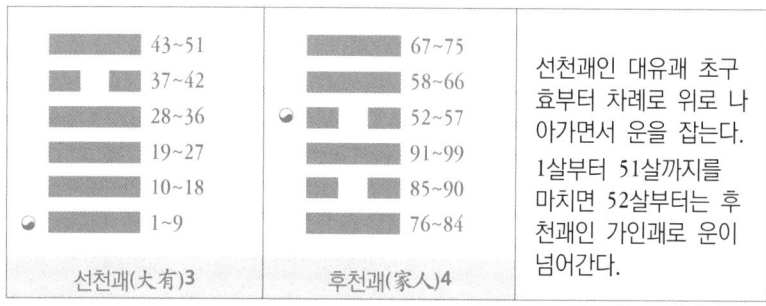

---

3 사주의 숫자로 괘를 만들어서 대유괘 초효에 원당이 있다면, 1~9살까지는 대유괘 초효 항을, 10~18살까지는 대유괘 이효 항을, …, 43~51살까지는 대유괘 상효 항을 가서 살펴 보면 된다.

4 52~57살까지는 후천괘인 가인괘 사효 항을, 67~75살까지는 가인괘 상효 항을, …, 91~99살까지는 가인괘 삼효 항을 살펴보면 그 사람의 운이 된다(◐나 ●표시 한 곳이

◈ 양년(갑·병·무·경·임년)일 경우 5

대유(14)	대축(26)6	고(18)	간(52)	박(23)	진(35)	비(12)	취(45)	수(17)
1	2	3	4	5	6	7	8	9

◈ 음년(을·정·기·신·계년)일 경우

정(50)	고(18)	대축(26)	비(22)	이(27)	서합(21)	무망(25)	수(17)	취(45)
1	2	3	4	5	6	7	8	9

◈ 월괘

리·30	동인·13	서합·21	진·51	이·27	박·23	익·42	중부·61	둔·3	기제·63	비·8	취·45
1월	2월	3월	4월	5월	6월	7월	8월	9월	10월	11월	12월

해당하는 효를 가리키고, 밑에서부터 초효·이효·삼효·사효·오효·상효로 나눈다).

5 해마다의 운인 유년운의 진행은 양효(━)일 때와 음효(╌)일 때가 다른데, 그 자세한 예는 중천건괘(1) 초구효, 중지곤괘(2) 초육효와 육이효, 수뢰둔괘(3) 초구효와 육삼효, 산수몽괘(4) 초육효와 육사효 항에 유년운에 속한 월운月運의 예와 함께 실려 있으므로 참고하면 된다.

6 위의 도표에서 '대축(26)'이라고 한 것은 괘명은 대축괘大畜卦고 64괘 중에 26번째 괘라는 뜻이며, '수(17)'이라고 한 것은 괘명은 수괘隨卦고 64괘 중에 17번째에 해당한다는 뜻이다. 나머지 괘도 이와같은 방식으로 본다. 따라서 앞의 목차에서 번호의 순서대로 찾으면, 해당하는 괘를 쉽게 찾을 수 있다.

◈ 일괘 7

대유(초구)	리·30	규·38	대축·26	건·1	대장·34

【총괄해서 판단하면】

8 이 효는 부유함이 지나치게 성하게 되는 것이 옳지 않은 줄 깨달아, 경솔하게 하지 않고 어려운 처지를 잘 지켜나가서, 해로움을 면할 수 있는 사람이다. 그러므로 운이 맞는 사람은, 재주가 좋고 덕이 훌륭한 사람으로, 아직 끌어당겨줄 사람을 만나지 못하였으니, 자신이 구하는 명예는 부족하나 구하는 이익은 오히려 남음이 있다.

운이 맞지 않는 사람은, 항상 훼손되고 욕을 당하며, 매번 어렵고 힘든 일을 만나니, 현재 자신이 처한 처지를 굳게 지키고 움직이지 않으면 허물을 면할 수 있다.

세운을 만나면, 공직자는 기미를 보아 용감하게 물러나야 하고, 지위나 녹봉에 연연해서는 안된다. 구직자는 현재 처해있는 상황에서 발전하려고 나가려고 하면 그로 인해 좌절되고 내쳐지는 결과를 가져온다. 일반인은 자신의 마음을 다스리지 못해 근심과 번뇌의 실마리가 되는 사람이 많고, 소인은 윗사람을 능멸하고 기만하여 재앙을 불러들이니, 어렵고 위태롭다는 생각으로 자신을 굳게 지키면, 그 위태롭고 어려운 상황이 풀

---

7 그 날의 운(日運)과 더 세분해서 시운時運을 알고 싶으면, 앞의 일괘日卦와 시괘時卦 설명을 참조해서 계산하면 된다. 자세한 예는 건(1)~송(6)괘의 초효 항에 있으므로 참고바람.

8 此爻是知富有不可以過盛 而守其艱 可以免害者也 故叶者才淸德重 未逢汲引 求名不足 求利有餘 不叶者 常遭毁辱 每遇艱辛 保守固存 咎尤可免 歲運逢之 在仕宜見幾勇退 不可貪位貪祿 在士不可處進 以招摧抑 在庶俗則心緖憂煩 小人欺凌長上 而有災眚 艱危自持 庶免傾危

릴 것이다.

【글귀로 판단하면】

① 遜退斂無咎요 進謀忌有憂라

　吳風吹火起하고 千里泛歸舟라

　겸손하게 후퇴해 있으면 허물이 없고/ 나아가려고 꾀하면 근심이 생긴다/ 오나라 바람(동남풍)이 불을 불어 일으키니/ 천리 길에 돌아오는 배 띄웠구나

② 心事漫愁煩하니 休言用處難하라

　難中行得了니 得了亦周旋라

　심사가 공연히 근심하고 번뇌하니/ 쓸 곳이 어렵다고 말하지 마라/ 어려운 가운데서도 끝까지 마칠 수 있으니/ 마치면 또한 두루두루 잘 될 것이다

③ 富貴易驕盈이니 當存敬畏心이라

　艱難常在念이면 災患永無侵이라

　부귀하면 교만하고 넘치기 쉬우니/ 마땅히 경건하고 두려운 마음을 가져야 한다/ 항시 어렵고 험난한 걱정을 마음에 두면/ 재해와 환난이 영원히 침범치 못하리라

2. 九二(☰ → ☰)

【효사와 소상전】 구이는 큰 수레로 실음이니, 일을 해 나가도 허물이 없으리라. 상에 말하기를 '큰 수레로 실음'은 가운데 쌓아서 부서지지 않는 것이다. 【九二는 大車以載니 有攸往하야 无咎리라. 象曰 大車以載는 積中不敗也라.】

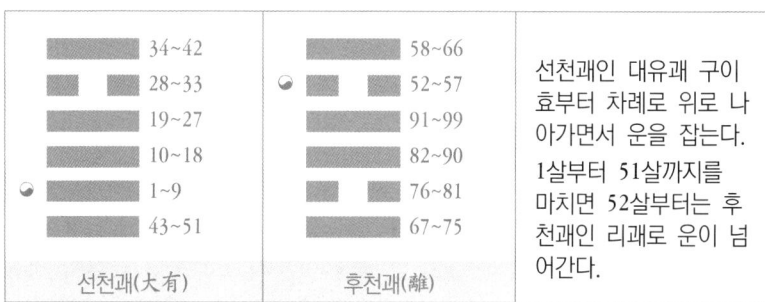

선천괘(大有)	후천괘(離)	선천괘인 대유괘 구이 효부터 차례로 위로 나아가면서 운을 잡는다. 1살부터 51살까지를 마치면 52살부터는 후천괘인 리괘로 운이 넘어간다.
34~42	58~66	
28~33	52~57	
19~27	91~99	
10~18	82~90	
1~9	76~81	
43~51	67~75	

◈ 양년(갑·병·무·경·임년)일 경우

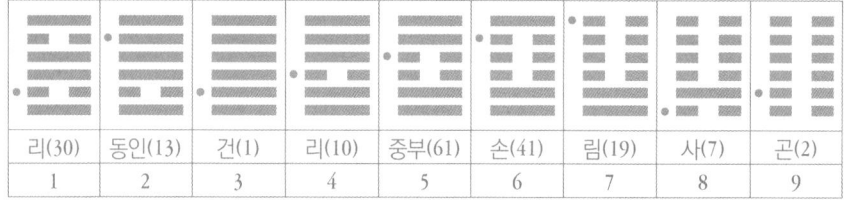

대유(14)	건(1)	동인(13)	무망(25)	익(42)	이(27)	복(24)	곤(2)	사(7)
1	2	3	4	5	6	7	8	9

◈ 음년(을·정·기·신·계년)일 경우

리(30)	동인(13)	건(1)	리(10)	중부(61)	손(41)	림(19)	사(7)	곤(2)
1	2	3	4	5	6	7	8	9

◈ 월괘

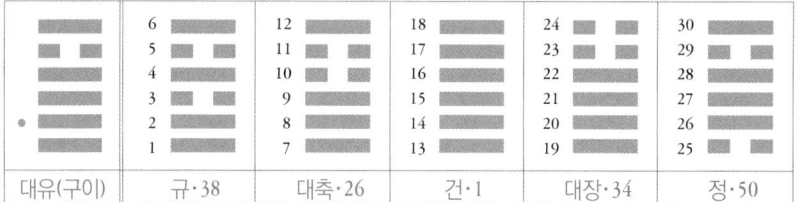

규·38	귀매·54	손·41	몽·4	중부·61	익·42	절·60	수·5	감·29	곤·47	비·8	곤·2
1월	2월	3월	4월	5월	6월	7월	8월	9월	10월	11월	12월

◈ 일괘

대유(구이)	규·38	대축·26	건·1	대장·34	정·50
6 5 4 3 2 1	12 11 10 9 8 7	18 17 16 15 14 13	24 23 22 21 20 19	30 29 28 27 26 25	

【총괄해서 판단하면】

9 이 효는 천하를 감당하는 중책을 맡으면서도, 잘 처리할 수 있는 능력이 있어서 허물이 없는 자이다. 그러므로 운이 맞는 사람은, 큰 재주와 덕이 있어서, 큰 혼란을 잘 다스리는 큰 공을 세우니, 마치 큰 수레에 물건을 싣는 것과 같아서, 많은 물건을 실으면서도 적절하게 하여 실수가 없는 것이다.

운이 맞지 않는 사람도 또한 복과 수명을 누리고 거처함에 부흡를 쌓으며, 우환과 허물이 없는 자이다.

세운을 만나면, 한직에 있거나 휴직상태인 사람도 예를 갖춘 부름을 받아서 크게 쓰이고, 용감한 장수는 전쟁터에 나가 승리하는 공을 세운다. 구직자는 벼슬길에 나아가 명예를 얻으며, 일반인은 경영하는 일을 잘 처리하여 재산과 곡식이 풍요롭게 된다. 혹자는 벼슬길에 나서 명예를 얻는 데는 좋은 괘이나, 장수長壽하는 데는 좋지 않은 괘라고도 한다.

【글귀로 판단하면】

① 寬厚事成多요 高明意自過라
往亨佳女吉하니 進步不蹉跎라
너그럽고 후하게 하면 많은 일이 이루어질 것이고/ 고명하면 뜻이 스스로 자유롭다/ 출행하면 길하고 여자를 맞으면 길하니/ 앞으로 나가도 차질이 없을 것이다

② 大有方始盛하니 人宜大有爲라
如車乘重載나 不至有傾危라
대유가 이제 막 성盛하기 시작했으니/ 크게 일을 함이 마땅하다/ 차車

---

9 此爻是任天下之重而无咎者也 故叶者 有大才德 理大亂 立大功 如大車之載 可以積厚於中而無敗者也 不叶者 亦有福有壽 居積致富 無憂無禍 歲運逢之 閑官驛車選召 有大除拜 勇將出師 戰勝攻取 士子進取成名 常人營謀厚載 財穀豊裕 或曰 鞅車之兆 不利老壽

에 무거운 짐을 실은 것과 같으나/ 기울어지거나 위태한 일은 없다

③ 一重水ㅣ 一重山하니

壺中別有天이나 風波到底然이라

한굽이 물/ 한굽이 산이니/ 병주둥이 같은 곳에 별천지가 있으나/ 바람과 물결이 이르는 것은 똑같다

3. 九三(☰ → ☱)

【효사와 소상전】 구삼은 공이 천자가 형통하도록 함이니 소인은 하지 못할 것이니라. 상에 말하기를 '공이 천자가 형통하도록 함'은 소인은 (욕심에 가려 잘하지 못할 것이므로) 해로울 것이다. 【九三은 公用亨于天子니 小人은 弗克이니라. 象曰 公用亨于天子는 小人은 害也리라.】

선천괘(大有)	후천괘(革)	선천괘인 대유괘 구삼 효부터 차례로 위로 나아가면서 운을 잡는다. 1살부터 51살까지를 마치면 52살부터는 후천괘인 혁괘로 운이 넘어간다.
25~33 19~24 10~18 1~9 ● 43~51 34~42	52~57 ● 91~99 82~90 73~81 67~72 58~66	

◈ 양년(갑·병·무·경·임년)일 경우

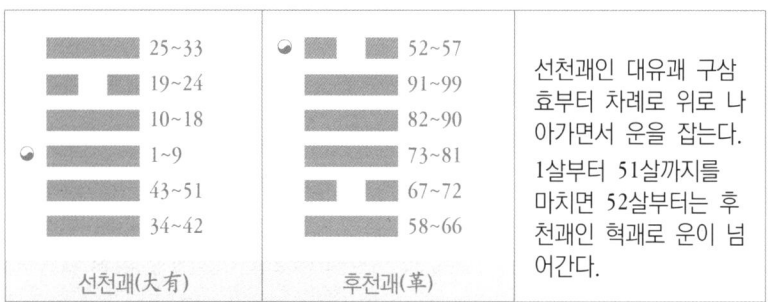

대유(14)	대장(34)	귀매(54)	림(19)	절(60)	중부(61)	환(59)	관(20)	점(53)
1	2	3	4	5	6	7	8	9

◈ 음년(을·정·기·신·계년)일 경우

규(38)	귀매(54)	대장(34)	태(11)	수(5)	소축(9)	손(57)	점(53)	관(20)
1	2	3	4	5	6	7	8	9

◈ 월괘

대축·26	고·18	소축·9	가인·37	수·5	절·60	정·48	대과·28	건·39	겸·15	비·8	관·20
1월	2월	3월	4월	5월	6월	7월	8월	9월	10월	11월	12월

◈ 일괘

대유(구삼)	대축·26	건·1	대장·34	정·50	리·30
6 5 4 3 2 1	12 11 10 9 8 7	18 17 16 15 14 13	24 23 22 21 20 19	30 29 28 27 26 25	

【총괄해서 판단하면】

10 이 효는 대신大臣이 훌륭한 임금을 만나서 자신의 충성을 다 바치는 것을 설명한 것이다. 그러므로 운이 맞는 사람은, 높은 재주와 덕을 갖추고 사사로움이 없는 자로, 자신을 알아주는 훌륭한 임금을 만나 임금의 대리인으로서 자신의 도를 펴되, 평소에 가지고 있던 포부를 일일이 조정에서 펴는 것이다.

운이 맞지 않는 사람은, 사사로운 자신의 이익을 꾀하니, 반드시 큰 해를

---

10 此爻是大臣得君以納其忠者也 故叶者 才高德備 大公無我 代君行道 而平日之
所抱負者 ——敷陳於廟廊之上 不叶者 貪謀私己 必有大害 成立艱難 易滿易消
歲運逢之 在仕必勝朝廷之重任 在士必作大魁 在庶俗必招災難 晦滯寒塞 小輩
欺凌 凶則變睽 刑傷難免

입히고 어려움을 만들며, 쉽게 가득찼다가 쉽게 무너진다.

세운을 만나면, 공직자는 반드시 정부의 중책을 감당해내고, 구직자는 반드시 으뜸으로 합격한다. 일반인은 반드시 재앙과 어려움을 자초하니, 생각이 어리석고 하는 일이 지체되며 막히고, 소인배에게 기만을 당한다. 흉한 사람은 변하여 화택규괘가 되니, 역시 형벌받고 다치는 일을 면하기 어렵다.

【글귀로 판단하면】

1 偏宜君子道하니 求利與求名이라
   貴客相提獎하니 前程自顯榮이라
   군자의 도에 두루 두루 마땅하게 하니/ 이익과 명예를 다 얻을 수 있다/ 귀한 손님이 서로 이끌어주고 장려해 주니/ 앞길이 자연 번듯한 영화를 누린다

2 小人必防險이요 王亨大事宜라
   牛歸加祿重하니 嶺表鹿啣旂라
   소인은 반드시 험난함을 방비해야 하고/ 왕은 큰 일을 하는데 형통하다/ 소(표)가 돌아오면 큰 녹을 더하게 되니/ 고개 위의 사슴이 쌍룡 그린 깃발을 물고 있도다

3 南山一片石이 石中藏眞玉이라
   莫問是和非하라 得者非常福이라
   남산의 한조각 돌이/ 돌 속에 참 옥玉을 감추고 있다/ 화씨의 구슬(和氏之璧)11이 아닌지 묻지 마라/ 얻는 사람은 비상한 복이 있으리라

---

11 『한비자:韓非子』의 「변화편:卞和篇」에 출전하는 말로, "초楚나라 사람 변화씨(卞和)가 초산楚山에서 얻은 옥돌을 여왕厲王과 무왕武王에게 차례로 바쳤으나, 그 진가를 모르는 여왕과 무왕에 의해 발꿈치를 없애는 형벌을 받았다. 그후 문왕文王 때에 이르러 그 진가가 판명되어, 화씨의 구슬이라고 불리우게 되었다"는 고사에 연유. 여기서는 귀한 보물을 뜻함.

4. 九四(䷍ → ䷐)

【효사와 소상전】 구사는 너무 성대하지 않게 하면 허물이 없으리라. 상에 말하길 '너무 성대하지 않게 하면 허물이 없음'은 분별하는 지혜가 밝은 것이다. 【九四는 匪其彭이면 无咎리라. 象曰 匪其彭无咎는 明辨晢也라.】

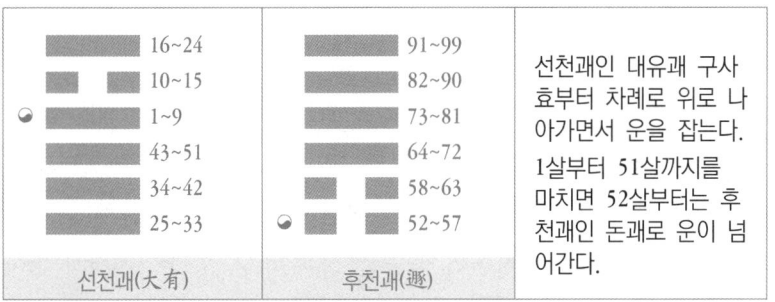

	16~24		91~99	선천괘인 대유괘 구사
	10~15		82~90	효부터 차례로 위로 나
○	1~9		73~81	아가면서 운을 잡는다.
	43~51		64~72	1살부터 51살까지를
	34~42		58~63	마치면 52살부터는 후
	25~33	○	52~57	천괘인 돈괘로 운이 넘어간다.
선천괘(大有)		후천괘(遯)	

◆ 양년(갑·병·무·경·임년)일 경우

대유(14)	정(50)	고(18)	손(57)	정(48)	수(5)	기제(63)	둔(3)	수(17)
1	2	3	4	5	6	7	8	9

◆ 음년(을·정·기·신·계년)일 경우

대축(26)	고(18)	정(50)	구(44)	대과(28)	쾌(43)	혁(49)	수(17)	둔(3)
1	2	3	4	5	6	7	8	9

◆ 월괘

건·1	동인·13	쾌·43	태·58	대과·28	정·48	함·31	소과·62	취·45	비·12	비·8	둔·3
1월	2월	3월	4월	5월	6월	7월	8월	9월	10월	11월	12월

◈ 일괘

	6	12	18	24	30
	5	11	17	23	29
●	4	10	16	22	28
	3	9	15	21	27
	2	8	14	20	26
	1	7	13	19	25
대유(구사)	건·1	대장·34	정·50	리·30	규·38

【총괄해서 판단하면】

12 이 효는 대신大臣이 최고의 권력과 부를 누리되, 자신을 경계할 줄 알아 허물을 적게 할 수 있는 자를 설명한 것이다. 그러므로 운이 맞는 사람은, 사사로운 욕심이 없고, 교만하거나 음탕하지 않으며, 자신의 공을 자랑하지 않는다. 명철해서 자신의 몸을 잘 보존할 수 있으며, 시작과 끝을 잘 처리하여 좋게 된다.

운이 맞지 않는 사람은, 작은 것을 탐내고 쉽게 교만해지며, 자신도 모르게 참람해지게 되어 화를 부르니, 자신과 집안을 보존하기 어렵다.

세운을 만나면, 공직자는 직책에 만족하면 능멸당하고 핍박당하는 화를 면하게 되고, 구직자는 때를 기다리며 나서지 말아야 상훈賞勳을 박탈당하는 화를 면하게 된다. 일반인은 평상의 업무를 지키고 있으면 훼상되는 해를 면하게 된다. 혹 눈병이 생긴다고 하니, 너무 밝게 보면 손해를 입는 점괘이기 때문이다.

【글귀로 판단하면】

1 彭盛尚謙退나 道身計莫通이라 猴邊金信至하니 阻棟得帆風이라

　빛나고 성대해도 오히려 겸손하고 양보하나/ 운신할 계획이 통하지 않

---

12 此爻是大臣履盛滿而知所戒 可以寡過者也 故叶者 大公無私 不驕淫 不矜誇 旣明且哲 以保其身 善始善終 不叶者 貪小易盈 遂成僭竊之禍 身家難保 歲運逢之 在仕安職 免凌逼之禍 在士待時 免褫革之虞 在庶俗守常 免毁傷之害 或有眼疾 明則損故也

는다/ 원숭이(申) 곁에 쇠(金:庚 또는 辛) 소식 오니/ 막혔던 뱃길이 돛에 바람 얻었다

② 遇險不爲憂하니 風波不足懼라
若遇草頭人이면 指出靑雲路라

험한 것을 만나도 근심되지 않으니/ 풍파가 두려울 것이 없다/ 만약 이름에 초두(草:艹,艸)가 들어간 사람을 만나면/ 청운의 길(벼슬길)을 인도할 것이다

③ 日過中必昃이요 物過盛還衰라
明知能先見하야 謹之植福基라

해가 한낮을 지나면 반드시 기울어지고/ 물건이 성한 때를 지나면 쇠퇴해진다/ 지혜있는 이는 미리 알 수 있어서/ 신중히 하면서 복의 기반을 닦는다

5. 六五 (☰ → ☰)

【효사와 소상전】육오는 그 믿음이 서로 사귀는 것이니 위엄있게 하면 길하리라. 상에 말하기를 '그 믿음이 서로 사귄다'는 것은 믿음으로 뜻을 발한 것이고, '위엄있게 해서 길함'은 안이해지면 갖춤이 없을 것이기 때문이다. 【六五는 厥孚 交如니 威如면 吉하리라. 象曰 厥孚交如는 信以發志也오 威如之吉은 易而无備也일새라.】

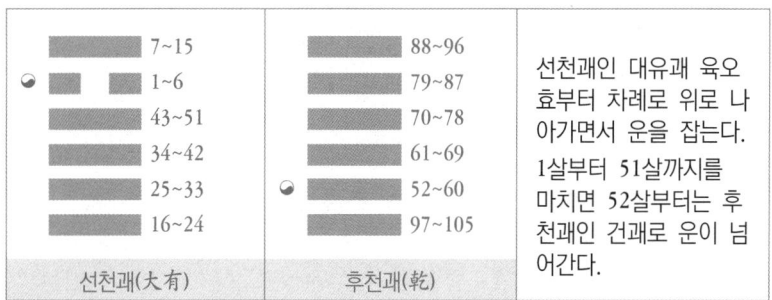

선천괘인 대유괘 육오 효부터 차례로 위로 나아가면서 운을 잡는다. 1살부터 51살까지를 마치면 52살부터는 후천괘인 건괘로 운이 넘어간다.

◆ 양년 음년 똑같음

건(1)	쾌(43)	대과(28)	함(31)	취(45)	비(8)
1	2	3	4	5	6

◆ 월괘

대장·34	귀매·54	항·32	승·46	소과·62	함·31	예·16	진·35	곤·2	복·24	비·8	감·29
1월	2월	3월	4월	5월	6월	7월	8월	9월	10월	11월	12월

◆ 일괘

	6 5 4 3 2 1	12 11 10 9 8 7	18 17 16 15 14 13	24 23 22 21 20 19	30 29 28 27 26 25
대유(육오)	대장·34	정·50	리·30	규·38	대축·26

【총괄해서 판단하면】

13 이 효는 임금이 위엄과 신의를 가지고 백성을 다스리는 것을 설명한 것이다. 그러므로 운이 맞는 사람은, 은혜와 위엄을 같이 행하고, 덕과 신망을 같이 드러낸다. 윗사람과 아랫사람이 서로 믿음으로 사귀고, 먼 사람과 가까운 사람이 서로 응하니, 큰 공을 세울 수 있고 부귀를 누린다. 운이 맞지 않는 사람은, 쇠퇴하여 떨쳐 일어나지 못하고, 은혜를 베풀어도 헛되어서 오히려 헐뜯음과 원망으로 돌아온다.

세운을 만나면, 공직자는 마땅히 기미를 살펴서 나아가야 하고, 구직자는

---

13 此爻是在君道而有威信以治民者也 故叶者 恩威並行 德望並著 上下交孚 遐邇相應 足以立大功 亨富貴 不叶者 多委靡不振 恩徒施而反遭謗 澤雖布而反召怨 歲運逢之 在仕宜知幾而進 在士宜乘機而進 在庶俗宜相時而動 但不可輕慢驕縱 以取禍

마땅히 때를 타고 벼슬자리에 나아가야 하며, 일반인은 때를 살펴서 움직여야 한다. 단 너무 경솔하거나 교만해서도 화를 부르고, 너무 게을러 느리게 행동하거나 위엄없이 늘어져서도 화를 부르니, 항시 때와 중도에 맞게 행동하여야 한다.

【글귀로 판단하면】
① 整肅威如吉이요 交孚內外和라
　只因良輔弼하야 隨處喜星多라
　정숙하고 위엄있게 하면 길하고/ 믿음으로 사귀니 안과 밖이 화합한다/ 다만 좋은 보필로 인해서/ 가는 곳마다 기쁜 일(喜星)이 많다
② 一雁白雲邊이요 孤舟野水天이라
　佳音來日下하니 金玉等閒添이라
　흰구름가에 기러기 한마리 날고/ 들가 멀리 강 위에 외로운 배 떠있다/ 좋은 소식이 저녁때 오게 되니/ 금과 옥이 절로 늘어나게 된다
③ 上下交相際에 中心在信孚라
　柔當剛以濟니 不怒亦威如라
　위와 아래가 서로 사귀는데/ 마음속에 정성과 믿음을 가지고 있다/ 부드러움은 강함으로써 서로 조화해야 마땅하니/ 성내지 않더라도 또한 위엄이 있어야 한다

6. 上九(䷍→䷰)

【효사와 소상전】 상구는 하늘로 부터 돕는지라. 길해서 이롭지 않음이 없도다. 상에 말하기를 대유의 상구가 길한 것은 하늘로부터 도운 것이다. 【上九는 自天祐之라 吉无不利로다. 象曰 大有上吉은 自天祐也라.】

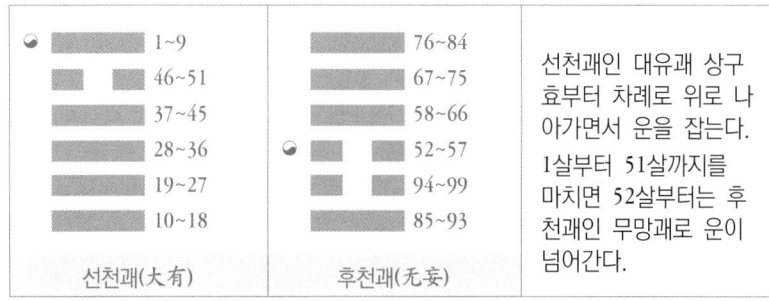

선천괘인 대유괘 상구 효부터 차례로 위로 나아가면서 운을 잡는다. 1살부터 51살까지를 마치면 52살부터는 후천괘인 무망괘로 운이 넘어간다.

◆ 양년(갑·병·무·경·임년)일 경우

대유(14)	규(38)	귀매(54)	해(40)	예(16)	소과(62)	겸(15)	건(39)	점(53)
1	2	3	4	5	6	7	8	9

◆ 음년(을·정·기·신·계년)일 경우

대장(34)	귀매(54)	규(38)	미제(64)	진(35)	려(56)	간(52)	점(53)	건(39)
1	2	3	4	5	6	7	8	9

◆ 월괘

정·50	고·18	려·56	돈·33	진·35	예·16	박·23	이·27	관·20	환·59	비·8	건·39
1월	2월	3월	4월	5월	6월	7월	8월	9월	10월	11월	12월

◆ 일괘

대유(상구)	정·50	리·30	규·38	대축·26	건·1

【총괄해서 판단하면】

14 이 효는 대유의 때(大有:크게 소유하고 크게 잘 다스려진 때)를 맞아서 잘 처신하니, 반드시 하늘의 도움을 받는 자이다. 그러므로 운이 맞는 사람은, 강하고 크면서도 겸양할 줄 안다. 덕을 베풀기를 하늘의 뜻과 합치되게 하고, 행동거지를 하늘이 감동하도록 하니, 부귀를 점차 많이 누리는 경사가 있고, 하는 일이 다 이루어지는 아름다움이 있다.

운이 맞지 않는 사람도 도덕을 갖춘 사람으로, 풍성하고 부유해서 평생동안 조금치의 걱정근심도 없다.

세운을 만나면, 공직자는 승진하게 되고, 구직자는 명예를 얻게 된다. 일반인은 존귀한 사람의 보호를 받고, 농사짓는 사람은 일이 잘되고 농사일에 진척이 많다.

【글귀로 판단하면】

① 滿極能招損이니 謙謙不自居라 上天申眷佑하니 吉慶得相扶라
가득 찬 것이 극하면 덜게 되니/ 겸손하고 겸손해서 편히 있으려 않는다/ 높은 하늘이 거듭 도와주니/ 길함과 경사가 연달아 오게 된다

② 志氣凌霄奮發時에 自天之祐吉無疑라
山前有個人相引하니 報道佳音慶也宜라
의지가 하늘을 찌르고 분발하는 때이니/ 하늘이 도와 길하게 됨을 의심할 것 없다/ 산앞에 사람있어(仙人) 서로 이끌어 주니/ 좋은 소식 알려주니 경사스러운 것 마땅하리라

③ 奇奇奇ㅣ 地利合天時하니 燈花傳信後에 動靜總相宜라
기이하고 기이하다/ 땅의 이로움이 하늘의 때와 합치되니/ 등불 덩어리 꽃으로 길한 소식 전한 뒤에/ 움직이거나 그치거나 모두 마땅하리라

---

14 此爻是善處乎大有之時 而必獲天眷者也 故叶者 剛大而能謙讓 德之所施 足以契天之心 行之所履 足以動天之感 富貴有長亨之慶 隨在皆自得之休 不叶者 亦道德之士 豐厚富庶 而平生無非橫之撓 歲運逢之 在官進職 在士成名 常人得尊上之庇 農家進業

地山謙(15)
지 산 겸

겸괘 개요

【괘사와 대상전】 겸은 형통하니 군자가 마침이 있느니라. 상에 말하기를 땅 속에 산이 있는 것이 겸괘니, 군자가 본받아서 많은 것을 덜어 적은 데 더해서, 물건을 저울질하여 베풂을 고르게 하느니라. 【謙은 亨하니 君子 有終이니라. 象曰 地中有山이 謙이니 君子 以하야 裒多益寡하야 稱物平施하나니라.】

【총괄해서 판단하면】

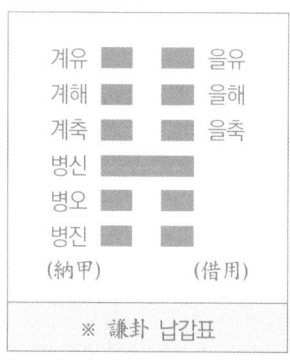

※ 謙卦 납갑표

1 태궁의 5세괘로 9월괘이다. 내괘의 납갑은 병진·병오·병신이고, 외괘의 납갑은 계축·계해·계유이며, 을축·을유·을해를 빌려서도 쓴다. 9월에 태어난 사람과, 태어난 년도의 간지가 납갑의 간지 및 차용납갑의 간지에 합치되는 사람은 부귀와 공명을 누리게 된다.2 운세로 보면 지산겸괘(􀀁)는 상괘는 곤(􀀁)이고 하괘는 간(􀀁)이며, 호괘로는 진(􀀁)과

---

1 兌宮五世 卦屬九月 納甲 是丙申丙辰丙午 癸丑癸亥癸酉 借用乙丑乙酉乙亥 如 生於九月及納甲者 功名富貴人也

2 각 괘의 월월계산법은 중천건괘(1)와 중지곤괘(2) 항에서 설명하였다. 겸괘의 세효인 육오효는 음효이므로, 초효부터 오효까지 세면 술戌에서 끝난다(초효는 오, 이효는 미, 삼효는 신, 사효는 유, 오효는 술). 지지의 술은 9월에 해당하므로, 겸괘가 9월괘가 되는 것이다. 따라서 9월을 주관하는 괘가 되고, 9월에 태어난 사람은 때를 얻음이 된다.

감(☵)이 있다. 땅 아래에 산이 있고 산 위에 땅이 있으니, 북돋고 심기에 높고 두터운 형세로, 만물을 여기에서 기른다. 진(☳)은 움직여 우레를 행하고 감(☵)은 가득 채우고 넘치니, 무성하게 발생함이 다 여기에서 시작한다. 산이 땅속에 있으므로 높을수록 더욱 겸손하다. 군자가 이런 괘를 얻으면 겸손하여 사방을 비추는 상이 된다.

【팔궁세혼법으로 판단하면】

태궁의 임금괘로, 육오효(임금)가 세효世爻가 되고, 대부大夫에 해당하는 육이효가 응효가 된다. 비록 임금의 가장 존귀하고도 높은 자리에 있으나, 실위(음효가 양자리에 있음)하였고, 육이효와 음양으로 응하지도 못했다. 더욱이 육오효의 지지인 해(亥水)가 육이효의 지지인 오(午火)를 극하니, 자신을 도와주는 중정한 신하를 오히려 해치는 격으로 좋지 못하다. 다만 육오효가 중中을 얻었으므로, 고집부리며 앞으로 나서지 말고, 겸손한 마음으로 중정한 신하인 육이의 도움을 받아 일을 처리한다면, 자신의 자리를 유지할 뿐만 아니라 좋은 정치를 펼 수 있을 것이다.

땅 위에 있어야 할 산이 땅 아래에 있으니, 자신을 낮추어 겸손한 상이다. 또 외호괘 진(震木)과 내호괘 감(坎水)이 이면에서 서로 돕는다. 안으로는 산(艮山)의 광명한 덕과 밖으로는 땅(坤地)의 광대한 덕이 서로 도우며 양보하니 유종의 미가 있다. 처음에는 고민도 많고 고통도 많지만 점차 길운이 된다. 자신의 몸을 낮추되, 지조는 고결하고 원대하게 가진다. 재능이 있어도 감추며, 혹 높은 자리에 있다가 좌천되더라도 겸손한 마음과 자세로 임하니, 겸손은 유익함을 낳아 결국은 잘되게 된다. 장삿길로 들어서면 많은 이득을 보고, 온정이 많아 가난한 사람을 구휼하는 데 앞장선다. 모든 일에 있어서 자신이 앞장서서 하는 것보다, 다른 사람의 뒤에서 따라가는 자세를 취하면, 처음에는 비록 곤란하더라도 차츰 호전되는 운이니, 적극적으로 급히 서두는 것은 좋지 않고, 순서를 잡아 서서히 진행하는 것이 좋다.

15 지산겸

【글귀로 판단하면】

① 山之高大在地中하니 謙退有終爻辭이라
　先後喜得居尊上이요 利祿涉川在他鄕이라

높고 큰 산이 땅속에 있으니/ 겸손하고 양보하는 것이 마침내 이익 있다는 내용은 효사에 자세하다/ 앞서거니 뒷서거니 하며, 높은 자리 얻은 것 기뻐하니/ 타향에서 이익과 복록 얻으며 큰 일을 해나간다

② 衆理事牽連하니 憂疑莫向前이라
　若逢明鏡照면 撓括任虛傳이라

모든 일이 지연되니/ 근심스럽고 의심스러워 앞으로 가지 못한다/ 만약 밝은 거울 같은 비춰줌을 만나면/ 흔들고 끌어 당김을 맘대로 할 것이다

③ 運塞時乖莫强謀하고 得安身處且優游하라
　若逢天上人開口면 便當生涯決意求라

운은 비색하고 때는 어긋나니 억지로 꾀하지 말고/ 몸편히 할 곳 얻으면 또한 여유롭게 즐기라/ 만약 천상의 사람이 말해주는 것을 만나려면/ 곧 한 평생의 결심을 하고 찾아가라

1. 初六(☷☷ → ☶☷)

【효사와 소상전】 초육은 겸손하고 또 겸손한 군자니 큰 내를 건너더라도 길하니라. 상에 말하기를 '겸손하고 또 겸손한 군자'는 낮춤으로써 스스로를 기르는 것이다. 【初六은 謙謙君子니 用涉大川이라도 吉하니라. 象曰 謙謙君子는 卑以自牧也라.】

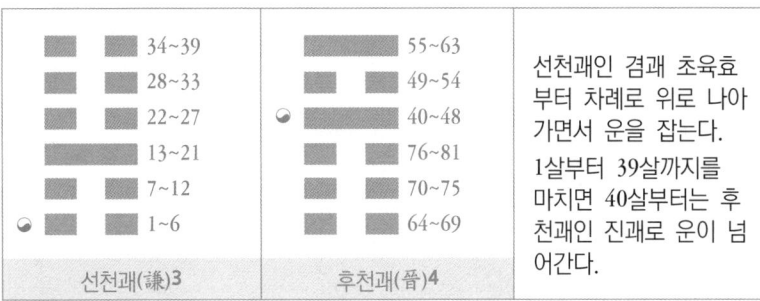

	34~39		55~63	선천괘인 겸괘 초육효
	28~33		49~54	부터 차례로 위로 나아
	22~27		40~48	가면서 운을 잡는다.
	13~21		76~81	1살부터 39살까지를
	7~12		70~75	마치면 40살부터는 후
	1~6		64~69	천괘인 진괘로 운이 넘
선천괘(謙)3		후천괘(晉)4		어간다.

◈ 양년 음년 똑같음5

명이(36)6	태(11)	림(19)	귀매(54)	태(58)	리(10)
1	2	3	4	5	6

◈ 월괘

승·46	정·48	사·7	몽·4	해·40	귀매·54	곤·47	취·45	송·6	구·44	리·10	중부·61
1월	2월	3월	4월	5월	6월	7월	8월	9월	10월	11월	12월

---

3 사주의 숫자로 괘를 만들어서 겸괘 초효에 원당이 있다면, 1~6살까지는 겸괘 초효 항을, 7~12살까지는 겸괘 이효 항을, ⋯, 34~39살까지는 겸괘 상효 항을 가서 살펴 보면 된다.

4 40~48살까지는 후천괘인 진괘 사효 항, 55~63살까지는 진괘 상효 항을, ⋯, 76~81살까지는 진괘 삼효 항을 살펴보면 그 사람의 운이 된다(◐나 ●표시 한 곳이 해당하는 효를 가리키고, 밑에서부터 초효·이효·삼효·사효·오효·상효로 나눈다).

5 해마다의 운인 유년운의 진행은 양효(━)일 때와 음효(╍)일 때가 다른데, 그 자세한 예는 중천건괘(1) 초구효 항에 유년운에 속한 월운月運의 예와 함께 실려 있으므로 참고하면 된다.

6 위의 도표에서 '명이(36)'이라고 한 것은 괘명은 명이괘明夷卦고 64괘 중에 36번째 괘라는 뜻이며, '리(10)'이라고 한 것은 괘명은 리괘履卦고 64괘 중에 10번째에 해당한다는 뜻이다. 나머지 괘도 이와같은 방식으로 본다. 따라서 앞의 목차에서 번호의 순서대로 찾으면, 해당하는 괘를 쉽게 찾을 수 있다.

◆ 일괘 7

	6	12	18	24	30
	5	11	17	23	29
	4	10	16	22	28
	3	9	15	21	27
	2	8	14	20	26
●	1	7	13	19	25
겸(초육)	승·46	곤·2	소과·62	건·39	간·52

【총괄해서 판단하면】

8 이 효는 겸손하게 행동해서 마땅함을 얻은 자를 설명한 것이다. 그러므로 운이 맞는 사람은, 물러나 겸양함으로써 예절을 밝히고, 온화하고 공손하게 함으로써 자신의 뜻을 마땅하게 한다. 비록 환난과 위태로운 액운이 추상같더라도 험한 곳으로부터 떨치고 일어나 평이한 상태를 만든다. 위태함을 바꾸어 편안한 상태로 만들고, 윗사람에게는 신임을 받고 아랫사람에게는 의존하여 모여들게 만든다. 소상전에 나오는 '牧(기를 목)'자에 조국을 지킨다는 뜻이 있고, 그보다 못하더라도 심성을 닦고 기르며, 도道를 즐기고 한가로움을 즐긴다는 뜻이 있으니, 재해가 생겨나지 않는다.

운이 맞지 않는 사람은, 심성이 게을러 일을 할 때 쓸모없는 사람이 많고, 하는 일이 졸렬하며, 남의 수하가 되는 것을 달게 여긴다.

세운을 만나면, 공직자는 백성을 잘 보살피는 목민관牧民官이고, 구직자는 가슴속에 보배를 품고 등용되기를 기다린다. 일반인은 멀리 떨어진

---

7 그 날의 운(日運)과 더 세분해서 시운時運을 알고 싶으면, 앞의 일괘日卦와 시괘時卦 설명을 참조해서 계산하면 된다. 자세한 예는 건(1)~송(6)괘의 초효 항에 있으므로 참고바람.

8 此爻是 行巽而達之得宜者也 故叶者 退讓以明其禮 溫恭以宜其情 雖患難危厄之秋 亦可振險而投之夷 易危而措之安 在上信任 在下依歸 以牧字之義 有守土之兆 次則或修心養性 樂道優閒 災害不生 不叶者 心懶多進則見退 拙於施爲 甘爲人下 歲運逢之 在仕爲牧民之職 在士宜懷珍待聘 在庶俗宜遠涉江湖 以作商旅 凶者變明夷之傷也

강이나 호수를 건너게 되고, 상인이나 나그네가 된다. 흉한 사람은 변해서 지화명이괘(☷)가 되니, 또한 상하게 됨을 면치 못한다.

【글귀로 판단하면】

① 常吉眞君子는 謙謙自處卑라

　　大川雖至險이나 利涉亦無危라

　　항상 길한 참된 군자는/ 겸손하고 겸손해서 스스로 낮게 처신한다/ 큰 냇물(큰 일)이 비록 지극히 험하나/ 건너는 것이 이롭고 또한 위태함이 없다

② 有祿不居尊하고 乘車馬橫奔이라

　　積金盈幣帛하니 進退得無屯이라

　　녹이 있으나 높은 자리에 거하지 않고/ 수레를 탔는데 말이 옆으로 달린다/ 금을 모아 비단주머니에 가득하니/ 나아가나 물러가나 어려움이 없다

③ 進取名利歸하니 前程進步來라

　　水邊上下鶴이 觸目有光輝라

　　나아가서 명리를 취해서 돌아오니/ 앞길이 점차로 열린다/ 물가에서 위와 아래로 노니는 학이/ 눈길 가는 곳마다 아름답게 빛난다

2. 六二(☷→☷)

【효사와 소상전】 육이는 겸손함을 울림이니 바르고 굳어서 길하니라. 상에 말하기를 '겸손함을 울림이니 바르고 굳어서 길함'은 중심에 얻은 것이다.

【六二는 鳴謙이니 貞코 吉하니라. 象曰 鳴謙貞吉은 中心得也라.】

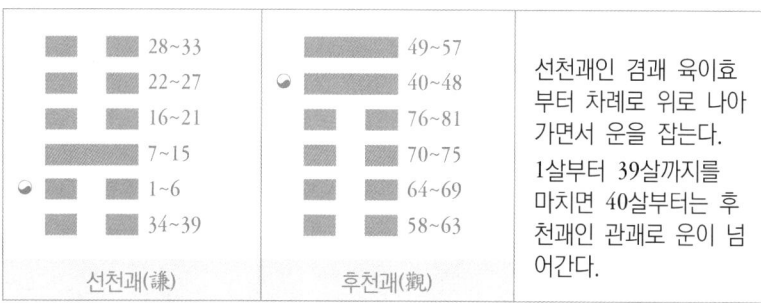

선천괘인 겸괘 육이효부터 차례로 위로 나아가면서 운을 잡는다. 1살부터 39살까지를 마치면 40살부터는 후천괘인 관괘로 운이 넘어간다.

◆ 양년 음년 똑같음

승(46)	사(7)	해(40)	곤(47)	송(6)	리(10)
1	2	3	4	5	6

◆ 월괘

곤·2	박·23	예·16	진·51	취·45	곤·47	비·12	돈·33	무망·25	익·42	리·10	규·38
1월	2월	3월	4월	5월	6월	7월	8월	9월	10월	11월	12월

◆ 일괘

겸(육이)	곤·2	소과·62	건·39	간·52	명이·36
	6	12	18	24	30
	5	11	17	23	29
	4	10	16	22	28
	3	9	15	21	27
	2	8	14	20	26
	1	7	13	19	25

【총괄해서 판단하면】

9 이 효는 명예가 높은 운으로, 바르고 곧게 살고 있는 선한 행동이 알려

---

9 此爻是名譽之隆 而示以居貞之善也 故叶者 無私無諂 有德有才 其鳴字之義 多是言路官職之兆 不叶者 亦得人擧揚濟人 歲運逢之 在仕遷職 未仕進取成名 庶俗未可輕擧 惟宜退守

지는 것이다. 그러므로 운이 맞는 사람은, 사사로움도 없고 아첨함도 없으며, 덕과 재주를 겸비한 사람이다. '鳴(울릴 명)'자에 언론계 등 언로言路에 관한 직책의 뜻이 많다. 운이 맞지 않는 사람도 사람들의 신망을 받아 추천되어 사람을 구제하게 된다. 세운을 만나면, 공직자는 좋은 직책으로 옮기게 되고, 구직자는 등용되어 명성을 얻는다. 일반인은 경거망동하지 말고 물러나 분수를 지키며 사는 것이 좋다.

【글귀로 판단하면】

1 柔順行謙道하니 純誠貴內充이라 有言皆正順하니 吉慶自相逢이라
유순하게 겸손한 도를 행하니/ 순수하고 성실함이 귀중하게 안에 차있네/ 말하는 것이 다 바르고 순하니/ 길하고 경사스러운 일을 자연히 만나게 될 것이다

2 久滯埋名不可升이나 鳴謙名利又馳聲이라
猴人貞吉皆亨利니 好去求名莫問鶯하라
오래 정체해 있고 이름을 숨겨 알려질 수 없었으나/ 겸손함이 소문나니, 명리와 명성을 얻게 되었다/ 원숭이(申) 띠 사람은 바르고 굳게 지키면 길해서 모두 형통하고 이로우니/ 명성을 구함은 좋지만 꾀꼬리같이 좋은 노래는 물으려 하지 마라(아부하지 말라는 뜻)

3 事可託이나 喜信傳寂寞이라 莫憂煎하라 人與事俱圓이라
일을 부탁해도 되나/ 기쁜 소식이 감감하도다/ 근심하고 마음 끓이지 마라/ 사람과 일이 모두 원만해진다

3. 九三(☷☷ → ☷☷)

【효사와 소상전】 구삼은 공로가 있고 겸손함이니 군자가 마침이 있으니 길하니라. 상에 말하기를 '공로 있고 겸손한 군자'는 만 백성이 승복함이라.
【九三은 勞謙이니 君子 有終이니 吉하니라. 象曰 勞謙君子는 萬民의 服也

라.]

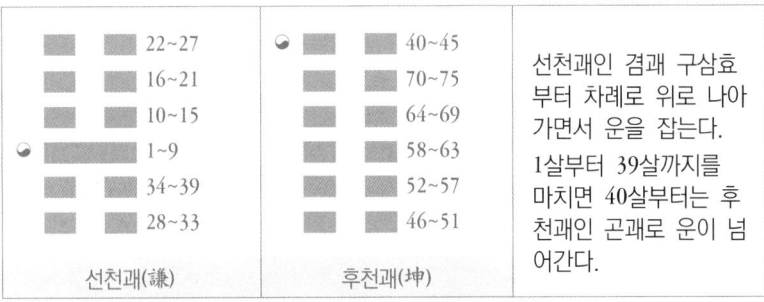

선천괘(謙)	후천괘(坤)
22~27	40~45
16~21	70~75
10~15	64~69
1~9	58~63
34~39	52~57
28~33	46~51

선천괘인 겸괘 구삼효부터 차례로 위로 나아가면서 운을 잡는다.
1살부터 39살까지를 마치면 40살부터는 후천괘인 곤괘로 운이 넘어간다.

◆ 양년(갑·병·무·경·임년)일 경우

겸(15)	간(52)	박(23)	진(35)	비(12)	취(45)	수(17)	태(58)	쾌(43)
1	2	3	4	5	6	7	8	9

◆ 음년(을·정·기·신·계년)일 경우

곤(2)	박(23)	간(52)	려(56)	돈(33)	함(31)	혁(49)	쾌(43)	태(58)
1	2	3	4	5	6	7	8	9

◆ 월괘

소과·62	풍·55	함·31	대과·28	돈·33	비·12	동인·13	가인·37	건·1	대유·14	리·10	태·58
1월	2월	3월	4월	5월	6월	7월	8월	9월	10월	11월	12월

◆ 일괘

겸(구삼)	소과·62	건·39	간·52	명이·36	승·46
	6	12	18	24	30
	5	11	17	23	29
	4	10	16	22	28
	3	9	15	21	27
	2	8	14	20	26
	1	7	13	19	25

【총괄해서 판단하면】
10 이 효는 자신의 공을 잘 양보함으로써, 사람과 같이 더부는 것을 설명한 것이다. 그러므로 운이 맞는 사람은, 문장文章이 세상에 뛰어나고 도덕과 의리가 보통사람보다 높아서, 중책을 잘 감당해내고 큰 공을 세운다. 운이 맞지 않는 사람은, 사람됨이 성실하여 지방에서 유지로 추앙되고, 은혜를 베풀어도 그 보상을 바라지 않으며, 덕이 높아도 스스로 자랑하지 않는 사람이다.
세운을 만나면, 공직자는 높은 직위로 천거되고, 구직자는 반드시 등용되는 기회를 만나게 되며, 일반인은 경영하는 일에 이득이 생긴다. 또 '勞(힘쓸 로)'자에 마음을 쓰고 힘을 들인다는 뜻이 있다.

【글귀로 판단하면】
① 萬民欽服祿尤高하니 男子英雄意氣豪라
　好把九牛垂大餌하니 卽時可獲巨頭鱉이라
　만민이 공경하고 굴복하며 녹이 더욱 높아지니/ 대장부 영웅의 기상이 호방하고 씩씩하다/ 소 아홉마리로 된 큰 미끼를 던지니/ 머리 큰 자라를 즉시 잡을 수 있어 좋도다
② 有功而不伐하니 君子保成功이라
　以此行謙道하니 何人不聽從가
　공이 있어도 자랑하지 않으니/ 군자가 이룬 공을 보전하게 된다/ 공이 있으면서 겸손한 도를 행하니/ 어떤 사람이 따르지 않겠는가?
③ 勞心復勞心하니 勞心終有成이라 淸風能借力이면 忻笑見前程이라
　마음을 쓰고 또 마음을 쓰니/ 마음 쓴 끝에 이룸이 있다/ 맑은 바람에 힘을 빌릴 수 있으면/ 앞길에 너털웃음 웃게 되리라

---

10 此爻是讓功之善而與之者也 故叶者 文章高世 道義過人 能勝重任 立大功勞 不叶者 爲人誠實 鄕里推重 施恩不求報 有德不自誇 歲運逢之 在仕必高遷 在士必得際遇 在庶俗必營謀獲利 又勞字 主勞心費力

4. 六四 (䷏ → ䷚)

【효사와 소상전】 육사는 겸손함을 베풀어 폄에 이롭지 않음이 없느니라. 상에 말하기를 '겸손함을 베풀어 폄에 이롭지 않음이 없음'은 법칙에 어긋나지 않음이라. 【六四는 无不利撝謙이니라. 象曰 无不利撝謙은 不違則也라.】

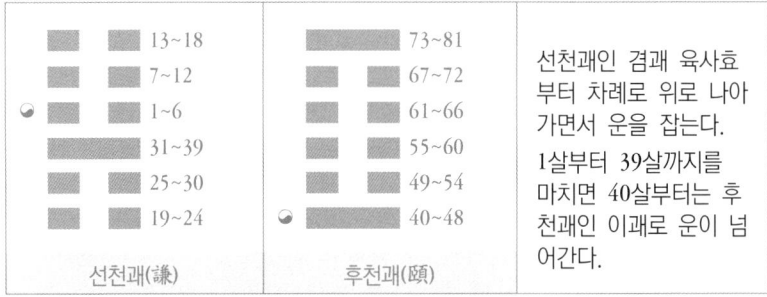

◆ 양년 음년 똑같음

소과(62)	함(31)	돈(33)	동인(13)	건(1)	리(10)
1	2	3	4	5	6

◆ 월괘

건·39	정·48	점·53	관·20	가인·37	동인·13	소축·9	대축·26	중부·61	절·60	리·10	송·6
1월	2월	3월	4월	5월	6월	7월	8월	9월	10월	11월	12월

◆ 일괘

겸(육사)	건·39	간·52	명이·36	승·46	곤·2
1~6	7~12	13~18	19~24	25~30	

【총괄해서 판단하면】

11 이 효는 행해서 얻지 못함이 없고, 더욱이 그 공손함을 다한 사람을 설명한 것이다. 그러므로 운이 맞는 사람은, 덕과 재주가 있어서 위에서는 신임하고 아래에서는 복종하며, 말과 글을 잘 가려서 하며, 공손하고 겸손하게 행동하는데 거짓이 없으니, 공명을 세우고 부귀를 누리는데 부족함이 없는 사람이다.

운이 맞지 않는 사람도 또한 존귀한 사람을 가깝게 사귀고, 현명하고 재주있는 사람과 교제하는 지방의 바른 사람이다.

세운을 만나면, 통하지 않음이 없게 된다. 단 사농공상士農工商할 것 없이 마땅히 물러나 겸양하는 행동을 굳게 지켜야 한다. 대개 변해서 뇌산소과괘가 되면 일을 함에 위태로우니, 반드시 하지 말라는 경계를 둔 것이다. 이 또한 마땅히 자신을 낮추고 줄여야지, 그렇지 않으면 손해를 입게 된다.

【글귀로 판단하면】

1 撝謙無不濟하니 手足得良朋이라

雷在山下發이요 扁舟順水行이라

겸손함을 발휘해서 안 되는 일이 없으니/ 수족같은 어진 벗을 얻게 되도다/ 우레는 산밑에서 발하고/ 조각배는 물길따라 순조로이 가누나

2 平地風雲會하니 其間事易成이라

目前雖未穩이나 久後自敷榮이라

평지에 바람따라 구름 모이니/ 그 사이에 일이 쉽게 이루어진다/ 눈앞은 비록 편안하지 못하나/ 오랜 뒤에는 자연히 영화롭게 되리라

---

11 此爻是行無不得 而當益致其恭者也 故叶者 有德有才 上信下服 修辭立言 恭謙無僞 足以立功名 亨富貴 不叶者 亦親近尊貴 交接賢才 爲鄕里之正人 歲運逢之 無所不通 但士農工商 宜固守退讓 蓋一變過 往屬必戒 勿用 此亦當卑約 不然 取損害爾

5. 六五(☷ → ☶)

【효사와 소상전】 육오는 부유하지 않고도 이웃과 같이 하는 것이다. 승복하지 않는 자를 정벌함이 이로우니 이롭지 않음이 없으리라. 상에 말하기를 '승복하지 않는 자를 정벌함이 이로움'은 승복하지 않는 것을 치는 것이다.
【六五는 不富以其鄰이니 利用侵伐이니 无不利하리라. 象曰 利用侵伐은 征不服也라.】

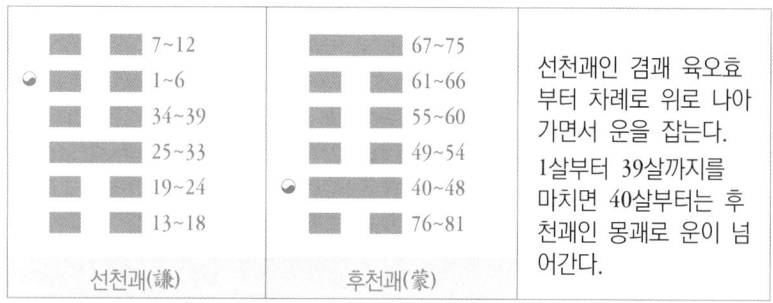

◈ 양년 음년 똑같음

건(39)	점(53)	가인(37)	소축(9)	중부(61)	리(10)	
1	2	3	4	5	6	

◈ 월괘

간·52	박·23	비·22	리·10	대축·26	소축·9	손·41	림·19	규·38	미제·64	리·10	무망·25
1월	2월	3월	4월	5월	6월	7월	8월	9월	10월	11월	12월

◈ 일괘

겸(육오)	간·52	명이·36	승·46	곤·2	소과·62
	6 5 4 3 2 1	12 11 10 9 8 7	18 17 16 15 14 13	24 23 22 21 20 19	30 29 28 27 26 25

【총괄해서 판단하면】

12 이 효는 임금의 겸양하는 덕이 베풀어짐에, 임금과 백성이 모두 좋아지는 점괘를 말한 것이다. 그러므로 운이 맞는 사람은, 겸손하고 공손하며 양보하니 영웅호걸이 자기의 품안으로 들어오게 되고, 이 사람들을 써서 일의 공훈을 세우며, 덕업德業을 이루는 일을 돕게 하니, 뜻대로 모든 일이 이루어진다.

운이 맞지 않는 사람은, 문관으로서는 명예를 얻고, 무관으로서는 전승의 공을 세운다. 부유함을 이웃과 지방의 사람들과 함께 나누고, 위엄으로 완고하고 사나운 사람들을 복종시킨다.

세운을 만나면, 공직자는 문과 무를 겸비해서 등용되니, 혹 병권과 형벌권을 장악한다. 구직자는 수석으로 등용되는 상서로움이 있고, 일반인은 귀인을 만나 일이 성사되니 이익이 배가된다. 또한 다투고 송사를 벌이는 뜻도 있다.

【글귀로 판단하면】

① 以謙而接下하니 心服衆皆歸이라
　或恐謙柔過니 尤當濟以威라

---

12 此爻是人君謙德之化 而因兩善其占者也 故叶者 謙恭退讓 英雄豪傑 多入於彀中 以之而建立事功 以之而贊成德業 無不如意 不叶者 或文中成名 武中立功 富概鄉鄰 威服頑悍 歲運逢之 在仕則文武兼用 或掌兵刑 在士則有發科之兆 常人遇貴成事 則利倍獲 又主爭訟

겸손함으로 아랫사람 대접하니/ 뭇사람이 모두 마음으로 굴복해 돌아온다/ 혹 겸손하고 유순함이 지나칠까 두려우니/ 마땅히 위엄을 곁들여야 할 것이다

② 霖雨藏身久待時하니 位高祿厚利謀隨라
前程有信通南北하니 可報升騰萬里期라

장마비에 몸을 감추고 오랫동안 때를 기다리니/ 지위는 높아지고 녹은 두터우며, 이익과 계략이 뒤따른다/ 앞길에 소식있어 남북이 통하니/ 만리 창공을 날아 오를 수 있을 것이다

③ 曲直事難除나 黑暗明千里] 還同頃刻間이라

옳고 그른 일 없어지기 어려우나/ 천리길 어둡고 환한 것이/ 도리어 한 순간과 같도다

6. 上六(☷ → ☶)

【효사와 소상전】상육은 우는 겸이니 군사를 동원해서 읍국(사사로움)을 침이 이로우니라. 상에 말하기를 '우는 겸'은 뜻을 얻지 못한 것이니, 군사를 동원해서 읍국을 치는 것이 옳을 것이다. 【上六은 鳴謙이니 利用行師하야 征邑國이니라. 象曰 鳴謙은 志未得也니 可用行師하야 征邑國也라.】

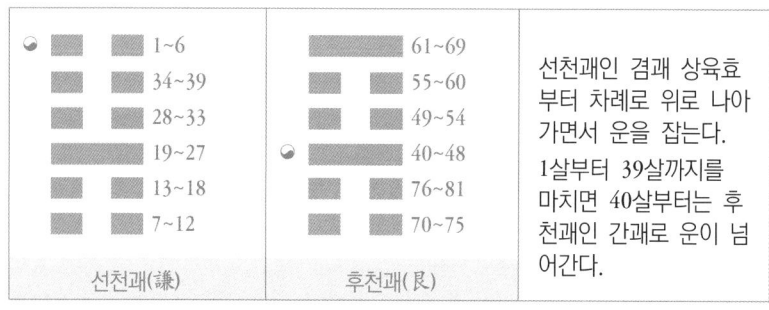

◈ 양년 음년 똑같음

간(52)	비(22)	대축(26)	손(41)	규(38)	리(10)	
1	2	3	4	5	6	

◈ 월괘

명이·36	풍·55	태·11	수·5	림·19	손·41	귀매·54	해·40	태·58	수·17	리·10	건·1
1월	2월	3월	4월	5월	6월	7월	8월	9월	10월	11월	12월

◈ 일괘

	6 5 4 3 2 1	12 11 10 9 8 7	18 17 16 15 14 13	24 23 22 21 20 19	30 29 28 27 26 25
겸(상육)	명이·36	승·46	곤·2	소과·62	건·39

【총괄해서 판단하면】

13 이 효는 겸손하기는 하되, 재주나 지위에 한계가 있는 자를 설명한 것이다. 그러므로 운이 맞는 사람은, 지나간 일(역사나 학문 등)을 성실히 공부하고, 도를 행하기를 적극적으로 한다. 혹 무관으로서 귀하게 되어 조금씩이나마 자신의 뜻을 이루어 나가며, 혹은 작은 지방 고을의 검찰 또는 경찰간부로 있게 된다.

운이 맞지 않는 사람은, 자신을 알아주는 사람을 만나 조금 도움을 받게

---

13 此爻是能謙而爲才位之所限者也 故叶者 勤於學古 勇於行道 或作武貴 稍逐其志 或爲縣邑督捕之官 不叶者 多遇知己 少得助力 治家保身 小小規模 歲運逢之 在仕必有閫寄征伐之權 在士則利於小試 而名譽稍彰 在庶俗有爭訟之擾 不辨自明 知幾免損 當官者貴 以淸心事爲本 方免其悔

되니, 집안을 잘 다스리고 자신의 몸을 보존하며, 작은 규모의 일은 성공한다.

세운을 만나면, 공직자는 장군으로 국외를 정벌하는 권한을 갖게 되며, 구직자는 작은 시험에는 이롭고 조금이나마 명예를 떨친다. 일반인은 다투고 송사하는 소요가 있으되, 옳고 그름을 변명하지 않아도 자연히 밝혀지니, 중간에서 기미를 보고 그만 두어야 손해를 면한다. 관리된 사람은 마음을 깨끗이함을 근본으로 삼아 귀하게 여기면, 후회가 생기는 것을 면할 수 있다.

【글귀로 판단하면】

1 圓月雲中翳還缺이나 山前風順朦朧徹이라
　行師征國捷佳祥하니 千夜靑天光皎潔이라

　둥근 달이 구름 속에 가리어 빛을 잃었으나/ 앞산에 바람 순조로우니 어둠이 걷혔다/ 군사를 내서 나라를 정벌하여 승리하는 상서로움 있으니/ 일천 밤 푸른하늘에 달빛 희고 깨끗하다

2 風雲際會出雲端하니 一望天高宇宙寬이라
　萬里風帆應不遠하니 幽人從此出塵埃라

　바람 구름 함께 모였다가 구름끝으로 나오니/ 한눈에 보이는 높은 하늘 우주가 광활하다/ 돛단배 바람 만나 천리길 멀지 않으니/ 숨은 선비 이로부터 세상에 나올 것이다

3 行極今已極하니 衆所共聞知라
　未得行其志나 乘剛克己私라

　행동이 지나쳐서 이미 끝에까지 왔으니/ 뭇사람이 다 함께 들어서 알고 있다/ 그뜻을 이행하지는 못하나/ 강건함을 가지고 자신의 사읍(마음)을 다스려야 하네

雷地豫(16) 뇌지예

震上
坤下

예괘 개요

【괘사와 대상전】 예는 제후를 세우고 군사를 행함이 이로우니라. 상에 말하기를 우레가 땅에서 나와 떨치는 것이 예괘니, 선왕이 본받아서 음악을 지어 공덕을 높여 성대히 상제께 천신함으로써 조상을 배향하느니라. 【豫는 利建侯行師하니라. 象曰 雷出地奮이 豫니 先王이 以하야 作樂崇德하야 殷薦之上帝하야 以配祖考하니라.】

【총괄해서 판단하면】

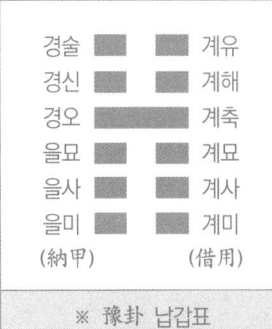

※ 豫卦 납갑표

[1] 진궁의 1세괘로 5월에 속한다. 내괘의 납갑은 을미·을사·을묘이고, 외괘의 납갑은 경오·경신·경술이며, 계미·계사·계묘와 계축·계해·계유를 빌려서도 쓴다. 5월에 태어난 사람과, 태어난 년도의 간지가 납갑의 간지 및 차용납갑의 간지에 합치되는 사람은 부귀와 공명을 누리게 된다.[2]

---

1 震宮一世 卦屬五月 納甲 是乙未乙巳乙卯 庚午庚申庚戌 借用癸未癸丑癸亥癸巳癸卯癸酉 生於五月及納甲者 功名富貴人也 雷出地奮 生於三月八月爲及時 福力之厚 一震驚人 大富大貴之造也 餘月福淺 失時故也

2 각 괘의 월月계산법은 중천건괘(1)와 중지곤괘(2) 항에서 설명하였다. 예괘의 세효인 초육효는 음효이므로, 그대로 오월午月이 되고, 지지의 오는 5월에 해당하므로, 예괘가 5월괘가 되는 것이다. 따라서 5월을 주관하는 괘가 되고, 5월에 태어난 사람은 때를 얻음이 된다.

우레가 땅속에서 떨치며 나오는 것이 2월부터 8월이므로,3 그 안에 태어난 사람은 때에 맞는 것으로, 두터운 복이 한 번 떨쳐서 일어나 사람을 놀라게 하니, 크게 부유하고 귀하게 되는 사람이다. 나머지 달에 태어난 사람은 때를 잃은 것이 되므로 박복하다.

운세로 보면 뇌지예괘(䷏)는 상괘는 진(☳)이고 하괘는 곤(☷)이며, 호괘로는 감(☵)과 간(☶)이 있다. 위로는 험한 데서 움직이고, 중간으로는 험한 데서 가득차며, 아래로는 험한 것을 그치게 하니, 험한 것이 해를 주지 못한다. 우레가 땅위에 있으면서 만물을 진동시키고 놀라게 하니, 굽힌 자는 펴게 하고 감춘 자는 노출시킨다. 순함으로써 움직이고 동함으로써 순해지는 기쁨이 있다. 군자가 이러한 괘를 얻으면 편안하고 기뻐하는 상이 된다. 귀함이 있고, 오행과 합하면 길하다.

【팔궁세혼법으로 판단하면】
진궁의 원사元士괘로, 초육효(원사)가 세효世爻이고, 제후에 해당하는 구사효가 응효가 된다. 세효와 응효가 모두 제자리를 얻은 것은 아니나, 서로 음양으로 응하고, 또 구사효의 지지인 오(午火)가 초육효의 지지인 미(未土)를 생해주는데다, 오와 미는 합이 되므로 그 길하고 좋음을 알 수 있다. 더욱이 나를 생해주는 구사효는 뇌지예괘의 중종衆宗효로, 다른 모든 효의 신망과 우러름을 받고 있는 효이니, 어찌 길하게 되지 않겠는가? 나라의 동량이 될 재목이 준비를 끝내고 세상에 나오는 상으로, 지금까지 운이 막혀 있던 사람이 풀리게 된다. 승진 또는 소원을 성취하는 시기나, 승진했더라도 아직 월급은 오르지 않은 격으로, 표면상으로는 그럴듯하나 아직 내실을 기하지 못한 때이다. 그러나 위를 잘 따르고 시류에 순하게 하면, 부유롭고 수를 누리며, 일신상의 변화로는 자식을 낳거나, 좋은 집으로 이사를 간다. 사업에는 먼저 내실을 다진 후에 나아가는 것이

---

3 우레가 땅속에서 떨치며 나오는 것이 2월부터 8월이므로:본문은 3월부터 8월로 되어 있으나, 이치로 볼 때 2월부터 8월이 맞다고 생각한다.

좋고, 또 직접하는 경영을 피하고 친척이나 믿는 부하를 대리인으로 내세움이 좋다.

【글귀로 판단하면】

① 蟄藏宇宙待陽和하니 一奮春雷變化多라
　花果園林皆茂盛이요 建侯逢旅月遷過라
　움추렸던 우주가 양기의 온화함 기다리니/ 한번 봄우레 진동함에 많은 변화가 나온다/ 꽃과 과일의 숲동산은 모두가 무성하고/ 임금세워 나라 순행하니 한달 훌쩍 지나간다

② (陽) 任穩心休息니 安身務見機하라
　門前防暴客호대 早備不須疑하라
　(양) 편안함만 즐기다 보면 마음이 해이해지니/ 몸이 편할 때 힘써 앞날의 조짐을 살펴보라/ 문앞의 도적강도를 방비하되/ 틀림없으니 일찍 방비하라

③ 一卷文書事未完하니 翻來覆去致淹然이라
　木逐貴客如關眼이면 方得從玆事再全이라
　한권의 문서에 대한 일이 끝나지 않으니/ 왔다 갔다 늦어지기만 한다/ 나무(木:寅卯,甲乙,문서)로 귀한 손님 쫓아내기를 바로 시행하면/ 지금부터 일이 모두 다시 온전하게 되리라

1. 初六(☷→☷)

【효사와 소상전】 초육은 즐거움에 겨워 우는 것이니 흉하니라. 상에 말하기를 '초육의 즐거워 우는 것'은 뜻이 궁극해서 흉한 것이다. 【初六은 鳴豫니 凶하니라. 象曰 初六鳴豫는 志窮하야 凶也라.】

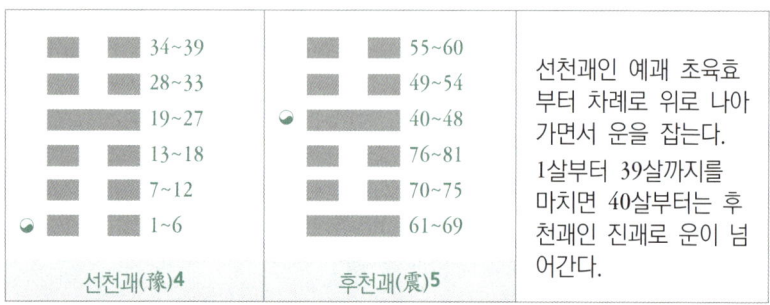

◈ 양년 음년 똑같음6

진(51)	귀매(54)	대장(34)7	태(11)	수(5)	소축(9)
1	2	3	4	5	6

4 사주의 숫자로 괘를 만들어서 예괘 초효에 원당이 있다면, 1~6살까지는 예괘 초효 항을, 7~12살까지는 예괘 이효 항을, …, 34~39살까지는 예괘 상효 항을 가서 살펴보면 된다.

5 40~48살까지는 후천괘인 진괘 사효 항을, 55~60살까지는 진괘 상효 항을, …, 76~81살까지는 진괘 삼효 항을 살펴보면 그 사람의 운이 된다(◐나 ●표시 한 곳이 해당하는 효를 가리키고, 밑에서부터 초효·이효·삼효·사효·오효·상효로 나눈다).

6 해마다의 운인 유년운의 진행은 양효(━)일 때와 음효(━ ━)일 때가 다른데, 그 자세한 예는 중천건괘(1) 초구효, 중지곤괘(2) 초육효와 육이효, 수뢰둔괘(3) 초구효와 육삼효, 산수몽괘(4) 초효효와 육사효 항에 유년운에 속한 월운月運의 예와 함께 실려 있으므로 참고하면 된다.

7 위의 도표에서 '대장(34)'라고 한 것은 괘명은 대장괘大壯卦고 64괘 중에 34번째 괘라는 뜻이며, '수(5)'라고 한 것은 괘명은 수괘需卦고 64괘 중에 5번째에 해당한다는 뜻이다. 나머지 괘도 이와같은 방식으로 본다. 따라서 앞의 목차에서 번호의 순서대로 찾으면, 해당하는 괘를 쉽게 찾을 수 있다. 또 월괘月卦에서 '해·40' 등으로 표시한 것도, 괘명은 해괘解卦고 64괘 중에 40번째라는 뜻이다.

◈ 월괘

해·40	곤·47	항·32	정·50	승·46	태·11	정·48	건·39	손·57	환·59	소축·9	건·1
1월	2월	3월	4월	5월	6월	7월	8월	9월	10월	11월	12월

◈ 일괘 8

	6	12	18	24	30		
	5	11	17	23	29		
	4	10	16	22	28		
	3	9	15	21	27		
	2	8	14	20	26		
	1	7	13	19	25		
예(초육)	해·40	소과·62	곤·2	취·45	진·35		

【총괄해서 판단하면】

9 이 효는 사람들로부터 명예로운 기림을 받아, 스스로 자랑하는 자를 설명한 것이다. 그러므로 운이 맞는 사람은, 위에서 강력하게 도와주는 사람이 있고 때에 맞게 일을 주관하니, 윗사람에게 의지하고 부탁하여서 작은 일은 성과를 볼 수 있다.

운이 맞지 않는 사람은, 얕고 좁은 국량으로 잘 헤아리지 못하여, 맞지 않는 욕심을 부리다가 위태로운 지경을 자초하게 된다.

세운을 만나면, 공직자는 은총만을 기다리는 근심이 있고, 구직자는 한번 움직임에 세상사람을 다 놀라게 하는 조짐이 있으며, 일반사람은 깜짝 놀랄 근심과 구설 및 험한 액운이 끼는 어려움이 있다. 관청에 의해 문제

---

8 그 날의 운(日運)과 더 세분해서 시운時運을 알고 싶으면, 앞의 일괘日卦와 시괘時卦 설명을 참조해서 계산하면 된다. 자세한 예는 건(1)~송(6)괘의 초효 항에 있으므로 참고바람.

9 此爻是得人之譽 以自鳴者也 故叶者 上有强援 得時主事 有所依附 而可成其小 小營謀 不叶者 淺狹之量 多縱欲敗度 以自招傾危 歲運逢之 在仕則有待恩寵之 患 在士則有一鳴驚人之兆 在庶俗則有驚憂口舌及阻厄之難 當官者自陳 免禍

가 제기된 사람은 스스로 해명하여 화를 면하게 된다.

【글귀로 판단하면】

① 多言成口過하면 凶禍必相臨이라 得寵還思辱하고 尤防暴客侵하라
　말을 많이 해서 입으로 허물 만들면/ 흉함과 화가 반드시 임할 것이다/ 총애를 얻으면 욕될 때를 생각하고/ 더욱 사나운 손님 침범함을 막아라
② 轟雷震地遠이나 鳴豫震初凶이라 窮至生悽慘하니 懷憂井路中이라
　우레소리 울려서 먼땅을 진동시키나/ 즐거움에 우는(자제를 못하는) 진괘의 초효는 흉하다/ 궁함이 극에 이르면 슬픔을 낳게 되니/ 우물가나 길가에서 근심 품게 될 것이다
③ 夢中人l 潭裏月은 有影無形이니 圓中防缺하라
　꿈속의 사람과/ 못속의 달은/ 그림자만 있고 형체는 없으니/ 원만함 속에서도 흠나는 것 방비하라

2. 六二(☷☳ → ☵☳)

【효사와 소상전】육이는 절개가 돌이라. 날을 마치지 않으니 굳고 바르고 길하니라. 상에 말하기를 '날을 마치지 않으니 굳고 바르고 길함'은 중정하기 때문이다. 【六二는 介于石이라 不終日이니 貞코 吉하니라. 象曰 不終日貞吉은 以中正也라.】

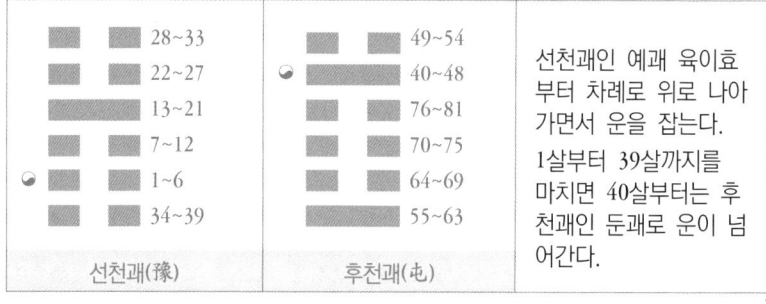

◈ 양년 음년 똑같음

해(40)	항(32)	승(46)	정(48)	손(57)	소축(9)
1	2	3	4	5	6

◈ 월괘

소과·62	려·56	겸·15	명이·36	건·39	정·48	점·53	관·20	가인·37	동인·13	소축·9	대축·26
1월	2월	3월	4월	5월	6월	7월	8월	9월	10월	11월	12월

◈ 일괘

	6	12	18	24	30	
	5	11	17	23	29	
	4	10	16	22	28	
	3	9	15	21	27	
	2	8	14	20	26	
	1	7	13	19	25	
예(육이)	소과·62	곤·2	취·45	진·35	진·51	

【총괄해서 판단하면】

10 이 효는 중정한 덕을 지키면서 기미를 잘 살피는 상으로, 그 살핀 내용을 잘 판단해서 처리하는 자를 설명한 것이다. 그러므로 운이 맞는 사람은, 부지런히 덕과 업적을 닦고, 중정한 도를 힘써 행하여 나가며, 일을 보면 민첩하게 움직이니, 명예가 드높아진다. 부귀로도 도리에 어긋나게 못하고, 빈천하게 살더라도 지조를 바꾸지 않으며, 위엄과 무력으로도 굴복시키지 못한다. 빛나는 절개와 충성으로 조정의 주석이 되는 신하이다.

---

10 此爻是守中正見機之象 而因以善其占者也 故叶者 勤修德業 力行中正 見事敏捷 名譽高遠 而富貴不能淫 貧賤不能移 威武不能屈 耿介忠烈 可以柱石朝廷 不叶者 亦介然固守 不瀆不諂 知機吉人 歲運逢之 在仕者急流勇退 始進取者 可以成名 常人獲利

운이 맞지 않는 사람도 또한 절개를 굳게 지켜 더럽혀지지 않고 아첨하지 않는, 그러면서도 기미를 잘 파악하는 길한 사람이다.

세운을 만나면, 공직자는 시류에 영합하지 않고 급하게 용퇴勇退를 하며, 이제 막 등용된 사람은 명예를 이루며, 일반인은 이익을 얻는다.

【글귀로 판단하면】

① 守正堅如石하고 圖謀遇貴人하라

　吉生天上口면 明月又西升이라

　바름을 굳게 지키기를 돌같이 하고/ 귀인을 만나기를 도모하라/ 길한 것이 하늘에서 나오면/ 밝은 달이 또한 서쪽에서 뜰 것이다

② 鑿石得玉하고 淘沙見金하니

　眼前目下에 奚用勞心고

　돌을 다듬어 옥을 얻고/ 모래를 일어 금을 얻으니/ 눈앞에/ 무슨 마음 고생할 일이 있으랴?

3. 六三(☷→☷)

【효사와 소상전】 육삼은 쳐다보며 즐거워함이라. 뉘우침이 있으며, 더디게 하여도 후회가 있으리라. 상에 말하기를 '쳐다보며 즐거워함이라. 뉘우침이 있으며, 더디게 하여도 후회가 있음'은 자리가 당치 않기 때문이다. 【六三은 盱豫라. 悔며 遲하야도 有悔리라. 象曰 盱豫有悔는 位不當也일새라.】

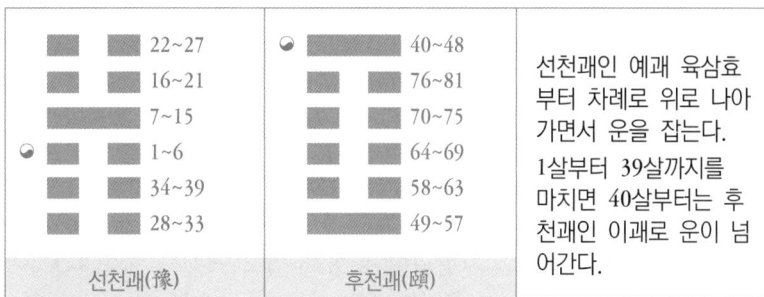

선천괘인 예괘 육삼효부터 차례로 위로 나아가면서 운을 잡는다.
1살부터 39살까지를 마치면 40부터는 후천괘인 이괘로 운이 넘어간다.

◆ 양년 음년 똑같음

소과(62)	겸(15)	건(39)	점(53)	가인(37)	소축(9)
1	2	3	4	5	6

◆ 월괘

곤·2	복·24	비·8	감·29	관·20	점·53	익·42	무망·25	중부·61	손·41	소축·9	수·5
1월	2월	3월	4월	5월	6월	7월	8월	9월	10월	11월	12월

◆ 일괘

예(육삼)	곤·2	췌·45	진·35	진·51	해·40
	6 5 4 3 2 1	12 11 10 9 8 7	18 17 16 15 14 13	24 23 22 21 20 19	30 29 28 27 26 25

【총괄해서 판단하면】

11 이 효는 즐거움 속에서도 뉘우칠 줄 알아야 후회가 없게 된다는 것을

---

11 此爻是示人以爲豫而知所悔焉 故可以無悔者也 故叶者 雖援上賢 不能濟事 縱
有卑職 多見阻挫 不叶者 進退無定 心志不安 歲運逢之 凡人所圖無實 乍進乍退

알려준 것이다. 그러므로 후회를 없게 할 수 있는 것이다. 운이 맞는 사람은, 비록 위로부터 현명한 사람의 도움이 있다 하더라도, 일을 잘 처리하지 못하고, 낮은 직책을 맡았다 하더라도, 그 일을 수행하지 못하고 막히며 좌절된다.

운이 맞지 않는 사람은, 진퇴에 일정함이 없고 심지가 불안하다.

세운을 만나면, 모든 부류의 사람들이 도모한 일에 결실이 없고, 갑자기 나아갔다가 갑자기 물러나며, 옳고 그름을 판단함에 한결같지 못하다.

【글귀로 판단하면】

① 求望無所遂하니 須當急改圖라
　莫懷猶豫念하라 無悔亦無尤라
　구하고 소망하는 것에 이뤄짐이 없으니/ 마땅히 급히 고쳐서 도모해야 할 것이다/ 이럴까 저럴까 하는 마음 품지 마라/ 후회도 허물도 없을 것이다

② 大事不須視나 漸貞尙悔亡이라
　金風吹木葉하고 走馬在東方이라
　큰 일은 할 수 없으나/ 점차 바르게 하면 후회는 없을 것이다/ 가을바람은 나무잎에 불고/ 달리는 말은 동쪽에 있다

③ 聞不聞│見不見은
　只緣好事也多愁니 更防暗中人放箭하라
　들어도 들리지 않고/ 보아도 보이지 않는 것은/ 좋은 일에 근심이 많기 때문이니/ 다시 어두운 가운데서 몰래 활 쏘는 사람을 방비하라

是非不一

4. 九四 (☳☷ → ☷☷)

【효사와 소상전】 구사는 즐거움을 있게 하는 것이다. 크게 얻음이 있으니, 의심치 말면 벗이 비녀를 합하듯 하리라. 상에 말하기를 '즐거움을 있게 하는 것이다. 크게 얻음이 있다' 함은 뜻이 크게 행해지는 것이다. 【九四는 由豫라. 大有得이니 勿疑면 朋이 盍簪하리라. 象曰 由豫大有得은 志大行也라.】

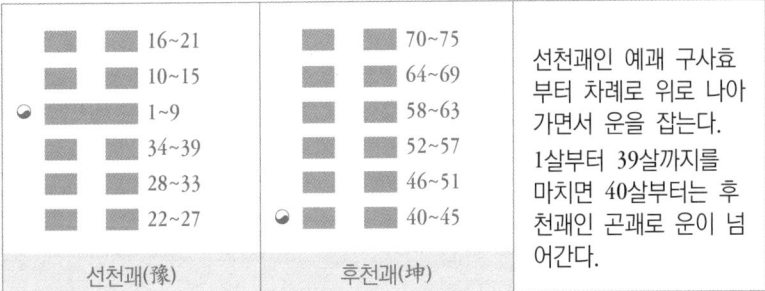

선천괘인 예괘 구사효부터 차례로 위로 나아가면서 운을 잡는다.
1살부터 39살까지를 마치면 40살부터는 후천괘인 곤괘로 운이 넘어간다.

◆ 양년(갑·병·무·경·임년)일 경우

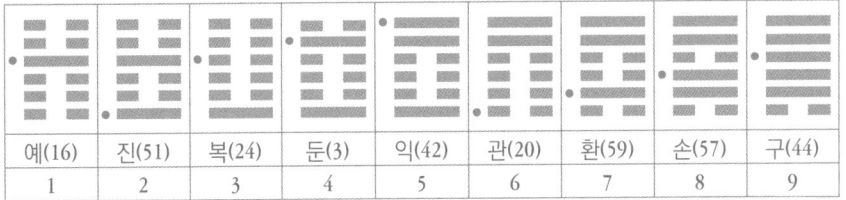

예(16)	진(51)	복(24)	둔(3)	익(42)	관(20)	환(59)	손(57)	구(44)
1	2	3	4	5	6	7	8	9

◆ 음년(을·정·기·신·계년)일 경우

곤(2)	복(24)	진(51)	수(17)	무망(25)	비(12)	송(6)	구(44)	손(57)
1	2	3	4	5	6	7	8	9

◆ 월괘

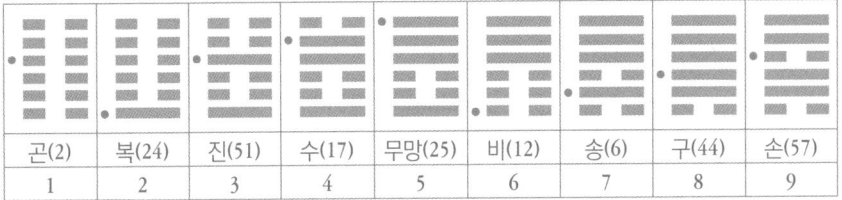

취·45	곤·47	비·12	돈·33	무망·25	익·42	리·10	규·38	건·1	쾌·43	소축·9	손·57
1월	2월	3월	4월	5월	6월	7월	8월	9월	10월	11월	12월

◆ 일괘

예·(구사)	췌·45	진·35	진·51	해·40	소과·62
	6 5 4 3 2 1	12 11 10 9 8 7	18 17 16 15 14 13	24 23 22 21 20 19	30 29 28 27 26 25

【총괄해서 판단하면】

12 이 효는 기쁨(豫)을 이루게 한 공이 있고, 기쁨을 보존하는 도를 보여준 것이다. 그러므로 운이 맞는 사람은, 명성이 맑으며 덕이 두텁고, 권세가 많고 공도 높다. 큰 일을 행하고 큰 의심을 결단하며 큰 어려움을 맡아서 행한다.

운이 맞지 않는 사람도 또한 복과 덕이 있는 사람으로, 여러 무리들의 존경과 흠모를 받으며, 부부가 백년을 해로한다. 만약 음남음녀의 명조인 사람이 아내와 괘가 잘 맞으면 복과 수명을 누린다. 단 바른 지위(자기 능력에 합당한 자리)에 거처하지는 못한다.

세운을 만나면, 등용되어 명예를 이루고, 일반인은 경영하는 일에 이익을 얻으며, 공직자는 자기를 알아주는 사람의 천거를 받는다.

【글귀로 판단하면】

① 際遇明良是盍簪이니 不妨重整舊冠纓이라

正四六有佳音轉하니 萬里鵬摶達去程이라

밝고 어진 사람 교제해 만나서 머리 맞대게 되니/ 옛날 갓끈 거듭 정비하는 것 나쁠 일 없다/ 정월·4월·6월 중에 좋은 소식 있으니/ 붕새 한 번 나래치니 만리길이 열리네

---

12 此爻是有致豫之功 而示以保豫之道者也 故叶者 名淸德厚 權重功高 行大事 決大疑 主大難 不叶者 亦福德之人 得衆尊欽 夫妻偕老 若陰命 妻叶卦者 得福得壽 但不居正位 歲運逢之 進取成名 常人經營獲利 在仕者必得知己薦擧

② 文字重重喜요 聲名漸漸高라

推誠結知己하니 提携出草萊하라

문자(학문)는 거듭거듭 기쁘고/ 명성은 점차 높아진다/ 정성을 다해서 아는 이 사귀니/ 붙들고 이끌어 초야에서 나오게 된다

③ 利名成就罷憂煎하니 萬里春風道坦然이라

得意便垂三尺釣하니 長江獲得錦鱗鮮라

명리가 성취되어 근심이 없어지니/ 만리 춘풍에 길마저 평탄하다/ 한가로이 석자(三尺)의 낚시 드리우니/ 장강에서 비단비늘 달린 고기를 잡았구나

5. 六五(☷→☱)

【효사와 소상전】 육오는 바르되 병들으나 항상 죽지 않도다. 상에 말하길 '육오는 바르되 병들음'은 강을 탔기 때문이요, '항상 죽지 않음'은 중이 없어지지 아니함이라. 【六五는 貞호대 疾하나 恒不死로다. 象曰 六五貞疾은 乘剛也오 恒不死는 中未亡也라.】

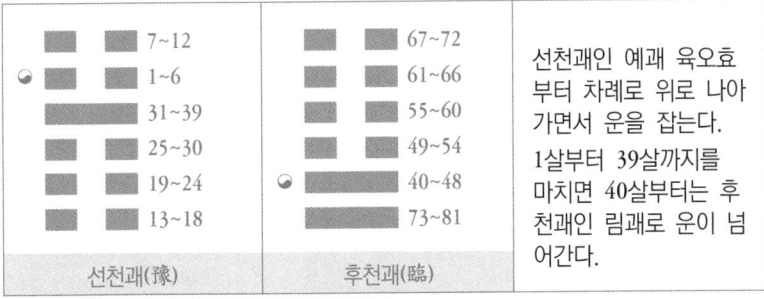

선천괘인 예괘 육오효부터 차례로 위로 나아가면서 운을 잡는다.
1살부터 39살까지를 마치면 40살부터는 후천괘인 림괘로 운이 넘어간다.

◆ 양년 음년 똑같음

취(45)	비(12)	무망(25)	리(10)	건(1)	소축(9)
1	2	3	4	5	6

◆ 월괘

진·35	려·56	서합·21	이·27	규·38	리·10	대유·14	대장·34	대축·26	고·18	소축·9	가인·37
1월	2월	3월	4월	5월	6월	7월	8월	9월	10월	11월	12월

◆ 일괘

예(육오)	진·35	진·51	해·40	소과·62	곤·2

【총괄해서 판단하면】

13 이 효는 자신의 사사로운 기쁨에 마음이 해이해져서, 스스로 빠져들어 가는 자이다. 그러므로 운이 맞는 사람은, 혹 귀인이 되어 정당하게 행동하나 막히는 근심이 있다. 심지가 유약하고 남에게 의지하여 구하려 하니, 권세가 다른 사람으로부터 나오고, 자신의 일인데도 자신이 처리하지 못한다. 세상에서 높은 직위와 명예를 누리나, 항시 병을 가지고 살며, 병치레를 하며 살더라도 장수한다.

---

13 此爻是縱己之豫 以自溺者也 故叶者 或作貴人 正當憂阻 志多柔奸 權出他人 事不由己 在世雖顯 有疾廷壽 不叶者 柔懦不能自立 多見疾患臨身 歲運逢之 在仕多依附權勢 恃恩固寵 在士則援引無人 而際遇無機 在庶俗多心事不足 災害難免 或心腹生疾

운이 맞지 않는 사람은, 유약해서 자립하지 못하고, 질환을 항시 몸에 달고 산다.

세운을 만나면, 공직자는 권세에 의지하여 은총을 굳게 믿는 사람이 많고, 구직자는 이끌어주고 도와줄 사람도 없고, 등용될 조짐도 보이지 않는다. 일반인은 일을 처리하는 심지가 부족해서 재해를 면하기 어려운 사람이 많다. 혹 복부腹部에 질환이 생긴다.

【글귀로 판단하면】

① 君位居貞疾이요 人臣職反剛이라
　秉權堪倚杖이나 惟恐動中傷이라
　임금으로서는 고집부리어 병이 되고/ 신하로서는 직책이 도리어 강하다/ 권세를 잡았으니 의지하고 부릴 수 있으나/ 오직 움직이다가 상할까 두렵다

② 獨釣向碧潭하니 中途興已闌이라
　水寒魚不餌하니 小艇竟空還이라
　혼자 낚시질하며 푸른 연못을 향해가니/ 가는 도중에 흥이 이미 식었다/ 물은 차고 고기는 잡히지 않으니/ 작은 배가 마침내 빈배로 돌아온다

③ 宴安耽逸豫하니 酖毒已中藏이라
　懦弱不能振이니 因循幸未亡이라
　잔치하고 즐기며 편하고 즐거움에 빠지니/ 짐새의 독14이 이미 몸에 숨었다/ 유약해서 떨쳐 일어나지 못하니/ 그럭저럭 망하지 않은 것이 다행스럽다

---

14 짐새는 맹독을 갖고 있는 새이다. 야외에서 잔치상을 벌일 때도, 차양을 치지 않은 상태에서 짐새가 그 위를 날면, 그 독이 떨어져 밑에서 음식 먹던 사람이 모두 중독되어 죽는다고 한다.

6. 上六(䷏ → ䷲)

【효사와 소상전】 상육은 즐거움에 어두워졌으나, 변함이 있으면 허물이 없으리라. 상에 말하기를 즐거움에 어두워 위에 있으니, 어떻게 오래갈 수 있으리오. 【上六은 冥豫니 成하나 有渝면 无咎리라. 象曰 冥豫在上이어니 何可長也리오.】

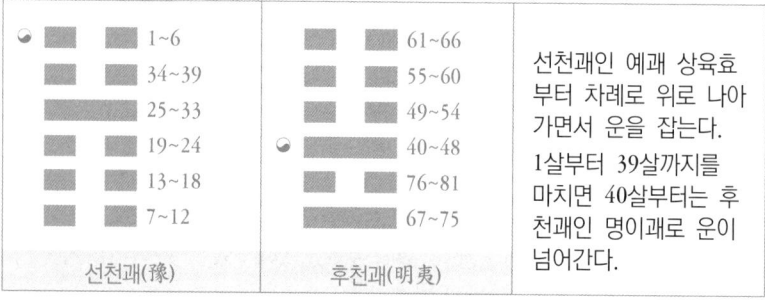

◆ 양년 음년 똑같음

진(35)	서합(21)	규(38)	대유(14)	대축(26)	소축(9)
1	2	3	4	5	6

◆ 월괘

진·51	복·24	귀매·54	태·58	대장·34	대유·14	태·11	승·46	수·5	기제·63	소축·9	중부·61
1월	2월	3월	4월	5월	6월	7월	8월	9월	10월	11월	12월

◆ 일괘

	6 5 4 3 2 1	12 11 10 9 8 7	18 17 16 15 14 13	24 23 22 21 20 19	30 29 28 27 26 25
예(상육)	진·51	해·40	소과·62	곤·2	취·45

【총괄해서 판단하면】

15 이 효는 자신을 절제하지 않고 방종해서 마음껏 기쁨을 즐기니, 마음을 고칠 줄 안다면 허물을 없앨 수 있을 것이다. 그러므로 운이 맞는 사람은, 충언을 받아들여 따르고 개과천선함으로써 이익과 명예를 얻게 된다. 운이 맞지 않는 사람은, 즐거움이 지나쳐 극하게 되면 슬픔이 싹트니, 그 즐거움이 오래가지 못할 것이다.

세운을 만나면, 공직자는 탐관오리로서의 벌을 받고, 구직자는 어리석음으로 인해 어그러지고 그릇되는 욕을 입으며, 일반인은 교만하고 오만함으로 인한 다툼과 송사의 소요에 휘말린다. 대개 개과천선해서 생각에 뉘우침이 있으면 허물을 면할 수 있을 것이다.

【글귀로 판단하면】

① 動晦久而靜하니 奔馳始見安이라
　犬嗷居此地하니 悲起反爲歡이라
　움직여 현명치 못했으나 오래되어 고요하니/ 달려가다 비로소 편안하게 되었다/ 개(戌)가 이 땅에서 짖으니/ 슬픔이 변해서 도리어 기쁨이 되었다

② 日月蔽朦朧하니 光輝不可通이라
　幾多江海客이 進退未成功가
　해와 달이 가려져 어두우니/ 밝은 빛이 통하지 못한다/ 얼마나 많은 사람들이/ 진퇴를 거듭하며 공을 이루지 못했는가?

---

15 此爻是縱己以爲豫 知所變焉 則可以无咎者也 故叶者 納言從諫 遷善改過 而利名頗得 不叶者 樂極生悲 終不能久 歲運逢之 在仕有貪污之謫 在士有昏冥差訛之辱 在庶俗有驕傲訟爭之擾 大抵宜遷善改過悔思 則可以免咎

兌上 震下 澤雷隨(17)
택 뢰 수

수괘 개요

【괘사와 대상전】 수는 크게 형통하니 바름이 이로우니라. 허물이 없으리라. 상에 말하기를 못 속에 우레가 있는 것이 수괘니, 군자가 본받아서 어두움을 향해서 들어가 잔치하고 쉬느니라. 【隨는 元亨하니 利貞이라 无咎리라. 象曰 澤中有雷 隨니 君子 以하야 嚮晦入宴息하나니라.】

【총괄해서 판단하면】

※ 隨卦 납갑표

1 대개 우레(☳)와 호수(☱)의 괘체(택뢰수괘)는, 2월에서 8월사이에 태어난 사람이 때에 맞는 것이니 복이 많게 되고, 9월에서 정월 사이에 태어난 사람은 때를 잃은 것이므로 복이 없다. 진궁의 3세괘(원래는 7변괘인 귀혼괘이다)로 7월에 속한다. 내괘의 납갑은 경자·경인·경진이고 외괘의 납갑은 정해·정유·정미이다. 7월에 태어난 사람과, 태어난 년도의 간지가 납갑의 간지에 합치되는 사람은 부귀와 공명을 누리게 된다.2

---

1 大凡有雷澤之體 惟生於二月至八月爲及時 則福深 九月至正月爲失時 福淺 震宮三世 卦屬七月 納甲 是庚子庚寅庚辰 丁亥丁酉丁未 如生於七月及納甲者 功名富貴人也

2 각 괘의 월月계산법은 중천건괘(1)와 중지곤괘(2) 항에서 설명하였다. 수괘의 세효인 육삼효는 음효이므로, 초효부터 삼효까지 세면 신申에서 끝난다(초효는 오, 이효는 미, 삼효는 신). 지지의 신은 7월에 해당하므로, 수괘가 7월괘가 되는 것이다. 따라서

운세로 보면 택뢰수괘(䷐)는 상괘는 태(☱)이고 하괘는 진(☳)이며, 호괘로는 손(☴)과 간(☶)이 있다. 산 속에 풀과 나무가 있고, 우레가 치고 바람이 뒤집어 비와 이슬을 만물에게 입힌다. 바람과 구름, 우레와 번개가 서로 따르면서 행하니, 조화로움이 어기지 않고 만물이 다 그 성품을 온전히 한다. 군자가 이러한 괘를 얻으면 순리대로 따르며 서로 좇는 뜻이 있다.

【팔궁세혼법으로 판단하면】

진궁의 귀혼괘歸魂卦로, 삼공에 해당하는 육삼효가 세효世爻가 되고, 종묘에 해당하는 상육효가 응효이다. 육삼효는 음효가 양자리에 있어 제자리가 아니고, 또 세효와 응효가 음양으로 응하지도 못하니 어려움이 많다. 그러나 육삼효의 지지인 진(辰土)과 상육효의 지지인 미(未土)가 같은 토기운으로 서로 따르면서 도우니 길해지는 뜻이 있다.

서로 즐거워하며 따르는 상으로, 변화에 따라 행동하면 원하는 것을 얻는 길한 운이다. 주거이동이나 지망하는 바를 변동할 때, 현재 처한 상황에 맞추어 움직이면 길하다. 때와 환경에 따라 자신을 맞추어 가되, 다만 의리에는 벗어나지 말아야 한다. 즉 적극적으로 강공을 취해왔던 정책을 내부를 다지는 온화함으로 바꾸고, 실력이나 경험 등 자신보다 못한 사람을 따라 일을 처리한다. 때로는 윗사람에게 대들고 싶은 마음도 있지만, 크게 포용하는 마음으로 도우면서 새로운 국면을 열어야 한다. 시세에 따른 임기응변으로 일을 성공하면, 결국 자신의 복으로 돌아오기 때문이다.

【글귀로 판단하면】

① 陽出陰居德하니 隨利順居貞이라 傲霜松柏秀하니 耐久歲寒心이라
　 양은 나가고 음은 제자리에 있어야 덕이 되니/ 수괘는 순하게 바른데

7월을 주관하는 괘가 되고, 7월에 태어난 사람은 때를 얻음이 된다.

거처함이 이롭다/ 서릿발 업신 여기며 소나무 잣나무가 빼어났으니/ 찬겨울 이겨내는 마음일세!

② 時節多亨奮이나 遷延未遇間이라

桃花三月發이나 不在杏花天이라

형통하고 분발함이 많은 시절이나/ 지연되어 아직 만나지 못한 사이다/ 삼월이라 복숭아꽃이 피었으나/ 살구꽃 피는 시기는 아니로다

③ 反目相看事意乖하니 名場利路兩難諧라

東堂女子須防謗이나 一見羊蛇定惱懷하라

서로가 반목해서 일과 뜻이 어긋나니/ 명예와 이익을 둘다 얻기 어렵다/ 동쪽 내당의 여인은 헐뜯는 소리 방비해야 하나/ 한번 염소(未)와 뱀(巳)을 만나면 번뇌가 가라앉을 것이다

1. 初九(☷ → ☳)

【효사와 소상전】 초구는 주장하고 지키던 것에 변함이 있으니 바르게 하면 길하니, 문 밖에 나가서 사귀면 공이 있으리라. 상에 말하기를 '지키던 것에 변동이 있음'에 바름을 좇으면 길할 것이니, '문 밖에 나가 사귀면 공이 있다' 함은 (바름을) 잃지 아니함이다. 【初九는 官有渝니 貞이면 吉하니 出門交면 有功하리라. 象曰 官有渝에 從正이면 吉也니 出門交有功은 不失也라.】

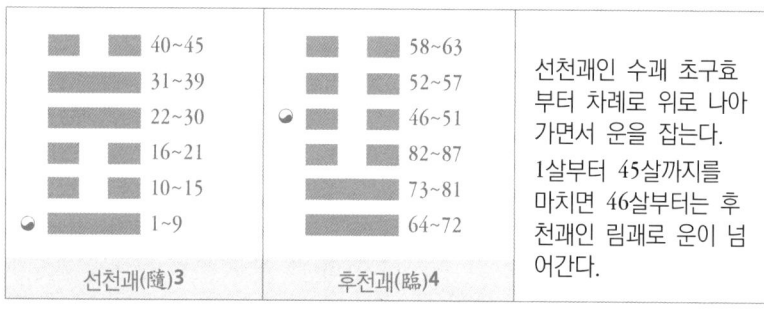

	40~45		58~63	선천괘인 수괘 초구효부터 차례로 위로 나아가면서 운을 잡는다. 1살부터 45살까지를 마치면 46살부터는 후천괘인 림괘로 운이 넘어간다.
	31~39		52~57	
	22~30	○	46~51	
	16~21		82~87	
	10~15		73~81	
○	1~9		64~72	
선천괘(隨)3		후천괘(臨)4		

◆ 양년(갑·병·무·경·임년)일 경우 5

수(17)	둔(3)	비(8)	감(29)	정(48)	대과(28)	항(32)	정(50)	대유(14)
1	2	3	4	5	6	7	8	9

◆ 음년(을·정·기·신·계년)일 경우

취(45)	비(8)	둔(3)	절(60)	수(5)	쾌(43)	대장(34)	대유(14)	정(50)
1	2	3	4	5	6	7	8	9

◆ 월괘

태·58	귀매·54	쾌·43	건·1	수·5	정·48	태·11	명이·36	대축·26	손·41	고·18	정·50
1월	2월	3월	4월	5월	6월	7월	8월	9월	10월	11월	12월

◆ 일괘 6

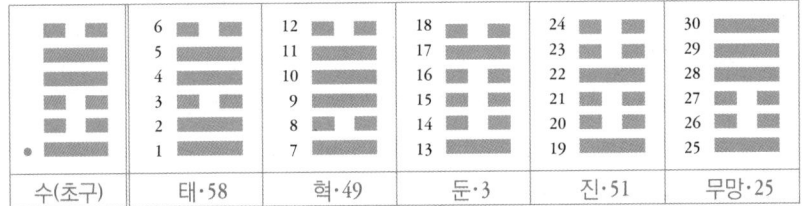

수(초구)	태·58	혁·49	둔·3	진·51	무망·25

3 사주의 숫자로 괘를 만들어서 수괘 초효에 원당이 있다면, 1~9살까지는 수괘 초효 항을, …, 40~45살까지는 수괘 상효 항을 가서 살펴 보면 된다.

4 46~51살까지는 후천괘인 림괘 사효 항을, 58~63살까지는 림괘 상효 항을, …, 82~87살까지는 림괘 삼효 항을 살펴보면 그 사람의 운이 된다(◐나 ●표시 한 곳이 해당하는 효를 가리키고, 밑에서부터 초효·이효·삼효·사효·오효·상효로 나눈다).

5 해마다의 운인 유년운의 진행은 양효(━)일 때와 음효(╴╴)일 때가 다른데, 그 자세한 예는 중천건괘(1) 초구효에 실려 있으므로 참고하면 된다.

6 그 날의 운(日運)과 더 세분해서 시운時運을 알고 싶으면, 앞의 일괘日卦와 시괘時

【총괄해서 판단하면】

7 이 효는 사람을 따르는 일에 비록 상도常道를 변형하여 행동한다 하더라도, 공정하게 하면 허물이 없을 수 있다는 것을 설명한 것이다. 그러므로 운이 맞는 사람은, 큰 재주와 덕을 지닌 귀인으로, 반드시 큰 어려움을 평정하고 큰 변화를 감당하며 큰 의심을 결단한다. '門(문 문)'자와 '正(바를 정)'자에 시사하는 조짐이 많으니 주의해야 한다.

운이 맞지 않는 사람은, 권세에 의지하는 자가 많으나, 공정하면 잘못됨이 없으니, 협력하는 자가 많게 된다. 그러므로 공이 있다면 권세에 의지하는 것도 나쁜 일은 아니다. 혹 외지外地로 나가 집안을 잘 꾸려나가는 경우도 있다.

세운을 만나면, 공직자는 자리를 옮기되 정도를 따르고, 구직자는 아름다운 모임을 갖게 되는 경우가 많으며, 일반인은 이익을 얻는 자가 많다.

【글귀로 판단하면】

① 門內妻言信不私하니 出門功業有前施라
進步一獲山前鹿하니 芳草亨衢利可知라
집안 아내의 말이 참으로 사사로움 없으니/ 집 밖의 공과 업적이 앞에서 이뤄진다/ 앞으로 나가 단번에 산 앞의 사슴(벼슬길)을 잡으니/ 향기로운 운명길이 이롭고 형통함을 알 만하다

② 事勢將更易이나 惟當正可從이라 出門交正事하고 無失有成功하라
일의 형세가 장차 고쳐지고 바뀌게 되나/ 오직 바른 것만 좇음이 마땅하다/ 문밖을 나가 바른 일로 사귀고/ 실수하지 않으면 성공이 있을 것이

卦 설명을 참조해서 계산하면 된다. 자세한 예는 건(1)~송(6)괘의 초효 항에 있으므로 참고바람.

7 此爻是隨人雖變其常 惟公正則可以无咎者也 故吀者 大才大德之貴人 必定大難當大變 決大疑 門字正字之義 應兆甚多 不吀者 多依附權勢 公正不敗 則與之協力者衆 故有功則可成立 或出外以營謀其家計 歲運逢之 在仕則遷位以從正道 在士則多得佳會 在常人多獲利

다

③ 欲渡江心闊하니 波深未息流라 前程風浪靜이면 始可釣鱉頭라
　건너고자 하는데 강이 넓으니/ 파도는 깊고 물은 쉬지 않고 흐르네/ 앞
　길에 풍랑 가라앉으면/ 비로소 자라머리(장원급제) 낚아 올리리라

2. 六二(☱☱ → ☱☱)

【효사와 소상전】육이는 소자에게 매이면 장부를 잃으리라. 상에 말하기를 '소인에게 매이면' 겸하여 더불지 못하리라.【六二는 係小子면 失丈夫하리라. 象曰 係小子면 弗兼與也리라.】

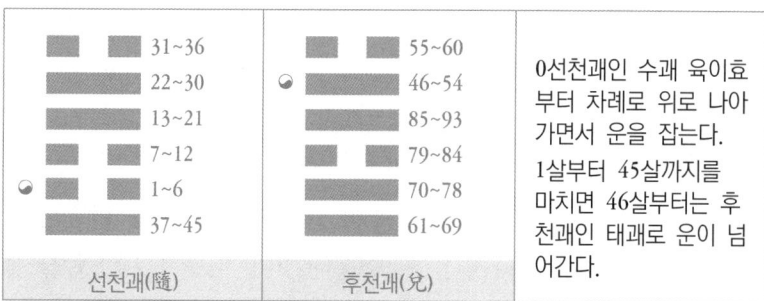

선천괘(隨)		후천괘(兌)		
	31~36		55~60	0선천괘인 수괘 육이효부터 차례로 위로 나아가면서 운을 잡는다. 1살부터 45살까지를 마치면 46살부터는 후천괘인 태괘로 운이 넘어간다.
	22~30	○	46~54	
	13~21		85~93	
	7~12		79~84	
○	1~6		70~78	
	37~45		61~69	

◆ 양년 음년 똑같음

태(58)	쾌(43)	수(5)	태(11)	대축(26)	고(18)
1	2	3	4	5	6

◆ 월괘

혁·49	동인·13	기제·63	건·39	명이·36	태·11	비·22	이·27	간·52	려·56	고·18	손·57
1월	2월	3월	4월	5월	6월	7월	8월	9월	10월	11월	12월

◆ 일괘

수(육이)	혁·49	둔·3	진·51	무망·25	취·45

【총괄해서 판단하면】

8 이 효는 올바른 사람을 잃고 그렇지 못한 사람을 따르는 자를 설명한 것이다. 운이 맞는 사람은, 조금 재주가 있는 사람으로, 성격이 왔다갔다 하며, 간사하고 아첨하는 소인을 좋아하여 가까이 하고, 바르고 큰 군자를 멀리한다. 여자 중에 천수지수가 맞는 사람은 반드시 귀하고 뛰어난 남자를 배필로 얻게 된다. 혹은 둘째아들의 도움을 받는 경우이다.

운이 맞지 않는 사람은, 반드시 낮고 천한 노복 또는 첩과 여자종 등의 무리가 된다.

세운을 만나면, 어떤 경우의 사람들이건 간에 모두 안녕하지 못하며, 혹 소인의 시비에 휘말려 잡혀 묶이는 재난을 겪는다. 공직자는 마땅히 물러나 피해야 하고, 구직자나 일을 도모하려는 자는 마땅히 기미를 잘 살펴서 신중해야 할 것이다.

【글귀로 판단하면】

1 係小還失大요 從公却害私라

事久難兩得이니 擇善可隨從이라

작은 것에 얽매이면 큰 것을 잃게 되고/ 공적인 것을 따르려면 사사로

---

8 此爻是失所隨之人是者也 夫叶者 小有才之人 立性不定 愛親邪媚之小人 不親正大之君子 女子元數叶者 必有配貴顯之夫 或得次子之力 不叶者 必爲卑下僕隸之賤 侍妾婢使之輩 歲運逢之 凡人皆不安寧 或小人是非之累 而有拘絆之災 當官者宜退避 進取者宜知幾

움을 버려야 한다/ 일이 오래되도 둘 다 얻기는 어려우니/ 좋은 것을 가려서 따라감이 옳도다

2 陰盛陽潛遁하니 隄防失丈夫하라

四方雞唱曉하면 憂慮釋然無라

음은 성하고 양은 잠복하며 도망가니/ 장부丈夫를 잃게 됨을 방비하라/ 사방에서 닭(酉)이 울어 새벽을 알리면/ 근심 걱정이 다 풀려 없어질 것이다

3 一事已成空이요 作事還宜退라

若遇口邊人이면 心下堪憑委라

한가지 일은 이미 헛 것이 되었고/ 하던 일도 그만둠이 마땅하다/ 만약 입구자(口) 변이 든 사람을 만나면/ 마음 놓고 위임할 수 있다

3. 六三(☱ → ☲)

【효사와 소상전】 육삼은 장부를 따르고 소자를 잃으니, 따름에 구하는 것을 얻으나, 바른 데 거처함이 이로우니라. 상에 말하기를 '장부를 따름'은 뜻이 아랫 것을 버림이라. 【六三은 係丈夫하고 失小子하니 隨에 有求를 得하나 利居貞하니라. 象曰 係丈夫는 志舍下也라.】

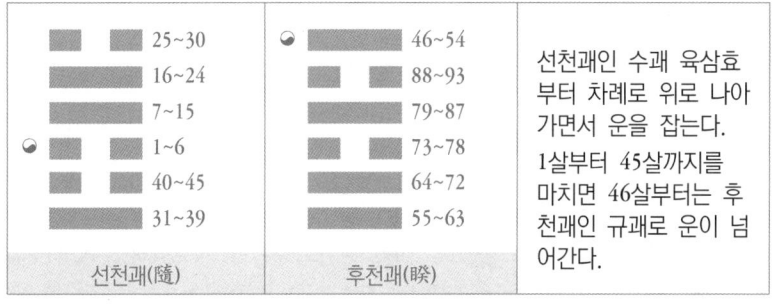

선천괘인 수괘 육삼효부터 차례로 위로 나아가면서 운을 잡는다.
1살부터 45살까지를 마치면 46살부터는 후천괘인 규괘로 운이 넘어간다.

◈ 양년 음년 똑같음

혁(49)	기제(63)	명이(36)	비(22)	간(52)	고(18)
1	2	3	4	5	6

◈ 월괘

둔·3	비·8	복·24	림·19	이·27	비·22	박·23	진·35	몽·4	환·59	고·18	승·46
1월	2월	3월	4월	5월	6월	7월	8월	9월	10월	11월	12월

◈ 일괘

수(육삼)	둔·3	진·51	무망·25	취·45	태·58

【총괄해서 판단하면】

9 이 효는 바른 사람을 따르는 형세의 이로움을 말하고, 아울러 혹 잘못 행동할까봐 경계를 한 것이다. 그러므로 운이 맞는 사람은, 윗사람의 이끌어줌에 힘입어 명예를 이루고, 구하는 바나 원하는 일을 얻지 못함이 없게 된다. 다만 아래에서 부리는 노복의 도움을 얻지 못하고, 소인의 훼방이 있을 것이니, 조급히 움직이지 말고 지체하며 늦춰서 행동하는 것이 좋다.

9 此爻是所隨得其正 因其勢之利而戒之者也 故叶者 得遇上人成引進名 凡有所求 其願無有不得 但不得奴僕之力 招小人毁謗之吝 心勿躁動 事宜遲緩 不叶者 雖有名利而無子力 女命必遭貴夫 或傷子媳 歲運逢之 在仕得人保擧而爵崇 在士則得主司援引 而求名可得 在庶俗營謀可得 但皆宜道義自安 乃爲得利也 數凶者 防小口陰人之嗟

운이 맞지 않는 사람은, 비록 명예와 이익은 얻지만 자식복은 없으니, 특히 여자일 경우 귀한 남편을 얻지만 자식을 상하게 할 운이다.

세운을 만나면, 공직자는 사람들의 보호와 천거를 받아 벼슬이 높아지고, 구직자는 잘 이끌어줄 사람을 만나 구하는 명리를 얻게 되며, 일반인은 경영하는 일에 소득이 있게 된다. 다만 이 세 경우 모두 도덕과 의리를 지키며 나아가야 이득을 얻을 수 있는 것이다. 수가 흉한 사람은 소인의 입방아와 음인(소인 또는 여인 등)의 훼방을 잘 방비해야 한다.

【글귀로 판단하면】

① 易小終成大하니 隨家改故新라
馬羊奔走處에 利涉大川行이라
작은 것을 바꿔서 마침내 큰 것을 이루니/ 옛집을 새로이 고쳤다/ 말(午)과 양(未)이 달아나는 곳에/ 큰 내(큰 일)를 건너가는 것이 좋을 것이다

② 舍一人ㅣ 就一人하니
謀望有喜하고 貴人相親이라
한 사람을 버리고/ 한 사람을 따라가니/ 꾀하는 소망은 기쁨이 있고/ 귀한 사람과 서로 친하게 된다

4. 九四(䷐ → ䷧)

【효사와 소상전】 구사는 따르는 도에 얻으려는 것이 있으면 바르게 하더라도 흉하니, 믿음을 두고, 도에 벗어나지 않고, 밝음으로써 하면 무슨 허물이리오. 상에 말하기를 '따르는 도에 얻으려는 것이 있음'은 그 의의가 흉하고, '믿음을 두고 도에 벗어나지 않음'은 명철한 공이다. 【九四는 隨에 有獲이면 貞이라도 凶하니 有孚코 在道코 以明이면 何咎리오. 象曰 隨有獲은 其義 凶也오 有孚在道는 明功也라.】

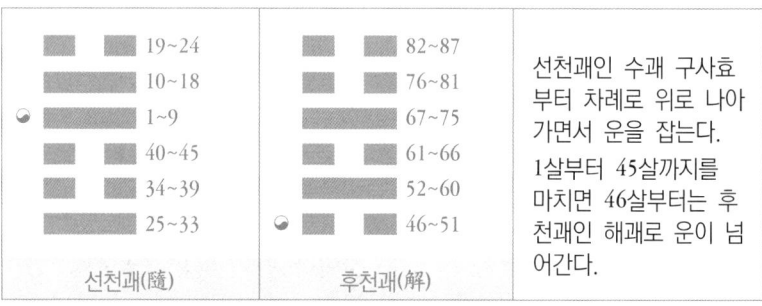

선천괘(隨)	후천괘(解)	
19~24	82~87	선천괘인 수괘 구사효 부터 차례로 위로 나아가면서 운을 잡는다. 1살부터 45살까지를 마치면 46부터는 후천괘인 해괘로 운이 넘어간다.
10~18	76~81	
1~9	67~75	
40~45	61~66	
34~39	52~60	
25~33	46~51	

◈ 양년(갑·병·무·경·임년)일 경우

수(17)	취(45)	비(8)	곤(2)	박(23)	이(27)	손(41)	대축(26)	대유(14)
1	2	3	4	5	6	7	8	9

◈ 음년(을·정·기·신·계년)일 경우

둔(3)	비(8)	취(45)	예(16)	진(35)	서합(21)	규(38)	대유(14)	대축(26)
1	2	3	4	5	6	7	8	9

◈ 월괘

진·51	귀매·54	서합·21	리·30	진·35	박·23	미제·64	송·6	정·50	항·32	고·18	대축·26
1월	2월	3월	4월	5월	6월	7월	8월	9월	10월	11월	12월

◈ 일괘

수(구사)	진·51	무망·25	취·45	태·58	혁·49

【총괄해서 판단하면】

10 이 효는 따르는 바가 비록 위태한 일일지라도, 정성과 바름으로써 임하면 허물을 면할 수 있다는 것을 설명한 것이다. 그러므로 운이 맞는 사람은, 정성된 마음을 가지고 이치에 맞게 거동하며, 지위가 지극히 높아졌어도 자신의 주인(임금)을 능멸하지 않으며, 세력이 강대해졌어도 홀로 전권을 휘두르는 일이 없다.

운이 맞지 않는 사람은, 얻는 바가 있으면 이로 인해 화를 부르게 되고, 이룸이 있으면 위험을 부른다. 혹 윗사람의 견책을 받게 되고, 혹 아랫사람의 시기를 부르며, 혹은 장삿꾼이 되어 길에서 시간을 보내게 된다. 세운을 만나면, 공직자는 요직에 등용되면서 전권을 휘두르며, 벼슬하려고 하거나 일을 도모하는 사람은 명예를 얻게 된다. 일반인은 사람들의 추대를 받게 되며, 흉함이 변해서 길하게 된다. '道(길 도)'자와 '明(밝을 명)'자에 뜻이 많으므로 더 깊이 생각해야 하니, 혹 지명이나 인명을 가리킬 경우도 있는 것이다.

【글귀로 판단하면】

① 千里長途轉轆轤하나 有人未得見者須라
　音來便遇木邊貫이면 晦滯重明得一車라
　천리나 되는 먼 길을 수레를 굴리며 가나/ 사람을 얻지 못하니 보는 사람마다 필요하다/ 소식이 와서 나무목 변(木) 가진 성씨를 만나면/ 어둡고 막혔던 것이 거듭 밝아져서 수레를 하나 얻을 것이다

② 所求皆有得하니 居正亦爲凶이라
　守道存誠信하니 惟明可有功이라

---

10 此爻是所隨雖履其危 然惟其誠正 則可以无咎矣 故叶者精誠積乎中 擧動合乎理 位極而無凌主之嫌 勢重而無專權之過 不叶者 有所獲而招凶 有所遂而招險 或得上之譴責 或惹下之猜忌 或爲商 或爲賈 而碌碌于道塗 歲運逢之 在仕必居要路而專權 進取者必成 而名可得 在庶俗必得好人擡擧 而變凶爲吉 道字明字之義 宜加察焉 或地名人名云

구하는 바를 다 얻으니/ 바르게 하더라도 또한 흉하게 된다/ 도를 지키고 정성과 믿음이 있게 해야 하니/ 오직 현명해야 공이 있을 것이다

3 魚上釣ㅣ 絲綸弱하니

收拾難ㅣ 力再着이라

고기가 낚시에 물렸는데/ 낚싯줄이 약하니/ 수습하기 어려워/ 처음부터 다시 하느라 힘이 든다

5. 九五(☱ → ☳)

【효사와 소상전】 구오는 아름다운 것을 성실하게 함이니 길하니라. 상에 말하기를 '아름다운 것을 성실하게 해서 길함'은, 위가 정히 가운데 했기 때문이다. 【九五는 孚于嘉니 吉하니라. 象曰 孚于嘉吉은 位正中也일새라.】

선천괘(隨)	후천괘(震)	
10~15	73~78	선천괘인 수괘 구오효부터 차례로 위로 나아가면서 운을 잡는다. 1살부터 45살까지를 마치면 46살부터는 후천괘인 진괘로 운이 넘어간다.
● 1~9	67~72	
37~45	58~66	
31~36	52~57	
25~30	● 46~51	
16~24	79~87	

◆ 양년(갑·병·무·경·임년)일 경우

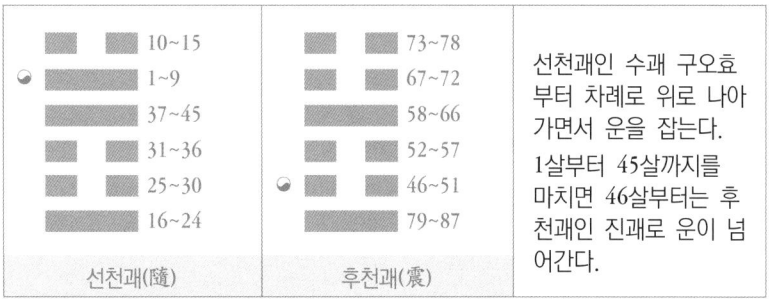

수(17)	태(58)	귀매(54)	규(38)	미제(64)	진(35)	려(56)	간(52)	점(53)
1	2	3	4	5	6	7	8	9

◆ 음년(을·정·기·신·계년)일 경우

진(51)	귀매(54)	태(58)	리(10)	송(5)	비(12)	돈(33)	점(53)	간(52)
1	2	3	4	5	6	7	8	9

◆ 월괘

무망·25	동인·13	비·12	관·20	송·6	미제·64	구·44	대과·28	손·57	소축·9	고·18	간·52
1월	2월	3월	4월	5월	6월	7월	8월	9월	10월	11월	12월

◆ 일괘

	6 5 4 3 2 1	12 11 10 9 8 7	18 17 16 15 14 13	24 23 22 21 20 19	30 29 28 27 26 25
수(구오)	무망·25	취·45	태·58	혁·49	둔·3

【총괄해서 판단하면】

11 이 효는 현명한 사람에게 정성을 다해 책임을 맡기고, 그 현명한 사람을 씀으로 인한 실효를 얻게 됨을 설명한 것이다. 그러므로 운이 맞는 사람은, 현명한 사람을 선호하고 세력부릴 것을 잊으니, 쉽게 일을 주관하고 쉽게 따르며, 친함이 있고 공도 있게 된다. 천명이 그를 보호하여 주어지니 근심이 없게 되고, 반드시 하늘로부터 주는 끝없는 부귀를 누리게 된다. '중정中正'의 두 글자는 의미깊게 살펴서 때에 따라 판단해야 한

---

11 此爻是有任賢之誠 而獲用賢之效者也 故叶者 好賢忘勢 易知易從 有親有功 凝天命於無虞 孚天祿於無疆 中正二字 爲兆甚多 不叶者 亦有孚信從中道 而爲善人吉士 彼無惡而此無射 歲運逢之 在仕有遷除之喜 在士有登薦之嘉 在庶俗 有營謀順適之休 多喜慶之事

다. 운이 맞지 않는 사람도 또한 믿음으로 중도中道를 따르는 착하고 길한 사람으로, 상대방도 악하게 하지 않으며, 이쪽도 악하게 하지 않는다. 세운을 만나면, 공직자는 승진하는 기쁨이 있고, 구직자는 등용되고 천거되는 아름다움이 있으며, 일반인은 경영하는 일이 순조롭게 진척되는 기쁨이 있으니, 기쁜 경사가 많은 것이다.

【글귀로 판단하면】

① 爵祿飛來吉有孚하니 震驚百里笑聲呼라
月邊自有人推轂하니 喜氣臨門不可拘라
벼슬과 녹이 날아와서 길하고 믿음이 있으니/ 우레가 백리를 놀라게 해도 웃음소리 들려온다/ 달가에 사람이 수레바퀴 밀고 오니/ 기쁜 기운이 들어 오는 것을 막을 수 없다

② 五居中正位하니 上下盡孚誠이라 舍己能從善하니 斯爲大吉亨이라
구오가 중정한 자리에 있으니/ 위와 아래가 다 믿음과 정성을 다한다/ 사사로움을 버리고 착함을 따를 수 있으니/ 이것이 크게 길하고 형통하게 되는 길이다

③ 收拾絲綸罷釣竿하니 靑山綠水更幽閒이라
江淸得意歸來早하니 舟溜金陵指顧間이라
낚싯줄을 거두고 낚시를 파하니/ 푸른 산 푸른 물이 다시 그윽하고 한가롭다/ 강은 맑고 기분은 상쾌하여 일찍 돌아오니/ 배가 금능에서 손가락질하고 부를 수 있는 곳에 떠온다

6. 上六(☱ → ☰)

【효사와 소상전】 상육은 붙들어 매고 좇아서 얽음이니, 왕이 서산에서 형통하도다. 상에 말하기를 '붙들어 맨다'는 것은 위에서 궁극해진 것이다. 【上六은 拘係之오 乃從維之니 王用亨于西山이로다. 象曰 拘係之는 上窮也라.】

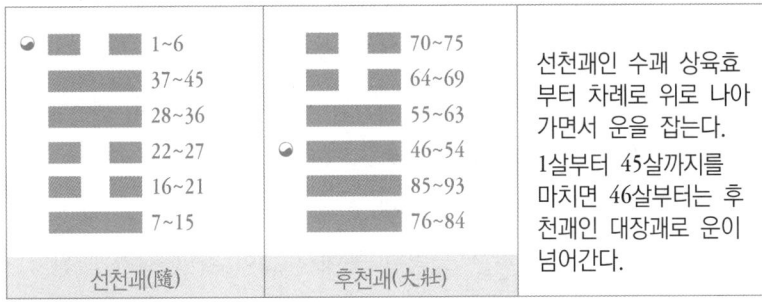

선천괘인 수괘 상육효부터 차례로 위로 나아가면서 운을 잡는다.
1살부터 45살까지를 마치면 46살부터는 후천괘인 대장괘로 운이 넘어간다.

◈ 양년 음년 똑같음

무망(25)	비(12)	송(6)	구(44)	손(57)	고(18)
1	2	3	4	5	6

◈ 월괘

취·45	비·8	곤·47	해·40	대과·28	구·44	정·48	수·5	승·46	겸·15	고·18	몽·4
1월	2월	3월	4월	5월	6월	7월	8월	9월	10월	11월	12월

◈ 일괘

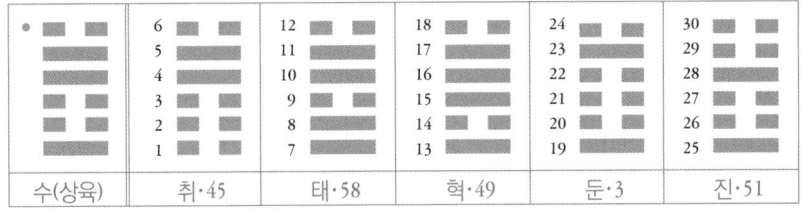

수(상육)	취·45	태·58	혁·49	둔·3	진·51

【총괄해서 판단하면】

12 이 효는 정성으로 사람이 따르는 상이니, 신명神明에게까지 그 정성이

---

12 此爻是以誠隨人之象 而推其可通於神明者也 故叶者 謹恪誠實 溫良慈惠 明可以感乎人 而志無不遂 幽可以通乎神 而福無不降 不叶者 進則困窮 生計艱難 惟隱於山林則吉 歲運逢之 多不永年 罣牽係慮 心志不能遂 在仕防讒 在士防辱 在

통하게 되는 것을 설명한 것이다. 그러므로 운이 맞는 사람은, 삼가하고 공경하며 성실하게 행하며, 따뜻하고 자애롭게 은혜를 베푸니, 사람을 감동시킬 것이 분명하다. 따라서 뜻한 바를 얻지 못함이 없으니, 신명도 저절로 알게 되어 하늘의 큰 복을 내리는 것이다.

운이 맞지 않는 사람은, 일을 해 나가려고 하면 곤궁하게 되고 생계조차 어려우니, 오직 산림山林 같은 궁벽한 곳에서 숨어 살면 길하게 된다. 세운을 만나면, 오래 지속되는 일이 없으며, 생각에 걸리고 매이는 것이 많으니, 마음이 뜻한 바를 이루지 못한다. 공직자는 참소를 막아야 하고, 구직자는 욕을 당하지 않도록 하여야 하며, 일반인은 손해볼 것을 방비하고, 좋지 않은 일에 연루되지 않도록 조심해야 한다.

【글귀로 판단하면】

1 君子防危後必興이니 小人勿怨事多迍이라
　隨時月落防憂訟이요 若進終凶日又昏이라
　군자는 위태함을 방비한 후에 반드시 흥하니/ 소인은 일이 안된다고 원망하지 마라/ 때에 따라 달이 떨어지니 근심과 송사 막아야 하고/ 만약 나아가면 끝내 흉하고 해 또한 저문다

2 拘繫復加維하니 人心固結時라
　誠能專享祀면 端可格神祇라
　붙들어 매고 다시 얽어매니/ 인심이 굳게 맺어진 때다/ 정성스럽게 제사를 지낼 수 있으면/ 단연코 귀신을 감동시켜 이르게 할 수 있으리라

3 一事去ㅣ 兩頭牽이라
　恍惚有憂煎하니 心堅事未堅이라
　하나의 일을 하는데/ 두 머리가 이끈다/ 어둡고 흐릿해서 근심하고 속 끓이니/ 마음은 굳어도 일은 굳지 못하다

庶俗防損 幷縲絏之憂

艮上 巽下 山風蠱(18)
산 풍 고

고괘 개요

【괘사와 대상전】고괘는 크게 착하고 형통하니 큰 내를 건넘이 이로우니, 갑으로 먼저 사흘하며 갑으로 뒤에 사흘하니라. 상에 말하기를 산 아래 바람이 있는 것이 고괘니, 군자가 본받아서 백성을 진작시키고 덕을 기르느니라.
【蠱는 元亨하니 利涉大川이니 先甲三日하며 後甲三日이니라. 象曰 山下有風이 蠱니 君子 以하야 振民하며 育德하나니라.】

【총괄해서 판단하면】

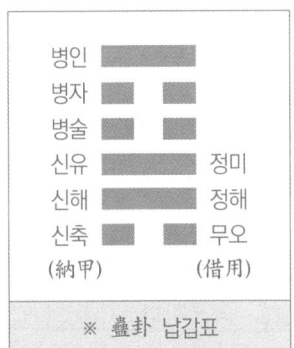

※ 蠱卦 납갑표

[1] 손궁의 3세(원래는 7변괘인 귀혼괘에 해당한다)로 정월괘이다. 이 괘를 얻은 자는 어렵고 힘든 고초로부터 일어나는 자가 많다. 그렇지 않으면 처음에는 막히고 힘들다가 나중에 잘 되고, 또 조상의 구업을 이어받게 된다. 내괘의 납갑은 신축·신해·신유이고 외괘의 납갑은 병술·병자·병인인데, 무오·정해·정미를 빌려서도 쓴다. 봄·여름·가을에 태어난 사람과, 태어난 년도의 간지가 납갑의 간지 및 차용납갑의 간지에 합치되는 사람은 부귀와 공명을 누리게 된다.[2]

---

1 巽宮三世 卦屬正月 得此卦者 多起自艱辛 不然 先迷後得 承祖宗舊業 納甲 是 辛丑辛亥辛酉 丙戌丙子丙寅 借用戊午丁亥丁未 如生於春夏秋者及時 及納甲者 功名富貴人也 與父母不和

운세로 보면 산풍고괘(䷑)는 상괘는 간(☶)이고 하괘는 손(☴)이며, 호괘로는 진(☳)과 태(☱)가 있다. 글자 뜻대로 하면 그릇에 생기는 벌레가 되고, 두번째로는 산에 바람이 불어 낙엽이 지고 과실을 떨어뜨리는 것을 고라고 하며, 세번째로는 세 마리 벌레가 피를 빨아먹는 뜻이 있다. 여자가 남자를 유혹하는 것이며, 산 아래에 바람이 불고, 산속에 우레와 못(호수)이 있는데, 그 가운데서 고蠱는 바람을 부쳐서 날리는 것이 되고, 우레가 진동시켜 못물을 나오게 하여 초목이 다 그 물을 먹게 하나, 생장生長하지를 못한다. 군자가 이런 괘를 얻으면 벌레먹고 무너지는 상이다. 고蠱는 일이 되고 유혹함이 되니, 일이 많게 되고 유혹하여 어지럽게 하는 상이다.

【팔궁세혼법으로 판단하면】

손궁의 귀혼괘로 삼공에 해당한다. 구삼효(삼공)가 세효世爻가 되고, 종묘에 해당하는 상구효는 응효가 된다. 응효인 상구효는 양효가 음자리에 있어 제자리가 아닌데다, 구삼효와 음양으로 응하지도 못하고 있으므로 어렵고 막힘이 많게 된다. 그러나 구삼효의 지지인 유(酉金)가 상구효의 지지인 인(寅木)을 극하여 바르게 만들면 좋게 되는 뜻이 있다. 따라서 이 괘는 처음에는 힘들고 어렵다가 나중에는 풀리게 되는 괘상이다.

산속에 단풍이 들어 낙엽지는 격으로, 사건이 많이 생기며, 사회가 병들어 있다. 부정부패가 많고, 사건이나 사고가 많이 생기는 때이며, 예전에 어지러워진 일을 치유하고 개혁하여 어려운 일을 극복한다. 내호괘 금(兌金)으로 외호괘 목(震木)을 극하여(金克木) 재목을 얻고, 하괘인 가을 바람(巽風)이 상괘인 산에 불어 그 과실(艮은 果實)을 떨어뜨려 얻으니,

---

2 각 괘의 월月계산법은 중천건괘(1)와 중지곤괘(2) 항에서 설명하였다. 고괘의 세효인 구삼효는 양효이므로, 초효부터 삼효까지 세면 인寅에서 끝난다(초효는 자, 이효는 축, 삼효는 인). 지지의 인은 정월(1월)에 해당하므로, 고괘가 정월괘가 되는 것이다. 따라서 정월을 주관하는 괘가 되고, 정월에 태어난 사람은 때를 얻음이 된다.

비록 일은 많지만 잘 처리하여 큰 이득을 얻는 것이다. 새로운 사업은 대단히 힘이 든다. 그러나 하지 않을 수 없으니, 버릴 것은 빨리 버리고, 새로이 올바르게 고치는 자세가 필요하다.

【글귀로 판단하면】

① 錫帶事雖美나 須防三褫中하라
　寵榮難可恃요 且忌辱來重이라
　상으로 띠(벼슬)를 받는 일이 비록 아름다우나/ 세번씩 빼앗기는 일을 방비해야 한다/ 총애와 영화는 믿기 어렵고/ 또한 욕된 일이 거듭될까 두렵다

② 棄舊從新別創家하니 先憂後樂振民邦이라
　始施恩澤掌權柄하니 緋紫增榮志自賖이라
　옛 것을 버리고 새 것을 좇아 따로 집안을 세우니/ 먼저는 근심하나 뒤에는 즐거워, 명성이 온나라에 떨친다/ 비로소 은택을 베풀어 권세를 잡으니/ 붉은 비단옷 입고 영화로움 더하여 뜻이 절로 여유롭다

③ (陰) 皓月有虧盈하고 長河濁又淸이라
　縱然逢大事나 端坐不須驚이라
　(음) 흰 달은 차고 기울음이 있고/ 긴 하수河水는 흐리기도 하고 맑기도 하다/ 비록 큰 일을 만나나/ 단정히 앉아 놀라지 마라

1. 初六(☷→☶)

【효사와 소상전】 초육은 아버지의 일을 주관함이니, 아들이 있으면 죽은 아버지가 허물이 없을 것이니, 위태롭게 여기고 조심해야 마침내 길할 것이다. 상에 말하기를 '아버지의 일을 주관함'은 뜻이 죽은 아버지를 이음이라.【初六은 幹父之蠱니 有子면 考 无咎하리니 厲하야아 終吉이리라. 象曰 幹父之蠱는 意承考也라.】

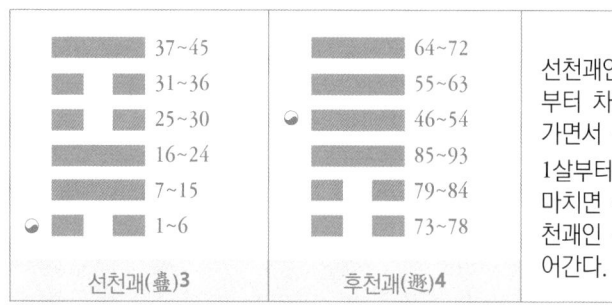

선천괘(蠱)3		후천괘(遯)4	
	37~45		64~72
	31~36		55~63
	25~30	◐	46~54
	16~24		85~93
	7~15		79~84
◐	1~6		73~78

선천괘인 고괘 초육효부터 차례로 위로 나아가면서 운을 잡는다. 1살부터 45살까지를 마치면 46살부터는 후천괘인 돈괘로 운이 넘어간다.

◆ 양년 음년 똑같음5

대축(26)	비(22)	이(27)	서합(21)6	무망(25)	수(17)
1	2	3	4	5	6

◆ 월괘

간·52	점·53	박·23	곤·2	진·35	서합·21	비·12	송·6	취·45	함·31	수·17	둔·3
1월	2월	3월	4월	5월	6월	7월	8월	9월	10월	11월	12월

3 사주의 숫자로 괘를 만들어서 고괘 초효에 원당이 있다면, 1~6살까지는 고괘 초효 항을, 7~15살까지는 고괘 이효 항을, …, 37~45살까지는 고괘 상효 항을 가서 살펴 보면 된다.

4 46~54살까지는 후천괘인 돈괘 사효 항을, …, 85~93살까지는 돈괘 삼효 항을 살펴보면 그 사람의 운이 된다.(◐나 ●표시 한 곳이 해당하는 효를 가리키고, 밑에서부터 초효·이효·삼효·사효·오효·상효로 나눈다).

5 해마다의 운인 유년운의 진행은 양효(━)일 때와 음효(╴╴)일 때가 다른데, 그 자세한 예는 중천건괘(1) 초구효.항에 유년운에 속한 월운月運의 예와 함께 실려 있으므로 참고하면 된다.

6 위의 도표에서 '서합(21)'이라고 한 것은 괘명은 서합괘噬嗑卦고 64괘 중에 21번째 괘라는 뜻이며, '이(27)'이라고 한 것은 괘명은 이괘頤卦고 64괘 중에 27번째에 해당한다는 뜻이다. 나머지 괘도 이와같은 방식으로 본다. 따라서 앞의 목차에서 번호의 순서대로 찾으면, 해당하는 괘를 쉽게 찾을 수 있다.

◈ 일괘 7

	6 ▦ 5 ▦ 4 ▦ 3 ▦ 2 ▦ 1 ●		12 ▦ 11 ▦ 10 ▦ 9 ▦ 8 ▦ 7 ▦		18 ▦ 17 ▦ 16 ▦ 15 ▦ 14 ▦ 13 ▦		24 ▦ 23 ▦ 22 ▦ 21 ▦ 20 ▦ 19 ▦		30 ▦ 29 ▦ 28 ▦ 27 ▦ 26 ▦ 25 ▦
고(초육)		간·52		몽·4		정·50		손·57		승·46

【총괄해서 판단하면】

8 이 효는 일을 잘 처리하여 죽은 아비를 허물이 없게 하는 경우와, 이러한 일을 처리하는 방법에 대해서 경계를 한 것이다. 그러므로 운이 맞는 사람은, 나아가 취함에 용감하고, 일을 주관함에 결단성이 있으며, 충성과 효를 다하니, 위태하고 어려운 상태를 잘 경영하여 공을 세운다. 이러한 것이 죽은 아비의 도덕과 의리에 합하여 후인의 모범이 되는 것이다. 운이 맞지 않는 사람은, 조상의 구업에 의지하지 않고, 스스로 살아갈 계책을 만들며, 어려움을 만나도 사양하지 않고 영화榮華를 보고도 오만하지 않는다.

세운을 만나면, 공직자는 조정의 중책을 잘 받들어 간사함을 혁파하고 폐단을 없앤다.

선비와 일반인은 혹 할아버지나 아버지의 음덕을 이어받고, 혹 죽은 아버지의 유지를 자손이 이어받으며, 혹 꾀하는 일이 뜻대로 이루어진다. 수가 흉한 사람은 근심과 슬픔이 있다. 늙은 사람(老)은 오래 살지 못하

---

7 그 날의 운(日運)과 더 세분해서 시운時運을 알고 싶으면, 앞의 일괘日卦와 시괘時卦 설명을 참조해서 계산하면 된다. 자세한 예는 건(1)~송(6)괘의 초효 항에 있으므로 참고바람.

8 此爻是能修業 克肖夫先人而因以戒之者也 故叶者 勇於進取 決於幹事 盡忠盡孝 經涉危難 建立事功 合先人之道義 爲後人之規模 不叶者 不靠祖業 自爲活計 遇難不辭 見榮不傲 歲運逢之 在仕則承朝廷之重任 而革奸除弊 在士俗或承祖父之恩 或子孫以承考志 或謀爲遂意 數凶者有憂愁 老者不壽 考字之義故也 考字又考試之義

는데, '考(죽은 아비 고)'자의 뜻이 있기 때문이다. '고考'자는 또 고시(考試:격이 높은 어려운 시험)의 뜻으로 풀이하기도 한다.

【글귀로 판단하면】
① 欲成好事必先危요 成敗多生進退疑라
蛇與豬來皆喜遂니 好求方便上雲梯하라
좋은 일 이루려면 반드시 먼저 위험하고/ 성패는 진퇴를 의심하는데서 나온다/ 뱀(巳)과 돼지(亥)가 오면 모두 기쁘게 성취될 것이니/ 방편을 잘 찾아 구름다리 오르도록 하라

② 極弊宜修整이니 前人舊有規라
意承須改變이나 損益亦隨時라
극도로 피폐하면 마땅히 수리하고 정비해야 하니/ 옛날 사람에겐 옛 법규가 있었다/ 아버지의 뜻을 받들려면 고치고 변경해야 하나/ 덜어내고 더함을 때에 따라야 한다

③ 可以委ㅣ 可以記나
遲遲事ㅣ 無差錯이라
버릴 수도 있고/ 기록할 수도 있으나/ 서서히 일해야/ 어긋남이 없다

2. 九二(☱ → ☶)

【효사와 소상전】구이는 어머니의 일을 주관함이니 곧게만 할 수는 없느니라. 상에 말하기를 '구이가 어머니의 일을 주관함'은 중도를 얻은 것이다. 【九二는 幹母之蠱니 不可貞이니라. 象曰 幹母之蠱는 得中道也라.】

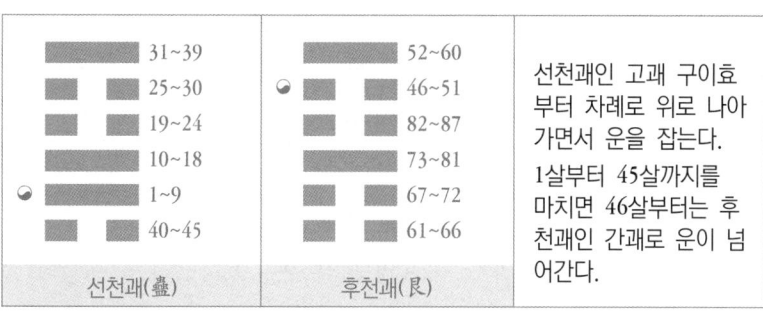

선천괘인 고괘 구이효부터 차례로 위로 나아가면서 운을 잡는다.
1살부터 45살까지를 마치면 46살부터는 후천괘인 간괘로 운이 넘어간다.

◆ 양년(갑·병·무·경·임년)일 경우

고(18)	손(57)	점(53)	관(20)	비(12)	진(35)	예(16)	진(51)	귀매(54)
1	2	3	4	5	6	7	8	9

◆ 음년(을·정·기·신·계년)일 경우

간(52)	점(53)	손(57)	환(59)	송(6)	미제(64)	해(40)	귀매(54)	진(51)
1	2	3	4	5	6	7	8	9

◆ 월괘

몽·4	사·7	미제·64	규·38	송·6	비·12	곤·47	대과·28	태·58	절·60	수·17	진·51
1월	2월	3월	4월	5월	6월	7월	8월	9월	10월	11월	12월

◆ 일괘

고(구이)	몽·4	정·50	손·57	승·46	대축·26

【총괄해서 판단하면】

9 이 효는 신하가 임금의 일을 도움에 있어서, 공경하고 순하게 해야 하는 도를 보여준 것이다. 그러므로 운이 맞는 사람은, 강대한 재주를 가지고 중정한 도를 행하는 사람이다. 항상 곧은 마음을 품고 있으나, 자신을 알아주는 벗을 만나기 어렵다. 폐단을 잘 고치고 한쪽으로 치우친 일을 고르게 구제해서, 그 실마리가 되는 일을 잘 꾸미고 다스리면, 세상의 존경과 신망을 받게 된다.

운이 맞지 않는 사람도 또한 중도中道를 행하여서, 큰 일을 이루며 잘 지켜나가니, 천하고 어리석은 사람과 비견할 바가 아니다.

세운을 만나면, 공직자는 다 못한 옛일을 잘 변별하여 맡아하니 녹봉과 지위가 저절로 편안히 굳어진다. 선비와 일반인은 부모의 원대한 일을 잘 경영하여 옛 것을 고치고 새로운 것을 만듦에 뜻대로 되지 않음이 없다. 여자일 경우는 근면하고 검소하여 집안을 지탱하며, 성품이 충직(忠直)하고 부유롭게 되는 자가 많다.

【글귀로 판단하면】

① 二剛行內事하니 執一竟難成이라

貴得中常道니 惟當順以承이라

강건한 구이가 안의 일을 행하니/ 하나만 고집하면 이뤄지기 어렵다/ 중도中道와 상도常道를 얻음이 귀중하니/ 오직 순하게 이어 받듦이 마땅하다

② 母道不可貞은 謂性難存正이라

從順事宜成이니 後道密且謹하라

---

9 此爻是人臣贊君之業 而示以祗順之道者也 故叶者 有剛大之才 行中正之道 常懷直心 難遇知己 補弊救偏 而飾治其緖業 爲世所仰望 不叶者 亦行中道 而有爲有守 而非鄙夫之可倫也 歲運逢之 在仕幹辨舊緖之有餘 而祿位穩固 在庶俗士子 爲營父母遠大之事 改舊更新无不如意 女命勤儉持家 而性忠直 多富

어머니를 잇는 도는 곧게만 할 수 없다는 것은/ 성질상 바른 것만 보존하기 어렵다는 말이다/ 순하게 따르면 일이 마땅히 이뤄질 것이니/ 후계後繼의 도를 치밀하고 신중히 하라

③ 暗去不明來하니 憂心事未諧라

終須成一笑니 眼內莫疑猜하라

어둠은 갔는데 밝음이 오지 않으니/ 근심하는 마음에 일이 잘되지 않는다/ 끝에 가면 한번 웃게 될 것이니/ 마음속으로 의심하거나 시기하지 마라

3. 九三(䷑→䷁)

【효사와 소상전】 구삼은 아버지의 일을 주관함이니, 조금 뉘우침이 있으나 큰 허물은 없으리라. 상에 말하기를 '아버지의 일을 주관함'은 마침내 허물이 없느니라. 【九三은 幹父之蠱니 小有悔나 无大咎리라. 象曰 幹父之蠱는 終无咎也니라.】

선천괘(蠱)	후천괘(蹇)	
22~30	46~51	선천괘인 고괘 구삼효부터 차례로 위로 나아가면서 운을 잡는다.
16~21	79~87	
10~15	73~78	1살부터 45살까지를 마치면 46살부터는 후천괘인 건괘로 운이 넘어간다.
● 1~9	64~72	
37~45	58~63	
31~36	52~57	

◆ 양년(갑·병·무·경·임년)일 경우

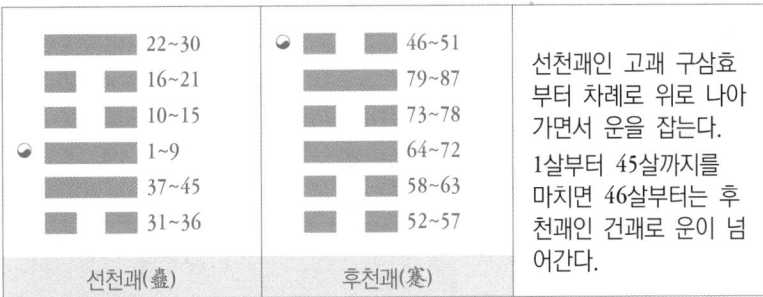

고(18)	승(46)	사(7)	해(40)	곤(47)	송(6)	리(10)	무망(25)	동인(13)
1	2	3	4	5	6	7	8	9

◆ 음년(을·정·기·신·계년)일 경우

몽(4)	사(7)	승(46)	항(32)	대과(28)	구(44)	건(1)	동인(13)	무망(25)
1	2	3	4	5	6	7	8	9

◆ 월괘

정·50	대유·14	구·44	돈·33	대과·28	곤·47	쾌·43	수·5	혁·49	풍·55	수·17	무망·25
1월	2월	3월	4월	5월	6월	7월	8월	9월	10월	11월	12월

◆ 일괘

고(구삼)	정·50	손·57	승·46	대축·26	간·52
6 5 4 3 2 1	12 11 10 9 8 7	18 17 16 15 14 13	24 23 22 21 20 19	30 29 28 27 26 25	

【총괄해서 판단하면】

10 이 효는 잘못된 일을 다스림에 지나치게 강해서, 후회를 면하기 어려운 자를 설명한 것이다. 그러므로 운이 맞는 사람은, 강명剛明하고 용감하게 결단해서, 마땅히 해야 될 일이 있으면 거리낌 없이 실천하는 사람이다. 비록 잘못됨이나 손실이 있더라도, 그 허물을 잘 보충하여 이익을 많이 내고, 결과적으로는 손상이 없게 만드니, 일세의 훌륭한 인물이다. 운이 맞지 않는 사람은, 일을 주장할 때를 만나면 쉽게 처리하니, 초년에

---

10 此爻是治蠱過於剛者 所以不免悔也 故叶者 剛明勇決 當爲則爲 而無所顧忌 雖有差失 善于補過 多利 終無損喪 而爲一世之偉士 不叶者 遇其事幹則易 早歷憂勤 晚始受用 歲運逢之 在仕有建立主張大過之慮 在士庶修爲 有拂戾躁急之失 大凡躬行王道 勿信邪言 免悔

는 근심걱정하고 근면히 해서, 말년에는 그 대가를 받게 된다.
세운을 만나면, 공직자는 너무 지나치게 새로운 것을 세우고 주장하는 허물이 있고, 일반인과 구직자는 어긋나고 조급함으로 인한 실수를 잘 고쳐야 한다. 대개 왕도王道를 힘써 행하고, 간사한 말을 믿지 않아야 후회를 면할 수 있다.

【글귀로 판단하면】
① 玉石望蒙昧하니 那堪小悔多아
　終來無大咎나 先忌哭聲過라
　옥인지 돌인지 보고도 알지 못하니/ 작은 후회 많음을 어찌 견디랴?/ 끝에 가면 큰 허물은 없을 것이나/ 우는 소리 커짐을 먼저 꺼리누나
② 父差母蠱往東西하니 臘肉餐餐不可期라
　困臥高堂憂小處하야 直須遇有出災危라
　어머니와 아버지 잘못으로 동쪽 서쪽을 왔다 갔다하니/ 명절 때 집에서 고기나 밥반찬을 먹을 수 없다/ 곤해서 높은 방 근심 적은 곳에 누워서/ 곧바로 재앙과 위험에서 나올 수 있기를 기다린다
③ 久弊應難革이니 須防損失多라
　見機知進退면 終是保安和라
　오랜 폐단은 고치기 어려우니/ 손실이 많음을 예방해야 한다/ 기미를 봐서 나아가고 물러날줄 알면/ 마침내 편안하고 화락함을 보전할 것이다

4. 六四 (䷑ → ䷙)

【효사와 소상전】 육사는 아버지의 일을 너그럽게 함이니, 나가면 인색하게 되리라. 상에 말하기를 '아버지의 일을 너그럽게 함'은 나감엔 얻지 못함이라.
【六四는 裕父之蠱니 往하면 見吝하리라. 象曰 裕父之蠱는 往앤 未得也

라.]

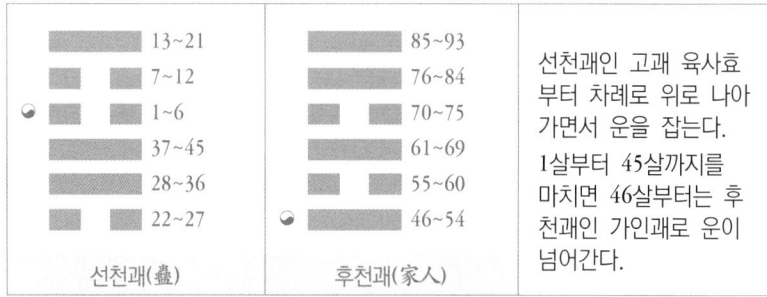

선천괘인 고괘 육사효부터 차례로 위로 나아가면서 운을 잡는다.
1살부터 45살까지를 마치면 46부터는 후천괘인 가인괘로 운이 넘어간다.

◆ 양년 음년 똑같음

정(50)	구(44)	대과(28)	쾌(43)	혁(49)	수(17)
1	2	3	4	5	6

◆ 월괘

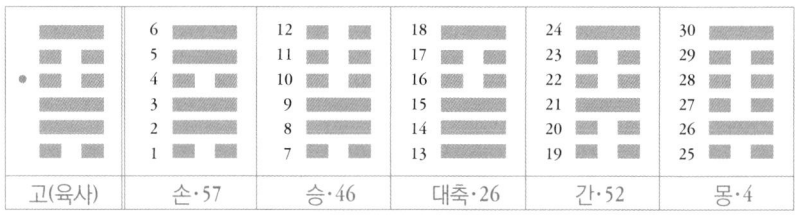

손·57	점·53	정·48	감·29	수·5	쾌·43	기제·63	명이·36	둔·3	익·42	수·17	취·45
1월	2월	3월	4월	5월	6월	7월	8월	9월	10월	11월	12월

◆ 일괘

	6	12	18	24	30
	5	11	17	23	29
	4	10	16	22	28
	3	9	15	21	27
	2	8	14	20	26
	1	7	13	19	25
고(육사)	손·57	승·46	대축·26	간·52	몽·4

【총괄해서 판단하면】

11 이 효는 대신大臣이 폐단을 혁파함에 빨리 고칠 능력이 없어서, 끝내

---

11 此爻是大臣革弊而不能速改 而弊終不可革者也 故叶者 性委靡 雖有大才 不能設施 不叶者 心多憂疑 事欠果斷 小謀則就 大用則損 歲運逢之 在仕主尸位素餐

폐단이 다 고쳐지지 않음을 설명한 것이다. 그러므로 운이 맞는 사람은, 성격이 우유부단해서, 비록 큰 재주가 있더라도 일을 시행해서 펼치지를 못한다.

운이 맞지 않는 사람은, 근심과 의심이 많아서 일을 처리함에 과단성이 없다. 작은 일은 해결할 수 있으나, 큰 일에는 손해가 따른다.

세운을 만나면, 공직자는 높은 지위에 있으면서, 하는 일 없이 월급만 축내는 사람이고, 구직자는 현재상황에 만족하면서 자신의 일을 게을리하는 손실이 있다. 일반인은 노는 즐거움과 게으름으로 인한 손실이 있게 되니, 일마다 우환이 생기고 또한 발(足)에 질환이 생긴다. 변해서 화풍정괘 구사효가 되면, 험하고 어려운 경우가 생겨난다.

【글귀로 판단하면】

① 有路步難去하니 中途鄙吝憂라
蛇行幷馬走하니 蓮綻値深秋라
길은 있는데 걸어가기 어려우니/ 중도에 더럽고 인색하며 근심스럽다/ 뱀(巳月)은 가고 말(午月)은 달리니/ 연꽃피어 깊은 가을 만났다

② 路遠多險阻하니 居安得自宜라
休將萬事足하라 從此亦隨時라
길이 멀고 험하며 막히는 곳 많으니/ 편안히 거처해 있으면 자연히 마땅함을 얻을 것이다/ 만사를 다 만족하게 하려 마라/ 여기서부터 또한 때에 따라야 한다

之誚 在士有燕僻廢業之失 在庶俗有盤樂怠傲之損 事事見憂 且生足疾 一變爲鼎九四 多坎屯也

5. 六五 (☶ → ☴)

【효사와 소상전】 육오는 아버지의 일을 주관하여 처리함이니 명예로우리라. 상에 말하기를 '아버지의 일을 주관하여 명예가 있음'은 덕으로써 이은 것이다. **【六五는 幹父之蠱니 用譽리라. 象曰 幹父用譽는 承以德也라.】**

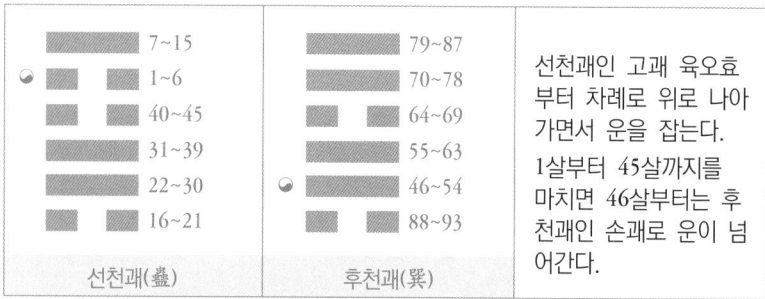

선천괘(蠱)	후천괘(巽)	
7~15	79~87	선천괘인 고괘 육오효부터 차례로 위로 나아가면서 운을 잡는다. 1살부터 45살까지를 마치면 46살부터는 후천괘인 손괘로 운이 넘어간다.
1~6	70~78	
40~45	64~69	
31~39	55~63	
22~30	46~54	
16~21	88~93	

◆ 양년 음년 똑같음

손(57)	정(48)	수(5)	기제(63)	둔(3)	수(17)
1	2	3	4	5	6

◆ 월괘

승·46	사·7	태·11	대장·34	명이·36	기제·63	복·24	이·27	진·51	예·16	수·17	태·58
1월	2월	3월	4월	5월	6월	7월	8월	9월	10월	11월	12월

◆ 일괘

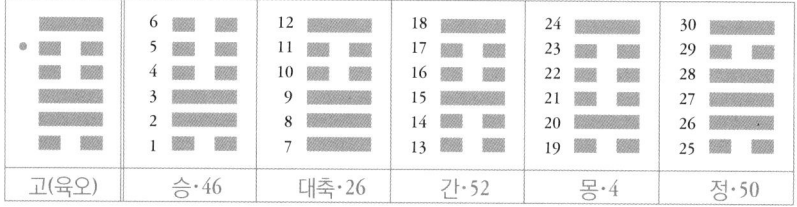

고(육오)	승·46	대축·26	간·52	몽·4	정·50
	6 5 4 3 2 1	12 11 10 9 8 7	18 17 16 15 14 13	24 23 22 21 20 19	30 29 28 27 26 25

【총괄해서 판단하면】

12 이 효는 임금이 어진 신하를 얻어 정치를 널리 폄에, 천하에 명성을 널리 떨치는 경우를 설명한 것이다. 그러므로 운이 맞는 사람은, 뛰어난 재주가 있고 속인들과 다른 사람으로, 후중한 덕으로 세상을 구제하여 대업(大業)을 이루니, 이른바 입신양명하여 도를 행함으로써 부모를 높이 드러나게 하는 자이다.

운이 맞지 않는 사람도 마음과 힘을 한가하게 하지 않는 자로, 또한 집안을 일으키고, 지방에서 숭상받는 사람이다.

세운을 만나면, 공직자는 높은 자리에 천거되고 발탁되어 명예가 널리 알려지고, 구직자는 등용되고 천거되어 명성을 드날린다. 일반인은 다시 소속된 집단을 바꾸어 별도의 규율과 법을 세우니, 기쁜 경사가 많고 자손 등 식구가 늘어난다.

【글귀로 판단하면】

① 克家去幹蠱하니 田業更重增이라
　用譽成先志하니 爲能善繼承이라
　집안을 다스려 잘못된 일 시정하니/ 농업의 소득이 다시 거듭 늘어나게 되었다/ 선인의 뜻을 이루어 칭찬을 받으니/ 능히 잘 계승했다 하리라

② 有德臨尊位하니 陽和德在春이라
　猴吹騎白鹿하니 名譽到天津이라
　덕이 있어 높은 자리 임하니/ 온화한 봄의 덕 베풀었다/ 원숭이(申)가 피리 불며 흰사슴을 탔으니/ 명예가 하늘 끝까지 이르렀다

---

12 此爻是人君得賢以敷治 斯隆美譽于天下者也 故叶者 清才異俗 重德濟世 能成大業 所謂立身行道 以顯父母者也 不叶者 心力不閒 亦能起家 鄉里仰望 歲運逢之 在仕遷擢顯位 而名譽遠播 在士登薦而聲名揚溢 在庶俗更變門戶 別立規模 多喜慶 進人口

③ 一月出層雲하니 長江徹底淸이라
   湛然無點翳하니 謀望等閑成이라

   달이 층층 구름을 벗어나니/ 긴 강이 바닥까지 맑아있다/ 맑아서 한 점의 가린 것도 없으니/ 꾀하고 소망하는 것을 힘 안들이고 이룬다

6. 上九(☰ → ☷)

【효사와 소상전】 상구는 왕과 후를 섬기지 않고 그 일을 높이 숭상하도다. 상에 말하기를 '왕과 후를 섬기지 않는다'는 것은 뜻이 가히 본받을만 하다.
【上九는 不事王侯하고 高尙其事로다. 象曰 不事王侯는 志可則也라.】

선천괘(蠱)	후천괘(觀)	
○ 1~9	67~75	선천괘인 고괘 상구효부터 차례로 위로 나아가면서 운을 잡는다.
40~45	58~66	
34~39	52~57	
25~33	○ 46~51	1살부터 45살까지를 마치면 46살부터는 후천괘인 관괘로 운이 넘어간다.
16~24	82~87	
10~15	76~81	

◈ 양년(갑·병·무·경·임년)일 경우

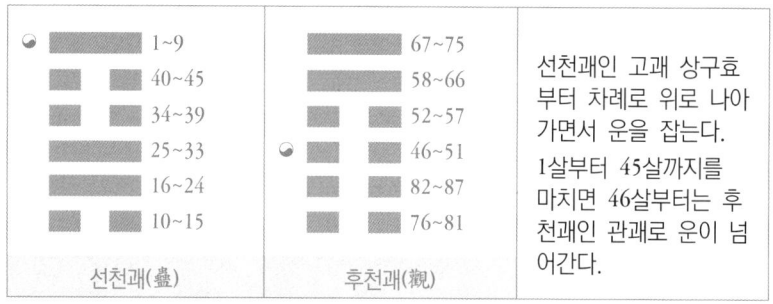

고(18)	몽(4)	사(7)	림(19)	복(24)	명이(36)	풍(55)	혁(49)	동인(13)
1	2	3	4	5	6	7	8	9

◈ 음년(을·정·기·신·계년)일 경우

승(46)	사(7)	몽(4)	손(41)	이(27)	비(22)	리(30)	동인(13)	혁(49)
1	2	3	4	5	6	7	8	9

◈ 월괘

대축·26	대유·14	비·22	가인·37	이·27	복·24	서합·21	진·35	무망·25	리·10	수·17	혁·49
1월	2월	3월	4월	5월	6월	7월	8월	9월	10월	11월	12월

◈ 일괘

	6 5 4 3 2 1		12 11 10 9 8 7		18 17 16 15 14 13		24 23 22 21 20 19		30 29 28 27 26 25
고(상구)		대축·26		간·52		몽·4		정·50	손·57

【총괄해서 판단하면】

13 이 효는 덕이 많으면서도 등용되지 않고, 오직 은거해 살면서 자신의 뜻을 꺾지 않고 사는 자를 설명한 것이다. 그러므로 운이 맞는 사람은, 도道가 높아서 쓰일 수 있고, 덕이 많아서 존귀하게 될 수 있으나, 단 자신의 뜻을 높이 숭상하므로, 경솔하게 나아가 벼슬하지 않는다.

운이 맞지 않는 사람도, 청아하고 고상하여 속인들과 다른 사람으로, 담박한 생애를 살면서 시속時俗을 따라 자신을 더럽히지 않는다.

세운을 만나면, 관직에 있는 사람은 휴직을 해야 하고, 구직자는 때를 기다려야 하며, 일반인은 옛일을 지키며 살아간다. 수가 길한 사람은 존귀한 사람이 많고, 발탁되고 은총으로 부름을 받는 경사가 있게 된다.

【글귀로 판단하면】

1 棄職休官便可歸니 王侯不事可無爲라

---

13 此爻是有德而不見用 唯隱居以求其志者也 故叶者 有道可用 有德可尊 但高尚其志 而不輕於進取 不叶者 亦清高異俗 淡薄生涯 不隨汚俗 歲運逢之 在官則告休 在士則待時 在庶俗則守舊 數吉者 多有尊貴獲拔寵召之慶

蠱憂進取深防吝하라 巨浪扁舟去不回라

직책 버리고 벼슬 그만 두면 곧 돌아갈 수 있으니/ 왕과 제후를 섬기지 않음에 할 일이 없네/ 고괘蠱卦는 나아가 취함이 근심스러우니 인색함을 깊게 경계하라/ 큰 물결에 조각배가 가면 돌아오지 못하리라

2 奔趨人世事면 其苦竟難諧라

不事王侯貴하니 何如隱去來아

세상일을 따라 달리다 보면/ 그 고통이 없어지기 힘들다/ 귀한 왕과 제후를 섬기지 않으니/ 숨어서 살며 오가는 재미 어떠한가?

3 深淵魚可釣요 幽林禽可獲이라

只用長久心하고 不用生疑惑하라

깊은 못엔 고기 낚을 수 있고/ 그윽한 숲에는 새를 잡을 수 있다/ 다만 장구한 마음을 쓰고/ 의혹하는 마음 내지 마라

림괘 개요

【괘사와 대상전】 임은 크게 형통하고 바르게 함이 이로우니, 팔월에 이르러서는 흉함이 있으리라. 상에 말하기를 못 위에 땅이 있는 것이 임괘니, 군자가 본받아서 가르치려는 생각이 끝이 없으며, 백성을 포용하고 보호함에 지경이 없느니라. 【臨은 元亨코 利貞하니 至于八月하얀 有凶하리라. 象曰 澤上有地 臨이니 君子 以하야 敎思 无窮하며 容保民이 无疆하나니라.】

【총괄해서 판단하면】

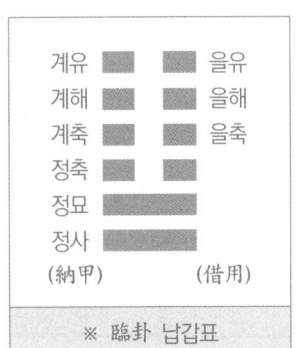

※ 臨卦 납갑표

[1] 곤궁의 2세괘로 12월에 속한다. 내괘의 납갑은 정사·정묘·정축이고 외괘의 납갑은 계축·계해·계유인데, 을축·을해·을유를 빌려서도 쓴다. 12월에 태어난 사람과, 태어난 년도의 간지가 납갑의 간지 및 차용납갑의 간지에 합치되는 사람은 부귀와 공명을 누리게 된다.[2]

---

1 坤宮二世 卦屬十二月 納甲 是丁巳丁卯丁丑 癸亥癸丑癸酉 借用乙丑乙亥乙酉 如生於十二月納甲者 功名富貴人也

2 각 괘의 월月계산법은 중천건괘(1)와 중지곤괘(2) 항에서 설명하였다. 림괘의 세효인 구이효는 양효이므로, 초효부터 이효까지 세면 축丑에서 끝난다(초효는 자, 이효는 축). 지지의 축은 12월에 해당하므로, 림괘가 12월괘가 되는 것이다. 따라서 12월을 주관하는 괘가 되고, 12월에 태어난 사람은 때를 얻음이 된다.

운세로 보면 ① 지택림괘(䷒)는 상괘는 곤(☷)이고 하괘는 태(☱)이며, 호괘로는 곤(☷)과 진(☳)이 있다. 땅 아래에 우레가 있고 못(호수)이 있으니, 우레가 산악山嶽을 움직이고, 명령이 아래로 행해져서 초목을 윤택하게 하며, 은혜의 물결이 아래에 미치므로, 정치의 내실이 있게 된다. 군자가 이러한 괘를 얻으면 대중앞으로 임해서 나아가는 상이 된다.
② 림괘(䷒)는 강강이 자라나는 괘이다. 양강함은 유柔를 이기는 것이니, 음은 온유한 덕이 있어야 허물이 없을 것이다. 그러므로 이 괘의 임함을 받는 효(음효)가, 비록 좋은 것이라도 허물이 없는 정도에 지나지 않는다.

【팔궁세혼법으로 판단하면】
곤궁의 대부大夫에 해당하는 괘로, 구이효(대부)가 세효世爻가 되고, 육오효는 응효가 된다. 두 효 모두 제자리를 얻지 못한 흠은 있으나, 중中을 얻은 두 효가 음과 양으로 서로 응하고, 더욱이 육오효의 지지인 해(亥水)가 구이효의 지지인 묘(卯木)를 생해주므로, 자신의 바르지 못함을 고쳐서 공을 이루게 된다.
림괘는 밖은 땅(坤土)이고 안은 못(兌澤)의 상으로, 땅 속에 물이 고이는 격이다. 또 내호괘인 큰 나무(震木)가 못(兌澤)의 물을 얻어 성장하고, 상괘인 흙(坤地)의 조절로 물이 넘치지 않으니, 이제까지의 어려움이 차츰 풀려 나가게 된다.
나무(震木)가 때를 만나 적극적으로 분발함에, 지위나 부富에 좋은 변동이 오니, 외국유학 또는 지사의 책임자로 나아간다. 다만 양기가 너무 발동하여 자신만만하게 나가다가는 남의 감언이설에 속거나, 큰 낭패를 볼 염려가 있다. 총각이나 처녀는 혼인하게 되고, 부부지간에는 아들을 얻을 수며, 사회인은 손윗사람의 도움으로 입신출세할 운이다. 큰 인물이 작은 인물에게 정신적으로나 육체적으로 군림하면서, 모든 일을 처리해준다.

【글귀로 판단하면】

① 陰徹陽微晉地凶하니 臨民保正事無窮이라
斷橋一馬須防失하라 外事紛紛憂我衷이라
음은 많고 양은 작아 나가는 곳 흉하니/ 백성을 바른 도로 다스려야 일이 궁하지 않다/ 끊어진 다리에 말 한 마리 잃는 것 방비하라/ 바깥 일 어지러우니 내 마음 걱정된다

② 平生欲奏五絃琴이나 流水高山未遇音이라
一旦乘槎到蓬島하니 始知金闕萬重深라
평생토록 다섯줄 거문고 타고자 하나/ 물은 흐르고 산은 높은데 알아주는 이 못만났다/ 하루아침에 뗏목타고 신선세계 도착하니/ 금으로 된 대궐이 만겹이나 깊숙하다는 것을 처음으로 알게 됐네

③ (陰) 妄行羅網地하고 輕擧入天羅라
謹節能知止면 身安保太和라
(음) 그물 쳐놓은 곳을 망령되이 가고/ 경솔하게 행동해서 하늘 높이 그물 쳐놓은 곳에 들어갔다/ 삼가하고 절도있게 해서 그칠 줄 알면/ 몸이 편안해서 큰 화평함 얻을 것이다

1. 初九(䷒→䷆)

【효사와 소상전】 초구는 (양이 음을) 느껴 임함이니 바르게 해서 길하니라. 상에 말하기를 '느껴 임함이니 바르게 해서 길함'은 뜻이 바름을 행함이라. 【初九는 咸臨이니 貞하야 吉하니라. 象曰 咸臨貞吉은 志行正也라.】

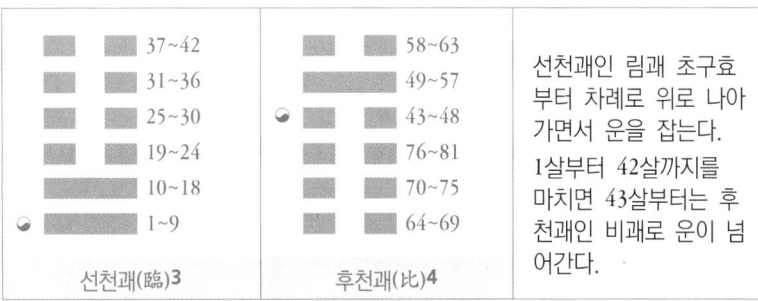

선천괘인 림괘 초구효부터 차례로 위로 나아가면서 운을 잡는다. 1살부터 42살까지를 마치면 43살부터는 후천괘인 비괘로 운이 넘어간다.

◈ 양년(갑·병·무·경·임년)일 경우 5

림(19)	귀매(54)	해(40)	예(16)	소과(62)	겸(15)	건(39)	점(53)6	가인(37)
1	2	3	4	5	6	7	8	9

3 사주의 숫자로 괘를 만들어서 림괘 초효에 원당이 있다면, 1~9살까지는 림괘 초효 항을, 10~18살까지는 림괘 이효 항을, …, 37~42살까지는 림괘 상효 항을 가서 살펴보면 된다.

4 43~48살까지는 후천괘인 비괘 사효 항을, 58~63살까지는 비괘 상효 항을, …, 76~81살까지는 비괘 삼효 항을 살펴보면 그 사람의 운이 된다(◐나 ●표시 한 곳이 해당하는 효를 가리키고, 밑에서부터 초효·이효·삼효·사효·오효·상효로 나눈다).

5 해마다의 운인 유년운의 진행은 양효(━)일 때와 음효(━ ━)일 때가 다른데, 그 자세한 예는 중천건괘(1) 초구효, 중지곤괘(2) 초육효와 육이효, 수뢰둔괘(3) 초구효와 육삼효, 산수몽괘(4) 초육효와 육사효 항에 유년운에 속한 월운月運의 예와 함께 실려 있으므로 참고하면 된다.

6 위의 도표에서 '점(53)'이라고 한 것은 괘명은 점괘漸卦고 64괘 중에 53번째 괘라는 뜻이며, '해(40)'이라고 한 것은 괘명은 해괘解卦고 64괘 중에 40번째에 해당한다는 뜻이다. 나머지 괘도 이와같은 방식으로 본다. 따라서 앞의 목차에서 번호의 순서대로 찾으면, 해당하는 괘를 쉽게 찾을 수 있다. 또 월괘月卦에서 '복·24' 등으로 표시한 것도, 괘명은 복괘復卦고 64괘 중에 24번째라는 뜻이다.

◈ 음년(을·정·기·신·계년)일 경우

사(7)	해(40)	귀매(54)	진(51)	풍(55)	명이(36)	기제(63)	가인(37)	점(53)
1	2	3	4	5	6	7	8	9

◈ 월괘

복·24	둔·3	명이·36	비·22	풍·55	소과·62	혁·49	쾌·43	동인·13	무망·25	돈·33	점·53
1월	2월	3월	4월	5월	6월	7월	8월	9월	10월	11월	12월

◈ 일괘 7

림(초구)	복·24	태·11	귀매·54	절·60	손·41
	6 5 4 3 2 1	12 11 10 9 8 7	18 17 16 15 14 13	24 23 22 21 20 19	30 29 28 27 26 25

【총괄해서 판단하면】

8 이 효는 음陰에 임하는 좋은 도가 있는 자를 설명한 것이다. 그러므로 운이 맞는 사람은, 지극히 큰 재주와 지극히 후중한 덕으로, 윗사람을 대할 때는 겸손하고 공손하게 하고, 아랫사람에게는 자애롭게 하며, 정도를 걸으며 참언을 배척하니, 크게 귀한 사람이 된다.

---

7 그 날의 운(日運)과 더 세분해서 시운時運을 알고 싶으면, 앞의 일괘日卦와 시괘時卦 설명을 참조해서 계산하면 된다. 자세한 예는 건(1)~송(6)괘의 초효 항에 있으므로 참고바람.

8 此爻是有臨陰之善道者也 故叶者 至大之才 至重之德 謙恭待上 慈愛及下 進修正道 排斥讒言 是爲大貴人也 不叶者 亦是公正 隨時俯仰 閭里推重 歲運逢之 在仕者知機相從 得人共濟 而職位高遷 在士考校必臨於諸士之首 而功名必遂 在庶俗必臨有道而營謀稱意

운이 맞지 않는 사람도 또한 공정한 사람으로, 때에 따라 굽힐 줄도 알고 우러러 볼 줄도 아니, 지방에서는 중요한 인사로 추앙받는다.

세운을 만나면, 공직자는 기미를 알아서 서로 따르니, 인망을 얻게 되어 같이 잘 다스려 나가며, 직위도 높아진다. 구직자는 시험에서 여러 사람 중에 수석이 되니, 공명功名을 반드시 이룬다. 일반인은 도道로써 일에 임하니, 꾀하는 일이 뜻대로 이루어진다.

【글귀로 판단하면】

① 一逢臨輔扶持起하니 有個佳音在兌鄕이라
  誰向老來爲伴侶요 一枝梅蕊雪霜傍이라
  한번 돕는 이 만나 붙들어 일으키니/ 좋은 소식이 서쪽에 있다/ 늙으막에 누구와 짝이 될까?/ 한줄기 매화꽃과 눈·서리 곁에 있네

② 積小成功路漸通하니 好將舟楫順西風이라
  腰間寶劍橫牛斗하니 求利求名有始終이라
  작은 것을 쌓아 공을 이룸에 길이 점점 열리니/ 배타고 서풍따라 가는 곳이 좋기도 하다/ 허리춤에 보검이 두우성斗牛星까지 빛이 나니/ 명성과 이익얻어 평생동안 누리리라

③ 義氣方相授하니 由來心感心이라
  所行須正大면 吉慶自來臨이라
  의기가 방금 서로 통하니/ 마음과 마음이 감동했다/ 행하는 것이 정대正大하면/ 길하고 경사스러운 일이 스스로 올 것이다

2. 九二(☷→☷)

【효사와 소상전】구이는 (양이 음을) 느껴 임함이니, 길해서 이롭지 않음이 없으리라. 상에 말하기를 '느껴 임함이니, 길해서 이롭지 않음이 없음'은 명령에 순히 하는 것이 아니다. 【九二는 咸臨이니 吉하야 无不利하리라. 象曰 咸

臨吉无不利는 未順命也라.】

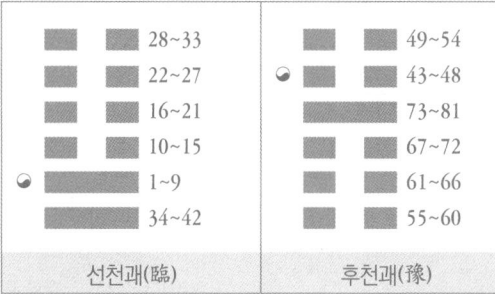

선천괘인 림괘 구이효부터 차례로 위로 나아가면서 운을 잡는다.
1살부터 42살까지를 마치면 43살부터는 후천괘인 예괘로 운이 넘어간다.

◆ 양년(갑·병·무·경·임년)일 경우

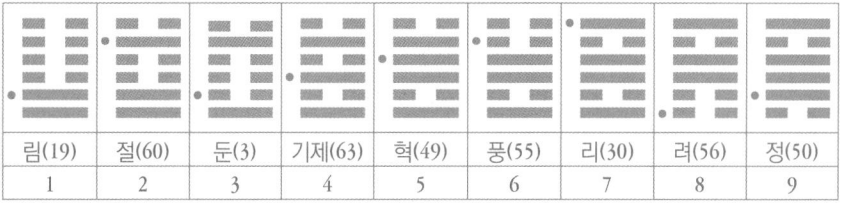

림(19)	절(60)	둔(3)	기제(63)	혁(49)	풍(55)	리(30)	려(56)	정(50)
1	2	3	4	5	6	7	8	9

◆ 음년(을·정·기·신·계년)일 경우

복(24)	둔(3)	절(60)	수(5)	쾌(43)	대장(34)	대유(14)	정(50)	려(56)
1	2	3	4	5	6	7	8	9

◆ 월괘

태·11	대축·26	대장·34	항·32	쾌·43	혁·49	건·1	리·10	구·44	손·57	돈·33	려·56
1월	2월	3월	4월	5월	6월	7월	8월	9월	10월	11월	12월

◆ 일괘

림(구이)	태·11	귀매·54	절·60	손·41	사·7

【총괄해서 판단하면】

9 이 효는 양이 음을 핍박하는 상을 비유한 것이고, 이를 깊이 찬양한 것이다. 그러므로 운이 맞는 사람은, 근면하게 덕을 시행하고, 힘써 도를 행한다. 순리로써 거역하는 것을 몰아내고, 어짊으로써 포악한 것을 바꾸니, 도가 행해지고 뜻을 펼 수 있는 것이다. 행동함에 맺힌 것이 없으니, 일을 잘 처리해 공을 이룰 수 있으며, 자신의 뜻을 펴나가는데 막힘이 없다.

운이 맞지 않는 사람도 또한 선량하고 능력있는 사람으로, 가업을 일으키고 경영하는 일에 이득을 축적할 수 있는 사람이다.

세운을 만나면, 공직자는 사악함을 몰아내고 바름을 보필함으로써, 지위가 더 높아진다. 구직자는 나아가 등용됨에 이로움이 있고, 하는 일에 지체되거나 막힘이 없으며, 일반인은 경영하는 일에 이득을 얻는다. 대개 하는 일에 때가 적절한가를 참작해서 해야 한다. 그렇지 않다면 "명에 순함만은 아니다(未順命:윗사람의 명이라도 잘못된 것은 옳게 간하는 일, 즉 자신의 능력과 소신대로 움직여 볼만한 때가 온 것이다)"라는 소상전의 말은, 좋은 효사 중에도 부족한 점이 있다는 경계를 한 것이다.

【글귀로 판단하면】

① 本自咸臨吉이나 惟憂未稱心이라

喜中須不足이요 樂處忽悲生이라

본래 다 함께 임해서 길하나/ 오직 마음에 맞지 않는 것을 근심해야 한다/ 기쁨 가운데 부족함이 있고/ 즐거운 곳에 홀연히 슬픔 생긴다

② 利順今臨命하니 居中反復中하라

---

9 此爻是擬其逼陰之象 而深與之者也 故叶者 進德之勤 行道之力 以順出逆 以仁易暴 道可行 志可伸 而動無所括 事可立 功可成 而行無所阻 不叶者 亦作善士 能起家業 而營蓄其利 歲運逢之 在仕則去邪輔正 而地位淸高 在士則進取利達 而無所阻滯 在庶俗營謀獲利 大抵要斟酌時宜 不然 未順命之辭 亦美中不足戒之

一陽生長後에 帆便借東風이라

이롭고 순조로워서 이제 명령 받으니/ 한가운데(中) 거처해서 중도中道로 반복하라/ 양陽 하나가 성장한 뒤에는/ 돛단배가 동풍을 빌려 나갈 것이다

③ 和合事｜ 笑談成하니

喜信在半程하야 平步踏青雲이라

일이 화합해서/ 웃고 즐길 일 이뤄지니/ 기쁜 소식 중간 쯤에 있어/ 보통 걸음으로 벼슬길 밟게 됐다

3. 六三(☷→☶)

【효사와 소상전】 육삼은 쾌락에 젖어 달게 임함이라. 이로울 것이 없으니, 이미 근심하는지라 허물이 없으리라. 상에 말하기를 '쾌락에 젖어 달게 임함'은 위가 마땅치 않은 것이고, 이미 근심하니 허물이 오래가지 않으리라. 【六三은 甘臨이라 无攸利하니 旣憂之라 无咎리라. 象曰 甘臨은 位不當也오 旣憂之하니 咎不長也리라.】

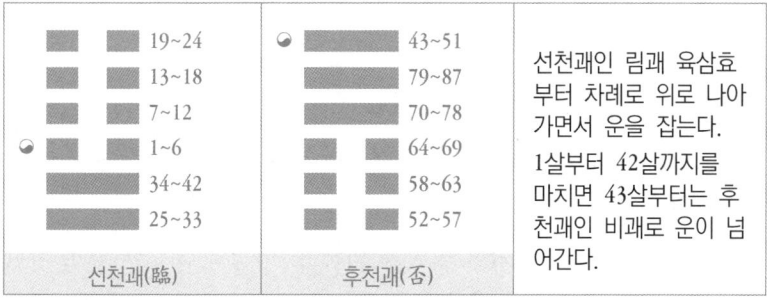

선천괘인 림괘 육삼효부터 차례로 위로 나아가면서 운을 잡는다.
1살부터 42살까지를 마치면 43살부터는 후천괘인 비괘로 운이 넘어간다.

◈ 양년 음년 똑같음

태(11)	대장(34)	쾌(43)	건(1)	구(44)	돈(33)
1	2	3	4	5	6

◈ 월괘

귀매·54	해·40	태·58	수·17	리·10	건·1	송·6	환·59	비·12	진·35	돈·33	함·31
1월	2월	3월	4월	5월	6월	7월	8월	9월	10월	11월	12월

◈ 일괘

	6 5 4 3 2 1	12 11 10 9 8 7	18 17 16 15 14 13	24 23 22 21 20 19	30 29 28 27 26 25
림(육삼)	귀매·54	절·60	손·41	사·7	복·24

【총괄해서 판단하면】

10 이 효는 아래로 달콤하게 임한다는 말로, 점치는 자를 심히 경계한 것이다. 그러므로 운이 맞는 사람은, 지나침을 덜어서 중도로 돌아오고, 한쪽으로 치우친 것을 교정하여 바른데로 돌아오니, 또한 윗자리에 있으면서 아랫사람에게 임할 만하다. 다만 거처하는 곳이 부당한 자리이니, 가르쳐서 깨우치고 이끄는 직책의 자리를 잃지 않게끔 한 것이다.

운이 맞지 않는 사람은, 사악한 말만을 익히고, 아첨과 교묘한 말로 사람

---

10 此爻是以甘臨下而深戒占者也 故叶者 損過就中 矯偏居正 亦可以居上以臨下 但所處之位不當 不失爲教諭訓導之職 不叶者 專習邪言 巧於媚世 損物欺人 而憂思愁慮以度生 女命多言損行 歲運逢之 在仕則有讒邪佞口之譖 在士則有詔諛奔走之失 庶俗有悲愁怨苦之虞

을 속여 손실이 있게하니, 근심과 슬픔으로써 인생을 살게된다. 여자라면 말이 많고 손해를 끼치는 행동을 한다.

세운을 만나면, 공직자는 아첨하고 중상하는 혈뜯음이 있고, 구직자는 아첨이 분주하게 오고가는 잘못이 있으며, 일반인은 슬픔과 고통을 원망하는 근심이 있다.

【글귀로 판단하면】

① 夜雨紛紛實有傷하니 旣傷衆理接非常이라
改修其道歸眞主면 遠漢雲間見太陽이라
밤비가 어지러이 내려서 결실이 손상되니/ 모든 것이 다 상해서 비상 수단 쓰게 됐다/ 그 도를 고쳐서 참주인 찾아오면/ 먼 하늘 구름사이에 태양빛 볼 것이다

② 立志多巧佞하니 臨事未如心이라
憂裏能遷善이면 災消禍不侵이라
뜻을 세움이 교묘하고 아부함 많으니/ 일이 마음과 같이 되지 않는다/ 근심하고 고쳐서 착하게 행동할 수 있으면/ 재앙은 사라지고 화환禍患도 침범하지 않을 것이다

③ 龍爭一珠하니 有得有失이라
所望在亨通하니 何須空費力가
용이 구슬 하나를 가지고 다투니/ 얻는 것도 있고 잃는 것도 있다/ 소망은 형통하는 길에 있으니/ 무엇하려고 공연히 힘을 낭비 하는가?

4. 六四(䷒→䷡)

【효사와 소상전】 육사는 지극하게 임함이니, 허물이 없느니라. 상에 말하기를 '지극히 임해서 허물이 없음'은 위位가 마땅하기 때문이다. 【六四는 至臨이니 无咎하니라. 象曰 至臨无咎는 位當也일새라.】

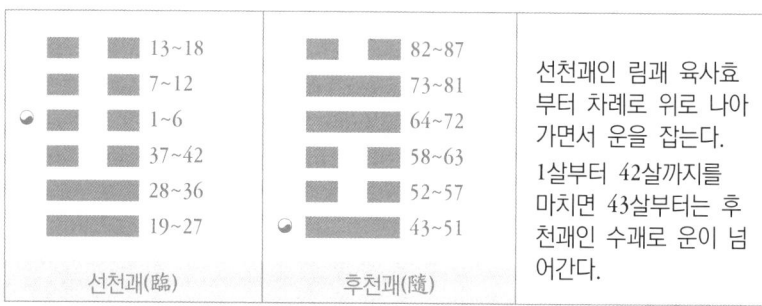

선천괘(臨)		후천괘(隨)	
	13~18		82~87
	7~12		73~81
●	1~6		64~72
	37~42		58~63
	28~36		52~57
	19~27	●	43~51

선천괘인 림괘 육사효부터 차례로 위로 나아가면서 운을 잡는다. 1살부터 42살까지를 마치면 43살부터는 후천괘인 수괘로 운이 넘어간다.

◆ 양년 음년 똑같음

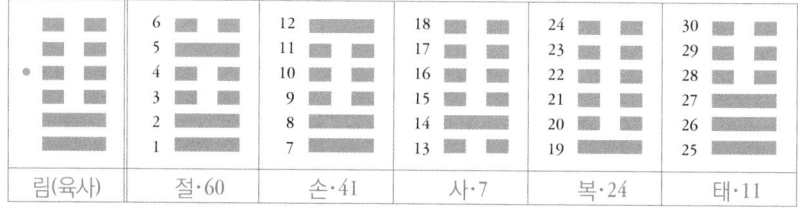

귀매(54)	태(58)	리(10)	송(6)	비(12)	돈(33)
1	2	3	4	5	6

◆ 월괘

절·60	둔·3	중부·61	소축·9	환·59	송·6	관·20	박·23	점·53	건·39	돈·33	동인·13
1월	2월	3월	4월	5월	6월	7월	8월	9월	10월	11월	12월

◆ 일괘

림(육사)	절·60	손·41	사·7	복·24	태·11
	6	12	18	24	30
	5	11	17	23	29
●	4	10	16	22	28
	3	9	15	21	27
	2	8	14	20	26
	1	7	13	19	25

【총괄해서 판단하면】

11 이 효는 사람과 더불어 정성으로써 일을 하여, 허물을 잘 보충하는 도

---

11 此爻是與人以誠 而得補過之道者也 故叶者 必中正貴人 朋黨相信 而功業之易就 不叶者 亦有福之人 而安逸少災 有技藝 有成名 歲運逢之 在仕則得僚友之力 在士則得麗澤之美 在庶俗則得人情和合 而經營謀逐意 但變歸妹怨期之辭 凡有

를 얻음을 설명한 것이다. 그러므로 운이 맞는 사람은, 반드시 중정한 덕을 갖춘 귀인으로, 친구의 사귐이나 단체의 모임을 신의로써 하여 쉽게 성공한다.

운이 맞지 않는 사람도 또한 유복한 사람으로, 편안하게 살며 재앙이 적다. 기술과 예능방면에 뛰어나서 명성을 얻는다.

세운을 만나면, 공직자는 동료의 도움을 받아 일을 잘 이루고, 구직자는 같이 공부하는 좋은 친구를 얻으며, 일반인은 주변사람이 모두 화합하여 경영하는 일이 뜻대로 이루어진다. 다만 변해서 뇌택귀매괘가 되면 기약대로 되지 않으니, 일을 시작하기 전에 잘 살펴서 하는 것이 좋다.

【글귀로 판단하면】

① 正位居臣職하니 門中二女逢이라
急承雲中鹿하니 水涸應三冬이라
바른 자리에 있으면서 신하의 직책을 맡으니/ 문 안에서 두 여자와 만난다/ 급히 구름속의 사슴을 쫓으니/ 물은 마르고 날씨는 한겨울이라

② 事團圓丨 物周全하니
一往一來에 平步升天이라
일은 원만하고/ 물건은 두루 온전하니/ 한번 가고 한번 오는데/ 보통 걸음으로 하늘에 오르리라

5. 六五(☷→☵)

【효사와 소상전】 육오는 지혜로 임함이니, 임금(대군)의 마땅함이니 길하니라. 상에 말하기를 '임금(대군)의 마땅함'은 중도를 행함을 말한다. 【六五는 知臨이니 大君之宜니 吉하니라. 象曰 大君之宜는 行中之謂也라.】

爲者 審而後發方可

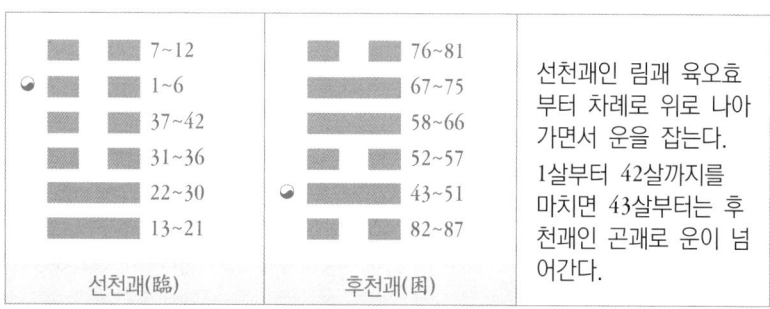

◆ 양년 음년 똑같음

절(60)	중부(61)	환(59)	관(20)	점(53)	돈(33)
1	2	3	4	5	6

◆ 월괘

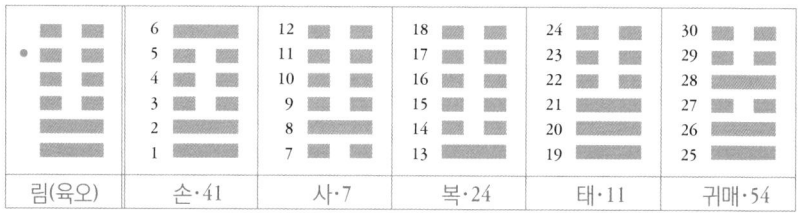

손·41	대축·26	몽·4	미제·64	박·23	관·20	간·52	겸·15	려·56	리·30	돈·33	구·44
1월	2월	3월	4월	5월	6월	7월	8월	9월	10월	11월	12월

◆ 일괘

	6		12		18		24		30
	5		11		17		23		29
	4		10		16		22		28
	3		9		15		21		27
	2		8		14		20		26
	1		7		13		19		25
림(육오)		손·41		사·7		복·24		태·11		귀매·54

【총괄해서 판단하면】

12 이 효는 자신을 수고롭게 하지 않고도 신하를 잘 부림으로써 임금의

---

12 此爻是不自用以盡乎君道 則逸而有成者也 故叶者 好賢禮士 恭謙明哲 而爲大貴 上承天寵 下係民望 中孚官職之兆 行字行師之應 不叶者 亦是福人 蓋變節卦 不傷財 不害民也 歲運逢之 在仕則顯越 在士則登庸 在庶俗 則謀爲順遂

도를 다하는 자로, 자신은 편안함으로 상대방의 수고로운 노력을 기다려 일을 이루는 자이다. 그러므로 운이 맞는 사람은, 현명한 사람을 좋아하여 예우로써 맞이하고, 공손하고 겸양하며 명철하니 크게 귀하게 된다. 위로는 임금의 은총을 받고 아래로는 백성의 신망을 받는다. '中(가운데 중)'자에 관직에 대한 뜻이 있고, '行(다닐 행)'자에 군사를 행한다는 뜻이 들어 있다.

운이 맞지 않는 사람도 또한 복이 있는 사람이다. 변하면 수택절괘가 되는데 재산을 잃지 않으며 백성을 해롭게 하지 않는다는 뜻이 있다. 세운을 만나면, 공직자는 고속승진을 하고, 구직자는 등용되며, 일반인은 꾀하는 일을 순조롭게 이룬다.

【글귀로 판단하면】

① 知大能臨下요 柔高可勝剛이라
太陽光彩處에 神擁照東方이라
지혜가 크니 아랫사람에게 임할 수 있고/ 부드러움이 지극하니 강함을 이길 수 있다/ 태양빛이 빛나는 곳에/ 신이 옹호하여 동방을 비춘다

② 月重圓ㅣ 花再發하니 謀望成ㅣ 音信達이라
달은 거듭 둥글고/ 꽃은 두번 피니/ 꾀하는 소망 이뤄지고/ 소식은 통하게 된다

6. 上六(☷ → ☶)

【효사와 소상전】 상육은 돈독하게 임함이니, 길해서 허물이 없느니라. 상에 말하기를 '돈독히 임해서 길함'은 뜻이 안에 있는 양에게 있음이라. 【上六은 敦臨이니 吉하야 无咎하니라. 象曰 敦臨之吉은 志在內也라.】

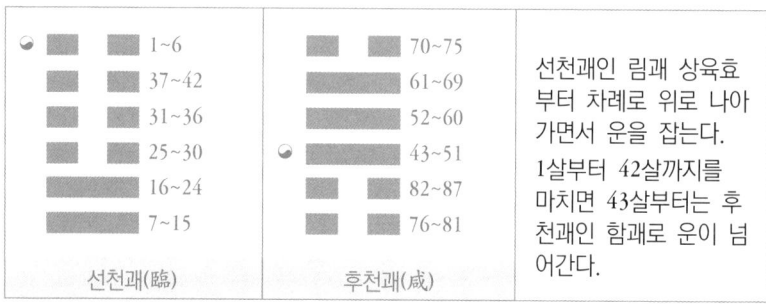

선천괘인 림괘 상육효부터 차례로 위로 나아가면서 운을 잡는다.
1살부터 42살까지를 마치면 43살부터는 후천괘인 함괘로 운이 넘어간다.

◆ 양년 음년 똑같음

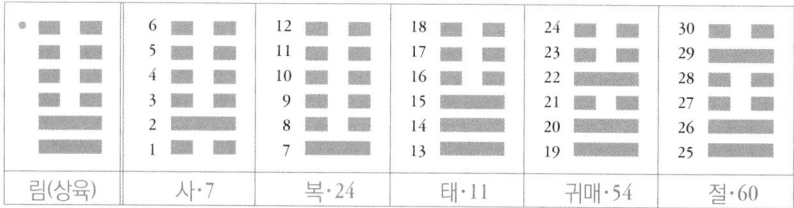

손(41)	몽(4)	박(23)	간(52)	려(56)	돈(33)
1	2	3	4	5	6

◆ 월괘

사·7	해·40	곤·2	비·8	겸·15	간·52	소과·62	풍·55	함·31	대과·28	돈·33	비·12
1월	2월	3월	4월	5월	6월	7월	8월	9월	10월	11월	12월

◆ 일괘

6	12	18	24	30	
5	11	17	23	29	
4	10	16	22	28	
3	9	15	21	27	
2	8	14	20	26	
1	7	13	19	25	
림(상육)	사·7	복·24	태·11	귀매·54	절·60

【총괄해서 판단하면】

13 이 효는 다른 사람들과 더불어 서로 두텁게 친함으로써 좋게 되는 점

---

13 此爻是與人相親之厚 而因善其占者也 故叶者爲大貴人 一念惓惓 與同德以共濟 移風易俗 事業豊厚 不叶者 年高德厚 改祖外立 家給人足 歲運逢之 在仕必居內侍內翰 士子進大學 入內舍 在庶俗多獲利 近取遠取 無往不利

괘를 말한 것이다. 그러므로 운이 맞는 사람은, 크게 귀한 사람으로, 하나의 생각에도 삼가고 정성을 들이며, 덕이 같은 사람들과 더불어 같이 일을 다스려 나가니, 풍속을 좋게 고치고 사업을 풍요롭게 이룬다.

운이 맞지 않는 사람은, 해가 갈수록 덕이 두터워진다. 자신의 친 조상과는 멀어지고 외지에서 성공한다. 집안이 풍요롭고 사람이 많게 된다.
세운을 만나면, 공직자는 반드시 임금을 가까이 모시는 내직에 근무하고, 구직자는 대학에 들어가 큰 공부를 하며 기숙사 생활을 한다. 일반인은 이득을 얻는 자가 많다. 가깝고 멀고를 따지지 않고 얻게 되니, 어디를 가든 이롭지 않음이 없다.

【글귀로 판단하면】

① 臨吉敦无咎하니 春風桃李多라
一枝花在手요 去棹急如梭라
돈독히 임해서 길하고 허물이 없으니/ 봄바람에 복숭아와 오얏꽃이 많이 폈다/ 꽃 한 줄기는 손에 쥐었고/ 가는 배는 급하기가 베틀의 북(梭)과 같다

② 朦朧秋月照朱扁하니 意外誰知喜意生가
自有貴人相接引이니 不須巧語似流鶯하라
몽롱한 가을 달이 붉은 빗장 비추니/ 뜻밖에 기쁜 일 생길 줄을 누가 알까?/ 자연히 귀한 사람 있어 서로 이끌어줄 것이니/ 교묘한 말을 꾀꼬리 같이 할 것 없다

③ 常存忠義德이면 貴客暗相扶라
强暴無侵害하니 自然災咎無라
항상 충성스럽고 의로운 덕을 보존하면/ 귀한 손(客)이 가만히 서로 붙들어 준다/ 강포한 것이 침해하지 않으니/ 자연히 재앙과 허물이 없게 된다

巽上 坤下 風地觀(20)
풍 지 관

관괘 개요

【괘사와 대상전】 관괘는 세수하고 제사를 올리지 않았을 때 같이 하면, 믿음이 있어서 우러러 볼 것이다. 상에 말하기를 바람이 땅 위에 행하는 것이 관괘니, 선왕이 본받아서 사방을 살피고 백성을 관찰해서 가르침을 베푸느니라. 【觀은 盥而不薦이면 有孚하야 顒若하리라. 象曰 風行地上이 觀이니 先王이 以하야 省方觀民하야 設敎하니라.】

【총괄해서 판단하면】

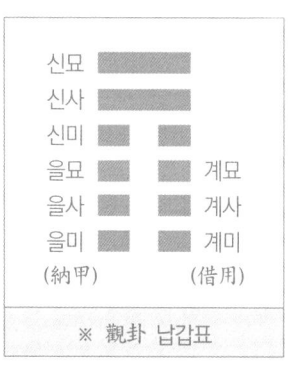

※ 觀卦 납갑표

1 건궁의 4세괘로 8월에 속한다. 내괘의 납갑은 을미·을사·을묘이고, 외괘의 납갑은 신미·신사·신묘인데, 계미·계사·계묘를 빌려서도 쓴다. 8월에 태어난 사람과, 태어난 년도의 간지가 납갑의 간지 및 차용납갑의 간지에 합치되는 사람은 부귀와 공명을 누리게 된다.[2]

---

1 乾宮四世 卦屬八月 納甲 是乙未乙巳乙卯 辛未辛巳辛卯 借用癸未癸巳癸卯 生於八月及納甲者 乃功名富貴之人也

2 각 괘의 월月계산법은 중천건괘(1)와 중지곤괘(2) 항에서 설명하였다. 관괘의 세효인 육사효는 음효이므로, 초효부터 사효까지 세면 유酉에서 끝난다(초효는 오, 이효는 미, 삼효는 신, 사효는 유). 지지의 유는 8월에 해당하므로, 관괘가 8월괘가 되는 것이다. 따라서 8월을 주관하는 괘가 되고, 8월에 태어난 사람은 때를 얻음이 된다.

운세로 보면 ① 풍지관괘(䷓)는 상괘는 손(☴)이고 하괘는 곤(☷)이며, 호괘로 간(☶)이 있다. 땅 위에 산이 있는 상으로, 쌓여서 담장이 되거나 높고 크게 되는 형세가 있다. 산과 땅위에 바람(巽)이 있어서 선양扇揚시키니, 고대高大하고 광후光厚하며, 위엄스럽고 지극히 아름다우니, 반드시 만물을 잘 살필 수 있는 자이다. 군자가 이런 괘를 얻으면 훌륭하게 잘 살피는 상이 된다.

② 관괘(䷓)는 살피는 것으로 뜻을 삼았다. 보는 것으로써 아름다움을 삼았으므로, 머리에 가까운 것을 숭상하였고, 멀면 허물이 없다고만 하였다. 그래서 멀면 "어린 아이가 본다"고 하였고, 가까우면 "나라의 빛을 다 본다"고 하였다.

【팔궁세혼법으로 판단하면】
건궁의 제후에 해당하는 괘로, 육사효(제후)가 세효世爻이고, 원사元士에 해당하는 초육효가 응효이다. 응효인 초육효는 음효가 양자리에 있어 제자리를 못얻고, 또 세효와 서로 음양으로 응하지 않으므로 어렵고 좋지 않은 상이다. 그러나 육사효의 지지인 미(未土)와 초육효의 지지인 미(未土)가 같은 토기운으로 서로 도우니 길한 뜻이 있다. 이 괘는 음이 이미 제후효까지 자라나 지극히 존귀한 두 양(구오효와 상구효)의 권위를 침범하는 상이나, 구오효가 중정한 덕이 있고, 상괘의 손(巽木)이 하괘 곤(坤土)을 극하는 상이므로, 아직까지는 그 위태함을 잘 극복하고 있는 격이다.

이미 음기가 성해서 양기를 몰아내는 때이니, 한걸음 물러나 정신수양이나 고문 등의 역할을 하면 좋지만, 새로운 일을 시작하거나 물질적인 이익을 얻으려고 하면 낭패가 따른다. 입신성공해서 모든 사람의 존경을 받는 시기이다. 특히 학문이나 종교 등 정신적인 면에서 크게 성공한다. 다만 물질적으로는 손실을 볼 우려가 있고, 불의의 재난과 주변사람으로 인한 마음고생도 있다. 따라서 자기 자신과 주위를 잘 관찰해서 일을 행해나가야 한다. 깊은 통찰력과 사색을 필요로 하는, 사상가 종교가 교육

자 및 연구직에 종사하면 크게 성공한다. 특히 지역과 풍토를 살펴 교육사업을 개설한다.

【글귀로 판단하면】

① 上觀民教下辨民하니 樂以忘憂物外天이라
西北有音來報祿이면 中天明月又重圓이라
위로는 백성의 교화됨을 보고 아래로는 백성을 분별하니/ 즐거움으로 근심 잊으니 세속 밖의 하늘일세/ 서북쪽에서 봉록봉록의 소식이 오면/ 밝은 달 하늘 높이 다시 둥글어지리라

② 弓滿定穿楊하니 登樓侑一觴이라
酉中還失足하니 於我又何妨가
활 당겨 버들잎 뚫으니/ 누대에 올라 술이 한잔일세/ 유유 가운데서 도리어 실족을 하니/ 나에게 또 무슨 방해인가?

③ 安身利處行하고 觀風察俗情하라
秋來聞拮据하니 見虎不須驚하라
몸을 편안히 해서 이로운 곳으로 가고/ 풍속과 인정을 살펴라/ 가을에 곤란함을 당하게 되니/ 호랑이를 보더라도 놀라지 마라

1. 初六(☷ → ☷)

【효사와 소상전】 초육은 어린 아이의 봄이니, 소인은 허물이 없고 군자는 인색하리라. 상에 말하기를 초육의 '어린 아이의 봄'은 소인의 도이다. 【初六은 童觀이니 小人은 无咎오 君子는 吝이니라. 象曰 初六童觀은 小人道也라.】

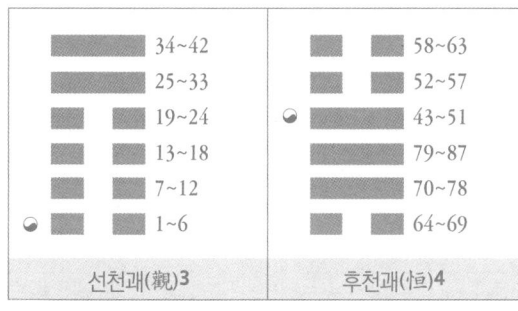

선천괘인 관괘 초육효부터 차례로 위로 나아가면서 운을 잡는다.
1살부터 42살까지를 마치면 43살부터는 후천괘인 항괘로 운이 넘어간다.

◈ 양년 음년 똑같음5

익(42)6	중부(61)	소축(9)	건(1)	대유(14)	대장(34)
1	2	3	4	5	6

3 43~51살까지는 후천괘인 항괘 사효 항을, 58~63살까지는 항괘 상효 항을, …, 79~87살까지는 항괘 삼효 항을 살펴보면 그 사람의 운이 된다(◐나 ●표시 한 곳이 해당하는 효를 가리키고, 밑에서부터 초효·이효·삼효·사효·오효·상효로 나눈다).

4 사주의 숫자로 괘를 만들어서 관괘 초효에 원당이 있다면, 1~6살까지는 관괘 초효 항을, 7~12살까지는 관괘 이효 항을, …, 34~42살까지는 관괘 상효 항을 가서 살펴 보면 된다.

5 해마다의 운인 유년운의 진행은 양효(━)일 때와 음효(╍)일 때가 다른데, 그 자세한 예는 중천건괘(1) 초구효, 중지곤괘(2) 초육효와 육이효, 수뢰둔괘(3) 초구효와 육삼효, 산수몽괘(4) 초육효와 육사효 항에 유년운에 속한 월운月運의 예와 함께 실려 있으므로 참고하면 된다.

6 위의 도표에서 '익(42)'라고 한 것은 괘명은 익괘益卦이고 64괘 중에 42번째 괘라는 뜻이며, '건(1)'이라고 한 것은 괘명은 건괘乾卦이고 64괘 중에 1번째에 해당한다는 뜻이다. 나머지 괘도 이와같은 방식으로 본다. 따라서 앞의 목차에서 번호의 순서대로 찾으면, 해당하는 괘를 쉽게 찾을 수 있다. 또 월괘月卦에서 '정·48' 등으로 표시한 것도, 괘명은 정괘井卦이고 64괘 중에 48번째라는 뜻이다.

◆ 월괘

환·59	몽·4	손·57	정·48	구·44	건·1	정·50	려·56	항·32	해·40	대장·34	태·11
1월	2월	3월	4월	5월	6월	7월	8월	9월	10월	11월	12월

◆ 일괘 7

관(초육)	환·59	점·53	비·12	박·23	비·8
	1~6	7~12	13~18	19~24	25~30

【총괄해서 판단하면】

8 이 효는 덕이 없어서 임금곁에 있지 못하는 자를 설명한 것이다. 그러므로 운이 맞는 사람은, 어려서는 성품이 영민하여 학문을 잘 익히나, 더 이상의 진척없이 어려서 한 번 연마한 공부에 의지해서 평생을 살게 된다.

운이 맞지 않는 사람은, 명리名利를 얻더라도, 소견이 천하고 좁아서 비루하고 인색하게 된다. 하류下流의 생활에 익숙해서 큰 일은 이겨나가지 못한다.

세운을 만나면, 공직자는 운신폭이 좁고 지위를 유지하기 어렵다. 구직자는 등용이 계속 지연되며, 일반인은 급하게 일을 꾀하나 결과는 늦게 오

---

7 그 날의 운(日運)과 더 세분해서 시운時運을 알고 싶으면, 앞의 일괘日卦와 시괘時卦 설명을 참조해서 계산하면 된다. 자세한 예는 건(1)~송(6)괘의 초효 항에 있으므로 참고바람.

8 此爻是無德 不足以近君者也 故叶者 主幼性敏穎 習於童科 亦得賴一研以聊生 不叶者 縱有利名 所見淺狹 所爲鄙吝 習於下流 不能設施大事 歲運逢之 在仕艱難 地位窄狹 在士進取遷回 在庶俗謀速應遲 算巧成拙 蒙而無見之童也 防小人 暗昧之事

니, 기교를 부리다가 잘못되게 된다. 몽매해서 제대로 살피지 못하는 어린애와 같으니, 소인의 어리석은 일처리를 방비해야 한다.

【글귀로 판단하면】

① 君子當時擧나 重山更悔多라
見歡忌悲哭이니 愁起奈如何오
군자가 등용을 되었으나/ 산이 첩첩하니 후회가 많다/ 기쁜 일 보고 슬퍼하고 울지마라/ 근심 일어나면 어찌하리오?

② 野鬼張弓射主人하니 暗中一箭膽魂驚이라
忽然紅日浮滄海하니 照破虛空事不成이라
들귀신이 활을 당겨 주인을 쏘니/ 몰래 맞은 한 화살에 담과 혼이 놀랐네/ 홀연히 붉은 해 바다에 떠서/ 허공을 비추어 깨니 일이 이뤄지지 않네

③ 觀望求爲益이니 終須無悔尤나
未能多識見이면 君子反貽羞이라
관망하는 것은 이익됨을 구함이니/ 마침내 후회와 허물이 없을 것이나/ 식견이 많지 못하면/ 군자가 도리어 부끄럽게 된다

2. 六二(☷ → ☵)

【효사와 소상전】 육이는 엿보는 관이니, 여자의 바름이라면 이로우니라. 상에 말하기를 '엿보는 여자의 바름'이 또한 추하니라. 【六二는 闚觀이니 利女貞하니라. 象曰 闚觀女貞이 亦可醜也니라.】

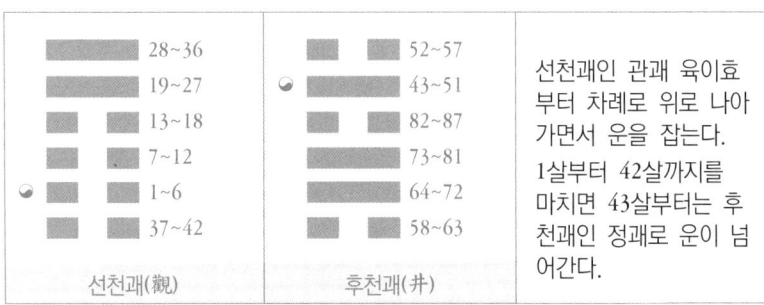

◈ 양년 음년 똑같음

환(59)	손(57)	구(44)	정(50)	항(32)	대장(34)
1	2	3	4	5	6

◈ 월괘

점·53	건·39	돈·33	동인·13	려·56	정·50	소과·62	예·16	풍·55	명이·36	대장·34	쾌·43
1월	2월	3월	4월	5월	6월	7월	8월	9월	10월	11월	12월

◈ 일괘

관(육이)	점·53	비·12	박·23	비·8	익·42
	6 5 4 3 2 1	12 11 10 9 8 7	18 17 16 15 14 13	24 23 22 21 20 19	30 29 28 27 26 25

【총괄해서 판단하면】

9 이 효는 뜻이 비천해서 멀리 보지 못하는 사람을 설명한 것이다. 그러

---

9 此爻是志卑而不能遠觀者也 故叶者 淺才薄德 而卑職小官 暫獲安寧 終見醜拙
或得陰貴 或得富婦助力 若女命則有福有壽 不叶者 局量淺見 鄙陋生計 歲運逢
之 則有才力不及之嗟 在士有文理欠通之失 在庶俗之在家則暗 而在外則明 或

므로 운이 맞는 사람은, 천한 재주와 박한 덕으로 미관말직에 근무한다. 잠시 안녕할 수는 있으나, 결국 추한 운명이 된다. 혹 여자의 덕으로 귀하게 되고, 혹 부유한 여자(특히 아내)의 도움을 받는다. 만약에 여자라면 복과 수명을 누리게 된다.

운이 맞지 않는 사람은, 국량이 작고 견식이 없어서 생계마저 구차하다. 세운을 만나면, 공직자는 재주와 능력이 부족한 슬픔이 있고, 구직자는 문장과 이치에 통하지 못함으로 인한 손실이 있다. 일반인은 집안에 있을 때는 어리석고, 집밖에 있을 때는 현명하다. 혹 기쁘고 혹 근심하게 되며, 혹은 부인으로 인해 추악한 일이 발생하기도 한다. 대개 활동하면 좋게 되고 그쳐있으면 좋지 않게 되며, 여자에게는 좋으나 남자에게는 좋지 않게 되는 점괘이다.

【글귀로 판단하면】

1 婦守柳花喜向春이요 佳人執箭在侯門이라
   雲梯欲上未能上하니 危險方知眼底分이라
   지어미는 버들꽃 옆에서 봄오는 것 기뻐하고/ 아름다운 사람은 화살을 잡고 후문侯門에 있다/ 구름다리 오르고자 하나 올라가지 못하니/ 위험이 눈앞에서 나누어짐을 알게 되리라

2 卦體俱柔順하니 惟宜利女貞이라
   達人當大顯이나 闚視豈剛明가
   괘체가 모두 유순하니/ 오직 여자의 곧음이 이롭다/ 달인達人은 마땅히 크게 현달할 것이나/ 엿보는 것(闚視)이 어찌 강하고 밝겠는가?

3 明中人 | 暗中人 |
   明暗兩關心이요 花殘子又成이라
   밝음 속에 있는 사람/ 어둠 속에 있는 사람이/ 밝고 어두움에 둘이 서로 관심있으며/ 꽃 떨어지니 씨가 또한 맺혔다

喜或憂或因婦人事起醜惡 大抵宜動不宜靜 此爻係女喜男悲

3. 六三(☷☴ → ☶☴)

【효사와 소상전】 육삼은 나의 생김새(행동 및 치적)를 관찰해서 나아가고 물러나도다. 상에 말하기를 '나의 생긴 것을 봐서 진퇴'하니 도를 잃지 않은 것이다. 【六三은 觀我生하야 進退로다. 象曰 觀我生進退하니 未失道也라.】

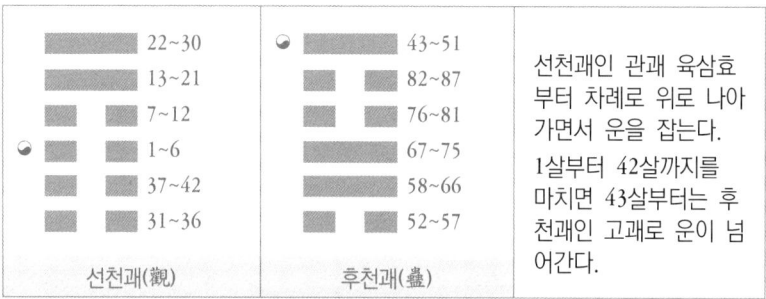

선천괘인 관괘 육삼효부터 차례로 위로 나아가면서 운을 잡는다.
1살부터 42살까지를 마치면 43살부터는 후천괘인 고괘로 운이 넘어간다.

◆ 양년 음년 똑같음

점(53)	돈(33)	려(56)	소과(62)	풍(55)	대장(34)
1	2	3	4	5	6

◆ 월괘

비·12	무망·25	진·35	미제·64	예·16	소과·62	진·51	복·24	귀매·54	태·58	대장·34	대유·14
1월	2월	3월	4월	5월	6월	7월	8월	9월	10월	11월	12월

◆ 일괘

관(육삼)	비·12	박·23	비·8	익·42	환·59
	6	12	18	24	30
	5	11	17	23	29
	4	10	16	22	28
	3	9	15	21	27
	2	8	14	20	26
	1	7	13	19	25

【총괄해서 판단하면】

10 이 효는 진퇴를 살펴서 자신의 바름을 지키는 자를 설명한 것이다. 그러므로 운이 맞는 사람은, 덕업德業을 닦으면서 때가 오면 나아가서 행한다. 공훈을 세움에 막힘이 없으니 명철한 귀인이다.

운이 맞지 않는 사람은, 잠깐 나아갔다가 잠깐 물러나서 지향하는 바에 일정함이 없으니, 뛰어나게 공을 세우기가 어렵다.

세운을 만나면, 공직자는 수시로 진퇴를 겪으며, 구직자는 뺏고 뺏기는 것에 일정함이 없으며, 일반인은 얻고 잃음에 일정함이 없으니, 마땅히 한번 더 잘 살핀 후에 시행하고, 어려움을 알면 피하는 것이 좋다.

【글귀로 판단하면】

① 進退不妨이니 去住不決이면
審實而行하고 知難而退하라
나아가고 물러남이 방해되지 않으니/ 가고 머무는 것이 결정되지 않았으면/ 실정을 잘 살펴서 행하고/ 어려운 것을 알아서 물러나라

② 親友來相慶하고 金珠復倍常이라
歌聲遍阡陌이요 風快有歸帆이라
친한 친구는 와서 서로 치하하고/ 금과 구슬이 다시 두 배가 되었다/ 노래소리는 들녘에 가득하고/ 바람 좋은데 돛단배 돌아온다

③ 雙燕啣書舞하니 指日一齊來라
寂寞淹留客이 從玆下釣臺라
제비 한쌍이 서신 물고 춤추며/ 당일로 일제히 돌아왔다/ 적막하게 체류하던 객이/ 지금부터 낚시터에 내려온다

---

10 此爻是審於進退 得守己之正者也 故叶者 進德修業 及時而行 建功立勳 而無所阻塞 乃明哲之貴人 不叶者 乍進乍退 志向不定 卓立艱難 歲運逢之 在仕進退無常 在士爭奮不一 在庶俗得失無定 更宜詳審而行 知難而避

4. 六四(☱ → ☷)

【효사와 소상전】 육사는 나라의 도덕과 문화의 빛남을 봄이니, 왕에게 벼슬하는 것이 이로우니라. 상에 말하길 '나라의 도덕과 문화의 빛남을 봄'은 벼슬함을 원하고 사모함이라. 【六四는 觀國之光이니 利用賓于王하니라. 象曰 觀國之光은 尙賓也라.】

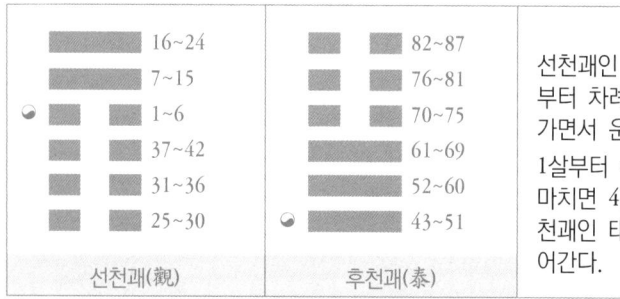

	16~24
	7~15
●	1~6
	37~42
	31~36
	25~30

선천괘(觀)

	82~87
	76~81
	70~75
	61~69
	52~60
●	43~51

후천괘(泰)

선천괘인 관괘 육사효부터 차례로 위로 나아가면서 운을 잡는다.
1살부터 42살까지를 마치면 43살부터는 후천괘인 태괘로 운이 넘어간다.

◆ 양년 음년 똑같음

비(12)	진(35)	예(16)	진(51)	귀매(54)	대장(34)
1	2	3	4	5	6

◆ 월괘

박·23	몽·4	곤·2	겸·15	복·24	진·51	림·19	절·60	태·11	대축·26	대장·34	항·32
1월	2월	3월	4월	5월	6월	7월	8월	9월	10월	11월	12월

◆ 일괘

관(육사)	박·23	비·8	익·42	환·59	점·53
	6	12	18	24	30
	5	11	17	23	29
	4	10	16	22	28
	3	9	15	21	27
	2	8	14	20	26
	1	7	13	19	25

【총괄해서 판단하면】

11 이 효는 임금의 치적이 성대할 때를 만나서, 임금의 뜻을 따라 같이 정치하는 것을 보여준 것이다. 그러므로 운이 맞는 사람은, 지극한 재주와 덕을 갖춘 사람으로, 조정의 주석柱石이 되는 신하이다. 나라의 모든 관청의 업무를 자신의 감찰하에 두고 관리하는 역할을 한다.

운이 맞지 않는 사람도 또한 높은 명예와 훌륭한 재주가 있어서 세상의 추앙받는 모범이 된다. 혹은 제후국의 정승(上客)이 된다.

세운을 만나면, 공직자는 혹 중앙관서의 가장 높은 지위에 오르게 되며, 구직자는 우수한 성적으로 발탁되어 선진국을 관광하며 배우게 된다. 일반인은 멀리 외지 또는 국외로 나가 장사하여 큰 이익을 보게 된다. '觀(볼관), 光(빛 광), 賓(손님 빈)'의 세 자는 관직 또는 성명을 뜻하는 경우도 있다.

【글귀로 판단하면】

① 久藏霖雨淹絲綸하니 幾度花開不改春가
　雲內文書成國器하니 欲觀變化在逡巡이라
　오랜 장마비에 실타래 젖었으니/ 몇번이나 꽃폈는데 봄이 가지 않았나?/ 구름속에 문서로 나라의 동량 이루니/ 변화를 보고자 머뭇거리며 돌고있다

② 仕逢多顯達이니 得志在亨衢라
　所用應多吉이요 門庭慶有餘라
　벼슬한 사람이 이 괘를 만나면 현달하는 이 많으니/ 뜻을 얻어 형통한 길에 들어섰다/ 하는 일은 당연히 길함이 많고/ 문앞 뜰에는 경사가 남

---

11 此爻是際君之盛 而示以從王之義者也 故叶者才至德備 柱石於朝廷 農樂典刑 無不在於監察之下 不叶者 亦淸譽高才 爲世所矜式 或爲諸侯上客 歲運逢之 在仕或居內臺內翰淸高之地 在士必擢科而觀光上國 在庶俗有出商外賈之兆 而獲大利 觀光賓三字 或爲官職姓名而言也

을 것이다

③ 事正可記요 心正可約이니 眼底心中에 無差無錯하라

일이 바른 것은 기록해야 하고/ 마음이 바른 것은 지켜야 하니/ 눈 앞 마음 속에/ 어긋남 없도록 하라

5. 九五(☷ → ☶)

【효사와 소상전】 구오는 나의 생김새를 보되 군자면 허물이 없으리라. 상에 말하길 '나의 생김새를 봄'은 백성을 살펴 보는 것이다. 【九五는 觀我生호대 君子면 无咎리라. 象曰 觀我生은 觀民也라.】

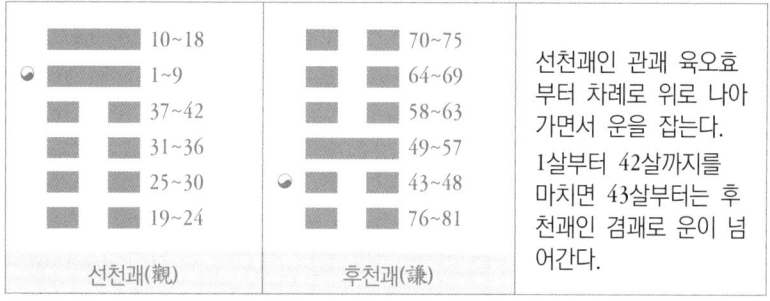

	10~18
○	1~9
	37~42
	31~36
	25~30
	19~24

선천괘(觀)

	70~75
	64~69
	58~63
	49~57
○	43~48
	76~81

후천괘(謙)

선천괘인 관괘 육오효부터 차례로 위로 나아가면서 운을 잡는다.
1살부터 42살까지를 마치면 43살부터는 후천괘인 겸괘로 운이 넘어간다.

◆ 양년(갑·병·무·경·임년)일 경우

관(20)	환(59)	몽(4)	사(7)	림(19)	복(24)	명이(36)	풍(55)	혁(49)
1	2	3	4	5	6	7	8	9

◆ 음년(을·정·기·신·계년)일 경우

박(23)	몽(4)	환(59)	감(29)	절(60)	둔(3)	기제(63)	혁(49)	풍(55)
1	2	3	4	5	6	7	8	9

◆ 월괘

비·8	건·39	둔·3	수·17	절·60	림·19	수·5	소축·9	쾌·43	대과·28	대장·34	풍·55
1월	2월	3월	4월	5월	6월	7월	8월	9월	10월	11월	12월

◆ 일괘

관(구오)	비·8	익·42	환·59	점·53	비·12
	6 5 4 3 2 1	12 11 10 9 8 7	18 17 16 15 14 13	24 23 22 21 20 19	30 29 28 27 26 25

【총괄해서 판단하면】

12 이 효는 임금이 스스로 자신이 정치한 내용을 살펴 판단하되, 잘못됨이 없는 경우를 설명한 것이다. 그러므로 운이 맞는 사람은, 자신의 중정한 덕으로 천하의 중정하지 못한 것들을 교화시키니, 신망과 두터운 덕을 갖춘 현명한 신하이다.

운이 맞지 않는 사람도 또한 중정한 덕이 있는 군자이다. '生(날 생)'자는 외롭지 않다(또는 고아가 아니다)는 뜻과 수명을 누린다는 뜻이 있다. 세운을 만나면, 공직자는 임금을 받들고 백성에게 덕택을 미치는데 도가 있으니, 벼슬과 녹봉이 더욱 높아진다. 구직자는 큰 공부를 하는 학생으로 문장이 세상에 뛰어난 사람이다. 일반인은 사는 동안 생계에 걱정이 없고, 또한 날로 재산이 늘어간다. 부인에게 있어서는 자식을 낳고 기르는 점괘이고, 병자에게 있어서는 회복되어 생명을 건지는 점괘이다.

---

12 此爻是人君自審以爲治 斯於君無愧者也 故叶者 以己之中正 化天下之不中不正 乃重望厚德之賢臣 不叶者 亦中正君子 生之一字 爲不孤 爲有壽 歲運逢之 在仕則致君澤民之有道 而爵祿崇高 在士則爲國學生 而文章冠世 在庶俗則有生涯生計 而利日沾 在婦人則有生育 在病者則有生命之兆也

【글귀로 판단하면】

1 觀民先審己니 己正以治人이라

上下皆相化하니 斯爲大吉亨이라

백성을 보려면 먼저 자기를 살펴야 하니/ 자기 몸을 바르게 하고 사람을 다스려야 한다/ 위와 아래가 다 서로 동화하니/ 이것이 크게 길하고 형통함이 된다

2 君位剛居吉하니 名成利亦通이라

如魚游遠水하니 山外有淸風이라

임금자리에 강한 양이 있어 길하니/ 명예를 이루고 이익 또한 형통하다/ 고기가 큰물에서 노는 것 같으니/ 산 바깥에 맑은 바람이 분다

3 雲靉靆] 月朦朧하니

一雁在雲中하고 殘花謝晩風이라

구름은 잔뜩끼고/ 달은 몽롱한데/ 기러기 한 마리 구름 속에 있고/ 꽃은 늦바람에 떨어진다

6. 上九(☷ → ☷)

【효사와 소상전】상구는 그 생김새를 보되 군자면 허물이 없으리라. 상에 말하기를 '그 생김새를 봄'은 뜻이 평안히 있지 못하는 것이다.【上九는 觀其生호대 君子면 无咎리라. 象曰 觀其生은 志未平也라.】

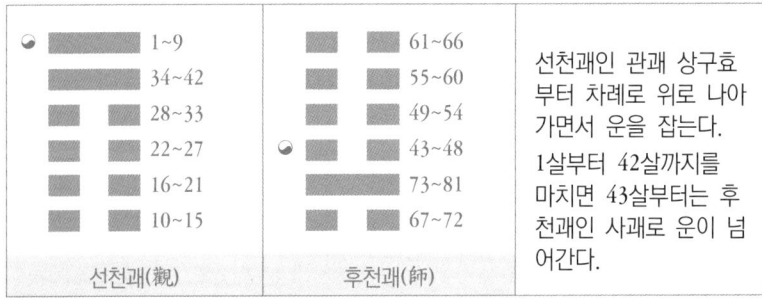

선천괘인 관괘 상구효부터 차례로 위로 나아가면서 운을 잡는다.
1살부터 42살까지를 마치면 43살부터는 후천괘인 사괘로 운이 넘어간다.

◆ 양년(갑·병·무·경·임년)일 경우

관(20)	점(53)	건(39)	기제(63)	수(5)	절(60)	태(58)	귀매(54)	규(38)
1	2	3	4	5	6	7	8	9

◆ 음년(을·정·기·신·계년)일 경우

비(8)	건(39)	점(53)	가인(37)	소축(9)	중부(61)	리(10)	규(38)	귀매(54)
1	2	3	4	5	6	7	8	9

◆ 월괘

익·42	무망·25	중부·61	손·41	소축·9	수·5	건·1	구·44	대유·14	리·30	대장·34	귀매·54
1월	2월	3월	4월	5월	6월	7월	8월	9월	10월	11월	12월

◆ 일괘

관(상구)	익·42	환·59	점·53	비·12	박·23
	6 5 4 3 2 1	12 11 10 9 8 7	18 17 16 15 14 13	24 23 22 21 20 19	30 29 28 27 26 25

20 ― 풍지관 上

【총괄해서 판단하면】

13 이 효는 자신이 다스린 치적을 보고 자신을 평가하되, 백성의 표상이

---

13 此爻是反身以自治 斯可以爲民表者也 故叶者有大才德 高出一世之上 可以爲民之表儀 而仰其德者 知所興起 不失爲賢人 不叶者 其中鬱鬱不伸 乃淸修之吉人 而未能發泄 歲運逢之 在仕宜退而修省以自得 在士則進取艱難 而志有未平 在庶俗則營謀阻滯 而心不足 但病者則得生 有孕者利於生育

될만한 자가 됨을 설명한 것이다. 그러므로 운이 맞는 사람은, 큰 재주와 덕을 지녀 당대에서 뛰어난 사람이니, 백성의 표상이 될만하고 또 그 덕을 추앙받는 자이다. 흥기할 때를 알아서 흥기하니, 현명한 사람이다. 운이 맞지 않는 사람은, 그 마음이 꽉막혀서 펴지 못하니, 맑은 덕을 닦은 길한 사람이지만, 세상을 향해 그 덕을 펴지 못한다.

세운을 만나면, 공직자는 마땅히 물러나 자신을 돌이켜 생각하면서 마음을 수양하고, 구직자는 나아가 등용되기 어려우니 뜻을 펴기 힘들다. 일반인은 경영하는 일이 막히고 지체되니 마음이 흡족하지 못하다. 단 병이 있는 사람은 다시 살아나고, 임신한 사람은 낳고 기름에 이로움이 있게 된다.

【글귀로 판단하면】

① 高眼垂青處에 幽居必見貞이라

一封書錦字하니 千里去帆輕이라

높게 바라보이는 푸르른 곳에/ 숨어서 살면 반드시 바름 얻을 것이다/ 비단에 글을 써 봉해가지고/ 천리길을 돛단배 타고 가볍게 간다

② 君子能觀省하니 修身克盡誠이라

不觀心自化하니 心志始安平이라

군자가 능히 보고 성찰하니/ 수신하기를 정성을 다한다/ 보지 않아도 마음이 절로 동화하니/ 마음과 뜻이 비로소 평안하다

③ 去就疑遲하고 進退不定하니

到了依然하야 許多爭競이라

거취를 의심하고 지연하며/ 진퇴를 정하지 않았으니/ 가는 곳마다/ 경쟁할 일이 많게 됐다

火雷噬嗑(21)
離上 震下
화뢰서합

서합괘 개요

【괘사와 대상전】 서합은 형통하니 형벌과 옥사獄事를 쓰는데 이로우니라. 상에 말하기를 우레와 번개가 서합괘니, 선왕이 본받아서 벌을 밝히고 법령을 신칙하니라. 【六五는 知臨이니 大君之宜니 吉하니라. 象曰 大君之宜는 行中之謂也라.】

【총괄해서 판단하면】

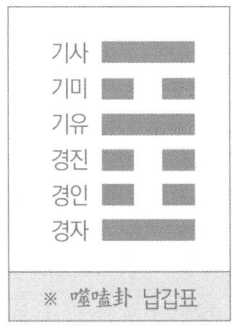

※ 噬嗑卦 납갑표

14 손궁의 5세괘로 9월에 속한다. 내괘의 납갑은 경자·경인·경진이고, 외괘의 납갑은 기유·기미·기사이다. 태어난 때가 맞는 사람이나, 태어난 년도의 간지가 납갑의 간지에 합치되는 사람은 부귀와 공명을 누리게 된다. 태어난 때가 맞는 사람이란, 2월에서 8월 사이에 태어난 사람을 뜻한다.15

운세로 보면 화뢰서합괘(䷔)는 상괘는 리(☲)이고 하괘는 진(☳)이며, 호

---

14 巽宮五世 卦屬九月 納甲 是庚子庚寅庚辰 己酉己未己巳 生及時與納甲者 功名富貴人也 二月八月 及時也

15 각 괘의 월月계산법은 중천건괘(1)와 중지곤괘(2) 항에서 설명하였다. 서합괘의 세효인 육오효는 음효이므로, 초효부터 오효까지 세면 술戌에서 끝난다(초효는 오, 이효는 미, 삼효는 신, 사효는 유, 오효는 술). 지지의 술은 9월에 해당하므로, 서합괘가 9월괘가 되는 것이다. 따라서 9월을 주관하는 괘가 되고, 9월에 태어난 사람은 때를 얻음이 된다.

괘로는 감(☵)과 간(☶)이 있으니, 해와 달의 밝음이 된다. 사람에 있어서는 지혜와 힘이 있음이 되고, 또한 해와 달의 상이 된다. 그러나 '嗑(씹을 서)'자는 씹는 것이고, '嗑(합할 합)'자는 합하는 것이니, 물건이나 사람들 사이의 간격을 씹어 합하는 뜻이 있다. 군자가 이런 괘를 얻으면, 사람들 사이의 이견이나 차이를 잘 조정하여 없애는 상이고, 다투거나 송사를 없애는 일을 맡아 한다.

【팔궁세혼법으로 판단하면】
손궁의 임금에 해당하는 괘로, 육오효(임금)가 세효世爻이고, 대부大夫에 해당하는 육이효가 응효이다. 두 효 모두 음효가 양자리에 있어 제자리가 아니며, 또 두 효 모두 음효라서 음양으로 응하지도 못하였으므로, 힘들고 어려움을 알 수 있다. 더욱이 육이효의 지지인 인(寅木)이 육오효의 지지인 미(未土)를 극하므로 더욱 안좋다. 다만 내괘인 진(震木)이 외괘인 리(離火)를 생해주는 뜻이 있고, 또 두 효 모두 중中을 얻었으므로, 육이효가 극하는 것을 달게 받아들여, 자신의 바르지 못함을 고쳐 나간다면 길하게 될 것이다.

입안에 음식이 있어서 씹어 합해야 하는 상으로, 처음은 나아가고 물러나는 것에 장애가 있어 힘들더라도 결국은 좋게 된다. 지금까지 장애물로 인해 막혔던 일들이, 원인이 규명되면서 그 장애물을 제거하고자 하는 열의와 기대에 차있다. 중상모략이나 삼각관계, 혹은 고부간의 갈등 등 의심과 오해로 인한 일들이 풀리기 시작한다. 그러나 풀리기만을 기다리기 보다는 적극적으로 화해를 모색해야 한다. 음식물이 입안까지 들어왔으나, 이를 잘 씹어 소화를 시켜야 비로소 내 몸에 유익하듯이, 마지막까지 최선을 다해야 한다.

【글귀로 판단하면】
① 用獄法當明하니 謀爲好進程이라
　　老椿生茂葉하고 蛇走一邊瑩이라

옥獄을 처리하는데 법을 밝게 쓰니/ 도모하는 일의 앞날이 좋다/ 늙은 참죽나무에 무성한 잎 돋아나고/ 뱀이 안전한 무덤가로 달아난다

② 自是嫦娥宮裏人이 桂花分得一枝春이라

化工不負辛勤業하니 藍綬歸來喜氣新이라

항아궁의 사람이/ 봄맞은 계수나무꽃 가지를 나눠가졌네/ 조물주(化工)가 열심히 노력한 공을 등지지 않으니/ 쪽빛 인끈매고 돌아오며 기쁜 기색 새롭다

1. 初九(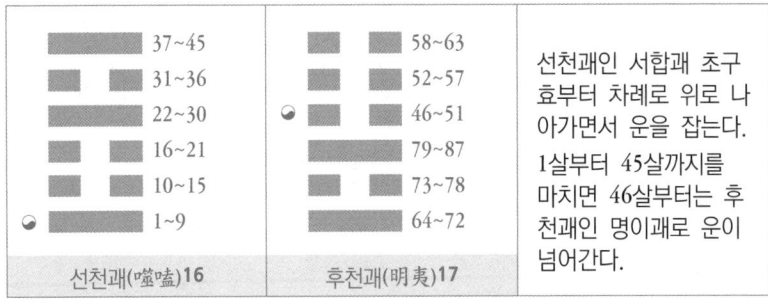)

【효사와 소상전】 초구는 죄가 작을때 형틀을 신겨서 발꿈치를 멸해서 커지지 않도록 하니 허물이 없느니라. 상에 말하기를 '형틀을 신겨 발꿈치를 멸함'은 커지지 못하게 함이라. 【初九는 屨校하야 滅趾니 无咎하니라. 象曰 屨校滅趾는 不行也라.】

선천괘(噬嗑)16	후천괘(明夷)17	
37~45	58~63	선천괘인 서합괘 초구 효부터 차례로 위로 나아가면서 운을 잡는다. 1살부터 45살까지를 마치면 46살부터는 후천괘인 명이괘로 운이 넘어간다.
31~36	52~57	
22~30	●46~51	
16~21	79~87	
10~15	73~78	
●1~9	64~72	

---

16 사주의 숫자로 괘를 만들어서 서합괘 초효에 원당이 있다면, 1~9살까지는 서합괘 초효 항을, 10~15살까지는 서합괘 이효 항을, …, 37~45살까지는 서합괘 상효 항을 가서 살펴 보면 된다.

17 46~51살까지는 후천괘인 명이괘 사효 항을, 58~63살까지는 명이괘 상효 항을, …, 79~87살까지는 명이괘 삼효 항을 살펴보면 그 사람의 운이 된다(○나 ●표시 한 곳이 해당하는 효를 가리키고, 밑에서부터 초효·이효·삼효·사효·오효·상효로 나눈다).

◆ 양년(갑·병·무·경·임년)일 경우 18

서합(21)	이(27)	박(23)	몽(4)	고(18)	정(50)	구(44)	대과(28) 19	쾌(43)
1	2	3	4	5	6	7	8	9

◆ 음년(을·정·기·신·계년)일 경우

진(35)	박(23)	이(27)	손(41)	대축(26)	대유(14)	건(1)	쾌(43)	대과(28)
1	2	3	4	5	6	7	8	9

◆ 월괘

규·38	리·10	대유·14	대장·34	대축·26	고·18	소축·9	가인·37	수·5	절·60	정·48	대과·28
1월	2월	3월	4월	5월	6월	7월	8월	9월	10월	11월	12월

◆ 일괘 20

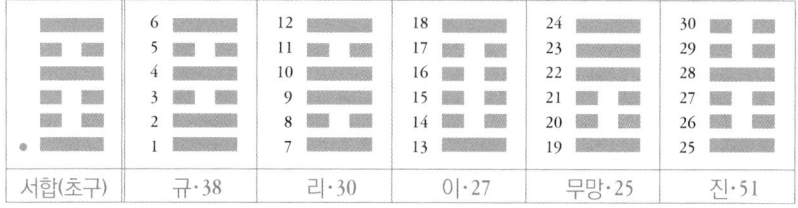

서합(초구)	규·38	리·30	이·27	무망·25	진·51

---

5 해마다의 운인 유년운의 진행은 양효(━)일 때와 음효(╸╸)일 때가 다른데, 그 자세한 예는 중천건괘(1) 초구효 항에 유년운에 속한 월운月運의 예와 함께 실려 있다.

19 위의 도표에서 '대과(28)'이라고 한 것은 괘명은 대과괘大過卦고 64괘 중에 28번째 괘라는 뜻이며, '박(23)'이라고 한 것은 괘명은 박괘剝卦고 64괘 중에 23번째에 해당한다는 뜻이다. 나머지 괘도 이와같은 방식으로 본다. 따라서 앞의 목차에서 번호의 순서대로 찾으면, 해당하는 괘를 쉽게 찾을 수 있다. 또 월괘月卦에서 '정·48' 등으로 표시한 것도, 괘명은 정괘井卦이고 64괘 중에 48번째라는 뜻이다.

【총괄해서 판단하면】

21 이 효는 조금 잘못을 저질렀을 때 징계를 가함으로써, 더 큰 허물을 짓지 않도록 하는 것이다. 그러므로 운이 맞는 사람은, 미미할 때 점점 더할 것을 방비하고, 행실을 고쳐 덕을 쌓도록 하며, 처음에는 비천한데서 시작하나 나중에는 지극히 높고 크게 된다. 변해서 화지진괘가 되면 홀로 바름을 행하는 상이 되니, 또한 귀인이 되는 뜻이 있는 것이다.

운이 맞지 않는 사람은, 비천한 사람으로 더럽고 천한 종류의 일을 하는 사람이다. 혹은 겁이 많아 물러나는 사람이고, 혹은 발(足)에 질환이 생겨 걷기가 어려운 경우를 말하기도 한다.

세운을 만나면, 공직자는 내쳐져서 유배되고, 구직자는 자신을 제대로 평가해 주는 사람을 만나지 못한다. 일반인은 형벌 또는 전염병을 방비해야 하니, 근신하고 있으면 화를 면할 수 있다.

【글귀로 판단하면】

① 擧步多艱阻하니 功名路未通이라

　玉逢良匠琢이요 花發待春風이라

　발가는 곳마다 어렵고 막히는 일 많으니/ 아직 공명의 길이 통하지 못했다/ 옥은 좋은 장인 만나야 다듬어지고/ 꽃은 봄바람 기다려서 피게 된다

② 人倚樓ㅣ 意多憂하니

　淡然退步면 事始堅牢라

---

20 그 날의 운(日運)과 더 세분해서 시운時運을 알고 싶으면, 앞의 일괘日卦와 시괘時卦 설명을 참조해서 계산하면 된다. 자세한 예는 건(1)~송(6)괘의 초효 항에 있으므로 참고바람.

21 此爻是小惡有所懲 斯可以寡過者也 故叶者 能防微杜漸 改行率德 先起卑賤 後至高大 蓋變爲晉 獨行正之象也 亦可作貴人 不叶者 卑下之人 鄙賤之輩 或心怯而退守 或足疾而難行 歲運逢之 在仕遭貶謫 在士則考校不遇其人 在庶俗防刑罰風疾 謹愼免禍

사람이 누대에 의지해/ 뜻에 근심이 많으니/ 담담히 물러나면/ 일이 비로소 견고해질 것이다

3 防失於未兆하고 千里勿遲延하라

小失不知改면 因循致大咎이라

조짐있기 전에 잃는 것 방비하고/ 천리길 지연하지 마라/ 조그만 잘못도 고칠 줄 모르면/ 답습하다가 큰 허물 이룬다

2. 六二(☲☳ → ☱☲)

【효사와 소상전】 육이는 살을 씹되 코를 멸하게 함이니(악한 사람을 중하게 처벌함) 허물이 없느니라. 상에 말하기를 '살을 씹되 코를 멸하게 함'은 강한 것을 탔기 때문이다. 【六二는 噬膚호대 滅鼻니 无咎하니라. 象曰 噬膚滅鼻는 乘剛也일새라.】

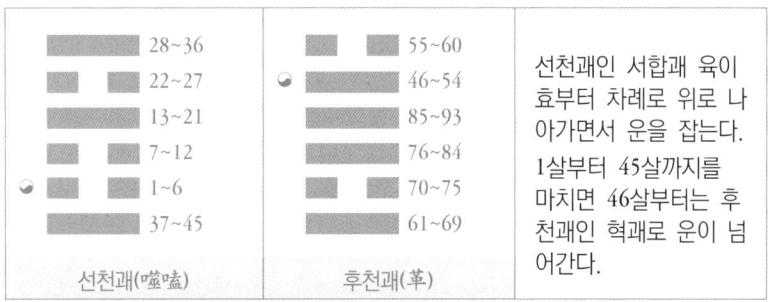

◈ 양년 음년 똑같음

◆ 월괘

리·30	풍·55	비·22	간·52	가인·37	소축·9	기제·63	둔·3	건·39	함·31	정·48	승·46
1월	2월	3월	4월	5월	6월	7월	8월	9월	10월	11월	12월

◆ 일괘

서합(육이)	리·30	이·27	무망·25	진·51	진·35
1~6	7~12	7~12	13~18	19~24	25~30

【총괄해서 판단하면】

22 이 효는 사람을 다스리되 상함을 면하기 어려운 경우를 말하는데, 이렇게 상하는 것은 제어하기가 어려운 자를 만났기 때문이다. 그러므로 운이 맞는 사람은, 크게 귀한 사람으로, 원대한 뜻을 감행하는 자이니, 기지가 깊어 근간이 될 수 있는 사람이다. 크게 되면 군대를 이끌고 정벌을 행하는 사람이고, 작게 되면 형벌을 시행하는 직책을 맡게 된다.

운이 맞지 않는 사람은, 몸에 지병이 있고, 자신의 골육이 다치거나 상하며, 이름을 숨기고 흔적을 감추며 수도하는 사람이 된다. 그렇지 않으면 어긋나고 배반하게 된다.

세운을 만나면, 공직자는 교화되지 못한 백성들로부터 제제를 당해 조금 상해를 입게 되고, 구직자는 욕을 당함을 방비해야 한다. 혹 고시(考試)

---

22 此爻是治人而不免爲其所傷 以其所遇之難制者也 故叶者 大貴人也 志大敢爲 機深能幹 大則爲穀伐 小則爲刑罰之官 不叶者 或身帶殘疾 骨肉刑傷 隱名遁迹 修身養性 宜爲僧道 不然 多見睽背 歲運逢之 在仕則受制於梗化之民 而遭小傷 在士防辱 或考試不遇其人 而有小疵 在庶俗進退艱難 是非撓括 或生暗疾 恐骨肉有傷

를 봐도 알아주는 사람을 만나지 못해 작으나마 병이 생긴다. 일반인은 진퇴가 어렵고, 시비가 어지럽게 얽힌다. 혹 못된 버릇과 병으로, 골육을 다치게 할까 걱정된다.

【글귀로 판단하면】

① 內外相牽引하니 門中暗昧生이라
切須宜謹戒하야 方可保安寧이라
안과 밖이 서로 끌어당기니/ 문안에서 어두운 일 생긴다/ 절실하게 삼가하고 경계해야/ 안녕을 보존할 수 있을 것이다

② 雨過佳人正折桃하니 花殘冷落大劬勞라
日前別有一春景나 望斷佳音漸漸高라
비 온 뒤에 아름다운 여자 복숭아가지 꺾으려 하니/ 꽃은 떨어지고 큰 힘만 드는구나/ 일전에 특별한 봄경치 있었으나/ 실망하는 목소리가 점점 높아지네

③ 進亦難兮退亦難하니 登車上馬亦盤桓이라
他時若得風雲便이면 穩泛扁舟恣往還이라
나아가기도 어렵고 물러서기도 어려우니/ 수레에 오르고 말에 오르나 또한 머뭇거리네/ 이때에 만약 바람과 구름을 얻는다면/ 편안히 쪽배 띄워 마음대로 가고 오리라

3. 六三(☶ → ☲)

【효사와 소상전】 육삼은 말린 고기를 씹다가 독을 만남이니, 조금 인색하나 허물이 없으리라. 상에 말하기를 '독을 만남'은 위가 마땅하지 못하기 때문이다.【六三은 噬腊肉하다가 遇毒이니 小吝이나 无咎리라. 象曰 遇毒은 位不當也일새라.】

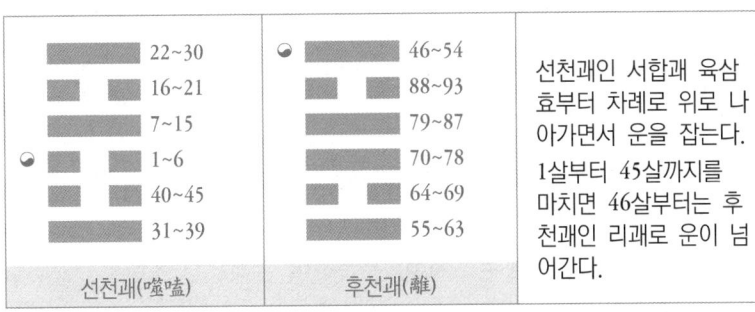

	22~30		46~54	선천괘인 서합괘 육삼
	16~21		88~93	효부터 차례로 위로 나
	7~15		79~87	아가면서 운을 잡는다.
●	1~6	●	70~78	1살부터 45살까지를
	40~45		64~69	마치면 46살부터는 후
	31~39		55~63	천괘인 리괘로 운이 넘 어간다.
선천괘(噬嗑)		후천괘(離)		

◈ 양년 음년 똑같음

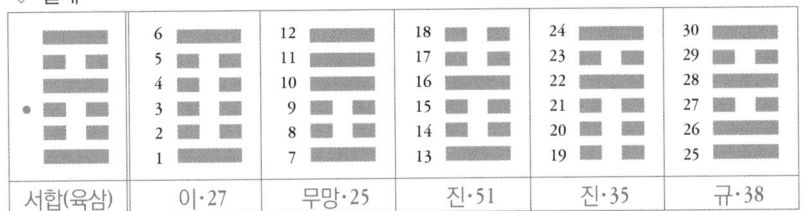

리(30)	비(22)	가인(37)	기제(63)	건(39)	정(48)
1	2	3	4	5	6

◈ 월괘

이·27	박·23	익·42	중부·61	둔·3	기제·63	비·8	췌·45	감·29	사·7	정·48	손·57
1월	2월	3월	4월	5월	6월	7월	8월	9월	10월	11월	12월

◈ 일괘

서합(육삼)	이·27	무망·25	진·51	진·35	규·38
	6	12	18	24	30
	5	11	17	23	29
	4	10	16	22	28
	3	9	15	21	27
	2	8	14	20	26
	1	7	13	19	25

【총괄해서 판단하면】

23 이 효는 덕이 부족한 사람이 다른 사람을 다스림에, 사람들이 복종하

---

23 此爻是德不足以治人 而人有不服者也 故叶者 才弱志剛 銳志功名 徒能小就而 未大 不叶者 一籌莫展 動輒有悔 衣食有虧 歲運逢之 在仕才力不足而招損 在士 才疎學淺而招辱 在庶俗易事難幹 或生心腹之災 或有驚險之至

지 않는 것을 설명한 것이다. 그러므로 운이 맞는 사람은, 재주는 모자라는데 뜻만 강해서, 공명을 좇기에만 급하니, 작은 성과는 있지만 크게 되지는 않는다.

운이 맞지 않는 사람은, 한가지 계책도 빛을 보지 못하고, 움직이면 문득 후회가 생기며, 의식衣食생활에 모자람이 있다.

세운을 만나면, 공직자는 재주와 힘이 부족하여 손해를 자초하고, 구직자는 재주가 부족하고 학문이 모자라 욕을 당한다. 일반인은 쉬운 일을 어렵게 처리한다. 혹 심복으로 인한 재난이 있고, 혹 놀랍고 험한 일을 만나게 된다.

【글귀로 판단하면】

① 峻嶺車行去甚難하니 崎嶇千里漫空還이라
先防小吝憂心悔하고 後已迍邅在卽間이라
높은 고개를 수레로 오르기 어려우니/ 기구한 천리길을 공연히 돌아온다/ 먼저는 인색하고 근심스러우며 후회되는 일 방비해야 하고/ 뒤에는 갈 것인가 머물 것인가를 망설이네

② 有事暗中聞하니 疑慮渾無實이라 轉眼黑雲收하니 擁蔽扶桑日이라
일이 있어 가만히 들어보니/ 의심되고 근심되어 아무 실속 없다/ 검은 구름 걷히는 것 바라보니/ 이제 막 뜨는 해를 가렸구나

4. 九四 (䷔ → ䷐)

【효사와 소상전】 구사는 마른 고기를 씹어서 쇠(金)와 화살을 얻으나, 어렵게 여기고 조심하고 바르게 함이 이로우니 길하리라. 상에 말하기를 '어렵게 여기고 바르게 해서 길함'은 빛나지 못함이다. 【九四는 噬乾胏하야 得金矢나 利艱貞하니 吉하리라. 象曰 利艱貞吉은 未光也라.】

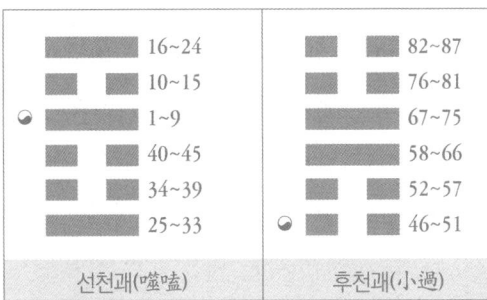

◈ 양년(갑·병·무·경·임년)일 경우

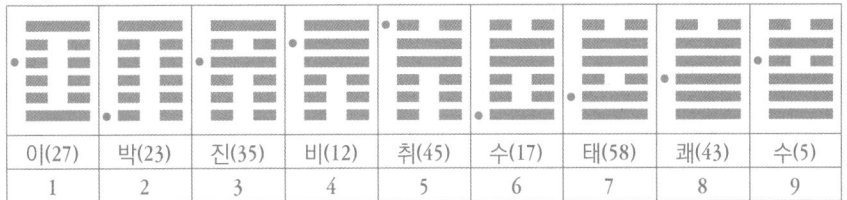

서합(21)	진(35)	박(23)	관(20)	비(8)	둔(3)	절(60)	수(5)	쾌(43)
1	2	3	4	5	6	7	8	9

◈ 음년(을·정·기·신·계년)일 경우

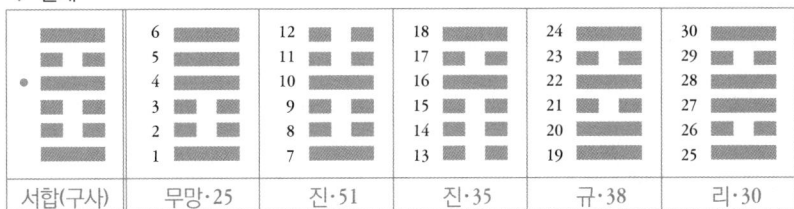

이(27)	박(23)	진(35)	비(12)	취(45)	수(17)	태(58)	쾌(43)	수(5)
1	2	3	4	5	6	7	8	9

◈ 월괘

무망·25	리·10	수·17	혁·49	취·45	비·8	곤·47	해·40	대과·28	구·44	정·48	수·5
1월	2월	3월	4월	5월	6월	7월	8월	9월	10월	11월	12월

◈ 일괘

서합(구사)	무망·25	진·51	진·35	규·38	리·30
	6 5 4 3 2 1	12 11 10 9 8 7	18 17 16 15 14 13	24 23 22 21 20 19	30 29 28 27 26 25

【총괄해서 판단하면】

24 이 효는 형벌을 주는 것이 마땅하나, 신중하게 대처하면서 형벌을 줌으로써 잘 되는 사람을 보여준 것이다. 그러므로 운이 맞는 사람은, 크게 귀한 사람으로 조정의 큰 책임을 이겨나간다. 크고도 험한 일을 맞이해도 두려워하거나 겁내지 않으며, 강대剛大한 재주를 가지고 정직한 도를 행한다. '金(쇠 금), 矢(화살 시)'의 두 자에 뜻하는 내용이 많으니, 금방(金榜:과거에 급제한 사람의 이름을 게시한 방)·금문(金門:궁궐문) 등의 뜻이 그러하다. 화살 시矢자는 화살 전箭자와 같으니, 천거한다는 천薦자의 뜻이 있다. 따라서 공직자는 천거되어 발탁되고, 아직 벼슬하지 못한 사람은 천거되어 등용되는 것이다.

운이 맞지 않는 사람은, 정당하지 못한 방법으로 부유하게 되는, 덕이 없는 사람으로, 지방의 큰 좀벌레와 같은 자이다.

세운을 만나면, 공직자는 반드시 승진하고 영전되며, 구직자는 등용되는 명예를 얻으며, 경영하는 사람은 반드시 이익을 본다.

【글귀로 판단하면】

① 刑獄事難明이니 先防羣小人하나
若無堅實德이면 安得事和平가
형벌과 옥사는 밝히기 어려우니/ 먼저 소인의 무리부터 막아라/ 만약 견실한 덕이 없으면/ 어떻게 화평함을 얻겠는가?

② 弓開矢方射하니 一箭中孤鴻이라 觸目天邊手하니 雞鳴福自隆이라
활 당겨 화살 쏘니/ 화살 하나가 외로운 기러기 맞혔다/ 하늘가를 더듬어 살펴보니/ 닭울 때에(酉) 복이 스스로 융성하다

---

24 此爻是得其用刑之宜 而示以愼刑之善者也 故叶者 爲大貴人 足勝朝廷之大任 遇大事 當大險 不畏不怯 禀剛大之才 行正直之道 金矢二字之義 爲兆甚多 金榜金門是也 矢者箭也 與薦同 在仕爲薦拔 在未仕者爲發薦 不叶者 爲富濁無德之人 一鄕巨蠹 歲運逢之 在仕必陞遷 在士必成名 在經商必獲利

3 始雖難ㅣ 終容易하니 箭入雲中하야 吉無不利라

처음은 비록 어려우나/ 마지막은 쉬우니/ 화살이 구름 속까지 뚫고 들어가/ 길하지 않음이 없다

5. 六五(☲→☳)

【효사와 소상전】 육오는 마른 고기를 씹어서 황금을 얻으니, 바르고 위태롭게 여기면 허물이 없으리라. 상에 말하기를 '바르고 위태롭게 여기면 허물이 없음'은 마땅함을 얻었기 때문이다. 【六五는 噬乾肉하야 得黃金이니 貞厲면 无咎리라. 象曰 貞厲无咎는 得當也일새라.】

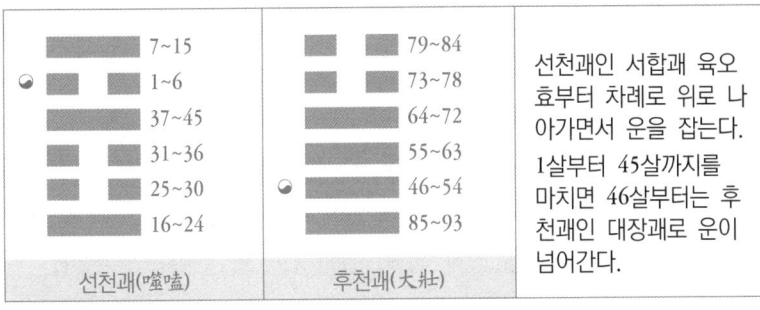

	7~15
	1~6
	37~45
	31~36
	25~30
	16~24
선천괘(噬嗑)

	79~84
	73~78
	64~72
	55~63
	46~54
	85~93
후천괘(大壯)

선천괘인 서합괘 육오효부터 차례로 위로 나아가면서 운을 잡는다.
1살부터 45살까지를 마치면 46살부터는 후천괘인 대장괘로 운이 넘어간다.

◆ 양년 음년 똑같음

무망(25)	수(17)	취(45)	곤(47)	대과(28)	정(48)
1	2	3	4	5	6

◆ 월괘

진·51	풍·55	예·16	곤·2	해·40	곤·47	항·32	정·50	승·46	태·11	정·48	건·39
1월	2월	3월	4월	5월	6월	7월	8월	9월	10월	11월	12월

◆ 일괘

	6	12	18	24	30
	5	11	17	23	29
	4	10	16	22	28
	3	9	15	21	27
	2	8	14	20	26
	1	7	13	19	25
서합(육오)	진·51	진·35	규·38	리·30	이·27

【총괄해서 판단하면】

25 이 효는 임금이 백성을 다스림에 백성이 복종하지 않는 것이고, 그로 인해서 점치는 사람을 경계한 것이다. 그러므로 운이 맞는 사람은, 총명하게 난을 다스려 바름으로 돌아오게 하는 사람이다. '黃(누를 황)'자와 '金(쇠 금)'자에 여러 뜻이 있으니, 황문黃門26·황방黃榜27·황당黃堂28과 금방金榜·금어金魚29·금문金門30의 뜻이 그러하다.

운이 맞지 않는 사람도 또한 크게 부유하고 의식이 풍족한 사람으로, 세상 일에 묻혀서 살아간다.

세운을 만나면, 병이 난 사람은 안정을 찾고, 원한이 있는 사람은 풀리게 된다. 구직자는 등용되어 이름을 얻게 되고, 벼슬길에 있는 사람은 간사함을 물리치고 정법正法을 쓰게 되며, 일반인도 또한 이롭게 된다.

【글귀로 판단하면】

---

25 此爻是人君治人而人不服 而因戒其占者也 故叶者 聰明撥亂反正之人 黃金爲兆甚多 黃門黃榜黃堂 金榜金魚金門 不叶者 亦爲大富 豐衣足食 積塵蓄紅 歲運逢之 病者得安 寃者得釋 士子進取成名 在仕用法去奸 常人亦利

26 궁성의 문.

27 임금이 내린 칙서勅書. 옛날 칙서는 황지黃紙에 쓴데서 이르는 말.

28 태수의 정청政廳 금방金榜 : 과거에 급제한 사람의 이름을 게시한 방.

29 금으로 만든 물고기 모양의 주머니. 당唐나라 때에 3품 이상의 벼슬아치나 특사特賜를 받은 사람만이 찼다.

30 문학의 선비들이 출사하던 문(金馬門).

① 逞逞夜逐陽兎走하니 遂克先難後易身이라

　金地獲成生德澤하니 回頭滿地擲金珠라

　밤에 양토(陽兎:卯)를 굳세게 따라가 잡으니/ 먼저는 어려웠으나 뒤에는 쉬워졌다/ 금(金:申酉)의 땅에서 생해주는 덕택 얻게 되니/ 머리 돌려 땅 가득히 금구슬을 뿌리네(回頭生)

② 守正除奸佞하니 他人自服辜라

　常懷危懼志면 怨咎自然無라

　바름을 지키며 간사하고 아부하는 이 제거하니/ 다른 사람이 자연히 죄를 인정한다/ 항상 위태하고 두렵다는 마음 품으면/ 원망과 허물이 자연히 없어진다

③ 珠在掌ㅣ 空勞攘하니

　人事和同이면 自然穩當이라

　구슬이 손에 있건만/ 공연히 남의 것 뺏으려 하니/ 사람의 일 화합해서 함께 하면/ 자연히 편안하고 마땅해질 것이다

6. 上九 (☲☳ → ☳☳)

【효사와 소상전】 상구는 형틀을 씌워서 귀를 멸하니 흉하도다. 상에 말하기를 '형틀을 씌워서 귀를 멸함'은 귀가 밝지 못했기 때문이다. 【上九는 何校하야 滅耳니 凶토다. 象曰 何校滅耳는 聰不明也일새라.】

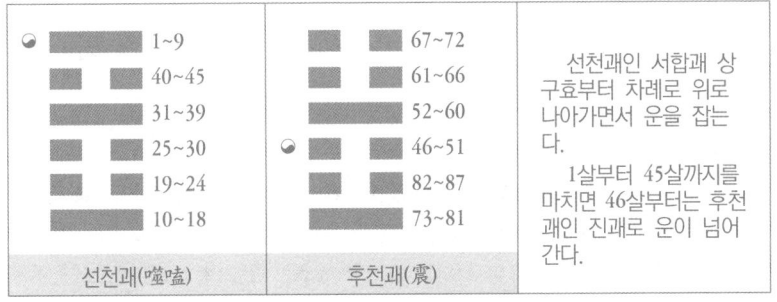

선천괘(噬嗑)	후천괘(震)	
1~9	67~72	선천괘인 서합괘 상구효부터 차례로 위로 나아가면서 운을 잡는다.
40~45	61~66	
31~39	52~60	
25~30	46~51	1살부터 45살까지를 마치면 46살부터는 후천괘인 진괘로 운이 넘어간다.
19~24	82~87	
10~18	73~81	

◆ 양년(갑·병·무·경·임년)일 경우

서합(21)	리(30)	풍(55)	소과(62)	항(32)	해(40)	사(7)	감(29)	환(59)
1	2	3	4	5	6	7	8	9

◆ 음년(을·정·기·신·계년)일 경우

진(51)	풍(55)	리(30)	려(56)	정(50)	미제(64)	몽(4)	환(59)	감(29)
1	2	3	4	5	6	7	8	9

◆ 월괘

진·35	박·23	미제·64	송·6	정·50	항·32	고·18	대축·26	손·57	점·53	정·48	감·29
1월	2월	3월	4월	5월	6월	7월	8월	9월	10월	11월	12월

◆ 일괘

서합(상구)	진·35	규·38	리·30	이·27	무망·25

【총괄해서 판단하면】

31 이 효는 죄악이 극도로 성해서 죄가 커진 자이다. 그러므로 운이 맞는

---

31 此爻是惡極而爲罪之大者也 故叶者 雖處富貴 常懷憂懼 蓋變震上爻 爲索索矍矍之象 不叶者 爲强梁 爲剛惡 履危蹈險 是非括撓 禍患旋踵 刑獄罹身 歲運逢之 在仕防讒污貶謫 在士防停降毀辱 在庶俗防爭訟 數凶者耳目不明 血氣不順 或喪身殞命

사람은, 비록 부귀하더라도 항시 근심과 두려움을 품고 산다. 변해서 중뢰진괘의 상육효가 되면 흩어지고 흩어져서 두려움에 눈을 두리번거리는 상이 된다.

운이 맞지 않는 사람은, 힘이 세고 재력이 강한 사람이 되고, 지나치게 강하고 악한 사람이 되니, 위태하고 험한 길을 가서 시비에 휘말린다. 화환禍患이 꼬리를 물고, 감옥살이가 항상 두렵다.

세운을 만나면, 공직자는 참소로 인해 오명을 쓰고 내쳐지며 유배되는 것을 방비해야 하고, 구직자는 저지당하고 훼상되며 욕을 당하게 됨을 방비해야 하며, 일반인은 다투고 소송당하는 일을 방비해야 한다. 수가 흉한 사람은 눈과 귀가 밝지 못하고, 혈기血氣가 불순하며, 혹 몸을 다치고 죽게 되는 경우가 있다.

【글귀로 판단하면】

① 滅耳何由致오 多因耳不聰이라
　不能依勸戒면 更有滅貞凶이라
　귀를 멸하는 형벌을 무슨 이유로 당했는가?/ 총명하지 못함으로 인함이 많다/ 권하는 훈계대로 행하지 못하면/ 다시 바른 것이 소멸되는 흉함이 있을 것이다

② 遇凶不哭ㅣ 愁來却笑라면
　巨浪輕舟에 前途可到라
　흉한 일 만나도 울지 않고/ 근심 오는데 오히려 웃는다면/ 큰 물결에 가벼운 배일지라도/ 앞길을 갈 수가 있도다

③ 枕邊憂ㅣ 門裏鬧하고
　意結勾連하니 心神顚倒라
　잠자리 머리맡은 근심스럽고/ 문 안은 시끄러우며/ 뜻은 맺혀 꼬였으니/ 마음과 정신이 거꾸로 되었다

山火賁(22)
산 화 비

艮上
離下

비괘 개요

【괘사와 대상전】 비는 형통하니 나아가는 것이 조금 이로우니라. 상에 말하기를 산 아래 불이 있는 것이 비괘니, 군자가 본받아서 뭇 정사를 밝히되 옥사를 판결하는 데 함부로 하지 않느니라. 【賁는 亨하니 小利有攸往하니라. 象曰 山下有火 賁니 君子 以하야 明庶政호대 无敢折獄하나니라. 】

【총괄해서 판단하면】

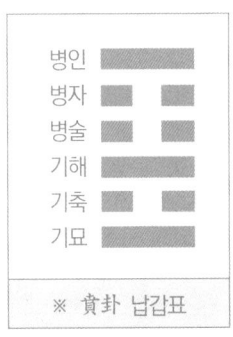

※ 賁卦 납갑표

병인
병자
병술
기해
기축
기묘

[1] 이 괘는 주로 문장이 화려하고 학문이 충실하니, 전적典籍과 정사政事 그리고 예절과 음악에 관한 괘이다. 간궁의 1세괘로, 11월에 속한다. 내괘의 납갑은 기묘·기축·기해이고, 외괘의 납갑은 병술·병자·병인이다. 만약에 11월에 태어난 사람과, 태어난 년도의 간지가 납갑의 간지에 합치되는 사람은 부귀와 공명을 누리게 된다.[2]

운세로 보면 산화비괘(䷕)는 상괘는 간(☶)이고 하괘는 리(☲)이며, 호괘로는 진(☳)과 감(☵)이 있다. 산 아래에 해가 막 떠올라 백곡초목百穀草

---

1 此卦多主文章華麗 學問充實 又主典政禮樂 艮宮一世 卦屬十一月 納甲 是己卯 己丑己亥 丙戌丙子丙寅 若人果生於十一月及納甲者 乃功名富貴人也

2 각 괘의 월月계산법은 중천건괘(1)와 중지곤괘(2) 항에서 설명하였다. 비괘의 세효인 초구효는 양효이므로, 그대로 자월子月이 된다. 지지의 자는 11월에 해당하므로, 비괘가 11월괘가 되는 것이다. 따라서 11월을 주관하는 괘가 되고, 11월에 태어난 사람은 때를 얻음이 된다.

木으로 하여금 광명한 빛을 받아 바르고 커지게 한다. 비록 우레가 동해서 비를 베풀어 밝음을 어둡게 하려고 하나, 위가 험해서 행하지를 못하고, 그치게 하고 막아서 움직이지를 못하게 한다. 해가 홀로 그 밝음을 빛나게 해서 음사陰邪한 것으로부터 상함을 받지 않는 격이니, 소인이 군자를 범하려고 하나 못하게 된다. 군자가 이러한 괘를 얻으면, 문채내고 꾸미는 상이 된다.

【팔궁세혼법으로 판단하면】

간궁의 원사元士에 해당하는 괘로, 초구효(원사)가 세효이고, 제후에 해당하는 육사효가 응효이다. 두 효가 모두 제자리를 얻었고, 또 서로 음양으로 응하니 일이 쉽게 풀리고 길하게 된다. 다만 초구효의 지지인 묘(卯木)가 육사효의 지지인 술(戌土)을 극하므로, 묘와 술이 합이 되어 비록 크게 극하지는 않는다고 하나, 자신을 도와주는 사람을 해치는 격이 되어 크게 성공하지는 못한다. 또 임금효인 육오가 제자리를 얻지 못하고 있으므로 역시 큰 일을 못하는 상이다.

비는 자신을 뜻하는 내괘 화(離火)가 외괘 토(艮土)를 생해주니, 남이 보기에는 화려해도 자신은 기운이 새어나가서 실속이 없다. 또 외호괘 목(震木)이 내호괘 수(坎水)의 생을 받아 잘 자라나, 상괘인 토(艮土)가 위에서 누르니 역시 크게 자라지는 못하게 된다.

비는 실질보다 더 꾸며서 화려하고 좋게 보이는 뜻이 있다. 산속에서 불이 활활 타고 있어 빛이 나, 석양의 빛 또는 단풍의 화려함과 같아 오래가지 못하는 특성이 있다. 그러나 괘 자체가 삼양 삼음으로 음양이 적당히 꾸미고 있으니, 달빛아래 등불의 상으로, 천문·인문 등 학문과 예술 방면에 길하다. 특수업으로 장식관계나 광고, 미용 등의 사업은 대단히 유망하다. 사람들의 도움으로 일을 성공하는 운으로, 외국이나 국내 여행에 좋다. 한편으로는 너무 겉으로의 꾸밈만 신경쓰다가, 분수외의 일을 저지르고는 그 유지나 뒷감당에 고생하는 수가 있으니, 말과 행동에 깊이 생각한 후에 실천하는 것이 좋다. 실질을 위해 노력하면, 자기 현상황보다 좋게 평가되어 출세하는 운이다.

실질적 부와 실력이 부족한 사람이 외양에만 급급하여 허세를 부리다 손해를 볼 수 있으니, 큰 일은 삼가하고 작은 일에 충실하면 길하다. 그러나 어느 정도 외관을 자랑하는 일은 의외로 성공하여 영달을 가져올 수 있다.

【글귀로 판단하면】

① 文字生光日象昭하니 薰風吹動海門潮라

可將巨浪通天表니 咫尺如梭達九霄라

문자文字는 빛이 나고 해는 밝으니/ 더운 바람 불어와 바다물결 움직인다/ 큰 물결이 하늘가까지 통하니/ 저 하늘 먼 곳을 베틀 북(梭)같이 드나든다

② 祿從天上降하니 喜至不須求라

昔日憂愁事는 逢牛始見週라

녹이 하늘로부터 내려오니/ 구하지 않아도 기쁨이 온다/ 옛날에 근심하던 일은/ 소(牛)를 만나면 원만하게 될 것이다

③ 得舟無險阻하니 舟泛自通津이라

雨露從天降이니 求謀事漸新이라

배를 얻어 험하고 막힘이 없으니/ 배가 저절로 나루를 통과한다/ 비와 이슬이 하늘로부터 내려오니/ 꾀하는 일이 점차로 새로워진다

1. 初九(☷→☶)

【효사와 소상전】 초구는 그 발꿈치(행실)를 꾸밈이니 수레를 버리고 걷도다. 상에 말하기를 '수레를 버리고 걸어감'은 의리때문에 타지 않음이라.【初九는 賁其趾니 舍車而徒로다. 象曰 舍車而徒는 義弗乘也라.】

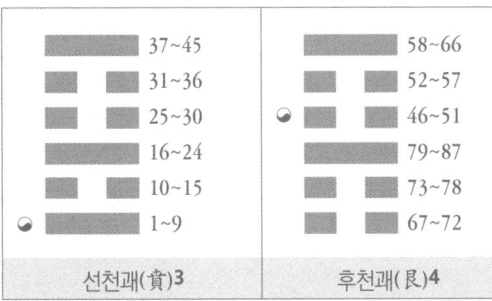

		37~45
		31~36
		25~30
		16~24
		10~15
◐		1~9
선천괘(賁)**3**		

		58~66
		52~57
◐		46~51
		79~87
		73~78
		67~72
후천괘(艮)**4**		

선천괘인 비괘 초구효부터 차례로 위로 나아가면서 운을 잡는다.
1살부터 45살까지를 마치면 46살부터는 후천괘인 간괘로 운이 넘어간다.

◈ 양년(갑·병·무·경·임년)일 경우 **5**

비(22)	리(30)	려(56)	정(50)	미제(64)**6**	몽(4)	환(59)	감(29)	절(60)
1	2	3	4	5	6	7	8	9

---

3 사주의 숫자로 괘를 만들어서 비괘 초효에 원당이 있다면, 1~9살까지는 비괘 초효 항을, 10~15살까지는 비괘 이효 항을, …, 37~45살까지는 비괘 상효 항을 가서 살펴보면 된다.

4 46~51살까지는 후천괘인 간괘 사효 항을, 58~66살까지는 간괘 상효 항을, …, 79~87살까지는 간괘 삼효 항을 살펴보면 그 사람의 운이 된다(◐나 ●표시 한 곳이 해당하는 효를 가리키고, 밑에서부터 초효·이효·삼효·사효·오효·상효로 나눈다).

5 해마다의 운인 유년운의 진행은 양효(━)일 때와 음효(╸╸)일 때가 다른데, 그 자세한 예는 중천건괘(1) 초구효, 중지곤괘(2) 초육효와 육이효, 수뢰둔괘(3) 초구효와 육삼효, 산수몽괘(4) 초육효와 육사효 항에 유년운에 속한 월운月運의 예와 함께 실려 있으므로 참고하면 된다.

6 위의 도표에서 '미제(64)'라고 한 것은 괘명은 미제괘未濟卦고 64괘 중에 64번째 괘라는 뜻이며, '간(52)'라고 한 것은 괘명은 간괘艮卦고 64괘 중에 52번째에 해당한다는 뜻이다. 나머지 괘도 이와같은 방식으로 본다. 따라서 앞의 목차에서 번호의 순서대로 찾으면, 해당하는 괘를 쉽게 찾을 수 있다. 또 월괘月卦에서 '태·58' 등으로 표시한 것도, 괘명은 태괘泰卦고 64괘 중에 58번째라는 뜻이다.

◆ 음년(을·정·기·신·계년)일 경우

간(52)	려(56)	리(30)	대유(14)	규(38)	손(41)	중부(61)	절(60)	감(29)
1	2	3	4	5	6	7	8	9

◆ 월괘

대축·26	소축·9	손·41	림·19	규·38	미제·64	리·10	무망·25	태·58	쾌·43	곤·47	감·29
1월	2월	3월	4월	5월	6월	7월	8월	9월	10월	11월	12월

◆ 일괘 **7**

	6	12	18	24	30
	5	11	17	23	29
	4	10	16	22	28
	3	9	15	21	27
	2	8	14	20	26
	1	7	13	19	25
비(초구)	대축·26	이·27	리·30	가인·37	명이·36

【총괄해서 판단하면】

8 이 효는 남의 밑에 있으면서도 불만하지 않고 의리를 지키는 상이다. 그러므로 운이 맞는 사람은, 강하고 바르면서 문명한 사람으로, 자신의 몸을 꾸미면서(수양하면서) 힘써 행하며 산다. 뜻을 펼치면 그 문채가 천하에 떨치는 것이고, 그렇지 못하면 자신의 문장을 즐기며 산다. 큰 덕과

---

7 그 날의 운(日運)과 더 세분해서 시운時運을 알고 싶으면, 앞의 일괘日卦와 시괘時卦 설명을 참조해서 계산하면 된다. 자세한 예는 건(1)~송(6)괘의 초효 항에 있으므로 참고바람.

8 此爻是安於下者 著其義而象之也 故叶者 剛正文明 飾躬屬行 達則振斯文於天下 窮則飾斯文於一身 大德大才 不以窮達爲憂喜 或進取主迂回辛苦 不叶者 多是勞碌奔波 掣肘俯仰 或倚靠富豪立身 歲運逢之 在仕防退職之患 在士防黜降之辱 在庶俗奔走於道路 棄易從難 遠親向疎 靜凶而動吉也

재주를 가지고 있지만, 뜻을 펼치게 되거나 그렇지 못한 것으로 근심과 기쁨으로 삼지 않는다. 혹 나아가 등용되지만, 고통과 어려움을 겪으면서도 우회하는 자이다.

운이 맞지 않는 사람은, 자잘한 노고가 많고 이리저리 분주하면서, 크게 공을 세우지는 못하는 자이다. 혹 부호에게 의지하여, 그 밑에서 일을 하며 살기도 한다.

세운을 만나면, 공직자는 퇴직하게 되는 근심이 있고, 구직자는 내침을 받고 굴복하게 되는 욕을 본다. 일반인은 오고가며 분주하게 길에서 시간만 허비한다. 쉬운 길을 버리고 어려운 길을 따르며, 친척을 멀리하고 소원한 자를 친하려 한다. 그쳐있으면 흉하고 움직여 나가면 길하다.

【글귀로 판단하면】

① 乘車不用步徒行이나 千里馳驅道未平이라
　林內虎聲驚復嘯하니 幾回憂事更紛紛가
　수레를 탔으니 걸어서 갈 필요는 없으나/ 천리를 달리니 길이 평탄치 않다/ 숲속에 호랑이(寅, 특히 甲寅) 소리에 놀라 소리치니/ 몇번이나 근심스러운 일로 다시 어지러웠는가?

② 去僞存誠實이면 徒行却乘車라
　不須增飾貴이니 儉簡是良圖라
　거짓을 버리고 성실하게 하면/ 도보로 가다가 수레를 타게 된다/ 꾸밈을 더할 필요 없으니/ 검소하고 간략히 함이 잘하는 것이다

③ 可求未可求요 可信未可信이니
　波影見重光하고 退步不成進이라
　구할 수 있는 것도 구할 수 없고/ 믿을 수 있는 것도 믿을 수 없으니/ 물결과 그림자가 두 가지로 보이고/ 물러나기만 하고 나아갈 수가 없다

2. 六二(☶☷ → ☶☶)

【효사와 소상전】 육이는 그 수염을 꾸미도다(겉만 꾸민다). 상에 말하기를 '그 수염을 꾸밈'은 위와 더불어 일어나는 것이다(수염은 붙어 있는데 따라 움직이고 자주적으로 움직이는 것이 아니다).【六二는 賁其須로다. 象曰 賁其須는 與上興也라.】

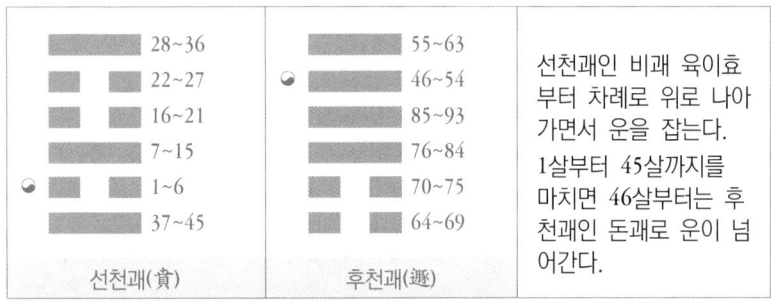

선천괘(賁)	후천괘(遯)	
28~36	55~63	선천괘인 비괘 육이효부터 차례로 위로 나아가면서 운을 잡는다. 1살부터 45살까지를 마치면 46살부터는 후천괘인 돈괘로 운이 넘어간다.
22~27	46~54	
16~21	85~93	
7~15	76~84	
1~6	70~75	
37~45	64~69	

◆ 양년 음년 똑같음

대축(26)	손(41)	규(38)	리(10)	태(58)	곤(47)
1	2	3	4	5	6

◆ 월괘

이·27	복·24	서합·21	진·35	무망·25	리·10	수·17	혁·49	취·45	비·8	곤·47	해·40
1월	2월	3월	4월	5월	6월	7월	8월	9월	10월	11월	12월

◆ 일괘

비(육이)	이·27	리·30	가인·37	명이·36	간·52
6 5 4 3 2 1	12 11 10 9 8 7	18 17 16 15 14 13	24 23 22 21 20 19	30 29 28 27 26 25	

【총괄해서 판단하면】

9 이 효는 다른 사람을 꾸며서, 같이 더불어 움직이는 자를 설명한 것이다. 그러므로 운이 맞는 사람은, 문장과 학문이 높은 사람으로, 위로 임금의 부름을 기다렸다가, 임금을 보좌해서 문명한 다스림을 편다.

운이 맞지 않는 사람도 또한 영민하고 널리 배운 사람으로, 상류上流의 습속을 좋아하고 하류의 습속을 미워하니, 항상 안정된 복을 누릴 수 있다.

세운을 만나면, 공직자는 사람들의 도움으로 성공하여 승진하게 되고, 구직자는 문장이 뛰어난 사람으로 윗사람의 이끌어줌이 있게 된다. 일반인은 사람들의 추천과 도움을 받아 경영하는 일에 막힘이 없게 된다. 다만 변해서 산천대축괘가 되면, 수레의 바큇살을 뽑히는 상이 되니, 때를 기다렸다가 움직여야 한다. 비록 자신을 알아주는 사람이 있다하더라도, 세력을 믿고 망동하면 꺾여 좌절되는 우환을 면치 못한다. 수가 흉한 사람은 넘어지고 패망해서 구원할 수 없으니, 약해서 혼자서는 자립할 수 없기 때문이다.

【글귀로 판단하면】

① 攀龍原有分이니 獨運竟難成이라
　遇鼠逢牛日이면 因人爲發明이라
　벼슬길 오름에 분수가 있으니/ 혼자의 운으론 이루기 어렵다/ 쥐(子)나 소(牛)의 날을 만나면/ 사람의 도움으로 피어나고 밝게 되리라

② 暗室復明輝하니 陽明實氣時라
　雲雷方散後에 萬里一星飛라

---

9 此爻是賁於人 而與之振作者也 故叶者 有文章 有學問 上以待君之求 而佐以文明之治 不叶者 亦性敏學廣 好習上品 惡居下流 可以常亨安靜之福 歲運逢之 在仕則有因人成事之功 而陞遷有地 在士則有文章之善 而得上應援 在庶俗得人提擧 而營爲無阻 但變得大畜興脫輹之象 亦要相時而動 雖有知己 不可恃勢妄作以取摧抑之患 數凶者喪仆而難救 弱不能立也

어두운 집이 다시 밝게 빛나니/ 양명한 기운이 충실할 때다/ 구름과 우레가 흩어진 뒤에/ 넓은 하늘에 별 하나 날아 가누나

③ 好借東風力하야 輕船穩到家하니
大人來接引하고 明月寄蘆花라
동풍의 힘을 잘 빌려서/ 가벼운 배로 집에 돌아오니/ 대인은 와서 영접하고/ 밝은 달은 갈대 꽃을 비춘다

3. 九三(䷕ → ䷽)

【효사와 소상전】 구삼은 꾸밈이 윤택하니, 오래하고 바르게 하면 길하리라. 상에 말하기를 '오래하고 바르게 해서 길함'은 마침내 능멸하지 못하는 것이다. 【九三은 賁如 濡如하니 永貞하면 吉하리라. 象曰 永貞之吉은 終莫之陵也니라.】

	22~30		46~51	선천괘인 비괘 구삼효부터 차례로 위로 나아가면서 운을 잡는다. 1살부터 45살까지를 마치면 46살부터는 후천괘인 소과괘로 운이 넘어간다.
	16~21		82~87	
	10~15		73~81	
●	1~9	●	64~72	
	40~45		58~63	
	31~39		52~57	
선천괘(賁)		후천괘(小過)		

◈ 양년(자·축·인·묘·진·사년)일 경우

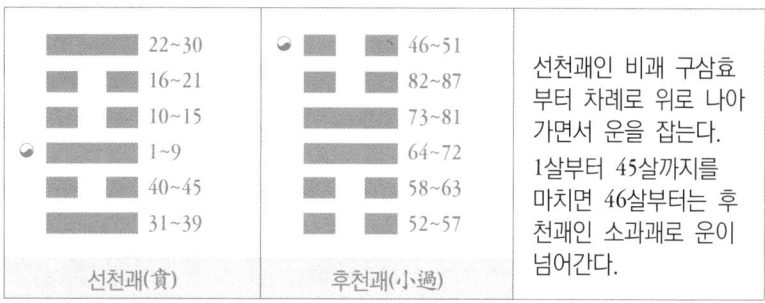

비(22)	명이(36)	복(24)	진(51)	수(17)	무망(25)	비(12)	송(6)	구(44)
1	2	3	4	5	6	7	8	9

◈ 음년(오·미·신·유·술·해년)일 경우

이(27)	복(24)	명이(36)	풍(55)	혁(49)	동인(13)	돈(33)	구(44)	송(6)
1	2	3	4	5	6	7	8	9

◈ 월괘

리·30	려·56	동인·13	건·1	혁·49	수·17	함·31	건·39	대과·28	항·32	곤·47	송·6
1월	2월	3월	4월	5월	6월	7월	8월	9월	10월	11월	12월

◈ 일괘

비(구삼)	리·30	가인·37	명이·36	간·52	대축·26
	6　5　4　3　2　1	12　11　10　9　8　7	18　17　16　15　14　13	24　23　22　21　20　19	30　29　28　27　26　25

【총괄해서 판단하면】

10 이 효는 편안한 상으로 편안한 곳에 처하는 도를 보여준 것이다. 그러므로 운이 맞는 사람은, 문장으로는 나라를 화려하게 잘 꾸미고, 도道로는 당대를 잘 경영하니, 반드시 높은 명망을 얻어 크게 귀하게 되고, 또 높은 관직을 얻는 사람이다.

운이 맞지 않는 사람도 또한 견문과 식견이 남다르고 덕행이 뛰어난 사람

---

10 此爻是安逸之象 而示以處逸之道者也 故叶者 文足以華國 道足以經時 必有淸名重望而爲大貴顯宦也 不叶者 亦是見識過人 德行邁俗 或則財穀豐盈 衣足食給 壽算永遠 得人助力 歲運逢之 在仕則贊助有人 而美職是任 在士則提援者多 而名可成 在庶俗則與之協力者衆 不必勞己力 而自然榮盛 縱有外撓是非 終不爲害也

이다. 혹 재산과 곡식이 풍부하고 장수하며, 자신을 도와주는 사람이 많게 된다.

세운을 만나면, 공직자는 도와주는 사람이 생겨서 자신의 직무를 훌륭히 수행하고, 구직자는 돕고 응원하는 사람이 많아서 명성을 이룬다. 일반인은 같이 더불어 협력하는 사람이 많은 관계로, 특별히 노력을 하지 않아도 자연히 크게 번창한다. 설사 밖으로부터 오는 시비에 휘말린다 하여도, 결국 해롭게 되지는 않는다.

【글귀로 판단하면】

1 坎宜須大吉이나 離地不堪行이라
江畔文書至하고 天邊秋月升이라
감괘는 마땅히 크게 길하나/ 리괘의 땅은 갈 수 없다/ 강가에 문서 오고/ 하늘 가에 달 솟는다

2 一物可守ㅣ 一事帶口하고
水落月圓하니 自然長久라
한 물건은 지킬 수 있고/ 한가지 일은 구설수를 띠었다/ 비는 오지 않고(내호괘 坎이 없어짐) 달은 둥그니/ 자연히 오래 간다

3 門庭多吉慶하니 潤色更增光이라
直待龍逢虎면 金蘭自有香이라
뜰앞(門庭)에 길한 경사가 많으니/ 색깔이 윤택하고 다시 빛을 더한다/ 용(辰)이 호랑이(寅)를 만나면/ 좋은 친구 만날 것이다

4. 六四 (☷→☶)

【효사와 소상전】 육사는 꾸미는 것이 희며 흰 말이 나는 듯 하니, 도적이 아니면 혼인하려는 것이다. 상에 말하기를 육사는 당한 위位가 의심스러운 것이니, '도적이 아니면 청혼한다'는 것은 마침내 허물함이 없는 것이다. 【六四

는 賁如 皤如하며 白馬 翰如하니 匪寇면 婚媾리라. 象曰 六四는 當位疑也니 匪寇婚媾는 終无尤也라.】

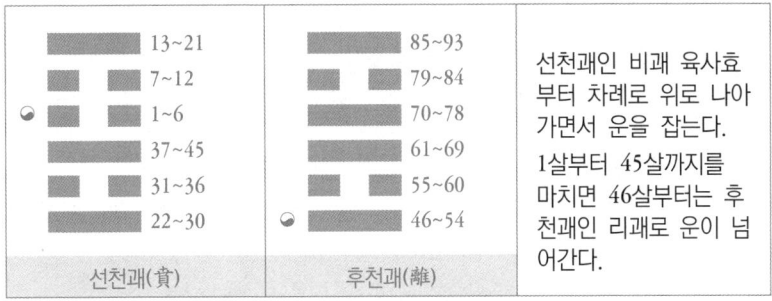

	13~21		85~93	선천괘인 비괘 육사효
	7~12		79~84	부터 차례로 위로 나아
○	1~6		70~78	가면서 운을 잡는다.
	37~45		61~69	1살부터 45살까지를
	31~36		55~60	마치면 46살부터는 후
	22~30	○	46~54	천괘인 리괘로 운이 넘
선천괘(賁)		후천괘(離)		어간다.

◈ 양년 음년 똑같음

리(30)	동인(13)	혁(49)	함(31)	대과(28)	곤(47)
1	2	3	4	5	6

◈ 월괘

가인·37	소축·9	기제·63	둔·3	건·39	함·31	정·48	승·46	감·29	환·59	곤·47	태·58
1월	2월	3월	4월	5월	6월	7월	8월	9월	10월	11월	12월

◈ 일괘

비(육사)	가인·37	명이·36	간·52	대축·26	이·27
6 5 4 3 2 1	12 11 10 9 8 7	18 17 16 15 14 13	24 23 22 21 20 19	30 29 28 27 26 25	

【총괄해서 판단하면】

11 이 효는 서로 연관된 발자취로 서로 구하는 마음을 표상한 것이다. 그

---

11 此爻是其相聯之跡 而象其相求之心也 故叶者 文高學廣 爲世標準 爲世老成

러므로 운이 맞는 사람은, 문장이 높고 학문이 넓어, 당대의 모범이 되고 당대의 원로로 추앙받는다. 주로 처음에는 어려웠다가 나중에는 획득하게 되고, 등용되거나 일을 이룸에 바로되지 않고 우회해서 되는 사람이다. 또한 '馬(말 마)'자는 오마(五馬:제후)를 뜻하고, '皤(흴 파)'자는 나이가 많은 것을 뜻하며, '翰(날개 한)'자는 빨리 나는 것을 뜻한다. 상대방을 도적으로 의심하다가, 도리어 내가 아끼고 사랑하는 사람이라는 것을 안다. 혹 등용되기 전에 이름을 이루고, 혹 순서를 뛰어넘어 책임을 맡게 되는 경우를 말하기도 한다.

운이 맞지 않는 사람도 또한 느지막한 나이에 결과를 얻게 된다. 단 젊어서는 절뚝거리고 어려운 처지이다.

세운을 만나면, 공직자는 처음에는 막혔다가 나중에 순조롭게 되고, 구직자는 처음에는 잃다가 나중에 얻게 되며, 일반인은 처음에는 어긋나다가 나중에 합하게 된다. 근심하는 가운데 기쁨이 있게 되고, 어두운 터널 속에서 밝음을 만나니, 비록 위태한 처지라도 결국 편안하게 된다. 미혼인 경우는 청혼이 들어오고, 수가 흉한 사람은 상복을 입게되니, 다 흰 말의 상이 있기 때문이다.

【글귀로 판단하면】

① 中心雖欲速이나 行奈却遷延가

守正無仇患이요 居安福自天이라

속마음은 비록 빨리 하고자 하나/ 가는 것이 지연되는 것을 어찌 할 것인가?/ 바름을 지키면 원수지는 일 없을 것이고/ 편안히 거처하면 복이 하늘로부터 올 것이다

主先難後獲 進取迂回 又馬爲五馬 皤者 高年 翰者 飛騰 疑彼以爲寇者 反以爲我之親愛 或成名不暇於進取 或歷任不依乎次序 不叶者 亦得晩景結果 但早年偃蹇 歲運逢之 在仕先阻後順 在士先失後得 在庶俗先睽後合 憂中有喜 暗底逢明 雖有危險 終得安寧 未合者婚媾 數凶者憂服 蓋有白馬之象故也

② 翰馬多淸潔요 孤鴻難遠留라

　啣蘆江上雁이 東上岸邊遊라

　흰 말은 청결한 것이 많고/ 외로운 기러기는 멀리 갈 수 없다/ 갈대를 물은 강위의 기러기가/ 동쪽으로 올라가 언덕가에서 논다

③ 曲中還有直하니 心裏須戚戚이라

　雲散月重明하고 千里風帆急이라

　굽은 가운데 오히려 곧은 것이 있으니/ 마음 속이 슬프다/ 구름 흩어지고 달은 거듭 밝으며/ 천리에 바람 탄 돛단배 급히 간다

5. 六五(䷕ → ䷱)

【효사와 소상전】 육오는 언덕과 동산에게 꾸밈이니(가까이 있는 어진이에게 도움을 받는 것이니), 묶은 비단이 자잘하면 인색하나 마침내 길하리라. 상에 말하기를 '육오의 길함'은 기쁨이 있음이라. 【六五는 賁于丘園이니 束帛이 戔戔이면 吝하나 終吉이리라. 象曰 六五之吉은 有喜也라.】

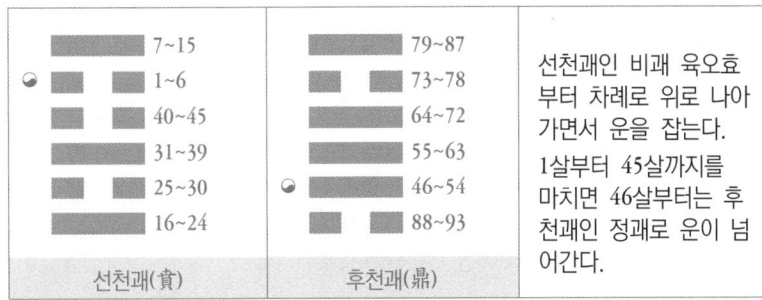

가인(37)	기제(63)	건(39)	정(48)	감(29)	곤(47)
1	2	3	4	5	6

◆ 양년 음년 똑같음

◆ 월괘

명이·36	복·24	겸·15	소과·62	승·46	정·48	사·7	몽·4	해·40	귀매·54	곤·47	취·45
1월	2월	3월	4월	5월	6월	7월	8월	9월	10월	11월	12월

◆ 일괘

	6 5 4 3 2 1	12 11 10 9 8 7	18 17 16 15 14 13	24 23 22 21 20 19	30 29 28 27 26 25
비(육오)	명이·36	간·52	대축·26	이·27	리·30

【총괄해서 판단하면】

12 이 효는 임금이 공손하고 검소함으로써 천하를 잘 다스리는 일을 들어, 그 결과가 좋다는 점괘를 말한 것이다. 그러므로 운이 맞는 사람은, 근본을 돈독히 하고 실질을 숭상하는 자로, 비록 고루하다는 비평을 들을 수도 있어 문채가 나는 데는 부족하다. 그러나 사치한 예절보다는 차라리 검소한 것이 낫다는 말처럼, 또한 순박하고 후덕한 풍속을 돈독히 할뿐, 천하의 재물을 모두 허비하지는 않는다. 전원田園이 넓고 수확물이 많으며, 돈과 비단을 축적하면서 아울러 장수하면서 끝에 가서는 경사가 있으니, 길한 사람이다.

운이 맞지 않는 사람은, 비천하고 더러우면서도 궁벽한 교외에 살면서 안빈낙도하는 선비로, 의식衣食이 부족하다.

---

12 此爻是人君以恭儉致天下之治 而因善其占者焉 故叶者 多敦本尚實 雖傷於固陋而不足以昭文采之觀 然禮奢寧儉 亦可敦淳厚之風 而不至於匱天下之財 不惟田園廣多 而且金帛積蓄 兼得壽慶善終 其爲吉人可知 不叶者 爲鄙吝喬野之逸士 而衣食不足 歲運逢之 在仕 閑官招聘 見任者福祿 衰老終壽 貴人獲利進取 大難就 小有喜

세운을 만나면, 공직자는 휴직하거나 한직인 상태에서 영전되는 부름을 받고 복록을 누리며, 천수를 누린다. 귀인은 이익을 얻고 등용된다. 큰 일은 이루기 어렵고 작은 일에는 기쁨이 따른다.

【글귀로 판단하면】
① 福祿從天降하니 門中喜氣新이라
　　去奢從儉約이면 終保大元亨이라
　　복록이 하늘로부터 내려오니/ 문중에 기쁜 기운 새롭다/ 사치 버리고 검약을 따르면/ 끝에 가서 크게 착하고 형통하리라
② 內包爻爻帛나 丘園志士心이라
　　吉中無咎尅하니 東南有佳音이라
　　안으로 잔잔한 비단 품고 있으나/ 동산을 꾸미니 지사(志士)의 마음이다/ 길한 가운데 허물과 극되는 것 없으니/ 동남쪽에서 아름다운 소식 있다
③ 舊事淹留過나 而今已變通이라
　　草頭人笑後하나 宜始不宜終이라
　　옛일 결말짓지 못하고 지났으나/ 이제 이미 변통되었다/ 초두(草)가 들은 사람이 뒤에서 웃으나/ 처음은 좋지만 끝은 좋지 않다

6. 上九(☲☶ → ☷☶)

【효사와 소상전】 상구는 소박하게 꾸미면 허물이 없으리라. 상에 말하기를 '소박하게 꾸미면 허물이 없음'은 위에 있으면서 뜻을 얻음이라. 【上九는 白賁면 无咎리라. 象曰 白賁无咎는 上得志也라.】

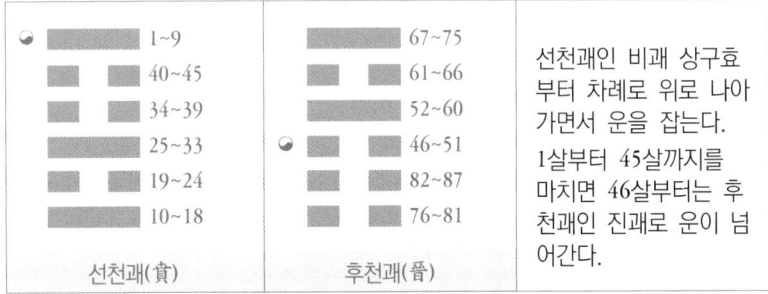

선천괘인 비괘 상구효부터 차례로 위로 나아가면서 운을 잡는다. 1살부터 45살까지를 마치면 46살부터는 후천괘인 진괘로 운이 넘어간다.

◈ 양년(갑·병·무·경·임년)일 경우

비(22)	이(27)	복(24)	곤(2)	사(7)	승(46)	항(32)	대과(28)	구(44)
1	2	3	4	5	6	7	8	9

◈ 음년(을·정·기·신·계년)일 경우

명이(36)	복(24)	이(27)	박(23)	몽(4)	고(18)	정(50)	구(44)	대과(28)
1	2	3	4	5	6	7	8	9

◈ 월괘

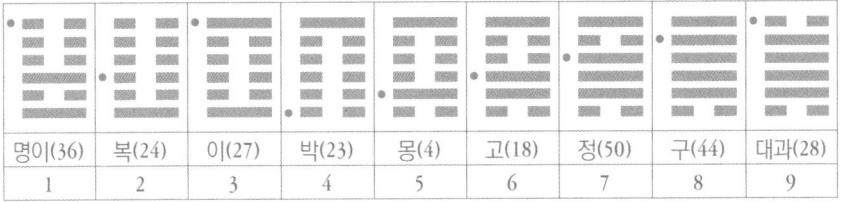

간·52	려·56	고·18	손·57	몽·4	사·7	미제·64	규·38	송·6	비·12	곤·47	대과·28
1월	2월	3월	4월	5월	6월	7월	8월	9월	10월	11월	12월

◈ 일괘

비(상구)	간·52	대축·26	이·27	리·30	가인·37
6 5 4 3 2 1	12 11 10 9 8 7	18 17 16 15 14 13	24 23 22 21 20 19	30 29 28 27 26 25	

【총괄해서 판단하면】

13 이 효는 꾸밈이 극하게 되자 다시 본질로 돌아와, 화를 면하게 되는 자를 설명한 것이다. 그러므로 운이 맞는 사람은, 고대의 사람처럼 질박한 덕이 있고, 학문은 고금에 통해있다는 명성을 얻는 자로, 복과 의식주가 풍부하고 넉넉하다.

운이 맞지 않는 사람은, 곧은 성격으로 고요히 그쳐있는 편안한 것을 추구하는 사람이니, 때에 따라 의식衣食이 풍족할 때도 있고 모자랄 때도 있다.

세운을 만나면, 공직자는 반드시 승진하고 영전하며, 구직자는 등용되어 뜻을 펼친다. 일반인은 경영하는 일이 소박하면서도 실질이 있어서, 낭비하여 재물이 흩어지게 하지 않는다. 수가 흉한 사람은 반드시 상복을 입게 되고, 혹은 외가쪽으로 상을 당한다.

【글귀로 판단하면】

① 務本歸誠實하니 何須更飾非아
　春風依舊到하니 花發去年枝라
　근본을 힘쓰고 성실하게 살아가니/ 다시 무엇하러 그른 것을 꾸미겠는가?/ 봄바람이 옛과 같이 오니/ 꽃이 작년의 가지 위에 핀다

② 素質本無采하니 天星照遠空이라
　一朝乘騎氣면 霄漢片時冲이라
　흰 바탕에 본래 채색 없으니/ 하늘의 별이 먼 공중을 비춘다/ 하루 아침에 말을 얻어 타게 되면/ 은하수 있는 하늘을 잠깐 동안 찌를 것이다

③ 明月團圓하고 顏色欣然하니 風雲相會에 和合萬年이라
　달은 둥글어 밝고/ 안색은 흔연히 기쁘니/ 바람 구름 서로 모임에/ 만년을 화합하리라

---

13 此爻是賁極反本 而可免過者也 故叶者 有古人質朴之德 學問貫世之名 而福澤豐裕 不叶者 質直恬靜之人 而隨時衣食 歲運逢之 在仕必主陞遷 在士必主進取得志 在庶俗經營朴實 而無浮蕩之失 數凶者必有服制 或有外戚之孝也

山地剝(23)
艮上 坤下
산 지 박

박괘 개요

【괘사와 대상전】 박은 나아가는 것이 이롭지 않다. 상에 말하기를 산이 땅에 붙어 있는 것이 박괘니, 윗사람(임금)이 본받아서 아래를 두텁게해서 집을 편안하게 하느니라. 【剝은 不利有攸往하니라. 象曰 山附於地 剝이니 上이 以하야 厚下하야 安宅하나니라.】

【총괄해서 판단하면】

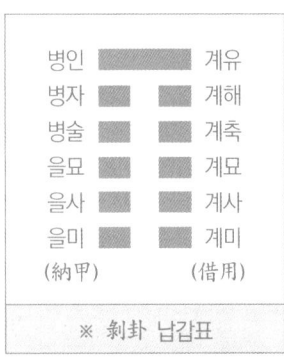

※ 剝卦 납갑표

1 이 괘를 얻은 자는 귀인이 많으나, 단 외로운 고아로 형극刑剋을 면치 못한다. 건궁의 5세괘로 9월에 속한다. 내괘의 납갑은 을미·을사·을묘이고 외괘의 납갑은 병술·병자·병인인데, 계묘·계사·계미와 계유·계축·계해를 빌려서도 쓴다. 여자일 경우는 9월에 태어난 사람과, 태어난 년도의 간지가 납갑의 간지 및 차용납갑의 간지에 합치되는 사람은 부귀와 공명을 누리게 된다.² 그 외의 사람들은 형제간에 화목하지 못하여 떨

---

1 得此卦者 多作貴人 但未免孤立刑剋 乾宮五世 卦屬九月 納甲 是乙未乙巳乙卯 丙戌丙子丙寅 借用癸卯癸巳癸未 癸酉癸丑癸亥 女命生於九月之間及納甲者 功名富貴人也 其餘得之者 未免兄弟不睦 離遷移坎坷不利

2 각 괘의 월月계산법은 중천건괘(1)와 중지곤괘(2) 항에서 설명하였다. 박괘의 세효인 육오효는 음효이므로, 초효부터 오효까지 세면 술戌에서 끝난다(초효는 오, 이효는 미, 삼효는 신, 사효는 유, 오효는 술). 지지의 술은 9월에 해당하므로, 박괘가 9월괘

어져 살며, 평탄하지 못한 삶을 산다.

운세로 보면 산지박괘(䷖)는 상괘는 간(☶)이고 하괘는 곤(☷)이며, 가운데에 호괘로 곤(☷)이 있는 상이다. 음이 많고 양이 적으니, 소인은 많은데 군자는 혼자이다. 음이 양을 깎아내리는 때이니, 소인이 군자를 범하는 뜻이 있다. 이 괘는 재앙과 요절하고 망하게 됨이 많은 상이니, 여러 음이 양 하나를 깎아 없애서, 그 지위地位를 없게 하는 것이다. '剝(깎을 박)'자는 떨어진다는 뜻이다. 군자가 이런 괘를 얻으면, 깎이고 떨어지는 상이 된다.

【팔궁세혼법으로 판단하면】

건궁의 임금에 해당하는 괘로, 육오효(임금)가 세효世爻이며, 대부에 해당하는 육이효가 응효이다. 육오효가 제자리를 얻지 못한데다, 두 효가 서로 음양으로 응하지 못하니, 어려움이 따른다. 또 육오효의 지지인 자(子水)가 육이효의 지지인 사(巳火)를 극하니, 바르지 못한 덕으로 중정한 신하를 해롭게 하는 격이다. 또 초육효의 지지인 미(未土)와 육사효의 지지인 술(戌土)이 세효인 육오효를 극하니(土克水) 더욱 힘들다. 음이 이미 크게 자라 마지막 남은 양효(상구)만을 남겨놓은 상태이나, 박괘는 건궁乾宮에 속한 괘로 본체가 금金에 해당하니, 초육과 육사가 본체를 생하는 동시에(土生金), 자(子水)를 더이상 극하지 않으므로 다시 살아나는 뜻이 있다.

음에게 모든 양이 다 깎이고 마지막 하나가 남은 상으로, 양의 기운이 쇠락하는 때이다. 음이 양을 깎는 때이므로, 선의나 성의가 통하지 않으니, 모든 일에 신중히 처신하여야 한다. 몸은 병들어 마르고, 하는 일도 그 궤도가 무너진다. 생활은 불안정하나 좌절할 필요는 없다. 최종 한가닥 희망은 남겨두어야 하니, 바로 농부가 굶어죽을 지언정 씨앗은 남기는

가 되는 것이다. 따라서 9월을 주관하는 괘가 되고, 9월에 태어난 사람은 때를 얻음이 된다.

뜻이다. 이렇게 씨앗을 남겨두면, 오랫동안의 비바람으로 높은 산이 점차 마모되어 평지가 되면, 그 곳에 모든 곡식이 뿌리를 내리고 사는 격으로, 안정될 때가 있다.

【글귀로 판단하면】

① 厚下且安宅하고 先防不測灾하라 動中主悔吝하니 憂戚總難開라
 아래를 두텁게 하고 또한 집안을 편안히 하며/ 먼저 예기치 못할 재앙을 막으라/ 움직이면 뉘우치고 인색해지니/ 근심과 슬픔을 다 타개하기 어렵다

② 剝至事雖傷이나 陰人恐在牀이라
 朝雲無定處하니 得雨始無妨이라
 박괘가 오니 일이 비록 슬프나/ 음침한 사람(陰人)이 평상에 있을까 두렵다/ 아침 구름은 정해진 곳이 없으니/ 비를 얻어야 비로소 무방할 것이다

1. 初六(☷ → ☶)

【효사와 소상전】 초육은 상의 다리를 깎음이니 바른 것을 멸함이라. 흉하다. 상에 말하기를 '상의 다리를 깎는다'는 것은 아래를 멸하는 것이다. 【初六은 剝牀以足이니 蔑貞이라 凶토다. 象曰 剝牀以足은 以滅下也라.】

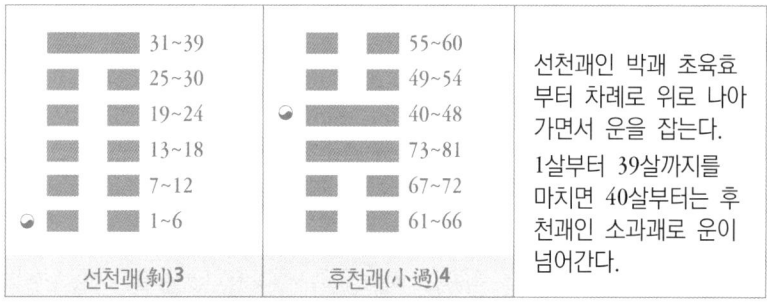

선천괘인 박괘 초육효부터 차례로 위로 나아가면서 운을 잡는다.
1살부터 39살까지를 마치면 40살부터는 후천괘인 소과괘로 운이 넘어간다.

◈ 양년 음년 똑같음5

이(27)	손(41)	대축(26)	대유(14)6	건(1)	쾌(43)
1	2	3	4	5	6

◈ 월괘

몽·4	환·59	고·18	승·46	정·50	대유·14	구·44	돈·33	대과·28	곤·47	쾌·43	수·5
1월	2월	3월	4월	5월	6월	7월	8월	9월	10월	11월	12월

3 40~48살까지는 후천괘인 소과괘 사효 항을, 55~60살까지는 소과괘 상효 항을, …, 73~81살까지는 소과괘 삼효 항을 살펴보면 그 사람의 운이 된다(◐나 ●표시 한 곳이 해당하는 효를 가리키고, 밑에서부터 초효·이효·삼효·사효·오효·상효로 나눈다).

4 사주의 숫자로 괘를 만들어서 박괘 초효에 원당이 있다면, 1~6살까지는 박괘 초효 항을, 7~12살까지는 박괘 이효 항을, …, 31~39살까지는 박괘 상효 항을 가서 살펴 보면 된다.

5 해마다의 운인 유년운의 진행은 양효(━)일 때와 음효(╴╴)일 때가 다른데, 그 자세한 예는 중천건괘(1) 초구효, 중지곤괘(2) 초육효와 육이효, 수뢰둔괘(3) 초구효와 육삼효, 산수몽괘(4) 초육효와 육사효 항에 유년운에 속한 월운月運의 예와 함께 실려 있으므로 참고하면 된다.

6 위의 도표에서 '대유(14)'라고 한 것은 괘명은 대유괘大有卦고 64괘 중에 14번째 괘라는 뜻이며, '쾌(43)'이라고 한 것은 괘명은 쾌괘夬卦고 64괘 중에 43번째에 해당한다는 뜻이다. 나머지 괘도 이와같은 방식으로 본다. 따라서 앞의 목차에서 번호의 순서대로 찾으면, 해당하는 괘를 쉽게 찾을 수 있다. 또 월괘月卦에서 '몽·4' 등으로 표시한 것도, 괘명은 몽괘蒙卦고 64괘 중에 4번째라는 뜻이다.

◆ 일괘 7

박(초육)	몽·4	간·52	진·35	관·20	곤·2

【총괄해서 판단하면】

8 이 효는 소인이 바름을 해치는 상에 비교하여, 그러한 사실을 점괘로써 경계한 것이다. 그러므로 운이 맞는 사람은, 군자라고 할 수 있으나, 다만 귀한 기운과 복의 양이 적은 사람이다.

운이 맞지 않는 사람은, 발은 쉴새 없이 바쁘고, 일에는 정해진 규범이 없다. 혹 소인의 침해를 받고, 혹은 스스로 재앙을 만드니, 국량이 좁은 어리석은 사람이다.

세운을 만나면, 공직자는 나아감에 기미를 살펴 때에 맞춰서 쓰거나 버리는 것을 택하는 도를 따른다. 그 나머지는 혹 손과 발에 병이 생기고, 수족처럼 부리던 노비奴婢에 손실이 생기며, 혹 형제가 화목하지 못하게 된다. 오직 고쳐 만들거나, 토목공사를 일으키는 데는 좋다. 수가 흉한 사람은 몸과 집을 망치고, 꾀하는 일을 이루지 못한다.

【글귀로 판단하면】

① 牀足如雲剝하니 於人失所安이라

---

7 그 날의 운(日運)과 더 세분해서 시운時運을 알고 싶으면, 앞의 일괘日卦와 시괘時卦 설명을 참조해서 계산하면 된다. 자세한 예는 건(1)~송(6)괘의 초효 항에 있으므로 참고바람.

8 此爻是擬小人害正之象 而因占以戒之者也 故叶者 亦可爲君子 惟貴氣淺 福量狹 不叶者 足不停止 事無定規 或小人侵害 或自己生災 爲斗筲之鄙夫 歲運逢之 在仕者 則進宜見機相時 而觀其用舍之道 其餘則或手足之災 奴婢之損 或兄弟不睦 惟利於修造 興土木之事 凶則身亡家破 營謀不遂

旣無眞正道하니 於禍可勝言이라

상다리가 구름같이 깎이니/ 사람이 편안한 곳 잃었다/ 이미 진정한 도가 없으니/ 화禍가 올 것을 알 수 있다

② 凶象滅牀足하니 其中蔑貞凶이라

斷橋人莫過하니 其中犬吠同이라

흉한 형상이 상다리를 멸하니/ 바른 것을 멸하게 되어 흉하다/ 끊어진 다리(橋)엔 사람이 다니지 않으니/ 그 속에서 개들만 짖고 있다

③ 上接下不穩하고 上安下不護라

絞繞更相纏하니 平地風波妬라

윗사람은 접대하려 하나 아래가 편치 않고/ 윗사람은 편안코자 하나 아래가 보호하지 않는다/ 꼬이고 얽힌 것을 다시 서로 얽으니/ 평지에서 풍파와 투기가 일어난다

2. 六二(☷→☶)

【효사와 소상전】 육이는 상의 판을 깎음이니, 바른 것을 멸함이라. 흉하다. 상에 말하기를 '상의 판을 깎는 것'은 더부는 이가 없기 때문이다. 【六二는 剝牀以辨이니 蔑貞이라 凶토다. 象曰 剝牀以辨은 未有與也일새라.】

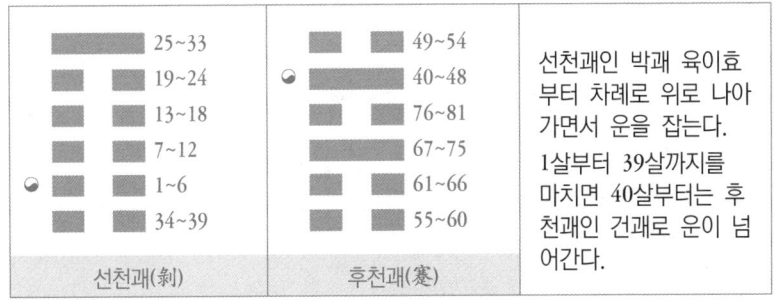

선천괘(剝)	후천괘(蹇)	
25~33	49~54	선천괘인 박괘 육이효부터 차례로 위로 나아가면서 운을 잡는다. 1살부터 39살까지를 마치면 40부터는 후천괘인 건괘로 운이 넘어간다.
19~24	40~48	
13~18	76~81	
7~12	67~75	
1~6	61~66	
34~39	55~60	

◈ 양년 음년 똑같음

몽(4)	고(18)	정(50)	구(44)	대과(28)	쾌(43)
1	2	3	4	5	6

◈ 월괘

간·52	겸·15	려·56	리·30	돈·33	구·44	함·31	취·45	혁·49	기제·63	쾌·43	대장·34
1월	2월	3월	4월	5월	6월	7월	8월	9월	10월	11월	12월

◈ 일괘

박(육이)	간·52	진·35	관·20	곤·2	이·27

【총괄해서 판단하면】

9 이 효는 소인의 화가 더욱 가까와져서, 군자가 반드시 상하게 됨을 설명한 것이다. 그러므로 운이 맞는 사람은, 부귀한 사람으로, 항시 충성되고 곧은 마음을 품고 있으나, 오히려 간사하고 치우친 비방을 받는다. 운이 맞지 않는 사람은, 일을 함에 쉬지 못하고, 가계를 꾸려나가기 어려우며, 친척 중에 의탁하고 돌봐줄 사람이 없으며, 혼인이 잘 안되는 경우가 많다.

세운을 만나면, 공직자는 직책에서 쫓겨나게 되고, 구직자는 등용되기 어

---

9 此爻是小人之禍愈近 君子不免於所傷者也 故叶者 主富貴之人 常懷忠直之心 多招邪詖之謗 不叶者 立足不閑 家計難立 親眷無倚 婚姻有虧 歲運逢之 在仕防黜降 士子進取難成 常人幹謀不遂 或卑者侵凌 尊者猜忌

려우며, 일반인은 경영하며 꾀하는 일이 이루어지지 않는다. 혹 지위가 낮은 사람은 능멸당하고 침탈을 받는 수모를 겪고, 존귀한 사람은 시기와 모함을 받는다.

【글귀로 판단하면】
① 乘勢陷他人이나 須防損自身이라
若能常守正이면 僅可免災迍이라
권세를 믿고 남을 모함하나/ 자신도 다치는 것을 방비해야 한다/ 만약 항상 바름을 지킬 수 있다면/ 겨우 재앙과 어려움을 면할 것이다
② 牀剝轉侵殘하니 謀安未見安이라
晚江桃李綻하니 驚直雪霜寒이라
상이 깎이어 점점 다 떨어져 가니/ 편안하려 해도 편안하지 못하다/ 늦으막하게 강가에 복숭아꽃 오얏꽃 피었으니/ 곧바로 찬서리 만나 놀라게 되리라
③ 事相干ㅣ 人相牽하니
去住尙悠然이나 一關復一關이라
일은 서로 간섭하게 되고/ 사람은 서로 끌리게 되니/ 가는 것은 아직 유연하나/ 관문 하나 통과하니 또 다시 관문일세

3. 六三(☷→☶)

【효사와 소상전】 육삼은 음이 양을 깎아먹는 시대에 동조를 안하니 허물이 없느니라. 상에 말하기를 '깎는 허물이 없다' 함은 위와 아래의 동료를 따르지 않고 잃었기 때문이다. 【六三은 剝之无咎니라. 象曰 剝之无咎는 失上下也일새라.】

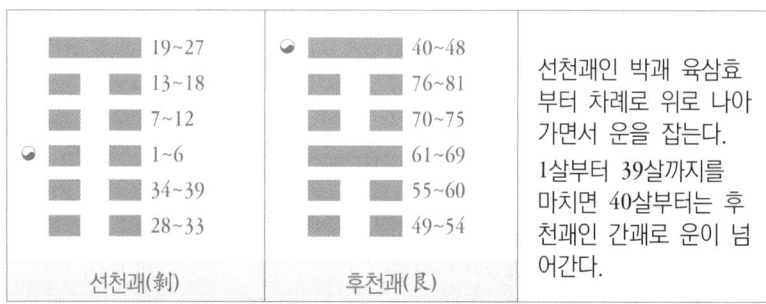

선천괘인 박괘 육삼효부터 차례로 위로 나아가면서 운을 잡는다.
1살부터 39살까지를 마치면 40살부터는 후천괘인 간괘로 운이 넘어간다.

◆ 양년 음년 똑같음

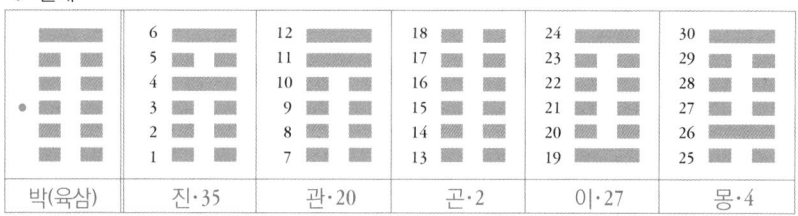

간(52)	려(56)	돈(33)	함(31)	혁(49)	쾌(43)
1	2	3	4	5	6

◆ 월괘

진·35	서합·21	비·12	송·6	취·45	함·31	수·17	둔·3	태·58	귀매·54	쾌·43	건·1
1월	2월	3월	4월	5월	6월	7월	8월	9월	10월	11월	12월

◆ 일괘

박(육삼)	진·35	관·20	곤·2	이·27	몽·4
	6	12	18	24	30
	5	11	17	23	29
	4	10	16	22	28
	3	9	15	21	27
	2	8	14	20	26
	1	7	13	19	25

【총괄해서 판단하면】

10 이 효는 소인이 선함을 따르는 것을 깊이 칭찬한 것이다. 그러므로 운

---

10 此爻是小人之能從善而深與之者也 故叶者 多是貴人 特立獨奮 異俗超羣 學古之勤 行道之力 不叶者 薄德淺福 歲運逢之 在仕者遇明主 逢大臣 常人難遇知己 生涯薄淡 欲求名利 異路爲高 且小象有失上下之辭 或難免父母妻子之憂 須防

이 맞는 사람은, 귀인이면서 특별히 혼자서 발분하여 속된 무리들을 초월하며, 옛 성현들의 근면함을 배우고, 도를 힘써 행한다.
운이 맞지 않는 사람은, 박덕하고 복이 없는 사람이다.
세운을 만나면, 공직자는 현명한 임금을 만나고 훌륭한 신하를 만난다. 일반인은 자신을 알아주는 사람을 만나기 어렵고, 생애가 미미하다. 명리名利를 구하려면 주변의 사람들과 노선을 달리해야 높아진다. 또한 소상전에 윗사람과 아랫사람을 잃어버린다는 말이 있으니, 혹 부모와 처자 등 권속을 잃는 우환이 따르지 않을까 염려되므로, 방지하도록 노력하여야 한다.

【글귀로 판단하면】

① 九九未能前하니 淹留進莫先이라
西南交一友하야 同棹過蓬川이라
81일 동안 앞으로 가지 못하니/ 정체해 있고 먼저 나가지 못한다/ 서남쪽에서 벗하나 사귀어/ 같이 노저으며 봉천을 지나간다

② 上下分ㅣ 憂愁釋ㅣ
千嶂雲ㅣ 一輪月이라
위와 아래는 나뉘고/ 근심걱정은 풀리며/ 깊은 산 봉우리들은 구름끼고/ 달은 둥글었다

4. 六四(☶ → ☶)

【효사와 소상전】 육사는 상을 깎아 피부까지 옴이니 흉하니라. 상에 말하기를 '상을 깎아 피부까지 옴'은 재앙이 절박하게 가까운 것이다. 【六四는 剝牀以膚니 凶하니라. 象曰 剝牀以膚는 切近災也라.】

之可也

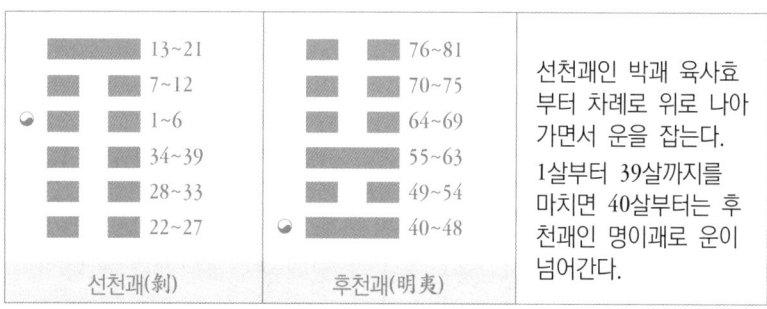

선천괘인 박괘 육사효부터 차례로 위로 나아가면서 운을 잡는다.
1살부터 39살까지를 마치면 40살부터는 후천괘인 명이괘로 운이 넘어간다.

◆ 양년 음년 똑같음

진(35)	비(12)	취(45)	수(17)	태(58)	쾌(43)
1	2	3	4	5	6

◆ 월괘

관·20	환·59	비·8	건·39	둔·3	수·17	절·60	림·19	수·5	소축·9	쾌·43	대과·28
1월	2월	3월	4월	5월	6월	7월	8월	9월	10월	11월	12월

◆ 일괘

	6 5 4 3 2 1	12 11 10 9 8 7	18 17 16 15 14 13	24 23 22 21 20 19	30 29 28 27 26 25
박(육사)	관·20	곤·2	이·27	몽·4	간·52

【총괄해서 판단하면】

11 이 효는 음의 화가 몸에 절실하게 가까운 상태를 설명한 것이다. 그러

---

11 此爻是陰禍切身者也 故叶者 以陰剝陽 權重勢盛 雖作貴人 終失大體 且變得
晉四爻 鼫鼠之屬 貪而畏人 不叶者 機深禍大 作孼自戕 縱有利名 終無嗣續 歲

므로 운이 맞는 사람은, 음으로써 양을 깎아먹으니, 권세가 드높다. 비록 귀인이 된다 하더라도, 결국 모든 것을 잃게 될 것이다. 또한 변해서 화지진괘(䷢) 구사효의 의심 많고 질투 많은 날다람쥐의 위태함이 있으니, 남의 것을 탐내면서 다른 사람을 두려워한다.

운이 맞지 않는 사람은, 기틀이 깊은 만큼 환난도 커서, 스스로 죄를 지어 자신에게 상처를 주니, 잇속과 명예가 있더라도 결국 이어나가지를 못한다.

세운을 만나면, 공직자는 참소와 사악함으로 인한 해악을 방지해야 하고, 구직자는 아름다운 모임을 만나기 어려우며, 일반인은 위태하고 험한 길을 걸으니, 다툼과 송사 그리고 형극刑剋이 계속해서 생긴다.

【글귀로 판단하면】

① 困夢何時解오 重春喜可來라

　山推因附地에 移竹就園栽라

　곤한 꿈 언제나 풀릴까?/ 봄 거듭 오면 기쁨 올 수 있네/ 산 무너져 된 평지에서/ 대나무 옮겨 동산에 심었네

② 枕畔不堪聞하니 渺茫如闇日이라

　風雨急然來하니 移身別處立하라

　자고 일어나도 좋아지는 소식 없으니/ 아득하기가 어두운 날 같다/ 비바람 급하게 몰아치니/ 몸 옮겨 다른 곳에 서라

5. 六五(䷖→䷓)

【효사와 소상전】 육오는 고기를 꿰어서(음 또는 소인들을 통솔해서) 궁인과 같이 총애를 얻으면 이롭지 않음이 없으리라. 상에 말하기를 '궁인과 같이 총

運逢之 在仕防讒邪之害 在士難遇佳會 在庶俗履危蹈險 爭訟刑剋之疊生

애를 얻음'은 마침내 허물이 없으리라. 【六五는 貫魚하야 以宮人寵이면 无不利리라. 象曰 以宮人寵은 終无尤也리라.】

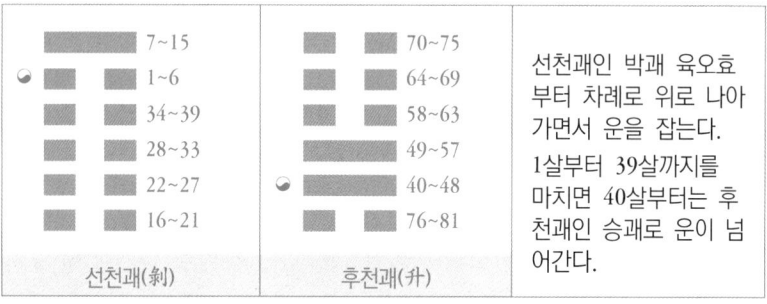

선천괘인 박괘 육오효부터 차례로 위로 나아가면서 운을 잡는다. 1살부터 39살까지를 마치면 40살부터는 후천괘인 승괘로 운이 넘어간다.

◆ 양년 음년 똑같음

관(20)	비(8)	둔(3)	절(60)	수(5)	쾌(43)
1	2	3	4	5	6

◆ 월괘

곤·2	겸·15	복·24	진·51	림·19	절·60	태·11	대축·26	대장·34	항·32	쾌·43	혁·49
1월	2월	3월	4월	5월	6월	7월	8월	9월	10월	11월	12월

◆ 일괘

박(육오)	곤·2	이·27	몽·4	간·52	진·35
6 5 4 3 2 1	12 11 10 9 8 7	18 17 16 15 14 13	24 23 22 21 20 19	30 29 28 27 26 25	

【총괄해서 판단하면】

12 이 효는 무리를 이끌어 선하게 살도록 하면, 그 얻는 이익이 큼을 설명한 것이다. 그러므로 운이 맞는 사람은, 크게 귀한 사람으로, 혹 문과

무를 겸비한 사람이니, 유일한 양효이며 군자인 상구효와 친한 바른 사람이다.
운이 맞지 않는 사람도 또한 소인의 위에 있으면서, 부호에게 의지하여 의식衣食이 족한 사람이다. 만약에 여자라면 복이 있고 귀한 사람이니, 반드시 낮고 천한데서부터 시작하여 높고 귀하게 된다.
세운을 만나면, 공직자는 관직이 더욱 높아지고 많아지며 요직에 등용된다. 구직자는 시험에서 반드시 수석을 차지하며 명성을 얻는다. 일반인은 꾀하는 일이 더욱 잘되고, 사람들이 화합되며, 궁궐같이 큰 집에서 거처한다. 여자는 재물을 늘리고, 집안을 화평하게 하여 복이 생기게 한다.

【글귀로 판단하면】

1 遇時方不利하나 遷善可有終이라
  引類同升進이면 將來獲寵榮이라
  불리한 때를 만났으나/ 개과천선하면 끝이 좋을 수 있다/ 동류를 이끌고 같이 올라가면/ 머지않아 총애와 영광 얻을 것이다

2 夫貫羣魚在水邊하니 佳人相遇汲淸泉이라
  塵埃年見不能奮하니 便趁行人赴楚園하라
  지아비가 뭇 고기를 꿰어 물가에 있으니/ 아름다운 사람 서로 만나 맑은 샘 긷는다/ 티끌 먼지가 해마다 보이나 떨치지 못하니/ 곧 행인 따라 초나라 동산으로 가거라

3 圓又缺ㅣ 缺又圓하니
  低低密密要周旋이면 問之來時始有緣이라
  둥글었다 또 이지러지고/ 이지러졌다가 또 둥글어지니/ 가만 가만히

---

12 此爻是率衆以從善 其獲利之大者也 故叶者 爲大貴人 或文武相兼 蓋親上九之正人 不叶者 亦居小人之上 倚靠富豪 而衣食自足 若女人 有福有貴 必自卑下而致高大 歲運逢之 在仕必加官進職 位居權要 在士考校 必居諸士之首 而名可成 在庶俗營謀拔萃 人情和合 宮觀住持 婦人進財 家和福生

치밀하게 주선하면/ 비로소 인연이 오게 될 것이다

6. 上九(☶→☷)

【효사와 소상전】 상구는 큰 과일은 먹지 않으니, 군자는 수레로 모셔지고 소인은 집을 깎아 망치리라. 상에 말하기를 '군자는 수레로 모셔진다'는 것은 백성이 존경해서 싣는 바요, '소인은 집을 깎아 망친다'는 것은 마침내 쓰지 못함이라. 【上九는 碩果不食이니 君子는 得輿하고 小人은 剝廬리라. 象曰 君子得輿는 民所載也오 小人剝廬는 終不可用也라.】

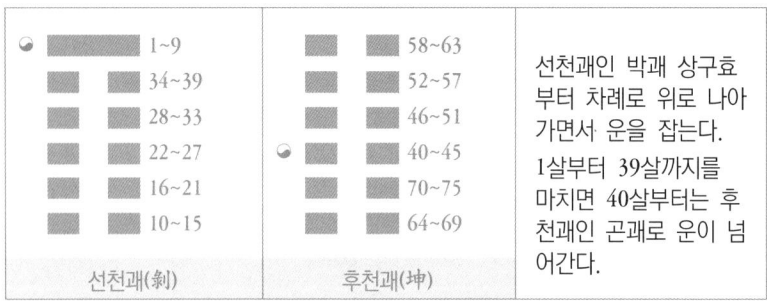

선천괘인 박괘 상구효부터 차례로 위로 나아가면서 운을 잡는다.
1살부터 39살까지를 마치면 40살부터는 후천괘인 곤괘로 운이 넘어간다.

◆ 양년(갑·병·무·경·임년)일 경우

박(23)	간(52)	겸(15)	명이(36)	태(11)	림(19)	귀매(54)	태(58)	리(10)
1	2	3	4	5	6	7	8	9

◆ 음년(을·정·기·신·계년)일 경우

곤(2)	겸(15)	간(52)	비(22)	대축(26)	손(41)	규(38)	리(10)	태(58)
1	2	3	4	5	6	7	8	9

◆ 월괘

이·27	서합·21	손·41	중부·61	대축·26	태·11	대유·14	정·50	건·1	동인·13	쾌·43	태·58
1월	2월	3월	4월	5월	6월	7월	8월	9월	10월	11월	12월

◆ 일괘

박(상구)	이·27	몽·4	간·52	진·35	관·20
	6 5 4 3 2 1	12 11 10 9 8 7	18 17 16 15 14 13	24 23 22 21 20 19	30 29 28 27 26 25

【총괄해서 판단하면】

13 이 효는 다 깎아 없애고 난 후에 양 하나가 남아있는 상태로, 군자와 소인의 점괘가 다름을 말한 것이다. 그러므로 운이 맞는 사람은, 좋은 수레를 타는 높은 지위에서 백성이 복종하게 되니, 난세를 그치게 하고 치세를 여는 주체자이다.

운이 맞지 않는 사람은, 덕이 없는 소인으로 조상의 덕업을 무너뜨리고 집안을 망치며, 친척을 상하게 하고 윗사람을 범한다. 기술과 예능에 재주가 있더라도 또한 세상에 쓸모있지가 못하다.

세운을 만나면, 공직자는 권력을 쥐게 되고, 구직자는 천거를 받고 자신을 알아주는 사람을 만나서, 명예를 이루게 된다. 일반인은 근신하고 공적인 일을 받들며 법을 지키면, 보호해주는 사람이 생겨 몸을 보존할 수

---

13 此爻是一陽存于剝盡之餘 而君子小人異其占者也 故叶者 居大位 乘車馬 服民心 而爲弭亂開治之主 不叶者 乃無德小人 破祖敗家 傷親犯上 縱有技藝亦無用于世 歲運逢之 在仕有權柄 在士得薦譽 逢知己 而名就 在庶俗而謹愼 奉公守法 斯有庇護而可保無虞 經營者多生意 或修造宮室 數凶變坤上爻 其血玄黃之象 防下人侵損 死喪將臨 少年不利 有子不孤

있으며 걱정도 없게 된다. 경영하는 일은 좋은 일이 많이 생긴다. 혹 궁궐이나 집을 수축한다. 수가 흉하면 변해서 중지곤괘 상육효에 그 피가 검고 누르게 되는 상이 있으니, 아랫사람이 침탈하고 손실을 끼치는 것을 막아야 하며, 곧 죽게 될 것이다. 어려서는 불리하고, 자식이 있다면 외롭게 되지는 않는다.

【글귀로 판단하면】

① 君子存天理하야 生生道不窮이나

　小人多昧此하야 難免剝廬凶이라

　군자는 하늘의 이치를 보존하여/ 나고 또 나는 도가 끝이 없으나/ 소인은 이것을 모르는 이 많아서/ 집을 깎아 버리는 흉함을 면하기 어렵다

② 君德覆羣陰하니 爻辭君子貞이라

　一朝丹詔至하니 期待一時迎이라

　임금의 덕이 뭇 음(소인 등)을 덮으니/ 효사는 군자가 곧게 하라고 했다/ 하루아침에 붉은 조서 이르게 되니/ 환영하는 때가 있음을 기대하여라

③ 意遲遲 | 心懷疑하야

　交加猶豫하니 貴客相持라

　뜻은 더디고/ 마음은 의심 품어/ 서로 망설이니/ 귀한 손님이 서로 버티고 있다

坤上 震下 地雷復(24)
지 뢰 복

복괘 개요

【괘사와 대상전】 복은 형통해서 나고 듦에 병이 없어서 벗이 와야 허물이 없으리라. 그 도를 반복해서 칠일에 와서 회복하니, 나아가는 것이 이로우니라. 상에 말하기를 우레가 땅 속에 있는 것이 복괘니, 선왕이 본받아서 동짓날에 관문을 닫아서 장사치와 여행자가 다니지 못하게 하며, 후(임금)가 지방을 순찰하지 않느니라.【復은 亨하니 出入에 无疾하야 朋來라아 无咎리라. 反復其道하야 七日에 來復하니 利有攸往이니라. 象曰 雷在地中이 復이니 先王이 以하야 至日에 閉關하야 商旅 不行하며 后不省方하니라.】

【총괄해서 판단하면】

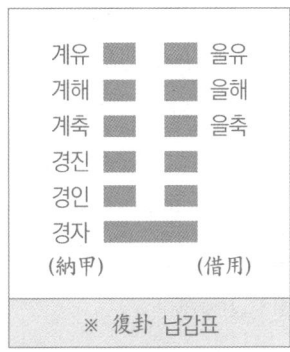

※ 復卦 납갑표

1 곤궁의 1세로 11월에 속한다. 내괘의 납갑은 경자·경인·경진이고, 외괘의 납갑은 계축·계해·계유인데, 을축·을해·을유를 빌려서 쓴다. 11월에 태어난 사람과, 태어난 년도의 간지가 납갑의 간지 및 차용납갑의 간지에 합치되는 사람은 부귀와 공명을 누리게 된다. 또 2월에 태어난 사람도 때에 맞는 것이 되나, 그 밖의 달에 태어난 사람은 복이 없다.2

---

1 坤宮一世 卦屬十一月 納甲 是庚子庚寅庚辰 癸丑癸亥癸酉 借用乙丑乙亥乙酉 生于十一月及納甲者 功名富貴人也 又有二月生者 及時 餘者福淺
2 각 괘의 월月계산법은 중천건괘(1)와 중지곤괘(2) 항에서 설명하였다. 복괘의 세효인

운세로 보면 지뢰복괘(☷☳)는 상괘는 곤(☷☷)이고 하괘는 진(☳☳)이며, 중간에 곤(☷☷)이 있는 상이다. 우레가 땅속에 있으니, 분발하여 형통하지 못한다. 오직 겨울에 태어난 사람만이 이롭고, 나머지 달은 다 재앙이 있다. 또 말하기를 음월陰月에 태어난 사람은 우레가 아직 응하지 못하니 마땅히 땅속에서 회복해야 한다. 그 때가 아직 떨치지 못하나, 우레가 떨치게 되면 백리를 놀라게 하니, 만물은 형통하고 분발한다. 군자가 이런 괘를 얻으면, 흥기하여 회복하는 상이다.

【팔궁세혼법으로 판단하면】
곤궁의 원사에 해당하는 괘로, 초구효(원사)가 세효世爻이고, 제후에 해당하는 육사효는 응효가 된다. 두 효 모두 제자리를 얻고 또 음과 양으로 서로 응하니, 일이 순조롭고 잘 풀리게 된다. 다만 육사효의 지지인 축(丑土)이 초구효의 지지인 자(子水)를 극하여 다소 어려움이 있으나, 자와 축은 합이 되므로 크게 극하지는 않는다. 양이 점차 자라나고 음은 사그러지는 괘이므로, 응효인 육사효까지 양이 자란 2월(대장괘:☳) 역시 길하게 된다.

복괘는 큰 나무(震陽木)가 외괘인 흙(坤土)을 뚫고 자라는 상으로, 현재는 아직 그 힘이 미미하지만 앞으로 성장할 운이다. 실의와 절망 속에서 잃은 모든 것을 회복한다. 즉 잃었던 직장을 회복하고 빼앗겼던 가산을 되찾으며, 과거에 실패했던 일을 다시하면 성공한다. 또 도와주는 벗들이 찾아오고 할 일이 생긴다. 양이 지하에서 회복하니 봄이 멀지 않다. 그러나 아직 완전히 회복하지 못한 상태이므로, 망동하지 말고 차분히 앞날을 설계하며, 열과 성의를 다하면 모든 일이 형통해진다.

초구효는 양효이므로, 그대로 자월子月이 된다. 지지의 자는 11월에 해당하므로, 복괘가 11월괘가 되는 것이다. 따라서 11월을 주관하는 괘가 되고, 11월에 태어난 사람은 때를 얻음이 된다.

【글귀로 판단하면】

① 五馬西行進難阻하니 更宜守舊親相輔라
萬里鵬程化杳冥이요 五個佳人江上舞라

다섯필 말이 서쪽으로 감에 막기 어려우니/ 마땅히 옛과 같이 친히하고 서로 도우라/ 만리 붕새길이 조화가 아득하고/ 아름다운 사람 다섯이 강위에서 춤춘다

② 一生名利總成虛나 臨允名疆有進時라
門戶鼎來眞可惱니 不堪回首夢魂孤라

일생의 명리名利가 다 허무해지나/ 믿음으로 임하고 명성이 나 있으니 나아갈 때 있게 된다/ 가문에는 정괘鼎卦가 오는 것이 나쁘니/ 머리 돌리니 마음 외로운 것 견딜 수 없다

1. 初九(䷗→䷁)

【효사와 소상전】 초구는 머지 않아 회복할 것이다. 후회하는 데 이르지 않을 것이니, 크게 착하고 길하다. 상에 말하기를 '머지 않아 회복한다'고 함은 몸을 닦기 때문이다. 【初九는 不遠復이라. 无祇悔니 元吉하니라. 象曰 不遠之復은 以脩身也라.】

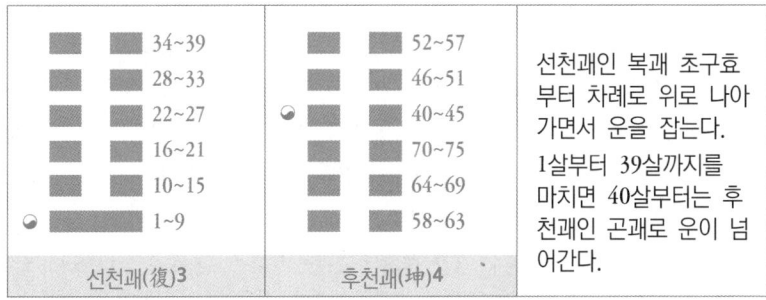

선천괘(復)3	후천괘(坤)4	
34~39	52~57	선천괘인 복괘 초구효부터 차례로 위로 나아가면서 운을 잡는다. 1살부터 39살까지를 마치면 40살부터는 후천괘인 곤괘로 운이 넘어간다.
28~33	46~51	
22~27	40~45	
16~21	70~75	
10~15	64~69	
1~9	58~63	

---

3 사주의 숫자로 괘를 만들어서 복괘 초효에 원당이 있다면, 1~9살까지는 복괘 초효 항

◆ 양년(갑·병·무·경·임년)일 경우 5

복(24)	진(51)	예(16)	해(40)	항(32)	승(46)	정(48)	손(57)6	소축(9)
1	2	3	4	5	6	7	8	9

◆ 음년(을·정·기·신·계년)일 경우

곤(2)	예(16)	진(51)	귀매(54)	대장(34)	태(11)	수(5)	소축(9)	손(57)
1	2	3	4	5	6	7	8	9

◆ 월괘

림·19	절·60	태·11	대축·26	대장·34	항·32	쾌·43	혁·49	건·1	리·10	구·44	손·57
1월	2월	3월	4월	5월	6월	7월	8월	9월	10월	11월	12월

을, 10~15살까지는 복괘 이효 항을, …, 34~39살까지는 복괘 상효 항을 가서 살펴보면 된다.

4 40~45살까지는 후천괘인 곤괘 사효 항을, 52~57살까지는 곤괘 상효 항을, …, 70~75살까지는 곤괘 삼효 항을 살펴보면 그 사람의 운이 된다(◐나 ●표시 한 곳이 해당하는 효를 가리키고, 밑에서부터 초효·이효·삼효·사효·오효·상효로 나눈다).

5 해마다의 운인 유년운의 진행은 양효(—)일 때와 음효(- -)일 때가 다른데, 그 자세한 예는 중천건괘(1) 초구효, 중지곤괘(2) 초육효와 육이효, 수뢰둔괘(3) 초구효와 육삼효, 산수몽괘(4) 초육효와 육사효 항에 유년운에 속한 월운月運의 예와 함께 실려 있으므로 참고하면 된다.

6 위의 도표에서 '손(57)'이라고 한 것은 괘명은 손괘巽卦고 64괘 중에 57번째 괘라는 뜻이며, '예(16)'이라고 한 것은 괘명은 예괘豫卦고 64괘 중에 16번째에 해당한다는 뜻이다. 나머지 괘도 이와같은 방식으로 본다. 따라서 앞의 목차에서 번호의 순서대로 찾으면, 해당하는 괘를 쉽게 찾을 수 있다. 또 월괘月卦에서 '혁·49' 등으로 표시한 것도, 괘명은 혁괘革卦고 64괘 중에 49번째라는 뜻이다.

◆ 일괘 7

	6	12	18	24	30
	5	11	17	23	29
	4	10	16	22	28
	3	9	15	21	27
	2	8	14	20	26
	1	7	13	19	25
복(초구)	림·19	명이·36	진·51	둔·3	이·27

【총괄해서 판단하면】

8 이 효는 그 마음을 좋게 써서 도에 나아갈 수 있는 자를 설명한 것이다. 그러므로 운이 맞는 사람은, 강하고 큰 재주가 있는 사람으로 순리대로 행한다. 기미를 알아 굳게 지킴으로써, 기틀을 열고 창업하는 길한 사람으로, 부귀와 복덕을 두텁게 누린다.

운이 맞지 않는 사람은, 몸과 성품을 닦고 기르며, 도를 즐기고 권세를 잊는다. 문채나고 화려함을 구하지 않고, 마음과 몸을 깨끗이 하며 사는 선비이다.

세운을 만나면, 공직자는 지위가 높고 청빈하여 임금의 곁에서 정치를 돕는다. 구직자는 좋은 성적으로 등용되어 관직이 높아지며, 일반인은 경영하는 일에 이득이 있다.

【글귀로 판단하면】

① 陽長修身吉하니 重山聳翠靑이라 馬行東北去하니 遇鼠計方成이라
양陽이 자람에 수신修身하여 길하니/ 거듭된 산 푸르게 솟았다/ 말이

---

7 그 날의 운(日運)과 더 세분해서 시운時運을 알고 싶으면, 앞의 일괘日卦와 시괘時卦 설명을 참조해서 계산하면 된다. 자세한 예는 건(1)~송(6)괘의 초효 항에 있으므로 참고바람.

8 此爻是善事其心 斯可以進於道者也 故叶者 有剛大之才順理而行 知機固守 爲開基創始之吉人 而富貴福澤 以厚其生 不叶者 修身養性 樂道忘勢 不求文華 而爲瀟洒淸修之士 歲運逢之 在仕則位高淸而近君贊化 在士則進取奪高魁 經營獲利

동북쪽으로 가니/ 쥐(子)를 만나면 계획이 이루어진다
② 垂釣向滄浪하니 金鱗看入手라 行客過重山하니 目下當回首라
낚시를 드리우고 바다로 나가니/ 금비늘 달린 고기 손에 잡혔다/ 가는 객(客)이 거듭된 산 지나가니/ 눈앞의 일 마땅히 돌아보게 되리라

2. 六二(☷☳ → ☱☳)

【효사와 소상전】 육이는 아름답게 회복함이니 길하니라. 상에 말하기를 '아름답게 회복해서 길함'은, 어진 이에게 낮추기 때문이다. 【六二는 休復이니 吉하니라. 象曰 休復之吉은 以下仁也라.】

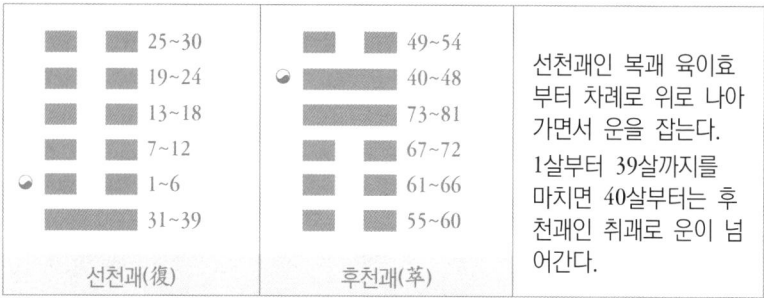

◈ 양년 음년 똑같음

림(19)	태(11)	대장(34)	쾌(43)	건(1)	구(44)
1	2	3	4	5	6

◈ 월괘

명이·36	비·22	풍·55	소과·62	혁·49	쾌·43	동인·13	무망·25	돈·33	점·53	구·44	정·50
1월	2월	3월	4월	5월	6월	7월	8월	9월	10월	11월	12월

◈ 일괘

복(육이)	명이·36	진·51	둔·3	이·27	곤·2

【총괄해서 판단하면】

9 이 효는 다른 사람으로 인해서 선함을 회복함으로써, 그 선함이 다 자신의 것이 됨을 말한 것이다. 그러므로 운이 맞는 사람은, 중정한 덕이 있는 군자로, 교만하고 오만하지 않는다. 윗사람을 정성으로 섬기고 아랫사람에게는 신의로써 대하니, 공명을 세우고 부귀를 누리게 된다.

운이 맞지 않는 사람도 또한 가난을 편안하게 생각하는 군자로, 천명을 알아 행하는 사람이다. '仁(어질 인)'자는 '뜻을 생함', '장수함', '낳아서 기름'의 뜻이 있다.

세운을 만나면, 공직자는 내쫓긴 자가 복직하게 된다. 구직자는 중도에서 좌절된 자가 다시 취직하게 된다. 일반인은 부호에 의지해서 이득을 얻게 된다. 위태로왔던 자는 편안히 되고, 병이 있었던 사람은 쾌유된다. 혹 수가 흉한 사람은 휴직하거나 한직으로 좌천되는 경우가 있다.

【글귀로 판단하면】

1 仁者善親鄰하니 前江一鯉存이라
　獲來臨泗水하니 變化在逡巡이라

　어진 사람이 이웃과 잘 친하니/ 앞강에 잉어 한마리 살았다/ 잡아와서

---

9 此爻是因人以復善 斯善皆爲己有者也 故叶者 中正君子 不驕不傲 事上以誠 待下以信 足以立功名 亨富貴 不叶者 亦安貧君子 知命達天 仁之一字 爲生意 爲長壽 爲生育 歲運逢之 在仕謫貶者復職 在士停降者復取 在庶俗得倚富豪而獲利 臨危者 得安 有疾者得愈 或數之凶者 有休官下第之兆

사수泗水에 놓아주니/ 변화가 잠깐 사이에 일어났다
② 悲後笑嘻嘻니 中行道最宜라 所求終有望이니 且莫皺雙眉하라
슬픔뒤에 기뻐서 웃게 되니/ 중도로 행함이 도에 가장 좋구나/ 구하는 일 종국에는 희망있으니/ 또한 두 눈썹 찡그리지 마라

3. 六三(䷗ → ䷷)

【효사와 소상전】육삼은 자주 회복함이니, 위태하나 허물이 없으리라. 상에 말하기를 '자주 회복해서 위태함'은, 의리가 허물이 없느니라.【六三은 頻復이니 厲하나 无咎리라. 象曰 頻復之厲는 義无咎也니라.】

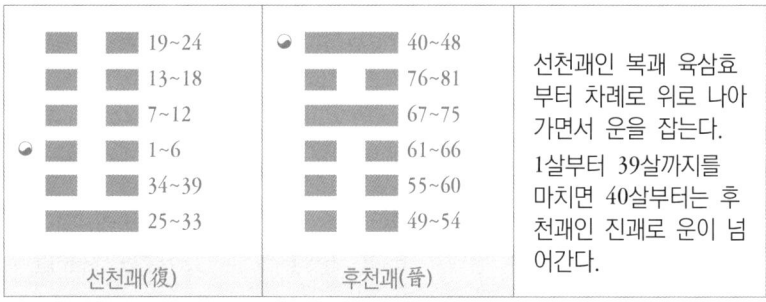

◈ 양년 음년 똑같음

명이(36)	풍(55)	혁(49)	동인(13)	돈(33)	구(44)
1	2	3	4	5	6

◈ 월괘

진·51	예·16	수·17	태·58	무망·25	동인·13	비·12	관·20	송·6	미제·64	구·44	대과·28
1월	2월	3월	4월	5월	6월	7월	8월	9월	10월	11월	12월

◆ 일괘

복(육삼)	진·51	둔·3	이·27	곤·2	림·19

【총괄해서 판단하면】

10 이 효는 허물을 고치는데 인색하지는 않으나, 이미 배척해 놓고도 다시 더불어 하려는 자이다. 그러므로 운이 맞는 사람은, 선한 데로 옮겨가고 덕을 행하는데 민첩하나 귀인은 되지 못한다. 나아가고 물러남에 법칙이 없고 때가 없으니, 혹은 그 나아가고 물러남을 옳게도 하고 혹은 그르게도 한다.

운이 맞지 않는 사람은, 어려움 가운데 쉬움을 찾으려 하고, 단점 중에서 장점을 구하려 하니, 근심과 걱정으로 억눌리고 답답하다.

세운을 만나면, 공직자는 직위가 편안하기 어려우니, 고치고 변경돼서 정해짐이 없다. 구직자는, 변해서 지화명이괘가 되면 그 우두머리를 잡는 상이 되니, 명성을 이룰 수 있다. 일반인은 급하게 구하지만 응답은 지체되고, 일이 반복됨이 많으며, 의심스럽고 어긋나며 섞일 뿐, 정해진 주체가 없다.

【글귀로 판단하면】

1 屢失應屢獲이요 多敗亦多成이라
   擇善宜堅守면 何有怨咎生가

---

10 此爻是改過不吝 旣斥而復與之者也 故叶者遷善敏德 不爲貴人 未免乍進乍退 或是或非 不叶者 難中取易 短中求長 憂慮抑鬱 歲運逢之 在仕爵難穩 更變無定 在士則變明夷 有得其大首之象 而名可成 在庶俗求速應遲 事多反復 疑惑差錯 而無定主

여러번 잃음에 응당 여러번 얻고/ 패하는 것 많으니 이루는 것도 많다/ 착한 것을 가려 굳게 지키면/ 무슨 허물과 원망이 생길 것인가?

② 局促未開時에 雲中一鳥飛라

他謀皆悔吝이니 守舊乃方知라

움츠리고 열리지 않은 때에/ 구름 가운데 새 한마리 날아간다/ 다른 꾀는 다 후회되고 인색하니/ 옛 것을 지켜야 함을 알게 되리라

③ 一關復一關하니 進退兩頭難이라

慮望難久遠이요 心事不曾安이라

하나의 관문 밖에 또 하나의 관문 있으니/ 나아가고 물러남이 다 어렵다/ 생각하고 바라는 것 오래 가기 어렵고/ 심사는 일찍부터 편안치 않다

4. 六四(☷☷ → ☳☷)

【효사와 소상전】육사는 (음의) 중심에서 행하되 홀로 회복하도다. 상에 말하기를 '중심에서 행하되 홀로 회복한다' 함은 도를 따르기 때문이다. 【六四는 中行호대 獨復이로다. 象曰 中行獨復은 以從道也라.】

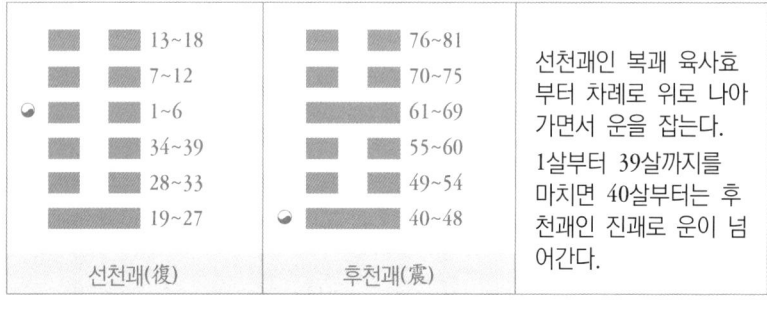

선천괘인 복괘 육사효부터 차례로 위로 나아가면서 운을 잡는다.
1살부터 39살까지를 마치면 40살부터는 후천괘인 진괘로 운이 넘어간다.

◆ 양년 음년 똑같음

진(51)	수(17)	무망(25)	비(12)	송(6)	구(44)
1	2	3	4	5	6

◆ 월괘

둔·3	절·60	익·42	가인·37	관·20	비·12	환·59	몽·4	손·57	정·48	구·44	건·1
1월	2월	3월	4월	5월	6월	7월	8월	9월	10월	11월	12월

◆ 일괘

복(육사)	둔·3	이·27	곤·2	림·19	명이·36
6 5 4 3 2 1	12 11 10 9 8 7	18 17 16 15 14 13	24 23 22 21 20 19	30 29 28 27 26 25	

【총괄해서 판단하면】

11 이 효는 소인인 동료들을 따르지 않음을 아름답게 여기며, 자신이 군자를 따르는 행위가 어리석지 않음을 아름답게 생각하는 것이다. 그러므로 운이 맞는 사람은, 난세에 태어났어도 더럽혀지지 않고, 더러운 세상에 처했어도 피하지 않는다. 특출해서 스스로 일어나 중도를 따르니, 지위를 높이고 부귀를 누릴 수 있다.

운이 맞지 않는 사람은, 나그네가 되고, 병사가 되며, 고독한 사람이 된다. 세운을 만나면, 공직자는 복직하게 되고, 구직자는 등용되어 명예를 얻게

---

11 此爻是美其逐於衆 而美其不昧於所從者也 故叶者 生亂世不爲之汚 處汚世不爲之逸 挺然自拔 以從乎中道 而居位食祿 富貴淸標 不叶者 爲行旅 爲兵師 爲孤獨 歲運逢之 在仕復職 士在顯名 在庶俗獲利

되며, 일반인은 이득을 얻게 된다.

【글귀로 판단하면】

① 囊實好謀歸하니 歸來喜又隨라
　莫嗟中道發하라 笑後又成悲라
　주머니에 좋은 꾀 담고 돌아오니/ 돌아오는 길에 기쁨이 또한 따르네/ 중도中道로 처신함을 한탄하지 마라/ 웃은 뒤에 슬픔 또한 이루게 된다

② 放釣又收來하니 分明絶塵埃라
　巨鰲隨手得이니 何用苦疑猜가
　낚시를 놓았다가 또 걷어오니/ 분명히 티끌 세상을 떠났구나/ 큰 자라(큰 벼슬)를 손길 따라 모두 얻으니/ 괴로워하고 의심하며 시기할 것 무엇있는가?

5. 六五(䷗→䷧)

【효사와 소상전】 육오는 돈독하게 회복함이니 후회가 없느니라. 상에 말하기를 '회복하는 데 돈독해서 후회가 없는 것'은, 중도로써 자신의 덕을 이루기 때문이다.【六五는 敦復이니 无悔하니라. 象曰 敦復无悔는 中以自考也라.】

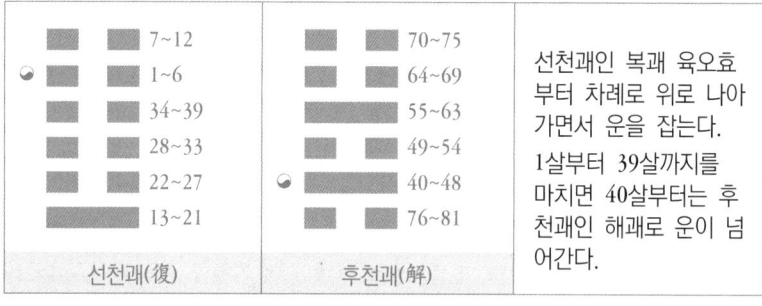

선천괘인 복괘 육오효부터 차례로 위로 나아가면서 운을 잡는다.
1살부터 39살까지를 마치면 40살부터는 후천괘인 해괘로 운이 넘어간다.

◈ 양년 음년 똑같음

둔(3)	익(42)	관(20)	환(59)	손(57)	구(44)
1	2	3	4	5	6

◈ 월괘

이·27	비·22	박·23	진·35	몽·4	환·59	고·18	승·46	정·50	대유·14	구·44	돈·33
1월	2월	3월	4월	5월	6월	7월	8월	9월	10월	11월	12월

◈ 일괘

복(육오)	이·27	곤·2	림·19	명이·36	진·51
6 5 4 3 2 1	12 11 10 9 8 7	18 17 16 15 14 13	24 23 22 21 20 19	30 29 28 27 26 25	

【총괄해서 판단하면】

12 이 효는 선한데로 회복할 수 있는 자로, 도道와 더불어 하나가 되는 사람이다. 그러므로 운이 맞는 사람은, 학문과 견식 등을 잘 함양하여 익히고, 익힌 것을 굳게 잡아 보존한다. '敦(도타울 돈)'자에는 군자의 중후한 덕이라는 뜻이 있고, '中(가운데 중)'자에는 벼슬한 관직의 이름에 대한 뜻이 있다.

운이 맞지 않는 사람은, 비록 귀인이 아니더라도, 넓은 땅과 곡식이 풍부한 사람이다.

---

12 此爻是能復于善者 斯與道爲一者也 故叶者 涵養熟 操存固 敦之一字 爲君子 重厚之德 中之一字 爲仕宦官職之名 不叶者 雖非貴人 亦有田穀廣積 歲運逢之 在仕有遷除 在士則登薦 在庶俗有積蓄 但要防服制 蓋考字不利于父故也

세운을 만나면, 공직자는 높은 직위로 영전하고, 구직자는 등용되고 천거되며, 일반인은 재산을 많이 쌓게 된다. 단 상복을 입을 수 있으니 방비해야 한다. 소상전에 나오는 '考(상고할 고, 죽은 아비 고)'자는 아버지에게 불리한 글자이기 때문이다.

【글귀로 판단하면】
① 列陣飛鴻排九霄하니 乘騎千里不辭勞라
移根接下天邊木이면 皓首成家在楚橋라
진형을 이루며 나는 기러기 높은 하늘에 떴으니/ 천리를 달려가는 수고로움 사양치 않네/ 뿌리 옮겨 하늘 닿는 나무에 접붙이면/ 늙으막하게 집안을 이뤄 초나라 다리에 있을 것이다

② 亂者復治하고 往者復還하며
凶者復吉하고 危者復安이라
어지러움이 다시 다스려지고/ 간 것이 다시 돌아오며/ 흉한 사람 다시 길하고/ 위태한 자가 다시 편안해진다

③ 五湖波浪靜하니 明月照扁舟라
穩把鉤下餌하야 鯨鰲釣幾頭아
오호五湖에 물결 고요하니/ 밝은 달이 쪽배에 비추었다/ 낚시미끼를 편안히 잡아 당기니/ 고래와 자라를 몇 마리나 낚았는고?

6. 上六

【효사와 소상전】상육은 회복하지 못하고 헤매기 때문에 흉하니, 재앙이 있어서 군사를 움직이면 마침내 크게 패하고, 나라를 다스리면 임금이 흉해서 십 년에 이르도록 능히 나가지 못하리라. 상에 말하기를 '회복하는 데 헤매서 흉하다'는 것은, 임금의 도에 반대되기 때문이다. 【上六은 迷復이라 凶하니 有災眚하야 用行師면 終有大敗하고 以其國이면 君이 凶하야 至于十年히 不

克征하리라. 象曰 迷復之凶은 反君道也일새라.】

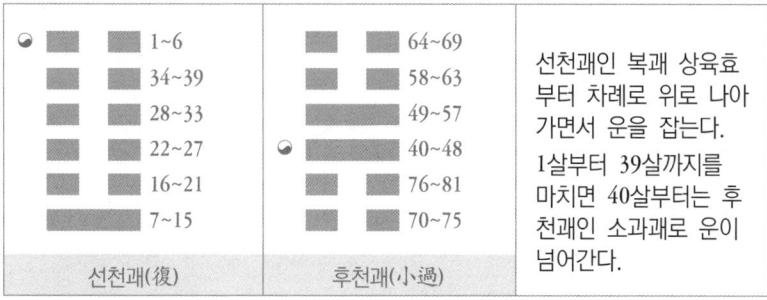

선천괘인 복괘 상육효부터 차례로 위로 나아가면서 운을 잡는다.
1살부터 39살까지를 마치면 40살부터는 후천괘인 소과괘로 운이 넘어간다.

◆ 양년 음년 똑같음

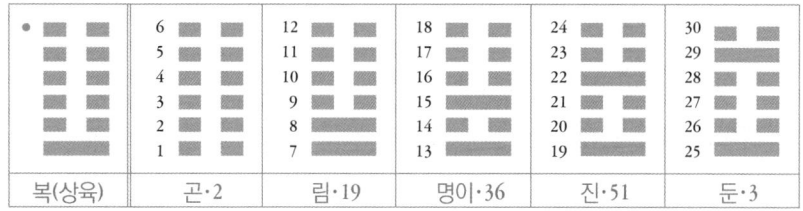

이(27)	박(23)	몽(4)	고(18)	정(50)	구(44)
1	2	3	4	5	6

◆ 월괘

곤·2	예·16	사·7	감·29	승·46	고·18	항·32	대장·34	대과·28	함·31	구·44	송·6
1월	2월	3월	4월	5월	6월	7월	8월	9월	10월	11월	12월

◆ 일괘

	6	12	18	24	30
	5	11	17	23	29
	4	10	16	22	28
	3	9	15	21	27
	2	8	14	20	26
	1	7	13	19	25
복(상육)	곤·2	림·19	명이·36	진·51	둔·3

【총괄해서 판단하면】

13 이 효는 끝까지 어리석어 회복하지 못함으로써 흉함을 얻게 된 자이

---

13 此爻是終迷不復而得凶者也 故叶者 改過自新 釋回增美 亦可常保 其富貴 而爲吉人 蓋變爲頤厲 吉 不叶者 愚昧昏蒙 爲疾厄傷殘 爲破祖破家 爲誤國累主

다. 그러므로 운이 맞는 사람은, 허물을 고치고 스스로를 새롭게 만들며, 안좋은 것을 돌이켜 아름다운 것으로 만드니, 항상 부귀함을 보전 할 수 있는 길인이 된다. 변해서 산뢰이괘가 되면, 위태하게 여기면서 신중하게 하니 길하다는 뜻이 된다.

운이 맞지 않는 사람은, 우매하고 잘 판단을 하지 못해서, 질병과 액운으로 다치게 되고, 조상과 집안을 망치게 되며, 나라를 그릇되게 하고 주인을 욕되게 한다.

세운을 만나면, 공직자는 지위에 연연하여 욕심을 내는 것에 대한 책망이 있고, 구직자는 등용되지 못하고 꺾이는 욕을 당하며, 일반인은 어리석게 집착하여 죄를 짓는 후회가 있다. 대개 가만히 그쳐있으면 길하고 움직이면 흉하게 된다.

【글귀로 판단하면】

① 進退徘徊無定據하니 欲暮春風吹柳絮라
　 半途行客又離憂요 枕畔佳人無意緒라
　 나아가고 물러나며 배회하여 정해진 근거가 없으니/ 저물어 가는 봄바람이 버들강아지에 분다/ 길을 가는 손(客)은 또 떠날 근심이요/ 베갯머리 아름다운 사람 정이 없구나

② 機迷終不復하니 難以免災危라
　 所向皆非利니 要終不可行라
　 기미를 몰라 끝내 회복하지 못했으니/ 재앙과 위험 면키 어렵다/ 가는 데가 다 이롭지 못하니/ 끝내 갈 수가 없을 것이다

歲運逢之 在仕有貪位之誚 在士有取摧之辱 在庶俗有執迷取辜之嗟 靜吉而動否也

天雷无妄(25)
천 뢰 무 망

乾上
震下

무망괘 개요

【괘사와 대상전】 무망은 크게 형통하고 바르게 함이 이로우니, 바르지 않으면 재앙이 있기 때문에 나아가는 것이 이롭지 않으니라. 상에 말하기를 하늘 아래 우레가 쳐서 물건마다 망령됨이 없음을 주니, 선왕이 본받아서 물건이 각각 성대하게 될 때에 맞춰서 만물을 기르느니라. 【无妄은 元亨하고 利貞하니 其匪正이면 有眚하릴새 不利有攸往하니라. 象曰 天下雷行하야 物與无妄하니 先王이 以하야 茂對時하야 育萬物하니라.】

【총괄해서 판단하면】

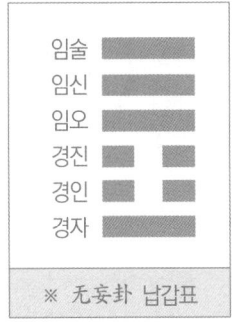

※ 无妄卦 납갑표

1 이 괘는 2월에서 8월까지가 때에 맞는 것이니, 최고로 좋으며, 녹을 많이 얻게 된다. 나머지 달은 때를 잃은 것이니, 복이 없게 된다. 손궁의 4세괘이고 2월괘이다. 내괘의 납갑은 경자·경인·경진이고, 외괘의 납갑은 임오·임신·임술이 된다. 소속된 본월(2월, 2월부터 8월)의 괘에 태어난 사람과, 태어난 년도의 간지가 납갑의 간지에 합치되는 사람은 부귀와 공명을 누리게 된다.[2]

---

1 此卦最喜二月至八月爲及時 得祿深 餘月爲失時 得福淺 巽宮四世卦 納甲 是庚子庚寅庚辰 壬午壬申壬戌 生於所屬之本月及納甲者 功名富貴之人也

2 각 괘의 월월계산법은 중천건괘(1)와 중지곤괘(2) 항에서 설명하였다. 무망괘의 세효인 구사효는 양효이므로, 초효부터 사효까지 세면 묘卯에서 끝난다(초효는 자, 이효

운세로 보면 천뢰무망괘(䷘)는 상괘는 건(☰)이고 하괘는 진(☳)이며, 호괘로는 손(☴)과 간(☶)이 있다. 우레가 하늘 아래에서 발흥하고, 산 속에서 바람(巽)이 드날리며 만물에 불어 온다. 사람에게는 권위와 명예가 드높은 것으로, 우레가 떨쳐 놀라고 두렵게 하며, 바람이 불어 움직이고 요동시켜 재앙을 없앤다. 모든 일에 망령되이 하지 말고 신중히 자신의 분수를 지키는 것이 가장 좋다. 군자가 이런 괘를 얻으면 망령됨이 없는 상이 된다.

【팔궁세혼법으로 판단하면】
손궁의 제후에 해당하는 괘로, 구사효(제후)가 세효世爻고 원사元士에 해당하는 초구효는 응효이다. 구사효는 양효가 음자리에 있어 제자리가 아닌데다가, 두 효 모두 양효라서 음양으로 응이 안되므로, 어렵고 막힌 상황이다. 또 초구효의 지지인 자(子水)가 구사효의 지지인 오(午火)를 극하니, 더욱 어렵게 된다. 그러나 구오효(임금)와 육이효(대부)가 중정으로 서로 응하고, 내괘인 진(☳)으로 움직이되 외괘인 건(☰)으로 강건하게 하고, 내호괘인 간(☶)으로 그치되 외호괘인 손(☴)으로 순하게 함으로써, 나아갈 자리에 굳건하게 나아가고 그쳐야 할 자리에 겸손하게 그치니, 아무런 잘못없이 점차로 발전하는 뜻이 있다. 더욱이 손궁에 속하니 겸손한 자세로 있으면, 저절로 잘 될 것이다.

【글귀로 판단하면】
1. 震雷一震好乘時하니 威令施張茂盛宜라
   匪正悔生宜改過니 有人相引上雲梯라
   우레의 진동함이 때를 잘 탔으니/ 위엄과 명령이 베풀어지고 만물이 무성해짐이 마땅하다/ 후회가 생기는 바르지 못한 일은 고침이 마땅하

는 축, 삼효는 인, 사효는 묘). 지지의 묘는 2월에 해당하므로, 무망괘가 2월괘가 되는 것이다. 따라서 2월을 주관하는 괘가 되고, 2월에 태어난 사람은 때를 얻음이 된다.

니/ 사람이 있어 서로 잘 이끌어 구름다리 오르리라

② 入仕本從科甲出이나 奮身不在禹門中이라
築巖釣渭非常士니 須信英雄立大功이라
본래 장원급제하여 벼슬길에 나왔으나/ 발탁하는 것은 우禹임금 문중에 있는 것이 아니다/ 바위쌓고 위수에서 낚시질하는 비상한 선비니/ 영웅이라 큰 공 세우리라는 것 믿게 되리라

1. 初九(䷘→䷊)

【효사와 소상전】 초구는 망령됨이 없으니, 나아가는데 길하리라. 상에 말하기를 망령됨이 없이 나아감은, 뜻을 얻으리라. 【初九는 无妄이니 往에 吉하리라. 象曰 无妄之往은 得志也리라.】

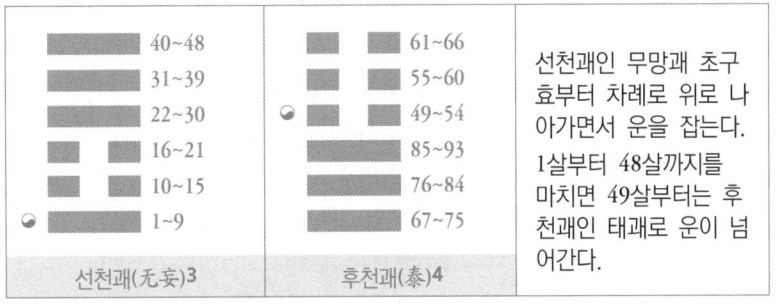

선천괘인 무망괘 초구 효부터 차례로 위로 나아가면서 운을 잡는다. 1살부터 48살까지를 마치면 49살부터는 후천괘인 태괘로 운이 넘어간다.

---

3 1~9살까지는 무망괘 초효 항을, 10~15살까지는 무망괘 이효 항을, …, 40~48살까지는 무망괘 상효 항을 가서 살펴 보면 된다.
무망괘 이효와 같이 음효일 경우는 1·2·3·4·5·6의 순서대로 각기 10·11·12·13·14·15살 등으로 보면 된다. 예를 들어 10살 때의 운을 보려면 10~15살까지가 무망괘 이효에 해당하므로, 무망괘 이효 항에 가서 1번 항의 천택리괘 이효가 이 사람의 10살의 운이 된다. 따라서 천택리괘 이효 항을 찾아가서 읽으면 그 운을 알 수 있다. 그외에 양효일 경우는, 자신의 나이가 양년에 해당할 경우는 「양년일 경우」의 도표를 보면 되고, 음년일 경우는 「음년일 경우」의 도표를 찾아서 1·2·3·4·5·6·7·8·9의 순서대로 각기 해당하는 나이를 맞추어 보면 된다. 예를 들어 23살의 운을 보려면,

◈ 양년(갑·병·무·경·임년)일 경우 5

무망(25)6	익(42)	관(20)	환(59)	손(57)	구(44)	정(50)	항(32)	대장(34)
1	2	3	4	5	6	7	8	9

◈ 음년(을·정·기·신·계년)일 경우

비(12)	관(20)	익(42)	중부(61)	소축(9)	건(1)	대유(14)	대장(34)	항(32)
1	2	3	4	5	6	7	8	9

22~30살이 무망괘 사효에 해당하므로, 무망괘 사효 항에 가서 2번 항을 보면 된다. 즉 23살에 해당하는 년도의 간지가 양년에 해당하면, 「양년일 경우」의 도표의 2번에 해당하는 천지비괘 초효가 이 사람의 23살 운이 되므로, 천지비괘 초효 항을 찾아 읽으면 된다. 또 음년에 해당할 경우는 「음년일 경우」의 도표의 2번에 해당하는 풍지관괘의 초효가 23살의 운이 되므로, 풍지관괘 초효 항을 찾아 읽으면 된다.

4 49~54살까지는 후천괘인 태괘 사효 항을, 55~60살까지는 태괘 오효 항을, …, 85~93살까지는 태괘 삼효 항을 살펴보면 된다.

5 해마다의 운인 유년운의 진행은 양효(▬)일 때와 음효(▬ ▬)일 때가 다른데, 그 자세한 예는 중천건괘(1) 초구효, 중지곤괘(2) 초육효와 육이효, 수뢰둔괘(3) 초구효와 육삼효, 산수몽괘(4) 초육효와 육사효 항에 유년운에 속한 월운月運의 예와 함께 실려있으므로 참고하면 된다.

6 위의 도표에서 '무망(25)'라고 한 것은 괘명은 무망괘无妄卦고 64괘 중에 25번째 괘라는 뜻이며, '비(12)'라고 한 것은 괘명은 비괘(否卦)이고 64괘 중에 12번째에 해당한다는 뜻이다. 나머지 괘도 이와같은 방식으로 본다. 따라서 앞의 목차에서 번호의 순서대로 찾으면, 해당하는 괘를 쉽게 찾을 수 있다. 또 월괘月卦에서 '규·38' 등으로 표시한 것도, 괘명은 규괘睽卦고 64괘 중에 38번째라는 뜻이다.

◆ 월괘

리·10	규·38	건·1	쾌·43	소축·9	손·57	대축·26	비·22	태·11	림·19	승·46	항·32
1월	2월	3월	4월	5월	6월	7월	8월	9월	10월	11월	12월

◆ 일괘 7

무망(초구)	리·10	동인·13	익·42	서합·21	수·17
	6 5 4 3 2 1	12 11 10 9 8 7	18 17 16 15 14 13	24 23 22 21 20 19	30 29 28 27 26 25

【총괄해서 판단하면】

8 이 효는 정성으로 움직이니, 행해서 얻지 못함이 없는 것이다. 그러므로 운이 맞는 사람은, 후중한 덕과 맑은 마음으로 시세를 잘 파악하니, 꾀하는 일이 크게 발전하고, 원하는 뜻을 크게 이룬다. 반드시 국가의 중용한 사람이 되고, 복과 녹이 융숭하다.

운이 맞지 않는 사람도 또한 길한 사람으로, 상대방이 악하게 하지 않으면 이쪽에서도 악하게 하지 않으며, 성실한 마음과 망동하지 않는 일처리로 평생을 평온하게 지낸다.

세운을 만나면, 공직자는 임금과 백성의 마음을 모두 얻게 되며, 구직자는 등용되어 명성을 이룬다. 일반인은 주로 이득을 얻을 수이다.

---

7 그 날의 운(日運)과 더 세분해서 시운時運을 알고 싶으면, 앞의 일괘日卦와 시괘時卦 설명을 참조해서 계산하면 된다. 자세한 예는 건(1)~송(6)괘의 초효 항에 있으므로 참고바람.

8 此爻是以誠而動 則行無不得者也 故叶者 重德淸心 知時識勢 謀猷大展 志願大遂 必爲國家之重器 而福祿攸崇 不叶者 亦爲吉人 彼無惡 此無射 心有誠實 事無妄擧 平生安穩 歲運逢之 在仕則得君得民 在士則進取成名 在庶俗主獲利

【글귀로 판단하면】

① 坐中千里至하니 暫伴便前行이라

　虎兎林中走하니 長途山上靑이라

　앉아서 천리를 왔으니/ 잠깐 쉬었다가 곧 앞으로 간다/ 호랑이 토끼는 숲속으로 달아나니/ 긴 길은 산위에 푸르다

② 車相扶ㅣ 在迷途나

　反覆終可圖니 風波一點無라

　수레를 서로 붙들고/ 길을 헤매고 있으나/ 왔다 갔다 하다가 종국에는 길을 찾으니/ 풍파가 한점도 없게 된다

2. 六二(☰ → ☱)

【효사와 소상전】 육이는 갈지 않고 거두며, 밭을 일구지 않아도 삼년된 좋은 밭이 되니, 나아가는 것이 이로우니라. 상에 말하기를 '갈지 않고 거둠'은, 부유하게 하려 하지 않음이라. 【六二는 不耕하야 穫하며 不菑하야 畬니 則利有攸往하니라. 象曰 不耕穫은 未富也라.】

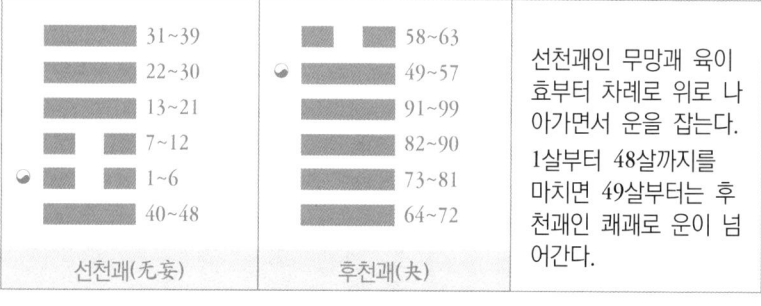

선천괘(无妄)	후천괘(夬)	
31~39	58~63	선천괘인 무망괘 육이 효부터 차례로 위로 나아가면서 운을 잡는다. 1살부터 48살까지를 마치면 49살부터는 후천괘인 쾌괘로 운이 넘어간다.
22~30	49~57	
13~21	91~99	
7~12	82~90	
1~6	73~81	
40~48	64~72	

◆ 양년 음년 똑같음

리(10)	건(1)	소축(9)	대축(26)	태(11)	승(46)
1	2	3	4	5	6

◆ 월괘

동인·13	혁·49	가인·37	점·53	비·22	대축·26	명이·36	복·24	겸·15	소과·62	승·46	정·48
1월	2월	3월	4월	5월	6월	7월	8월	9월	10월	11월	12월

◆ 일괘

무망(육이)	동인·13	익·42	서합·21	수·17	비·12
	6 5 4 3 2 1	12 11 10 9 8 7	18 17 16 15 14 13	24 23 22 21 20 19	30 29 28 27 26 25

【총괄해서 판단하면】

9 이 효는 마음씀이 공평해서 행함에 이로움이 따르는 자이다. 그러므로 운이 맞는 사람은, 중정한 재질과 유순한 덕으로, 특별히 이득을 꾀하지 않아도 저절로 이득이 있고, 공명을 꾀하지 않아도 저절로 공명이 이르게 되니, 자연적으로 평생토록 부귀와 평온이 따르게 된다.

운이 맞지 않는 사람은, 게으르고 거칠면서도 방자하며, 방탕한 생활로 유랑하면서도 교만하니 생계가 어렵다. 근본에 힘쓰지 않으며 지향하는 바

---

9 此爻是心志公而行之利者也 故叶者 中正之才 柔順之德 不謀利而利自得 不計功而功自至 富貴天然 平生安逸 不叶者 怠荒自恣 流蕩自驕 生計艱難 不務根本 志向無定 歲運逢之 在仕則進職 在士則中式 皆不勞心 富人或進田産 商賈外求獲利 在庶俗則末利多而梁稻寡

도 정해짐이 없이 떠돈다.

세운을 만나면, 공직자는 승진하고, 구직자는 마음고생하지 않아도 식년시[10]에 합격한다. 부자는 혹 경작지와 수확량이 늘며, 상인은 밖으로 구해서 이득을 본다. 일반인은 지엽적인 이득은 많지만, 중심이 되는 큰 이익은 적다.

【글귀로 판단하면】

① 本無期望志나 所得出無心이라
攸往皆有利하니 相將遇好人이라
본래 기대하는 뜻 없으나/ 무심결에 얻게 되었다/ 가는 데마다 다 이익이 있으니/ 장차 서로 좋은 사람 만날 것이다

② 不耕不穫有吉利나 不菑不畬往無成이라
鷄鳴有獲方應候면 一番利帛外方來라
갈지 않고 수확하지 않아도 길하고 이로움 있으나/ 개간하지 않고 관리하지 않으면 가도 성공이 없다/ 닭(酉)이 울어 절후가 맞으면/ 이득과 재물이 밖으로부터 온다

③ 休妄想ㅣ 且誠心하고
須防平地起荊棘하라 萬里靑山萬里程이라
망령된 생각 하지 말며/ 또한 성심으로 하고/ 평지에 가시나무 나는 것을 막아라/ 만리의 푸른 산이요 만리의 길(路程)이다

3. 六三(☱ → ☰)

【효사와 소상전】육삼은 무망의 재앙이니, 혹 소를 끌고 갔으나 행인의 얻음

---

10 식년시式年試 : 정기 과거를 보는 해인 자子·묘卯·오午·유酉년에 보는 시험으로, 4년마다 있게 되고, 문과 무과 생원과 진사과 등을 비롯한 모든 과목을 다 보았다.

이 읍사람의 재앙이로다. 상에 말하기를 행인이 소를 얻음이 읍사람의 재앙이다. 【六三은 无妄之災니 或繫之牛하나 行人之得이 邑人之災로다. 象曰 行人得牛 邑人災也라.】

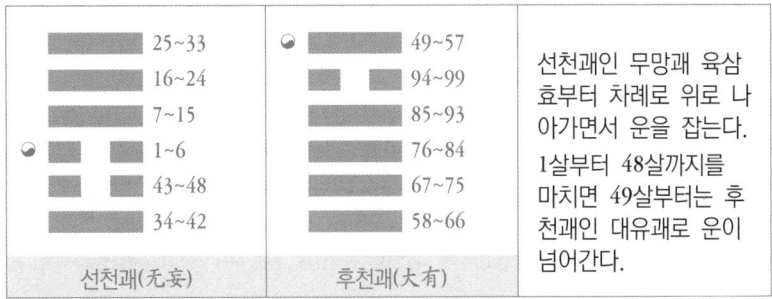

◈ 양년 음년 똑같음

동인(13)	가인(37)	비(22)	명이(36)	겸(15)	승(46)
1	2	3	4	5	6

◈ 월괘

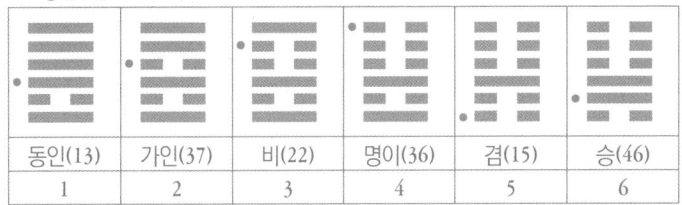

익·42	관·20	이·27	손·41	복·24	명이·36	곤·2	예·16	사·7	감·29	승·46	고·18
1월	2월	3월	4월	5월	6월	7월	8월	9월	10월	11월	12월

◈ 일괘

무망(육삼)	익·42	서합·21	수·17	비·12	리·10
	6 5 4 3 2 1	12 11 10 9 8 7	18 17 16 15 14 13	24 23 22 21 20 19	30 29 28 27 26 25

【총괄해서 판단하면】

11 이 효는 본래 재앙이 이를 이유가 없으나, 재앙이 스스로 이름을 설명한 것이다. 그러므로 운이 맞는 사람은, 재앙을 피할 수 있는 덕과 화를

면할 수 있는 착함이 있으니, 부귀와 복덕이 항상 걱정없는 생활을 보존할만하다.

운이 맞지 않는 사람은, 분주하게 속이고 화를 더욱 부른다. 얻고 잃음에 항상함이 없고, 근심과 즐거움이 한결같지 않으니, 가업을 흥성하게 하기 힘들다.

세운을 만나면, 공직자는 큰 고을의 군수를 하는데는 이로우니, 길가는 사람의 얻음이고, 작은 고을인 읍을 맡아 다스림에는 불리하니, 읍사람의 재앙인 것이다. 혹 농사짓는 사람은 소나 재산이 늘어나고, 상인商人은 이득을 취함이 많다. 일반인은 혹 일이 매이고 얽혀서 쉬게 되며, 재산을 잃고 손실을 본다. 구직자는 필시 등용되기 어렵다.

【글귀로 판단하면】

① 一得還一失이니 逢剛勿自先하라

繫牛牛不定이나 進步有升遷이라

한번 얻는 것이 도리어 한번 잃는 것이니/ 강한 사람을 만나면 먼저 나서지 마라/ 매어 놓은 소가 안정을 못하나/ 앞으로 나가면 승진과 영전하게 되리라

② 舊喜惹新愁하고 事事多爭競이라

也慮暗中人하라 風波尤未定이라

옛날에 기쁜 일이 새로운 근심 야기시키고/ 일마다 경쟁이 많다/ 어둠 속의 사람을 조심하라/ 풍파 일어 더욱 안정되지 않는다

---

11 此爻是本無致災之由 而災自至者也 故叶者 德足以禳災 善足以遺禍 而富貴福澤 可以常保於無虞 不叶者 奔波詭詐 招尤啓禍 得失無常 憂樂不一 家業難興 歲運逢之 在仕利於郡守 行人之得也 不利邑宰 邑人之災也 田家或進牛財 商賈多獲利息 在庶俗或閑事係絆 破財損己 在士人必主難於進取

4. 九四(☰→☱)

【효사와 소상전】 구사는 바르고 굳게 할 수 있으니, 허물이 없으리라. 상에 말하기를 '바르고 굳게 할 수 있어 허물이 없음'은 굳게 지키기 때문이다.
【九四는 可貞이니 无咎리라. 象曰 可貞无咎는 固有之也일새라.】

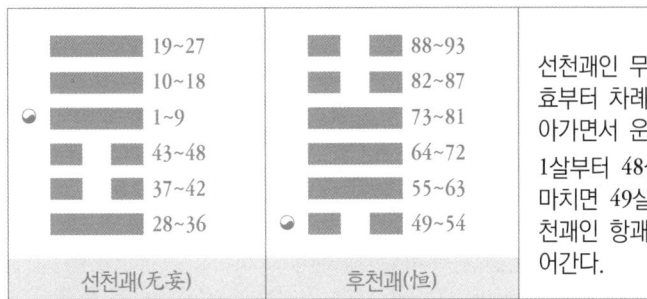

◆ 양년(갑·병·무·경·임년)일 경우

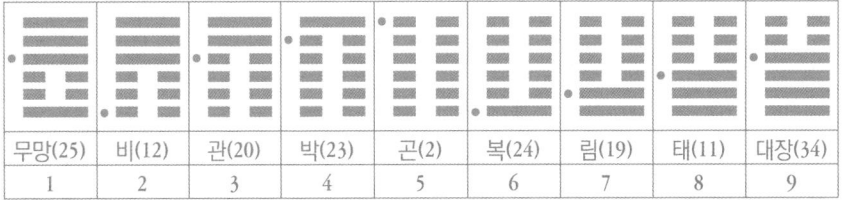

무망(25)	비(12)	관(20)	박(23)	곤(2)	복(24)	림(19)	태(11)	대장(34)
1	2	3	4	5	6	7	8	9

◆ 음년(을·정·기·신·계년)일 경우

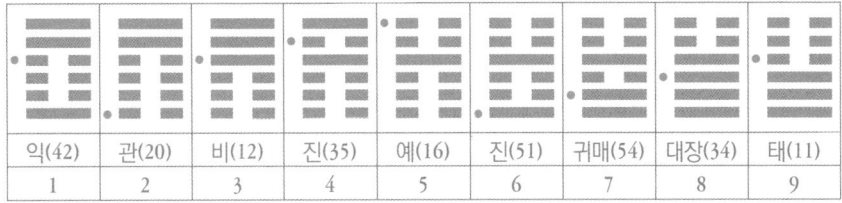

익(42)	관(20)	비(12)	진(35)	예(16)	진(51)	귀매(54)	대장(34)	태(11)
1	2	3	4	5	6	7	8	9

◆ 월괘

서합·21	규·38	진·51	풍·55	예·16	곤·2	해·40	곤·47	항·32	정·50	승·46	태·11
1월	2월	3월	4월	5월	6월	7월	8월	9월	10월	11월	12월

◈ 일괘

	6	12	18	24	30
	5	11	17	23	29
•	4	10	16	22	28
	3	9	15	21	27
	2	8	14	20	26
	1	7	13	19	25
무망(구사)	서합·21	수·17	비·12	리·10	동인·13

【총괄해서 판단하면】

12 이 효는 바름을 지켜서 스스로를 안정시키니, 허물을 적게 할 수 있는 자이다. 그러므로 운이 맞는 사람은, 재주와 덕을 갖춘 군자로, 바름을 지켜 기울어지지 않고, 덕을 쌓고 지키기를 주저하지 않으며, 홀로 그 몸을 선하게 하니, 복이 많아지고 도량이 관대하며 넓다.

운이 맞지 않는 사람도 또한 평생이 평온하고 의식이 풍족하다.

세운을 만나면, 공직자는 일상의 직책을 잘 완수하고, 구직자는 일상의 분수를 잘 지킨다. 일반인은 구업을 잘 지켜 나가며, 도모하는 일에 실속이 있어 헛되게 떠다니지 않는다.

【글귀로 판단하면】

1 德廣位尤謙하니 親君臣道盡이라

  靜守方無虞하니 卽有佳音報라

  덕은 넓게 베풀고 지위는 더욱 겸손하니/ 임금을 친히 모시는 신하의 도를 다했다/ 고요하게 지키면 근심없게 되니/ 곧 아름다운 응보가 있을 것이다

2 琢器成環器未完하니 上天未定志猶堅이라

  雖然不是中秋月이나 亦有神光射九天이라

---

12 此爻是能守正自安 斯可以寡過者也 故叶者 爲才德君子 守正不阿 執德不回 獨善其身 福量寬洪 不叶者 亦平生安逸 衣食豐足 歲運逢之 在仕守其常職 在士保其常分 在庶俗守其舊業 圖謀有實 不致虛浮

그릇을 둥글게 갈고 닦아 아직 완성하지 못했으니/ 하늘의 운수 정해지지 않았으나 뜻은 더욱 굳건하다/ 비록 중추의 큰 보름달은 아니나/ 또한 신비한 광채있어 구천(九天)을 밝히네

5. 九五(䷀ → ䷶)

【효사와 소상전】 구오는 무망의 병은 약을 쓰지 않으면 기쁨이 있으리라. 상에 말하기를 '무망의 약'은 시험하는 것이 옳지 않느니라. 【九五는 无妄之疾은 勿藥이면 有喜리라. 象曰 无妄之藥은 不可試也니라.】

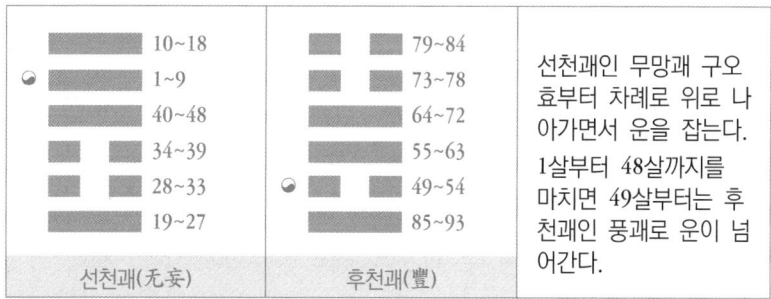

선천괘인 무망괘 구오 효부터 차례로 위로 나아가면서 운을 잡는다. 1살부터 48살까지를 마치면 49살부터는 후천괘인 풍괘로 운이 넘어간다.

◈ 양년(갑·병·무·경·임년)일 경우

무망(25)	리(10)	규(38)	귀매(54)	해(40)	예(16)	소과(62)	겸(15)	건(39)
1	2	3	4	5	6	7	8	9

◈ 음년(을·정·기·신·계년)일 경우

서합(21)	규(38)	리(10)	태(58)	곤(47)	취(45)	함(31)	건(39)	겸(15)
1	2	3	4	5	6	7	8	9

◆ 월괘

수·17	혁·49	취·45	비·8	곤·47	해·40	대과·28	구·44	정·48	수·5	승·46	겸·15
1월	2월	3월	4월	5월	6월	7월	8월	9월	10월	11월	12월

◆ 일괘

무망(구오)	수·17	비·12	리·10	동인·13	익·42
	6 5 4 3 2 1	12 11 10 9 8 7	18 17 16 15 14 13	24 23 22 21 20 19	30 29 28 27 26 25

【총괄해서 판단하면】

13 이 효는 임금과 신하가 덕이 같으니, 의외의 변고가 생겼을지라도, 노력하지 않아도 변고가 잘 해결됨을 비유한 것이다. 그러므로 운이 맞는 사람은, 양강陽剛하고 중정한 덕으로, 빠진 것을 건져내고 어려움을 형통하게 하며, 재앙을 막고 근심을 막으며, 위로는 중앙정부에 이익이 되게 하고, 아래로는 자신과 집안을 이롭게 하니, 당시의 모범이 되고 후세의 귀감이 된다.

운이 맞지 않는 사람도 복이 있는 사람으로 재해가 생기지 않고, 기쁨과 경사가 많이 생긴다.

세운을 만나면, 공직자는 승진하고, 설사 예측하기 힘든 변고가 생겨 그 화를 헤아릴 수 없어도, 판단하지 않아도 자명해지고 풀려고 하지 않아도 풀리게 된진. 일반인은 병이 있을 경우 약을 쓰지 않고도 저절로 낫

---

13 此爻是君臣一德 而擬以意外之變 不勞而弭之者也 故叶者 有陽剛中正之德 足以拯溺亨屯 禦災捍患 上有益於朝廷 下有益於身家 袗式當時 標準後世 不叶者 有福之人 而災害不生 喜慶多至 歲運逢之 在仕進之列者 縱有變生不測 禍起無虞 不辯自明 不解自釋 在庶俗有病 不藥自愈 謀爲有成 生育可喜

고, 꾀하는 일이 이루어지며, 낳고 기르는 일에 모두 기쁨이 따른다.

【글귀로 판단하면】

① 疾過無用藥이요 未來事不憂라
   一更西北轉이면 帆便逐行舟라
   병이 지나가니 약 쓸데 없고/ 일이 오지 않으니 근심할 것 없다/ 다시 한번 서북쪽으로 돌아가면/ 순풍에 돛달고 배띄우리라

6. 上九(☰ → ☱)

【효사와 소상전】상구는 망령됨이 없는데 나아가면, 재앙이 있어서 이로움이 없느니라. 상에 말하기를 '무망의 나아감'은 궁극해져서 재앙이 있는 것이다. 【上九는 无妄에 行이면 有眚하야 无攸利하니라. 象曰 无妄之行은 窮之災也라.】

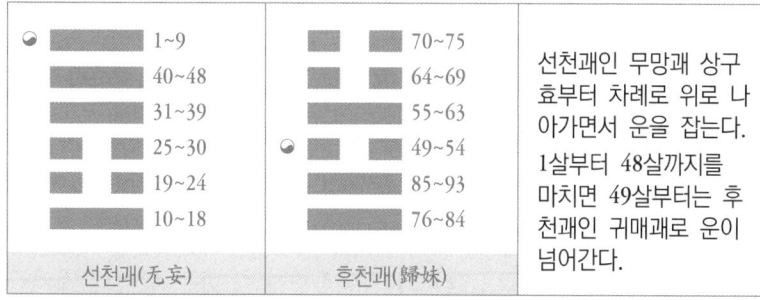

◆ 양년(갑·병·무·경·임년)일 경우

무망(25)	동인(13)	혁(49)	함(31)	대과(28)	곤(47)	감(29)	사(7)	몽(4)
1	2	3	4	5	6	7	8	9

◆ 음년(을·정·기·신·계년)일 경우

수(17)	혁(49)	동인(13)	돈(33)	구(44)	송(6)	환(59)	몽(4)	사(7)
1	2	3	4	5	6	7	8	9

◆ 월괘

비·12	관·20	송·6	미제·64	구·44	대과·28	손·57	소축·9	고·18	간·52	승·46	사·7
1월	2월	3월	4월	5월	6월	7월	8월	9월	10월	11월	12월

◆ 일괘

무망(상구)	비·12	리·10	동인·13	익·42	서합·21
	6 5 4 3 2 1	12 11 10 9 8 7	18 17 16 15 14 13	24 23 22 21 20 19	30 29 28 27 26 25

【총괄해서 판단하면】

14 이 효는 믿음이 견고해서, 마침내 각자가 믿고 있는 바를 실행하는 것이다. 그러므로 운이 맞는 사람은, 고집을 피우나 융통성이 있고, 견고하게 하나 변할 줄을 아니, 위태해지고 우환이 생김을 막을 수 있어서 몸과 집안을 보존할 수 있으며, 복과 덕택이 없어지지 않는다.

운이 맞지 않는 사람은, 뜻은 크나 꾀함은 졸렬하며, 마구 달리되 정지함이 없고, 고독해도 의지하지 않으니, 재앙이 떠나지 않는다.

세운을 만나면, 공직자는 정치를 잘하지 못하여 쫓겨남을 면하기 어렵고,

---

14 此爻是信之固而卒用於信者也 故叶者 執而能通 固而知變 足以防危杜患 身家可保 福澤無虧 不叶者 志大謀拙 馳驅不停 孤獨不倚 災害不離 歲運逢之 在仕不達於政 而貶逐難逭 在士不達於理 而恥辱難逃 在庶俗不諳於事 而是非迭生 惟變通以趨時免禍 數凶者 不保其終

구직자는 이치에 통달하지 못해서 치욕을 면하기 어렵다. 일반인은 일을 제대로 깨닫지 못해서 시비가 계속해서 일어난다. 오직 때를 따라 변통하는 것만이 화를 면하는 방법이다. 수가 흉한 사람은 제명대로 살지 못하고 죽는다.

【글귀로 판단하면】

1. 妄動隄防不必求니 隨謀守舊始成宜라
   水邊一朶月中桂는 花開正値歲寒時라
   망령된 움직임 막고 반드시 구할 것 없으니/ 꾀에 따라 옛 것 지키면 비로소 마땅함 이루리라/ 물가에 한송이 달 속의 계수나무는/ 꽃 피자 바로 겨울 맞이했네

☷ 艮上
☰ 乾下
山天大畜(26)
산 천 대 축

대축괘 개요

【괘사와 대상전】 대축은 바르고 굳게 함이 이로우니, 집에서 먹지 않으면 길하니, 큰 내를 건넘이 이로우니라(큰 일을 하는데 이롭다). 상에 말하기를 하늘이 산 속에 있는 것이 대축괘니, 군자가 본받아서 예전의 말과 지나간 행적을 많이 앎으로써 그 덕을 쌓느니라. 【大畜은 利貞하니 不家食하면 吉하니 利涉大川하니라. 象曰 天在山中이 大畜이니 君子 以하야 多識前言往行하야 以畜其德하나니라.】

【총괄해서 판단하면】

※ 大畜卦 납갑표

[1] 간궁의 2세괘로 12월에 속한다. 내괘의 납갑은 갑자·갑인·갑진이고 외괘의 납갑은 병술·병자·병인인데, 임자·임인·임진을 빌려 쓰기도 한다. 12월에 태어난 사람과, 태어난 년도의 간지가 납갑의 간지 및 차용납갑의 간지(임자·임인·임진)에 합치되는 사람은 부귀와 공명을 누리게 된다.[2]

---

[1] 艮宮二世 卦屬十二月 納甲 是甲子甲寅甲辰 丙戌丙寅丙子 借用壬子壬寅壬辰 如生於十二月及納甲者 乃功名富貴之人也

[2] 각 괘의 월月계산법은 중천건괘(1)와 중지곤괘(2) 항에서 설명하였다. 대축괘의 세효인 구이효는 양효이므로, 초효부터 이효까지 세면 축丑에서 끝난다(초효는 자, 이효는 축). 지지의 축은 12월에 해당하므로, 대축괘가 12월괘가 되는 것이다. 따라서 12월을 주관하는 괘가 되고, 12월에 태어난 사람은 때를 얻음이 된다.

운세설명 산천대축괘(䷙)는 상괘는 간(☶)이고 하괘는 건(☰)이며, 호괘로는 진(☳)과 태(☱)가 있다. 산이 하늘의 위에 있어서, 높은 것이 더욱 높은데 처해 있는 상이다. 우레가 움직이고 비와 이슬이 베풀어져서, 산을 윤택하게 하고 만물을 더욱 이롭게 하니, 하늘과 산이 모든 만물을 감추고 기르는 것이다. 군자가 이런 괘를 얻으면 크게 쌓고 기르는 상이 된다.

【팔궁세혼법으로 판단하면】
간궁의 대부大夫에 해당하는 괘로, 구이효(대부)가 세효世爻가 되고, 임금에 해당하는 육오효가 응효이다. 두 효가 모두 제자리를 얻지는 못했으나, 중中을 얻고 음과 양으로 서로 응하므로 길한 뜻이 많다. 더욱이 임금효(육오효)의 지지인 자(子水)가 나(세효)의 지지인 인(寅木)을 생해주니, 크게 길하게 된다. 다만 임금효가 유약하고 이에 응하는 대부효는 강하므로, 강한 신하가 약한 임금을 그치게 하는 뜻이 있다.

【글귀로 판단하면】
① 瞥然一棹去如梭하니 萬里風波得意過라
　十倍釣鰲終有得하니 蓬瀛此去路無多라
　언뜻보니 노젓기를 베틀북 같이 해서/ 만리풍파를 마음대로 지나간다/ 열배의 자라 낚아 큰 소득 있으니/ 신선산다는 봉래·영주산 여기서 멀지 않다네

1. 初九(䷙→䷈)

【효사와 소상전】 초구는 위태함이 있으니, 그치는 것이 이로우니라. 상에 말하기를 '위태함이 있으리니 그치는 것이 이롭다'는 것은, 재앙을 범하지 않음이라. 【初九는 有厲리니 利已니라. 象曰 有厲利已는 不犯災也라.】

▬▬▬▬▬ 40~48 ▬▬ ▬▬ 34~39 ▬▬ ▬▬ 28~33 ▬▬▬▬▬ 19~27 ▬▬▬▬▬ 10~18 ○ ▬▬▬▬▬ 1~9 선천괘(大畜)1	▬▬▬▬▬ 64~72 ▬▬ ▬▬ 55~63 ○ ▬▬ ▬▬ 49~54 ▬▬▬▬▬ 85~93 ▬▬ ▬▬ 79~84 ▬▬ ▬▬ 73~78 후천괘(漸)2	선천괘인 대축괘 초구 효부터 차례로 위로 나아가면서 운을 잡는다. 1살부터 48살까지를 마치면 49살부터는 후천괘인 점괘로 운이 넘어간다.

◆ 양년(갑·병·무·경·임년)일 경우 3

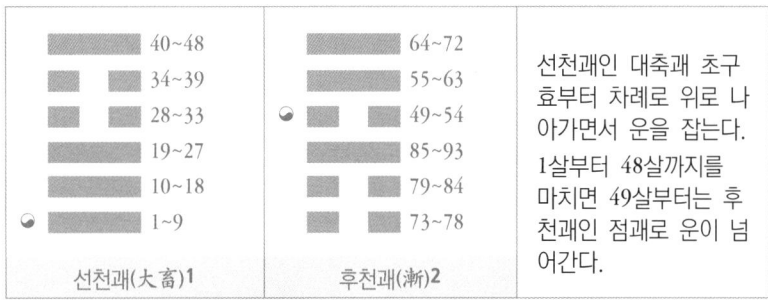

대축(26)4	대유(14)	정(50)	려(56)	진(35)	박(23)	관(20)	비(8)	둔(3)
1	2	3	4	5	6	7	8	9

---

1 1~9살까지는 대축괘 초효 항을, 10~18살까지는 대축괘 이효 항을, …, 40~48살까지는 대축괘 상효 항을 가서 살펴 보면 된다.

　가서 살필 때에 대축괘 사효일 경우와 같이 음효일 경우는 1·2·3·4·5·6의 순서대로 각기 28·29·30·31·32·33살로 보면 된다. 예를 들어 29살 때의 운을 보려면 28~33살까지가 대축괘 사효에 해당하므로, 대축괘 사효 항에 가서 2번 항의 중천건괘 오효가 이 사람의 29살의 운이 된다. 따라서 중천건괘 오효 항을 찾아가서 읽으면 그 운을 알 수 있다.

　그외에 양효일 경우는, 자신의 나이가 양년에 해당할 경우는 「양년일 경우」의 도표를 보면 되고, 음년일 경우는 「음년일 경우」의 도표를 찾아서 1·2·3·4·5·6·7·8·9의 순서대로 각기 해당하는 나이를 맞추어 보면 된다. 예를 들어 12살의 운을 보려면, 10~18살이 대축괘 이효에 해당하므로, 대축괘 이효 항에 가서 3번 항을 보면 된다. 즉 12살에 해당하는 년도의 간지가 양년에 해당하면 「양년일 경우」의 도표의 3번에 해당하는 풍화가인괘 이효가 이 사람의 12살 운이 되므로, 풍화가인괘 이효 항을 찾아 읽으면 된다. 또 음년에 해당할 경우는 「음년일 경우」의 도표의 3번에 해당하는 풍천소축괘의 이효가 12살의 운이 되므로, 풍천소축괘 이효 항을 찾아 읽으면 된다.

2 49~54살까지는 후천괘인 점괘 사효 항을, 55~63살까지는 점괘 오효 항을, …, 85~93살까지는 점괘 삼효 항을 살펴보면 된다.

3 해마다의 운인 유년운의 진행은 양효(▬▬)일 때와 음효(▬ ▬)일 때가 다른데, 그 자세한 예는 중천건괘(1) 초구효 항에 유년운에 속한 월운月運의 예와 함께 실려 있으므

◈ 음년(을·정·기·신·계년)일 경우

고(18)	정(50)	대유(14)	리(30)	서합(21)	이(27)	익(42)	둔(3)	비(8)
1	2	3	4	5	6	7	8	9

◈ 월괘

비·22	가인·37	이·27	복·24	서합·21	진·35	무망·25	리·10	수·17	혁·49	취·45	비·8
1월	2월	3월	4월	5월	6월	7월	8월	9월	10월	11월	12월

◈ 일괘 5

대축(초구)	비·22	손·41	대유·14	소축·9	태·11
	6 5 4 3 2 1	12 11 10 9 8 7	18 17 16 15 14 13	24 23 22 21 20 19	30 29 28 27 26 25

【총괄해서 판단하면】

6 이 효는 나아감이 불리하고, 물러남이 이로운 자를 설명한 것이다. 그

로 참고하면 된다.

4 위의 도표에서 '대축(26)'이라고 한 것은 괘명은 대축괘大畜卦고 64괘 중에 26번째 괘라는 뜻이며, '고(18)'이라고 한 것은 괘명은 고괘蠱卦고 64괘 중에 18번째에 해당한다는 뜻이다. 나머지 괘도 이와같은 방식으로 본다. 따라서 앞의 목차에서 번호의 순서대로 찾으면, 해당하는 괘를 쉽게 찾을 수 있다. 또 월괘月卦에서 '가인·37' 등으로 표시한 것도, 괘명은 가인괘家人卦고 64괘 중에 37번째라는 뜻이다.

5 그 날의 운(日運)과 더 세분해서 시운時運을 알고 싶으면, 앞의 일괘日卦와 시괘時卦 설명을 참조해서 계산하면 된다. 자세한 예는 건(1)~송(6)괘의 초효 항에 있으므로 참고바람.

6 此爻是不利於進 而利於退者也 故叶者 明哲保身 知機以圖存 災不犯而福有餘

러므로 운이 맞는 사람은, 명철하게 몸을 보존하는 사람으로, 기미를 알아 보존할 것을 도모하고, 재앙을 범하지 않으니, 여유있는 복을 누린다. 운이 맞지 않는 사람은, 평상시나 변란이 있을 때를 막론하고, 때에 따라 정해진 계책이 있는 자이다.

세운을 만나면, 공직자는 마땅히 그 자리를 떠나야 하고, 구직자는 마땅히 때를 기다려야 하며, 일반인은 마땅히 옛 것을 지켜나가야 한다. 그렇지 않으면 예측하지 못할 변화가 생겼을 때, 화를 면치 못할 것이다.

【글귀로 판단하면】

① 疾病方生處에 天邊雁侶孤라

　空中斜日墜하니 帆便恨平湖라

　병은 방금 발생했는데/ 하늘가엔 기러기 짝잃어 외롭다/ 하늘엔 석양의 해 떨어지니/ 돛단배는 넓은 호수를 한탄하네

② 蝸角刀頭利하나 關心事不同이라

　暗雲風捲盡하니 明月又當空이라

　사소한 일로 다투어 칼머리 날카로우나/ 관심있는 일이 같지 않다/ 어두운 구름을 바람이 다 걷으니/ 밝은 달이 또한 공중에서 비추네

2. 九二(☷→☶)

【효사와 소상전】구이는 수레의 바큇살을 벗김이로다. 상에 말하기를 '수레의 바큇살을 벗긴다'는 것은 중도로 하기 때문에 허물이 없는 것이다.【九二는 輿說輹이로다. 象曰 輿說輹은 中이라 无尤也라.】

不叶者 處常處變 隨時定計 歲運逢之 在仕宜去位 在士宜待時 在庶俗宜守舊 不然變生不測 禍將臨矣

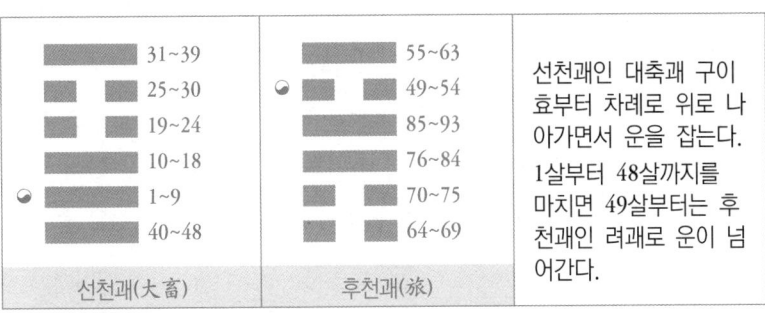

선천괘인 대축괘 구이 효부터 차례로 위로 나아가면서 운을 잡는다. 1살부터 48살까지를 마치면 49살부터는 후천괘인 려괘로 운이 넘어간다.

◈ 양년(갑·병·무·경·임년)일 경우

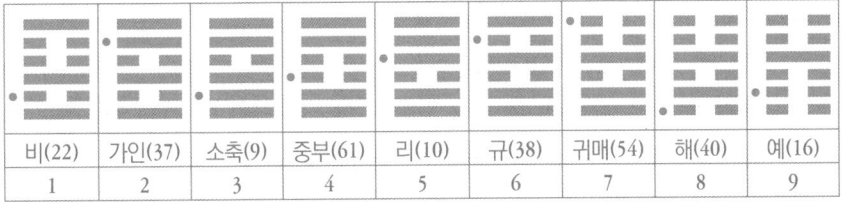

대축(26)	소축(9)	가인(37)	익(42)	무망(25)	서합(21)	진(51)	예(16)	해(40)
1	2	3	4	5	6	7	8	9

◈ 음년(을·정·기·신·계년)일 경우

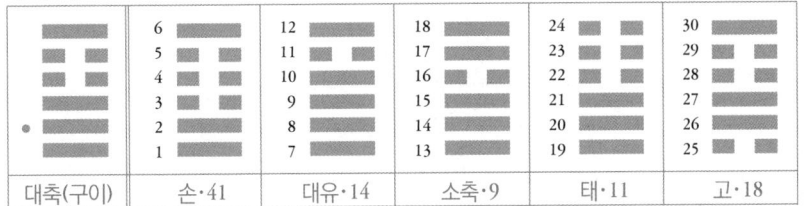

비(22)	가인(37)	소축(9)	중부(61)	리(10)	규(38)	귀매(54)	해(40)	예(16)
1	2	3	4	5	6	7	8	9

◈ 월괘

손·41	림·19	규·38	미제·64	리·10	무망·25	태·58	쾌·43	곤·47	감·29	췌·45	예·16
1월	2월	3월	4월	5월	6월	7월	8월	9월	10월	11월	12월

◈ 일괘

대축(구이)	손·41	대유·14	소축·9	태·11	고·18
	6 5 4 3 2 1	12 11 10 9 8 7	18 17 16 15 14 13	24 23 22 21 20 19	30 29 28 27 26 25

【총괄해서 판단하면】

7 이 효는 스스로 멈추는 상을 깊이 비교하여 말한 것이다. 그러므로 운이 맞는 사람은, 변해서 산화비괘에 윗사람과 같이 더불어 흥기하는 상이 있다. 반드시 재주와 덕을 겸비했고, 심성이 명민하고 견문이 넓고 박식하며, 바름을 지키면서 마음을 바꾸지 아니하니, 때를 가장 잘 알아 사용하는 자이다. 혹 급류를 만나 용감히 물러나고, 혹 관직을 스스로 물러난다.

운이 맞지 않는 사람은, 어리고 젊은 사람일 경우는 나다니지 못하고, 장년이 되고 노년일 경우는 발에 질환이 생긴다. 혹 허리에 질환이 생기는 경우도 있다. 수가 흉한 사람은 장수하기 어렵다.

세운을 만나면, 잃고 빼앗기며 재앙들고 그릇되게 됨을 방비해야 한다.

【글귀로 판단하면】

① 推車登高路하니 半道輿脫輻이라
天上一星飛하고 佳人水邊哭이라
수레를 밀고 높은 길 오르니/ 반쯤 가서 바퀴살이 빠졌다/ 하늘 위에는 별 하나 날고/ 아름다운 사람은 물가에서 운다

② 鏡面破當中하고 行人過斷橋라
事須宜謹愼이니 深恐不堅牢이라
거울은 와장창 깨졌고/ 행인이 끊어진 다리 건넌다/ 일은 마땅히 근신해야 하니/ 견고하지 못할까 매우 두렵네

3. 九三(☷→☶)

---

7 此爻是深擬其自止之象也 故叶者 變爲賁 有與上興之象 必有才德 心性明敏 聞見廣博 守正不移 時上之用 或急流勇退 或掛冠致仕 不叶者 幼小不行 老大足疾 或生腰疾 數凶者難於壽耈 歲運逢之 防失脫灾非

【효사와 소상전】 구삼은 좋은 말로 쫓아감이니, 어렵게 여기고 바르게 함이 이로우니, 날마다 수레 모는 것과 호위하는 것을 익히면 나아가는 것이 이로우리라. 상에 말하기를 '나아가는 것이 이롭다'는 것은, 윗 사람이 뜻을 합하기 때문이다. 【九三은 良馬逐이니 利艱貞하니 日閑輿衛면 利有攸往하리라. 象曰 利有攸往은 上이 合志也일새라.】

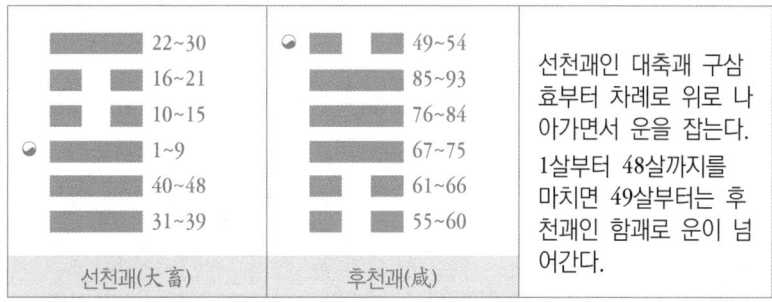

선천괘인 대축괘 구삼 효부터 차례로 위로 나아가면서 운을 잡는다. 1살부터 48살까지를 마치면 49살부터는 후천괘인 함괘로 운이 넘어간다.

◈ 양년(갑·병·무·경·임년)일 경우

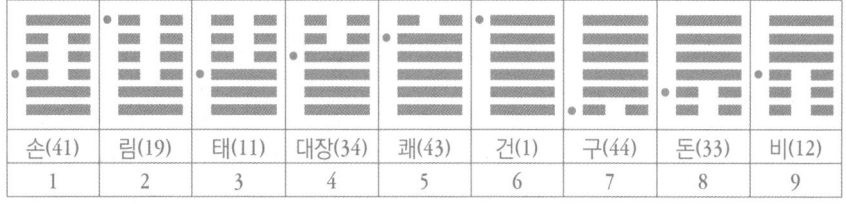

대축(26)	태(11)	림(19)	귀매(54)	태(58)	리(10)	송(6)	비(12)	돈(33)
1	2	3	4	5	6	7	8	9

◈ 음년(을·정·기·신·계년)일 경우

손(41)	림(19)	태(11)	대장(34)	쾌(43)	건(1)	구(44)	돈(33)	비(12)
1	2	3	4	5	6	7	8	9

◈ 월괘

대유·14	정·50	건·1	동인·13	쾌·43	대과·28	정·48	함·31	소과·62	취·45	비·12
1월	2월	3월	4월	5월	6월	7월	8월	9월	10월	11월	12월

◈ 일괘

대축(구삼)	대유·14	소축·9	태·11	고·18	비·22
1~6	1~6	7~12	13~18	19~24	25~30

【총괄해서 판단하면】

8 이 효는 동료와 같이 올라가는 형상에 비유해서, 성실하게 올라가는 도를 보여준 것이다. 그러므로 운이 맞는 사람은, 문장과 학문이 뛰어난 것이, 좋은 말의 뛰어남과 큰 수레의 견고함으로 병사의 방위하는 임무에 임하는 것과 같아서, 조정의 중책을 감당해 낼 수 있는 것이다. '馬(말 마)'자와 '衛(지킬 위)'자에 절제사 등 군대를 지휘하는 벼슬과, 군마를 양육하고 관리하는 벼슬의 뜻, 그리고 수송을 책임지는 관리 등 좋은 조짐에 관한 뜻이 들어있다.

운이 맞지 않는 사람은, 비록 군자와 뜻을 같이한다 하여도, 혹 경거망동하고 자중자애를 하지 않아서 손실을 부른다. 비록 성취하는 바가 있다 하더라도 힘든 고초를 겪은 후에 얻게 된다.

세운을 만나면, 공직자는 제후諸侯가 되어 군대를 지휘하며, 구직자는 갑자기 높게 올라가는 기쁨이 있다. 일반인은 지체 높고 존귀한 사람을 만나 쓰이게 되며, 자신을 알아주는 동료와 서로 도우면서 어려움을 헤쳐 나간다. 혹 분주하면서도 실속없이 고생하게 되나, 나중에는 성공하게 된다.

---

8 此爻是擬其同升之象 而示以允升之道者也 故叶者 文章學問 如良馬之捷 如大輿之堅 兵衛之臨 足以勝朝廷重任 馬字衛字 是節制軍馬茶馬司 薄轉運 皆佳兆也 不叶者 雖與君子合志 或妄擧躁動 不自愛重 損失難免 縱有成就 亦起於艱辛 歲運逢之 在仕則有五馬朱旛之應 在士則有飛騰之應 在庶俗得尊上使用 知己相助 以濟其艱 或奔走勞役 而後方可有獲

【글귀로 판단하면】

1 乘騎求謀進不貞하니 傲霜松栢四時靑이라

　雲中相送仍相贈하니 龍虎成名祿再榮이라

　말타고 나아감을 꾀하는 것이 곧은 일 아니니/ 서리를 겁내지 않는 송백의 절개 사시에 푸르다/ 구름 가운데서 서로 보내며 주고받으니/ 용호(龍虎:文武)의 이름 이뤄 명예와 녹을 다시 얻네

2 千里過了幾重關하니 只有一關何慮難가

　等待金風疎落葉하야 江波隨處下長竿이라

　천리길에 몇겹의 관문 다 지났으니/ 단지 한 관문 남은 것을 근심할 게 무엇이냐?/ 금풍(金風:가을 바람, 申酉月 바람)이 낙엽 쓸어 낼 때를 기다렸다가/ 강물따라 내려가며 긴 낚싯대 드리워보세

4. 六四(䷤ → ䷌)

【효사와 소상전】 육사는 송아지에게 빗장을 지름이다. 소는 상처가 나지 않고 부리는 사람은 힘들이지 않고 잘 다스릴 수 있으니, 크게 착하고 길하니라. 상에 말하기를 육사가 크게 착하고 길한 것은, 기쁨이 있음이라.【六四는 童牛之牿이니 元吉하니라. 象曰 六四元吉은 有喜也라.】

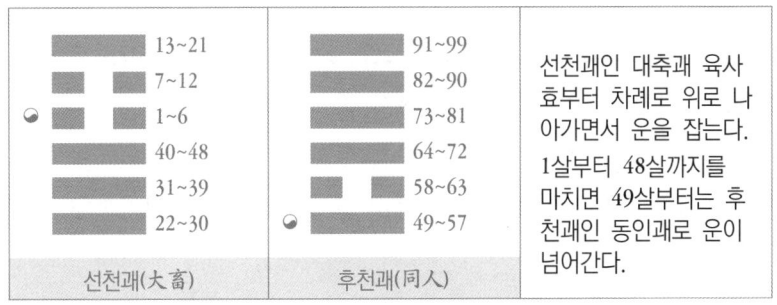

선천괘(大畜)	후천괘(同人)	선천괘인 대축괘 육사 효부터 차례로 위로 나아가면서 운을 잡는다. 1살부터 48살까지를 마치면 49살부터는 후천괘인 동인괘로 운이 넘어간다.
13~21	91~99	
7~12	82~90	
1~6	73~81	
40~48	64~72	
31~39	58~63	
22~30	49~57	

◆ 양년 음년 똑같음

	대유(14)	건(1)	쾌(43)	대과(28)	함(31)	취(45)
	1	2	3	4	5	6

◆ 월괘

	소축·9	가인·37	수·5	절·60	정·48	대과·28	건·39	겸·15	비·8	관·20	취·45	수·17
	1월	2월	3월	4월	5월	6월	7월	8월	9월	10월	11월	12월

◆ 일괘

	6 5 4 3 2 1	12 11 10 9 8 7	18 17 16 15 14 13	24 23 22 21 20 19	30 29 28 27 26 25
대축(육사)	소축·9	태·11	고·18	비·22	손·41

【총괄해서 판단하면】

9 이 효는 일의 발단에서 악한 행동을 하지 못하도록 막음으로써, 좋게 되는 점괘를 말한 것이다. 그러므로 운이 맞는 사람은, 혹 어려서 국가고시에 합격하고, 혹은 수석으로 합격하니, 부귀를 모두 누린다.

운이 맞지 않는 사람은, 어린 사내 종으로 귀한 사람을 가까이 모시게 되고, 혹은 능력이 모자라 중책을 수행할 수 없으며, 혹은 견문이 적어서 꾀하는 일이 성사되지 못한다.

세운을 만나면, 지방의 시험에 합격하는 등 등용되고 풀리니, '牛(소 우)'

---

9 此爻是止惡於初 而因善其占者也 故叶者 或爲童科 或爲魁元 富貴雙全 不叶者 爲童僕近貴 或力小不能任重 或見淺而拙於謀 歲運逢之 進取領解 蓋牛爲解星 常人有喜添牛財 在仕有陞遷之喜

자에 28수 중에 하나인 우수牛宿의 뜻이 있고, 우수는 풀리는 것을 주관하는 별이기 때문이다. 일반인은 기쁜 일이 더해지고 소(牛) 등 재물이 늘어난다. 공직자는 승진하고 영전되는 기쁨이 있다.

【글귀로 판단하면】

① 跨牛行地遠하니 金菊暗傷情이라
  江畔人行處에 前程去有因이라
  소를 타고 먼 길을 가니/ 가을 국화가 은연중 심정을 상하게 하네/ 강가 사람 가는 곳에/ 앞으로 갈 길이 있으리라

② 鵲噪高枝上하고 人行古渡頭라
  半途不可到하니 日暮轉生愁라
  까치는 높은 가지 위에서 짖고/ 사람은 옛 부두를 간다/ 반쯤 가고 다 가지 못했으니/ 날은 저물어 근심이 솟아난다

5. 六五(☰ → ☰)

【효사와 소상전】 육오는 불 깐(거세한) 돼지의 어금니니, 길하니라. 상에 말하기를 '육오의 길함'은 경사가 있음이라. 【六五는 豶豕之牙니 吉하니라. 象曰 六五之吉은 有慶也라.】

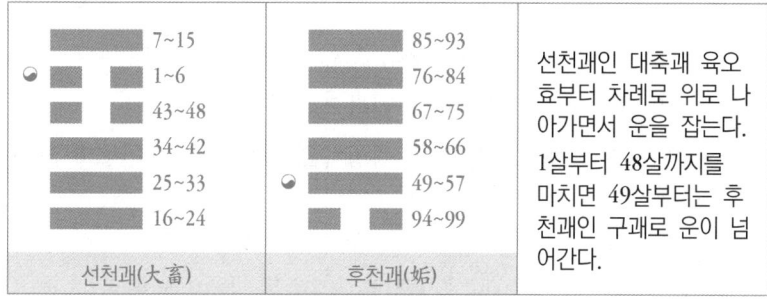

선천괘(大畜)	후천괘(姤)	
7~15	85~93	선천괘인 대축괘 육오 효부터 차례로 위로 나아가면서 운을 잡는다. 1살부터 48살까지를 마치면 49살부터는 후천괘인 구괘로 운이 넘어간다.
1~6	76~84	
43~48	67~75	
34~42	58~66	
25~33	49~57	
16~24	94~99	

◈ 양년 음년 똑같음

소축(9)	수(5)	정(48)	건(39)	비(8)	취(45)
1	2	3	4	5	6

◈ 월괘

태·11	림·19	승·46	항·32	겸·15	건·39	곤·2	박·23	예·16	진·51	취·45	곤·47
1월	2월	3월	4월	5월	6월	7월	8월	9월	10월	11월	12월

◈ 일괘

	6 5 4 3 2 1	12 11 10 9 8 7	18 17 16 15 14 13	24 23 22 21 20 19	30 29 28 27 26 25
대축(육오)	태·11	고·18	비·22	손·41	대유·14

【총괄해서 판단하면】

10 이 효는 드러난 악을 잘 제어함으로써 선하게 되는 점괘를 말한 것이다. 그러므로 운이 맞는 사람은, 큰 재주와 덕으로 동료와 무리들 중에 뛰어나서, 큰 공을 세우고 부귀를 누린다.

운이 맞지 않는 사람은, 심지와 기상이 미천하고 낮아서 작은 규모의 일을 하고 생계도 자잘하게 꾸려나가나, 또한 기쁜 일이 있게 된다.

세운을 만나면, 공직자는 발탁되어 승진하고, 구직자는 등용되어 높이 된다. 일반인은 길함과 경사가 많으며, 경영하고 꾀하는 일을 이루게 된다.

---

10 此爻是制惡於著 而因善其占者也 故叶者 大才大德 出類拔萃 足以立大功 亨富貴 不叶者 志氣卑微 小小規模 生計狹隘 亦有喜事 歲運逢之 在仕陞擢 在士高遷 在庶俗多有吉慶 而營謀克遂 元氣失者 福量淺狹

원기元氣를 잃은 자는 복과 국량이 적고 협소하다.

【글귀로 판단하면】

① 德大功勳重하니 常居輔佐臣이라
   於中還正坎하니 繼躁克師貞이라
   덕은 크고 공훈은 무거우니/ 항상 보좌하는 신하가 있다/ 중中에 있으면서 도리어 어려운 일 바로하니/ 조급함을 끊으면 전쟁에 승리하고 바로할 수 있으리라

② 浪靜波平好下鉤하니 何須疑慮兩三頭아
   事和天上一輪月이요 雲散月明天正秋라
   물결은 고요하고 파도는 평온해서 낚시하기 좋으니/ 고기 두세마리 잡는 것 무슨 의심하리오?/ 일은 하늘에 달이 둥글어질 때 잘될 것이고/ 구름은 흩어지고 달은 밝으니 시절은 바로 가을이로다

6. 上九(☰ → ☷)

【효사와 소상전】상구는 어찌 하늘의 거리인가? 형통하니라. 상에 말하기를 '어찌 하늘의 거리인가'는 도가 크게 행해지는 것이다. 【上九는 何天之衢오 亨하니라. 象曰 何天之衢는 道 大行也라.】

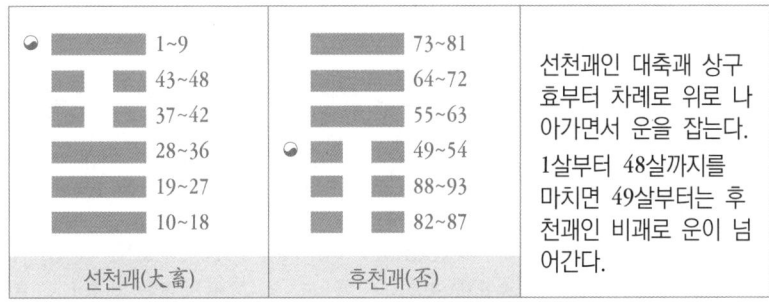

선천괘(大畜)	후천괘(否)	
1~9	73~81	선천괘인 대축괘 상구 효부터 차례로 위로 나아가면서 운을 잡는다. 1살부터 48살까지를 마치면 49살부터는 후천괘인 비괘로 운이 넘어간다.
43~48	64~72	
37~42	55~63	
28~36	49~54	
19~27	88~93	
10~18	82~87	

◈ 양년(갑·병·무·경·임년)일 경우

대축(26)	손(41)	림(19)	사(7)	곤(2)	겸(15)	소과(62)	함(31)	돈(33)
1	2	3	4	5	6	7	8	9

◈ 음년(을·정·기·신·계년)일 경우

태(11)	림(19)	손(41)	몽(4)	박(23)	간(52)	려(56)	돈(33)	함(31)
1	2	3	4	5	6	7	8	9

◈ 월괘

고·18	정·50	간·52	점·53	박·23	곤·2	진·35	서합·21	비·22	송·6	취·45	함·31
1월	2월	3월	4월	5월	6월	7월	8월	9월	10월	11월	12월

◈ 일괘

●	6 5 4 3 2 1	12 11 10 9 8 7	18 17 16 15 14 13	24 23 22 21 20 19	30 29 28 27 26 25
대축(상구)	고·18	비·22	손·41	대유·14	소축·9

【총괄해서 판단하면】

11 이 효는 쌓인 것이 극성하게 많아져서 통하게 된 것이니, 그 도의 베

---

11 此爻是畜極而通 而其道之所施者廣矣 故叶者 間世奇英 當時重望 功高千古 名播四夷 道德充大 足以開太平繼絶學 不叶者 志大心高 機深禍重 變泰上爻 有城復于隍之象 歲運逢之 在仕者得薦擧登天 在士者進取成名 在庶俗謀爲皆利 天衢二字 應兆非輕

품이 넓고 많은 것이다. 그러므로 운이 맞는 사람은, 세상의 기이한 영웅으로, 당대의 신망을 받고 천고에 없는 큰 공을 세우니, 명성이 온 세상에 퍼진다. 도덕이 가득차고 크니, 태평함을 열고 끊어졌던 학문을 다시 잇는 사람이다.

운이 맞지 않는 사람은, 뜻이 크고 마음이 고결하나, 위태로움이 심하고 환난이 많다. 변해서 지천태괘의 상육효가 되면, 위용있던 성이 무너져 터만 남는 상이 된다.

세운을 만나면, 공직자는 천거되어 최고로 높은 자리에 오르게 되고, 구직자는 등용되어 성명을 이루며, 일반인은 꾀하는 일 모두 이득을 본다. '天衢(하늘의 거리)'라는 두 글자의 조짐을 가벼이 봐서는 안된다.

【글귀로 판단하면】

1 天衢一道總亨通하니 深淺根基漫費工이라
   一個婦人携錦袱하니 龍牙虎爪伏場中이라
   하늘의 큰 길이 다 뚫렸으니/ 깊고 얕은 근기(根基)는 헛된 힘 낭비했다/ 한 부인네가 비단보를 휴대하고 있는데/ 용이 어금니 벌리고 호랑이가 발톱 세워 마당 가운데 있다

2 事有喜ㅣ 物有光하니
   始終好商量이요 壺中日月長이라
   일은 기쁘고/ 물건은 빛이 나며/ 사람들은 모여 좋게 상의하며/ 술먹고 노니 해와 달이 길기도 하다

☶ 艮上
☳ 震下 山雷頤(27)
         산 뢰 이

이괘 개요

【괘사와 대상전】 이는 바르게 하면 길하니, 길러지는 것을 보며 자신을 기르는 도를 구하느니라. 상에 말하기를 산 아래 우레가 있는 것이 이괘니, 군자가 본받아서 언어를 삼가고 음식을 절제 하느니라. 【頤는 貞하면 吉하니 觀頤하며 自求口實이니라. 象曰 山下有雷 頤니 君子 以하야 愼言語하며 節飮食하나니라.】

【총괄해서 판단하면】

※ 頤卦 납갑표

1 손궁의 4세괘(원래는 유혼괘)로 8월에 속한다. 내괘의 납갑은 경자·경인·경진이고 외괘의 납갑은 병술·병자·병인이다. 8월에 태어난 사람과, 태어난 년도의 간지가 납갑의 간지에 합치되는 사람은 부귀와 공명을 누리게 된다. 2월에서부터 8월 사이가 때에 맞는 것이고(及時), 9월 이후는 때에 맞는 것이 아니다.2

운세설명 산뢰이괘(☶)는 상괘가 간(☶)이고 하괘는 진(☳)이며, 호괘로

---

1 巽宮四世 卦屬八月 納甲 是庚子庚寅庚辰 丙戌丙子丙寅 如生於八月及納甲者 功名富貴人也 二月至八月爲及時 九月後則非其時矣

2 각 괘의 월月계산법은 중천건괘(1)와 중지곤괘(2) 항에서 설명하였다. 이괘의 세효인 육사효는 음효이므로, 초효부터 사효까지 세면 유酉에서 끝난다(초효는 오, 이효는 미, 삼효는 신, 사효는 유). 지지의 유는 8월에 해당하므로, 이괘가 8월괘가 되는 것이다. 따라서 8월을 주관하는 괘가 되고, 8월에 태어난 사람은 때를 얻음이 된다.

곤(☷)의 상이 있다. 산 아래에 땅이 있고 땅의 위에는 산이 있어서, 쌓은 것이 누적되어 높고 크니, 초목을 북돋고 심는 것이다. 산과 땅 아래에 우레가 있어서 때에 응하여 발하지 않음이 없으니, 행할 때가 되면 행하고 그칠 때가 되면 그쳐서 만물을 길러낸다. 군자가 이런 괘를 얻으면, 잘 기르는 상이다. 이 괘는 때에 순하면 길하고 또 부귀해진다.

【팔궁세혼법으로 판단하면】
손궁의 6변괘인 유혼괘遊魂卦로 세효世爻가 육사효에 있으므로 제후에 해당하고, 원사元士에 해당하는 초구효가 응효이다. 두 효 모두 제자리를 얻었고, 또 음과 양으로 서로 응하니 일이 잘 풀리고 길하게 된다. 그러나 육사효의 지지인 술(戌土)이 초구효의 지지인 자(子水)를 극하니, 자신을 돕는 사람을 오히려 해치는 격으로 좋지 않다. 더욱이 응효가 있는 하체(震木)가 세효가 있는 상체(艮土)를 극하는 상이고, 육오효는 유약한 음이 임금자리에 있으니 분수를 지키면서 조심해야 하는 뜻이 있다.

【글귀로 판단하면】
1 丹桂飄香日에 功名事不遲라
　　人行千里外하니 觸景正芳菲라
　　붉은 계수나무 향기 날리는 날에/ 공명 얻으니 일 늦지 않네/ 사람이 천리밖으로 가니/ 보이는 경치마다 꽃답고 아름답다

1. 初九(☷☳→☷☶)

【효사와 소상전】 초구는 네 신령스러운 거북이를 놓아두고 나를 보고서 턱을 벌림이니, 흉하니라. 상에 말하기를 '나를 보고서 턱을 벌림'이니, 또한 귀하지 못하도다. 【初九는 舍爾靈龜하고 觀我하야 朶頤니 凶하니라. 象曰 觀我朶頤하니 亦不足貴也로다.】

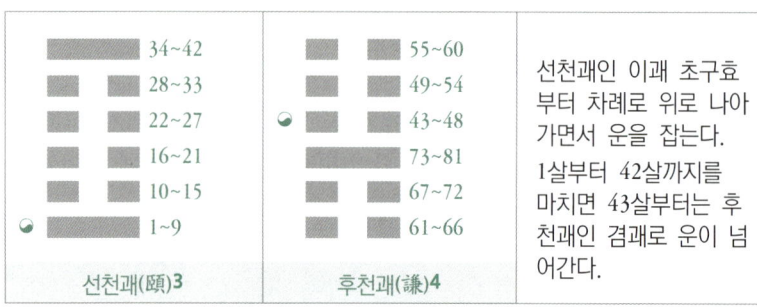

◆ 양년(갑·병·무·경·임년)일 경우 5

이(27)	서합(21)6	진(35)	미제(64)	정(50)	고(18)	손(57)	정(48)	수(5)
1	2	3	4	5	6	7	8	9

---

3 사주의 숫자로 괘를 만들어서 이괘 초효에 원당이 있다면, 1~9살까지는 이괘 초효 항을, 10~15살까지는 이괘 이효 항을, …, 34~42살까지는 이괘 상효 항을 가서 살펴보면 된다.

4 43~48살까지는 후천괘인 겸괘 사효 항을, 55~60살까지는 겸괘 상효 항을, …, 73~81살까지는 겸괘 삼효 항을 살펴보면 그 사람의 운이 된다(◐나 ●표시 한 곳이 해당하는 효를 가리키고, 밑에서부터 초효·이효·삼효·사효·오효·상효로 나눈다).

5 해마다의 운인 유년운의 진행은 양효(━)일 때와 음효(╌)일 때가 다른데, 그 자세한 예는 중천건괘(1) 초구효, 중지곤괘(2) 초육효와 육이효, 수뢰둔괘(3) 초구효와 육삼효, 산수몽괘(4) 초육효와 육사효 항에 유년운에 속한 월운月運의 예와 함께 실려 있으므로 참고하면 된다.

6 위의 도표에서 '서합(21)'이라고 한 것은 괘명은 서합괘噬嗑卦고 64괘 중에 21번째 괘라는 뜻이며, '박(23)'이라고 한 것은 괘명은 박괘剝卦고 64괘 중에 23번째에 해당한다는 뜻이다. 나머지 괘도 이와같은 방식으로 본다. 따라서 앞의 목차에서 번호의 순서대로 찾으면, 해당하는 괘를 쉽게 찾을 수 있다. 또 월괘月卦에서 '중부·61' 등으로 표시한 것도, 괘명은 중부괘中孚卦고 64괘 중에 61번째라는 뜻이다.

◆ 음년(을·정·기·신·계년)일 경우

박(23)	진(35)	서합(21)	규(38)	대유(14)	대축(26)	소축(9)	수(5)	정(48)
1	2	3	4	5	6	7	8	9

◆ 월괘

손·41	중부·61	대축·26	태·11	대유·14	정·50	건·1	동인·13	쾌·43	태·58	대과·28	정·48
1월	2월	3월	4월	5월	6월	7월	8월	9월	10월	11월	12월

◆ 일괘 7

이(초구)	손·41	비·22	서합·21	익·42	복·24

【총괄해서 판단하면】

8 이 효는 자신이 지켜야 할 것을 스스로 잃어버림으로써, 심히 비천하게 된 자를 설명한 것이다. 그러므로 운이 맞는 사람은, 다른 사람으로 인해 자신을 완성하려 하니, 다른 나라에 기반을 세워 빈천해지며, 욕심을 내어 잃어버리게 되므로, 얻는 것은 적고 잃는 것은 많게 된다.

7 그 날의 운(日運)과 더 세분해서 시운時運을 알고 싶으면, 앞의 일괘日卦와 시괘時卦 설명을 참조해서 계산하면 된다. 자세한 예는 건(1)~송(6)괘의 초효 항에 있으므로 참고바람.

8 此爻是自喪其所守而深鄙之者也 故叶者 因人成己 他邦立基而貧賤 貪而有失 所得者少 所失者多 不叶者 爲不義之人 貪汚之士 必遭凶禍 歲運逢之 在仕則遭 失廉之辱 在士則有荒淫之誚 在庶俗則有悖逆爭財之禍 大抵惟守正道則吉 士子 進取有食廩之兆 蓋因朶頤欲食故也

운이 맞지 않는 사람은, 의롭지 못한 사람으로, 탐관오리의 전형이니, 반드시 흉과 환난을 만나게 된다.

세운을 만나면, 공직자는 청렴함을 잃음으로 인한 욕을 당하고, 구직자는 음탕함을 즐김으로 인한 화를 부르며, 일반인은 도덕과 의리를 거스리며 재물을 다툼으로 인한 화를 입는다. 대개 정도를 지키면 길하게 되니, 구직자는 등용되어 녹을 먹게 되는 조짐이 되는데, 이는 효사에 '입을 벌린다'고 한 것이, 먹으려는 마음으로 벌린 것이기 때문이다.

【글귀로 판단하면】

① 舍東以就西하니 童山可立基인가

　 江邊人過處에 一女遇寒啼라

　 동쪽을 놓아두고 서쪽으로 가니/ 민둥산에 터를 세울 수 있나?/ 강가 사람 지나는 곳에/ 한 여자가 추위에 운다

② 紅紫無顔色하니 飄零一葉風이라

　 鄰鷄驚曉夢하니 心事轉成空이라

　 붉고 검붉어서 안색이 없으니/ 한줄기 바람에 날아가 떨어졌다/ 이웃 닭이 새벽꿈을 놀라게 깨우니/ 마음에 있는 일이 모두 허사일세

2. 六二(☷ → ☶)

【효사와 소상전】 육이는 거꾸로 양육됨을 구함이라. 법도에 어긋나니, 언덕(상구)에 기르려 해서 가면 흉하리라. 상에 말하기를 '육이효의 가면 흉함'은, 행함이 동류를 잃었기 때문이다. 【六二는 顚頤라 拂經이니 于丘에 頤하야 征하면 凶하리라. 象曰 六二征凶은 行이 失類也라.】

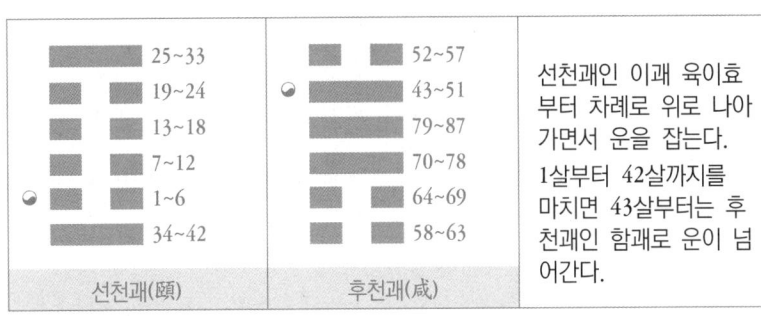

선천괘인 이괘 육이효 부터 차례로 위로 나아가면서 운을 잡는다.
1살부터 42살까지를 마치면 43살부터는 후천괘인 함괘로 운이 넘어간다.

◈ 양년 음년 똑같음

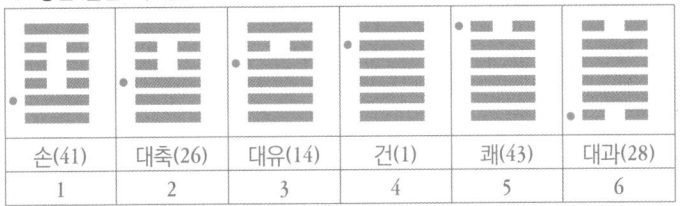

◈ 월괘

◈ 일괘

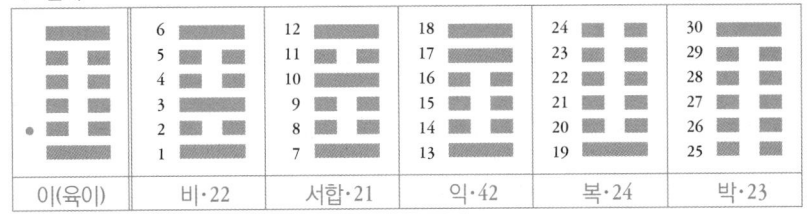

【총괄해서 판단하면】

9 이 효는 길러짐을 구하려고 하다가, 그 동료들을 잃는 자를 설명한 것

---

9 此爻是求養失其類者也 故叶者 守正不動 保身養性 可耐歲月之久 不叶者 更變無定 習學不專 交下先欺 親上見斥 或患難顛强拘束 歲運逢之 在仕防謫 在士防辱 在庶俗作事進退 是非不一 數凶者多病致死

이다. 그러므로 운이 맞는 사람은, 바름을 지키면서 움직이지 않는 자로, 몸과 성품을 보존하고 기르며, 오랜 세월을 인내하며 기다릴 수 있다. 운이 맞지 않는 사람은, 변화무쌍하여 정해짐이 없고, 학문을 해도 오로지 전공하는 것이 없으며, 아랫사람을 사귀려면 먼저 속임을 당하고, 윗사람과 친하려 해도 배척을 당한다. 혹 환난이 더욱 심해져 몸까지 구속되게 된다.

세운을 만나면, 공직자는 견책되고 유배되는 것을 방비해야 하고, 구직자는 욕을 당할 것을 방비해야 하며, 일반인은 일을 행함에 조석으로 변해서, 진퇴와 시비가 한결같지 않음이 있다. 수가 흉한 사람은 병이 많고 죽게 되는 경우가 많다.

【글귀로 판단하면】

1 龍走擁東去하고 羊行帶水歸라
　一堆金未見이요 雙果墜花枝라
　용(辰)은 동쪽을 옹호하면서 사라졌고/ 양(未)은 물을 띠고(帶水) 돌아온다/ 한무더기의 금金을 발견하지 못했고/ 쌍으로 달린 과일이 꽃가지에서 떨어진다

2 秉燭正東西하고 漏舟行險水라
　縱使達平津이라도 尤恐波浪起라
　촛불잡고 동쪽 서쪽으로 가고/ 새는 배로 험한 물을 간다/ 평평한 나루에 도달한다 해도/ 파도와 물결일까 더욱 두렵다

3. 六三(☷ → ☶)

【효사와 소상전】육삼은 기르는 바름을 거스린 것이다. 흉해서 십 년을 쓰지 못한다. 이로운 바가 없느니라. 상에 말하기를 '십 년을 쓰지 못한다'는 것은, 도가 크게 거스려진 것이다. 【六三은 拂頤貞이라 凶하야 十年勿用이라

无攸利하니라. 象曰 十年勿用은 道 大悖也라.】

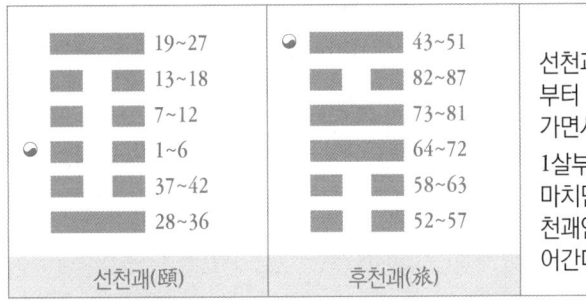

	19~27			43~51
	13~18			82~87
	7~12			73~81
●	1~6	●		64~72
	37~42			58~63
	28~36			52~57
선천괘(頤)			후천괘(旅)	

선천괘인 이괘 육삼효부터 차례로 위로 나아가면서 운을 잡는다.
1살부터 42살까지를 마치면 43살부터는 후천괘인 려괘로 운이 넘어간다.

◆ 양년 음년 똑같음

비(22)	리(30)	동인(13)	혁(49)	함(31)	대과(28)
1	2	3	4	5	6

◆ 월괘

서합·21	진·35	무망·25	리·10	수·17	혁·49	취·45	비·8	곤·47	해·40	대과·28	구·44
1월	2월	3월	4월	5월	6월	7월	8월	9월	10월	11월	12월

◆ 일괘

이(육삼)	서합·21	익·42	복·24	박·23	손·41
	6 5 4 3 2 1	12 11 10 9 8 7	18 17 16 15 14 13	24 23 22 21 20 19	30 29 28 27 26 25

【총괄해서 판단하면】

10 이 효는 기르는데 바른 도가 아닌 것으로 함으로써, 흉함을 취하게 된

---

10 此爻是所養非其道而取凶者也 故叶者 改過自新 窒慾自懲 則變爲賁如濡如 光華潤澤之文 亦可作小小規模 不叶者 扶揚違正 悖義放肆 禍不旋踵 身家破損 歲

것이다. 그러므로 운이 맞는 사람은, 허물을 고치고 스스로 새롭게 하며, 욕심을 막으면서 스스로 경계한다. 변해서 산화비괘 구삼효가 되면 꾸미어 윤택하다는 뜻이 있으므로, 빛나고 화려하며 윤택한 문채가 된다. 따라서 작은 규모의 일은 이룰 수 있게 된다.

운이 맞지 않는 사람은, 바름을 거스리고 의리를 거스리며 방자하니, 화가 계속해서 이르러 몸과 집안을 망하게 한다.

세운을 만나면, 공직자는 명예를 잃고 절개를 잃는 환난이 생기고, 구직자는 욕심껏 해서 잘못되는 근심이 있으며, 일반인은 지나치게 음란하고 거리낌이 없음으로 인한 화가 있으니, 심하면 몸을 망치고 상해서 슬픔에 싸이게 된다.

【글귀로 판단하면】

① 主舊拂頤凶이니 十年宜勿用이라

化翅九霄飛하니 雷振威權重이라

옛 것을 주장하면 기르는 도에 어긋나 흉하니/ 마땅히 십년동안 쓰지 말아야 한다/ 나래를 만들어 높은 하늘 날아가니/ 우레와 같이 떨치며 권위가 무겁다

② 事宜休ㅣ 理多錯하니

日墜雲中에 誠恐多剝이라

일은 마땅히 쉬어야 하고/ 이치는 어긋난 것이 많으니/ 해가 구름속으로 떨어짐에/ 깎이는 것 많을까 두렵다

運逢之 在仕有喪名失節之患 在士有縱欲敗度之虞 在庶俗有荒淫无忌之禍 甚則喪身悲傷之至

4. 六四(☷ → ☲)

【효사와 소상전】 육사는 거꾸로 기름을 구하나 길하니, 호랑이의 봄이 탐탐한 것 같이 하며, 그 하고자 함을 쫓고 또 쫓으면 허물이 없으리라. 상에 말하기를 '거꾸로 기르는 데 길함'은, 윗사람(육사)으로서의 베풀음이 빛나기 때문이다. 【六四는 顚頤나 吉하니 虎視耽耽하며 其欲逐逐하면 无咎리라. 象曰 顚頤之吉은 上施 光也일새니라.】

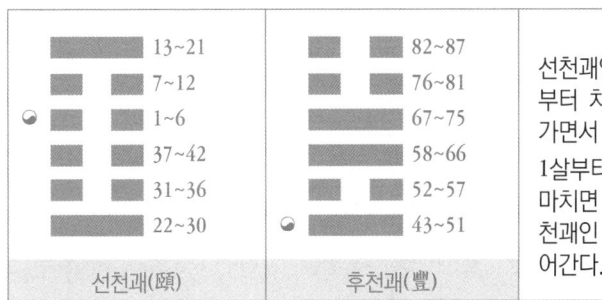

선천괘인 이괘 육사효부터 차례로 위로 나아가면서 운을 잡는다.
1살부터 42살까지를 마치면 43살부터는 후천괘인 풍괘로 운이 넘어간다.

◆ 양년 음년 똑같음

서합(21)	무망(25)	수(17)	취(45)	곤(47)	대과(28)
1	2	3	4	5	6

◆ 월괘

익·42	중부·61	둔·3	기제·63	비·8	취·45	감·29	사·7	정·48	손·57	대과·28	쾌·43
1월	2월	3월	4월	5월	6월	7월	8월	9월	10월	11월	12월

◈ 일괘

이(육사)	익·42	복·24	박·23	손·41	비·22

【총괄해서 판단하면】

11 이 효는 어진 사람을 임용해서 백성을 잘 기름으로써, 임금이 선정을 베풀어 덕택을 널리 펴는 것이다. 그러므로 운이 맞는 사람은, 큰 재주와 신망이 있으며, 단정하고 신중하며 위엄이 있는 사람으로, 바른 도로써 사악함을 물리치니, 태평한 세상을 만드는 기업을 세우고, 하늘을 감격시키는 일과 공을 이룬다. '虎(범 호)'자는 길한 조짐으로, 호방(虎榜:진사시험에 합격함, 俊才를 말함)·호부(虎符:兵符를 말하는 것으로, 전쟁터에 나가는 장군의 지휘권을 상징) 등이 그 예이다.

운이 맞지 않는 사람은, 거꾸로 난리를 조장하는 자가 많고, 즐거움을 탐닉하다가 재산을 잃고 패가망신 당하며, 심한 경우는 호랑이에게 상해를 입고, 배척당하고 쫓겨나서 다시 받아들이기 힘들게 된다.

세운을 만나면, 공직자는 큰 지방을 다스리는 지방장관(太守)이 되고, 윗사람의 빛과 은총을 입게 된다. 구직자는 등용되어 명성을 이루게 되고, 일반인은 사람들의 호의에 찬 도움을 받아 경영하는 일이 뜻대로 이루어진다. 수가 흉한 사람은 물리치지고 배척되며 쫓겨나는 화를 방비하고, 시비와 구설수에 휘말리는 위태함을 막아야 한다.

---

11 此爻是任賢以養民 而爲德澤之普者也 故叶者 大才重望 端謹威嚴 以正驅邪 立太平之基業 成格天之事功 虎字之吉兆 爲虎榜虎符之類 不叶者 多顚倒拂亂 縱欲耽樂 損財破家 甚則爲虎所傷 爲斥逐而難以容生 歲運逢之 在仕則爲太守 得尊上光寵 在士則進取成名 在庶俗得好人贊助 而營謀遂意 數凶者防擯斥驅逐 是非之危

【글귀로 판단하면】

1. 虎視耽耽吉可舒니 山前上緊度須臾라
   前程自有泰來處하니 急浪驚濤反自如라
   호랑이가 탐탐이 하듯이 하면 길하게 될 수 있으니/ 산앞의 긴급한 곳을 잠깐사이에 지나가게 되었다/ 앞길에 저절로 태평함이 오는 곳 있으니/ 급한 물결 놀란 파도에도 오히려 태연하구나

2. 一事防顚墜하라 無非仍有是니
   求望自然成이요 先難而後易라
   한가지 일이라도 실패하는 것을 방비하라/ 잘못된 것 없으면 옳게 될 것이니/ 구하고 바라는 것이 자연히 이뤄지고/ 처음에는 어렵지만 뒤에는 쉬워진다

5. 六五(䷚ → ䷟)

【효사와 소상전】 육오는 상도에 어긋나나 바르게 거처하면 길하지만, 큰 내를 건널 수는 없느니라. 상에 말하기를 '바른 데 거처해서 길하다'는 것은, 순히 해서 위를 따르기 때문이다. 【六五는 拂經이나 居貞하면 吉하려니와 不可涉大川이니라. 象曰 居貞之吉은 順以從上也일새라.】

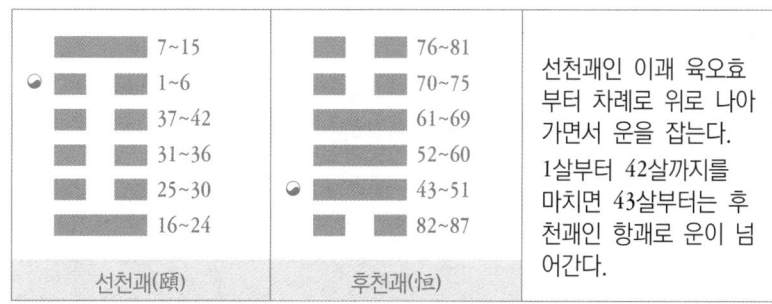

선천괘인 이괘 육오효부터 차례로 위로 나아가면서 운을 잡는다.
1살부터 42살까지를 마치면 43살부터는 후천괘인 항괘로 운이 넘어간다.

◆ 양년 음년 똑같음

•	익(42)	둔(3)	비(8)	감(29)	정(48)	대과(28)
	1	2	3	4	5	6

◆ 월괘

•	복·24	명이·36	곤·2	예·16	사·7	감·29	승·46	고·18	항·32	대장·34	대과·28	함·31
	1월	2월	3월	4월	5월	6월	7월	8월	9월	10월	11월	12월

◆ 일괘

	6	12	18	24	30
	5	11	17	23	29
•	4	10	16	22	28
	3	9	15	21	27
	2	8	14	20	26
	1	7	13	19	25
이(육오)	복·24	박·23	손·41	비·22	서합·21

【총괄해서 판단하면】

12 이 효는 훌륭한 신하에게 의뢰해서 백성을 잘 다스리는 일로써, 점치는 자를 경계한 것이다. 그러므로 운이 맞는 사람은, 현재에 이미 이루어진 부귀를 누리며, 혹 조상의 은혜(가업이나 공로 등)를 이어서 받들어 나가며, 혹은 안사람의 권세와 귀함에 의지한다.

운이 맞지 않는 사람은, 평생동안 어렵고 힘든 고초를 겪지 않고, 사람들의 조력을 받으며 또한 이를 잘 수용한다.

세운을 만나면, 공직자는 다른 사람의 도움으로 성공하여 자신의 지위를

---

12 此爻是賴大臣以養民而因戒占者也 故叶者 多亨現成富貴 或承祖宗之恩 或倚權內之貴 不叶者 平生不受辛苦 得人助力 亦有受用 歲運逢之 在仕則因人成功而位可保 不可明白主事以招咎 在士則進取 得人引拔而小就 在庶俗作爲有倚靠而志可得 不可乘舟涉險

확고히 한다. 그러나 일을 명백하게 처리하지 못하면 허물과 화를 불러들인다. 구직자는 등용되고, 사람들의 이끌어주고 발탁함에 힘입어 조금의 성취가 있게 된다. 일반인은 일을 하되 남에게 의존해서 하면 뜻한 바대로의 성취가 있을 것이다. 배를 타거나 험한 일을 무릅쓰고 해서는 안된다.

【글귀로 판단하면】
① 動躁事生憂요 强謀事不周라
　大川墜難涉하니 翕戶待名求하라
　조급하게 움직이면 근심스러운 일 생기고/ 억지로 꾀하면 일이 원만해지지 않는다/ 큰 내에 떨어져 건너기 어려우니/ 문을 닫고 소문나서 찾을 때까지 기다려라
② 退則安ㅣ 進不可나
　上下相從하니 明珠一顆로다
　물러나면 편안하고/ 나아가면 갈 수 없으나/ 위와 아래가 서로 따르니/ 한 덩어리 밝은 구슬이로다

6. 上九(☶→☷)

【효사와 소상전】 상구는 기름이 있게 하는 자니, 위태롭게 여기면 길하니 큰 내를 건넘이 이로우니라. 상에 말하기를 '기름이 있게 하는 자니, 위태롭게 여기면 길함'은 크게 경사가 있는 것이다. 【上九는 由頤니 厲하면 吉하니 利涉大川하니라. 象曰 由頤厲吉은 大有慶也라.】

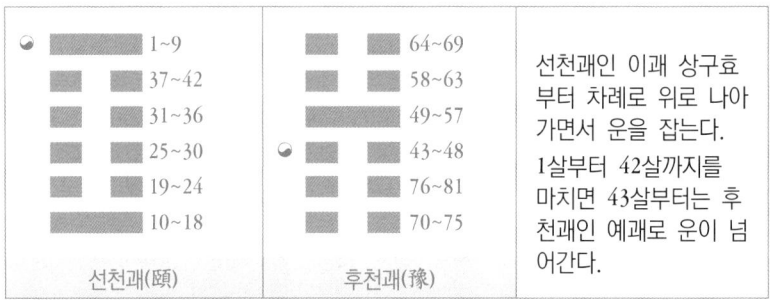

선천괘인 이괘 상구효부터 차례로 위로 나아가면서 운을 잡는다. 1살부터 42살까지를 마치면 43살부터는 후천괘인 예괘로 운이 넘어간다.

◈ 양년(갑·병·무·경·임년)일 경우

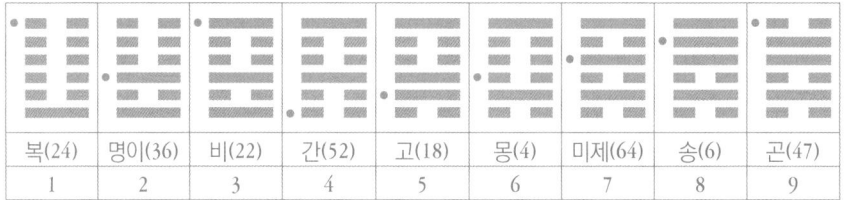

이(27)	비(22)	명이(36)	겸(15)	승(46)	사(7)	해(40)	곤(47)	송(6)
1	2	3	4	5	6	7	8	9

◈ 음년(을·정·기·신·계년)일 경우

복(24)	명이(36)	비(22)	간(52)	고(18)	몽(4)	미제(64)	송(6)	곤(47)
1	2	3	4	5	6	7	8	9

◈ 월괘

박·23	진·35	몽·4	환·59	고·18	승·46	정·50	대유·14	구·44	돈·33	대과·28	곤·47
1월	2월	3월	4월	5월	6월	7월	8월	9월	10월	11월	12월

◈ 일괘

이(상구)	박·23	손·41	비·22	서합·21	익·42

【종괄해서 판단하면】

13 이 효는 신하된 자로 천하를 다스리는 중책을 맡았으니, 마땅히 일을 공경히 하고 자신의 힘을 다해야 함을 말한 것이다. 그러므로 운이 맞는 사람은, 지위가 높고 후중한 덕이 있는 자로, 항상 반성하고 두려워하니, 위로는 임금의 총애를 받고 아래로는 백성의 신망을 받는다. 공훈이 세상에 떨치고 복과 은덕이 무한하다.

운이 맞지 않는 사람도 또한 복과 수명을 누리는 사람으로, 추대받고 존경을 받는 자가 많으니, 지방의 훌륭한 유지이다.

세운을 만나면, 공직자는 직위와 녹봉이 더욱 높고 많아지며, 구직자는 반드시 수석으로 합격하고, 일반인은 경영하는 일에 뚜렷한 진전이 있고 잘되니, 어떤 일을 하든 잘 된다.

【글귀로 판단하면】

1 久持忠節不成功이나 一旦逢君塞外雄이라
  巨舟平浪垂釣去하니 六鰲擁出大波中이라
  오랫동안 충절을 지켜도 성공하지 못했으나/ 하루아침에 임금 만나니 변방의 영웅이라/ 큰배가 물결 헤치며 낚시 드리우고 가니/ 자라 여섯 마리가 호위하고 큰 파도속에서 나온다

2 迢迢臨水復臨山하니 路出西南涉險難이라
  若得東風相借力이면 幾多名利得非難이라
  끝없이 넓은 물에 다시 산이 있으니/ 길이 서남쪽으로 나있어 험난함을 건너야 하네/ 만약 봄바람의 힘 빌리면/ 많은 명리 얻기 어렵지 않으리라

---

13 此爻是人臣任天下之重 當敬事而盡其力者也 故叶者 位尊德重 常愧憂惕 上承天寵 下係民望 功勳冠世 福澤深遠 不叶者 亦有福壽之人 推戴仰望者多 而爲鄕里之善士 歲運逢之 在仕爵祿崇重 在士必爲魁解 在庶俗謀爲光顯 無往不利

兌上 澤風大過(28)
巽下 택 풍 대 과

대과괘 개요

【괘사와 대상전】 대과는 기둥이 흔들리니, 나아가는 것이 이로와서 형통하니라. 상에 말하기를 못이 물이 많아 오히려 나무를 멸함이 대과괘니, 군자가 본받아서 홀로 서도 두려워하지 않으며, 세상을 멀리해도 번민하지 않느니라. 【大過는 棟이 橈니 利有攸往하야 亨하니라. 象曰 澤滅木이 大過니 君子 以하야 獨立不懼하며 遯世无悶하나리라.】

【총괄해서 판단하면】

※ 大過卦 납갑표

1 진궁의 4세괘(원래는 유혼괘)로 2월에 속한다. 내괘의 납갑은 신축·신해·신유이고, 외괘의 납갑은 정해·정유·정미이다. 2월에 태어난 사람과, 태어난 년도의 간지가 납갑의 간지에 합치되는 사람은 부귀와 공명을 누리게 된다.[2]

운세설명① 택풍대과괘(䷛)는 상괘는 태(☱)이고 하괘는 손(☴)이며, 호괘로 건(☰)의 상을 잘 감추고 있다. 너무 강해진 강이 중앙에 있으니, 본과 말이 다 약해져서 머리

---

[1] 震宮四世 卦屬二月 納甲 是辛丑辛亥辛酉 丁亥丁酉丁未 如生於二月及納甲者 功名富貴人也

[2] 각 괘의 월月계산법은 중천건괘(1)와 중지곤괘(2) 항에서 설명하였다. 대과괘의 세효인 구사효는 양효이므로, 초효부터 사효까지 세면 묘卯에서 끝난다(초효는 자, 이효는 축, 삼효는 인, 사효는 묘). 지지의 묘는 2월에 해당하므로, 대과괘가 2월괘가 되는 것이다. 따라서 2월을 주관하는 괘가 되고, 2월에 태어난 사람은 때를 얻음이 된다.

와 꼬리가 운전을 할 수가 없다. 심성이 강해서 쓸데없이 수고만 할 뿐 재난을 얻는다. 군자가 이런 괘를 얻으면, 크게 지나치는 상이 된다.
② 대과괘(䷛)는 기둥이 흔들리는 상인데, 본(초효)과 말(상효)이 다 약해서 그렇다. 본체가 이미 흔들리므로, 평상시대로 행동하면, 위태함을 보고도 구제하지 않는 꼴이니 흉하게 된다. 양으로써 음자리에 거처함은 약한 것을 돕는 뜻이다. 그러므로 양효는 다 음자리에 거처하는 것으로 아름다움을 삼았으니, 양이 음자리에 있고 서로 응함이 없는 것으로 길함을 삼고, 양이 제자리를 얻고 응함이 있는 것을 흉하다고 하였다.

【팔궁세혼법으로 판단하면】

진궁의 6변괘인 유혼괘遊魂卦로 세효世爻가 구사효에 있으므로 제후에 해당하고, 원사元士에 해당하는 초육효가 응효이다. 두 효 모두 제자리를 얻지는 못했으나, 음과 양으로 서로 응하니 다소 막히는 것은 있으나 협조하여 풀어나간다. 또 초육효의 지지인 축(丑土)이 구사효의 지지인 해(亥水)를 극하니, 언뜻 보면 좋지 않은 것 같으나, 구사효의 바르지 못함을 고치는 뜻이 있으므로, 이를 잘 받아들이면 오히려 길하게 된다.

【글귀로 판단하면】

① 獨立高樓陰失色하니 有期不到兩成非라
  園林別種仙桃果하니 但遇良朋振羽衣라
  높은 누대에 혼자 서서 가만히 실색(失色)을 하니/ 기약은 있으나 오지 않으니 서로가 잘못됐다/ 동산숲에 특별히 천도복숭아 심었으니/ 좋은 친구 만나 날개옷 떨치네

② 心有餘ㅣ 力不足하니
  倚仗春風하야 一歌一曲이라
  마음은 여유가 있어도 / 힘은 부족하니/ 봄바람 의지하여/ 한번은 노래하고 한번은 악기친다

1. 初六(☱→☰)

【효사와 소상전】 초육은 까는 데 흰 띠를 쓰니, 허물이 없느니라. 상에 말하기를 '까는 데 흰 띠를 씀'은, 유柔가 아래에 있는 것이다.【初六은 藉用白茅니 无咎하니라. 象曰 藉用白茅는 柔在下也라.】

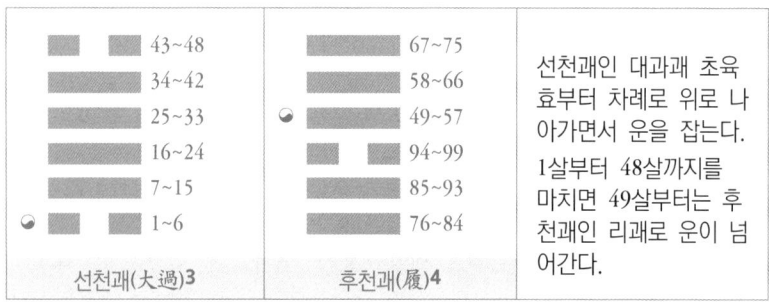

선천괘인 대과괘 초육효부터 차례로 위로 나아가면서 운을 잡는다. 1살부터 48살까지를 마치면 49살부터는 후천괘인 리괘로 운이 넘어간다.

◆ 양년 음년 똑같음[5]

쾌(43)	혁(49)[6]	수(17)	둔(3)	복(24)	이(27)
1	2	3	4	5	6

---

[3] 사주의 숫자로 괘를 만들어서 대과괘 초효에 원당이 있다면, 1~6살까지는 대과괘 초효 항을, 7~15살까지는 대과괘 이효 항을, …, 43~48살까지는 대과괘 상효 항을 가서 살펴 보면 된다.

[4] 49~57살까지는 후천괘인 리괘 사효 항을, 67~75살까지는 리괘 상효 항을, …, 94~99살까지는 리괘 삼효 항을 살펴보면 그 사람의 운이 된다(◐나 ●표시 한 곳이 해당하는 효를 가리키고, 밑에서부터 초효·이효·삼효·사효·오효·상효로 나눈다).

[5] 해마다의 운인 유년운의 진행은 양효(━)일 때와 음효(━ ━)일 때가 다른데, 그 자세한 예는 중천건괘(1) 초구효, 중지곤괘(2) 초육효와 육이효, 수뢰둔괘(3) 초구효와 육삼효, 산수몽괘(4) 초육효와 육사효 항에 유년운에 속한 월운月運의 예와 함께 실려있으므로 참고하면 된다.

[6] 위의 도표에서 '혁(49)'라고 한 것은 괘명은 혁괘革卦고 64괘 중에 49번째 괘라는 뜻이다. 나머지 괘도 이와같은 방식으로 본다. 따라서 앞의 목차에서 번호의 순서대로

◆ 월괘

함·31	소과·62	취·45	비·12	비·8	둔·3	곤·2	사·7	박·23	간·52	이·27	서합·21
1월	2월	3월	4월	5월	6월	7월	8월	9월	10월	11월	12월

◆ 일괘 7

	6	12	18	24	30	
	5	11	17	23	29	
	4	10	16	22	28	
	3	9	15	21	27	
	2	8	14	20	26	
	1	7	13	19	25	
대과(초육)	함·31	곤·47	정·48	항·32	구·44	

【총괄해서 판단하면】

8 이 효는 공경하고 삼가하는 상을 나타냄으로써, 허물을 적게하는 점괘를 보인 것이다. 그러므로 운이 맞는 사람은, 덕행이 고결하고 명예와 신망이 있으며 청렴하다. 남의 아래에 있으면서 겸손하고 공경으로 처신하니, 윗사람의 신임을 얻으며, 부귀와 복과 덕택德澤이 더욱 견고해진다. 운이 맞지 않는 사람은, 뜻하고 꾀하는 일이 맑고 욕심이 없어서, 산림山林에 은거해 살면서 쓸데없는 일을 탐내지 않고 만족하니, 삼가하고 후중해서 실수가 없다.

찾으면, 해당하는 괘를 쉽게 찾을 수 있다. 또 월괘月卦에서 '함·31' 등으로 표시한 것도, 괘명은 함괘(咸卦)이고 64괘 중에 31번째라는 뜻이다.

7 그 날의 운(日運)과 더 세분해서 시운時運을 알고 싶으면, 앞의 일괘日卦와 시괘時卦 설명을 참조해서 계산하면 된다. 자세한 예는 건(1)~송(6)괘의 초효 항에 있으므로 참고바람.

8 此爻是著以敬愼之象 而示以寡過之占者也 故叶者 德行高潔 譽望淸廉 處下以謙恭 得上以信任 富貴福澤 優悠堅牢 不叶者 志謀淸虛 隱跡山林 知足不貪 謹厚無失 歲運逢之 在仕謹持而祿位固 在土謹密而德業修 在庶俗謹約以財利周 數凶者防孝服之憂

세운을 만나면, 공직자는 신중하고도 삼가하는 마음으로 있으니, 현재 처해있는 지위가 견고해지고, 구직자는 삼가하고 주밀周密하게 덕을 닦고 일을 잘해나간다. 일반인은 삼가하고 절약함으로써 재산이 두루 늘어난다. 수가 흉한 사람은 부모상을 입을 근심이 있다.

【글귀로 판단하면】
① 先微當後發이니 首尾破還全이라
西北歌聲動하니 成榮在北泉이라
처음은 미미하나 뒤에는 피어나게 되니/ 머리와 꼬리가 깨졌다가 도로 온전해진다/ 서북쪽에 노래소리 움직이니/ 성공과 영화는 북쪽샘에 있다

2. 九二(䷛ → ䷨)

【효사와 소상전】구이는 마른 버들이 뿌리가 나며, 늙은 지아비가 젊은 아내를 얻으니, 이롭지 않음이 없느니라. 상에 말하기를 '늙은 지아비가 젊은 아내를 얻는 것'은, 서로 더부는 것이 지나친 것이다. 【九二는 枯楊이 生稊하며 老夫 得其女妻니 无不利하니라. 象曰 老夫女妻는 過以相與也라.】

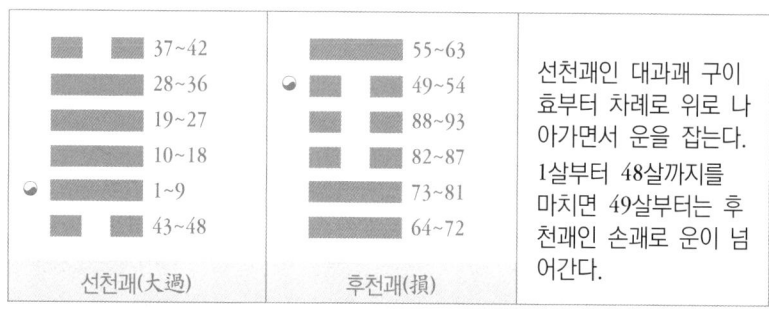

◆ 양년(갑·병·무·경·임년)일 경우

대과(28)	항(32)	소과(62)	예(16)	곤(2)	비(8)	관(20)	익(42)	중부(61)
1	2	3	4	5	6	7	8	9

◆ 음년(을·정·기·신·계년)일 경우

함(31)	소과(62)	항(32)	해(40)	사(7)	감(29)	환(59)	중부(61)	익(42)
1	2	3	4	5	6	7	8	9

◆ 월괘

곤·47	송·6	감·29	절·60	사·7	곤·2	몽·4	고·18	손·41	규·38	이·27	익·42
1월	2월	3월	4월	5월	6월	7월	8월	9월	10월	11월	12월

◆ 일괘

대과(구이)					
	6	12	18	24	30
	5	11	17	23	29
	4	10	16	22	28
	3	9	15	21	27
	2	8	14	20	26
	1	7	13	19	25
	곤·47	정·48	항·32	구·44	쾌·43

【총괄해서 판단하면】

9 이 효는 양이 음의 도움을 받는 것으로, 두가지 상으로 비유해서 좋게

---

9 此爻是陽得陰助 兩擬其象而善其占者也 故叶者 特立獨奮 持危扶顚 撥亂反正 建大業 立大功 不叶者 難中求易 死處逢生 早年辛苦 晚景榮華 或妻少子遲 歲運逢之 在仕則去位者復職 在士久淹者復起 庶俗或娶妻 或生子 或納妾 僧道或進徒弟 君子得少妻義子

되는 점괘를 말한 것이다. 그러므로 운이 맞는 사람은, 특별하게 홀로 분발해서 위태롭고 뒤집히려는 상황을 바로잡고, 혼란한 상황을 잘 다스려 바르게 하니, 큰 업적을 세우고 큰 공이 있게 된다.

운이 맞지 않는 사람은, 어려움 속에서 쉽게 되고, 죽을 자리에서 살아나며, 젊어서는 고통과 어려움속에서 살지만 만년에는 영화롭게 된다. 혹 부인이 어려서 자식을 늦게 두기도 한다.

세운을 만나면, 공직자는 자리를 떠났던 사람이면 복직된다. 구직자는 오랫동안 정체되었던 자도 다시 기용된다. 일반인은 혹 아내를 얻게 되고, 혹은 자식을 낳게 되며, 혹은 첩을 얻는다. 수도하는 사람이라면 제자를 얻고, 군자라면 젊은 아내를 얻거나, 양자를 들인다.

【글귀로 판단하면】

1 得妻戶內利何多오 日照高堂職近戈라
　豬走犬來皆日早하니 小船經歷幾風波아
　집안에 처를 얻었으니 이익이 얼마나 많은가?/ 해가 높은 집을 비추니 직책이 무장(武將)이라/ 돼지(亥)는 달아나고 개(戌)가 온 것이 다 이른 아침이니/ 작은 배가 몇번의 풍파를 지났는고?

2 滿目好風光에 紅花又更香이라 蟠桃三結子하니 一子熟非常이라
　좋은 풍광 눈에 가득한데/ 붉은 꽃 또다시 향기롭다/ 반도蟠桃[10]가 세 개 열렸는데/ 한 알이 아주 잘 익었다

3. 九三(☰ → ☰)

【효사와 소상전】구삼은 기둥이 흔들리니, 흉하니라. 상에 말하기를 '기둥이 흔들려서 흉함'은, 도울 수 없기 때문이다.【九三은 棟이 橈니 凶하니라. 象

---

10 3천 년 만에 한 번식 열매가 열린다는 선도仙桃

曰 棟橈之凶은 不可以有輔也일새라.】

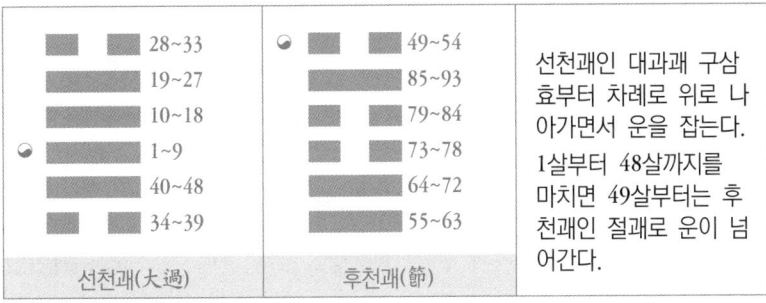

선천괘인 대과괘 구삼 효부터 차례로 위로 나아가면서 운을 잡는다. 1살부터 48살까지를 마치면 49살부터는 후천괘인 절괘로 운이 넘어간다.

◆ 양년(갑·병·무·경·임년)일 경우

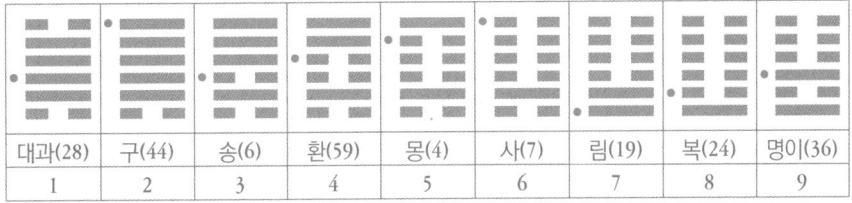

대과(28)	구(44)	송(6)	환(59)	몽(4)	사(7)	림(19)	복(24)	명이(36)
1	2	3	4	5	6	7	8	9

◆ 음년(을·정·기·신·계년)일 경우

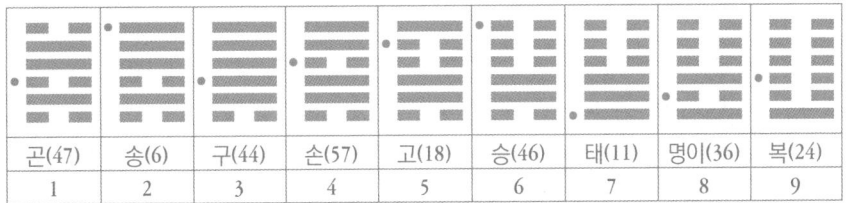

곤(47)	송(6)	구(44)	손(57)	고(18)	승(46)	태(11)	명이(36)	복(24)
1	2	3	4	5	6	7	8	9

◆ 월괘

정·48	수·5	승·46	겸·15	고·18	몽·4	대축·26	대유·14	비·22	가인·37	이·27	복·24
1월	2월	3월	4월	5월	6월	7월	8월	9월	10월	11월	12월

◆ 일괘

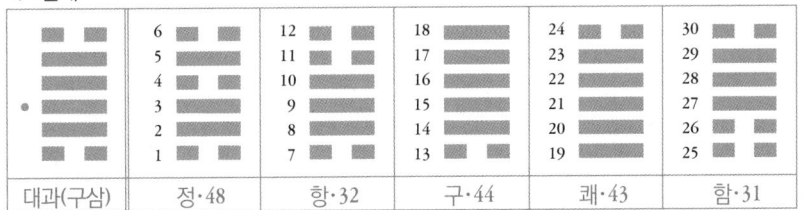

대과(구삼)	정·48	항·32	구·44	쾌·43	함·31
	6 5 4 3 2 1	12 11 10 9 8 7	18 17 16 15 14 13	24 23 22 21 20 19	30 29 28 27 26 25

【총괄해서 판단하면】

11 이 효는 지나치게 강해서 일을 하는데 이익이 안되는 자를 말한 것이다. 그러므로 운이 맞는 사람은, 용기는 공을 세우고, 능력은 세상을 구제할 만하다. 단지 흉포함으로 인해 다치게 되니, 천하를 다스리는 공이 부족할 뿐만아니라, 천하의 일을 망치게 하고, 천하를 다스리는 치적이 부족할 뿐만아니라, 잘된 밥을 엎어먹는 위태함이 있다.

운이 맞지 않는 사람은, 이리와 같은 흉포함으로 환난이 계속해서 이어진다. 또 변해서 택수곤괘가 되면 돌에 곤한 상이 되니, 형벌과 상처를 입어 손해되고 꺾이게 됨을 알 수 있다.

세운을 만나면, 공직자는 견책을 받고 유배를 당할 것을 경계해야 하며, 구직자는 위태해질 것에 대비해야 한다. 일반인은 기울어지고 엎어지는 환난을 경계해야 한다. 혹 발이나 눈에 질병이 생기는 수도 있다.

【글귀로 판단하면】

① 有婦終無事니 逢難宜急走라

欲免哭聲隨면 切忌西方효하라

지어미가 있으면 일을 잘 처리할 것이니/ 어려움 만나면 급하게 달아나라/ 곡소리 나는 것 면하고 싶으면/ 절대로 서방西方에 서지 마라

② 荊棘生平地하고 風波起四方이라

幽窓人懊惱하니 無語對斜陽이라

평지에 가시나무 나고/ 풍파가 사방에서 일어난다/ 그윽한 창에 사람들 고뇌하니/ 말없이 석양을 대했다

---

11 此爻是過剛而無益於事者也 故叶者 勇於立功 力於濟世 但傷於暴戾 非惟不足以奏天下之功 而適足以償天下之事 非惟不足以底天下之績 而適足以成覆餗之危 不叶者 凶暴猜狠 禍患迭至 且變困于石之象 而其刑傷損折可知 歲運逢之 在仕必防謫 在士宜防危 在庶俗須防傾覆之患 或有足目之疾

4. 九四 (☱☴ → ☴☵)

【효사와 소상전】 구사는 기둥이 높아짐이니 길하거니와, 다른 것이 있으면 인색하리라. 상에 말하기를 '기둥이 높아져서 길하다'는 것은, 아래에서 흔들리지 않기 때문이다. 【九四는 棟隆이니 吉커니와 有它면 吝하리라. 象曰 棟隆之吉은 不橈乎下也일새라.】

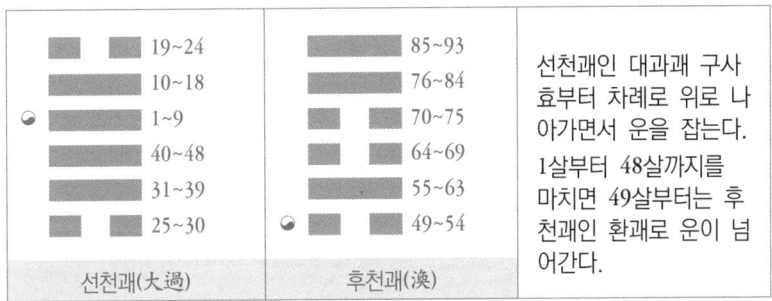

◆ 양년(갑·병·무·경·임년)일 경우

대과(28)	쾌(43)	수(5)	태(11)	대축(26)	고(18)	간(52)	박(23)	진(35)
1	2	3	4	5	6	7	8	9

◆ 음년(을·정·기·신·계년)일 경우

정(48)	수(5)	쾌(43)	대장(34)	대유(14)	정(50)	려(56)	진(35)	박(23)
1	2	3	4	5	6	7	8	9

◆ 월괘

항·32	소과·62	정·50	미제·64	대유·14	대축·26	리·30	동인·13	서합·21	진·51	이·27	박·23
1월	2월	3월	4월	5월	6월	7월	8월	9월	10월	11월	12월

◈ 일괘

대과(구사)	항·32	구·44	쾌·43	함·31	곤·47
	6 5 4 3 2 1	12 11 10 9 8 7	18 17 16 15 14 13	24 23 22 21 20 19	30 29 28 27 26 25

【총괄해서 판단하면】

12 이 효는 강함과 부드러움이 서로 조화를 이룬 것이니, 대신大臣이 자신의 책무를 다해 나가는 상에 비교한 것이다. 다만 너무 지나치게 부드럽게 됨을 경계하였다. 그러므로 운이 맞는 사람은, 강대한 재질이 있는 사람으로, 국가의 동량이 된다. 공훈이 세상을 덮을 만하고, 명예와 신망이 드높다.

운이 맞지 않는 사람도 또한 재주와 덕이 있고 명예와 신망이 있는 자로, 비록 세상에 나와 쓰이지는 못하더라도, 가업을 융성하게 하는 등, 복과 국량(局量)이 뛰어난 자이다.

세운을 만나면, 조정에 진출한 사람은 반드시 재상에 임명되고, 처음 벼슬길에 오른 사람은 중책에 임명되며, 구직자는 등용되어 명성을 얻는다. 일반인은 집을 짓고 수리하는 일에 천거되어 맡아서 하게 된다. 이 모든 일들은 의견을 하나로 모으는 것이 중요한데, 일을 집행함에 의논이 일치하지 않으면, 간사한 사람의 농간에 빠져서 인색하게 된다. 수가 흉한 사람은 시비에 말려 막히고 제재를 받게 된다.

---

12 此爻是剛柔相濟 而儗以大臣克任之象 而戒其不可過于柔者也 故叶者 稟剛大之才 爲國家棟梁 功勳蓋世 譽望冠倫 不叶者 亦有才德譽望 雖不爲世用 家業興隆 福量甚厚 歲運逢之 在朝必爲宰任 初入仕當重任 在士取成名 在庶俗多有修造之擧 皆宜執見 論事不一 墮于柔奸以取吝 數凶者爲室制是非

【글귀로 판단하면】

1. 峻嶺岐嶇馬阻行이나 如今平地好安亨이라
   幾多名利人同至아 西北亨衢坦坦平이라
   높은 고개 험준하여 말가는 길 막았으나/ 지금은 평지이니 편하고 형통하다/ 얼마나 많은 명리를 얻은 사람이 같이 왔는가?/ 서북쪽으로 통한 거리 평탄하구나

2. 心事有遲速하니 逢龍是變鄕이라
   月光明映戶면 便有好商量이라
   마음 둔 일 더디고 빠름 있으니/ 용(辰)을 만나면 이것이 변하는 마을이라/ 달빛이 밝게 문에 비추면/ 곧 좋은 도리道理 있을 것이다

5. 九五(☱ → ☴)

【효사와 소상전】 구오는 마른 버들이 꽃을 피우며 늙은 지어미가 젊은 지아비를 얻음이니, 허물이 없으나 명예도 없으리라. 상에 말하기를 '마른 버들이 꽃을 핀 것'이 어찌 오래갈 수 있으며, '늙은 지어미와 젊은 지아비'도 또한 추한 것이다. 【九五는 枯楊이 生華하며 老婦 得其士夫니 无咎나 无譽리라. 象曰 枯楊生華 何可久也며 老婦士夫 亦可醜也로다.】

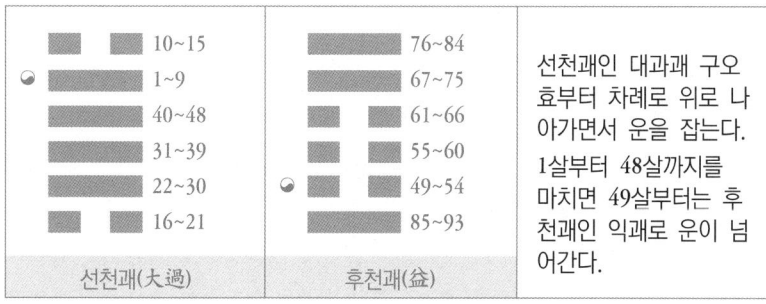

선천괘인 대과괘 구오 효부터 차례로 위로 나아가면서 운을 잡는다. 1살부터 48살까지를 마치면 49살부터는 후천괘인 익괘로 운이 넘어간다.

◈ 양년(갑·병·무·경·임년)일 경우

	대과(28)	함(31)	소과(62)	려(56)	리(30)	대유(14)	규(38)	손(41)	중부(61)
	1	2	3	4	5	6	7	8	9

◈ 음년(을·정·기·신·계년)일 경우

	항(32)	소과(62)	함(31)	돈(33)	동인(13)	건(1)	리(10)	중부(61)	손(41)
	1	2	3	4	5	6	7	8	9

◈ 월괘

	구·44	송·6	건·1	소축·9	동인·13	리·30	무망·25	수·17	익·42	관·20	이·27	손·41
	1월	2월	3월	4월	5월	6월	7월	8월	9월	10월	11월	12월

◈ 일괘

	6 5 4 3 2 1	12 11 10 9 8 7	18 17 16 15 14 13	24 23 22 21 20 19	30 29 28 27 26 25
대과(구오)	구·44	쾌·43	함·31	곤·47	정·48

【총괄해서 판단하면】

13 이 효는 강함과 부드러움이 세상을 잘 다스릴 정도로 조화를 하지 못

---

13 此爻是剛柔不足以濟世 而難以致譽者也 故叶者 剛過之極 所遇非其人 好狎小人 所資非其良 不足以圖事功 而名譽不著 足食足衣 無榮無辱 不叶者 或妻年高而性悍 或嗣堅而壽脆 碌碌庸常 成立艱辛 歲運逢之 在仕不可久任 在士難於進取 在庶俗難於營謀 或喜中生憂 美事成醜 或有老婦之差 治母之阨 枯楊生華 先逆後順之象

해서, 백성들의 기림을 받기가 어려움을 설명한 것이다. 그러므로 운이 맞는 사람은, 강이 지나치게 극성해서 제대로 된 사람을 만나지 못하고 친한 척하는 소인을 좋아하니, 그 자질이 좋지 않은 자여서, 공을 세울 일을 도모하지 못하고 따라서 명예도 얻지 못한다. 먹고 입는 것은 풍족하나, 일을 한 것이 없기 때문에, 잘했다는 영예도 없고 못했다는 욕도 없는 자이다.

운이 맞지 않는 사람은, 혹 아내의 나이가 더 많고 성질이 사나운 경우며, 혹은 뒤를 이을 후사가 없는데 목숨이 얼마남지 않은 경우이다. 자질구레하게 평범한 자로 큰 일을 하기가 어렵다.

세운을 만나면, 공직자는 맡은 직책에 오래 있을 수 없고, 구직자는 등용되기 어려우며, 일반인은 경영하는 일이 어렵다. 혹은 기쁨 중에 근심이 생기고, 좋은 일이 추하게 되며, 혹은 늙은 부인 또는 어머니의 잘못으로 인한 근심을 뜻하기도 한다. 효사에 "늙은 버드나무에 꽃이 핀다"는 것은, 처음에는 거슬리다가 나중에는 순조롭게 되는 상을 말한다.

【글귀로 판단하면】

1 枯楊生華未可誇니 得逢可醜事咨嗟나

却宜靜處平生節이요 且息思爲進欲奢하라

마른 버들이 꽃피는 것 자랑할 일 못되니/ 만나는 것 추하고 한탄스런 일이다/ 평생의 절개를 고요히 지키고/ 사치하려는 생각 또한 버림이 옳도다

2 一事兩意] 一人兩心이며

新花枯樹하니 須待新春하라

한가지 일에 두 뜻이고/ 한 사람이 두가지 마음이며/ 새로이 핀 꽃에 나무가 마르니/ 새로운 봄을 기다려라

6. 上六(☱ → ☰)

【효사와 소상전】상육은 지나치게 건너다 이마를 멸함이라. 흉하니 허물할 데 없느니라. 상에 말하길 '지나치게 건너다 이마를 크게 다치게 되어 흉함'은 허물할 데가 없느니라.【上六은 過涉滅頂이라 凶하니 无咎하니라. 象曰 過涉之凶은 不可咎也니라.】

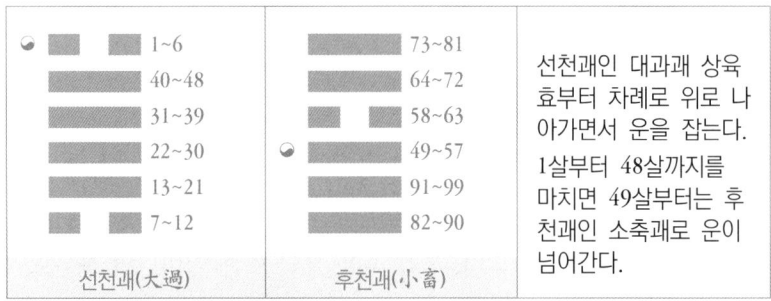

	1~6		73~81	선천괘인 대과괘 상육
	40~48		64~72	효부터 차례로 위로 나
	31~39		58~63	아가면서 운을 잡는다.
	22~30	●	49~57	1살부터 48살까지를
	13~21		91~99	마치면 49살부터는 후
	7~12		82~90	천괘인 소축괘로 운이 넘어간다.
선천괘(大過)		후천괘(小畜)		

◈ 양년 음년 똑같음

구(44)	건(1)	동인(13)	무망(25)	익(42)	이(27)
1	2	3	4	5	6

◈ 월괘

쾌·43	수·5	혁·49	풍·55	수·17	무망·25	둔·3	비·8	복·24	림·19	이·27	비·22
1월	2월	3월	4월	5월	6월	7월	8월	9월	10월	11월	12월

◈ 일괘

	6	12	18	24	30
	5	11	17	23	29
	4	10	16	22	28
	3	9	15	21	27
	2	8	14	20	26
	1	7	13	19	25
대과(상육)	쾌·43	함·31	곤·47	정·48	항·32

【총괄해서 판단하면】

14 이 효는 어려운 시국에 목숨을 바치는 상으로써 비교하여, 나라를 위하여 목숨을 바치는 사람을 설명한 것이다. 그러므로 운이 맞는 사람은, 덕과 지위가 높은 자로, 큰 어려움과 큰 위기를 당해서, 살신성인의 자세로 목숨을 버리고 의리를 택하니, 이름이 청사에 길이 남고 덕망이 온 세상에 떨치게 된다.

운이 맞지 않는 사람은, 뜻은 크나 지모는 작아서, 경거망동하여 화를 부르고 망하게 되니, 세상을 어지럽게 하는 자이다.

세운을 만나면, 공직자는 임금을 크게 잘 보필하나, 너무 권세와 명성을 떨쳐 임금을 두렵게 함으로써, 자신이 위태롭게 되는 화를 입는다. 일반인은 머리에 질병이 생기고 이마를 다치게 되는 화가 있다. 오직 구직자는 수석으로 등용되니, '頂(정수리 정)'자에 으뜸·머리 등의 뜻이 있기 때문이다.

【글귀로 판단하면】

① 羊背披衣裳하고 文書匣內藏이라

不須多望想이니 春雨濺斜陽이라

양(未)의 등에 옷을 찢기고/ 문서는 갑속에 감추었다/ 바라는 생각 많이 할 것 없으니/ 봄비가 석양에 쏟아질 것이다

② 水邊憂ㅣ 山下愁하니

要平安ㅣ 休往遊하라

물가는 걱정스럽고/ 산 아래는 근심스러우니/ 평안히 있고/ 나가놀지 말아라

---

14 此爻是儗以死難之象 而因以致其許國者也 故叶者 有德有位 當大難 臨大危 而殺身以成仁 舍生以取義 名標靑史 望重華夷 不叶者 志大謀小 輕動妄擧 取禍招孼 難容於世 歲運逢之 在仕有震主身危之禍 在庶俗有疾首蹙額之危 惟士子求取 則可奪魁 頂字之義故也

坎上 坎下 重水坎(29)
중 수 감

감괘 개요

【괘사와 대상전】 습감(坎卦)은 믿음이 있어서 오직 마음이 형통하니, 나아가면 가상함이 있을 것이다. 상에 말하기를 물이 거듭 이르는 것이 습감(감괘)이니, 군자가 본받아서 덕행을 항상하게 하고, 가르치는 일을 계속하느니라.
【習坎은 有孚하야 維心亨이니 行하면 有尙이리라. 象曰 水 洊至 習坎이니 君子 以하야 常德行하며 習敎事하나니라.】

【총괄해서 판단하면】

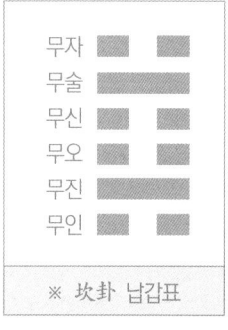

※ 坎卦 납갑표

1 감궁의 1세괘(본궁수괘)로 10월에 속한다. 내괘의 납갑은 무인·무진·무오이고, 외괘의 납갑은 무신·무술·무자이다. 때에 맞춰 태어난 사람과(음력 10월 생), 태어난 년도의 간지가 납갑의 간지에 합치되는 사람은 부귀와 공명을 누리게 된다.2

운세설명 중수감괘(☵)는 상괘와 하괘가 모두 감(☵)이고, 호괘로 진(☳)과 간(☶)이 있다. 산 속

---

1 坎宮一世 卦屬十月 納甲 是戊寅戊辰戊午 戊申戊戌戊子 生於及時與納甲者 功名富貴人也

2 각 괘의 월월계산법은 중천건괘(1)와 중지곤괘(2) 항에서 설명하였다. 감괘의 세효인 상육효는 음효이므로, 초효부터 상효까지 세면 해(亥)에서 끝난다(초효는 오, 이효는 미, 삼효는 신, 사효는 유, 오효는 술, 상효는 해). 지지의 해는 10월에 해당하므로, 감괘가 10월괘가 되는 것이다. 따라서 10월을 주관하는 괘가 되고, 10월에 태어난 사람은 때를 얻음이 된다.

에 우레가 쳐서 비를 내리니, 초목이 빼어나게 잘 자라는 상으로, 사람으로 치면 영리하고 똑똑한 사람이다. 다만 일에 있어 막히고 어려움이 많다. 안에서는 이제 막 움직이려 하나, 험한데 빠지게 되며, 또한 간(☶)의 막고 그치는 바가 되어, 나아가고 물러남이 용이치 않다. 군자가 이런 괘를 얻으면, 구덩이에 빠지는 상이 된다.

【팔궁세혼법으로 판단하면】
감궁의 본궁수괘本宮首卦로 종묘에 해당하는 상육효에 세효世爻가 있고, 삼공三公에 해당하는 육삼효가 응효이다. 두 효가 음과 양으로 서로 응하지도 못하고, 또 육삼효는 음효가 양자리에 있어서 제자리를 얻지도 못했다. 따라서 어렵고 막힘을 알 수 있다. 더욱이 상육효의 지지인 자(子水)가 육삼효의 지지인 오(午火)를 극하니, 자신을 돕는 사람을 해치는 격으로 좋지 않다. 다만 상하괘가 모두 감체인 수(坎水)로 이루어져 있는데, 세효도 수(子水)이므로, 한가닥 희망은 있다.

【글귀로 판단하면】
1 坎險元當便習通이니 保邦保國自相容이라
   半天立陣寒鴉鵲이요 一雁從空徹上穹이라
   감괘의 험함은 원래 연습해서 통하게 함이 마땅하니/ 국가를 보전하고 서로를 포용하게 된다/ 하늘 가득한 갈가마귀떼 진을 치며 날아가고/ 외기러기는 높은 하늘 뚫고 가네

1. 初六(☵ → ☱)

【효사와 소상전】 초육은 습감에 험한 구덩이로 들어감이니, 흉하니라. 상에 말하기를 '습감에 구덩이에 들어감'은, 길(道)을 잃은 것이니 흉하다. 【初六은 習坎에 入于坎窞이니 凶하니라. 象曰 習坎入坎은 失道라 凶也라.】

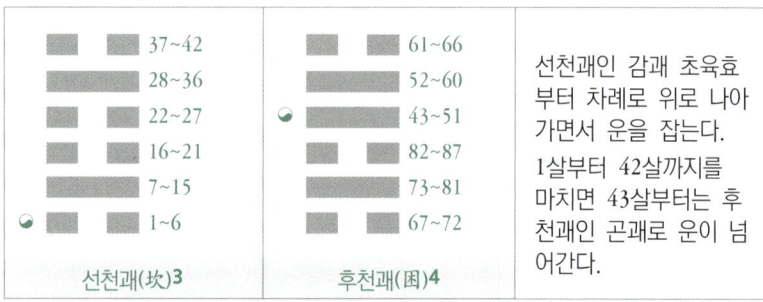

3 사주의 숫자로 괘를 만들어서 감괘 초효에 원당이 있다면, 1~6살까지는 감괘 초효 항을, 7~15살까지는 감괘 이효 항을, …, 37~42살까지는 감괘 상효 항을 가서 살펴 보면 된다.

4 43~51살까지는 후천괘인 곤괘 사효 항을, 61~66살까지는 곤괘 상효 항을, …, 82~87살까지는 곤괘 삼효 항을 살펴보면 그 사람의 운이 된다(◐나 ●표시 한 곳이 해당하는 효를 가리키고, 밑에서부터 초효·이효·삼효·사효·오효·상효로 나눈다).

5 해마다의 운인 유년운의 진행은 양효(▬)일 때와 음효(▬ ▬)일 때가 다른데, 그 자세한 예는 중천건괘(1) 초구효, 중지곤괘(2) 초육효와 육이효, 수뢰둔괘(3) 초구효와 육삼효, 산수몽괘(4) 초육효와 육사효 항에 유년운에 속한 월운月運의 예와 함께 실려 있으므로 참고하면 된다.

6 위의 도표에서 '절(60)'이라고 한 것은 괘명은 절괘節卦고 64괘 중에 60번째 괘라는 뜻이며, '혁(49)'라고 한 것은 괘명은 혁괘革卦고 64괘 중에 49번째에 해당한다는 뜻이다. 나머지 괘도 이와같은 방식으로 본다. 따라서 앞의 목차에서 번호의 순서대로 찾으면, 해당하는 괘를 쉽게 찾을 수 있다. 또 월괘月卦에서 '곤·2' 등으로 표시한 것도, 괘명은 곤괘坤卦고 64괘 중에 2번째라는 뜻이다.

◈ 월괘

비·8	곤·2	건·39	점·53	함·31	혁·49	소과·62	항·32	려·56	진·35	리·30	비·22
1월	2월	3월	4월	5월	6월	7월	8월	9월	10월	11월	12월

◈ 일괘 7

감(초육)	비·8	정·48	곤·47	사·7	환·59
	6 5 4 3 2 1	12 11 10 9 8 7	18 17 16 15 14 13	24 23 22 21 20 19	30 29 28 27 26 25

【총괄해서 판단하면】

8 이 효는 험한 것을 다스리는 도가 없어서, 끝끝내 험한 데서 빠져나오는 공이 없는 자를 설명한 것이다. 그러므로 운이 맞는 사람은, 기미를 보고 깨우쳐서 절개를 지키고, 그 행할 도를 잃지 않아서 험한 일을 하더라도 험하게 되지는 않는다.

운이 맞지 않는 사람은, 재질이 약하고 겁이 많은 자로, 만나는 일이 때가 아니고, 처해 있는 곳이 처할 곳이 아니며, 진흙구덩이에 빠져서 빠져나갈 길이 없다.

세운을 만나면, 공직자는 배척당하는 슬픔을 방비해야 하고, 구직자는 쫓겨나고 굴복하는 욕을 막아야 하며, 일반인은 함정에 빠지는 위험을 막아야 한다. 오직 수도하며 숨어 사는 사람만은 이런 화를 면할 수 있다.

---

7 그 날의 운(日運)과 더 세분해서 시운時運을 알고 싶으면, 앞의 일괘日卦와 시괘時卦 설명을 참조해서 계산하면 된다. 자세한 예는 건(1)~송(6)괘의 초효 항에 있으므로 참고바람.

8 此爻是無濟險之道 而終無出險之功也 故叶者 知機守節 不失其道而行險 不入于險也 不叶者 才弱志怯 所遇非時 所處非地 汨沒泥塗 超接無路 歲運逢之 在仕防擯斥之嗟 在士防黜降之辱 在庶俗防陷溺之危 惟僧隱逸者 可以免矣

【글귀로 판단하면】

1. 海底珠難覓이니 堪防坎窞凶하라
   失中扶不起하니 獨立待春風이라
   바다 밑의 구슬을 찾기 어려우니/ 구덩이에 빠지게 되는 흉함을 방비하라/ 중도中道를 잃어서 붙들어도 일어나지 않으니/ 홀로 서서 봄바람 기다린다

2. 不愼將來恨이요 貪觀落葉紅이라 栽培無限力이나 春盡一場空이라
   삼가하지 않으면 한을 부르고/ 보는 것 탐내다 보면 잎붉게 낙엽진다/ 무한한 힘으로 심고 북돋우나/ 봄이 다하면 빈 마당 뿐일세

2. 九二 (☵ → ☷)

【효사와 소상전】 구이는 감의 때에 험함이 있으나, 구하는 것을 조금 얻으리라. 상에 말하기를 '구하는 것을 조금 얻는다'는 것은, 가운데서 나오지 못했기 때문이다. 【九二는 坎에 有險하나 求를 小得하리라. 象曰 求小得은 未出中也일새라.】

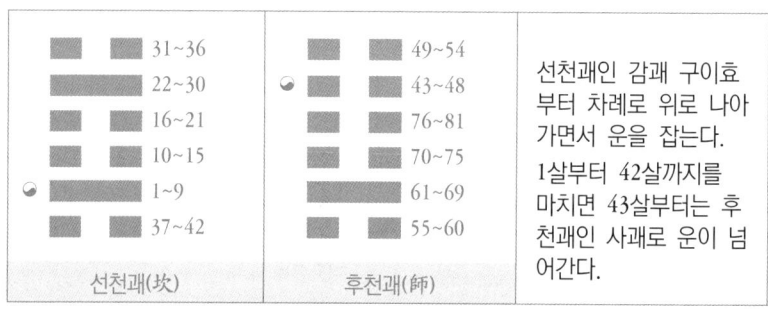

◆ 양년(갑·병·무·경·임년)일 경우

감(29)	사(7)	곤(2)	겸(15)	소과(62)	함(31)	돈(33)	동인(13)	건(1)
1	2	3	4	5	6	7	8	9

◆ 음년(을·정·기·신·계년)일 경우

비(8)	곤(2)	사(7)	승(46)	항(32)	대과(28)	구(44)	건(1)	동인(13)
1	2	3	4	5	6	7	8	9

◆ 월괘

정·48	손·57	대과·28	쾌·43	항·32	소과·62	정·50	미제·64	대유·14	대축·26	리·30	동인·13
1월	2월	3월	4월	5월	6월	7월	8월	9월	10월	11월	12월

◆ 일괘

감(구이)	정·48	곤·47	사·7	환·59	절·60
	6	12	18	24	30
	5	11	17	23	29
	4	10	16	22	28
	3	9	15	21	27
	2	8	14	20	26
	1	7	13	19	25

【총괄해서 판단하면】

9 이 효는 어렵고 힘든 때에 험한 것을 잘 구제하는 도를 설명한 것이다.

---

9 此爻當艱難之際 而求濟險之道者也 故叶者 有剛中之德 身當變故之秋 雖未能 大有所成 可以靖天下之難 而猶能扶植乎天運 而不流於傾覆之危 不叶者 不能 大有施設 亦作小小規模 歲運逢之 在仕則歷任小成而未大 在士則利於小試而未 出身 在庶俗則經營小就 在女命或爲侍妾 凶者防險難 或生心腹血氣之疾 宜以 未出中三字詳之 或仕寓朝中 在士學業中 常人處于家中

그러므로 운이 맞는 사람은, 강중剛中한 덕으로 변고가 있는 때를 맞아서, 비록 크게 화평하고 풍족함을 이루는 성과는 없지만, 천하의 어려움을 진정시키고 천운天運을 지탱하고 심을 수 있어서, 기울어지고 엎어지는 위태함에 빠지지는 않는다.

운이 맞지 않는 사람도 크게 화평하고 풍족함을 이루지는 못하지만, 작은 규모의 일은 이룰 수 있다.

세운을 만나면, 공직자는 작은 일을 맡아서 이루지만 큰 일은 못하고, 구직자는 조그만 시험에는 이롭지만 크게 출세는 하지 못하며, 일반인은 경영하는 바를 조금 성취한다. 여자일 경우는 혹 첩으로 들어간다. 수가 흉한 사람은 험난함을 방비해야 하는데, 혹 심장이나 배에 혈기血氣로 인한 질병이 있게 된다. 소상전에서 말한 "未出中(가운데서 나오지 못하기 때문이다)"의 세 글자를 잘 살펴봐야 하니, 공직자는 '조정(朝廷)에서 벼슬하는 중에(中)'의 뜻이 있고, 구직자는 '학업하는 도중中'이란 뜻이 있으며, 일반인은 '집에 있는 가운데(中)'라는 뜻이 있다.

【글귀로 판단하면】

1. 險難傷無援이나 求安得小亨이라
   水邊平地立하니 悔吝陸吳亭이라
   험난함에 응원없는 것 슬프나/ 편안한 것 얻으면 작게나마 형통한다/ 물가의 평지에 서있으니/ 오吳나라 정자에 있는 것이 후회스럽고 인색하다

2. 幾回夢裏說東江가 波平浪靜下釣灘이라
   雲外利名終有望이나 主人目下未開顏이라
   몇번이나 꿈속에서 강동江東을 말했던가?/ 파도 평탄하고 물결 고요하니 여울에 낚시 드리웠다/ 구름 밖의 명리名利는 마침내 유망할 것이나/ 지금은 아직 주인의 얼굴을 알리지 않았네

3. 六三(☵ → ☴)

【효사와 소상전】 육삼은 오고 감에 구덩이와 구덩이며, 험한 것에 또 베개하여 험한 구덩이로 들어가니, 쓰지 말 것이니라. 상에 말하기를 '오고 감에 구덩이와 구덩이'라는 것은, 끝내 공이 없는 것이다.【六三은 來之에 坎坎하며 險에 且枕하야 入于坎窞이니 勿用이니라. 象曰 來之坎坎은 終无功也리라.】

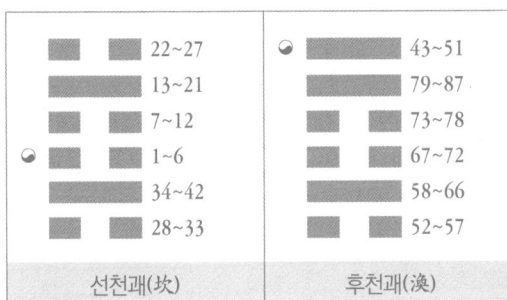

22~27	43~51
13~21	79~87
7~12	73~78
1~6	67~72
34~42	58~66
28~33	52~57
선천괘(坎)	후천괘(渙)

선천괘인 감괘 육삼효부터 차례로 위로 나아가면서 운을 잡는다.
1살부터 42살까지를 마치면 43살부터는 후천괘인 환괘로 운이 넘어간다.

◈ 양년 음년 똑같음

정(48)	대과(28)	항(32)	정(50)	대유(14)	리(30)
1	2	3	4	5	6

◈ 월괘

곤·47	태·58	해·40	예·16	미제·64	정·50	규·38	손·41	서합·21	무망·25	리·30	풍·55
1월	2월	3월	4월	5월	6월	7월	8월	9월	10월	11월	12월

◈ 일괘

감(육삼)	곤·47	사·7	환·59	절·60	비·8
	6 5 4 3 2 1	12 11 10 9 8 7	18 17 16 15 14 13	24 23 22 21 20 19	30 29 28 27 26 25

【총괄해서 판단하면】

10 이 효는 오고 감이 다 험해서 끝내 험난함을 다스리지 못하는 것을 말하였다. 그러므로 운이 맞는 사람은, 비록 빠진 것을 구하고 어려움을 형통하게 하는 재주와 덕은 없지만, 잘 관리하여 굳건히 하고 보존할 수 있어서, 일정한 구획을 지어 보존을 도모함으로써, 자신이나 가문을 기울어지고 위태롭게 하지는 않는다.

운이 맞지 않는 사람은, 재주와 뜻이 약하고 단견이어서, 움직이면 막히는 데다가 가난하고 어려워서 끝내 기를 펴고 사는 날이 없다.

세운을 만나면, 공직자는 물러나는 것이 좋고, 구직자는 심신을 닦으며 숨어 사는 것이 좋다. 일반인은 험한데 빠지며, 송사를 다투는 일이 많다.

【글귀로 판단하면】

① 舟行防水厄이요 車破不堪行이라 且守坎中險하고 防危勿用驚하라
배로 가니 물의 위험 방비해야 하고/ 수레가 파손되니 육로陸路로는 갈 수 없다/ 험한 가운데서도 험한 곳이니 잘 지키고/ 위험은 방비하되 놀라지는 말아라

② 不可近ㅣ 不可親이요 雨中花易落이요 浪裏月重明이라
가깝게 할 수도 없고/ 친하게 할 수도 없다/ 비오면 꽃 쉽게 떨어지고/ 물결속에 달이 거듭 밝았다

4. 六四(☵ → ☱)

---

10 此爻是往來皆險 而終不能以濟險也 故叶者 雖無拯溺亨屯之才德 亦能斡旋以保固 區劃以圖存 而身家不至傾危 不叶者 才弱志短 動輒掣肘 貧難艱苦 終無出頭之日 歲運逢之 在仕則宜退步 在士惟宜修藏 在庶俗多坎坷爭訟之事

【효사와 소상전】 육사는 한 동이의 술과 두 대그릇의 밥을 질그릇을 받침그릇으로 사용하여, 간략하게 드리되 창문(밝은 곳)으로부터 하면, 마침내 허물이 없으리라. 상에 말하기를 '준주궤이(효사에서 말한 소박하게 처신하여 사귐)'는 강과 유가 사귀는 것이다.【六四는 樽酒와 簋貳를 用缶하고 納約自牖면 終无咎하리라. 象曰 樽酒簋貳는 剛柔際也일새라.】

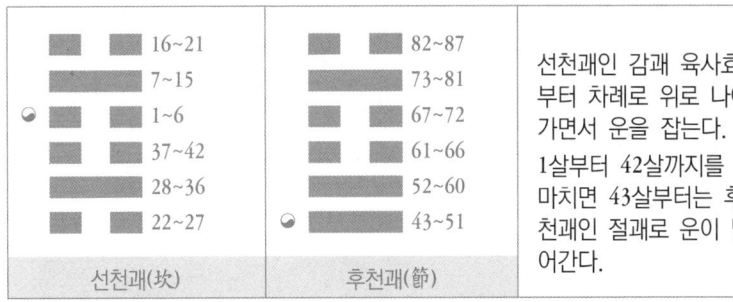

선천괘(坎)	후천괘(節)	선천괘인 감괘 육사효부터 차례로 위로 나아가면서 운을 잡는다. 1살부터 42살까지를 마치면 43살부터는 후천괘인 절괘로 운이 넘어간다.
16~21	82~87	
7~15	73~81	
1~6	67~72	
37~42	61~66	
28~36	52~60	
22~27	43~51	

◆ 양년 음년 똑같음

곤(47)	해(40)	미제(64)	규(38)	서합(21)	리(30)
1	2	3	4	5	6

◆ 월괘

사·7	곤·2	몽·4	고·18	손·41	규·38	이·27	익·42	비·22	명이·36	리·30	려·56
1월	2월	3월	4월	5월	6월	7월	8월	9월	10월	11월	12월

◆ 일괘

감(육사)	사·7	환·59	절·60	비·8	정·48
	6 5 4 3 2 1	12 11 10 9 8 7	18 17 16 15 14 13	24 23 22 21 20 19	30 29 28 27 26 25

【총괄해서 판단하면】

11 이 효는 임금을 잘 선도해서 공을 이루는 자를 말한 것이다. 그러므로 운이 맞는 사람은, 성실하고 겸양하며 후중하여 허영을 일삼지 않는 사람으로, 험난함을 잘 다스려 덕과 업이 크게 번창하게 된다.

운이 맞지 않는 사람은, 쉽게 이루고 쉽게 파괴하는 자로, 갑자기 영화롭게 되었나 하면 어느새 흩어진다. 먹고 입는 것(衣食)은 검소하게 하되, 복이 적고 덕택이 박하다.

세운을 만나면, 공직자는 교육부의 장관을 맡아 학문을 진작시킨다. 구직자는 명군을 만나기가 어려우며, 일반인은 굳게 사귀고 결혼하게 되는 조짐이 있게 된다. 수가 흉한 사람은 혹 상을 입는 근심이 있게 된다.

【글귀로 판단하면】

① 瓦缶樽醪實自羞나 无咎終安得遇侯라
君上有親臣下睦하니 信來孚取不須求라

흙으로 만든 장구(술병)와 막걸리 잔이 실은 스스로 부끄러우나/ 허물 없으니 마침내 편안하고 임금을 만나게 된다/ 임금은 친화하고 신하는 화목하니/ 믿음으로 오고 믿음으로 취해서 구할 필요 없게 된다

② 莫謂事遲留하고 休言不到頭하라 長竿看入手하니 一釣上金鉤라

일이 지체된다 하지 말고/ 오지 않는다고도 말하지 마라/ 긴 낚싯대 손에 들어오니/ 한번에 금갈고리 낚아 올릴 것이다

5. 九五(☷ → ☶)

【효사와 소상전】 구오는 물구덩이가 차지 못했으니, 이미 평평한 데 이르면

---

11 此爻是與其善於格君 而功可成者也 故叶者 誠實謙厚 不事浮華 足以去險濟難 而德業昌榮 不叶者 易成易破 驟榮忽散 衣食儉約 福澤淺薄 歲運逢之 在仕有祭酒修讀之兆 在士則遭際之難 在庶俗有交締結姻之應 數凶者或喪祭之憂

허물이 없으리라. 상에 말하기를 '물구덩이가 차지 못했으니, 이미 평평한 데
이르면 허물이 없음'은, 중도中道가 크지 못한 것이다.【九五는 坎不盈이니
祇旣平하면 无咎리라. 象曰 坎不盈은 中이 未大也라.】

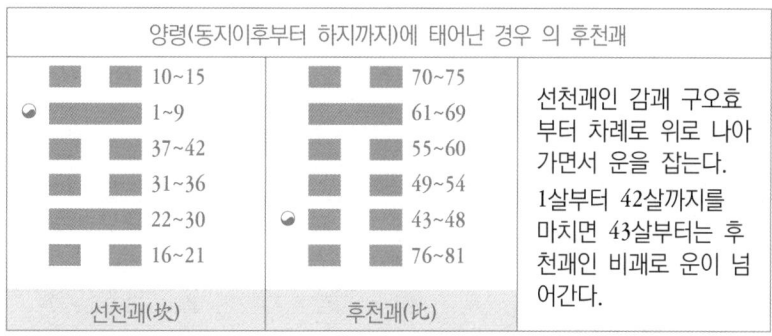

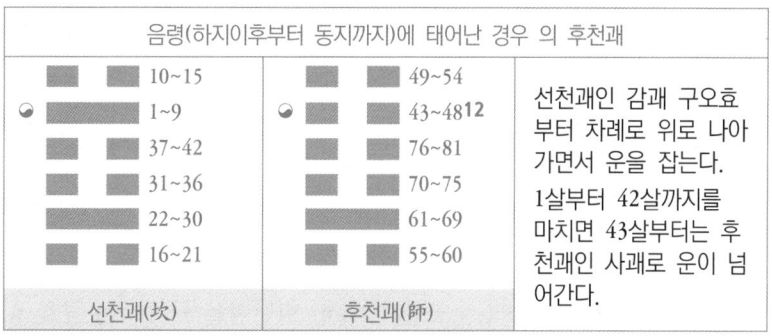

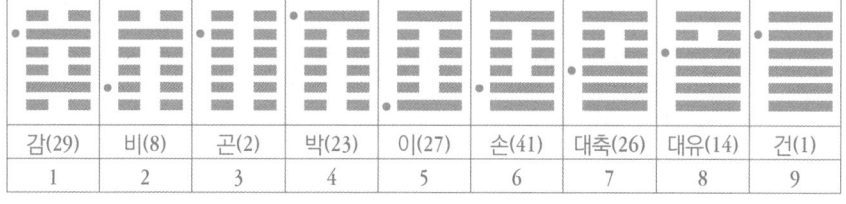

---

12 중수감괘는 3대 난괘의 하나로 후천괘로 변할 때에 예외가 있다. 즉 임금자리인 구
오효와 음효의 주인자리인 상육효의 경우인데, 구오효의 경우 양령에 태어난 사람은
일반적인 방법에 의해서 위와 같이 후천괘로 바뀐다. 그러나 음령에 태어난 사람인
경우는 아래의 도표와 같이 양효는 음효로 되지만, 상괘와 하괘가 바뀌지 않는다.

◆ 음년(을·정·기·신·계년)일 경우

사(7)	곤(2)	비(8)	관(20)	익(42)	중부(61)	소축(9)	건(1)	대유(14)
1	2	3	4	5	6	7	8	9

◆ 월괘

환·59	손·57	중부·61	리·10	익·42	이·27	가인·37	기제·63	동인·13	돈·33	리·30	대유·14
1월	2월	3월	4월	5월	6월	7월	8월	9월	10월	11월	12월

◆ 일괘

	6 5 4 3 2 1	12 11 10 9 8 7	18 17 16 15 14 13	24 23 22 21 20 19	30 29 28 27 26 25
감(구오)	환·59	절·60	비·8	정·48	곤·47

【총괄해서 판단하면】

13 이 효는 험난함을 구하려는 도를 다해서, 험난함을 구제하는 공을 이룬 자를 설명한 것이다. 그러므로 운이 맞는 사람은, 강명剛明한 재질과 중정한 덕으로, 비색함을 기울여 태평하게 만들어서, 이 세상의 평화와 안녕을 가져오고, 위태로움을 바꿔서 평안함을 만들어, 천하가 험한 데로 빠진 상황을 구제한다. 위로는 천명에 순응하고, 아래로는 민심을 위무하니, 공과 업적이 크다.

운이 맞지 않는 사람은, 약간의 재능이 있는 자로, 분노를 몰아내고 액운

---

13 此爻是盡濟險之道 而成濟險之功者也 故叶者 剛明之才 中正之德 傾否爲泰 而措斯世於平康 易危爲安 而拯天下於陷溺 上足以應天命 下足以慰民心 而功業非小補 不叶者 小有才能 排忿解厄 一世平寧 而坎坷少致 歲運逢之 或顯仕 或爲平章評事 而官小亦有職無危 在士利於小就而未大 庶俗謀爲平坦而無危

을 풀어버리니, 당대가 평안하고 막힘이 별로 없다.
세운을 만나면, 혹 크게 벼슬한 사람 또는 평장平章·평사評事 등의 고관이고, 또한 관직이 얕더라도 위태함이 없다. 구직자는 작은 일을 성취하는 데는 이롭지만 큰 일은 안되고, 일반인은 꾀하는 일이 평탄해서 위태함이 없다.

【글귀로 판단하면】

① 盈滿還不溢하니 溢滿咎當無라 千里片帆速하니 何妨泛巨舟아
   가득차도 넘치지 않으니/ 차고 넘치는 허물이 없다/ 천리길에 한조각 돛단배도 빠르니/ 큰배를 띄우는 것 무슨 방해 있을까?

② 喜鵲噪簷楹하니 驚回夢不成이라 雖然無事至나 也慮是非行아
   까치가 처마 끝에서 기쁘게 울어대니/ 놀라서 꿈을 이루지 못한다/ 비록 일은 오지 않았으나/ 시비 일어나는 것 조심하라

6. 上六(☵→☴)

【효사와 소상전】상육은 노끈으로 묶어서 가시 덩쿨에 두어서, 삼 년이 되도록 얻지 못하니 흉하니라. 상에 말하기를 '상육이 도를 잃음'은 삼 년을 흉할 것이다. 【上六은 係用徽纆하야 寘于叢棘하야 三歲라도 不得이니 凶하니라. 象曰 上六失道는 凶三歲也리라.】

양령에 태어난 경우 의 후천괘		
선천괘(坎)	후천괘(渙)	
■ 1~6	■ 43~51	선천괘인 감괘 상육효부터 차례로 위로 나아가면서 운을 잡는다. 1살부터 42살까지를 마치면 43살부터는 후천괘인 환괘로 운이 넘어간다.
■ 34~42	■ 79~87	
■ 28~33	■ 73~78	
■ 22~27	■ 67~72	
■ 13~21	■ 58~66	
■ 7~12	■ 52~57	

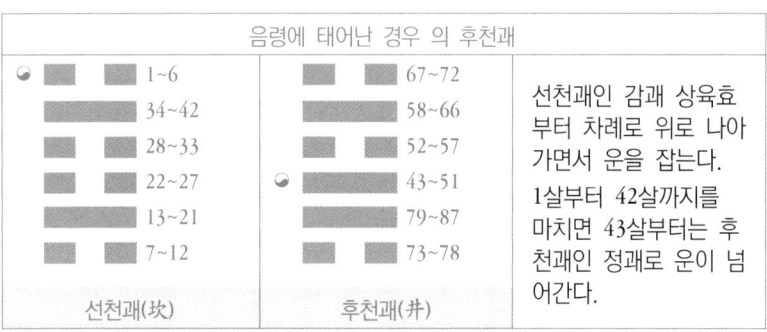

◈ 양년 음년 똑같음

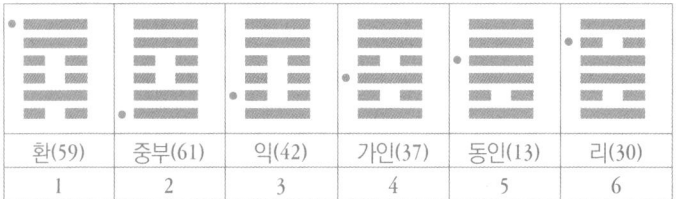

◈ 월괘

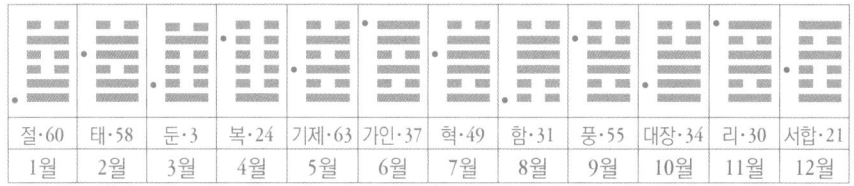

◈ 일괘

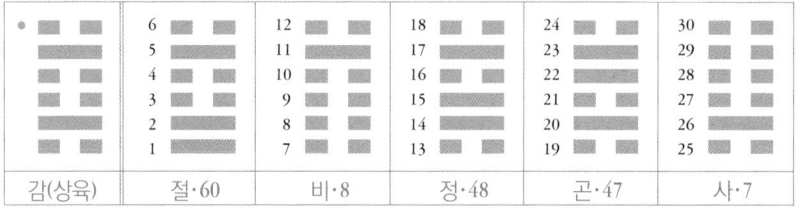

14 구오효의 경우와 마찬가지로 중수감괘가 후천괘로 바뀌는 예외인 경우이다. 양령에 태어난 사람은 위의 도표를 활용하고, 음령에 태어난 사람은 아랫도표를 활용하면 된다.

【총괄해서 판단하면】

15 이 효는 재주가 없는 자를 험한 데에 둠으로써, 그 위태롭고 망하게 되는 상을 극심하게 나타내었다. 그러므로 운이 맞는 사람은, 도를 가슴 속에 품고 자중하는 자로, 산림山林 속에 숨어 살며 세상의 일은 모르는 자이다. 혹 수도하는 승僧으로 총림叢林 속에서 편안히 있는 자를 말한다.

운이 맞지 않는 사람은, 부모와 조상을 잃고 친척들을 만나기 어려운 자로, 수명이 짧고 범죄와 욕된 일을 저지르는 자이다.

세운을 만나면, 공직자는 포승줄에 묶여서 귀양가는 근심을 방비해야 하고, 일반인은 포승줄에 묶여 감옥에 가는 재난이 있게 된다. 오직 선비만이 과거장에서 최선을 다해 시험 보는 조짐이 있다.

【글귀로 판단하면】

① 三辰不得實堪憂니 果實應須正值秋라
　直待獨行南北去하니 極中離處便時休라
　세 때(辰)를 얻지 못해 근심스러우니/ 과실은 가을을 만나야 한다/ 곧바로 남북으로 홀로 가는 것 기다리니/ 끝에 가서 이별하는 곳이 곧 쉬는 때이다

② 疑疑疑ㅣ 一番笑罷復生悲라
　落花滿地無人掃하니 獨立秋風麼黛眉라
　의심하고 또 의심하는데/ 한번 웃고 나니 다시 슬픔 생겼다/ 꽃 떨어져 땅에 가득해도 비질하는 사람 없으니/ 홀로 가을 바람에 서서 검은 눈썹 찡그린다

---

15 此爻是以無才而居險 極深著其危亡之象者也 故叶者 抱道自重 隱逸於山林 付世事於不知 或僧道安置於叢林之中 不叶者 傷親破祖 骨肉難合 壽算難逃 招辱犯刑 歲運逢之 在仕防縛綁安置之憂 在庶俗防縲絏牢獄之災 惟士子則鏖戰棘闈之兆

䷝ 離上 / 離下 重火離(30)
중 화 리

리괘 개요

【괘사와 대상전】 리는 바르게 함이 이로우니, 형통하니, 암소를 기르면(온순하게 하면) 길하리라. 상에 말하기를 밝음이 두 번 함이 리괘를 만드니, 대인이 본받아서 밝음을 이어서 사방을 비추느니라. 【離는 利貞하니 亨하니 畜牝牛하면 吉하리라. 象曰 明兩이 作離하니 大人이 以하야 繼明하야 照于四方하나니라.】

【총괄해서 판단하면】

※ 離卦 납갑표

[1] 리궁의 1세(본궁수괘)로, 4월에 속한다. 내괘의 납갑은 기묘·기축·기해이고, 외괘의 납갑은 기사·기미·기유이다. 음력 4월·5월·6월에 태어난 사람과, 태어난 년도의 간지가 납갑의 간지에 합치되는 사람은 부귀와 공명을 누리게 된다.[2]

운세설명 중화리괘(䷝)는 상괘와 하괘가 모두 리(☲)이고, 호괘로 태(☱)와 손(☴)이 있다. 위와

---

[1] 離宮一世 卦屬四月 納甲 是己卯己丑己亥 己巳己未己酉 生於四月五月六月及納甲者 功名富貴之人也

[2] 각 괘의 월월계산법은 중천건괘(1)와 중지곤괘(2) 항에서 설명하였다. 리괘의 세효인 상구효는 양효이므로, 초효부터 상효까지 세면 사巳에서 끝난다(초효는 자, 이효는 축, 삼효는 인, 사효는 묘, 오효는 진, 상효는 사). 지지의 사는 4월에 해당하므로, 리괘가 4월괘가 되는 것이다. 따라서 4월을 주관하는 괘가 되고, 4월에 태어난 사람은 때를 얻음이 된다.

아래가 다 밝으니, 천하의 모든 사람이 그 밝게 비춤에 기뻐하며 자신 또한 밝은 빛으로 극히 아름다워진다. 또 순하게 따르니, 일과 영예가 모두 밝게 드러난다. 군자가 이런 괘를 얻으면, 밝게 비추는 상이 된다.

【팔궁세혼법으로 판단하면】
리궁의 본궁수괘本宮首卦로 종묘에 해당하는 상구효에 세효世爻가 있고, 삼공에 해당하는 구삼효가 응효應爻이다. 두 효가 음과 양으로 응하지 못하고, 또 세효가 제자리를 얻지 못했으므로 일이 막히고 어렵다. 더욱이 상구효의 지지인 사(巳火)는 괘체인 리(離火)와 같은데, 이를 구삼효의 지지인 해(亥水)가 극하므로, 더욱 안좋게 된다. 다만 자신의 잘못된 점을 고친다는 뜻으로 받아들인다면(상구효는 不正), 상구효의 좋지 않음을 바르게 해서 길하게 된다.

【글귀로 판단하면】
① 久厭高林雨터니 方施一旦明이라
太陽當下照하니 萬國繼昇平이라
울창한 숲에 오랫동안 비오는 것 싫어했더니/ 하루 아침에 햇빛이 밝게 비췄다/ 태양이 아래로 비추니/ 만 나라가 태평을 이어간다

1. 初九(☷ → ☶)

【효사와 소상전】 초구는 발자취가 뒤섞였으니, 공경하면 허물이 없으리라. 상에 말하기를 '발자취가 뒤섞여 공경스럽게 하는 것'은, 이로써 허물을 피하는 것이다. 【初九는 履 錯然하니 敬之면 无咎리라. 象曰 履錯之敬은 以辟咎也라.】

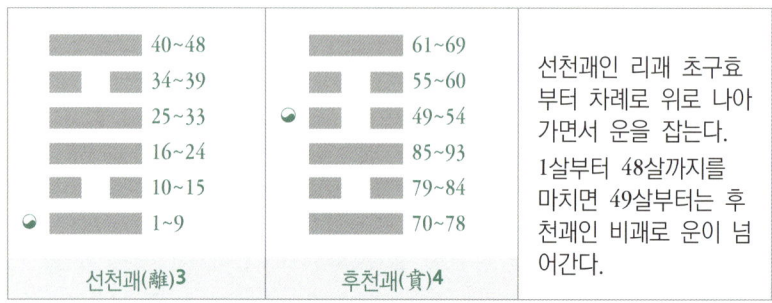

선천괘인 리괘 초구효부터 차례로 위로 나아가면서 운을 잡는다. 1살부터 48살까지를 마치면 49살부터는 후천괘인 비괘로 운이 넘어간다.

◆ 양년(갑·병·무·경·임년)일 경우 5

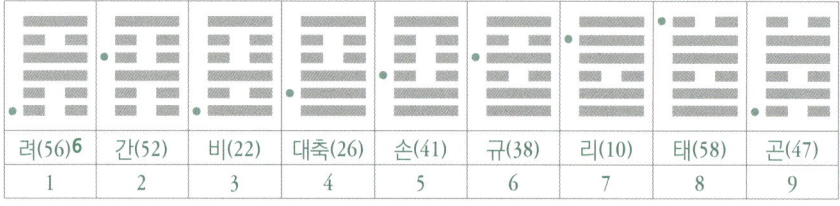

리(30)	비(22)	간(52)	고(18)	몽(4)	미제(64)	송(6)	곤(47)	태(58)
1	2	3	4	5	6	7	8	9

◆ 음년(을·정·기·신·계년)일 경우

려(56)6	간(52)	비(22)	대축(26)	손(41)	규(38)	리(10)	태(58)	곤(47)
1	2	3	4	5	6	7	8	9

3 사주의 숫자로 괘를 만들어서 리괘 초효에 원당이 있다면, 1~9살까지는 리괘 초효 항을, 10~15살까지는 리괘 이효 항을, …, 40~48살까지는 리괘 상효 항을 가서 살펴보면 된다.

4 49~54살까지는 후천괘인 비괘 사효 항을, 61~69살까지는 비괘 상효 항을, …, 85~93살까지는 비괘 삼효 항을 살펴보면 그 사람의 운이 된다(◐나 ●표시 한 곳이 해당하는 효를 가리키고, 밑에서부터 초효·이효·삼효·사효·오효·상효로 나눈다).

5 해마다의 운인 유년운의 진행은 양효(—)일 때와 음효(- -)일 때가 다른데, 그 자세한 예는 중천건괘(1) 초구효, 중지곤괘(2) 초육효와 육이효, 수뢰둔괘(3) 초구효와 육삼효, 산수몽괘(4) 초육효와 육사효 항에 유년운에 속한 월운月運의 예와 함께 실려 있으므로 참고하면 된다.

6 위의 도표에서 '리(30)'이라고 한 것은 괘명은 리괘離卦이고 64괘 중에 30번째 괘라는 뜻이며, '간(52)'라고 한 것은 괘명은 간괘艮卦고 64괘 중에 52번째에 해당한다는

◆ 월괘

대유·14	건·1	규·38	귀매·54	손·41	몽·4	중부·61	익·42	절·60	수·5	감·29	곤·47
1월	2월	3월	4월	5월	6월	7월	8월	9월	10월	11월	12월

◆ 일괘 7

리(초구)	대유·14	서합·21	비·22	동인·13	풍·55

30 중화리 初

【총괄해서 판단하면】

8 이 효는 망령된 행동을 드러냄으로써, 공경하고 삼가하라는 점괘를 보인 것이다. 그러므로 운이 맞는 사람은, 강명剛明함을 쓰고 공경하며 신중하게 처신하는 자로, 기미를 잘 살펴서 허물을 덜고 중도를 취하며, 물건의 이치의 마땅함을 잘 참작하여 얽힌 것을 풀고 바름으로 돌아가니, 공과 업을 이루고 벼슬이 높아져 존경을 받게 된다.

운이 맞지 않는 사람도 또한 행실을 고치고 덕을 따르는 자로, 처음에는

뜻이다. 나머지 괘도 이와같은 방식으로 본다. 따라서 앞의 목차에서 번호의 순서대로 찾으면, 해당하는 괘를 쉽게 찾을 수 있다. 또 월괘月卦에서 '규·38' 등으로 표시한 것도, 괘명은 규괘睽卦고 64괘 중에 38번째라는 뜻이다.

7 그 날의 운(日運)과 더 세분해서 시운時運을 알고 싶으면, 앞의 일괘日卦와 시괘時卦 설명을 참조해서 계산하면 된다. 자세한 예는 건(1)~송(6)괘의 초효 항에 있으므로 참고바람.

8 此爻是著其妄行之象 而示以敬愼之占也 故叶者 剛明是用 敬愼是持 審事機之會 而損過就中 酌物理之宜 而糾繆歸正 功業竟成 縉紳欽仰 不叶者 亦能改行率德 始焉行多拂戾 終焉福願受亨 歲運逢之 在仕防躁妄不謹之咎 在士防差訛之辱 在庶俗防越理犯分之危 行者防跌足之疾

행실에 어긋남이 많으나 나중에는 복과 형통함을 누리게 된다.
세운을 만나면, 공직자는 조급히 망동하며 삼가하지 않는 허물이 있고, 구직자는 어긋나고 그릇됨으로 인한 욕을 방비해야 하며, 일반인은 이치를 넘어서고 분수를 넘치게 하는 위태함이 있다. 여행하는 사람은 넘어져서 다치는 일을 방비해야 한다.

【글귀로 판단하면】
① 勤儉終无咎하니 逢明必敬之라
　天書鸞遞至하니 觸景有光輝라
　부지런하고 검소해서 마침내 허물이 없으니/ 밝은 임금 만나면 반드시 공경받는다/ 임금의 조서를 봉황새가 가져오니/ 눈에 닿는 경치마다 빛이 난다
② 風動水生波하니 關心事若何오
　錯然履无咎하니 依舊笑呵呵라
　바람불어 물에 파도 생기니/ 마음에 있는 일 어떻게 할까?/ 신발이 뒤엉켰으나 허물없으니/ 옛날같이 깔깔 웃음 웃게 되네

2. 六二 (☲ → ☰)

【효사와 소상전】 육이는 누렇게(중도에) 걸림이니, 크게 착하고 길하니라. 상에 말하기를 '누렇게 걸림이니, 크게 착하고 길함'은 중도를 얻었기 때문이다.【六二는 黃離니 元吉하니라. 象曰 黃離元吉은 得中道也라.】

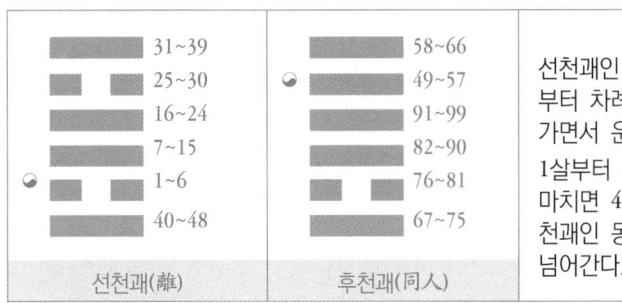

선천괘인 리괘 육이효부터 차례로 위로 나아가면서 운을 잡는다. 1살부터 48살까지를 마치면 49살부터는 후천괘인 동인괘로 운이 넘어간다.

◈ 양년 음년 똑같음

대유(14)	규(38)	손(41)	중부(61)	절(60)	감(29)
1	2	3	4	5	6

◈ 월괘

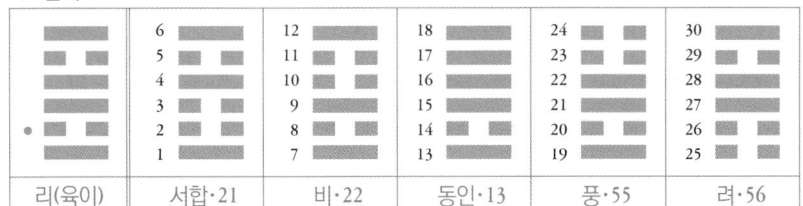

서합·21	진·51	이·27	박·23	익·42	중부·61	둔·3	기제·63	비·8	취·45	감·29	사·7
1월	2월	3월	4월	5월	6월	7월	8월	9월	10월	11월	12월

◈ 일괘

리(육이)	서합·21	비·22	동인·13	풍·55	려·56
1~6	7~12	13~18	19~24	25~30	

【총괄해서 판단하면】

9 이 효는 중덕中德이 있는 신하가 임금을 아름답게 보필함으로써, 문명

---

9 此爻是人臣有中德以麗君 斯足以成文明之化者也 故叶者 以謙柔之德 行中正之
道 忠順不失 上足以相文明之君 仁慈丕闢 下足以成文明之化 福量寬洪 器識遠
大 不叶者 亦誠實謹厚 家業興隆 平生安樂 歲運逢之 在仕得君 黃閣偉器 在士

한 정치를 잘 이루는 것을 설명하였다. 그러므로 운이 맞는 사람은, 겸손하고 부드럽게 하는 덕으로 중정한 도를 행하며 충성되고 순하게 함을 잃지 않는다. 위로는 문명한 임금을 도와 인자함이 크게 베풀어지게 하고, 아래로는 문명한 정치를 이루게 하니, 복과 국량이 관대하고 크며, 사람 됨됨이와 지식이 원대하다.

운이 맞지 않는 사람도 또한 성실하고 부지런하며 후중한 사람으로, 가업을 흥성하게 하고 평생을 편안하게 즐기며 산다.

세운을 만나면, 공직자는 훌륭한 임금을 만나 재상이 되어 뜻을 펴며, 구직자는 반드시 장원으로 급제하며, 일반인은 반드시 재물을 더 불리게 된다.

【글귀로 판단하면】

1 中道明元吉하니 光輝四野同이라

水中人送寶하고 鵬翅好飛冲이라

중도中道로 하니 밝고 크게 길해서/ 빛이 사방에 똑같이 빛난다/ 물 속의 사람은 보물을 보내오고/ 붕새가 날아서 하늘을 찌른다

2 事已定하니 心何憂오

明月上層樓하고 雲中客點頭라

일이 이미 정해져 있는데/ 마음이 왜 근심하나?/ 밝은 달은 높은 누대 위로 오르고/ 구름 가운데 객이 머리를 끄떡인다

3. 九三(☱→☲)

【효사와 소상전】 구삼은 날이 기울어질 때의 걸림이니, 질그릇을 치고 노래하지 않으면 크게 기울어지는 슬픔이 있을 것이다. 흉하리라. 상에 말하기를

必得解魁 在庶俗必沾利息

'날이 기울어질 때의 걸림'이 어떻게 오래 갈 수 있겠는가?【九三은 日昃之離니 不鼓缶而歌면 則大耋之嗟라 凶하리라. 象曰 日昃之離 何可久也리오.】

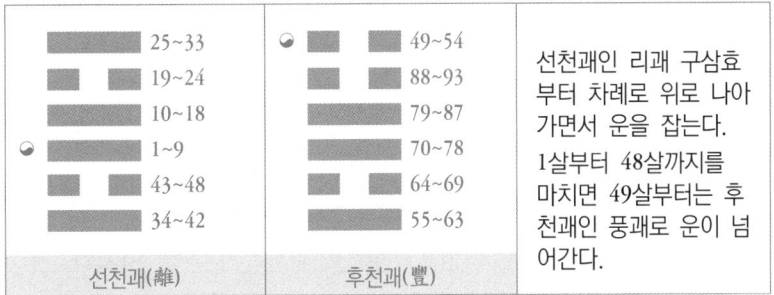

◆ 양년(갑·병·무·경·임년)일 경우

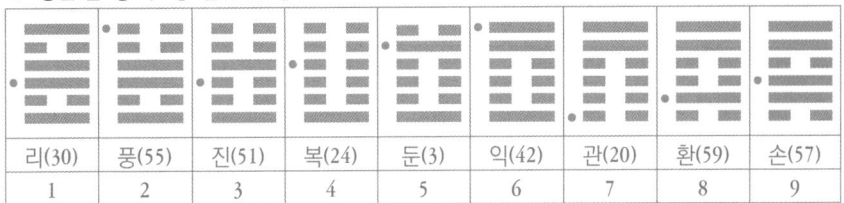

리(30)	풍(55)	진(51)	복(24)	둔(3)	익(42)	관(20)	환(59)	손(57)
1	2	3	4	5	6	7	8	9

◆ 음년(을·정·기·신·계년)일 경우

서합(21)	진(51)	풍(55)	명이(36)	기제(63)	가인(37)	점(53)	손(57)	환(59)
1	2	3	4	5	6	7	8	9

◆ 월괘

비·22	간·52	가인·37	소축·9	기제·63	둔·3	건·39	함·31	정·48	승·46	감·29	환·59
1월	2월	3월	4월	5월	6월	7월	8월	9월	10월	11월	12월

◈ 일괘

	6	12	18	24	30
	5	11	17	23	29
	4	10	16	22	28
●	3	9	15	21	27
	2	8	14	20	26
	1	7	13	19	25
리(구삼)	비·22	동인·13	풍·55	려·56	대유·14

【총괄해서 판단하면】

10 이 효는 천운이 장차 쇠하려 할 때에, 이를 막지 못하는 자를 비유한 것이다. 그러므로 운이 맞는 사람은, 성하고 쇠하는 순환의 이치와, 자라서 차고 사라져 없어지는 상도常道를 잘 알고 있으니, 천명을 알아 이를 즐기며, 자신의 처지에서 어진 삶을 돈독히 함으로써 천명을 돌려나가니, 복과 덕택에 손실이 없다.

운이 맞지 않는 사람은, 재물과 일신에 손실을 가져오고, 처자에게까지 화를 미치게 된다.

세운을 만나면, 공직자는 휴직하게 되고, 구직자는 욕됨을 방비해야 하며, 일반인은 즐거움 속에서 슬픔이 생기고, 길한 가운데 안 좋은 일이 생기며, 험난함이 계속해서 이르고 죽음에 기약이 없다.

【글귀로 판단하면】

1 日中須有昃이니 盛滿意防虧하라 大耋嗟凶吝하니 風波小艇危라

해가 중천에 뜨면 기울어지게 되니/ 가득차면 이지러지는 것 방비하라/ 큰 늙은이 탄식하여 흉하고 인색하니/ 바람불고 파도치는데 작은배 위태하다

---

10 此爻是値天運將衰之時 而無能以挽之者也 故叶者 深知盛衰循環之理 盈虛消長之常 樂天知命 安土敦仁 以挽回乎天命 而福澤無損 不叶者 必致損身傷財 刑妻剋子 歲運逢之 在仕告休 在士防辱 在庶俗樂中生悲 吉中生愁 險難迭至 喪亡無日

② 月沈西하고 人斷魂하니 悲忻未足하고 易缺難成이라

달은 서쪽에 빠지고/ 사람은 혼이 빠지니/ 슬프고 기쁠 겨를 없고/ 실패는 쉽고 성공은 어렵다

4. 九四 (䷝ → ䷷)

【효사와 소상전】 구사는 갑자기 오는 것이라 타오르니, 죽이며 버리니라. 상에 말하기를 '갑자기 온다'는 것은 용납될 바 없는 것이다. 【九四는 突如其來如라 焚如니 死如며 棄如니라. 象曰 突如其來如는 无所容也니라.】

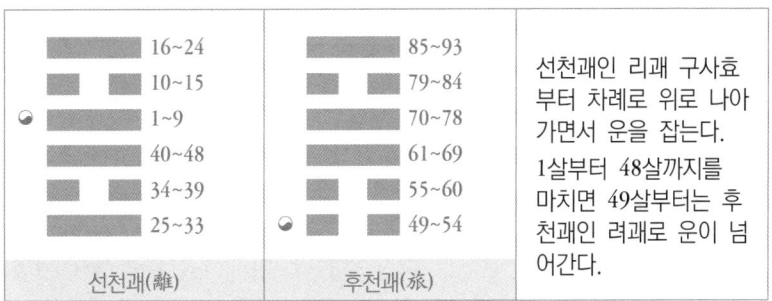

선천괘인 리괘 구사효부터 차례로 위로 나아가면서 운을 잡는다.
1살부터 48살까지를 마치면 49살부터는 후천괘인 려괘로 운이 넘어간다.

◆ 양년(갑·병·무·경·임년)일 경우

1	2	3	4	5	6	7	8	9
리(30)	려(56)	간(52)	점(53)	건(39)	기제(63)	수(5)	절(60)	태(58)

◆ 음년(을·정·기·신·계년)일 경우

비(22)	간(52)	려(56)	돈(33)	함(31)	혁(49)	쾌(43)	태(58)	절(60)
1	2	3	4	5	6	7	8	9

◆ 월괘

동인·13	건·1	혁·49	수·17	함·31	건·39	대과·28	항·32	곤·47	송·6	감·29	절·60
1월	2월	3월	4월	5월	6월	7월	8월	9월	10월	11월	12월

◆ 일괘

리(구사)	동인·13	풍·55	려·56	대유·14	서합·21
	6 5 4 3 2 1	12 11 10 9 8 7	18 17 16 15 14 13	24 23 22 21 20 19	30 29 28 27 26 25

【총괄해서 판단하면】

11 이 효는 신하가 강함만을 믿고 정치를 개혁함으로써, 스스로 그 죽음을 재촉하는 자이다. 그러므로 운이 맞는 사람은, 옛 것을 지키고 평상의 생활에 안주하며 간략한 법을 따르니, 위로는 법을 어기어 형벌받는 일을 범하지 않고, 아래로는 원수를 짓지 않는다. 변해서 산화비괘가 되면, '마침내 허물이 없게 된다'는 뜻이 되니, 자신과 가문을 보존할 수 있다. 운이 맞지 않는 사람은, 중정하지 못하고 피하지도 않으며 양보할 줄도 몰라서, 나아가서는 윗사람을 핍박하고 뜻가는 대로 망령되이 행동하니, 그 죄가 죽음을 면치 못한다.

세운을 만나면, 공직자는 윗사람을 능멸하고 핍박하는 잘못이 있고, 구직자는 스스로 총명하다고 생각하는 잘못이 있으며, 일반인은 윗사람을 거스려서 쫓겨나는 허물이 있게 된다. 혹 전쟁의 화를 입게 되고, 혹 죽게

---

11 此爻是人臣恃剛以革政 自速其斃者也 故叶者 守舊安常 循章約法 上不犯刑憲 下不招怨仇 蓋變爲賁 有終無尤之兆 而身家可保 不叶者 不中不正 無邇無讓 進逼乎尊 率意妄行 罪不容死 歲運逢之 在仕有凌逼之嫌 在士有作聰之謬 在庶俗 有逐忤長上之怨 或遭兵火 或死亡棄逐 而百孼難逃矣

되어 버림받고 쫓겨 나니, 백가지 안좋은 징조를 피하기 어렵게 된다.

【글귀로 판단하면】
① 一人無足立하고 有足却無頭라
千里來追至나 防生五七休라
한사람은 발이 없이 섰고/ 발있는 이는 머리가 없다/ 천리밖에서 따라왔으나/ 방해가 생겨서 5일 7일은 쉬었다
② 遇不遇] 逢不逢하니 日沉海底하고 人在夢中이라
만나려 해도 만나지 못하고/ 만나는 것도 만나게 되지 않으니/ 해는 바다 밑으로 가라앉고/ 사람은 꿈속에 있다

5. 六五(☲ → ☲)

【효사와 소상전】 육오는 눈물 나옴이 물흐르는 듯하며, 슬퍼서 탄식함이니, 길하리라. 상에 말하기를 '육오의 길함'은 왕(王公)의 자리에 걸렸기 때문이다. 【六五는 出涕沱若하며 戚嗟若이니 吉하리라. 象曰 六五之吉은 離王公也일새라.】

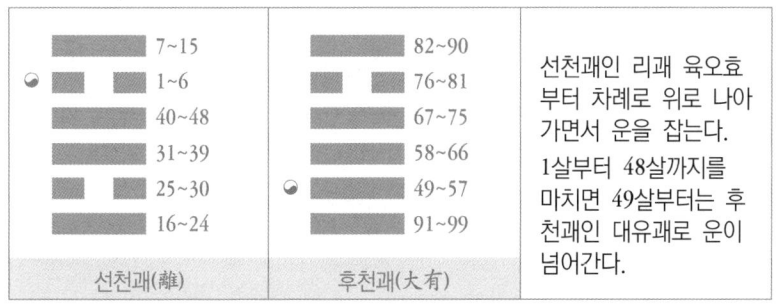

선천괘(離)	후천괘(大有)	
7~15	82~90	선천괘인 리괘 육오효부터 차례로 위로 나아가면서 운을 잡는다. 1살부터 48살까지를 마치면 49살부터는 후천괘인 대유괘로 운이 넘어간다.
1~6	76~81	
40~48	67~75	
31~39	58~66	
25~30	49~57	
16~24	91~99	

◈ 양년 음년 똑같음

동인(13)	혁(49)	함(31)	대과(28)	곤(47)	감(29)
1	2	3	4	5	6

◈ 월괘

풍·55	진·51	소과·62	겸·15	항·32	대과·28	해·40	미제·64	사·7	림·19	감·29	비·8
1월	2월	3월	4월	5월	6월	7월	8월	9월	10월	11월	12월

◈ 일괘

리(육오)	풍·55	려·56	대유·14	서합·21	비·22
	6 5 4 3 2 1	12 11 10 9 8 7	18 17 16 15 14 13	24 23 22 21 20 19	30 29 28 27 26 25

【총괄해서 판단하면】

12 이 효는 임금이 태평한 세상을 보존하려는 노력을 다하라고 경계함으로써, 편안함을 얻은 자를 설명한 것이다. 그러므로 운이 맞는 사람은, 중덕을 가지고 부드럽게 대처하며, 겸양함으로써 화합을 이끈다. 마음먹기를 위태한 듯이 하고, 환난 올 것을 깊이 걱정하니, 강하고 힘센 사람도 그 틈을 보지 못하고, 강포한 자도 그 뜻을 방자하게 펴지 못한다. 따라서 부귀와 복택福澤을 오랫동안 보존하고 근심이 없게 된다.

---

12 此爻是戒人君盡保泰之道而得安者也 故叶者 柔麗乎中 謙以致和 其操心也危 慮患也深 而强梁不得而乘其隙 剛暴不得以肆其志 而富貴福澤 可以長保於無虞 不叶者 柔弱昏暗 權出乎人 或麗王公大人而志意頗伸 先難後易 歲運逢之 在顯仕者得志 退職者多險危 進取者難成名 經營者多塞滯 甚則憂愁思慮 悲泣嗟號 之難逭矣

운이 맞지 않는 사람은, 유약하고 어리석어서, 자신의 권력을 뜻대로 펴지 못하고, 다른 사람에게서 나오도록 한다. 혹 왕·공·대인 등에게 의지해서 뜻을 펴면 처음에는 어렵다가 나중에는 쉽게 된다.

세운을 만나면, 높은 공직자는 뜻을 얻고, 퇴직한 사람은 위험하게 되는 경우가 많다. 구직자는 명성을 얻기 힘들고, 경영하는 사람은 막히고 지체되는 경우가 많으니, 심할 경우 근심과 슬픔으로 슬피 울부짖게 되는 경우를 면하기 어렵다.

【글귀로 판단하면】

① 注盡江邊水하니 還驚一水災라

女人揮一笠하고 回首又花開라

강가에 물을 다 붓고 나니/ 도리어 수재水災날까 두렵다/ 여인이 삿갓을 쓰고/ 머리를 돌려보니 꽃이 또 피었다(回頭生)

② 汎汎維舟尙未定하니 一頭牽往一頭牽이라

前途貴客來相擧하니 又見新顔破舊顔이라

떠가는 배를 묶어 매고 있으나 아직 안정이 안되니/ 하나는 끌어가고 하나는 끌어오고 있다/ 앞길에 귀한 손님이 와서 서로 도와주니/ 새얼굴 나타나 옛얼굴 교대했다

6. 上九(䷝ → ䷶)

【효사와 소상전】 상구는 왕이 나아가서 치면 아름다움이 있을 것이니, 우두머리 괴수를 끊고 잡되, 그 졸개는 풀어주면 허물이 없으리라. 상에 말하기를 '왕이 나아가서 치면 아름다움이 있을 것이니, 우두머리 괴수를 끊고 잡되, 그 졸개는 풀어주면 허물이 없음'은 이로써 나라를 바로하는 것이다. 【上九는 王用出征이면 有嘉니 折首코 獲匪其醜면 无咎리라. 象曰 王用出征은 以正邦也라.】

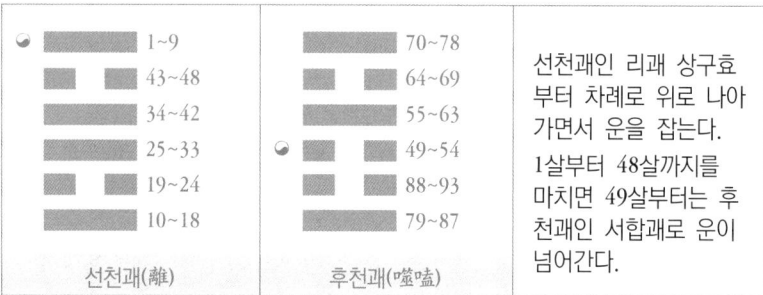

선천괘인 리괘 상구효부터 차례로 위로 나아가면서 운을 잡는다.
1살부터 48살까지를 마치면 49살부터는 후천괘인 서합괘로 운이 넘어간다.

◈ 양년(갑·병·무·경·임년)일 경우

리(30)	서합(21)	진(51)	예(16)	해(40)	항(32)	승(46)	정(48)	손(57)
1	2	3	4	5	6	7	8	9

◈ 음년(을·정·기·신·계년)일 경우

풍(55)	진(51)	서합(21)	진(35)	미제(64)	정(50)	고(18)	손(57)	정(48)
1	2	3	4	5	6	7	8	9

◈ 월괘

려·56	간·52	정·50	구·44	미제·64	해·40	몽·4	손·41	환·59	관·20	감·29	정·48
1월	2월	3월	4월	5월	6월	7월	8월	9월	10월	11월	12월

◈ 일괘

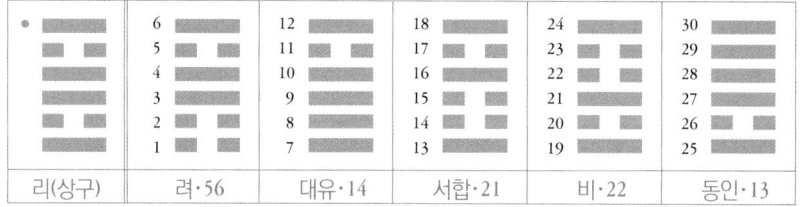

리(상구)	려·56	대유·14	서합·21	비·22	동인·13

【총괄해서 판단하면】

13 이 효는 임금의 지위에 있는 사람이 정벌을 해서 평정함을 설명한 것이다. 그러므로 운이 맞는 사람은, 강명剛明함을 멀리까지 떨치고 형벌을 남용하지 않는 자로, 문과 무를 겸비하여 태평한 세상의 기틀을 여는 사람이다.

운이 맞지 않는 사람은, 혹은 병졸이고, 혹은 장삿꾼으로, 분주하지만 자잘하게 간신히 먹고 입는 정도이다. 혹 머리와 눈에 질병이 있고, 추악한 명성을 얻은 자이다.

세운을 만나면, 공직자는 전쟁터에 나가 공을 이루고, 구직자는 수석으로 등용되며, 일반인은 기쁨을 만나게 되고, 경영하는 바에 이득을 얻게 된다. 수가 흉한 사람은 변해서 뇌화풍괘가 되니, '큰 집이 다 망해서 고요하고 사람이 없는' 상이 되어 흉하다.

【글귀로 판단하면】

① 誅戮邦中利出征하니 一番獲醜在王庭이라
鳳哬一信歸楊畔하니 得個佳音四海榮이라
나라의 반란자 잡고자 정벌나가니/ 한번에 역도 잡아 왕의 뜰에 놓았다/ 봉황새 소식물고 버드나무가에 돌아오니/ 아름다운 소식얻어 온나라 영광이다

② 自有青雲路하니 須當着力求라
佳人宜更早하니 行路泛孤舟라
스스로 청운의 길 있으니/ 마땅히 힘써 구해야 한다/ 아름다운 사람이 다시 일찍 와서 좋으니/ 가는 길에 외로운 배 띄웠다

---

13 此爻是人君之位而征伐能以正也 故得无咎 故叶者 剛明遠振 用刑不濫 文武全才足以開太平之事基 不叶者 或爲兵卒 或爲商旅 碌碌奔走衣食 或頭目帶疾 聲名醜惡 歲運逢之 在仕出師歷任 而功業就 在士進取作魁 常俗見喜 經營獲利 數凶者變豐 有閴其無人之象

澤山咸(31)
택 산 함

함괘 개요

【괘사와 대상전】 함은 형통하니, 바르게 함이 이로우니, 여자를 취하면 길하리라. 상에 말하기를 산 위에 못이 있는 것이 함괘니, 군자가 본받아서 마음을 비워서 사람을 받아들이니라. **【咸은 亨하니 利貞하니 取女면 吉하리라. 象曰 山上有澤이 咸이니 君子 以하야 虛로 受人하나니라.】**

【총괄해서 판단하면】

※ 咸卦 납갑표

1 태궁의 3세괘로 정월에 속한다. 내괘의 납갑은 병진·병오·병신이고, 외괘의 납갑은 정해·정유·정미이다. 정월에 태어난 사람과, 태어난 년도의 간지가 납갑의 간지에 합치되는 사람은 부귀와 공명을 누리게 된다.[2]

운세설명 택산함괘(䷞)는 상괘는 태(☱)이고 하괘는 간(☶)이며, 호괘로 건(☰)과 손(☴)이 있다. 강과 유가 서로 응하고, 두 기운이 서로 화합하며, 음과 양이 사귀어 화창해지니, 만물이 서로 감

---

1 兌宮三世 卦屬正月 納甲 是丙辰丙午丙申 丁亥丁酉丁未 如生於正月及納甲者 功名富貴人也

2 각 괘의 월月계산법은 중천건괘(1)와 중지곤괘(2) 항에서 설명하였다. 함괘의 세효인 삼효는 양효이므로, 초효부터 삼효까지 세면 인寅에서 끝난다(초효는 자, 이효는 축, 삼효는 인). 지지의 인은 정월(1월)에 해당하므로, 함괘가 정월괘가 되는 것이다. 따라서 정월을 주관하는 괘가 되고, 정월에 태어난 사람은 때를 얻음이 된다.

응하게 되어 각기 이루는 바가 있게 된다. 바람(巽風)이 하늘 아래에서 불어 산 속의 만물을 선양扇揚시키고, 못물(호수:兌)이 하늘 아래에서 베풀어져 산위에 있는 만물에 윤택함을 더해주니, 두 기운이 서로 부르고, 음과 양이 화합하여 만물이 이루어진다. 군자가 이런 괘를 얻으면 모두가 감응하는 상이 된다.

【팔궁세혼법으로 판단하면】
함괘는 팔궁세혼법으로 볼 때, 태궁의 삼공괘에 해당한다. 즉 구삼효(삼공)가 세효世爻가 되고, 종묘에 해당하는 상육효는 응효가 된다. 두 효가 모두 제자리에 있고, 또 음과 양으로 서로 응하기 때문에 모든 일이 잘 풀리고 이루어진다. 더욱이 상육효의 지지인 미(未土)가 구삼효의 지지인 신(申金)을 생해주고, 하괘인 간(艮土)이 상괘인 태(兌金)를 생해주므로 더욱 좋게 된다.

서로가 느껴서 마음을 여니, 빨리 느끼면 느낄수록 좋다. 젊은 사람이라면 좋은 애인을 만나는 수이고, 나이든 사람이라면 자손이 혼인할 수이며, 그렇지 않은 사람이더라도 경사가 많을 운수다. 사소한 일에 의심을 두지 말고, 상대방을 마음으로부터 믿고, 모든 일에 지성으로 임하면 반드시 협조자가 있으니, 소원하는 바를 순조롭게 얻는다.

【글귀로 판단하면】
① 一得西南女하니 門庭日漸榮이라
　園林桃李發이요 門外二山靑이라
　한번 서남쪽 여자 얻으니/ 가문이 날로 번영한다/ 동산숲에는 복숭아꽃 오얏꽃 피고/ 문밖에는 두 산이 푸르렀다
② 相感本無心하니 須知夙契深이라
　此時宜娶婦니 遇喜見黃金이라
　서로 느끼는 것이 본래 마음이 없는 것이니/ 일찍부터 마음 깊이 합치됐음을 알 수 있다/ 이 때는 아내를 얻어들이는 것이 마땅하니/ 만나면

황금 얻는 기쁨이 있을 것이다

1. 初六(☱ → ☰)

【효사와 소상전】 초육은 엄지 발가락에 느끼는 것이다. 상에 말하기를 '엄지 발가락에 느낌'은 뜻이 바깥에 (구사에게) 있음이라. 【初六은 咸其拇라. 象曰 咸其拇는 志在外也라.】

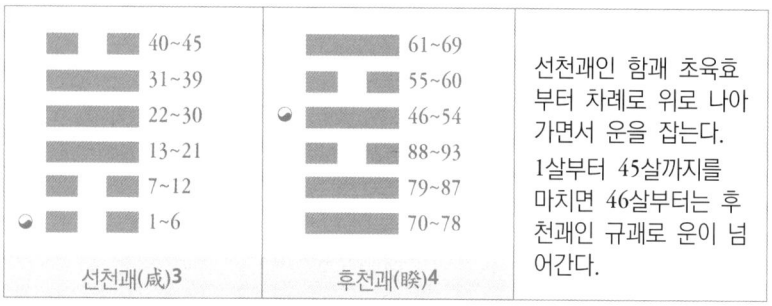

◆ 양년 음년 똑같음5

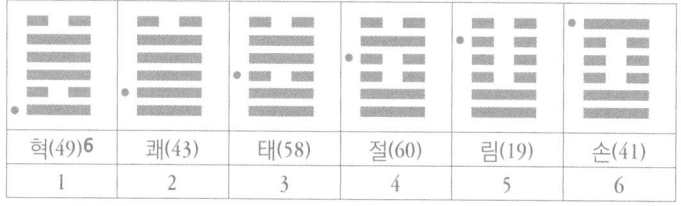

혁(49)6	쾌(43)	태(58)	절(60)	림(19)	손(41)
1	2	3	4	5	6

---

3 사주의 숫자로 괘를 만들어서 함괘 초효에 원당이 있다면, 1~6살까지는 함괘 초효 항을, 7~12살까지는 함괘 이효 항을, …, 40~45살까지는 함괘 상효 항을 가서 살펴 보면 된다.

4 46~54살까지는 후천괘인 규괘 사효 항을, 61~69살까지는 규괘 상효 항을, …, 88~93살까지는 규괘 삼효 항을 살펴보면 그 사람의 운이 된다(◐나 ●표시 한 곳이 해당하는 효를 가리키고, 밑에서부터 초효·이효·삼효·사효·오효·상효로 나눈다).

5 해마다의 운인 유년운의 진행은 양효(━)일 때와 음효(- -)일 때가 다른데, 그 자세한 예는 중천건괘(1) 초구효, 중지곤괘(2) 초육효와 육이효, 수뢰둔괘(3) 초구효아 육

◈ 월괘

대과·28	항·32	곤·47	송·6	감·29	절·60	사·7	곤·2	몽·4	고·18	손·41	규·38
1월	2월	3월	4월	5월	6월	7월	8월	9월	10월	11월	12월

◈ 일괘 7

함(초육)	대과·28	취·45	건·39	소과·62	돈·33

【총괄해서 판단하면】

8 이 효는 마땅치 않은데서 느끼기 때문에, 엄지발가락에 느끼는 것이 된다. 그러므로 운이 맞는 사람은, 신분은 비록 낮지만 뜻은 높고, 힘은 비록 적지만 꾀하는 것은 원대해서 청년시절에 이름을 날리고, 만년에 이르도록 녹을 먹는다.

삼효, 산수몽괘(4) 초육효와 육사효 항에 유년운에 속한 월운月運의 예와 함께 실려 있으므로 참고하면 된다.

6 위의 도표에서 '혁(49)'라고 한 것은 괘명은 혁괘革卦고 64괘 중에 49번째 괘라는 뜻이며, '태(58)'이라고 한 것은 괘명은 태괘兌卦고 64괘 중에 58번째에 해당한다는 뜻이다. 나머지 괘도 이와같은 방식으로 본다. 따라서 앞의 목차에서 번호의 순서대로 찾으면, 해당하는 괘를 쉽게 찾을 수 있다. 또 월괘月卦에서 '대과·28' 등으로 표시한 것도, 괘명은 대과괘大過卦고 64괘 중에 28번째라는 뜻이다.

7 그 날의 운(日運)과 더 세분해서 시운時運을 알고 싶으면, 앞의 일괘日卦와 시괘時卦 설명을 참조해서 계산하면 된다. 자세한 예는 건(1)~송(6)괘의 초효 항에 있으므로 참고바람.

8 此爻是不當感而感也 故爲咸其拇焉 叶者分雖卑而志高 力雖微而謀遠 成名於青年 食祿於晚景 不叶者 中年離祖 身謀未遂 歲運逢之 京官出 閒官起 進取有待而未遂 庶俗宜遠商 僧道宜游行 大抵値此爻者 雖急急營求 亦多難於成就

운이 맞지 않는 사람은, 중년에 조상이 살던 곳에서 떠나고, 꾀하는 일이 이루어지지 않는다.

세운을 만나면, 중앙부처에서 나와서 한직에 기용되고, 취직하는 일은 기다리지만 속히 되지 않는다. 일반인은 멀리 다니는 장사를 하고, 중과 도인은 떠돌아다니게 된다. 대개 이 효를 만난 사람은 비록 급하게 경영하려 하고 구해 얻으려고 하나, 또한 성취하기 어렵다.

【글귀로 판단하면】

1️⃣ 進用不須疑하라 何勞苦自迷아
　小貞終有吉이니 咸感又相隨라
　나아가 등용됨을 의심마라/ 무엇하려고 수고롭게 헤매는가?/ 조금 바르게 하면 마침내 길할 것이니/ 모두 감동하고 또 서로 따르게 된다

2️⃣ 意在閑山事有涯하니 野人暗地自徘徊라
　天邊雁足傳書信하니 一點眉端愁自開라
　뜻은 한가한 산에 있고 일은 물가에 있으니/ 야인(野人)이 가만히 스스로 배회한다/ 하늘가 먼곳에서 기러기 발에 서신 전하니/ 얼마 안가 근심이 스스로 풀리게 된다

2. 六二(☷ → ☱)

【효사와 소상전】육이는 장딴지에 느끼면 흉하니, 머물러 있으면 길하리라. 상에 말하기를 '비록 흉하나 머물러 있으면 길한 것'은, 순히하면 해롭지 않은 것이다. 【六二는 咸其腓면 凶하니 居하면 吉하리라. 象曰 雖凶居吉은 順하면 不害也라.】

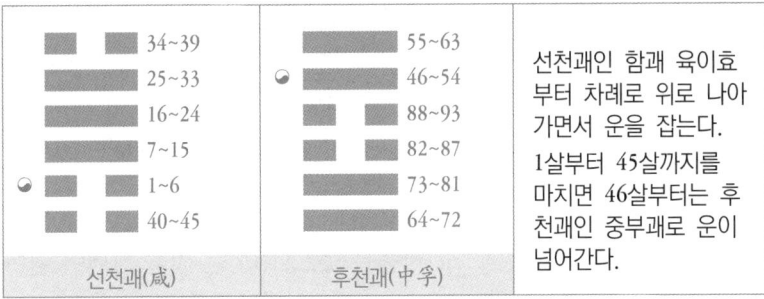

◆ 양년 음년 똑같음

대과(28)	곤(47)	감(29)	사(7)	몽(4)	손(41)
1	2	3	4	5	6

◆ 월괘

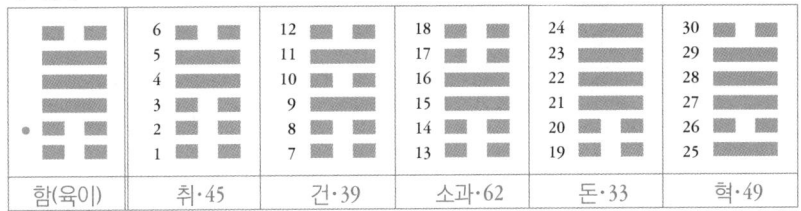

췌·45	비·12	비·8	둔·3	곤·2	사·7	박·23	간·52	이·27	서합·21	손·41	중부·61
1월	2월	3월	4월	5월	6월	7월	8월	9월	10월	11월	12월

◆ 일괘

함(육이)	췌·45	건·39	소과·62	돈·33	혁·49

【총괄해서 판단하면】

9 이 효는 고요히 있는 것은 이롭고 움직이는 것은 불리하다. 그러므로

---

9 此爻是利於靜而不利於動者也 故叶者相時而進 慮善以動 上順乎君 而不敢越分 以要功 下順乎民 而不敢違道以干譽 災害不生 吉祥自至 不叶者 志大心高 貪得無厭 奔走衣食 辛苦成家 歲運逢之 在仕居位者叶吉 差遺者有阨 在士難逢嘉會

운이 맞는 사람은, 때를 보고 나가며, 착한 것을 생각하고 움직인다. 위로는 임금에게 순종해서 감히 분수를 넘는 공을 요구하지 않고, 아래로는 백성의 뜻에 순히 따라서 감히 도를 어긋나면서까지 칭찬을 구하지 않으니, 재앙과 화되는 것이 생기지 않고, 길하고 상서로움이 자연히 찾아온다.

운이 맞지 않는 사람은, 뜻은 크고 마음은 높으나, 얻는 것을 탐내어 싫어하는 것이 없고, 입고 먹는 것만 쫓아다니니, 고생끝에 자신의 집안을 이루게 된다.

세운을 만나면, 공직자는 운이 합치되면 길하고, 맞지 않는 자는 액운이 있다. 구직자는 좋은 기회를 만나기 어렵고, 일반인은 파도에 밀려다니며 공연한 수고만 한다. 대개 고요하게 있어야지 움직이면 안된다.

【글귀로 판단하면】

1. 船在危灘上하고 人行道已迷라 日低潮又落하고 驟雨又狂風이라
   배는 위험한 여울위에 있고/ 사람은 길을 잃었다/ 해는 저녁인데 조수(潮水) 또한 물러가고/ 소낙비에 또 거센바람 분다
2. 不宜輕進動이니 躁妄反爲凶하라 守靜宜安分이면 居然吉慶隆이라
   가볍게 나가고 움직임은 마땅치 않으니/ 조급하고 망령되면 도리어 흉하게 된다/ 고요함을 지키고 분수를 편안히 하면/ 자연히 길함과 경사가 융성하리라

3. 九三(☰→☶)

【효사와 소상전】 구삼은 넓적다리에 느낌이라. 따르는 데만 집착하니, 가면 인색하리라. 상에 말하기를 '넓적다리에 느낌'은 또한 그쳐있지 않는 것이니,

在庶俗奔波徒勞 大抵宜靜而不宜動也

뜻이 사람을 따르는 데 있으니 집착하는 바가 비천한 것이다.【九三은 咸其股라. 執其隨니 往하면 吝하리라. 象曰 咸其股는 亦不處也니 志在隨人하니 所執이 下也라.】

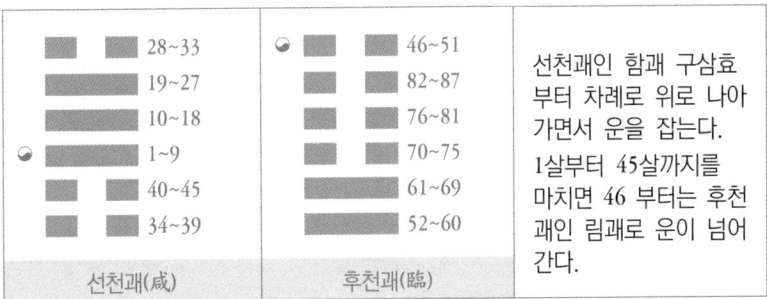

◆ 양년(갑·병·무·경·임년)일 경우

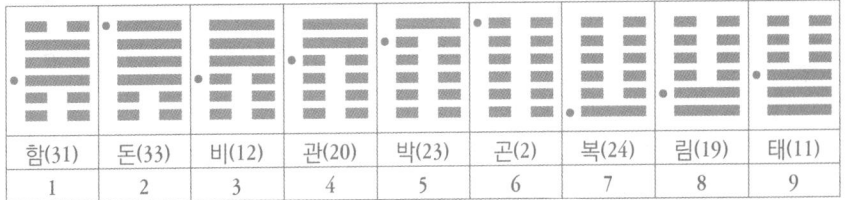

함(31)	돈(33)	비(12)	관(20)	박(23)	곤(2)	복(24)	림(19)	태(11)
1	2	3	4	5	6	7	8	9

◆ 음년(을·정·기·신·계년)일 경우

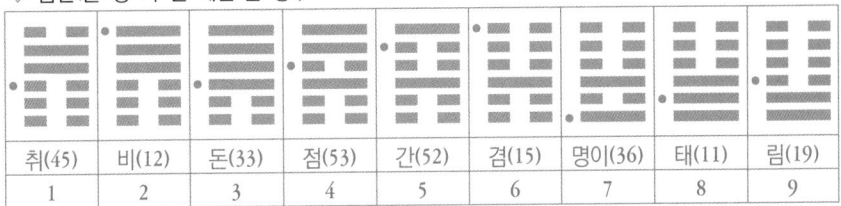

췌(45)	비(12)	돈(33)	점(53)	간(52)	겸(15)	명이(36)	태(11)	림(19)
1	2	3	4	5	6	7	8	9

◆ 월괘

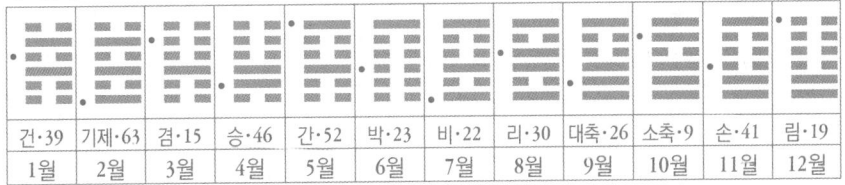

건·39	기제·63	겸·15	승·46	간·52	박·23	비·22	리·30	대축·26	소축·9	손·41	림·19
1월	2월	3월	4월	5월	6월	7월	8월	9월	10월	11월	12월

◆ 일괘

함(구삼)	건·39	소과·62	돈·33	혁·49	대과·28
	6 5 4 3 2 1	12 11 10 9 8 7	18 17 16 15 14 13	24 23 22 21 20 19	30 29 28 27 26 25

【총괄해서 판단하면】

10 이 효는 느끼는 데만 정신이 팔린 사람이니, 바른 것이 못되기 때문에 일을 해나가면 인색해지는 실수를 면치 못한다. 그러므로 운이 맞는 사람은, 때를 헤아려 나가고 기미를 알아 그치니, 혹 정사를 베푸는 임금의 팔 다리 같은 신하가 되고, 후회와 인색함 또한 없게 된다.

운이 맞지 않는 사람은, 꾀는 교묘하나 보는 것이 졸렬하고, 뜻이 사람을 따르는 데만 있으니 실패를 많이 한다.

세운을 만나면, 공직자는 재상이 되나 귀양가고 강등당하는 허물을 방비해야 하고, 일반인은 간사가 되어 일을 주관한다. 구직자는 시험보면 말석으로 붙고, 특별히 무리에서 뛰어나는 아름다움은 없다.

【글귀로 판단하면】

1 休道事無成하라 其中進退多라 桂輪圓又缺하니 光彩要揩磨라
  일이 이뤄지지 않는다고 말하지 마라/ 그 가운데서 나가고 물러남이 많다/ 달이 둥글었다 또 이지러지니/ 빛이 갈리고 문질러졌다

2 不宜專自用이니 執志在隨人이라
  所占凡事吝이나 大抵利婚姻이라

---

10 此爻是主於有感 則非其正矣 故不免於往吝之失者也 故叶者 度時而進 知機而止 或爲股肱執政之大臣 而悔吝不及 不叶者 謀巧見拙 志在隨人 多致敗失 歲運逢之 在仕爲宰執 防謫降之咎 常俗爲執幹 在士子考校 則隨人下 而無出類之美矣

자신이 전적으로 모든 일 해서는 안되니/ 남을 따른다는 마음가짐을 가져라/ 보통일에 이런 점괘는 좋지 않으나/ 혼인에는 이롭다

4. 九四

【효사와 소상전】 구사는 바르게 하면 길해서 후회가 없어질 것이니, 자주 자주 가고 오면 벗이 네 뜻을 따르리라. 상에 말하기를 '바르게하면 길해서 후회가 없다' 함은 느껴서 해가 되지 않는 것이고, '자주 자주 가고 옴'은 빛나고 크지는 못한 것이다.【九四는 貞이면 吉하야 悔 亡하리니 憧憧往來면 朋 從爾思리라. 象曰 貞吉悔亡은 未感害也오 憧憧往來는 未光大也라.】

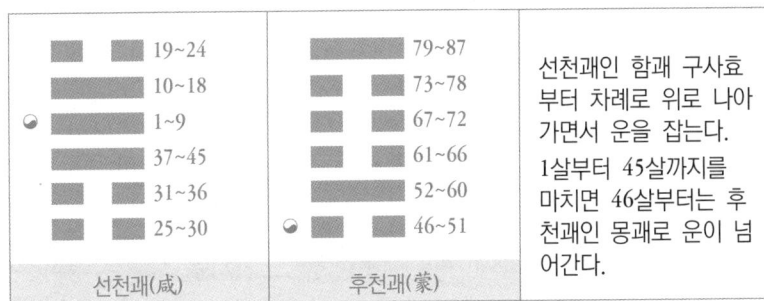

선천괘(咸) / 후천괘(蒙)

선천괘인 함괘 구사효부터 차례로 위로 나아가면서 운을 잡는다.
1살부터 45살까지를 마치면 46살부터는 후천괘인 몽괘로 운이 넘어간다.

◆ 양년(갑·병·무·경·임년)일 경우

함(31)	혁(49)	기제(63)	명이(36)	비(22)	간(52)	고(18)	몽(4)	미제(64)
1	2	3	4	5	6	7	8	9

◆ 음년(을·정·기·신·계년)일 경우

건(39)	기제(63)	혁(49)	풍(55)	리(30)	려(56)	정(50)	미제(64)	몽(4)
1	2	3	4	5	6	7	8	9

◆ 월괘

소과·62	항·32	려·56	진·35	리·30	비·22	대유·14	건·1	규·38	귀매·54	손·41	몽·4
1월	2월	3월	4월	5월	6월	7월	8월	9월	10월	11월	12월

◆ 일괘

	6 5 4 3 2 1	12 11 10 9 8 7	18 17 16 15 14 13	24 23 22 21 20 19	30 29 28 27 26 25
함(구사)	소과·62	돈·33	혁·49	대과·28	취·45

【총괄해서 판단하면】

11 이 효는 왕도와 패도를 실행하는 사람이다. 그러므로 운이 맞는 사람은, 강하고 바른 군자로 사사로움도 없고 근심도 없으나, 정성은 임금을 감격시킬 수 있고 은혜는 백성을 감동시킬 수 있으니, 공과 업적이 성대하고 벼슬이 높게 된다.

운이 맞지 않는 사람은, 마음에 어두운 곳이 많고, 사람을 사귀는 정이 치우치고 성글며, 일하느라고 분주하게 다니니, 구하고 쫓아 다니느라 겨를이 없다. 사람의 그릇이 작게는 이루어지나 빛나고 커지지는 못한다.

세운을 만나면, 공직자는 공적인 사무를 보고 정치를 하며, 자리를 옮겨 앉게 된다. 구직자는 조금 이득은 있으나 빛나지는 못한다. 일반인은 벗끼리 서로 의지하니, 작은 일은 이룰 수 있으나 큰일은 안되고, 마음의 정서가 불안하다.

---

11 此爻是能王霸之效者也 故叶者 剛正君子 無思無慮 誠足以格君 惠足以感民 功業盛大 爵位崇高 不叶者 心多暗昧 交情偏疏 奔走勞役 求逐不暇 器宇小成 未得光大 歲運逢之 在仕秉公執政 而遷除有階 在士小有利而未光 在庶俗朋友 相倚 小謀可就 大用則虧 心緒少安

【글귀로 판단하면】

① 千里車行遠하니 憂疑已悔遲라

鶴啣天書至하니 戶牖幾光輝라

천리의 먼길을 수레타고 오니/ 근심되고 의심하나 후회해도 늦었다/ 학이 천서(天書)를 물고 오니/ 집안에 빛이 나게 되었다

② 一動一靜하고 一出一入하니

秋月春花에 事須費力이라

한번은 움직이고 한번은 고요하며/ 한번은 나가고 한번은 들어오니/ 가을달 봄꽃에/ 일에 힘만 드누나

③ 人情初交日에 咸志在於勤이라

貞正宜堅守요 忠誠久不渝라

사람의 정이 처음 사귀는 때에/ 뜻을 감동시키는 것은 부지런함에 있다/ 곧고 바르게 함을 굳게 지켜야 하고/ 충성은 오래 변치 않아야 한다.

5. 九五 (☱→☶)

【효사와 소상전】 구오는 등심에 느낌이니 후회가 없으리라. 상에 말하기를 '등심에 느낌'은, 뜻이 얕고 말초적인 것이기 때문이다. 【九五는 咸其脢니 无悔리라. 象曰 咸其脢는 志末也일새라.】

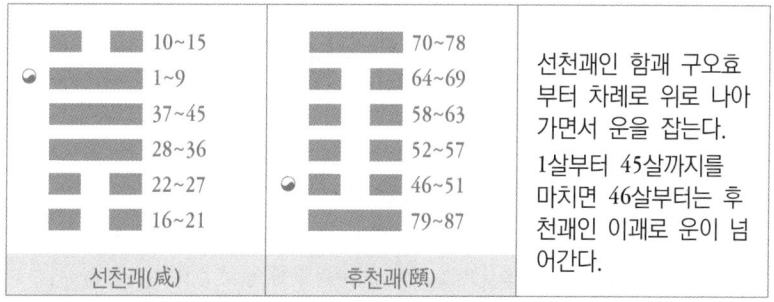

선천괘인 함괘 구오효부터 차례로 위로 나아가면서 운을 잡는다.
1살부터 45살까지를 마치면 46살부터는 후천괘인 이괘로 운이 넘어간다.

◈ 양년(갑·병·무·경·임년)일 경우

함(31)	대과(28)	항(32)	정(50)	대유(14)	리(30)	서합(21)	이(27)	익(42)
1	2	3	4	5	6	7	8	9

◈ 음년(을·정·기·신·계년)일 경우

소과(62)	항(32)	대과(28)	구(44)	건(1)	동인(13)	무망(25)	익(42)	이(27)
1	2	3	4	5	6	7	8	9

◈ 월괘

돈·33	비·12	동인·13	가인·37	건·1	대유·14	리·10	태·58	중부·61	환·59	손·41	이·27
1월	2월	3월	4월	5월	6월	7월	8월	9월	10월	11월	12월

◈ 일괘

함(구오)	돈·33	혁·49	대과·28	취·45	건·39
	6 5 4 3 2 1	12 11 10 9 8 7	18 17 16 15 14 13	24 23 22 21 20 19	30 29 28 27 26 25

【총괄해서 판단하면】

12 이 효는 물건을 감동시키지 못하는 상이나, 또한 허물도 없는 상이다.

---

12 此爻是不能感物之象 而與其可以無累者也 故叶者 崇尙之志 而孤介以自立 雖無功業以見於世 亦無尤悔以累其功 不叶者 志昏量狹棄本逐末 斗筲鄙夫 福氣淺薄 歲運逢之 在仕執一 多失同僚之歡 在士進取難爲 在庶俗人情乖難 而營謀微小

그러므로 운이 맞는 사람은, 외롭게 절개를 지키며 홀로 사는 것을 숭상하니, 비록 세상에 공과 업적이 나타나지는 않으나, 또한 자신의 공에 누를 끼칠만한 허물과 후회도 없는 것이다.

운이 맞지 않는 사람은, 뜻이 어둡고 도량이 좁으며, 근본을 버리고 끝을 따르니, 작고 비겁한 사람으로 복의 기운이 천박하다.

세운을 만나면, 공직자는 고집이 세서 동료의 환심을 잃게 되고, 구직자는 벼슬길에 오르기가 어려우며, 일반인은 주위 사람들과 인정이 어긋나고, 작은 일을 경영하고 도모한다.

【글귀로 판단하면】

1. 滿日開花未見花하니 金邊一女遇方佳라
   利名은 只見逢麋鹿이니 一去亨衢照落霞라
   하루종일 꽃이 펴도 꽃을 보지 못하니/ 쇠금 변(金) 이름 가진 여자 만나면 좋아진다/ 이익과 명예는 사슴(임금자리)을 보는데 있으니/ 한번 형통하게 되면 석양이 노을지게 되리라

2. 事了物未了하고 人圓物未圓이라
   要知端的信인덴 月影上琅玕이라
   일은 끝났는데 물건은 끝나지 않았고/ 사람은 원만하게 되었는데 물건은 원만치 않다/ 확실한 소식 알려면/ 달그림자가 옥돌에 올라 올 때를 기다려라

3. 進退無拘束하니 中心不涉私라
   雖然無所感이나 無是亦無非라
   나가고 물러남에 구속됨이 없으니/ 마음속에 사사로움이 없다/ 비록 느끼는 바는 없으나/ 옳은 것도 없고 그른 것도 없다

6. 上六(☱ → ☶)

【효사와 소상전】 상육은 볼과 뺨과 혀로 느끼는 것이다. 상에 말하기를 '볼과 뺨과 혀에 느낌'은, 입과 말에 오른 것이다. 【上六은 咸其輔頰舌이라. 象曰 咸其輔頰舌은 滕口說也라.】

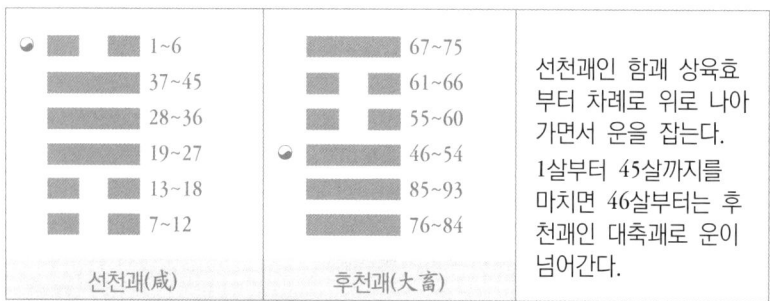

선천괘인 함괘 상육효부터 차례로 위로 나아가면서 운을 잡는다.
1살부터 45살까지를 마치면 46살부터는 후천괘인 대축괘로 운이 넘어간다.

◆ 양년 음년 똑같음

돈(33)	동인(13)	건(1)	리(10)	중부(61)	손(41)
1	2	3	4	5	6

◆ 월괘

혁·49	기제·63	쾌·43	대장·34	태·58	리·10	절·60	감·29	림·19	복·24	손·41	대축·26
1월	2월	3월	4월	5월	6월	7월	8월	9월	10월	11월	12월

◆ 일괘

함(상육)	혁·49	대과·28	취·45	건·39	소과·62
6 5 4 3 2 1	12 11 10 9 8 7	18 17 16 15 14 13	24 23 22 21 20 19	30 29 28 27 26 25	

【총괄해서 판단하면】

13 이 효는 사람을 말로 감동시키는 사람이다. 그러므로 운이 맞는 사람은, 덕이 있고 언변이 있어서, 혹 언론계에 종사하고, 혹 상소문이나 편지 쓰는 사람으로, 반드시 자신을 알아주는 임금을 만나 도를 행하게 되니, 뭇 사람들의 칭찬을 받는다.

운이 맞지 않는 사람은, 교묘한 말로 풍속을 어지럽혀서 허물을 부르고 화를 부르니, 세상에서 용납되기 어렵다.

세운을 만나면, 공직자는 참소하는 말을 막아야 하고, 혹 간관諫官의 탄핵을 당한다. 선비와 일반인은 유세하는 사람, 기예技藝가 있는 사람, 논평을 하는 사람, 헐뜯기를 잘 하는 사람이 된다.

【글귀로 판단하면】

① 感舌雖無咎나 居安又另遷이라

經綸水上斷이나 缺月又重圓이라

혓바닥에 느끼니 비록 허물은 없으나/ 편안히 있으면 헤어지고 옮겨가게 된다/ 경륜은 물(水) 위에서 끊어지나/ 이지러진 달이 또다시 둥글어진다

② 有似無ㅣ 無似有하니 每勞心ㅣ 閑費口라

있는 것도 없는 것 같고/ 없는 것도 있는 것 같으니/ 매번 마음쓰게 되고/ 한가로운데 입만 번잡하게 되었다

③ 多言本招辱이니 圖事竟難明이라

尊上相邀阻하니 都緣無實成이라

말이 많으면 본래 욕된 일 부르니/ 꾀하는 일이 결국 밝아지기 어렵다/ 높은 사람과 서로 막혀 있으니/ 도무지 실제로 이뤄지는 일이 없다

---

13 此爻是感人以言者也 故叶者 有德有言 或居言路 或掌詞翰 必得君而行道 有以來衆口之稱譽 不叶者 鼓簧口以亂俗 招尤啓禍 塵世難容 歲運逢之 在仕防譖論 或遭言責 在士庶爲游說 爲技藝 爲評論 爲毁謗

震上 巽下 雷風恒(32)
뇌 풍 항

항괘 개요

【괘사와 대상전】 항은 형통해서 허물이 없으니, 바르고 굳게함이 이로우니, 나아가는 것이 이로우니라. 상에 말하기를 우레와 바람이 항괘니, 군자가 본 받아서 항구한 도를 확립해 서서 방소를 바꾸지 않느니라. 【恒은 亨하야 无咎하니 利貞하니 利有攸往하니라. 象曰 雷風이 恒이니 君子 以하야 立不易方하나니라.】

【총괄해서 판단하면】

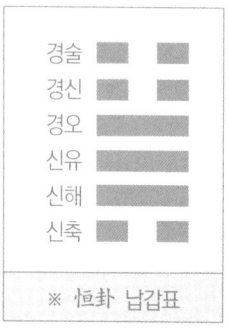

[1] 진궁의 3세괘로 정월에 속한다. 내괘의 납갑은 신축·신해·신유이고, 외괘의 납갑은 경오·경신·경술이다. 만일 정월에 태어난 사람과, 태어난 년도의 간지가 납갑의 간지에 합치되는 사람은 부귀와 공명을 누리게 된다. 9월부터 12월까지는 때를 잃어 복이 박하게 된다.[2]

운세설명 뇌풍항괘(䷟)는 상괘는 진(☳)이고 하괘는 손(☴)이며, 호괘로

---

[1] 震宮三世卦屬正月 納甲 是辛丑辛亥辛酉 庚午庚申庚戌 如生於正月及納甲者 功名富貴人也 九月至十二月 失時爲福淺

[2] 각 괘의 월月계산법은 중천건괘(1)와 중지곤괘(2) 항에서 설명하였다. 항괘의 세효인 구삼효는 양효이므로, 초효부터 삼효까지 세면 인寅에서 끝난다(초효는 자, 이효는 축, 삼효는 인). 지지의 인은 정월에 해당하므로, 항괘가 정월괘가 되는 것이다. 따라서 정월을 주관하는 괘가 되고, 정월에 태어난 사람은 때를 얻음이 된다.

는 건(☰)과 태(☱)가 있다. 하늘로부터 우레가 치고 바람이 불어 비와 이슬을 아래로 내린다. 우레와 바람이 서로 더불고, 강과 유가 서로 응하니, 막고 험해서 지체되는 근심이 전혀 없다. 군자가 이런 괘를 얻으면 항구하게 되는 상이다.

【팔궁세혼법으로 판단하면】
항괘는 팔궁세혼법으로 볼 때, 진궁의 삼공괘에 해당한다. 즉 구삼효(삼공)가 세효世爻가 되고, 종묘에 해당하는 상육효는 응효가 된다. 두 효가 모두 제자리에 있고, 또 음과 양으로 서로 응하기 때문에 모든 일이 잘 풀리고 이루어진다. 더욱이 상육효의 지지인 술(戌土)이 구삼효의 지지인 유(酉金)를 생해주고, 두 괘가 모두 목(震木과 巽木)으로 서로 돕는 관계에 있으므로 좋은 관계가 오랫동안 유지된다.

남자는 밖에서 활동하고, 여자는 안에서 도우니, 원하는 바를 이루며 오랫동안 유지하는 상이다. 늘 같은 상태를 유지하며, 그 상태가 또한 좋은 길상이니, 새로운 사업을 생각지 말고, 현재의 사업에 전심전력한다. 모든 일에 급히 이룰 생각을 말고, 끈기있게 노력하며 남의 말에 현혹되지 말고 분수를 지켜야 하니, 많은 시간과 노력이 필요한 장기적인 일이 적합하다.

【글귀로 판단하면】
① 君子居安不必遷이니 前途無滯復周全이라
　日邊一鹿持書至하니 遐邇聲名四海傳이라
　군자가 편안히 거처하고 옮기지 않으니/ 앞길이 막힘 없고 모든 것이 다시 완전해졌다/ 해뜨는 곳에서 사슴 한마리가 글을 가지고 오니/ 멀고 가깝고 할 것 없이 이름나서 온세상에 전해진다
② 鳳引雛飛入九霄하니 豈辭雲路出逍遙아
　翶翔得遇西風便이면 從此升騰總不勞라
　봉황이 새끼 데리고 하늘로 날아가니/ 어찌 구름길 나다니는 것 사양

하랴?/ 날개에 서풍 바람 만나면/ 이로부터 날아오르는 것 힘들지 않으리라

1. 初六(䷟ → ䷘)

【효사와 소상전】 초육은 항상함을 집착하는 것이다. 고집해서 흉하니, 이로움이 없다. 상에 말하기를 '항상함을 집착해서 흉함'은 처음에 구함을 너무 깊이하기 때문이다. 【初六은 浚恒이라 貞하야 凶하니 无攸利하니라. 象曰 浚恒之凶은 始에 求深也일새라.】

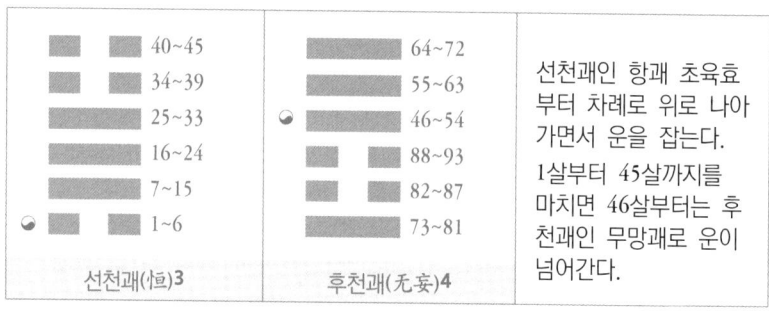

선천괘인 항괘 초육효부터 차례로 위로 나아가면서 운을 잡는다.
1살부터 45살까지를 마치면 46살부터는 후천괘인 무망괘로 운이 넘어간다.

◈ 양년 음년 똑같음5

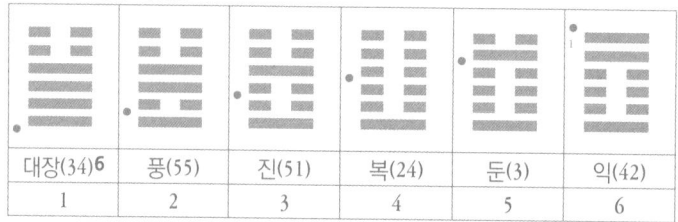

대장(34)6	풍(55)	진(51)	복(24)	둔(3)	익(42)
1	2	3	4	5	6

---

3 사주의 숫자로 괘를 만들어서 항괘 초효에 원당이 있다면, 1~6살까지는 항괘 초효 항을, 7~15살까지는 항괘 이효 항을, …, 40~45살까지는 항괘 상효 항을 가서 살펴 보면 된다.

4 46~54살까지는 후천괘인 무망괘 사효 항을, 64~72살까지는 무망괘 상효 항을, …, 88~93살까지는 무망괘 삼효 항을 살펴보면 그 사람의 운이 된다(◌나 ●표시 한 곳이 해당하는 효를 가리키고, 밑에서부터 초효·이효·삼효·사효·오효·상효로 나눈다).

◆ 월괘

소과·62	함·31	예·16	진·35	곤·2	복·24	비·8	감·29	관·20	점·53	익·42	무망·25
1월	2월	3월	4월	5월	6월	7월	8월	9월	10월	11월	12월

◆ 일괘 7

항(초육)	소과·62	해·40	승·46	대과·28	정·50
	6, 5, 4, 3, 2, 1	12, 11, 10, 9, 8, 7	18, 17, 16, 15, 14, 13	24, 23, 22, 21, 20, 19	30, 29, 28, 27, 26, 25

【총괄해서 판단하면】

8 이 효는 이치만 고집하고, 때의 형세가 항상하게 하는 것이 마땅치 않음을 헤아리지 못하는 것이다. 그러므로 운이 맞는 사람은, 그 효를 본 뒤

---

5 해마다의 운인 유년운의 진행은 양효(—)일 때와 음효(- -)일 때가 다른데, 그 자세한 예는 중천건괘(1) 초구효, 중지곤괘(2) 초육효와 육이효, 수뢰둔괘(3) 초구효와 육삼효, 산수몽괘(4) 초육효와 육사효 항에 유년운에 속한 월운月運의 예와 함께 실려 있으므로 참고하면 된다.

6 위의 도표에서 '대장(34)'라고 한 것은 괘명은 대장괘大壯卦고 64괘 중에 34번째 괘라는 뜻이며, '익(42)'라고 한 것은 괘명은 익괘益卦이고 64괘 중에 42번째에 해당한다는 뜻이다. 나머지 괘도 이와같은 방식으로 본다. 따라서 앞의 목차에서 번호의 순서대로 찾으면, 해당하는 괘를 쉽게 찾을 수 있다. 또 월괘月卦에서 '소과·62' 등으로 표시한 것도, 괘명은 소과괘小過卦고 64괘 중에 62번째라는 뜻이다.

7 그 날의 운(日運)과 더 세분해서 시운時運을 알고 싶으면, 앞의 일괘日卦와 시괘時卦 설명을 참조해서 계산하면 된다. 자세한 예는 건(1)~송(6)괘의 초효 항에 있으므로 참고바람.

8 此爻而執理而不度時勢 不當恒者也 故叶者 定其爻而後求 度其勢而後行 志得謀遂 亦可作貴人 不叶者 不安分命 不量淺深 動輒阻滯 謀爲偃蹇 歲運逢之 在仕不得於君 在士難逢知己 在庶俗不通人情 而徒遑遑於路途 惟靜守則免凶爾

에 그 효에 합당한 것을 구하고, 그 형세를 헤아려 본 뒤에 행하니, 뜻하는 것을 얻고 도모하는 것이 이루어져서 또한 귀인이 될 수 있다.

운이 맞지 않는 사람은, 분수와 명을 따르지 않고, 얕고 깊은 것을 헤아리지 않으니, 움직이면 바로 막히게 되어, 꾀하는 일이 되지 않고 어려워진다.

세운을 만나면, 공직자는 임금의 신임을 얻지 못하고, 구직자는 자신을 알아주는 벗을 만나기 어렵다. 일반인은 인정이 통하지 않아서 헛되이 급하게 돌아다니는 사람이니, 오직 고요하게 지키면 흉하게 됨을 면할 것이다.

【글귀로 판단하면】

① 居淺欲求深하고 身卑位作尊이라
　　往成還不利하니 危處却迎深이라
　　얕은데 거처하면서 깊은 것 구하려 하고/ 몸은 낮으면서 높은 사람처럼 행세한다/ 나가서 성공하는 것 도리어 불리하니/ 위험한 곳을 더욱 깊게 맞이하게 되리라

② 勢利相交際하니 猶臨萬丈淵이라
　　求深凶更甚이니 退避可安然이라
　　권세와 이익으로 서로 사귀니/ 만길 깊은 못에 임한 것 같다/ 구하는 것이 깊으면 더욱 심하게 흉하니/ 물러나 피하면 편안할 수 있다

2. 九二(☷→☷)

【효사와 소상전】 구이는 후회가 없어지리라. 상에 말하기를 '구이가 후회가 없어지는 것'은, 중도에 오래할 수 있기 때문이다. 【九二는 悔 亡하리라. 象曰 九二悔亡은 能久中也라.】

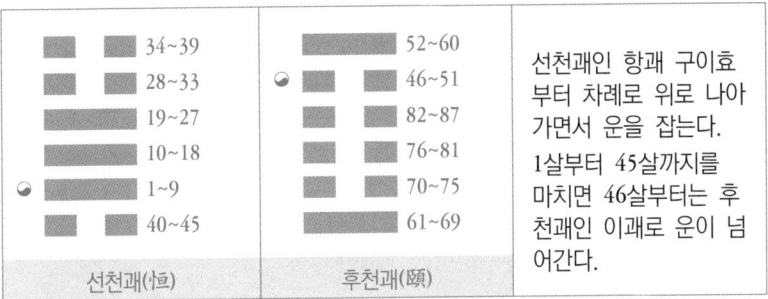

	34~39
	28~33
	19~27
	10~18
◦	1~9
	40~45

선천괘(恒)

	52~60
◦	46~51
	82~87
	76~81
	70~75
	61~69

후천괘(頤)

선천괘인 항괘 구이효부터 차례로 위로 나아가면서 운을 잡는다.
1살부터 45살까지를 마치면 46살부터는 후천괘인 이괘로 운이 넘어간다.

◆ 양년(갑·병·무·경·임년)일 경우

항(32)	대과(28)	함(31)	취(45)	비(8)	곤(2)	박(23)	이(27)	손(41)
1	2	3	4	5	6	7	8	9

◆ 음년(을·정·기·신·계년)일 경우

소과(62)	함(31)	대과(28)	곤(47)	감(29)	사(7)	몽(4)	손(41)	이(27)
1	2	3	4	5	6	7	8	9

◆ 월괘

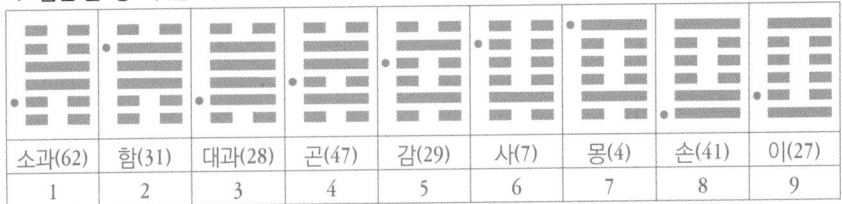

해·40	미제·64	사·7	림·19	감·29	비·8	환·59	손·57	중부·61	리·10	익·42	이·27
1월	2월	3월	4월	5월	6월	7월	8월	9월	10월	11월	12월

◆ 일괘

	6	12	18	24	30
	5	11	17	23	29
	4	10	16	22	28
	3	9	15	21	27
	2	8	14	20	26
	1	7	13	19	25
항(구이)	해·40	승·46	대과·28	정·50	대장·34

【총괄해서 판단하면】

9 이 효는 중도를 지키는 덕이 있어서, 허물이 적은 사람을 설명한 것이다. 그러므로 운이 맞는 사람은, 중도를 잡고 도를 행하며, 몸을 닦고 행동을 가다듬어서, 착한 것을 보면 마음으로부터 따라하고 악한 것을 보면 고치니, 부귀와 복과 은택을 계속 누리게 된다. 또한 '중中'자는 관직의 이름이고 '구久'자는 장구하다는 뜻이다.

운이 맞지 않는 사람도 또한 평생동안 흉하지 않아서, 늙은 사람은 병이 없으며 명성이 깨끗하고 장수한다.

세운을 만나면, 공직자는 행동을 삼가하니, 직책을 소홀히 해서 꾸짖음을 당하는 일이 없고, 구직자는 덕이 높으며, 일반인은 분수를 굳게 지켜서 손해보는 일이 없다.

【글귀로 판단하면】

① 悔吝消亡日에 東行北者灾라
　急濤求巽順하니 頃刻笑顔開라
　후회와 인색함 없어지는 날에/ 동쪽에서 북으로 가는 사람 재앙이 있다/ 급한 파도가 순해지니/ 잠깐 사이에 웃는 얼굴 열렸다

② 人存中正德하니 守己自然安이라
　久久行其道하니 終身悔吝亡이라
　사람이 중정한 덕 있으니/ 자기를 지키면 자연히 편안하다/ 그 도를 오랫동안 행하니/ 평생동안 후회와 인색함이 없어진다

---

9 此爻是有中德而能寡過者也 故叶者 執中行道 飾躬厲行 見善則遷 有過則改 富貴福澤 享之無虧 且中字是官職之名 久字是長遠之義 不叶者 亦平生不凶 老者無疾 聲名精潔 壽算最久 歲運逢之 在仕謹身而無曠職之誚 在士崇德之美 在庶俗固守而無損耗之嗟

548

3. 九三(☱→☳)

【효사와 소상전】 구삼은 그 덕이 항구하지 않음이라. 혹 부끄러움으로 이어질 것이니 고집하면 인색하리라. 상에 말하기를 그 덕을 항구하게 못하니 용납될 바가 없도다. 【九三은 不恒其德이라 或承之羞니 貞이면 吝하리라. 象曰 不恒其德하니 无所容也로다.】

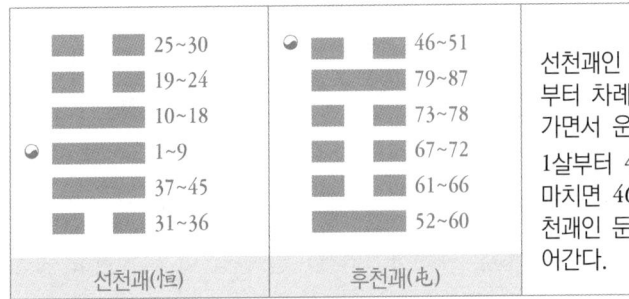

선천괘인 항괘 구삼효부터 차례로 위로 나아가면서 운을 잡는다. 1살부터 45살까지를 마치면 46살부터는 후천괘인 둔괘로 운이 넘어간다.

◆ 양년(갑·병·무·경·임년)일 경우

항(32)	정(50)	미제(64)	몽(4)	환(59)	감(29)	절(60)	둔(3)	기제(63)
1	2	3	4	5	6	7	8	9

◆ 음년(을·정·기·신·계년)일 경우

해(40)	미제(64)	정(50)	고(18)	손(57)	정(48)	수(5)	기제(63)	둔(3)
1	2	3	4	5	6	7	8	9

◆ 월괘

승·46	태·11	정·48	건·39	손·57	환·59	소축·9	건·1	가인·37	비·22	익·42	둔·3
1월	2월	3월	4월	5월	6월	7월	8월	9월	10월	11월	12월

◆ 일괘

항(구삼)	승·46	대과·28	정·50	대장·34	소과·62
6	12	18	24	30	
5	11	17	23	29	
4	10	16	22	28	
3	9	15	21	27	
2	8	14	20	26	
1	7	13	19	25	

【총괄해서 판단하면】

10 이 효는 오래도록 도에 합치되게 행동하지 못하는 사람으로, 그 착하지 못한 것을 점占으로 깊이 드러낸 것이다. 그러므로 운이 맞는 사람은, 덕을 견고하게 지키지 못함으로 인해, 틈이 생겨 사람들에게 꾸지람을 듣고, 도를 믿음이 독실하지 못해서 사람의 비판을 부르게 된다.

운이 맞지 않는 사람은, 행실을 훼손하고 덕을 멸하며, 절개를 잃고 이름을 상실해서 여러 사람의 비난을 받게 되어, 세상에서 용납받을 수 없게 된다.

세운을 만나면, 공직자는 언론의 규탄을 받아 좌천됨을 막아야 하고, 구직자는 덕이 없다는 비난을 막아야 하며, 일반인은 헐뜯고 욕먹으며 송사에 휘말리는 것을 방비해야 한다.

【글귀로 판단하면】

① 不爲恒德久하니 貞吝復何如요

霜重花枝瘦나 成榮也不遲라

덕을 항구하게 하지 않으니/ 고집스레 하더라도 부끄러움 생김을 어찌하리오?/ 서리(霜)는 심해졌고 꽃가지는 수척하나/ 영화榮華를 이룸은

---

10 此爻是不能久於其道者 而深著其不善之占者也 故叶者 執德不固 而有隙以啓人之誚 信道不篤 而有間以招人之議 不叶者 損行滅德 失節喪名 有以來衆口之訕 而無所容於天地 歲運逢之 在仕防諫議之貶 在士防損德之謗 在庶俗防毁辱爭訟之撓

늦지 않았다

② 不長久하니 錯商量이나

交加纏이니 休要忙하라

오래가지 못해서/ 여러 가지 궁리를 하나/ 더욱더 얽히게 되니/ 바쁘게 하지 마라

③ 就北原無益이요 依南却未安이라

居貞爲久計니 儘可利盤桓가

북쪽으로 가는 것은 원래 이익 없고/ 남쪽에 의지해도 편안치 않다/ 바른데 거처함이 장구한 계교가 되니/ 어찌 머뭇거림이 이롭겠는가?

4. 九四 (䷟ → ䷓)

【효사와 소상전】 구사는 사냥하는 데 새가 없음이라. 상에 말하기를 '제자리가 아닌데 오래도록 함'이니 어떻게 새를 얻으리오?【九四는 田无禽이라. 象曰 久非其位어니 安得禽也리오.】

	16~21	79~87
	10~15	70~78
○	1~9	64~69
	37~45	58~63
	28~36	52~57
	22~27	○ 46~51
	선천괘(恒)	후천괘(觀)

선천괘인 항괘 구사효부터 차례로 위로 나아가면서 운을 잡는다. 1살부터 45살까지를 마치면 46살부터는 후천괘인 관괘로 운이 넘어간다.

◆ 양년(갑·병·무·경·임년)일 경우

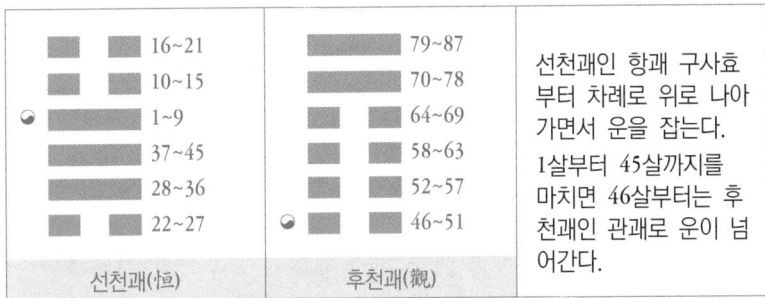

항(32)	대장(34)	태(11)	수(5)	소축(9)	손(57)	점(53)	관(20)	비(12)
1	2	3	4	5	6	7	8	9

◆ 음년(을·정·기·신·계년)일 경우

승(46)	태(11)	대장(34)	쾌(43)	건(1)	구(44)	돈(33)	비(12)	관(20)
1	2	3	4	5	6	7	8	9

◆ 월괘

대과·28	함·31	구·44	송·6	건·1	소축·9	동인·13	리·30	무망·25	수·17	익·42	관·20
1월	2월	3월	4월	5월	6월	7월	8월	9월	10월	11월	12월

◆ 일괘

6 5 4 3 2 1	12 11 10 9 8 7	18 17 16 15 14 13	24 23 22 21 20 19	30 29 28 27 26 25	
항(구사)	대과·28	정·50	대장·34	소과·62	해·40

【총괄해서 판단하면】

11 이 효는 오래해서는 안될 것을 오래하는 사람이다. 그러므로 운이 맞는 사람은, 혹 이상한 술법으로 조정이나 무리에게 총애를 받고, 혹 다른 기술로 벼슬을 받으나, 공명功名이 일찍 물러가서 그 자리에 오래 있기 어렵다.

운이 맞지 않는 사람은, 꾀해서 하는 일이 실질이 없고, 생애가 담박하니 사냥이나 하며 사는 사람이다.

세운을 만나면, 공직자는 퇴보하게 되고, 구직자는 직장 구하기 어려우며,

---

11 此爻是久所不當久者也 故叶者 或以異術見寵於朝黨 或以他技而濫與其爵祿 或功名早退 而難久於其位 不叶者 謀爲無實 生涯淡泊 佃田捕獵之子 歲運逢之 在仕退步 在士進取者無成 營謀費力而無益

일반인은 경영하고 꾀하는 일이 힘만 들고 이익은 없다.

【글귀로 판단하면】
① 藏器待時時未通하니 徒勞功業漫嗟呼라
　守舊更當宜整頓이니 夕陽西墜日方舒라
　기구를 감추고 때를 기다리나 때가 오지 않으니/ 수고만 하고 공과 업적 못이루어 공연히 한탄만 한다/ 옛 것 지키고 다시 정돈함이 마땅하니/ 석양빛 서쪽으로 떨어지면 새해가 솟아 날 것이다
② 井底探明月이요 風前拂羽毛라
　工夫何大拙고 只恐未堅牢라
　우물 밑에서 밝은 달 더듬고/ 바람 앞에서 깃털을 떨고 있다/ 공부가 어찌 그리 졸렬한고?/ 단지 견고하지 못한 것이 두렵다
③ 田獵皆無獲하고 求謀盡未通이라
　極勞身計盡하니 雖久亦無功이라
　사냥하는데 모두 잡은 것 없고/ 꾀하는 것은 다 통하지 않는다/ 수고만 극도로 하고 계책은 다 썼으니/ 비록 오래 있어도 공은 없다

5. 六五(䷞ → ䷰)

【효사와 소상전】 육오는 그 덕을 항구하게 하면 바르니, 부인은 길하고 남편은 흉하니라. 상에 말하기를 부인은 바르게 해서 길하니, 하나를 따라 마치기 때문이고, 남편는 의리로 제어해야 하는데도 부인의 도를 따르면 흉하다.
【六五는 恒其德이면 貞하니 婦人은 吉코 夫子는 凶하니라. 象曰 婦人은 貞吉하니 從一而終也일새오 夫子는 制義어늘 從婦하면 凶也라.】

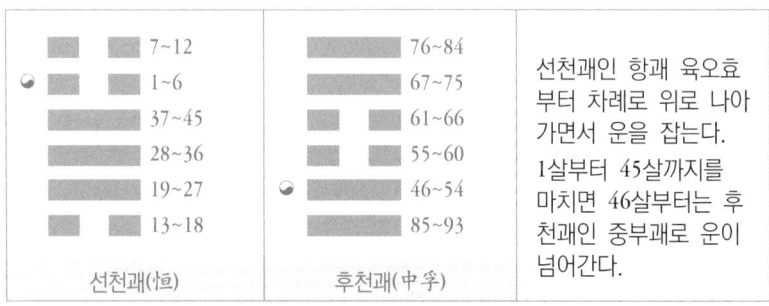

선천괘인 항괘 육오효부터 차례로 위로 나아가면서 운을 잡는다.
1살부터 45살까지를 마치면 46살부터는 후천괘인 중부괘로 운이 넘어간다.

◆ 양년 음년 똑같음

대과(28)	구(44)	건(1)	동인(13)	무망(25)	익(42)
1	2	3	4	5	6

◆ 월괘

정·50	미제·64	대유·14	대축·26	리·30	동인·13	서합·21	진·51	이·27	박·23	익·42	중부·61
1월	2월	3월	4월	5월	6월	7월	8월	9월	10월	11월	12월

◆ 일괘

	6	12	18	24	30
	5	11	17	23	29
	4	10	16	22	28
	3	9	15	21	27
	2	8	14	20	26
	1	7	13	19	25
항(육오)	정·50	대장·34	소과·62	해·40	승·46

【총괄해서 판단하면】

12 이 효는 유순한 덕으로써 항상함을 삼아서 좋지 않은 자이다(때로는

---

12 此爻是以柔德爲恒而不善者也 故叶者 是中正有德之人 或得賢妻而助之 不叶者 權出他人拙於自謀 或妻悍爲家之累 歲運逢之 在仕多阿諛於權勢之門 而招誚議 在士則圖倖進而取辱 在庶俗則居家不善 而多招毁謗損斥之虞

강하게 하여야 좋은 것이다). 그러므로 운이 맞는 사람은, 중정中正한 덕이 있는 사람으로, 혹 어진 아내의 도움을 받는다.

운이 맞지 않는 사람은, 권세가 다른 사람에게 있는 까닭에, 자신을 앞세워 일하기 힘들고, 혹 아내가 사나워서 집안의 누가 된다.

세운을 만나면, 공직자는 권문세가에 아부를 해서 비난을 받는 사람이 많고, 구직자는 요행으로 벼슬길에 나서려다가 욕을 먹는다. 일반인은 집에 있을 때 착하지 못해서, 헐뜯고 비방당하며 손해보고 배척당하게 되는 근심이 많다.

【글귀로 판단하면】

① 婦道宜貞一이니 惟能善順從이나

　丈夫當果決이니 從婦反爲凶이라

　아내의 도는 곧고 한결같아야 하니/ 오직 순종하는 것이 좋으나/ 장부는 과단성있게 결단함이 마땅하니/ 아내를 따르면 도리어 흉하게 된다

② 漫傳言婦吉이나 德女更宜貞이라

　試問前程事면 陰消望夜晴이라

　헛되이 아내의 길함을 말하나/ 덕있는 여자는 곧게 함이 마땅하다/ 앞길의 일을 시험해 묻는다면/ 그늘(陰)은 사라지고 보름밤은 맑도다

6. 上六(☷ → ☶)

【효사와 소상전】상육은 항상 빠르게 흔들리니, 흉하니라. 상에 말하기를 항상 빠르게 흔들림으로 위에 있으니, 크게 공이 없도다.【上六은 振恒이니 凶하니라. 象曰 振恒在上하니 大无功也로다.】

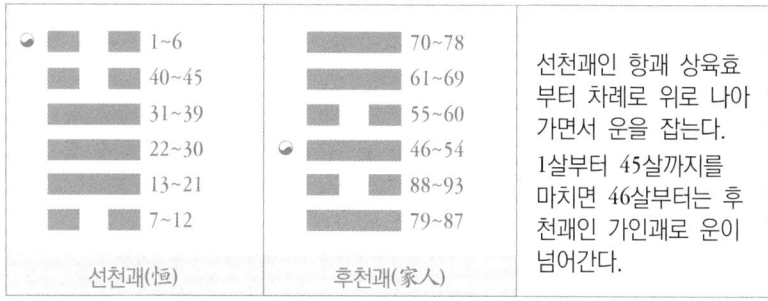

선천괘인 항괘 상육효부터 차례로 위로 나아가면서 운을 잡는다.
1살부터 45살까지를 마치면 46부터는 후천괘인 가인괘로 운이 넘어간다.

◆ 양년 음년 똑같음

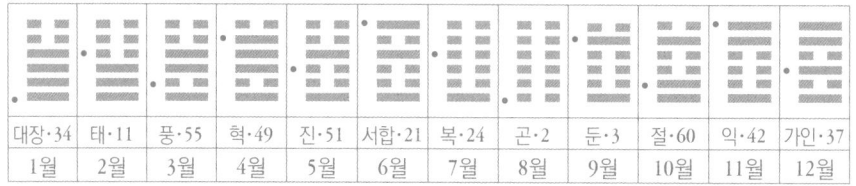

정(50)	대유(14)	리(30)	서합(21)	이(27)	익(42)
1	2	3	4	5	6

◆ 월괘

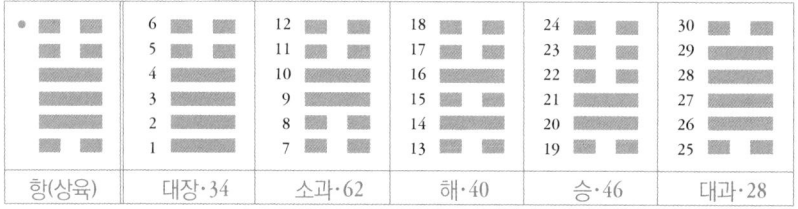

대장·34	태·11	풍·55	혁·49	진·51	서합·21	복·24	곤·2	둔·3	절·60	익·42	가인·37
1월	2월	3월	4월	5월	6월	7월	8월	9월	10월	11월	12월

◆ 일괘

항(상육)	대장·34	소과·62	해·40	승·46	대과·28
6	12	18	24	30	
5	11	17	23	29	
4	10	16	22	28	
3	9	15	21	27	
2	8	14	20	26	
1	7	13	19	25	

【총괄해서 판단하면】

13 이 효는 마음대로 조급히 움직이고, 굳게 지킬 줄 몰라서 항상하게 행

---

13 此爻是任躁動 而不知固守 不能恒者也 故叶者 施爲當于理 不至于僨事 制作 協於義 不至於越分 蓋變爲鼎玉鉉之象也 不叶者 好大喜功 違法妄作 紛更多事 反成覆敗之禍 歲運逢之 在仕勞碌役志 多動少靜 求名望利 小則有成 大則無功

동하지 못하는 사람이다. 그러므로 운이 맞는 사람은, 하는 일이 이치에 마땅하여 일을 망치는데 이르지 않고, 하는 일이 의리에 합치돼서 분수를 넘지 않으니, 이 효가 변하면 화풍정괘(䷱) 상구효의 옥고리의 상(玉鉉:강과 유를 겸비한 상)이 되기 때문이다.

운이 맞지 않는 사람은, 큰 것을 좋아하고 공을 기뻐해서, 법을 어기고 망령되이 움직이니 어지러워지고 다시 일이 많아지게 되므로(그릇된 일을 혁신했으나, 도리어 더 나빠진 까닭에), 도리어 패망하는 화를 이룬다. 세운을 만나면, 공직자는 자잘한 일에 힘과 마음을 쓰며, 움직임은 많고 고요함은 적다. 이름을 구하고 이익을 바라나, 작은 일은 이루는 것도 있으나 큰 일에는 공이 없다. 여자는 남편이 이롭지 않다.

【글귀로 판단하면】

1 機動多不穩하니 更改振無凶이라

缺月明西北이요 孤鴻振羽冲이라

기틀의 움직임이 많이 편치 못하니/ 다시 고치면 움직여도 흉함이 없을 것이다/ 이지러지는 달은 서북쪽을 밝히고/ 외로운 기러기는 날개 치며 하늘로 날아간다

2 生意不和同하니 驟雨更狂風이라

東風何事不相惜고 吹落殘花滿地紅라

마음씀이 화합을 못하니/ 소낙비에 거센바람 몰아친다/ 봄바람이 무슨 일로 서로 아껴주지 않는가?/ 꽃을 떨어뜨려 온통 땅이 뻘겋다

3 處恒宜靜守니 振作大無功이라

躁動頻更變이면 將來反致凶이라

항괘에 거처함은 고요하게 지킴이 마땅하니/ 크게 일을 하면 공이 없다/ 조급히 움직이며 자주 변경하면/ 장래에 도리어 흉하게 된다

女人不利夫子

전문가용 하락리수 CD

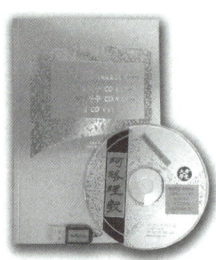

※ 가격 550,000원 총괄 : 윤상철, 2015년 1월 증보.
※ 구성 : CD 1매, usb락, 프로그램 매뉴얼.
※ 기타 기능: 오운육기, 궁합, 육효, 인쇄 가능

생년월일시를 입력 하자마자 사주 간지와 선천운 후천운을 즉시 확인함은 물론 12조건에 따른 길흉을 클릭만으로 알 수 있습니다. 또 평생운에 이어 대상운 년운 월운 일운까지도 세세히 볼 수 있고, 참평결과 주역점, 궁합점수 등이 추가된 종합 주역운세풀이입니다.

아울러 토정선생의 토정수를 활용한 토정괘(384효 또는 144효)를 얻어서 실제 년운에 대입해 봄으로써, 하락이수 년운과 비교해 운명을 판단할 수 있는 기능이 추가되었습니다.

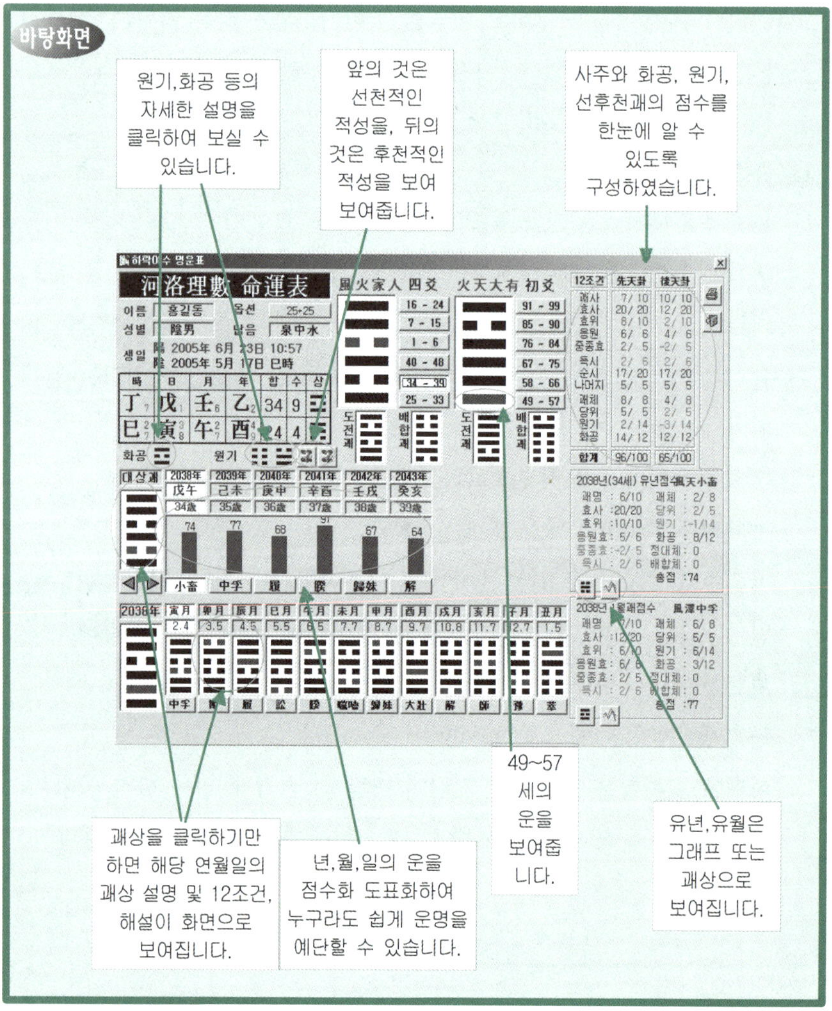
바탕화면
원기,화공 등의 자세한 설명을 클릭하여 보실 수 있습니다.
앞의 것은 선천적인 적성을, 뒤의 것은 후천적인 적성을 보여 보여줍니다.
사주와 화공, 원기, 선후천괘의 점수를 한눈에 알 수 있도록 구성하였습니다.
河洛理數 命運表
風火家人 四爻
火天大有 初爻
49~57 세의 운을 보여줍 니다.
유년,유월은 그래프 또는 괘상으로 보여집니다.
괘상을 클릭하기만 하면 해당 연월일의 괘상 설명 및 12조건, 해설이 화면으로 보여집니다.
년,월,일의 운을 점수화 도표화하여 누구라도 쉽게 운명을 예단할 수 있습니다.

대유학당 출판물 안내

자세한 사항은 대유학당으로 문의해 주십시오.
전화 : 02-2249-5630 / 02-2249-5631
입금계좌 : 국민은행 **807-21-0290-497**   예금주-윤상철
홈페이지 : www.daeyou.net   서적구입 : www.daeyou.or.kr

주 역

▶ 주역입문2	김수길,윤상철 지음	15,000원
▶ 대산주역강해(상/중/하)	김석진 지음	60,000원
▶ 주역전의대전역해(상/하)	김석진 번역	70,000원
▶ 주역인해(2014)	김수길,윤상철 번역	20,000원
▶ 대산석과(주역인생 60년)	김석진 지음	20,000원
▶ 시의적절 주역이야기	윤상철 지음	15,000원

주역 활용

▶ 황극경세(전5권)	윤상철 번역	200,000원
▶ 하락리수(전3권)	김수길,윤상철 번역	90,000원
▶ 하락리수 전문가용 CD	윤상철 총괄	550,000원
▶ 대산주역점해	김석진 지음	30,000원
▶ 매화역수(2014)	김수길,윤상철 번역	25,000원
▶ 후천을 연 대한민국	윤상철 지음	16,400원
▶ 주역신기묘산	윤상철 지음	20,000원
▶ 육효증산복역(상/하)	김선호 지음	40,000원
▶ 우리의 미래(대산 선생이 바라본)	김석진 지음	10,000원

불교 예언

▶ 마음에 평안을 주는 천수경	윤상철 지음	10,000원
▶ 마음의 달(전2권)	만행스님 지음	20,000원
▶ 항복기심	만행스님 지음	18,000원
▶ 선용기심	만행스님 지음	30,000원
▶ 예언의 허와 실	현오스님 지음	9,600원
▶ 꿈! 미래의 열쇠	현오스님 지음	20,000원
▶ 꿈과 마음의 비밀	현오/류정수 지음	9,000원

분류	제목	저자	가격
음양오행학	▶ 오행대의(전2권)	김수길 윤상철 번역	35,000원
	▶ 동이음부경 강해	김수길 윤상철 번역	20,000원
	▶ 연해자평(번역본)	오청식 번역	50,000원
	▶ 작명연의	최인영 지음	22,000원
기문 육임	▶ 기문둔갑신수결	류래웅 지음	16,000원
	▶ 육임입문123(전3권)	이우산 지음	60,000원
	▶ 육임입문 720과 CD	이우산 감수	150,000원
	▶ 육임실전(전2권)	이우산 지음	54,000원
	▶ 대육임필법부	이우산 지음	35,000원
사서류	▶ 집주완역 대학	김수길 번역	20,000원
	▶ 집주완역 중용(상/하)	김수길 번역	40,000원
	▶ 강독용 대학/중용	김수길 감수	11,000원
	▶ 소리나는 통감절요	김수길 윤상철 번역	10,000원
자미두수	▶ 자미두수 전서(상/하)	김선호 번역	100,000원
	▶ 실전 자미두수(전2권)	김선호 지음	36,000원
	▶ 심곡비결	김선호 번역	50,000원
	▶ 자미두수 입문	김선호 지음	20,000원
	▶ 자미두수 전문가용 CD	김선호/김재윤	550,000원
	▶ 중급자미두수(전3권)	김선호 지음	60,000원
천 문	▶ 전정판 천문류초	김수길 윤상철 번역	20,000원
	▶ 태을천문도	윤상철 총괄	70,000원
	▶ 우리별자리(전3권)	윤상철	36,000원
	▶ 천상열차분야지도 족자	70*150/60*130cm	100,000원
	태을천문도 블라인드	150*230/120*180cm	300,000원

손에 잡히는 경전시리즈

❶ 주역점
❷ 주역인해(원문+정음+해석)
❸ 대학 중용(원문+정음+해석)
❹ 경전주석 인물사전
❺ 도덕경/음부경
❻ 논어(원문+정음+해석)
❼ 절기체조
❽~❾ 맹자(원문+정음+해석) 88~336p
❿ 신기묘산 10,000원
⓫ 자미두수

각권

【1】 천간에 수를 붙이는 법

천간	갑	을	병	정	무	기	경	신	임	계	중앙
수	6	2	8	7	1	9	3	4	6	2	5

【2】 지지에 수를 붙이는 법

지지	자	축	인	묘	진	사	오	미	신	유	술	해
수	1·6	5·10	3·8	3·8	5·10	2·7	2·7	5·10	4·9	4·9	5·10	1·6

【3】 소성괘를 짓는 법

(1) 일반적인 수 1·2·3·4·6·7·8·9

수	6	2	8	7	1	9	3	4	6	2	5
괘	건	곤	간	태	감	리	진	손	건	곤	·

(2) 중앙수 5

삼원	상원	중원	하원	상원	중원	하원	상원	중원	하원
년도	1504~1563	1564~1623	1624~1683	1684~1743	1744~1803	1804~1863	1864~1923	1924~1983	1984~2043
양남	간	간	리	간	간	리	간	간	리
음남	간	곤	리	간	곤	리	간	곤	리
양녀	곤	곤	태	곤	곤	태	곤	곤	태
음녀	곤	간	태	곤	간	태	곤	간	태

【4】 대성괘를 짓는 법

양명의 男·음명의 女	천수⋯상괘	지수⋯하괘
음명의 男·양명의 女	지수⋯상괘	천수⋯하괘